国家哲学社会科学成果文库

NATIONAL ACHIEVEMENTS LIBRARY
OF PHILOSOPHY AND SOCIAL SCIENCES

图书馆战略规划研究

柯 平　赵益民　陈昊琳　等著

社会科学文献出版社
SOCIAL SCIENCES ACADEMIC PRESS (CHINA)

柯平 　1962 年生，1979~1986 年在武汉大学图书馆学专业学习，先后获学士和硕士学位，1994 年获武汉大学科技情报专业理学博士学位。南开大学信息资源管理系教授，博士生导师，南开大学图书情报专业学位中心主任。兼任国务院学位委员会"图书情报与档案管理"学科评议组成员、全国图书情报专业学位研究生教育指导委员会委员、全国图书馆标准化技术委员会委员、教育部档案学教学指导委员会委员、中国图书馆学会学术委员会副主任、中国索引学会常务理事等学术职务。兼《中国图书馆学报》等 10 余种专业学术期刊编委。主持多项国家社科基金项目、教育部人文社科基金项目，出版《书目情报系统理论研究》《文献经济学》《图书馆知识管理研究》《公共图书馆的文化功能》等著作 20 余部，发表论文 200 余篇，获教育部人文社科优秀著作奖及其他各种教学科研奖励 20 余项。

赵益民 1971年生,云南师范大学研究馆员,云南大学硕士研究生导师,南开大学管理学博士,国家图书馆图书馆学博士后。主要研究方向：图书馆管理、战略管理、知识管理。先后主持国家社科基金重点项目子课题,国家社科基金西部项目,云南省社科基金项目,省院省校教育合作项目,中国博士后科学基金项目等。发表学术论文70余篇,出版著作8部。获教育部高校图工委优秀论文一等奖、中国图书馆学会优秀论文一等奖、云南省哲学社会科学优秀成果奖等多项奖励。

陈昊琳 1982年生,东北师范大学计算机科学与信息技术学院信息管理系讲师,硕士研究生导师。2008年毕业于云南大学,获管理学学士学位与管理学硕士学位,2011年毕业于南开大学,获管理学博士学位。以公共图书馆管理为主要研究方向,参与或主持国家社科基金项目、教育部人文社科项目、省级科研项目、国际横向课题、东北师范大学校内科研基金项目多项。发表学术论文10余篇,出版专著1部,参与编写专著4部。

《国家哲学社会科学成果文库》
出版说明

　　为充分发挥哲学社会科学研究优秀成果和优秀人才的示范带动作用，促进我国哲学社会科学繁荣发展，全国哲学社会科学规划领导小组决定自2010年始，设立《国家哲学社会科学成果文库》，每年评审一次。入选成果经过了同行专家严格评审，代表当前相关领域学术研究的前沿水平，体现我国哲学社会科学界的学术创造力，按照"统一标识、统一封面、统一版式、统一标准"的总体要求组织出版。

全国哲学社会科学规划办公室

2011 年 3 月

目　　录

Contents

图 目 录

表 目 录

第 一 章
前 言

图书馆战略规划是我国图书馆学理论研究的一个亟待加强的课题，也是我国各级各类型图书馆迫切需要应用与实践的一个重要工具和管理方式。在我国经济、文化、社会全面发展的今天，在图书馆事业快速发展的新时期，图书馆战略规划的理论与应用具有前所未有的紧迫性和重要意义。

第一节　我国图书馆战略规划的时代背景与重要性

一　图书馆战略规划的时代背景

1. 文化强国背景

我国自改革开放以来，经过全面深入的调整与改革，已经实现了经济持续发展和社会文化、科学、教育各项事业的全面发展。近十几年来，我国越来越重视文化建设在中国特色社会主义建设中的地位和作用。在两个文明建设基础上，党的十六大提出了中国特色社会主义经济、政治、文化"三位一体""文化是综合国力的重要组成部分"的发展战略。

2007 年 10 月，党的十七大就全面论述了文化的重要性，提出推动社会主义文化大发展大繁荣，明确突出了"覆盖全社会的公共文化服务体系基本建立"这一新目标，并将其提升为"保障人民基本文化权益的主要途径"。

2011 年 10 月 18 日党的十七届六中全会以"文化为主题"审议通过了《中共中央关于深化文化体制改革、推动社会主义文化大发展大繁荣若干重大问题的决定》（以下简称《决定》）。会议全面深刻阐释了新形势下推进文化改革的重要意义，重点强调了增强国家文化软实力，弘扬中华文化，并首次从国家战略的层面提出建设社会主义文化强国的发展战略。《决定》明确提出了"进一步深化改革开放，加快构建有利于文化繁荣发展的体制机制""建设宏大文化人才队伍，为社会主义文化大发展大繁荣提供有力人才支撑"，从文化管理、政策、制度、人才等方面为下一阶段我国公共文化服务体系保障机制的构建提供了指导，并为其未来发展明确了方向。

2012年11月，党的十八大提出"扎实推进社会主义文化强国建设"，实现文化强国的具体方略，包括加强社会主义核心价值体系建设、全面提高公民道德素质、丰富人民精神文化生活、增强文化整体实力和竞争力。十八大报告中指出："文化是民族的血脉，是人民的精神家园。全面建成小康社会，实现中华民族伟大复兴，必须推动社会主义文化大发展大繁荣，兴起社会主义文化建设新高潮，提高国家文化软实力，发挥文化引领风尚、教育人民、服务社会、推动发展的作用。"报告强调文化实力和竞争力是国家富强、民族振兴的重要标志，要坚持把社会效益放在首位、社会效益和经济效益相统一，推动文化事业全面繁荣、文化产业快速发展；要加强重大公共文化工程和文化项目建设，完善公共文化服务体系，提高服务效能；号召一定要坚持社会主义先进文化前进方向，树立高度的文化自觉和文化自信，向着建设社会主义文化强国宏伟目标阔步前进。

全国规划意识不断提升，国家和地方对规划工作进一步重视。2011年3月，《中华人民共和国国民经济和社会发展第十二个五年规划纲要》发布；2012年2月，《国家"十二五"时期文化改革发展规划纲要》发布；2012年5月，《文化部"十二五"时期文化改革发展规划》发布。与此同时，全国各地各行业都在启动规划工作，通过规划推动地区和行业的发展。

2. 信息技术环境

以大数据、智能化生产和无线网络为代表的技术变革正在引领人类走向繁荣；同样，以数字化、网络化、智能化为特征的信息技术发展正在改变着文化生产、文化管理、文化服务和文化消费的形态和流程①。

---

① 〔美〕马克·米尔斯：《科技引领的繁荣即将到来》，《参考消息》2012年2月28日。

在信息技术和网络技术的影响下，数字图书馆建设迅速发展，不仅彻底改变了图书馆的文献载体和服务内容，而且正在促进传统图书馆向复合图书馆的转型。2006年国务院办公厅颁布《2006—2020年国家信息化发展战略》，2010年我国数字图书馆推广工程启动。

信息技术和网络技术改变了用户阅读习惯和使用图书馆的习惯，数字阅读、移动阅读等阅读方式的变革要求图书馆管理与服务发生相应的改变。据中国新闻出版研究院组织实施的第九次全国国民阅读调查，2011年网络在线阅读、手机阅读、电子阅读器阅读、光盘读取等数字化阅读方式的接触率，均有不同程度的上升，例如，2011年有29.9%的国民进行过网络在线阅读，比2010年增加11.8个百分点；有27.6%的国民进行过手机阅读，比2010年增加4.6个百分点。其中，网络在线阅读的接触率增幅最大，达65.2%。调查发现，手机阅读主力人群呈现"学历越低，阅读率越高"的现象。手机阅读人群的学历大多集中在大专、高中和初中，这三个群体在手机阅读人群总体中几乎占八成（79.0%），而高学历（本科及以上）仅占17.9%，低学历者（小学）仅占3.1%。手机阅读人群平均每天进行手机阅读的时长接近40分钟，平均每年花费在手机阅读上的费用约为20元[1]。

泛在形式的互联网和移动通信技术的飞速发展使数以亿计的公众可以令人称奇地互相联结在一起，从而给图书馆带来新的机遇与挑战。截至2012年3月底，中国电话用户达到13.03亿户，其中移动电话用户达到10.19亿户。宽带用户达到1.58亿户，互联网网民规模超过5.2亿人[2]。在技术的快速发展下，移动服务、网上直播、电子商务、搜索引擎、微博等互联网应用渗透率和影响范围在不断扩大，移动信息服务正在改变传统图书馆服务的方式与范围。数字技术、网络技术和新媒体技术等先进现代技术在图书馆建设和服务中得到更加普遍的应用，自助图书馆、手机图书馆、电子阅读器等新型服务进一步普及。

技术给图书馆带来前所未有的机遇与挑战，需要图书馆制定新的战略，通过战略规划，使图书馆适应新的技术环境，在图书馆与利益相关者合作竞

---

[1] 张贺：《第九次全国国民阅读调查》，《人民日报》2012年4月20日。
[2] 王政：《我国3G用户达1.52亿》，《人民日报》2012年5月18日。

争中取得优势地位，增强服务能力，提高应变能力。

3. 图书馆事业发展形势

近年来，我国图书馆事业获得全面快速的发展。以公共图书馆为例，图书馆从 1978 年的 1218 个增加到 2012 年的 3076 个，增长了 1.53 倍。全国公共图书馆已基本实现全覆盖，其中，地市级公共图书馆覆盖率为 79.3%，县级公共图书馆覆盖率为 85.1%。图书馆事业的发展呼唤主管部门加强管理与指导，《公共图书馆法》从 2001 年启动，到 2011 年年底已由文化部向国务院呈报了征求意见稿，《公共图书馆服务规范》于 2011 年 12 月 30 日发布并于 2012 年 5 月 1 日付诸实施，《公共图书馆事业发展"十二五"规划》于 2011 年完成。图书馆事业进入了法律化、规范化、规划化的轨道。

21 世纪的图书馆事业处于新的变化中，图书馆数字化与形态多样化正在促进传统图书馆发生深刻变革。2003 年前后芬兰奥卢大学图书馆提供的一项新服务称为"SmartLibrary"，2004 年之前加拿大首都渥太华的一些图书馆和博物馆以及多所大学图书馆和公共图书馆就已经建立起了以"智慧图书馆"（Sm@rtLibrary）命名的联盟。

值得注意的是，美国艾尔弗莱特大学的培训指导馆员 Sullivan 于 2011 年 1 月 2 日在美国一家报纸上刊发一篇名为《2050 年学术图书馆遗体解剖》的专题报告，文章写道，"学术图书馆将会死亡。尽管这样的判断还为时过早，但针对当前出现的严峻问题，鲁莽地拒绝将导致学术图书馆状况的进一步恶化并最终走向死亡。可以预见，学术图书馆将会独自死亡，且其作为高校心脏的作用也将会被世界所遗忘"[1]。由此引发全球图书馆界对图书馆未来的忧虑。

国际图联近几年的大会主题有："图书馆创造未来：筑就于文化遗产之上"（2009 年第 75 届，意大利米兰）、"开放获取——推动可持续发展进程"（2010 年第 76 届，瑞典哥德堡）、"图书馆的自我超越——整合、创新与信息共享"（2011 年第 77 届，波多黎各圣胡安）、"图书馆行动起来！创新、惊喜、给力"（2012 年第 78 届，芬兰赫尔辛基）。从这些主题也可以看

---

[1] 赵婀娜：《大学图书馆：遭遇遗体解剖》，《人民日报》2012 年 4 月 20 日。

出，图书馆在新环境下的努力与期待以及关于图书馆未来的模糊性和不确定性。美国大学与研究图书馆协会（Association of College and Research Libraries，ACRL）于 2012 年 6 月发布了《2012 年高校图书馆十大趋势——影响高校图书馆在高等教育中的趋势和问题综述》[①]，包括：沟通价值（Communicating value）；数据监管（Data curation）；数字存储（Digital preservation）；高等教育（Higher education）变化；信息技术（Information technology）成为谋划未来的主要因素；移动环境（Mobile environments）；用户驱动的电子图书采购（Patron driven e-book acquisition）；学术交流（Scholarly communication）产生新模式；人力资源（Staffing）面临挑战；用户行为和期望（User behaviors and expectations）考虑便利性等要素，这 10 个趋势反映了图书馆的环境、技术、馆藏资源、用户需求等各个方面将发生着更大的变化。

无论图书馆形态如何变化，无论图书馆事业如何发展，都需要面向未来开展预测研究，制定事业发展规划，解决发展中的问题，促进图书馆成功转型和图书馆事业的可持续发展。

二　图书馆战略规划的重要性

1. 战略规划是图书馆适应新环境、拓展服务能力的重要工具

随着全球化知识化进程的加快和竞争环境的日益复杂化，战略管理与战略规划成为国内外营利与非营利组织生存与发展的重要工具。图书馆战略规划不仅是我国社会环境发展的要求，使图书馆在文化大发展大繁荣背景下在公共文化服务体系中获得战略地位和起到新的作用，也是信息技术环境发展的要求，使图书馆面对机遇与挑战，寻求应变与发展。

国外一些组织在应对财政紧缩和不确定环境时，充分发挥战略规划的作用。在一项研究中，随机从 104 个艺术组织和 38 个精神护理机构中抽取的 44 个非营利组织，仅有 8 个尚未开展正式的战略规划。另外一项研究也表明，在差不多 200 个非营利组织的抽样中，有一半以上的组织采用了许多特

---

① ACRL Research Planning and Review Committee. "2012 top ten trends in academic libraries-A review of the trends and issues affecting academic libraries in higher education", *June 2012 College & Research Libraries News*, 2012, 73 (6): 311 – 320.

定的战略去对付财政紧缩和不确定的环境①。

Matthews 在分析了众多战略规划的定义后，总结战略规划就是关于组织如何成长、如何满足用户、如何赢得竞争、如何应对市场变化以及如何管理组织的一系列具体的目标②。Lorenzen 认为在过去几十年中战略规划是高校图书馆应对快速变化的信息环境的重要结果，未来图书馆不可避免地面临更多变化，需要对未来进行规划③。

2. 战略规划提升图书馆管理

战略规划对于组织管理的重要性，可以用美国著名管理学家 Thompson 和 Strickland 的话——"制定、实施和执行战略管理的任务是公司管理的核心和灵魂所在"④ 来证明。

我国图书馆战略规划落后的主要原因除了基础因素外，最主要的还是认识问题。为什么我国关于图书馆战略规划只有一些零散的研究，为什么只有一些少数大型馆想到做战略规划呢？这反映了我国图书馆界整体缺乏战略意识。特别令人遗憾的是，调查发现，许多图书馆馆长认为战略规划太抽象不具体，不能解决图书馆现实问题；也有一些馆长认为，即使做了战略规划，也不会执行，不如不做。如此一些在国内颇有影响的被业界称之为优秀的图书馆也没有战略规划，认识不到战略对于一个先进图书馆的重要意义。因此，如何看中国图书馆界的这个现象？一方面是时机和条件未成熟，从这个意义上来说是正常现象；但是另一个方面，近十年来，我国一些图书馆大量学习国外的先进经验，虽然有的只是一味模仿，但也使图书馆焕然一新，为什么学习了国外的那么多好的做法，却没有学习做战略呢？从这个方面来说，又存在着不正常现象。当然，图书馆人经营图书馆总有一天是要做战略的，但不可盲目等待。

---

① Bryson John M. "Strategic Planning for Public and Nonprofit Organization", *San Francisco*: *Jossey-Bass Publishers*, 1995: 5.

② Joseph R. Matthews. "Strategic Planning and Management for Library Managers", *Libraries Unlimited*, 2005: 3 - 5.

③ Lorenzen, Michael. "Strategic Planning for Academic Library Instructional Programming", *Illinois Libraries*, 2006, 86 (2): 22 - 29.

④ 〔美〕小阿瑟·A. 汤普森、A. J. 斯特里克兰三世：《战略管理》，段盛华等译，中国财政经济出版社 2005 年版，第 1 页。

一旦解决了认识问题，就会有相当数量的图书馆提早考虑战略规划。尽管战略环境与条件尚不具备或不理想，但是战略规划对我国图书馆来说势在必行，实践者应当先行，研究者更应该抢先一步。

Ruan 通过针对美国专业图书馆的个案研究，指出制定规划的动机和意义，包括：寻求改变机构的发展方向；把资源（人力、经费等）转移到更重要的项目上；获取更佳的决策信息；优化内部部门之间的协调；更好地了解周围环境变化；制定现实的、可能实现的或是更高的目标；刺激一个"疲软"的机构等①。

3. 战略规划是图书馆业务全面可持续发展的要求

美国《罗德岛公共图书馆管理委员会手册》中指出公共图书馆战略规划是为图书馆服务的未来所做的精心的、优先的准备方式，基于对社区的了解、社区的期望和资源，以及对社区未来需求的合理预期所作出的长期规划，将能够使图书馆理事会和管理人员更好地履行提供有效和积极的图书馆服务的责任②。

结合科学发展观的学习，图书馆如何科学发展，离不开战略规划。缪其浩曾总结了若干我国所缺乏的国外图书馆规划的特点，倡议业界在制定规划的法律依据、重视过程甚于重视结果、业外人士参与规划、规划执行的评价和更新等方面加以重视和借鉴。③

4. 战略规划促进图书馆转型

英国国家图书馆 2005—2008 年战略规划曾以"重新定义图书馆"（Redefining the Library）为主题引起世界关注。2009 年 8 月，国际图联在意大利都灵召开卫星会议，其主题为"作为场所与空间的图书馆"。2010 年 6 月，美国 ACRL 发布《2010 年高校图书馆十大趋势调研报告》，其中第十个趋势是"图书馆的定义将随着物理空间的重塑和虚拟空间的拓展而改变"。英国国家图书馆 2008—2011 年战略规划又将主题确定为"促进世界知识"（advancing

---

① Lian Ruan：《美国专业图书馆的战略规划——个案研究》，《图书馆建设》2004 年第 4 期，第 74—78 页。

② "Library Planning, in: Rhode Island Public Library Trustees Handbook"，[2010 - 1 - 16]，http://www.lori.state.rj.us/trustees/lib_planning.htm # Library Planning Last updated 07/10/2001.

③ 缪其浩：《论图书馆管理中的规划》，《图书馆杂志》2002 年第 5 期，第 3—7 页。

the world's knowledge)，而美国国会图书馆 2008—2013 年战略规划的主题提升到"提高人类的认知与智慧"（to further human understanding and wise）。

Maxine 认为战略规划可以比喻为旅途中的地图、指导原则、里程碑、通往未来的台阶，战略规划的目标是建立一个以用户为中心而不是以图书馆为中心的新图书馆①。

第二节　项目研究概况

一　课题组

在经济社会、信息技术等环境的影响下，在我国图书馆处于快速发展的新形势下，战略规划的研究势在必行。为对图书馆战略规划进行全面系统的研究，南开大学柯平主持申报了国家哲学社会科学基金项目"公共文化服务体系中的图书馆战略规划模型与实证研究"（项目编号：08ATQ001），获得审批并确定为 2008 年重点项目。

强有力的组织是项目开展的重要保障。项目批准后，建立了分工合理的组织机构（见图 1-1）。图书馆战略规划国家重点项目课题组主要成员有：赵益民、陈昊琳、洪秋兰、贾东琴、张文亮、何颖芳、李廷翰、李健、魏闻潇、肖雪、陆晓红、曾伟忠、白清礼、詹越、王凤、魏艳霞、范凤霞、李亚琼、王铮、陆行素、唐承秀、李秋实、黄立新、李广生、王孝等。

文本调查工作小组主要负责广泛收集全球图书馆战略规划文本，进行编译整理并对其内容进行分析，为项目研究提供事实依据，最终形成图书馆战略规划文本汇编。由赵益民负责，成员有李健、唐承秀、詹越等。

问卷调查工作小组主要负责问卷设计、问卷修改、问卷发放与回收、问卷统计与分析处理等工作，为项目研究提供实证数据。由陈昊琳负责，成员有张伟、胡念、陆晓红、王铮、王凤、魏艳霞、金洪燕、范凤霞、余慧。

专家访谈工作小组负责向图书馆战略管理相关研究的专家进行访谈。由

---

① Maxine Brodie, Meredith Martinelli. "Creating a new library for Macquarie University: are we there yet?", *Library Management*, 2007, 28 (8/9): 557–568.

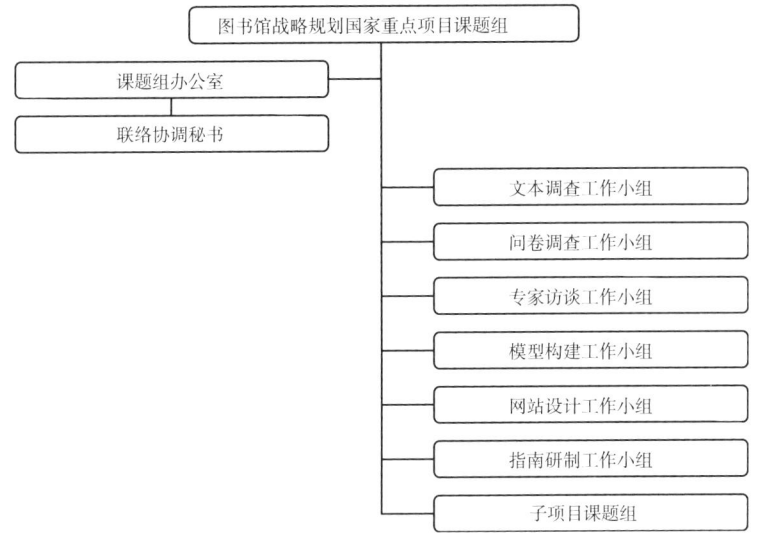

图 1-1 本课题组人员组成

资料来源：本研究整理。

李廷翰负责，成员有陈昊琳、何颖芳、贾东琴等。

模型构建工作小组负责收集整理国内外与图书馆战略规划相关的理论与模型，在此基础上进行总体模型和各子模型的研究，结合文本调查、问卷调查数据分析，提出初步假设和研究方案，提交专家访谈工作小组。该组由课题组负责人和文本调查工作小组、问卷调查工作小组、专家访谈工作小组负责人组成。

网站设计工作小组负责根据本项目提出的图书馆战略规划模型和相关研究，提出网站功能需求，进行网站设计，负责实施与维护。由李廷翰负责，成员有魏闻潇、张海涛等。

指南研制工作小组负责根据本项目提出图书馆战略规划模型和相关研究，借鉴国外图书馆战略规划指南性文件，研制出适合我国的图书馆战略规划指南。由贾东琴负责，成员有张文亮、何颖芳、赵良英等。

二 研究过程

根据研究计划，"公共文化服务体系中的图书馆战略规划模型与实证研究"的研究过程分为五个阶段。

1. 准备阶段

课题组于 2008 年 10 月开始初步建立项目工作开展的相关保障，如初步建立起一支由大学科研人员和图书馆工作人员相结合的专业结构合理、学历层次较高的项目研究团队；成立项目秘书小组负责项目联络、信息报道以及项目工作记录与档案的整理与保存等工作；同时成立文本调查、问卷调查、专家访谈、模型构建、网站设计、指南研制六个工作小组；周密制定研究日程表等。

2008 年 10 月至 2009 年 9 月，文本调查工作小组通过网站、数据库、邮件等多种方式集中收集国内外图书馆战略规划文本、典型案例、相关研究文献，建立项目研究资料和文本库，在此基础上加工整理、分析论证，为后面的案例调查、专家访谈以及问卷调查提供理论依据。同时，文本调查工作小组在整个项目期间，持续跟踪国内外图书馆战略规划研究与实践动态，及时补充、更新相关文本资料。

2. 调研阶段

2009 年 5 月至 6 月，问卷调查工作小组负责精选理论界的战略管理专家和实践界的战略实施管理者进行深度访谈，为问卷设计提供科学指导。2009 年 7 月至 2010 年 3 月，选取全国范围内的高校图书馆、公共图书馆、专业图书馆等各类型图书馆工作人员开展广泛的问卷调查，为图书馆战略规划模型的构建提供实证依据。

3. 分析研究阶段

2010 年 3 月至 7 月，课题组主要对前期获得的国内外相关文献、文本等进行编译、整合，利用内容分析法对文本内外部特征进行审核、分类和编码，进行解读性分析，为项目研究提供依据；专家访谈和问卷调查工作小组，对访谈记录、问卷统计结果等进行深度分析，为项目研究提供实证依据。课题组撰写了若干篇图书馆战略规划相关论文，包括研究综述、国内外图书馆战略规划现状研究、问卷调查结果分析、战略规划模型设计的初步构想与论证等，完成若干项目中期成果。

2010 年 8 月至 11 月，在项目前期理论研究和实证研究的基础上，模型构建工作小组构建了适用于我国的图书馆战略规划一般模型，具体分为：图书馆战略规划流程、图书馆战略规划组织、图书馆战略规划影响因素、图书馆战略规划文本四个模型。

2010年11月至2011年9月，专家访谈工作小组就课题构建的"图书馆战略规划一般模型"对国内外图书馆研究者和图书馆业务领导以及企业战略管理研究专家进行访谈，广泛征求修改意见。

根据项目研究计划，2010年3月至5月本课题组通过调研，撰写"中国图书馆事业'十二五'及2020战略规划"建议案。经过广泛征求意见，到2011年12月形成建议案终稿。

2011年6月至9月，指南研制小组以构建的战略规划一般模型为主线，参考国外图书馆和其他非营利性组织战略规划指南，完成了《图书馆战略规划编制指南》初稿。基于已开展的各类型图书馆战略规划研究成果，并结合各类型图书馆特征，本研究提出了指南在各类型图书馆的应用策略与注意事项。随后访谈小组以访谈形式向数位图书馆馆长及业界专家征求修改意见。

4. 成果汇总阶段

2011年6月至8月课题组经过多方筹备、技术合作以及广泛征求意见，网站设计工作小组开通了"图书馆战略规划"网站，该网站主要用以指导和宣传图书馆战略规划。

2011年5月至2012年8月，课题组撰写、修改与完善主项目报告和各子项目报告。

在前期的文献调查、文本调研、问卷调查以及专家访谈等基础上，课题组进入深入分析阶段，形成若干学术成果，最终形成研究报告。在研究过程中产生的研究成果包括两本相关专著《公共图书馆的文化职能——在社会公共文化服务体系中的作用》《社会公共服务体系中图书馆的发展趋势、定位与服务研究》，两篇博士论文《图书馆战略规划流程研究》《公共图书馆战略制定影响因素研究》，并在《中国图书馆学报》《图书情报工作》《图书情报知识》等核心期刊发表学术论文40篇。

5. 结项阶段

2012年9月课题组校对并打印研究报告，25日上交项目结项材料。2013年2月27日获优秀结项。结项后，课题组继续跟踪国内外图书馆战略规划进展，收集各类图书馆战略规划，开展后续研究。参加项目后续研究的有朱明、闫娜、陈信、张红岩、史雅莉、唐澈、周玮璐。

三　主要研究内容

1. 面向公共文化服务体系，从多维度研究图书馆战略规划

本项目研究过程中启动若干子项目：

第一个维度（战略环境）研究图书馆战略规划的制定所依存的内外部环境。以公共文化服务体系的发展为导向，利用柔性策略应对社会需求，通过图书馆业务流程协调与利益相关者的竞合关系，对整个战略制定与运行的影响因素进行全面深层的剖析，主要体现在子项目六"公共图书馆战略制定影响因素研究"。该子项目从图书馆战略规划制定主体、制定工具与内容三个方面构建出公共图书馆战略制定影响因素体系，以长春图书馆为案例进行验证，并提出公共图书馆战略规划制定影响因素管理机制。

第二个维度（战略主体）研究以文化发展为背景的个体图书馆、跨地区或系统组成的行业联盟以及国家图书馆事业三个层面的战略规划。主要体现在子项目一"图书馆战略规划案例研究"，经过大量的实地调研，针对天津大学图书馆、天津市社会科学院图书馆和天津市图书馆等单位展开了理论结合实际的战略规划研究，分别为三家不同类型的图书馆做出战略发展分析与论证；子项目二"图书馆学专业期刊战略研究"，从国外图书馆学专业期刊的现状和我国图书馆学专业期刊的发展历程与现状着手，通过比较分析，提出了我国图书馆学专业期刊发展的总体战略——提高期刊质量，实施品牌战略；整合期刊资源，实施专业化战略；瞄准学科前沿，实施国际化战略；加快开放获取，实施网络化战略。从图书馆学学术研究成果传播与交流媒介战略发展的角度，丰富了本项目的研究；子项目三"天津高等教育文献信息中心'十二五'发展规划"，将项目研究成果用于指导"天津高等教育文献信息中心'十二五'发展规划"制定，进一步将图书馆战略规划模型拓展到图书馆联盟层面，增加了研究成果的应用价值。同时通过实践验证与修订，进一步完善理论研究成果；子项目四"高职高专图书馆战略研究"，在全面调查国内高职高专学校图书馆发展现状的基础上，借鉴国外高职高专院校图书馆发展经验，并以本项目构建的战略规划模型为指导，为我国高职高专院校图书馆战略规划制定提出参考策略；此外，在研究的基础上起草了"中国图书馆事业'十二五'及 2020 战略规划建议案"。本项目通过各子项目研究，从图书馆个体层面、地区/系统/联盟层面、国家图书馆事业层面的战略发展，进一步拓展了项目研究成果的应用，并从实践层面对研究成果进行了验证。

2. 理论与实证相结合，构建图书馆战略规划实用模型

以战略管理理论、公共服务理论、协同理论为基础，并结合全国范围内各类型图书馆的实证调查结果，通过结构化理论模型的建立，为各级各类型图书馆的战略规划提供适用度高、整合性强的综合设计模型，具体包括图书馆战略规划流程、图书馆战略规划组织、图书馆战略规划影响因素、图书馆战略规划文本四个一般模型。在分析一般模型的基础上，本研究通过典型案例分析，具体探讨了一般模型在各类型图书馆战略规划实践中应用的一般性与特殊性。同时子项目五"图书馆战略规划流程研究"又从操作的层面，具体深入研究了图书馆战略规划流程的各环节与应用的战略工具。

3. 探索行业规范，编制指南

对战略规划的构成要素进行规范化处理，探索符合国情的图书馆战略规划构成要素体系。在图书馆战略规划模型研究的基础上，完成《图书馆战略规划编制指南》（以下简称《指南》）草案，为各级各类型图书馆的战略规划编制提供操作规范。《指南》草案具体讨论了战略规划过程中的"战略规划启动与准备"（Preparation）、"战略规划分析"（Strategy planning analysis）、"战略规划制定与发布"（Planning and text）、"战略规划实施与评价"（Implementation and evaluation）四个关键阶段，每个阶段形成一章，各阶段下面设有若干具体任务项以推进战略规划制定工作。结合已开展的各类型图书馆战略规划研究成果和各类型图书馆特征，本研究进一步提出《指南》在各类型图书馆的应用策略与注意事项，以期为我国各类型图书馆战略规划实践提供指导。

4. 以我国图书馆事业的实证研究为基础，起草相关规划草案

本项目在回顾与总结我国图书馆事业"十二五"发展规划制定背景、意义、取得成就和存在问题的基础上，以全国经济、公共文化服务、教育、图书馆等领域的"十二五"及 2020 相关发展规划纲要为指导，并结合项目前期研究成果，起草了《中国图书馆事业"十二五"及 2020 战略规划建议案》（简称《建议案》）。通过多次专题讨论最终确定《建议案》的总体目标——建成多层次、高标准、满足不同需求、覆盖全社会的图书馆服务体系框架；同时，将具体目标分解成资源建设、服务建设、图书馆管理体制建设、沟通与合作、人才建设、学术创新六个分主题，提出了具体的发展目标。最后从重视图书馆事业战略规划制定的科学指导、重视对图书馆事业战略规划的分类指导以及重视对图书馆事业战略规划的分阶段指导三个角度提出相关建议，为我国图书馆事业未来战略规划实践提供宏观指导。

5. 面向实际应用，建设图书馆战略规划辅助网站

课题组依托河北工业大学图书馆门户，经过多方筹备、技术合作以及广泛征求意见，开通了以指导和宣传图书馆战略规划为主题的"图书馆战略规划"网站（http：//spl.hebut.edu.cn/）。该网站主要包括项目研究成员与活动及成果展示、图书馆战略规划制定参考、图书馆战略规划制定交流互动三大板块。

6. 编辑《国内外图书馆战略规划文本汇编》

通过对国内外图书馆战略规划文本的调查研究，整理完成了《国内外图书馆战略规划文本汇编》，包括国内图书馆、国外国家图书馆、国外公共图书馆、国外高校图书馆、国外其他图书馆共五册，其中国内图书馆规划文本 100 份（见附录 5），国外图书馆战略规划文本 335 份（见附录 4），可作为图书馆制定战略规划的重要参考资料。

四　研究成果

1. 最终研究报告

最终研究报告共有七个部分。第一部分：总论；第二部分：国内外图书馆战略规划研究；第三部分：问卷调查与分析；第四部分：图书馆战略规划模型研究；第五部分：各类型图书馆战略规划研究；第六部分：图书馆战略规划的指导研究；第七部分：结论。

2. 项目发表的学术论文

本项目发表的重要阶段性成果和相关研究论文有下列五个方面。

（1）关于公共文化服务中图书馆战略与战略规划研究

《图书情报工作》2009 年第 17 期发表本项目专题论文 4 篇：《公共文化

服务体系中的图书馆与社会合作实证研究》《面向公共文化服务的国家图书馆与省级图书馆体制改革初探》《面向公共文化服务的城市公共图书馆体系构建》《面向公共文化服务的农村公共图书馆建设研究》。

《图书情报工作》2010 年第 15 期发表本项目专题论文 4 篇:《国外公共图书馆战略规划研究现状及趋势分析》《美国公共图书馆战略规划制定对我国的启示:一种基于文本分析的研究》《关于公共图书馆战略规划模型的思考》《我国公共图书馆战略规划缺失问题探究》。

（2）关于图书馆战略规划的理论研究

《山东图书馆学刊》2010 年第 3 期发表本项目专题论文 4 篇:《基于战略管理的图书馆战略研究》《基于危机管理理论的图书馆战略规划》《基于新公共服务理论的图书馆战略规划》《基于协同理论的图书馆战略规划》。

相关研究论文还有:《图书馆战略规划研究的时代背景与理论视角》（载《图书馆工作与研究》2010 年第 2 期）、《图书馆战略研究》（载《情报资料工作》2010 年第 3 期）、《图书馆战略、战略规划与战略管理研究》（载《图书馆论坛》2010 年第 6 期）、《国内外图书馆的战略规划发展历程》（载《图书馆》2011 年 8 期）。

（3）关于图书馆战略规划模型的研究论文

《图书情报知识》2011 年第 4 期发表本项目专题论文 4 篇:《图书馆战略规划流程模型研究》《图书馆战略规划组织结构模型的构建》《图书馆战略规划影响因素模型实证分析》《图书馆战略规划文本模型的构建》。

（4）关于图书馆战略规划的实证研究论文

本项目发表的相关研究论文有:"An empirical research on strategic planning in public libraries in Mainland China"（载 *Journal of Library and information Science* 2012 年第 5 卷第 1 期）,《基于实证的图书馆战略规划需求研究》（载《图书情报知识》2010 年第 6 期）,《基于网络调查的国内外图书馆战略规划现状研究》（载《图书与情报》2011 年第 1 期）,《基于内容分析的图书馆战略规划文本编制研究》（载《图书馆理论与实践》2011 年第 5 期）,《基于专家调查的我国图书馆战略规划理想预期》（载《图书馆工作与研究》2011 年 5 期）,《基于实证分析的图书馆战略规划流程设计》（载《图书情报工作》2011 年 23 期）。

（5）关于图书馆战略规划指南与实践指导的研究论文

《情报资料工作》2013 年第 1 期发表本项目专题论文 4 篇：《美国公共图书馆战略规划指南述评与启示》《我国"图书馆战略规划编制指南"的应用与实践探讨》《我国公共图书馆战略规划的实践与思考》《我国高校图书馆战略规划的实践与思考》。

本项目发表的战略规划指南与实践指导研究论文还有：《关于"图书馆战略规划编制指南"的若干问题》（载《图书馆工作与研究》2012 年第 3 期）、《关于图书馆"十二五"战略规划的若干思考》（载《图书馆工作与研究》2011 年第 3 期）。

3. 子项目成果

本项目设有六个子项目，各子项目的研究成果如下：

子项目之一由天津市图书馆学会理事长陆行素研究馆员和天津财经大学图书馆馆长唐承秀研究馆员负责，针对天津大学图书馆、天津市社会科学院图书馆和天津市图书馆等单位展开了理论结合实际的战略规划研究，分别为三个不同类型的图书馆做出条理清晰、具有价值的远景发展分析与论证，最终成果为《图书馆战略案例研究报告》。

子项目之二由《图书馆工作与研究》编辑部王孝研究馆员负责，通过比较分析国内外图书馆学专业期刊发展状况，为我国图书馆学专业期刊发展制定发展战略并提出具体对策建议，最终成果为《图书馆学专业期刊的战略研究报告》。

子项目之三由天津市高等教育文献信息中心主任李秋实研究馆员负责，将本项目研究的战略模型用于指导"天津高等教育文献信息中心'十二五'发展规划"制定，通过实践验证与修订，是本项目中图书馆联盟研究的战略规划范例，最终成果为《天津高等教育文献信息中心"十二五"发展规划》。

子项目之四由天津商业大学图书馆黄立新副研究馆员和南开大学图书馆副馆长李广生研究馆员负责，通过调查国内高职高专图书馆发展现状，以本项目构建的战略规划模型为指导，为我国高职高专图书馆战略规划制定提出参考策略，是对本项目中高校图书馆战略规划研究的补充，最终成果为《高职高专图书馆的战略研究》，该子项目还发表《高职高专战略研究》（载《图书馆工作与研究》2011 年第 5 期）等论文。

　　子项目之五由云南师范大学图书馆赵益民研究馆员负责，以博士学位论文的形式完成，从更具体的层面研究图书馆战略规划制定各环节的工作任务，构建具有实践指导意义的图书馆战略规划流程模型，并以云南师范大学图书馆为案例进行验证，提出了具体的应用策略。该博士论文《图书馆战略规划流程模型》由国家图书馆出版社 2011 年 5 月出版。

　　子项目之六由东北师范大学计算机科学与信息技术学院信息管理系教师陈昊琳博士负责，以博士学位论文的形式完成，从图书馆战略制定主体、制定工具与制定内容三个方面构建出公共图书馆战略制定影响因素体系，并以长春图书馆为案例进行验证，提出公共图书馆战略规划制定影响因素的作用机理与对策。该博士论文《公共图书馆战略规划制定影响因素研究》由吉林人民出版社 2012 年 10 月出版。

第三节　关于本书的说明

一　本书内容

　　本书是项目研究报告的核心部分，是在项目已发表的阶段性成果和相关著作的基础上，对研究报告主体进行修改补充完成的。全书共十二章：

第一章　前言

第二章　图书馆战略规划的理论体系

第三章　图书馆战略规划的历史与现状

第四章　公共图书馆战略规划研究

第五章　高校图书馆战略规划研究

第六章　专业图书馆战略规划研究

第七章　国家图书馆战略规划研究

第八章　其他图书馆与图书馆组织战略规划研究

第九章　图书馆战略规划编制指南研究

第十章　图书馆战略规划计算机辅助研究

第十一章　我国图书馆事业"十二五"及未来战略规划研究

第十二章　结论与展望

二 本书各章撰写情况

本书各章撰写情况如下：

第一章、第二章、第三章由柯平撰写。

第四章由陈昊琳撰写。

第五章由贾东琴撰写。

第六章由李廷翰撰写。

第七章由赵益民撰写。

第八章由何颖芳撰写。

第九章由贾东琴和柯平撰写。

第十章由李廷翰和张文亮撰写。

第十一章由柯平和陈昊琳负责，本课题组集体完成。

第十二章由柯平撰写。

参考文献和附录部分由本课题组集体完成。

第 二 章

图书馆战略规划的理论体系

根据本项目研究目标和已有的研究基础，本章进行具体研究设计，明确研究的基本概念，明晰研究的思路，构建研究的基本框架，确立研究的理论视角，为研究建立理论基础。在文献综述和理论研究的基础上，为图书馆战略规划构建初步的理论模型，进行研究方法的设计。

第一节　概念体系

一　图书馆战略的相关概念

1. 战略术语

"战略"最早是一个军事术语，指指导战争全局的筹划和谋略。古希腊语"strategos"指"将军或领袖"，意为指挥军队的艺术和科学。英语"strategy"指战略、战略学、兵法等。20世纪中期，随着商学院"经营政策"（business policy）课程向"战略管理"（strategic management）课程的转化，战略一词逐渐成为商界的热门词[①]。今天，战略已不是一个单一的概念，而是形成了一个术语体系（见表2-1）。

2. 图书馆战略与企业战略

图书馆作为公共服务部门，与企业既有组织的相似性，又有显著的差别。基于已有研究和本研究的讨论，将图书馆战略与企业战略进行对比（见表2-2）。

[①]　李玉刚：《战略管理》，科学出版社2005年版，第1页。

表 2-1 关于战略的相关术语

术　语	中文译名	简要说明
Strategy	战　略	为了决策的指导
Mission	使　命	带领组织前进的大胆陈述
Vision	愿　景	使未来成为现实的突出景象
Values	价　值	一套内心期望的信条
Values Audit	价值审计	识别组织生命力价值的过程
Philosophy	理　念	关于价值的观点与体系
Principle	信　条	一种假定
Ethos	精　神	导向性的信念
Goal	目　标	引向努力方向的意图陈述
Target	指　标	需要完成的期望目标
Purpose	意　图	源于核心价值的意向
Objective	任　务	为实现目标而开展的可测评的行动
Activity	行　动	为完成任务而预定的活动
Action Plan	行动计划	取得一个进入行动和战略动议的计划
Policy	策　略	为行动的书面指南
Plan	计　划	为到达终点而开展智力构想的方法
Procedure	进　程	完成事务的特定途径
Aim	目　的	决定行动方向的关键因素

资料来源：本研究根据 Stueart, Robert D., and Moran, Barbara B. *Library and Information Center Management* (6 edition), Englewood: Libraries Unlimited, 2002: 106 整理。

表 2-2 图书馆战略与企业战略比较

比较项目	企业战略	图书馆战略
范　畴	企业	图书馆或图书馆事业
定　义	5P:计划、计策、模式、定位、观念	以内外环境分析为基础,通过提供参考要点为决策过程和随后的行动提供指导
目　的	建立公司在其市场领域中的位置;成功地同其竞争对手进行竞争;吸引和满足顾客的需求;取得公司业绩	提升影响与社会地位;提高服务质量与服务绩效吸引;实现图书馆的功能与价值
类　型	从企业整体、业务单位、组织运营多个层面划分	从图书馆个体和图书馆事业整体两个层面划分
内　容	产品和市场的确定、价值链的优化、核心竞争力的培养	组织长期发展目标、策略体系、近期计划体系
价值取向	绩效和经济利益最大化	公共服务

资料来源：本研究整理。

　　从范畴和定义看，企业战略以企业为范畴，定义众多，以加拿大麦吉尔大学的 Mintzberg 概括的 5P 较为典型：计划（plan）是方向、指南、通向未来的前进路线、由此及彼的途径等类似的东西；计策（ploy）是为了反击对手或竞争者而采用的特定计谋；模式（pattern）指的是企业过去的发展历程；定位（position）指特定产品在特定市场的定位；观念（perspective）指的是一个企业做事的基本方式。宾夕法尼亚州立大学 SMEAL 管理学院的 Hambrick 和奥斯汀德州大学麦克布斯商学院的 Fredrickson 提出，战略是企业在特定的环境中所确定的核心目标、达到目标的关键路径、行动、企业营利的经济逻辑、与竞争对手的不同的差别化特征五个要素的协同组合[①]。英国 Matthews 在《图书馆管理者的战略规划与管理》一书中提出，图书馆战略首先是一个指导未来行动或者是解决具体问题走向的计划，它既是一种长时间的行为模式、一种组织定位，也是一种超越竞争对手的策略，同时强调图书馆战略最重要的内容是战略方向的确定而不是具体战略行动[②]。显然是受企业战略的多元思维的影响。本研究认为，图书馆战略是图书馆对内外环境深刻分析后，通过提供参考要点为决策过程和随后的行动提供指导。

　　从目的来说，公司战略指"公司管理层所制定的策略计划。其目的在于：建立公司在其市场领域中的位置，成功地同其竞争对手进行竞争，吸引并满足顾客的需求，取得公司业绩"[③]。而对于图书馆来说，战略可以帮助图书馆扩大影响并提升其社会地位，吸引读者并更好地服务，从而实现图书馆的功能与社会价值。

　　从类型看，企业战略的类型，以美国在线/时代华纳为例，对组织战略的层次与类型进行讨论，将组织战略分为三个层次：第一个层次是公司层面战略（corporate-level strategy），关注的是公司的整体目标和活动范围及如何

[①]　Donald Hambrick，James Fredrickson：《你确定你有战略吗？》，《北大商业评论》2008 年第 4 期，第 18 页。

[②]　Matthews，Joseph R. *Strategic Planning and Management for Library Managers*，Westport：Libraries Unlimited，2005：23 – 30.

[③]　〔美〕小阿瑟·A. 汤普森、A. J. 斯特里克兰三世：《战略管理》，段盛华等译，中国财政经济出版社 2005 年版，第 1 页。

增加公司各个不同部门（业务单位）的价值，它可能包括公司的覆盖地域、产品和服务多样化、业务单位及如何将资源配置给公司各个不同部门等一系列问题。第二个层次是业务单位战略（business unit strategy），即如何在某个特定市场上成功地开展竞争。第三个层次是组织运营战略（operational strategies），是指组织的各个组成部分如何有效地利用组织的资源、流程和人员来实现公司层面战略和业务单位战略①。可见，企业战略有公司战略（corporate strategy）、业务战略或竞争战略（business strategy）和职能战略（functional strategy）等多种类型。图书馆战略既借鉴了企业战略类型，又力求体现图书馆的特点，完整的图书馆战略被视为由一个垂直战略网络构成：基础战略（root strategies）、支持功能性区域战略（supporting functional area strategies）和操作战略（operating strategies）。而结合实际的图书馆战略常见类型包括组织战略（organizational strategies）、人事战略（personnel strategies）、成长战略（growth strategies）、机会战略（opportunistic strategies）、创新战略（innovation strategies）、财务战略（financial strategies）、缩减战略（retrenchment strategies）七个领域②。根据我国图书馆的实际，有国家图书馆事业战略、地区（系统）图书馆战略、单位图书馆战略、图书馆职能战略③等划分，归纳起来，图书馆战略分为图书馆组织战略和图书馆事业战略两个层次。前者是指图书馆个体组织的发展战略，要从图书馆实际出发，面向未来考虑图书馆的发展，其具体又可分为图书馆组织整体战略和图书馆部门战略；后者是指整个图书馆事业的发展战略，包括各类型、各地区图书馆发展战略，一个国家图书馆事业发展战略乃至全球图书馆发展战略，其按区域又可具体分为国家图书馆事业战略、地区图书馆事业战略、城市图书馆事业战略、农村图书馆事业战略和国际组织（包括学会、协会等）图书馆事业战略④。

---

① 〔英〕格里·约翰逊、凯万·斯科尔斯：《战略管理》，王军等译，人民邮电出版社2004年版，第11—13页。

② Donald E Riggs. *Strategic Planning for Library Managers*，Phoenix：Oryx Press，1984：47–48.

③ 刘兹恒等：《现代图书馆管理》，电子工业出版社2010年版，第80—81页。

④ 柯平：《基于战略管理的图书馆战略研究》，《山东图书馆学刊》2010年第3期，第6—12页。

从内容上看，根据战略所要完成任务的不同，分为产品和市场的确定、价值链的优化、核心竞争力的培养三个层次①，公司战略的侧重点表现在三个方面：企业使命的制定、战略经营单元的划分及战略事业的发展规划、关键的战略经营单元的战略目标②。Vancil 将图书馆战略内容概括为三个方面：组织的长期发展目标、严格符合现有组织规模的策略体系、能够促进组织远景目标实现的近期计划体系③。

从价值取向看，企业以追求经济目标为首要，而图书馆将服务作为宗旨和价值取向，这是由企业属于营利性组织，而图书馆属于非营利性组织的性质决定的。

二　图书馆战略规划的相关概念

战略规划（Strategic Planning），我国台湾译为"策略规划"④。自从 20 世纪出现"长期规划"（Long-Range Planning）概念以来，长期存在着关于战略规划与长期规划认识不清的模糊现象。在图书馆界，美国图书馆学者 Bryson 认为，图书馆战略规划为图书馆与外部发展环境提供联系，它的核心思想是图书馆行动随着外界变化而发生偏转，强调战略规划并不等同于长期计划，它既包括规划过程，也包括规划结果⑤。Matthews 将战略规划与长期规划两个概念进行比较（见表 2 - 3），认为长期规划的突出特征往往是从过去来推断，相对而言在时间层面属于短期规划，而且只做出针对当前现存的递进改变。

长期以来，图书馆界努力将战略规划与长期规划区别开来，这种思想至今仍然被一些学者所坚持⑥。然而，在国外图书馆战略规划的实践表明，这种区分逐渐变得模糊和趋同。Bolt 列举了认为战略规划与长期规划有着本质

---

① 李玉刚：《战略管理》，第 3 页。

② 张明玉、张文松编《企业战略理论与实践》，科学出版社 2005 年版，第 12 页。

③ Vancil，Richard F. *Strategic Planning Systems*，New Jersey：Prentice-Hall，1977：4.

④ 卢秀菊：《图书馆规划之研究》，台湾学生书局 1988 年版，第 2 页。

⑤ Bryson，John M. *Strategic Planning for Public and Nonprofit Organizations*，San Franciso：Jossey-Bass，1988：11.

⑥ 于良芝：《战略规划作为公共图书馆管理的工具：应用、价值及其与我国公共图书馆的相关性》，《图书馆建设》2008 年第 4 期，第 54—58 页。

表 2 - 3   长期规划与战略规划的区别

	长期规划	战略规划
视野	窄的聚焦	"大画面"
时间期限	短期的 1—3 年	长期的 5 年或更长
思维方法	定量分析	定量综合
方向上	由下向上	由上而下
预测	乐观的	探究选项
改进	递进的	承担风险
规划过程	结构的	探索选择的
变革	小变革	考虑排除的服务
定向	向内的	顾客中心
决策	以主观评价为基础	以客观评价为基础
解决问题	被动的	主动的
管理时间	当前的操作问题	宽泛的战略问题
焦点或方向感	模糊的	完全清晰的
风险	很少——更多相同	较多——愿意考虑重大变革
目标设定	以经营需求为基础	以图书馆使命和愿景为基础
结果	做出有关图书馆绩效的假设	用一套绩效测量评估成效

资料来源: Matthews Joseph R. *Strategic Planning and Management for Library Managers*, Westport: Libraries Unlimited, 2005: 62。

区别的数项相关研究[1]。在制定的规划指南中认为传统的长期规划是死板的，相信通过将传统的长期规划与战略思考联系起来必将增强战略规划过程和规划结果，为此，描绘了将长期规划和战略规划联合起来的系统。Pacios[2]根据对所收集的网络上的 61 份战略规划文本进行分析，表明长期规划和战略规划没有区别，它们都是关于计划的模型模式，各图书馆根据想要表述的内容可以以独特的方式来解释它。

---

[1] Bolt, Nancy M., and Stephan, Sandra S. *Strategic Planning for Multitype Library Cooperatives: A Planning Process*, Chicago: American Library Association, 1998.

[2] Pacios, Ana R. "Strategic plans and long range plans: Is there a difference?", *Library Management*, 2004, 25 (6/7): 259 – 269.

战略规划是一个发展的概念，从发展看，Riggs 以 Carlson 关于战略规划的精彩描述和辩解为基础，指出了从传统规划到战略规划转移的益处（见表 2 - 4）。

表 2 - 4　传统规划与战略规划的区别

传统规划	战略规划
随机规划	系统规划
消极决策	前摄决策
增量评估	综观评估
以业务需求为基础建立目标	以组织使命为基础建立目标
孤立决策	团队决策
以主观评估为基础决策	以数据结果的客观评估为基础决策
猜想结果	评估所有可能效果

资料来源：Riggs，Donald E. *Strategic planning for library managers*，Phoenix：Ariz，Oryx，1984：5。

Matthews 认为，一个有效的图书馆战略规划应该通过系列相关概念（见图 2 - 1），以起到通报并激发所有利益相关者，指导决定，并调整全体成员行动的作用。

图 2 - 1　规划过程中的核心概念

资料来源：Matthews，Joseph R. *Strategic planning and management for library managers*，Westport：Libraries Unlimited，2005：13。

虽然图书馆战略规划的原理主要来源于企业战略规划，但图书馆战略规划在发展过程中已形成了自己的特色，表 2 - 5 说明了图书馆战略规划与企业战略规划的主要差异。

表 2 - 5　图书馆战略规划与企业战略规划比较

比较项目	企业战略规划	图书馆战略规划
范　畴	企业	图书馆、图书馆事业
目　的	识别组织外部环境挑战、提高组织适应性、竞争优势最大化	明确发展环境、确立发展目标、提供用于实施的战略措施
突出作用	企业战略制定	图书馆发展
要　素	根据跨国公司、小型企业、制造性企业、服务性企业、创新型企业等而有所不同	体现战略管理路径的图书馆宏观发展要素、体现战略保障体系的图书馆专门业务发展要素

资料来源：本研究整理。

　　从一般概念上，美国的《管理百科全书》认为战略规划是定义组织目标和实现方法的过程[①]。Mintzberg 将战略规划定义为一个一体化决策系统的形成、产生，进而导致连贯协调结果的正规化程序[②]。Beerel 则主张战略规划是为解释组织环境而设计的一个正式过程，目的在于识别组织的适应性挑战并指导组织做出反应，从而使更长期的竞争优势达到最大化；战略规划应明确识别未来发展情景，以及需要面对的适应性挑战，规划的主要任务通常是帮助组织重新构造其发展假设，并在强调自组织能力的基础上界定价值关系链[③]。本研究认为，图书馆战略规划既是管理过程，也是战略管理结果，是正确分析组织内外环境、确立发展目标以及相应战略措施的过程与结果。

　　从战略规划对于组织的突出作用看，主要有以下方面：提供一个分析和思考复杂战略问题的结构性方法，并使管理者在最大程度上质疑和挑战那些他们认为本应如此的睿智思想；鼓励形成一个长期的战略观；以既定目标和战略方向为基准，通过定期评审业绩表现和进展情况，战略规划体系可以成为一种控制手段；是一种有用的协调手段；有助于沟通既定战

---

　　① Helms M. M. *Encyclopedia of Management* (5th edition), Thomson, Detroit, 2006: 278.

　　② Mintzberg Henry. *The Fall and Rise of Strategic Planning*, Harvard Business Review, 1994 (1 - 2): 107 - 114.

　　③ 〔美〕安娜蓓尔·碧莱尔：《领导与战略规划》，赵伟译，机械工业出版社 2000 年版，第 197 页。

略；使组织员工参与到战略制定过程中，从而可能有助于形成员工对战略的拥有权；提供一种组织安全感和逻辑意识，特别是可以向那些认为应该前瞻性地主动决定组织未来战略，并掌控组织命运的管理者提供一种安全感和逻辑意识①。

从要素上看，Morein 认为规划的要素包括：①时间要素：决定规划推行的恰当时间，制定每期时间的限制，可分为短期规划、中期规划和长期规划；②资料要素：必须收集详尽的背景资料，以便设计者据此作参考与分析；③参与要素：规划过程及内容应由各级部门共同参与制定，才能全面协作；④弹性要素：根据社会不断变化，规划应当定期检查改进，删除不合时宜的内容；⑤文本要素：规划的实施应以书面下达②。柯平等的《图书馆知识管理研究》将国外图书馆战略规划主要内容概括为七项：背景、使命、愿景、价值声明、战略目标、任务和行动措施③。余倩等在针对24 个国外图书馆规划样本的研究基础上，总结出 13 项作为核心体例、特色体例和个性体例构成的主要内容，认为一个较为理想的战略规划，其核心构成应该包括愿景、使命、环境扫描、战略目标、评估指标、财务及其风险分析等要素，同时适当融入价值观、行动计划、战略制定过程、关键成功因素、战略策应等方法或操作性内容④。赵益民结合前人的研究成果，通过对分析样本全文内容的归纳提炼，将能够代表主要内容特征的要素划分为"战略管理路径"和"战略保障体系"两个维度⑤。前者包括使命陈述、愿景展望、发展历程、环境分析、目标体系、实施策略、部门分工、评价体系、制定过程和关键成功因素 10 个指标，后者包括服务承诺、经费支持、组织管理、信息资源、人力资源、建筑设施、技术应用、薪酬管理、危机管理和可行性分析 10 个指标。关于图书馆事业战略规划的要素

---

① 〔英〕格里·约翰逊、凯万·斯科尔斯著《战略管理》（第 6 版），王军等译，第 38—39 页。

② Morein, P. Grady, etc. "The academic libariy management program", *College and Research Libraries*, 1980, 38（1）：15.

③ 柯平、白庆珉、李卓卓等：《图书馆知识管理研究》，北京图书馆出版社 2006 年版，第328 页。

④ 余倩、陶俊：《国外最新图书馆战略规划体例评析》，《图书馆建设》2009 年第 10 期，第 103—108 页。

⑤ 赵益民：《图书馆战略规划流程研究》，国家图书馆出版社 2011 年版，第 92 页。

与范围，王国强针对澳门图书馆事业规划的研究，依据 Morein 的要素划分为五类：时间要素、资料要素、参与要素、弹性要素、文本指引要素。而按照一般图书馆的服务功能，将事业规划的范围分为六个领域①：①图书馆组织与管理制度；②图书馆公关及营销；③图书馆资讯媒体建设；④图书馆书目控制；⑤图书馆阅览及典藏服务；⑥图书馆资讯咨询及资讯素养教育。

第二节　理论基础体系

一　战略管理理论

战略管理是继生产管理、经营管理之后的一个新阶段，战略管理经历了从 20 世纪 50 年代的战略概念，到 60 年代的战略规划、70 年代的战略热潮、80 年代定位学派的形成、90 年代资源学派的涌现。在 70 年代初全球性石油危机之后的 20 多年里，战略管理基本为迈克尔·波特为代表的定位学派与普拉哈拉德为代表的资源学派所左右。近年来，开始出现战略创业以及社会资本等方面的战略理论的探讨②。由于传统的战略管理理论把战略管理假定为一个战略方案制定和实施的理性过程，但是许多学者对企业战略管理实践的研究发现，战略管理过程相当复杂，战略的形成过程更是多种多样③。于是，加拿大麦吉尔大学的 Mintzberg 等将现有的战略管理研究归纳为 10 个学派：设计学派（将战略形成看作一个概念作用的过程）、计划学派（将战略形成看作一个正式的过程）、定位学派（将战略形成看作一个分析的过程）、企业家学派（将战略形成看作一个预测的过程）、认知学派（将战略形成看作一个心理过程）、学习学派（将战略形成看作一个应急的过程）、权利学派（将战略形成看作一个协商的过程）、文化学派（将战略形成看作一个集体思维的过程）、环境学派（将战略形

① 王国强：《二十一世纪初期澳门图书馆事业发展规划之研究》，澳门图书馆暨资讯管理协会 2003 年版，第 23—25 页。
② 〔美〕小阿瑟·A. 汤普森、A. J. 斯特克里克兰三世：《战略管理》，段盛华等译。
③ 李玉刚：《战略管理》，第 12 页。

成看作一个反映的过程）、结构学派（将战略形成看作一个变革的过程）①。

　　Steiner 提出"企业战略管理是确定企业使命，根据企业外部环境和内部经营要素确定企业目标，保证目标的正确落实并使企业最终实现的一个动态过程"②。英国著名战略管理学者 Johnson 和 Scholes 的《战略管理》（*Exploring Corporate Strategy*）第六版将战略管理过程分为战略定位（strategic position）、战略选择（strategic choices）和战略实施（strategy into action）三大要素（见图 2 - 2）。

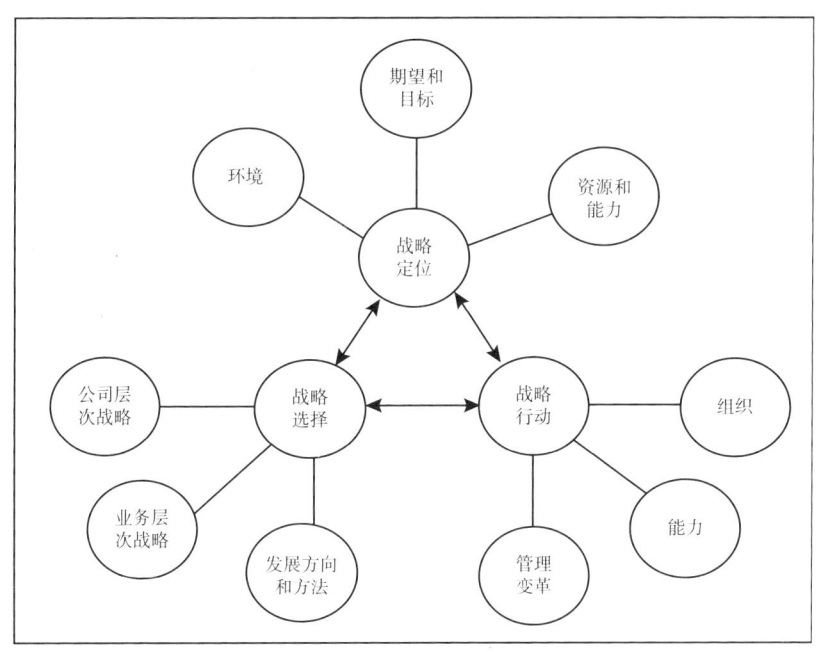

图 2 - 2　战略管理要素模型

资料来源：〔英〕格里·约翰逊、凯万·斯科尔斯：《战略管理》（第 6 版），王军等译，第 11 页。

---

　　①　〔加〕明茨伯格、阿尔斯特兰德、兰佩尔：《战略历程》（修订版），魏江译，机械工业出版社 2006 年版，第 4—6 页。

　　②　陈幼其：《战略管理教程》（第二版），立信会计出版社 2009 年版，第 13 页。

Johnson 和 Scholes 比较了战略制定的三种不同视角：设计视角认为战略的制定是要通过理性的、结构化的、指导性的分析程序对组织进行定位，这一视角有利于掌握战略管理全貌以及处理战略管理的复杂性；经验视角认为战略是在组织经验和历史文化遗产的基础上渐进形成的，而且公司里战略变革的发生远远不会像设计视角所解释的那样简单；而创意视角认为战略是在组织内部和外部存在的差异性和多样性的基础上生成的秩序和创新，有助于理解创新战略的产生及组织如何应付动态的环境。还指出：战略制定（strategy development）通常被等同于战略规划体系（strategic planning system），在很多方面，战略规划体系充分体现了通过设计手段来管理战略的思路[1]。

美国著名战略管理学者 Thompson 和 Strickland 将战略管理的任务归纳为五项（见图 2 - 3）：①提出公司的战略展望，指明公司的发展目标，从而为公司提出一个长期的发展方向，清晰地描绘公司将竭尽全力对待所要进入的事业，使整个组织对一切行动有一种目标感；②建立目标体系，将公司的战

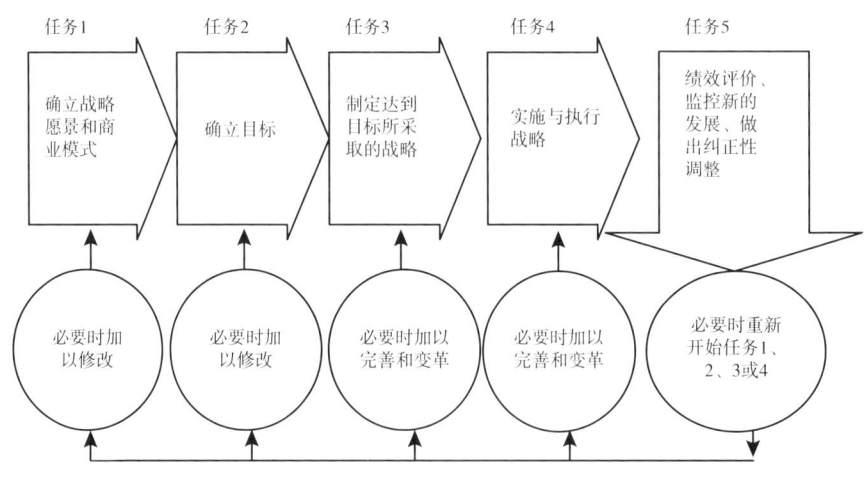

图 2 - 3　战略管理五项任务

资料来源：〔美〕小阿瑟·A. 汤普森、A. J. 斯特里克兰三世：《战略管理》，段盛华等译，中国财政经济出版社 2005 年版，第 5 页。

---

[1] 〔英〕格里·约翰逊、凯万·斯科尔斯：《战略管理》（第 6 版），王军等译，第 38 页。

略展望转换成公司要达到的具体业绩标准；③制定战略、达到期望的结果；④高效、有效地实施和执行所选择的公司战略；⑤评价公司的经营业绩，采取矫正性措施，参照实际的经营现状、变化的经营环境、新的思维和新的机会，调整公司的战略展望、公司的长期发展方向、公司的目标体系、公司的战略以及公司战略的执行。

战略管理理论适用于图书馆战略规划的主要原因有两个方面：一方面，战略管理除在企业的应用外，还广泛应用于政府、公共组织和其他领域。Olson 和 Eadie 是较早倡导引入私人部门战略规划技术的先驱者，他们认为战略计划在公共部门应占有一席之地，私人部门的战略计划技术在公共部门大多是可行的。他们提出了类似于私人部门的五步战略规划过程，即综合任务和目标的描述；环境监测与分析；分析组织内部的概况和可供挖掘的资源；战略制定、评价和选择；战略计划的运作和控制。另外，还有许多学者也对公共部门使用战略规划进行了介绍和分析，较为突出的是 Bryson，他在1988 年设计了八个步骤的战略计划模式，较好地将战略规划与公共部门的实际情况结合起来。正是在这些理论倡导的影响下，20 世纪 80 年代初，美国就有许多地区开始使用战略规划技术，如俄勒冈州在 20 年间采用了两个详尽的全州战略规划[①]。1993 年的美国"政府绩效与结果法案"（The Government Performance and Results Act）在联邦历史上第一次要求各个机构向国会和管理预算局递交多年战略规划并要求到 1997 年所有联邦政府机构都必须实行战略规划，到 90 年代中期，美国几乎 40% 的州机关完全采用了战略规划，而且几乎 80% 的州机关部分或全部实施了战略计划[②]。在其他领域如传媒领域，既有理论研究[③]，也有实践[④]。最近二十年来，战略管理一直是企业管理中的研究热点。"在过去的 18 年里，'战略管理'这一学科也有了很多变化，其中最主要的一点就是：这一学科对公共和私营部门中的管

---

① 〔美〕尼古拉斯·亨利：《公共行政与公共事务》（第 8 版），张昕等译，中国人民大学出版社2002 年版，第 541 页。

② 〔美〕尼古拉斯·亨利：《公共行政与公共事务》（第 8 版），张昕等译，第 537—541 页。

③ 邵培仁、陈兵：《媒介战略管理》，复旦大学出版社 2003 年版。

④ 寸洋：《论跨地区经营的媒介战略管理——以南方报业传媒集团跨区经营〈云南信息报〉为个案》，《思想战线》（人文社会科学专辑）2009 年第 35 卷，第 156—161 页。

理者的重要性得到了广泛认同"①，这说明作为公共部门的图书馆，应用战略管理是完全可能的。另一方面，除了基本的社会组织属性，图书馆还具备很多异于企业，却更适合也更需要运用战略管理的特征。首先，全球化为图书馆带来日益复杂的环境，图书馆也必须面对众多的利益相关者，满足多元化的社会需求及处理与环境的互动问题成为影响事业的主要因素，具有全局视野和系统理念的战略管理在图书馆发展规划中的重要地位日益彰显。其次，相对于逐渐树立社会责任意识的企业而言，图书馆历来重视社会使命、传承文化、服务民众等核心理念，价值追求比单纯的市场竞争更具战略意义。再次，信息技术的飞速发展、应用和管理模式的变革推动着组织结构向扁平化方向演变，图书馆员工和相关组织与个人在战略制定过程中高度参与，复杂多变的社会环境也促使图书馆的组织结构在战略实施中更具柔性。最后，与企业追求私人利润相比，图书馆的公益价值取向决定了其全局性和长期性的战略发展性质，战略资源需要更大范围的组织协调，也表现出知识属性的广延性、积淀性特征②。

二　图书馆管理理论

图书馆管理是关于合理配置和最大限度地发挥图书馆各类资源的作用，以达到图书馆预期目标的活动。由于图书馆战略规划是图书馆管理的重要内容，因而必须以图书馆管理理论为理论依据。

早在 19 世纪初图书馆管理学就已产生。1821 年德国图书馆学家 Ebert 首次提出了"图书馆管理"（Library economy）一词。1839 年法国学者海斯发展了 Ebert 的思想，出版《图书馆管理学》专著。1859 年英国的 Edwards 出版的《图书馆纪要》（*Memoirs of Libaries*）第 2 卷为《图书馆管理学》。1887 年美国也出现了研究图书馆管理的文献。到 20 世纪 20 年代莱丁格将图书馆管理学作为其图书馆学结构的四个部分之一。

2001 年 Haysr 的《图书馆管理、决策和计划模型》（*Models for Library Management，Decision-Making，and Planning*）除科学管理外，包括了员工评

---

① 〔英〕格里·约翰逊、凯万·斯科尔斯：《战略管理》（第 6 版），王军等译，第 15 页。
② 赵益民：《图书馆战略规划流程研究》，第 44 页。

估、资源、机构和联盟费用等内容，还讨论了图书馆的决策与规划问题。Stueart 和 Moran 的《图书馆与信息中心管理》（*Library and Information Center Management*），将战略思考、战略规划和决策作为重要内容，详细概述了战略规划的模型和操作，2007 年第七版还增加了营销、团队建设和伦理等章节。

在我国，黄宗忠的《图书馆学导论》（武汉大学出版社 1988 年版）将图书馆管理学作为技术图书馆学的分支，包括图书馆统计学、图书馆经济学、图书馆人才与教育学。以此为基础出版的《图书馆管理学》（武汉大学出版社 1992 年版）分四编，从图书馆管理基本理论、图书馆管理过程的基本职能、图书馆管理方法和图书馆具体管理四个方面阐述著者观点。吴慰慈和董焱在《图书馆学概论》（修订本）（北京图书馆出版社 2002 年版）中指出图书馆管理学是研究图书馆管理的基本理论、管理过程、管理方法、各种具体管理和图书馆管理趋势的科学，其主要内容的四个部分与黄宗忠著作一致，这一体系可以视为基础理论思维模式。

本研究认为，在环境、基础理论、技术和管理各种因素的影响下，当代图书馆管理学理论得以丰富和发展。从整体上看，图书馆管理学理论以管理为基点，以资源、技术与服务为三个基本要素，形成三维结构[①]。在此基础上，提出当代图书馆管理学的理论体系从结构上分为微观和宏观两个层次。微观管理层次是由资源管理、技术管理和服务管理所构成的，其进一步展开是当代图书馆管理学理论体系的底层基本构件。宏观管理层次是由图书馆事业管理、机构管理和战略管理所构成的，事业管理包括图书馆法、图书馆职业、图书馆联盟等，机构管理从组织的角度进行管理，包括项目管理、危机管理、知识管理等，是对微观层次理论体系的宏观把握，从宏观层次上给予微观管理层次以指导。在这一体系中，图书馆战略规划是图书馆管理的核心部分，在宏观管理层次形成整体规划，在微观管理层次形成具体的业务规划（详见图 2 - 4）。

---

① 柯平、张文亮：《当代图书馆管理学理论体系的发展》，《图书馆论坛》2011 年第 6 期，第 73—79、87 页。

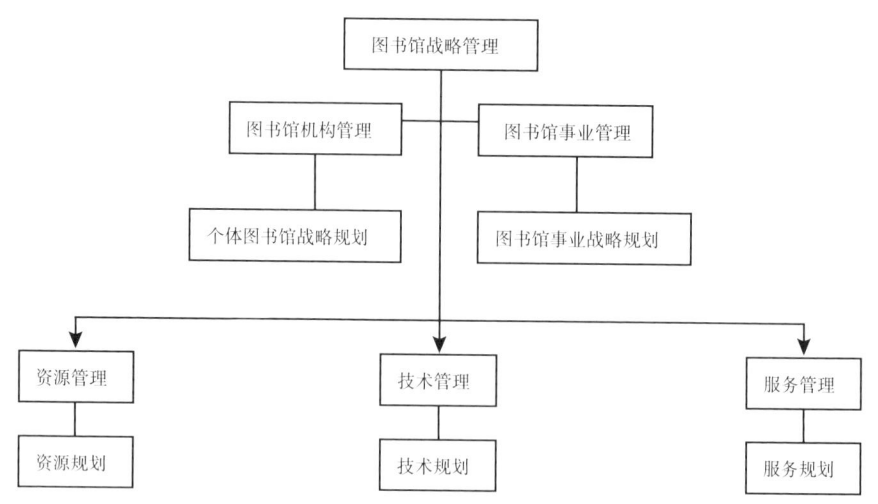

图 2 - 4　战略规划在图书馆管理中的地位

资料来源：本研究整理。

第三节　理论模型体系

图书馆战略规划需要理论模型。本项目关于图书馆战略规划模型的研究从理论与实证两个方面入手。理论方面，一是以企业战略规划模型以及公共部门战略规划模型为基础，寻找与图书馆战略规划的相似性以及所有组织战略规划的一般特征，作为图书馆战略规划的基本理论依据；二是对图书馆战略规划研究文献进行调研，总结提炼图书馆战略规划的基本要素与基本规律。实证方面，通过文本调查，分析国内外图书馆战略规划文本的一般特征；通过调查问卷，了解我国对于图书馆战略规划的态度以及关于图书馆战略规划模型的意见与看法。

一　国外图书馆战略规划模型

国内外关于图书馆战略规划流程均以企业战略规划流程为基础进行探讨。在国外，图书馆战略规划强调调查需要、确立目的目标、拟订计划、评鉴计划的实施情形以明了目标达成的程度，并随时修正不适宜的目标，使之切合需要并切实可行，这一连续的步骤被称为"规划过程"（planning process）。

1971 年，Webster 提出了图书馆规划程序模型（见图 2 - 5），这一模型主要是为大学图书馆设计的，主要围绕目标设计流程，并强调正式组织与馆

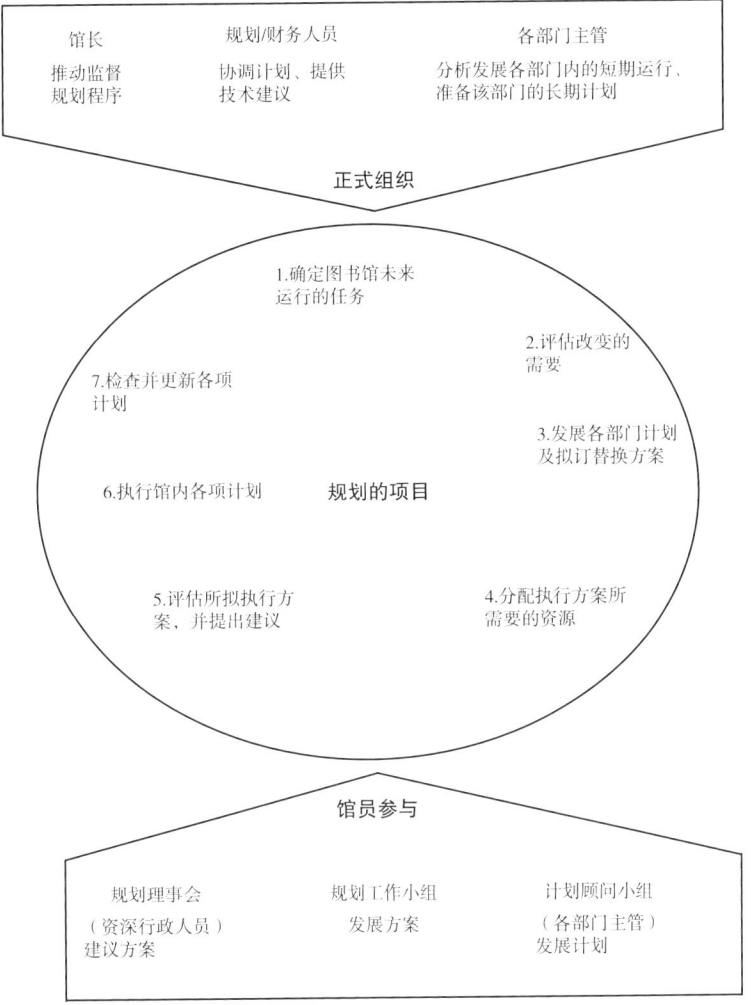

馆长　　　　　　规划/财务人员　　　　　　各部门主管
推动监督　　　　协调计划、提供　　　　　分析发展各部门内的短期运行，
规划程序　　　　技术建议　　　　　　　准备该部门的长期计划

正式组织

1.确定图书馆未来
运行的任务

2.评估改变的
需要

7.检查并更新各项
计划

3.发展各部门计划
及拟订替换方案

6.执行馆内各项计划　　规划的项目

5.评估所拟执行方
案，并提出建议

4.分配执行方案所
需要的资源

馆员参与

规划理事会　　　　　规划工作小组　　　　　计划顾问小组
（资深行政人员）　　　发展方案　　　　　　（各部门主管）
建议方案　　　　　　　　　　　　　　　　发展计划

图 2 - 5　Webster 的图书馆规划程序

资料来源：Webster, D. *Planning Aids for the University library Director*, Washington, D. C.：Office of Management Studies, Association of Research Libearies, 1971：20。

员参与的作用。

　　1978 年，McClure 设计了规划程序的一般模型（见图 2-6）。

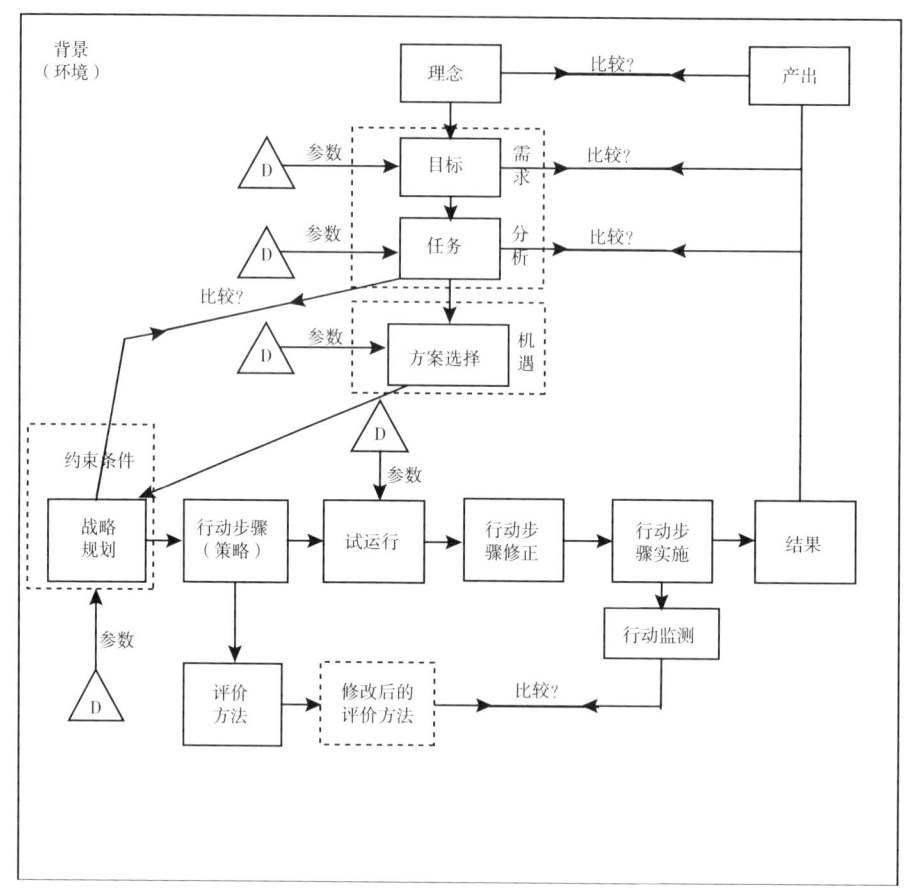

图 2-6　规划程序总体模型

　　资料来源：McClure, C. R. "The planning process: strategies for action", *College & Research Libraries 1978*, 39（6）：458。

　　在国外，运用"系统理论"（systems theory）方法研究图书馆战略规划，认为规划是在机构内之组织与其外在政治、社会、经济、科技环境互动情况下，资源的有效流通与利用。Johnson 和 Mann 基于系统思想提出了规划过程模型（见图 2-7）。

　　Johnson 和 Mann 还将机构的组织作为规划的系统模型（见图 2-8）。他

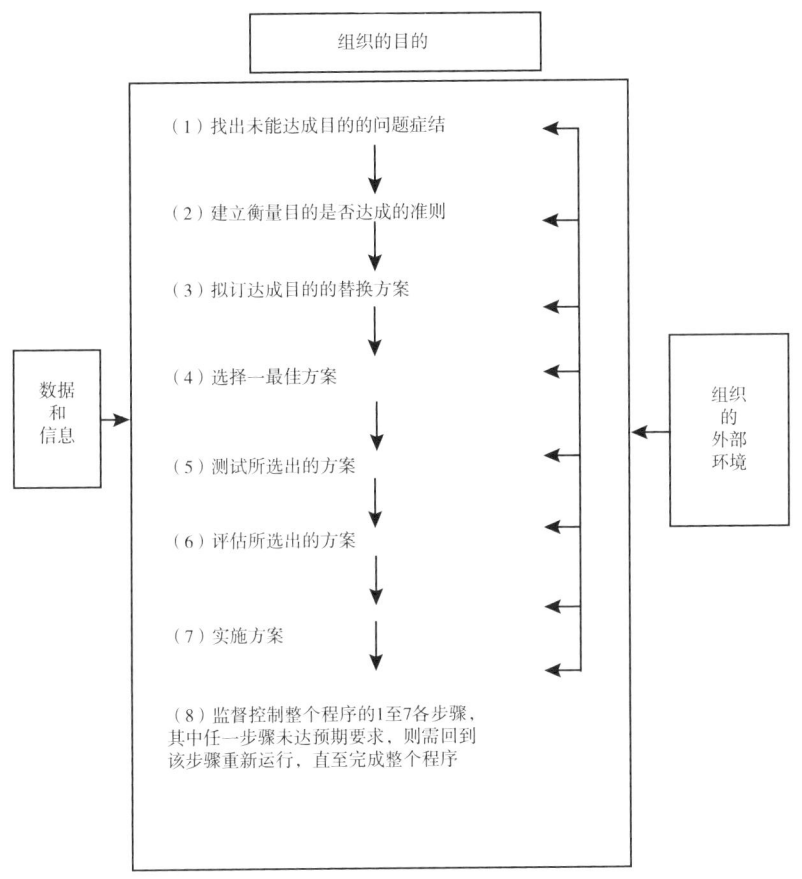

图 2-7 规划程序的运行过程

资 料 来 源: Johnson, E. & Mann, S. H. *Organization Development for Academic Libraries*: *An Evaluation of the Management Review and Analysis Program*, Westport, Conn. : Greenwood Press, 1980: 12。

们提出的两个模型对于本研究建立流程模型和组织模型均有一定的参考价值。但他们的模型主要是针对大学和研究图书馆设立的,没有考虑公共图书馆的一般规律,不具有通用性。

美国公共图书馆协会(Public Library Association,PLA)1987年出版的《公共图书馆规划与角色确定:选项与程序手册》引入图书馆的"角色"观念,由各公共图书馆自行确定其角色定位,简化社区研究的步骤,提出基本、中度、完备三层次的规划程序,由各图书馆视人力、物力情况选用。

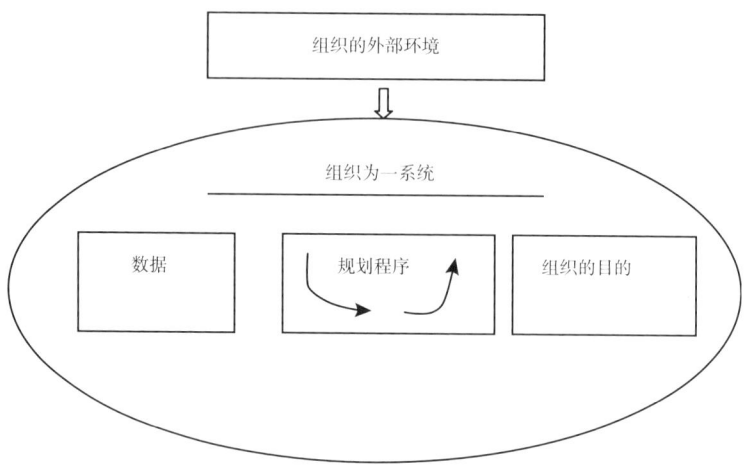

图 2 - 8　系统理论的组织机构

资料来源：Johnson，E. & Mann，S. H. *Organization Development for Academic Libraries*：*An Evaluation of the Management Review and Analysis Progrom*，Westport，Conn.：Greenwood Press，1980：9。

将规划程序步骤简化为七步：开始规划、环境识别、阐发角色使命、拟定目标任务、采取行动、撰写规划文本、评价结果（见图 2 - 9）。这一模型是专门为公共图书馆制定的，20 世纪 80 年代以来的国外公共图书馆一般参照这一模型编制，这一模型对于我国图书馆战略规划文本模型有一定参考价值。

Stueart 和 Moran 在《图书馆与信息中心管理》中认为图书馆战略规划是一个持续的过程，提出了一个通用的过程模型（见图 2 - 10）。

这一模型的特色在于重视战略分析问题，注意了财务、实施和反馈机制，但也带有鲜明的企业战略规划模型色彩，图书馆的针对性偏弱。

二　本研究提出的图书馆战略规划模型

本研究的子项目负责人赵益民在其博士论文中提出了图书馆战略规划总体流程框架（见图 2 - 11），这一框架运用了战略管理尤其是战略规划实践的基本运作原理，试图从组织机构的建制到战略要素的分析，从战略方案的拟订到规划文本的编制，体现图书馆战略规划活动的一般性

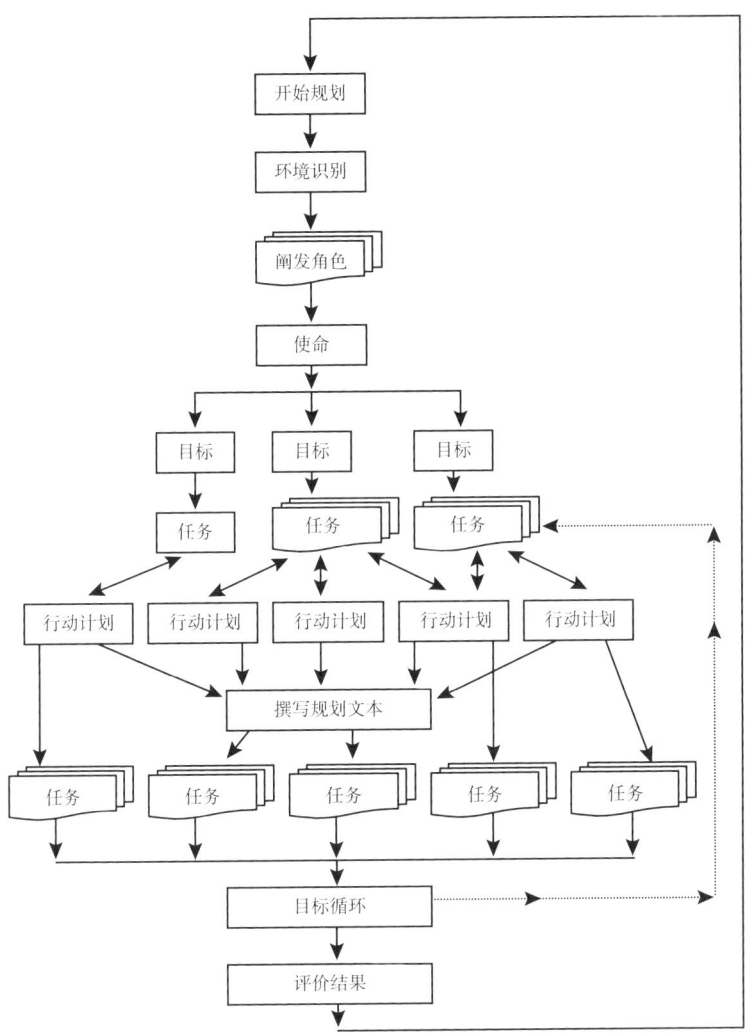

图 2 - 9 公共图书馆协会的规划周期

资料来源：McClure，C. R. and others. *Planning and Role Setting for Public Libraries：A Maunal of Options and Procedures*，Chicago：American Libarary Association. 1987；3。

发展规律。

在这一研究基础上，本研究参考国内外已有各种模型，以关于战略规划

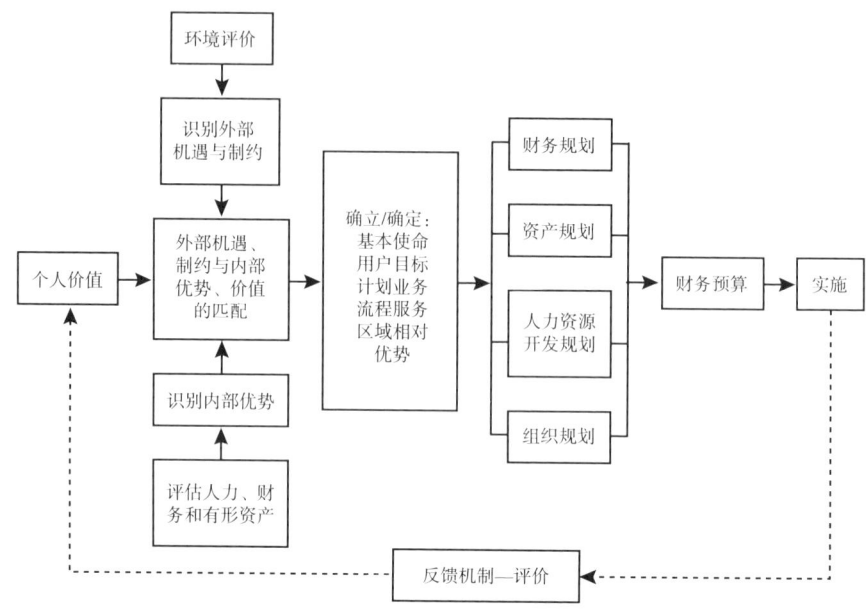

图 2 - 10　战略规划是一个持续过程

资料来源：Stueart, Robert D., and Moran, Barbara B. *Library and Information Center Management* (6 edition), Englewood：Libraries Unlimited, 2002：93。

涉及流程的阶段性成果为基础，提出新的图书馆战略规划流程模型（见图 2 - 12）。

需要说明的是，本研究提出的这一流程模型是适用于我国个体图书馆的一般模型，并没有考虑不同类型图书馆的个别特征，也没有考虑图书馆事业战略规划的特殊性。关于图书馆事业战略规划的流程，可以以本研究与构建的战略规划流程模型为基础，同时参考王国强提出的"澳门图书馆事业规划程序"九个步骤：①理清指示方针及哲学理念；②对收集所得的资料进行情况分析；③拟定目的、目标及策略；④制定各种政策、计划、方案及措施；⑤设计各种政策、策略、计划的可行交替的方案；⑥评估方案及选择最佳方案；⑦制定资源分配方法；⑧设立资讯管理系统；⑨制定实施与评估方法[①]。

---

① 王国强：《二十一世纪初期澳门图书馆事业发展规划之研究》，澳门图书馆暨资讯管理协会 2003 年版，第 25—30 页。

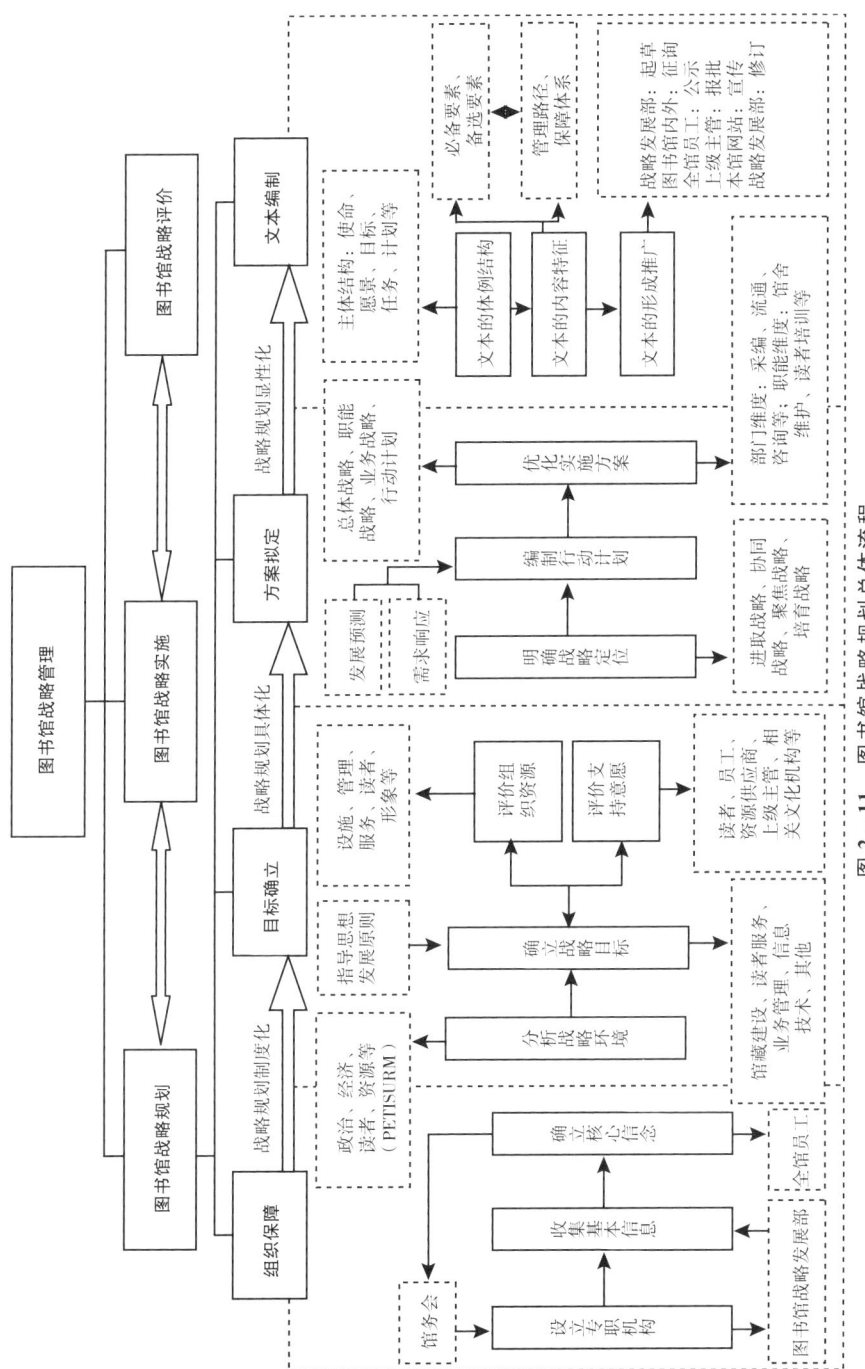

图 2-11　图书馆战略规划总体流程

资料来源：赵益民著《图书馆战略规划流程研究》，国家图书馆出版社 2011 年版，第 163 页。

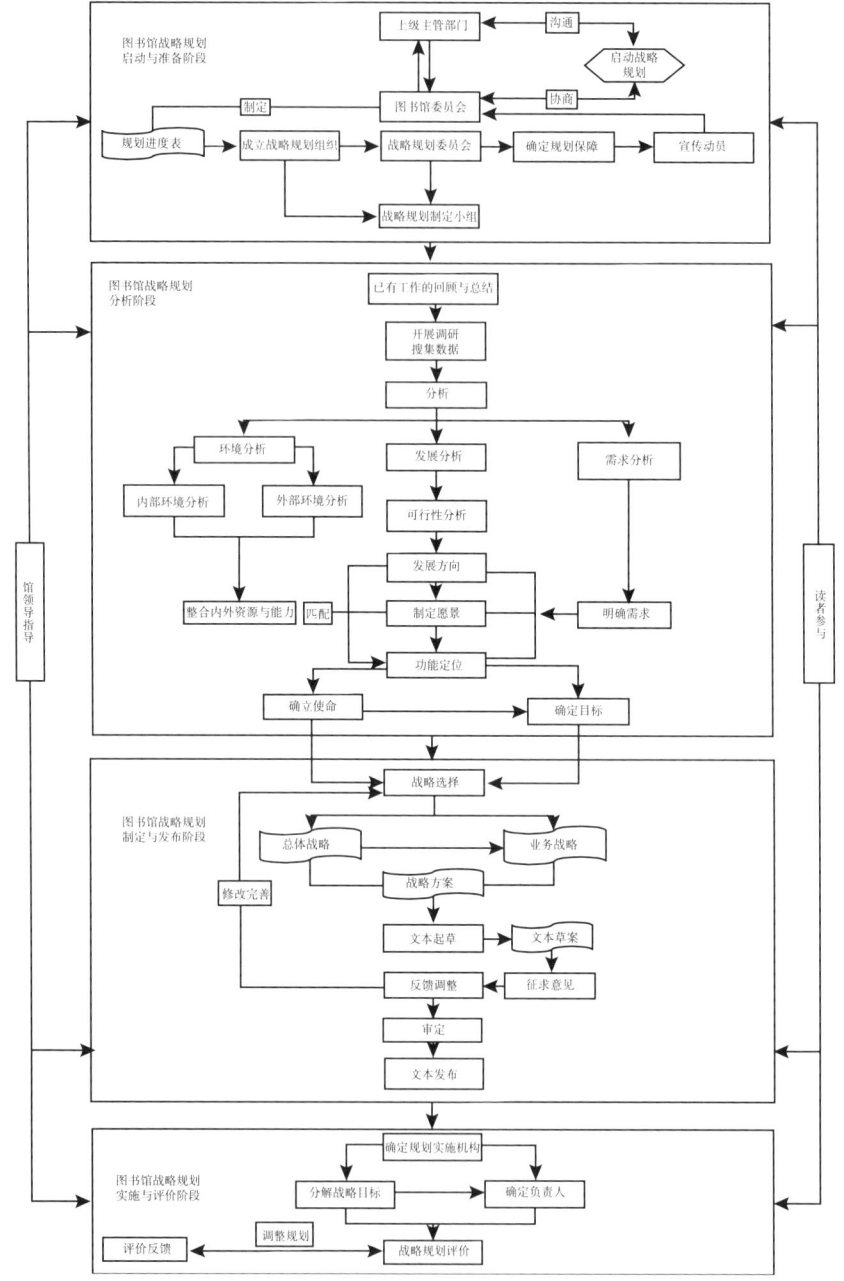

图 2 – 12　图书馆战略规划流程模型

资料来源：本研究整理。

虽然图书馆战略规划的组织过程应当考虑图书馆机构的系统特性，但图2-8并没有提供如何组织开展战略规划并揭示关于组织结构与战略规划的关系，因此，本项目以关于战略规划涉及组织部门的阶段性成果为基础，提出新的图书馆战略规划组织模型如图2-13所示。

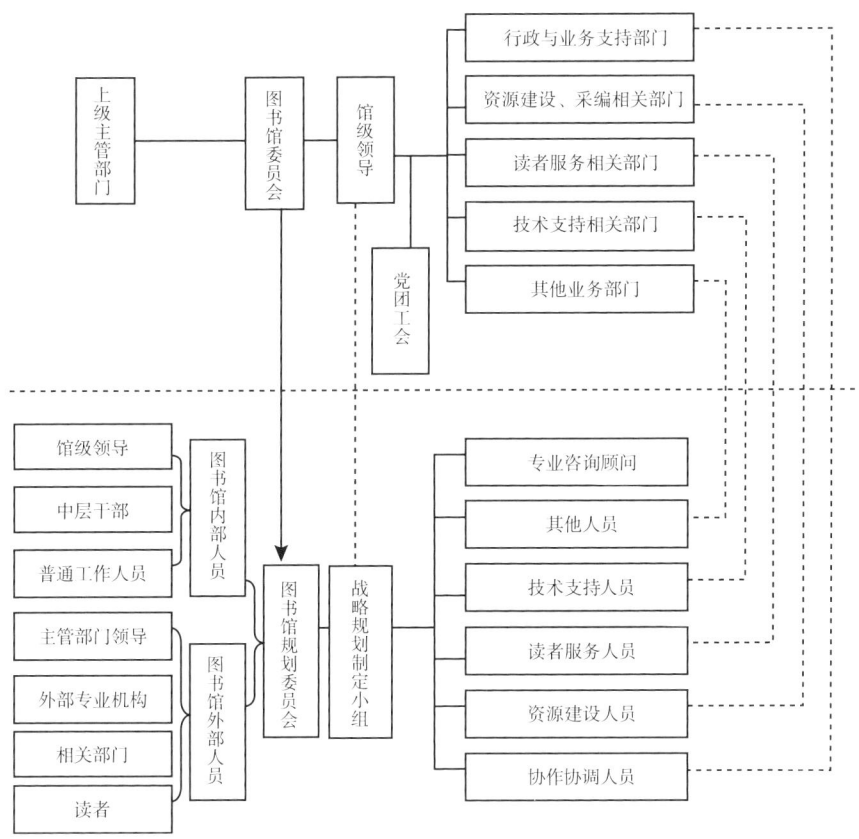

图2-13 图书馆战略规划组织模型

资料来源：本研究整理。

图书馆战略规划受内外部环境的影响，理论研究未发现适用于我国图书馆战略规划的针对影响因素的专门模型。因此，本项目以关于战略规划影响因素的阶段性成果为基础，提出图书馆战略规划影响因素模型（见图2-14）。

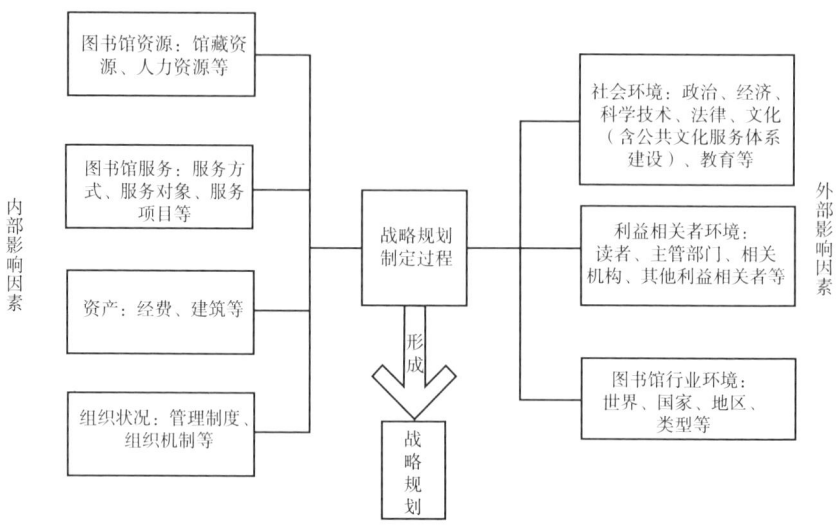

图 2 - 14　图书馆战略规划影响因素模型

资料来源：本研究整理。

　　图书馆战略规划的制定过程最终必然落脚到文本，但理论研究未发现适用于我国图书馆战略规划的针对文本的专门模型。因此，本项目以关于战略规划涉及文本的阶段性成果为基础，提出图书馆战略规划文本模型（见图 2 - 15）。

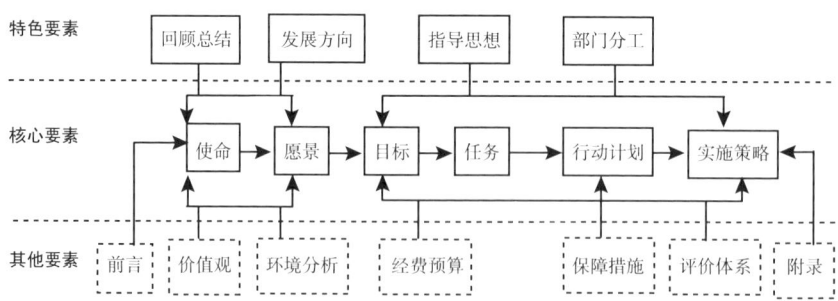

图 2 - 15　图书馆战略规划文本模型

资料来源：本研究整理。

第 三 章

图书馆战略规划的历史与现状

探索图书馆战略规划的历史，不仅仅要理清理论与应用的发展脉络，更重要的是要了解已有的基础与成就，掌握图书馆战略规划的发展规律，特别是借鉴国外图书馆战略规划在实践过程中的经验教训，促进我国图书馆战略规划理论与实践健康发展。本项目对于国内外现状的实证调查，可以进一步说明存在的问题，为我国图书馆战略规划的发展路线提供参考依据。

第一节　国外图书馆战略规划的历史发展

自 1650 年英国皇家图书馆馆长 Dary 的《图书馆员》论著和思想开启图书馆学重管理的先河，到 19 世纪管理学派成为图书馆学的主要流派，如英国的 Panizzi、Edwards、Harrison 等[①]，将所有图书馆工作纳入图书馆管理过程，突出标准化、行政与财政、图书馆管理委员会等问题，为后来战略规划兴起奠定了基础。图书馆战略规划是图书馆管理发展到一定阶段产生的。本节通过考察图书馆管理和战略规划的历史，将国外图书馆战略规划分为三个时期：战略推进期、战略规划推进期、战略管理推进期。

---

① 徐引篪、霍国庆：《现代图书馆学理论》，北京图书馆出版社 1999 年版，第 50—57 页。

一　战略推进：20 世纪 70 年代以前

1. 组织战略产生

早在 1938 年，美国经济学家 Barnard 的《经理人员的职能》①　一书首次使用了战略概念，对影响企业经营的各种因素进行分析，提出战略因素的构想，探讨组织如何与环境相适应，从而"首开企业经营战略研究之先河"②。到 20 世纪 60 年代初，Anthony、Ansoff 和 Andrews 奠定了战略规划的理论基础，他们重点阐述了如何把商业机会与公司资源有效匹配，并论述了战略规划的作用。60 年代到 70 年代初，规划思想占据战略的核心地位。

企业的战略规划起源于 20 世纪 50 年代美国的预算实践，然后开始迅速传播，到了 60 年代中期战略规划在大多数大型企业中已经牢牢扎下了根③。1963 年的一项研究发现，大部分大型的美国公司已经建立起规划部④。

2. 公共图书馆引入战略思维

国外公共图书馆自 20 世纪 60 年代开始，就有了图书馆战略意识，其基础是图书馆法制与图书馆标准的发展。

首先是图书馆法。在英国，1850 年英国议会通过了第一部《公共图书馆法》（ *The Public Libraries Act* ），从此英美等国掀起了一场公共图书馆运动。在美国，1956 年的《图书馆服务法案》（ *Library Service Act* ）和 1964 年的《图书馆服务及建设法案》（ *Library Service and Construction Act* ）使美国公共图书馆获得联邦政府的经费资助，从而提供更多的民众服务，推动美国公共图书馆事业发展到一个高潮。

其次是图书馆标准。在美国，1933 年以来美国图书馆协会先后多次颁布公共图书馆标准，规定了公共图书馆的建筑、组织、人员、藏书、经费、设备与服务方面应具备的条件和应达到的目标。直到 1966 年的"公共图书馆系

---

① 也译为《经营者的职能》，见张明玉、张文松编著《企业战略理论与实践》，科学出版社 2005 年版，第 22 页。

② 李玉刚：《战略管理研究》，华东理工大学出版社 2005 年版，第 5—6 页。

③ 〔加〕亨利·明茨伯格：《战略规划的兴衰》，张猛、钟含春译，中国市场出版社 2010 年版，第 2 页。

④ Gilmore Frank F. *Formulation and Advocacy of Business Policy* , rev. edn, Ithaca. NY: Cornell University Press, 1970: 16.

统最低标准"（Minimum Standards for Public Library Systems）成为公共图书馆最后一个全国性标准。此外，1964 年，美国专门图书馆协会（Special Libraries Association）颁布了《专门图书馆的目标及标准》（Objectives and Standards for Special Libraries）[①]。

就在 Ansoff 提出战略管理概念之后，20 世纪 60 年代末国外图书馆界开始将战略规划引入图书馆[②]，并开始进行初步的研究。1967 年，美国俄亥俄大学图书馆中心（OCLC）成立，资源建设和共享便成为这一时期图书馆战略规划的重要内容。

3. 大学和研究图书馆探索战略规划

受高等教育和研究机构定期评鉴课程设计与规划未来的影响，"自我研究"（self-study）法自 20 世纪 40 年代以来就被学术机构作为策划未来的工具应用，是为达到管理检查（management review）、规划（planning）或组织发展（organization development）目的而设计的一种管理技术，可以整体地检查大学内学术和其他相关计划，是目标导向的、持续不断的正式规划（formal planning）。为弥补这种方法"由上而下"（top-down）且耗费时间的缺点，不少大学把规划的参与人员的职级层次扩大到包括中级管理人员，由中级管理人员拟订本部门的计划，呈报上级主管，再纳入大学决策阶层的整体规划中，形成"由下而上的规划"（bottoms-up planning），这样，图书馆的规划成为大学"由下而上"程序的一部分，从而促进了大学图书馆战略规划的发展。大学图书馆规划采取"自我研究"法可追溯到 20 世纪 30 年代[③]，而在 20 世纪 60 年代最为普遍，到 70 年代，由于各大学"全盘规划"（comprehensive planning）的需要，各大学图书馆普遍积极开展战略研究与长期规划工作。

1970 年，美国的研究图书馆协会（Association of Research Libraies，ARL）积极地致力于提供一些咨询服务，这些咨询服务是针对其会员及其他诸如小型高校图书馆之类的成员馆的战略规划[④]。1972 年，David Kaser 在康奈尔大

① "Planning Program for Small Academic Libraries", *Special Libraries*, 1964, 55: 672－680.
② Hipsman, J. L. "Strategic planning for academic libraries", *Technical services quarterly*, 1996, 13 (3): 85－104.
③ 卢秀菊：《图书馆规划之研究》，台湾学生书局 1988 年版，第 112 页。
④ Webster, D. E. "The PPSAL", *Journal of Library Administration*, 1982, 2 (2－4), 129－144.

学发表有关大学图书馆战略规划的论文《大学图书馆的长期战略规划》[①]，是图书馆战略规划领域较早的理论成果。

20 世纪 70 年代，学者一方面为大学图书馆的长期规划提出理论架构，另一方面积极探讨改进图书馆流程的方法，研究规划程序的实际操作。Webster 为此作出了突出贡献，他强调长期规划或战略规划对于大学图书馆规划的重要性，以及图书馆资源分配、环境分析和预测的重要性，于1971 年提出了一套大学图书馆规划程序的理论，在 1973 年担任 ARL "管理研究室"（Office of Management Studies）主任时，又促成了《管理检查与分析计划》（Management Review and Analysis Program，MRAP）的颁布[②]。MRAP 是 70 年代针对大型的大学与研究图书馆需要而设计的，为研究图书馆检查分析目前的政策和运营提供以现代管理学为原则的指导，以改进图书馆业务。主要强调：图书馆馆员的参与；图书馆高层行政人员的发起和支持；外来顾问协助建立起研究分析的组织架构；应用时间进度表、手册及其他出版资料；办理讲习会，提高馆员的技能和敬业精神；提出实施时的各项建议。截至 1980 年，大约有 50 所以上的大型学术图书馆参加此管理计划[③]。

由于 MRAP 只适用于大型图书馆，于是产生了为中小型学术图书馆而制订的《学术图书馆发展计划》（The Academic Library Development Program，ALDP）和《小型学术图书馆规划程序》（Planning Program for Small Academic Libraries，PPSAL）。ALDP 由 ARL 的管理研究室主持，经过北卡罗来纳州立大学夏洛特分校（University of North Carolina at Charlotte）的项目测试，采用自我研究法，包括详细的运行程序、指导原则、工作流程和推荐读物，还涵盖了图书馆内的全部业务，如服务、作业、目的、目标、规划、财务、科技、设备、馆员发展、馆长领导、人际关系等方面，强调整个机构组织的评价与发展。PPSAL 专为馆员人数在 20 人以内的小型学术图书馆设计的，整个计划的进行约需 4—6 个月期限即可完成，其观念和技术虽可用

---

① McGrath, William E. *Development of a Long-range Strategic Plan for a University Library*：*The Cornell Experience*：*Chronicle of the First Years Effort*, Ithaca, N Y：Cornell University Libraries, 1973：185.

② 卢秀菊：《图书馆规划之研究》，第 115 页。

③ 卢秀菊：《图书馆规划之研究》，第 142 页。

于其他类型图书馆，但主要是为小型学术图书馆之用。通过政策范畴（policy domain）、图书馆用户范畴（library uers domain）、服务传递范畴（service delivery domain）和管理范畴（management domain）的自我研究法，不仅仅是找出缺点或问题，而重在找出优点和改进的方法。其规划的流程包括以下九个步骤：①觉醒（Awarencess）；②决定（Decision）；③组织（Organizations）；④收集分析资料（Data gathering and analysis）；⑤行动规划（Action planning）；⑥沟通结果：研究小组报告（Communicating results：the study team report）；⑦实施（Implementation）；⑧评估和进一步规划（Evaluation and further planning）；⑨协助性的自我研究的问题（Problems in conducting assisted self-studies）。其优点是集体规划过程（group planning process），但也面临着需要半年时间、收集资料需筹划周详、员工对新观点和流程引入的心理抗拒与调适等挑战。1979—1983 年，参加 PPSAL 的图书馆有 20 多所[1]，反映了此计划的可行性。

二　战略规划推进：20 世纪 80—90 年代

1. 战略管理的迅速发展不断影响图书馆

战略规划在公共部门的运用始于 20 世纪 80 年代，落后于私人部门十几年[2]。公共部门战略规划的相关研究产生了一批著作。1982 年 Olson 和 Eadie 合著的《博弈规划：前瞻性治理》较早地研究政府部门的战略管理，其后有：1990 年 Bozeman 和 Straussman 的《公共管理战略》；1992 年 Nutt 和 Backoff 合著的《公共和第三部门组织的战略管理：领导手册》；1995 年 Moore 的《创造公共价值：政府中的战略管理》；1998 年 Bryson 的《公共组织和非营利组织的战略规划》等。

在大学和研究机构，20 世纪 70 年代末 80 年代初，高等教育机构都运用"组织发展"这一改进规划程序的方法，致力于机构目标、优先事项次序的确立以及五年计划或任务宣言的拟订。大部分大学都设有规划室，收集、分析与大学机构本身或外在环境有关的各项资料，作为大学在教育、行

---

① 卢秀菊：《图书馆规划之研究》，第 156 页。

② Hughes Owen E. *Public Management and Administration*（2nd ed.），Macmillan Press Ltd，1998：152.

政、财务等方面的决策参考①。

战略规划在公共部门、大学和其他机构的发展，对图书馆战略规划产生了积极的影响。

2. 加强图书馆战略意识，促进图书馆战略规划的普及

20 世纪 80 年代，图书馆战略思想被广泛接受，图书馆战略规划开始普及，图书馆战略规划演变成了图书馆管理的有效工具②。80 年代初期，由于图书馆经费的大量削减，图书馆的每一笔经费要求使用得当，促使馆藏发展战略成为图书馆合理使用经费的有效指南③。到 20 世纪 80 年代中期，美欧等发达地区的大学图书馆为了应对经费紧缩、新技术应用、用户对图书馆期望等带来的各种挑战，战略规划在大学图书馆开始普遍使用④。

在英国，英国文化部对各公共图书馆提出要求，统一制定为期 3 年的战略发展规划，向公众公布。英国国家图书馆从 1985 年起，连续制定了四次战略规划：1985 年首次战略规划《与知识共进》（*Advancing with Knowledge*）阐述了图书馆服务宗旨、目标以及主要发展策略；1989 年重新修订后形成《通往知识之门，1989—1994 英国图书馆战略计划》（*Gateway to Knowledge，the British Library Strategic Plan*），对服务专案、馆藏发展、馆际合作等内容详细规划；1993 年 6 月发布《英国图书馆——研究与创新·2000 年战略目标》（*The British Library—for Scholarship，Research and Innovation Strategic Objective for the Year 2000*），提出了"信息利用首创计划"，这一文件收集了英国图书馆在 1993—2000 年的发展计划，有服务专案、馆藏发展、馆际合作、学术、人员训练、信息科技、建筑、经费等方面详细规划；1998 年制定了《英国图书馆 1999—2002 年战略规划》（*The British Library—Strategic Plan，1999 - 2002*），确定了新的战略目标，并挂在

---

① Edward R. Johnson. "Academic Library Planning，Self-Study and Management Review"，*Journal of Library Administration*，1981，2（2/3/4）：68 - 71.

② McClamroch，Jo，et al. "Strategic planning：Politics，leadership and learning"，*The Journal of Academic Librarianship*，2001，27（5）：372 - 378.

③ Gardner R. K. *Library Collection：Their Origin，Selection，and Development*，New York：McGraw-Hill，1981，221 - 222.

④ Clement，R. W. "Strategic planning in ARL libraries：a SPEC kit"，Washington，DC：Association of Research Libraries，Office of Management Services，1995.

图书馆的网站首页。Meadows[1] 对英国图书馆 1999—2002 年战略规划的出台过程进行的研究表明，在大多数战略规划显得苍白的情况下，英国图书馆的战略规划却是明确而具体的，令人非常满意。其原因在于这份战略规划是基于 1998 年开展的对用户的调查和咨询（总共向用户发放 8000 份咨询表，回收了 1000 多份）的结果而诞生的。通过对这些咨询表进行分析，提取用户认为将来制定规划当中最重要的事情与重要性不足的事情，图书馆接受了用户的意见，并据此制定了战略规划。该研究表明用户意见对图书馆战略规划至关重要，用户是制定战略规划的必然主体。

1984 年，ARL 在其职业继续教育课程中专门设立了"图书馆环境中的战略规划原理"[2]，从课程的角度讲解战略规划，培养战略规划能力与战略意识，极大地推动了战略理论的发展。Jacob（1988）的《OCLC 成员馆的规划》，介绍了美国 OCLC 各成员馆的战略规划情况，内容包括 263 个战略规划实例及其主要规划项目。

这一时期采取短期计划与长期目标相结合的形式，内容上更加关注组织内部环境与资源，同时部分图书馆行业组织已经开始了对战略制定的规范指导与控制。

在美国，1991 年 7 月，美国图书馆与信息科学国家委员会与白宫图书馆与信息服务会议工作小组，在华盛顿特区召开"第二次白宫图书馆与信息服务会议"，共有近 2000 名各地代表与观察员参加，会中讨论自 1990 年春天起到 1991 年全美五十州地区性会前会议所提的 2500 个议案，经表决后，决议通过 95 项优先建议案，并于 1991 年 11 月成为正式文件，出版《信息 2000》（*Information 2000*），呈送总统及国会。这一文件主要反映美国图书馆事业未来十年的工作目标。美国国会图书馆早在 1996 年拟定了《国会图书馆的使命与战略要点：1997—2004》（*The Mission and Strategic Priorities of the Library of Congress：FY 1997 - 2004*）。20 世纪末，美国国会图书馆组织专家制定了《美国国会图书馆数字战略》。

20 世纪 90 年代是图书馆战略意识的塑造期，麦肯锡公司关于组织发

①　Meadows, Royal Jack. "The British library strategic plan 1999 – 2002", *Serials 1999*, 12（3）：307 – 308.

②　Birdsall, Douglas G., and Hensley, Oliver, D. "A new strategic planning model for academic libraries", *College and Research Libraries*, March 1994, 55（2）：149 – 159.

展架构的 7S 模型对 20 世纪 90 年代的图书馆战略规划进程就起到了积极的影响[1]。同一时期，为高校研究型图书馆战略规划开发的"Hensley-Schoppmeyer 战略规划模型"则在馆员与用户之间的协同作用方面成效显著[2]。至 21 世纪初，图书馆的规划活动已然融合了很多战略思想，"大多数图书馆都被卷入战略规划之中"[3]。图书馆战略规划的实践在一定程度上使得战略思想体系得以完善，这些以实践为基础的活动及其经验是理论研究的丰富素材，相关成果也同时推动着图书馆战略规划的进一步深入，这一时期的实践探索成果反映出各国、各类型图书馆的战略规划水平。

3. 加强对图书馆战略规划的理论研究

这一时期国外图书馆开展了多种多样的战略规划研究。

Riggs 于 1984 年出版的专著《图书馆管理者的战略规划》[4]，被视为图书馆战略规划的代表作，该书对图书馆管理者在规划时应进行的各项准备工作作了详细的说明。Riggs 认为，图书馆战略制定有五个准则：①战略必须具有选择性，并能够正式执行；②战略制定的目的必须实现复杂问题的简单化，使更多人员了解图书馆的发展状况；③必须考虑规定的宗旨，并形成计划、期限、实施方法等完整的体系；④图书馆战略制定必须与日常管理紧密结合；⑤战略制定必须有各工作流程的管理者和部门领导的参加。同时，还提出一个问题表，旨在界定图书馆管理者所认同的规划价值，判断其是否能产生实质性的结果，是否符合优化设计的重要标准，以及规划是否有效[5]。

Stueart 等编著的《图书馆与信息中心管理》[6]一书则确立了由使命、目标、任务、措施、策略和进程等层级构成的战略规划等级体系，各概念界定

① Butler, Meredith, and Davis, Hiram. "Strategic planning as a catalyst for change in the 1990s", *College and Research Libraries*, 1992, 53 (5): 393–403.

② Birdsall, Douglas G., and Hensley, Oliver D. "A new strategic planning model for academic libraries", *College and Research Libraries*, 1994, 55 (2): 149–159.

③ Stueart, Robert D., and Moran, Barbara B. *Library and Information Center Management* (sixth edition), Englewood: Libraries Unlimited, 2002: 92.

④ Riggs, Donald E. *Strategic Planning for Library Managers*, Phoenix, Ariz.: Oryx Press, 1984.

⑤ 〔美〕唐纳德·E. 里格斯：《图书馆战略规划的评价方法》，杨柳译，《图书馆》1986 年第 6 期，第 52—54 页。

⑥ Stueart, Robert D., and Moran, Barbara B. *Library and Information Center Management*, Englewood: Libraries Unlimited, 1998: 56–57.

清晰，指导性较强。Stueart 和 Moran 提出的图书馆战略管理过程模型①显示了大多数大型和部分中小型图书馆都开展的战略活动，以此有效识别图书馆的发展重点并通过资源的高效配置应对复杂环境，深化、变革服务职能，实现远景目标。

有学者从图书馆内外环境变化着手分析了战略规划影响因素，如 1988年，美国的 Schwartz 对美国三所多校区高校图书馆的组织与管理进行考察，结果发现，校内环境条件的变化导致图书馆所制定的长远目标与近期目标之间缺乏内在的联系。原新南威尔士大学的 Vincent 剖析了四所州立图书馆、一所大学图书馆和一所公司图书馆的战略规划现状，提出了将资金、人力、设备充足的大型图书馆战略规划标准模式应用到资金短缺的图书馆中的方法②。此外，Hofmann 对战略规划制定的环境因素进行了研究，结果表明支持战略规划的第一步就是收集关于环境的假设、趋势、结构等信息③。

20 世纪 80 年代末 90 年代初，图书馆战略规划研究从理论逐渐转向实务操作。学术界逐渐关注对战略规划工具的研究。其中尤其以对 SWOT——组织环境内外分析工具——的研究最为充分。1990 年 Jacob 的《如何编制图书馆战略规划手册?》更加明确地界定了规划分析与制定的内容和步骤④。对高校图书馆战略规划应用的总结，如《高等教育中的战略规划：高校图书馆应用中的新角色》(1991)⑤ 和《高校图书馆战略管理手册》(1993)⑥，这些是对前期实践的总结与升华，目的是为了指导以后的图书馆战略规划实践。研究的主要内容从理论推导向指导实践实施发展。

Feinman 指出当现有技术不能支撑未来发展时战略规划是必然的行动，

① Stueart，Robert D.，and Moran，Barbara B. *Library and Information Center Management*，Englewood：Libraries Unlimited，1998：42.

② 董小英：《战略规划与图书馆管理》，《黑龙江图书馆》1991 年第 6 期，第 72—74、35 页。

③ Hofmann，Ulrich. "Developing a strategic planning framework for information technologies for libraries"，*Library Management*，1995 (2)：4 - 14.

④ Jacob，M. E. L. *Strategic Planning：A How-to-do-it Manual for Librarians*，New York：Neal-Schuman Publishers，1990：78 - 129.

⑤ Williams，James F. *Strategic Planning in Higher Education：Implementing New Roles for the Academic Library*，Binghamton：The Haworth Press，1991.

⑥ Hayes，Robert M.，and Walter，Virginia A. *Strategic Management for Public Libraries：A Handbook*，Westport：Greenwood Press，1996：122 - 124.

并提出了战略规划流程的五步法：①环境分析；②确定组织的发展方向；③形成战略规划；④实施战略规划；⑤战略控制、反馈与评价①。

王国强认为，国外图书馆战略规划的文献在 1997 年以前，研究对象以高校图书馆和公共图书馆为主，且多为个人的研究。1997 年以后，专业图书馆协会开始重视战略规划研究②。

通过对国外图书馆战略规划研究论文来源的分析，发现美国和英国关于图书馆战略规划的文献居多，较早开始了图书馆战略规划的研究，反映出它们在图书馆战略规划研究方面的领先优势，与它们图书馆事业较为发达直接相关。值得关注的是，文献中反映出日本③、希腊④⑤、丹麦⑥等国也对图书馆战略规划进行相关研究，可见，图书馆战略规划已成为许多国家图书馆界普遍重视的问题之一。

4. 加强对图书馆战略规划的行业指导

此阶段，图书馆界开始综合探讨整体规划或策略规划在图书馆应用的可行性，研究内容开始从理论推导转向实务操作方面，各类组织和个人纷纷通过应用理论的研究开展规划指导活动。

20 世纪 60 年代以前公共图书馆界致力于标准工作，但公共图书馆界很快认识到统一的标准与各地区图书馆的差异性存在矛盾，追求全国统一标准的目标是不符合实际和地方需要的，因而 1966 年后标准不再修订，也不再制定新标准。PLA 转而关注图书馆战略规划和对图书馆服务成效评估的指导，战略规划可以促进各图书馆结合本馆实际制定相应的目标与行动，而成效评估以图书馆的输出或表现作为评估标准，以评价图书馆服务是否达到其

---

① Feinman, Valerie Jackson. "Five steps toward planning today for tomorrow's needs", *Computers in Libraries*, 1999, 19 (1): 18 – 21.

② 王国强：《图书馆规划理论的发展与现况》，《图书馆论坛》2003 年第 1 期，第 7—12 页。

③ Suzuki, Yoshio. "Strategic service development of the public library: A challenge of Kanagawa prefecture-al Kawasaki Library", *Journal of Information Processing and Management*, 2007, 50 (8): 501 – 511.

④ Kostagiolas, Petros A., and Korkidi, Maria. "Strategic planning for municipal libraries in Greece", *New Library World*, 2008, 109 (11/12): 546 – 558.

⑤ Kostagiolas, Petros A., et al. "Strategic planning and management for the public libraries: The case of Greek central public libraries", *Library Management*, 2009, 30 (4/5): 253 – 265.

⑥ Hape, R. "Public libraries in Denmark and the on-line and digital information service-what is it about?", [2009 – 11 – 22], http://www.ifla.org/IV/ifta71/papers/109e – Hape.pdf.

设定的目标，因而两者相互配合，相得益彰。

　　为积极地推广公共图书馆战略规划，由 PLA 在 1980—1998 年先后三次制定了规划指南，即《公共图书馆规划程序》（1980）、《公共图书馆规划与角色确定：选项与程序手册》（1987）①、《面向结果的规划：公共图书馆转型过程》（1998）②。其规划步骤和任务详见表 3 - 1。

表 3 - 1　公共图书馆协会 1980、1987、1998 版指南的规划步骤与任务

《公共图书馆规划程序》（1980）	《公共图书馆规划与角色确定：选项与程序手册》（1987）		《面向结果的规划：公共图书馆转型过程》（1998）
准备规划 1. 规划委员会 2. 根据图书馆定制流程 3. 为规划准备信息 **规划程序** 1. 社区图书馆需求 　1.1 社区相关文档 　1.2 图书馆与信息需求 2. 现有图书馆与资源 　2.1 图书馆统计数据 　2.2 绩效评估 　2.3 调查 3. 图书馆在社区的角色 4. 目标、任务及优先项 　4.1 目标的类型 　4.2 任务 　4.3 设定目标及任务 　4.4 确定服务优先项 　4.5 结果 5. 变革的战略 　5.1 战略发展标准 　5.2 开发战略 　5.3 评估战略	**开始规划** 1. 明确规划目的 2. 平衡投入水平 3. 定义职责 4. 分配资源 5. 建立时间表 6. 建立委员会 7. 培训参与人员 **环境识别** 8. 确定投入水平 9. 准备审视环境 10. 决定需要的信息 11. 收集信息 12. 研究信息 13. 报告结果 **阐发角色与使命** 14. 确定投入水平 15. 研究自身角色 16. 选择自身角色 17. 优化自身角色 18. 撰写使命陈述 **拟定目标和任务** 19. 确定投入水平	**采取行动** 27. 确定投入水平 28. 识别可能的行动 29. 选择行动 30. 改变规划视角 31. 管理实施 32. 调整实施流程 33. 检查任务与行动 **撰写规划文本** 34. 准备撰写 35. 确定投入水平 36. 撰写文本 37. 检查文本 38. 获得正式批准 39. 发布与推广 **评价结果** 40. 确定投入水平 41. 评价规划 42. 评价规划流程 43. 信息回收再利用	**准备：开始规划** 1. 阅读指南和操作说明 2. 评估投入水平、设定规划时间表和规划流程预算 3. 为保持各方联系而准备 4. 遴选规划委员会 5. 确定规划委员会方向 **设想：未来蓝图** 6. 明晰社区愿景 7. 社区扫描 8. 识别社区需求 9. 图书馆扫描 10. 确定图书馆应满足哪个社区的需求 11. 撰写图书馆愿景陈述 **设计：勾勒未来** 12. 遴选服务响应 13. 撰写图书馆使命陈述 **构建：组合未来** 14. 设立目标 15. 检查图书馆标准与评估技术 16. 开发系列任务

---

　　①　McClure, Charles R. *Planning and Role Setting for Public Libraries：A Manual of Options and Procedures*, Chicago：American Library Association, 1987.

　　②　Himmel, E. E., and Wilson, W. J. *Planning for Results：A Public Library Transformation Process*, Chicago：American Library Association, 1998.

续表

《公共图书馆规划程序》(1980)	《公共图书馆规划与角色确定：选项与程序手册》(1987)	《面向结果的规划：公共图书馆转型过程》(1998)
5.4 测试战略 6. 实施及开始下一阶段规划 　6.1 定义实施任务 　6.2 措施及效果 　6.3 其他数据导入 　6.4 调整和评价流程 　6.5 可持续的规划委员会 7. 管理数据 　7.1 确定数据需求 　7.2 数据收集方法 　7.3 数据收集的责任 　7.4 使用数据系统	20. 回顾现有信息 21. 生成并审视目标 22. 生成并审视任务 23. 量化任务 24. 生成目标与任务框图 25. 给任务排序 26. 检查最终目标和任务陈述	17. 选择任务 实施：迈向未来 18. 确认可用资源 19. 确定达到目标所必须的活动 20. 再度审视抉择的影响 沟通：通知利益相关者 21. 草案汇编 22. 获得最终批准 23. 公布与分发最终方案

资料来源：本研究整理。

（1）《公共图书馆规划程序》（1980）

1980 年出版的《公共图书馆规划程序》[①] 论述了规划制定的内容、步骤，以及社区调查方法等内容。

（2）《公共图书馆规划与角色确定：选项与程序手册》（1987）

1987 年版指南采用角色确定思想以来，沿用"社区需求调研—角色确定—使命陈述—战略目标—具体目标—行动方案"的程式。该版指南将规划过程定为 7 个阶段 43 步（step）。

20 世纪 80 年代以来图书馆在开展战略规划活动时，创造性地应用了"角色确定"[②] 方法，PLA 采纳这一方法将公共图书馆规划指南第二版命名为《公共图书馆规划与角色确定：选项与程序手册》，以角色确定（role setting）为主体向各公共图书馆推荐科学的战略规划。该方法一直沿用至今，但如今研究者们认为在原有基础上应更加强调功能的先后顺序，并将图书馆战略规划中设计的功能按其执行的先后顺序分别拟定优先级，命名为

① Palmour, Vernon E., et al. *A Planning Process for Public Libraries*, Chicago: American Library Association, 1980: 330.

② Martin, L. A. "The public library: Middle-age crisis or old age?" *Library Journal*, 1983, 108 (1): 17 – 22.

"优先事项"（priority issues）。对此优先事项的研究成为当前国外图书馆战略规划研究中的重点之一。

这一版还指出了公共图书馆的八个角色：社区活动中心、社区信息中心、正式教育支援中心、独立学习中心、通俗资料图书馆、学前儿童学习所、参考图书馆、研究中心。

（3）《面向结果的规划：公共图书馆转型过程》（1998）

由于早期国外在图书馆战略规划方面重视过程甚于重视结果，20 世纪 90 年代末期，图书馆界逐渐提高对战略规划结果的重视程度。如 PLA 指南第三版《面向结果的规划：公共图书馆转型过程》（1998）在前两版的基础上，突出战略规划应以结果为导向。

1998 年版指南将规划过程分为 23 个任务（planning task）。该版指南将战略管理中的规划环节细分为：考察社区（愿景与需求）、考察图书馆（满足需求、明确愿景）、分析资源、选择服务策略、撰写使命、设定目标、制定计划、优选方案①。

1998 年版指南首次引入图书馆"服务响应"（service response），提出服务响应是一个图书馆为公众所做或所提供的、旨在满足社区的一系列明确需要的各种服务，是图书馆为公众服务的特别方式。

对图书馆战略规划评估的关注，设计指标对战略规划的过程和内容进行评估，以判断其合理性及其对图书馆的价值，是在规划实施之前进行的评估，目的在于从本源上控制战略规划成效②。

美国公共图书馆的"目的方针标准委员会"在 1980 年 12 月开始讨论编辑一个输出成果评量法手册，以帮助图书馆配合使用《公共图书馆规划程序》（1980）的第 13 章。该委员会与金氏研究公司签约撰写手册的初稿。1981 年 10 月手册在五个公共图书馆测试，经修改后于 1982 年出版③，名为《公共图书馆服务成效评估》（*Output Measures for Public Libraries*）。该手册提

---

① Himmel, E. E., and Wilson, W. J. *Planning for Results: A Public Library Transformation Process*, Chicago: American Library Association, 1998: 26 – 78.

② Stephens, Annabel K. *Assessing the Public Library Planning Process*. Norwood, New Jersey: Ablex Publishing Corporation, 1995.

③ 卢秀菊：《图书馆规划之研究》，第 65 页。

出的 12 种评量法针对《公共图书馆规划程序》（1980）的第 13 章编制，可以简化数据的收集并使其标准化，有利于促进《公共图书馆规划程序》（1980）的应用。

20 世纪末的 ALA 出版了《图书馆多元合作的战略规划：榜样与案例》（1997）①，论述如何撰写规划报告，并辑录了美国各地图书馆的战略规划范例。

这一时期的图书馆战略规划是实践探索与理论指导并重的时期，二者关系紧密。图书馆战略规划的实践探索为理论提供依据，同时理论也指导着图书馆战略规划的实践。

5. 图书馆战略规划为适应图书馆转型进行变革管理

其一，充分考虑信息科技对图书馆的改变。1992 年 6 月，新加坡信息艺术部部长指定成立"2000 年图书馆审查委员会"。1992 年 6 月至 1994 年 2 月，经过多次会议讨论与咨询，1994 年形成了"Library 2000"报告，在信息艺术部部长接受之后，提送政府审理。这一报告共 171 页，提出了图书馆在信息科技时代的角色：以新加坡作为国际信息港；保存及推广新加坡的文学遗产；提供教育、知识与研究资源；推动新加坡成为完全的阅览及信息社会。报告提出了六项战略性方案：①重新调整公共图书馆系统，强化公共图书馆制度；②建立无国界的图书馆合作网；③发展以合作为主的国家馆藏政策，合作收集全国信息资源；④以市场为导向，提高服务质量；⑤强化与商业、社会的积极互动关系；⑥使全球信息互通，成为信息整合的中介者。报告还围绕人力、科技、组织领导三个方面提出了配合条件。为实现"Library 2000"计划，新加坡于 1995 年 9 月成立了图书馆管理局，分为总办公室、合作事务部、发展部、图书馆服务部、物业管理部五个部门，负责管理国家图书馆制定政策战略及推行计划的工作，开展各种创新的图书馆服务。1998 年新西兰国家图书馆立项，推出《面向 21 世纪：新西兰国家图书馆战略规划》（*Towards the 21st Century: Strategic Plan of the National Library of New Zealand*），其基本出发点是要提高读者存取国家图书馆和其他信息网所

---

① Baughman, Steven A., and Curry, Elizabeth A. *Strategic Planning for Library Multitype Cooperatives: Samples & Examples*, Chicago: Association of Specialized and Cooperative Library Agencies; Chicago: American Library Association, 1997.

收藏信息的能力，同时着眼于国家图书馆在全国信息产业中的地位提高与增强国家图书馆在未来全球信息环境中的应变能力①。

其二，充分考虑社区要素。国外图书馆在制定战略规划时开始注意考虑图书馆服务社区，一方面使得图书馆战略规划能更好地为社区服务，更好地履行图书馆对社区的责任和义务，最终提高了图书馆的服务能力和社会地位，另一方面也帮助图书馆控制其对社区未来产生的影响、帮助图书馆生存和繁荣②。

其三，充分考虑竞争环境的经营与能力提升。Mackenzie 于 1997 年对澳大利亚维多利亚地区的两个公共图书馆进行案例研究③，结果表明，公共图书馆的规划是一个不断进化的过程，图书馆十年来的经历显示在竞争日益激烈的环境下，图书馆需要将自身视为一个市场单元以适应环境变化，所以公共图书馆需要经营计划。本研究认为图书馆的规划已经让位于经营计划，这既能使图书馆更理性而逻辑地思考其操作领域，又便于设置规划的目标体系以及对这些目标进行监测和评价。

Carr 从人力资源管理、业务管理等理论出发，研究战略规划对组织的管理功能④。其文章表明，迅速变化的环境影响图书馆的管理决策和业务程序，有必要监测和适应事态发展，因而认为战略规划作为一个强大的管理工具，一个全面的方法，不仅包括一个组织的目的任务，而且包括为履行这一使命所必要的人力资源规划和发展。

三　战略管理推进：21 世纪初

国外图书馆引入战略规划理论，最初的宗旨是通过对图书馆的科学规划达到良好的管理效果，通过战略规划提升图书馆应对复杂环境的能力。根据对文献的内容分析发现，经过半个世纪以来的实践检验，战略规划的

---

① 王国强：《二十一世纪初期澳门图书馆事业发展规划之研究》，第 17—18 页。

② Jacob, M. E. L. *Strategic Planning：A How-to-do-it Manual for Librarians*，New York：Neal-Schuman Publishers，1990：78 – 129.

③ Mackenzie, Christine. "From forward plan to business plan：Strategic planning in public libraries"，*Australasian Public Libraries Information Services*，1997，10（4）：191 – 200.

④ Carr，"Stephen J. Strategic planning in libraries：An analysis of a management function and its application to library and information work"，*Library Management*，1992，13（5）：4 – 17.

理念已深入图书馆实践工作。21 世纪初，国外图书馆战略规划研究方兴未艾，但随着时代和环境的变化，这一研究无论从关注的视角或所引用的相关理论均悄然发生了变化。与早期重点关注战略规划对图书馆的适用性、讨论战略规划的目标、设计战略规划体例、拟定战略规划指南等问题相比较，当前研究主要围绕着战略规划制定、战略规划的优先事项、战略规划与图书馆成效评估等方面展开，战略规划的研究进入了理论与实践协同发展的阶段。

1. 从战略规划实践到战略管理

为规划 21 世纪的图书馆，图书馆界积极推出新的战略与战略规划。英国国家图书馆 2001 年制定了《新的战略方向》，2004 年制定了《英国图书馆战略 2005—2008》，2008 年 8 月又发布了《英国图书馆数字化战略 2008—2011》。IFLA 于 2001 年出版了《公共图书馆服务：IFLA/UNESCO 发展指南》。2005 年，在《面向管理者的图书馆战略规划与管理》一书中提出多种战略选择类型。

Pacios 认为公共图书馆面临变化，战略规划应通过预测可能的问题，以减少不确定性，SWOT 能帮助识别公共图书馆的潜在威胁和未来机会以允许图书馆不断改变以有效适应变化[1]。Pacios 还对所收集的战略规划文本进行内容分析，在公共图书馆的战略规划中，11.4% 的战略规划文本专门为 SWOT 分析设有一章。Kostagiolas 在对希腊中央公共图书馆的实证研究中发现[2]，在所调查的 29 个中央公共图书馆中有 28 个（占 97%）图书馆馆长在制定战略规划时使用了 SWOT 分析，并给出了其中分析的样例。

进入 21 世纪，PLA 在前三版基础上，陆续出台了《新的面向结果的规划：条理化方法》（2001）[3]、《面向结果的战略规划》（2008）[4]、《面向结果

① Pacios, Ana R. "The priorities of public libraries at the onset of the third millennium", *Library Management*, 2007, 28 (6/7): 416–427.

② Kostagiolas, Petros A., et al. "Strategic planning and management for the public libraries: The case of Greek central public libraries", Library Management, 2009, 30 (4/5): 253–265.

③ Nelson, S. S. *The Planning for Results: A Streamlined Approach*, Chicago: American Library Association, 2001.

④ Nelson, S. S. *Strategic Planning for Results*, Chicago: American Library Association; 2008.

的实施：将你的战略规划付诸行动》（2009）[1]。规划指南着重于战略规划的制定程序，并根据前一版本应用中出现的问题及时进行修订再出新版本，第四版就根据第三版应用的反馈着力对规划程序进行简化和合理化。指南中为图书馆所推荐的规划时间限为8—10个月，新版中缩短为4—5个月，所要完成的战略规划流程任务由23项减少到六大步骤12项任务。规划制定的六步法为：①准备：开始规划；②设想：识别可能性；③设计：勾勒未来；④构建：组合未来；⑤沟通：通知利益相关者；⑥实施：迈向未来。第五版的指南进一步简化战略规划流程，共分为五大步骤10项任务。

PLA战略规划指南第四版专门指出了实施战略规划的要求，这是较之之前版本的重大变化。Johnson撰文明确地叙述了战略及其成效评估[2]，认为当中必须考虑经济、员工、物资管理、信息技术等因素。但较为遗憾的是，目前国内专门探讨图书馆战略规划实施与评价的文献相对较少，一些文献反映出国外同行在研究中探寻间接评价战略规划的设想，他们对图书馆评估和战略规划评价进行联合研究，希望借图书馆评估来促进战略规划的实施，将图书馆的评估与战略评价结合起来。今后我国图书馆战略规划研究者定将通过不断的努力提出专门的图书馆战略规划实施控制机制与评价体系。

为了在经济型社会中生存与发展，图书馆吸收了战略规划、战略管理以及竞争战略等理论，力图增强图书馆"融资"的能力，提高图书馆适应能力。无疑，这样的规划极类似于商业领域的计划。埃默里图书馆在新馆长上任时重新修订了图书馆战略规划，Bailey等专门为图书馆战略规划配置一套经营决策（包括开展的经营活动、进度及报告进度的工具）[3]，并认为经营决策在该图书馆所起的作用是将战略规划和具体的业务决策连接起来。该战略规划主要关注两个重要问题，如何保持该计划在组织生命中的活力，如何使战略规划和经营决策保持一致，以使内外支持者、赞助者的职责得到彰

[1] Nelson, S. S. *Implementing for Results: Your Strategic Plan in Action*, Chicago: American Library Association, 2009.

[2] Johnson, Heather. "Strategic Planning for Modern Libraries", *Library Management*, 1994, 15 (1): 7 – 18.

[3] Bailey, S., et al. *Making a difference: From strategic plan to business plan*, Proceeding of the 2008 Library Assessment Conference: Building Effective, Sustainable, Practical Assessment, Washington: Assoc Research Libraries, 2009: 409 – 415.

显。围绕此问题所修订的战略规划的核心就是：为图书馆的每个战略规划和操作单元制定经营规划的行动计划；创建绩效报告和进度追踪制度进行监管，要求这些措施具体而透明（包括战略规划月汇报会议，改变的要求，管理事项）；不断推进角色转换和职责调整，推进和管理正在进行的工作（包括不断的反馈，经常检查进度以及时调整）。

2. 图书馆战略规划研究

（1）关于图书馆战略规划工具

PLA 于 1998 年制定了公共图书馆和战略规划指南第三版，在第二版的基础上专门增加 SWOT 作为公共图书馆内外环境扫描的工具。后来的研究者们则纷纷设计出专门适用于图书馆使用的 SWOT 分析表单[1][2]。在应用基础上，Johnson 提出利用 SWOT 分析识别图书馆战略问题的具体建议[3]，通过分析外部的政治、经济、社会变化和用户需求来判断图书馆面临的机会或威胁，通过分析内部的馆舍、员工、资源等来判断图书馆自身的优势或劣势。Cervone 认为 SWOT 为图书馆战略规划制定者提供了一个明确图书馆问题和机会的机制与方法[4]，图书馆在使用 SWOT 分析工具时，更重要的是给自己提出问题，而对这些问题的回答就构成了 SWOT 分析的基础。通过对 SWOT 分析表单的利用和图书馆 SWOT 分析因素的不断研究和确认，今后图书馆制定战略规划将变得更加缜密和标准。

除了对 SWOT 的研究，也有相关研究试图引入更多的管理工具以辅助战略规划制定。Matthews 在《面向管理者的图书馆战略规划与管理》[5] 一书中介绍了情景规划、博弈论、决策分析、系统动力学模型等规划方法，以及平衡记分卡、绩效棱镜和 3R 绩效等管理工具。Pacios 的论文就指出在图书馆

---

① Hale, Marths. "New pathways to planning", [2009 – 11 – 23], http://skyways.lib.ks.us/pathway/sitemap.html.

② Hennen, Thomas J. *Hennen's Public Library Planner: A Manual and Interactive CD-ROM*, New York: Neal-Schuman Publishers, 2004.

③ Johnson, Heather. "Strategic planning for modern libraries", *Library Management*, 1994, 15 (1): 7 – 18.

④ Cervone, H. Frank. "Strategic analysis for digital library development", *OCLC Systems & Services*, 2009, 25 (1): 16 – 19.

⑤ Matthews, Joseph R. *Strategic Planning and Management for Library Managers*, Westport: Libraries Unlimited, 2005: 6 – 67.

界使用"焦点小组"（Focus Group）方法来确定图书馆资源和服务的满意程度有广泛依据，而且方法的使用已经完善①。该文在此基础上展示"焦点小组"方法用于帮助塑造图书馆战略规划过程中的一部分，即图书馆未来发展方向。作者的研究表明，"焦点小组"是一个有效的图书馆战略规划工具，而且作者特意强调在图书馆环境中使用"焦点小组"法必须广泛地共享信息，员工的积极参与对完善和实现图书馆战略规划是十分有益的。Slocum 指出杰克逊维尔公共图书馆在转型过程中注重通过"焦点小组"了解用户需求②。Wessman 结合观察、访谈等方法，对公共图书馆战略规划进行研究③，发现公共图书馆的观测数据显示了宏观环境以及结构分析的必要性，焦点小组讨论法和关键成功因素（CSF）分析方法在公共图书馆战略规划中被加以使用。其文认为 CSF 分析是一个有用的工具，它能满足将公共组织需要达成共识的愿望，建议将 CSF 模型作为环境分析及制定战略重点的工具，作者还建议进一步研究 CSF 工具的功能和可能为公共图书馆战略规划带来的好处。这项研究表明，图书馆在制定战略规划时将 CSF 方法和市民组织（如作者建议的市民处）结合起来，可以充分表达公众需求，并与图书馆的需求达成共识。

（2）关于图书馆战略规划程序

大批的国外学者就图书馆战略规划制定程序进行了探讨，但在程序的具体步骤、环节和顺序上学者们持有不同观点。总体而言，图书馆战略规划制定一般包括从数据采集到需求调查，从方案制定到实施准备的四个阶段，并在实践运作中也开展了相关评估工作④；国外学者针对具体的程序进行了深入研究：如 McClamroch 等则从一些图书馆的战略之所以不成功的角度入手

① Pacios, Ana R. "The priorities of public libraries at the onset of the third millennium", *Library Management*, 2007, 28 (6/7)：416 – 427.

② Slocum, M. "Destination：Next, Jacksonville public library's journey toward transformation", *Florida Libraries Fall*, 2007, 50 (2)：18 – 20.

③ Wessman, Karin. "A Model of Strategic Planning：To Introduce a Citizen Bureau in a Public Library Using Strategic Planning", ［2009 – 12 – 21］, A Master's Paper for the M. S. University of Boras, 2006, http：//hdl. handle. net/2320/1451.

④ Wilson, S. "*Saint Paul's strategic plan-As its ten-years plan ends, Saint Paul Public Library seeks a new five-year vision*", *Library Journal*, 2005 (9)：34 – 37.

进行分析①，认为图书馆沿用了营利组织或私人组织的规划模型才导致战略规划的失败。McClamroch 等还对非营利组织战略规划制定模型战略转换环（Strategy Change Cycle）② 加以改进并应用于公共图书馆，将战略规划程序细化为 10 个步骤：①开始商议战略规划进程；②确认组织权力；③识别组织愿景、价值观；④评估组织内外环境，识别 SWOT；⑤识别组织面临的战略焦点；⑥形成战略，管理这些战略焦点；⑦检查、采纳战略规划；⑧建立有效的组织愿景；⑨发展有效的实施过程；⑩动态评价战略规划实施过程③。

　　Slocum 认为将杰克逊维尔公共图书馆转变为 21 世纪全国的领先图书馆，所依靠的手段就是战略规划，而且这样的战略规划其流程应该是非常正规的④。Wessman 认为应采用战略规划简化模型⑤，由四项活动组成：①环境分析；②形成战略重点；③战略实施；④战略评价。而 Linn 认为图书馆馆员应将行动方案建立在对图书馆的优势、劣势、竞争环境的充分考虑基础之上⑥；强调当决定图书馆的战略时，不需一个很长很正式的战略规划程序。因为条件总是变化的，也总会出现机会，遵循严格而正式的程序是不明智的。图书馆应有效地使用其时间和金钱来满足用户，而不是用于产生战略规划程序。

　　目前较为盛行的图书馆战略管理模型 PDCA（Plan，Do，Check，Act）将以上流程更为简练地划分为包含确立绩效评价标准的战略规划、会计组织行为的战略实施、针对最初和补充的目标进行实施效果评价的战略检测，以

---

① McClamroch, Jo, et al. "Strategic planning: Politics, leadership and learning", *The Journal of Academic Librarianship*, 2001, 27 (5): 372 – 378.

② Bryson, John M. *Strategic Planning for Public and Nonprofit Organization: A Guide to Strengthening and Sustaining Organization Achievement*, California: Jossey-Bass Publisher, 2004.

③ McClamroch, Jo, et al. "Strategic planning: Politics, leadership and learning", *The Journal of Academic Librarianship*, 2001, 27 (5): 372 – 378.

④ Slocum, M. "Destination: Next, Jacksonville public library's journey toward transformation", *Florida Libraries Fall*, 2007, 50 (2): 18 – 20.

⑤ Wessman, Karin. "A Model of Strategic Planning: To Introduce a Citizen Bureau in a Public Library Using Strategic Planning", [2009 – 12 – 21], A Master's Paper for the M. S. University of Boras, 2006, http://hdl.handle.net/2320/1451.

⑥ Linn, Mott. "Planning strategically and strategic planning", *The Bottom Line Managing Library Finances*, 2008, 21 (1): 20 – 23.

及针对人员和其他各类资源进行匹配目标式调整的行动方案①。

（3）关于图书馆战略规划的组织

在国外，制定图书馆战略规划时必须有董事会成员参与②。作为公共服务机构，战略规划的制定绝非图书馆单方的行为，图书馆服务的对象，即用户也是重要的参与主体。Ferguson 对澳大利亚和新西兰图书馆的战略规划和管理分析③表明，参与制定图书馆战略规划的主体除了图书馆员，还应包括社区成员，可以通过成立"图书馆之友"这样的组织来代表社区，组织的意见代表社区对公共图书馆的声音，所以"图书馆之友"成为图书馆战略规划整体的必要组成部分，对图书馆的未来非常重要。除此之外，成立"图书馆之友"还对公共图书馆发展社会资本具有重要价值，因而这样的组织与公共图书馆一样都需要进行发展规划，文章就此对"图书馆之友"当前的活动，应考虑的战略方向，如何集结社区力量制定出其通向成功的未来十年的发展战略进行了刻画。较为类似的是，Wessman 在其硕士论文中提出设立一个公共图书馆"市民处"以帮助规划过程④。

（4）关于图书馆战略规划的影响因素

Hape 对丹麦公共图书馆所作的调查研究⑤表明，由于丹麦的国家信息社会战略开始于 1995 年，公共图书馆作为创建信息社会一分子的认识在此之后才得以认同，故而 2000 年以后才对图书馆的战略规划有所研究，可见国家政策对形成公共图书馆战略规划的重要影响。Balas 较为系统地研究了 LC（美国国会图书馆）、ALA、OCLC 的战略规划⑥，总结出它们各自的特点。认为各种

① Matthews, Joseph R. *Strategic Planning and Management for Library Managers*, Westport: Libraries Unlimited, 2005: 65-66.

② Owens, Irene. *Strategic Marketing in Library and Information Science*, New York: The Haworth Information Press, 2004.

③ Ferguson, Daniel. "Developing social capital: Australian and New Zealand friends of libraries", *Australasian Public Libraries and Information Services*, 2006, 19 (1): 26-30.

④ Wessman, Karin. "A Model of Strategic Planning: To Introduce a Citizen Bureau in a Public Library Using Strategic Planning", [2009-12-21], A Master's Paper for the M.S. University of Boras, 2006, http://hdl.handle.net/2320/1451.

⑤ Hape, Rolf. *Public libraries in Denmark and the on-line and digital information service—What is it about?*, Proceedings of the 1st Asia-Pacific Bioinformatics Conference on Bioinformatics 2003-2005, 1-6.

⑥ Balas, Janet L. "Online help for library strategic planners", *Computers in Libraries*, 1999, 19 (1): 40-42.

规模和类型不同的图书馆拥有不同的战略规划认识和对环境独到的见解。LC
着重考虑战略规划与经费预算的关系，ALA 的战略规划充分考虑了飞速发展
的技术所带来的挑战，OCLC 专门在战略规划的"环境部分"对技术问题进行
了讨论，承认技术在多个可预见的方面已经发生了改变，并且其改变的速度
远远超出了预期，因此在新的战略形成前将在更新计划中对当前的技术加以
考察。Jones 对澳大利亚新南威尔士的公共图书馆制定规划时考虑的关键因素
进行考察①，认为它们的经验是：公共图书馆战略规划的关键因素是确定用
户需求，确定空间和用地需求，由此评估成本，尤其在一个新的公共图书馆
建设项目的早期阶段更是如此。它们的经验对新建公共图书馆的战略规划具
有参考价值。McGinn 以纽约皇后区公共图书馆利用战略规划争取外部经费
为对象进行案例分析②，表明图书馆追求越来越多的外部资金以补充由国家
和市政府支持的经营收入。为与其他公司竞争从而赢得赞助人作出值得筹款
的努力，公共图书馆必须具有战略眼光。皇后区公共图书馆努力研究外部环
境，包括分析一些主要的纽约报纸的内容，研究周围的图书馆计划的宣传与
服务，以确定自身是否增加了媒体的关注，从而能吸引新的外部资金来源。

　　Decker 和 Höppner 将用户职能作为高校图书馆战略规划的基础，认为高
校用户知识对用户服务战略制定有促进作用，用户智力资源是图书馆决策支
持数据库的重要基础③。还有学者从图书馆馆员和管理者的角度进行研究，
如 Rick 曾分析馆员的价值识别系统对图书馆战略规划的重要意义，倡导在
战略管理中大力推行专业理想的价值认识④。匹兹堡大学的 Golden 对服务对
象超过 10 万人的公共图书馆馆长进行研究⑤，详细分析了馆长的职业发展

　　①　Jones，David J. "Critical issues in public library planning: The New South Wales experience"，[2009 -
11 - 23]，The Australian Library Journal，2004 (November): 375 - 382，http: //www. alia. org. au/publishing/
alj/53. 4/full. text/jones. htm.

　　②　McGinn，Meg. "Applying Strategy to External Funding: A Case Study of the Queens Borough Public
Library"，A Master's Paper for the M. S. in L. S Degree，2005.

　　③　Decker，Reinhold，and Höppner，Michael. "Strategic planning and customer intelligence in academic
libraries"，*Library Hi Tech*，2006，24 (4): 504 - 514.

　　④　Forsman，Rick B. "Incorporating organizational values into the strategic planning process"，*The
Journal of Academic Librarianship*，1990，16 (3): 150 - 153.

　　⑤　Golden，Janine. "The Role and Contribution of Strategies and Factors in the Career Successes of Public
Library Directors"，Dissertation of Ph. D，University of Pittsburgh，2005: 3 - 5.

影响因素对战略规划重要性的影响，同时还提出图书馆战略规划制定需要重视图书馆中层干部因素的作用。

Shields 通过对美国的公共图书馆正在使用的战略规划进行内容分析[①]，指出战略规划过程必须确定社区价值观，战略规划基于对社区价值观念理解的基础将帮助图书馆领导作出适当的预算决定。设置预算优先可以说是图书馆管理人员的艰巨任务，然而，成功进行管理有赖于在服务社区的价值框架下发展可以接受的目标，获得必要的资源来支持各项目标，并不断根据资源需要完善和调整目标。战略规划允许图书馆根据社区价值取向的变化而被调整，管理人员重新评估过去的预算，更好地理解社区发展趋势及图书馆以往在社区中的角色，并进一步理解图书馆的未来。作者的研究揭示了了解社区环境与获取经费之间的紧密关系，说明社区环境理应成为战略规划考察的重要因素之一。

（5）关于图书馆战略规划的优先事项

Kostagiolas 等通过案例研究和访谈相结合的方法对希腊 29 个中央图书馆的战略规划进行了实证研究[②]，研究结果说明战略规划的流程最初要寻求图书馆应关注的事情并对其进行必要的调整从而形成优先事项，且该研究表明希腊中央图书馆通过 UNESCO、IFLA 等来源寻求所关注的事情，即重要的事项，这对其他图书馆具有独特的参考意义。当然，这些优先事项还必须与图书馆实际情况相吻合。在 Suzuki 对神奈川的川崎市图书馆的研究中就充分体现出这一点[③]。川崎市图书馆以其提供自然科学和工程专业的技术文献而闻名。在新的社会形势下，该馆从自身的特色馆藏和服务入手，提出适合自身发展的战略规划，从 1998 年开始以"科学和工业的信息图书馆"的名义开始各种服务，2005 年开发出独特的商务支持服务，并与多种服务关联起来，包括展览、讲座、刊发书目等。Suzuki 的分析表明，由于该图书馆

① Shields, Alison M. "Current Priorities and Future Directions: A Content Analysis of Active Strategic Planning Goals of Public Libraries in the United States", A Master's Paper for the M. S. in L. S Degree, 2007.

② Kostagiolas, Petros A., and Christina, Banou. "Strategic planning and management for the public libraries: The case of Greek central public libraries", *Library Management*, 2009, 30 (4/5): 253 – 265.

③ Suzuki, Yoshio. "Strategic service development of the public library: A challenge of Kanagawa prefectureal Kawasaki Library", *Journal of Information Processing and Management*, 2007, 50 (8): 501 – 511.

保持了自身长期以来所具备的良好传统，并通过拟定合理的图书馆优先事项、制定合理的战略规划、实施创新活动、不断改善服务，使该馆能够应对不断变化的社会需要。这样的战略规划取得了成功。Pacios 通过对战略规划文本的分析，提炼出进入 21 世纪的公共图书馆的主要行动领域①。其文认为公共图书馆面临变化，战略规划通过预测可能的问题减少了不确定性，帮助识别威胁和未来机会，有助于图书馆通过不断改变来有效适应变化。图书馆管理人员在潜在危机面前采取的行动应是特别关注图书馆服务的社区及确定优先事项，尤其要关注图书馆将为此努力的优先行动路线。该论文还对比分析了公共图书馆的优先行动领域，显示出它们最频繁的功能，由此作者试图建立一些通常的公共图书馆的重点行动领域。

当然，对于图书馆而言，究竟是"优先事项"优先，还是"资金与筹款"更为优先，也是值得探讨的问题之一。Jennings 就以此为目标分析了规划优先事项与筹款的先后顺序②，强调在制定规划时，图书馆必须牢记图书馆服务计划与优先事项应先于筹款，并牢记外部资助人可能支持的服务类型和图书馆服务规划。建议图书馆平衡筹款与图书馆优先事项之间的关系。该研究体现了国外研究者对图书馆战略规划优先事项和与之紧密相关的图书馆资金来源问题的态度，图书馆应重视在图书馆拟定规划和筹款二者之间保持一定的平衡关系，不至于为急于筹款而忽略图书馆的发展目标，同时，也应理性地对出资人的利益进行充分考虑。

（6）关于图书馆战略规划的文本与评价

国外同行专门对图书馆战略规划的成效进行了研究。在开始实施规划之后进行评估，此评估往往以战略规划书设定的目标体系为根据，对照实施结果，从而对实施成效进行把握和调控③。随着对战略规划重要性认识的提高，国外研究者认为图书馆战略规划不但是图书馆管理的重要部分，而且战

①　Pacios，Ana R. "The priorities of public libraries at the onset of the third millennium"，*Library Management*，2007，28（6/7）：416 – 427.

②　Jennings，Karlene Noel. "Which came first，the project or the fundraising?"，*Bottom Line*：*Managing Library Finances*，2004，17（3）：108 – 110.

③　Matthews，Joswph R. *Strategic Planning and Management for Library Managers*，Westport：Greenwood Publishing Group，2005.

略规划日益成为统领图书馆发展的导向。因而，战略规划实施成效的评估从某种意义来讲就是对图书馆的评估。Dole 等[1]对图书馆评估和图书馆战略规划从过程与结果等方面进行了对照及比较，阐述了将战略规划和图书馆评估结合起来的观点。Milam 通过对美国和加拿大公共图书馆领导协会 2007 年进行的大规模调查和案例研究[2]，发现通过塑造公共图书馆战略规划，打造强有力的公共图书馆创造性活动和参与能为地方经济和社区发展作出贡献。

（7）关于图书馆战略规划应用相关学科理论

Golden 从人力资源管理和职业规划理论出发对服务对象超过 10 万人的公共图书馆的研究中[3]，详细考察了馆长的职业发展影响因素与战略的重要性，分析了备选战略及诸如年龄、性别、地域流动和偶然机遇在内的外部因素之间的显著关系，同时提出作为图书馆中层干部潜在采纳方案的独立性战略，以便提高其职业发展的成功率。Hape 则对丹麦公共图书馆的基于学习型理论构建战略规划的案例进行了研究[4]，提出公共图书馆应关注"普遍价值"，如免费获取信息，弥合信息鸿沟等。Yi 从知识管理理论出发，调查了图书馆的主管和图书馆学研究生对图书馆战略规划中的知识管理的认识，包括定义、潜在应用和价值等方面[5]。作者认为调查对象的前者代表实践界，调查对象的后者代表理论界，通过调查他们对此问题的认识是否相同用以了解来自两个领域对基于知识管理的图书馆战略规划的观点，包括知识管理对图书馆战略规划的应用、潜在价值等。研究结果显示他们在图书馆管理者和研究生知识管理的定义、知识管理应用于图书馆战略规划以及知识管理是否是改进图书馆战略规划的最好方法等方面的认识是一致的。知识能有效地应

---

[1] Dole，W.，et al. *Integrating assessment and planning*：*A path to improved library effectiveness*，Proceedings of the 2008 Library Assessment Conference：Building Effective，Sustainable，Practical Assessment，Washington：Assoc Research Libraries，2009：403 – 407.

[2] Milam，Danielle Patrick. "Public library strategies for building stronger economies and communities"，*National Civic Review*，2008，97（3）：11 – 16.

[3] Golden，Janine. "The Role and Contribution of Strategies and Factors in the Career Successes of Public Library Directors"，Dissertation of Ph. D.，University of Pittsburgh，2005.

[4] Hape，Rolf. *Public libraries in Denmark and the on-line and digital information service—What is it about?* Proceedings of the 1st Asia-Pacific Bioinformatics Conference on Bioinformatics 2003 – 2005，1 – 6.

[5] Yi，Zhixian. "Knowledge management for library strategic planning：Perceptions of applications and benefits"，*Library Management*，2008，29（3）：229 – 240.

用于图书馆战略规划的许多领域，包括战略信息服务、战略考虑、政策制定、决策制定等，但认识并承认实践界与理论界观点上的差异是保证未来将知识管理持续有效地应用于图书馆战略规划的第一步。

第二节　我国图书馆战略规划的历史发展

与国外相比，我国图书馆战略规划起步较晚，大体可分为两个阶段：20世纪80年代以前是从经验管理到计划管理阶段，90年代以后，开始了从发展规划到战略规划的新阶段。

一　从经验管理到计划管理

改革开放以前，个体图书馆很少有战略规划制定，较多的是某一地区或某一类型图书馆的发展规划尝试。如20世纪50年代江苏省为了协调指导省内数十所公共、高校和科研图书馆的发展，聘请各系统图书馆学等方面专家建立"江苏省图书馆委员会"，全面开展图书整理、交换、调配，加强目录索引的编制、馆际互借、图书馆学研究等工作，制定为科学研究服务的规划①。

改革开放以后，图书馆界十分关注国际图书馆的发展环境与变化，图书馆管理开始从长期的经验管理过渡到计划管理，对发展规划的关注越来越强烈，也真正开启了我国图书馆战略新思维。这一时期，主要表现在以下三个方面。

1. 图书馆发展战略研讨会

1982年11月，文化部图书馆事业管理局在湖南长沙召开图书馆事业发展规划座谈会，讨论并起草了图书馆事业发展规划，初步描绘了"六五""七五"计划期间及到20世纪末的发展目标，规划了图书馆基本建设、干部培养及补充、业务建设等方面的要点，提出了保障规划实现的各项措施②。1986年12月，全国高等学校图书馆工作委员会召开"高校图书情报

---

① 佚名：《江苏省关于积极改进图书馆工作为科学研究服务的规划》，《中国图书馆学报》1957年第1期，第32—34页。

② 南：《文化部图书馆事业管理局召开图书馆事业发展规划座谈会》，《中国图书馆学报》1982年第4期，第45页。

事业发展战略研讨会"，出版《高校图书情报事业发展战略研讨会论文集》（大连工学院出版社 1987 年版）。湖南（1986）①、广东（1986）②、北京（1987）③ 等地区纷纷召开发展战略座谈会，推动本地区图书馆的战略发展。

2. 区域或类型的发展规划实践

20 世纪 80 年代，区域性文化战略启动，如 1986 年 7 月上海制定的《关于上海文化发展战略的汇报提纲》、1986 年 9 月广州提出了《广州文化发展战略构想（1986—2000）》。这一时期，我国一些图书馆开始尝试图书馆发展规划实践。在实践中主要配合国民经济五年发展规划开始涉及个体或某一地区高校图书馆的五年发展规划或具体工作计划的制定，或者根据上级主管部门的相关法规、条例，制定具体的实施规划。比较突出的有：四川省图书馆业余学校研究班就对全省图书馆的十年规划进行了藏书建设、现代化管理、共享网络创建等目标任务的分析和拟定④；甘肃省高校图书馆为贯彻执行《中华人民共和国高等学校图书馆工作条例》制定了发展规划⑤；《晋图学刊》刊出《山西省高等学校图书馆事业 1985—1990 年发展规划》⑥；黑龙江省不仅制定了《黑龙江省图书馆学会发展规划》⑦，还制定了《黑龙江省图书馆发展战略规划》⑧、《黑龙江省公共图书馆事业发展战略及规划》⑨ 和《黑龙江省社会科学院图书馆规划述略》⑩。

---

① 钟宁：《专家聚会共商发展大计——湖南省图书馆事业发展战略研讨会侧记》，《图书馆》1987年第 1 期，第 20—21、52 页。

② 肖息：《广东省图书馆事业发展战略专题讨论会在珠海举行》，《图书馆论坛》1986 年第 4 期，第 71 页。

③ 佚名：《北京地区图书馆学界研究讨论北京地区图书馆事业发展战略问题》，《图书情报工作》1987 年第 6 期，第 45 页。

④ 四川省图书馆业余学校研究班：《四川省图书馆十年规划的设计（1980—1989）》，《四川图书馆学报》1980 年第 3 期，第 9—14 页。

⑤ 甘肃省高等学校图书馆贯彻执行《中华人民共和国高等学校图书馆工作条例》的规划，《图书与情报》1982 年第 4 期，第 16—18 页。

⑥ 佚名：《山西省高等学校图书馆事业 1985—1990 年发展规划》，《晋图学刊》1985 年第 1 期，第14—17 页。

⑦ 佚名：《黑龙江省图书馆学会发展规划》，《图书馆建设》1979 年第 Z1 期，第 9—11 页。

⑧ 王科正、夏洪川：《黑龙江省图书馆发展战略规划》，《图书馆建设》1985 年第 S2 期，第 60—68 页。

⑨ 刘经宇、夏国栋、邹本栋：《黑龙江省公共图书馆事业发展战略及规划》，《图书馆建设》1985年第 S2 期，第 1—21、80—83 页。

⑩ 李树荣：《黑龙江省社会科学院图书馆规划述略》，《黑龙江图书馆》1991 年第 4 期，第 45—48 页。

3. 图书馆发展战略研究

20 世纪 80 年代中期，我国图书馆发展战略研究形成热潮，出现了广泛性、大课题、政府部门和学术团体支持以及开发性的特点[①]。《图书馆》杂志编辑部 1986 年举办的"图书馆事业发展战略研究"征文和评选活动引起了图书馆界关注。黄纯元提出我国图书馆事业从内向型向外向型转变的战略思想，从数量型向质量型转变的发展道路，以及加强宏观控制的战略重点[②]。程亚男认为图书馆发展战略必须以社会需求为出发点且要有一个正确的发展观，建议"七五"期间集中精力解决建设现代化图书馆所必需的知识、技术和财力，确立事业起飞的起点[③]。张克科提出研究公共图书馆事业发展战略必须以最大限度地获得社会图书馆整体优化功能为目标，建立发展战略的结构模型[④]。宓浩提出将目前的纯事业管理型的行政性机构逐步转向为事业经营型的信息产业型结构等我国图书馆事业发展战略视角的改革[⑤]。蒋永福[⑥]、郑挺[⑦]、倪学寨[⑧]、胡继森[⑨]等也都提出了关于我国图书馆发展战略的思考与建议。还有人提出了图书馆战略思想[⑩]、管理战略[⑪]、战略研究方法论[⑫]、事业

①　黄纯元：《谈谈发展战略研究中的"战略问题"》，《图书馆》1987 年第 5 期，第 1—4 页。

②　黄纯元：《我国图书馆事业发展战略的若干思考》，《图书馆学通讯》1986 年第 3 期，第 15—22、32 页。注：该文另刊载于《图书馆》1986 年第 4 期，第 1—9 页。

③　程亚男：《社会·文化·图书馆——关于图书馆发展战略的思考》，《图书馆》1987 年第 1 期，第 10—13、9 页。

④　张克科：《我国公共图书馆事业发展战略十想》，《图书馆学研究》1987 年第 3 期，第 22—26 页。

⑤　宓浩：《关于我国图书馆事业发展的战略选择》，《图书馆》1987 年第 6 期，第 1—5、10 页。注：该文另刊载于《图书馆杂志》1987 年第 6 期，第 16—19 页。

⑥　蒋永福：《中国图书馆发展战略研究初探（论纲）》，《图书馆建设》1987 年第 S1 期，第 8—14 页。

⑦　郑挺：《我国高校图书馆发展战略的构想》，《图书馆学通讯》1987 年第 2 期，第 29-35、39 页。

⑧　倪学寨：《我国图书馆事业发展的战略思考》，《图书馆学通讯》1987 年第 2 期，第 36—39 页。

⑨　胡继森：《城市公共图书馆发展战略思考》，《四川图书馆学报》1987 年第 6 期，第 1—5、10 页。

⑩　杨位平：《加强学术性以推动全局——高校图书馆战略思想刍议》，《大学图书馆学报》1983 年第 8 期，第 46 页。

⑪　董建华：《现代图书馆管理战略探讨》，《图书情报知识》1985 年第 3 期，第 55—57 页。

⑫　苏志乐：《图书馆发展战略研究基本方法论》，《高校图书馆工作》1987 年第 3 期，第 9—12 页。

规划①。李子瑞提出战略研究要与策略研究同步，前者包括发展战略和管理战略两个方面，后者包括组织策略、服务方式、时间策略②，还根据《关于改进和加强图书馆工作的报告》提出加强干部队伍建设战略和人才管理政策战略的研究③。这些研究，对于图书馆事业发展有一定促进作用。

二　从发展规划到战略规划

图书馆战略研究的发展经历了从经验操作到理论指导，从单一个体到多元组织合作竞争的过程。如果说，国外的战略研究进入成熟期，那么我国的战略研究正处于初创期。

1. 图书馆事业战略研究

关于全国性图书馆事业发展战略研究，早期的图书有《当代中国的图书馆事业》（1995）、《中国科学院文献情报工作发展战略研究》（1996）、《中国图书馆发展战略研讨会论文集》（杜克著，书目文献出版社 1996 年版）等。吴慰慈和罗志勇认为战略研究是指对宏观现实问题的研究，亦即对当前具有普遍意义而且能够决定事物未来发展趋势的问题的研究，指出中国图书馆事业的发展战略应该立足于对图书馆本质的把握，立足于图书馆事业的整体现状分析，注视其长期的发展方向，从而形成切实可行的策略性建议④。

进入 21 世纪，重要战略研究成果有《21 世纪图书馆可持续发展战略》（中国图书馆学会，2001）、《战略思考：图书馆发展十大热门话题》（吴建中著，上海科学技术文献出版社 2002 年版）、《图书馆知识服务战略研究》（初景利、邵玉荣著，北京图书馆出版社 2004 年版）、《图书馆创新服务战略研究》（张晓林著，北京图书馆出版社 2005 年版）、《国家可持续发展的

①　陈永刚：《图书馆事业规划的原则内容和方法》，《图书馆理论与实践》1988 年第 3 期，第 46—47、72 页。

②　李子瑞：《对我国图书馆战略研究的思考》，《图书馆学研究》1988 年第 3 期，第 10—13 页。注：该文另载《图书馆学刊》1988 年第 3 期，第 5—9 页。

③　李子瑞：《对我国图书馆战略研究的再思考——学习〈关于改进和加强图书馆工作的报告〉中的人才问题》，《图书馆学刊》1989 年第 5 期，第 6—8 页。

④　吴慰慈、罗志勇：《中国图书馆事业发展战略研究》，《中国图书馆学报》1997 年第 5 期，第 7—13、79 页。

图书情报事业战略》（胡昌平著，北京图书馆出版社 2006 年版）、《图书馆发展战略：共建图书馆的应用模式》（耿有三著，西安地图出版社 2007 年版）等。柯平等的《社会公共服务体系中图书馆的发展趋势、定位与服务研究》（2011）从图书馆事业发展的角度开始探索社会、用户、图书馆组织等元素在战略制定中的整合与管理，以宏观视角挖掘图书馆战略发展的定位、方向、实施策略等。

关于各类型图书馆事业发展战略研究，国家图书馆方面有《国家图书馆数字战略研究》（索传军著，国家图书馆出版社 2011 年版），该书全面系统地论述了国家图书馆的数字战略环境、馆藏与服务状况、战略目标、战略规划，以及国家数字资源总库规划、品牌特色资源、服务品牌塑造、数字学习平台构建、数字内容战略、服务品牌战略的关键技术。公共图书馆有《公共图书馆发展战略思考》（吴建中著，北京图书馆出版社 2007 年版）等。2007 年 3 月，中国科学院国家科学图书馆召开"国家科学图书馆发展战略研讨会"。关于社区乡镇图书馆有《理性探索：中国社区乡镇图书馆发展战略研究》（王荣国著，沈阳民族出版社 2003 年版），截至 2009 年，中国图书馆学会已举办了八次"中国社区乡镇图书馆发展战略研讨会"，对基层图书馆的合作和可持续发展等主题进行了广泛而深入的探讨。

关于区域性图书馆事业发展战略研究，有卢子博和许建业的《江苏图书馆事业跨世纪发展战略构思》①，刘其新的《世纪末天津市公共图书馆事业发展战略目标的思考》②，崔慕岳等的《河南图书情报事业跨世纪发展战略研究》③，提出了跨世纪战略的指导思想、总体目标和 1996—2010 年具体目标、发展战略重点以及实施措施，特色是体现图书情报一体化原则，重点对数字化和网络化图书馆建设进行论述。此外，还有《四川省公共图书馆现状分析与发展战略》（李忠昊和王嘉陵著，北京图书馆出版社 2007 年版）、《西部县级公共图书馆发展战略研究》（祝丽君著，电子科技大学出版

---

① 卢子博、许建业：《江苏图书馆事业跨世纪发展战略构思》，《江苏图书馆学报》1995 年第 4 期，第 3—7、22 页。

② 刘其新：《世纪末天津市公共图书馆事业发展战略目标的思考》，《图书馆工作与研究》1997 年第 5 期，第 3—5 页。

③ 崔慕岳等：《河南图书情报事业跨世纪发展战略研究》，大象出版社 2000 年版。

社 2008 年版)、《广州图书馆国际化发展战略研究》(胡俊荣著,暨南大学出版社 2010 年版)、《西北地区图书馆发展战略研究》(郭向东、董隽著,甘肃人民出版社 2010 年版)等。

在港澳台地区,香港政府于 1996 年 11 月向市民咨询《市政局图书馆委员会五年计划》①,分为七大范畴来规划未来五年的发展:①提供图书馆资料;②提供图书馆;③提供参考及资讯服务;④推广活动及图书馆合作;⑤提供其他图书馆服务;⑥资讯科技的使用;⑦推广文学艺术。澳门大学图书馆王国强的《二十一世纪初期澳门图书馆事业发展规划之研究》(2003)在图书馆规划的理论基础上从整体和个别功能两个方面提出包括组织与管理、公关及行销、资讯媒体建设、书目控制、阅览与典藏服务、资讯咨询以及资讯素养教育六大功能领域的发展战略②。澳门大学图书馆杨开荆完成了博士后报告《澳门新时期图书馆、文献信息事业发展战略研究》(2005)。台湾从 1994 年开始,酝酿研究图书馆事业发展领航文件,2000 年,由台湾图书馆学会公布了《图书馆事业发展白皮书》③,为达成 5 项图书馆事业的愿景而设计了 7 项目标,主要反映在四个发展层面共 17 项发展战略,并对每个发展战略作出说明并列出策略。

2. 信息化环境广泛影响图书馆战略

20 世纪 80 年代以来,信息技术对图书馆以深刻的影响与改变,图书馆自动化系统、网络建设的专项规划在发达地区图书馆开始形成。1990 年 6 月《广东省公共图书馆计算机信息系统"八五"规划》与 1993 年 7 月《关于建立广东省公共图书馆自动化网络的意见——"九五"规划》④,从目标到行动对广东省公共图书馆自动化网络建设发展进行全面布局。上海市《图书馆 2.0 技术应用系列白皮书:RSS 技术在图书馆中的应用 V1.0》等从

---

① 香港市政局图书馆委员会:《市政局图书馆委员会五年计划:咨询文件摘要》,市政局 1996 年版。

② 王国强:《二十一世纪初期澳门图书馆事业发展规划之研究》,澳门图书馆暨资讯管理协会 2003 年版,第 1 页。

③ 吴美美:《领航文件与图书馆事业发展白皮书研拟过程》,台湾《图书馆学会会报》2000 年第 64 期,第 61—72 页。

④ 张耀年、谢怀玲、陆碧霞:《改革开放 20 年来广东公共图书馆发展述略》,《图书馆论坛》1999 年第 1 期,第 55—57、14 页。

规划角度开始战略推广。针对"低谷论"和"信息时代论"，柯平和崔慕岳提出面向产业化的改革战略思想①。

3. 学习借鉴国外图书馆战略规划的经验

早在 20 世纪 80 年代就有国外图书馆战略规划理论的介绍，如杨柳编译了 Riggs 的《图书馆管理者的战略规划》第 12 章②，李顺华翻译了《大学与研究图书馆》的相关文献③。美国国会图书馆信息技术战略委员会等著的《21 世纪国会图书馆数字战略》涉及图书馆的主要工作与前沿问题，尤其对数字化建设与管理问题提出了重要的建议，并在此基础上探讨了国会图书馆未来的数字化战略。该书由蒋伟明、苑克俪翻译，北京图书馆出版社 2004 年出版。对国外图书馆战略规划成果如国家图书馆规划④、专业图书馆规划的翻译⑤等有利于我国图书馆战略规划的学习与借鉴。关于国外图书馆战略规划的研究从一般介绍逐渐深入到专门问题，如金瑛和姜晓曦⑥研究发现，国外图书馆环境定位战略规划一般从内部环境定位与外部环境定位两个角度展开，图书馆发展目标定位战略规划主要包括总体目标定位战略规划、资源目标定位战略规划与服务目标定位战略规划三个方面的内容；张玲⑦对国外 15 所高校图书馆战略规划文本关于服务的分析，发现"战略规划的制定注重广泛的用户参与""注重服务评估，以评估结果支持服务战略规划""强化外联，注重营销""注重战略规划实施的计划性和监控性"四点启示。

4. 图书馆战略规划理论研究

台湾大学图书馆学系卢秀菊于 1988 年出版的《图书馆规划之研究》是较早

---

① 柯平、崔慕岳：《关于图书馆改革战略的思考》，《图书馆》1993 年第 4 期，第 17—21、12 页。

② 〔美〕唐纳德·E. 里格斯：《图书馆战略规划的评价方法》，杨柳译，《图书馆》1986 年第 6 期，第 52—54 页。

③ 〔美〕艾尔德雷·史密斯、佩吉·约翰逊、李顺华：《图书馆战略探究——为了将来如何保存现有的图书体系》，《牡丹江师范学院学报》（哲学社会科学版）1995 年第 1 期，第 77—80 页。

④ 〔英〕K. P. 库佩尔：《不列颠图书馆的战略计划》，滕义勇译，《四川图书馆学报》1990 年第 2 期，第 67—74 页。

⑤ 〔美〕Lian Ruan：《美国专业图书馆的战略规划——个案研究》，《图书馆建设》2004 年第 4 期，第 74—78 页。

⑥ 金瑛、姜晓曦：《国外图书馆关于环境定位和发展目标定位的战略规划分析》，《图书馆建设》2009 年第 10 期，第 97—102 页。

⑦ 张玲：《国外高校图书馆服务战略规划的分析与启示》，《图书馆建设》2009 年第 10 期，第 89—96 页。

的专著，除概论规划在管理程序中的地位、长期规划或战略规划在企业界的应用、图书馆规划及其程序等问题外，还专章讨论了公共图书馆规划、学术图书馆规划、专门图书馆与资讯中心规划、战略规划在图书馆应用的可行性等。

董小英提出图书馆战略规划作为一种指导思想，其主要价值在于：（1）建立所有成员对机构任务和目标的认同感和责任感；（2）发展计划精神，促使组织成员根据目标和设想中的蓝图行事，而不是对突发事件做出被动反应；（3）明确重点目标，排除次要的、不切实际的目标和活动；（4）利用环境变化带来的各种机会，把不利影响降到最低程度；（5）意识到整个机构的总目标，以及组织活动与其之间的关系；（6）批判性地比较、选择计划和策略[1]。李少南[2]提出制定图书馆战略规划必须以科学发展观为指导，坚持实事求是、以人为本、全面协调发展、可持续发展、为经济建设服务五大原则。新时期图书馆发展战略的制定和有效实施对管理者的决策能力、组织协调能力和社会活动能力都提出了更高的要求[3]。

5. 从发展规划到战略规划的转型

20世纪90年代以来，图书馆发展规划经历了"九五""十五"和"十一五"三个五年规划时期，从个体到地区都有进一步的发展，个体的如湘潭矿业学院[4]、浦东新区图书馆[5]等，地区如广州[6]、江苏[7]、湖南[8]、四川[9]等。辽宁省文化厅主持制定的《辽宁省公共图书馆事业"九五"发展规划》[10]以文

① 董小英：《战略规划与图书馆管理》，《黑龙江图书馆》1991年第6期，第72—74、35页。
② 李少南：《按照科学发展观制定图书馆战略规划的原则》，《中华医学图书情报杂志》2007年第3期，第10—12页。
③ 郭琳：《图书馆制定发展战略的关键环节》，《图书馆学刊》2011年第4期，第13—14页。
④ 梁绍辉：《图书情报事业发展设想——湘潭矿业学院图书馆五年规划》，《高校图书馆工作》1991年第3期，第6—9页。
⑤ 查旭东：《浦东新区图书馆规划的构想》，《图书馆杂志》1992年第2期，第33—34页。
⑥ 李曲波：《广州图书馆事业及其发展规划》，《广东图书馆学刊》1990年第4期，第103—105、102页。
⑦ 王学熙：《江苏省公共图书馆"九五"发展纲要（建议稿）》，《江苏图书馆学报》1996年第5期，第11—13页。
⑧ 廖腾芳：《县域图书馆的规划研究》，《国家图书馆学刊》2005年第4期，第60—63页。
⑨ 杨克香：《四川受灾图书馆震后重建生态图书馆规划设想》，《图书馆学刊》2009年第11期，第8—10页。
⑩ 辽宁省文化厅：《辽宁省公共图书馆事业"九五"发展规划》，《图书馆学刊》1996年第5期，第1—4页。

件（辽文字〔1996〕15 号）形式正式下发。

近年来，随着战略规划思想对图书馆的影响，一些图书馆领导和图书馆开始改变发展规划的思路，按战略规划的理论制定和实施图书馆规划，产生了一批具有战略规划特色的案例，如 CASHL 中长期战略规划和北大图书馆中长期战略规划①、广州图书馆 2011—2015 年发展规划②等。

6. 图书馆战略管理理论与实践指导

研究推动我国图书馆进入战略规划探索阶段，从发展规划的研究扩大到战略规划的研究，从战略研究扩大到战略管理的研究，如雷永立阐述了在图书馆管理中导入战略管理思想的意义③；路茜提出创新、人才、形象、文化四方面的战略管理职能④；郑学军提出使命管理作为一种人本主义管理理论为大学图书馆战略实施提供了一种全新的管理模式⑤；林雪华提出在图书馆管理中领导人战略管理具有重要意义⑥；高静提出高校图书馆的战略管理是以适应高校发展和引领行业经营方向为基点，以增强自身核心竞争力为手段，以实现长期战略规划为目标，在科学预测和选择的基础上着眼全局、面向未来而采取的一种宏观、先进的现代管理方式⑦；邵景峰提出战略规划过程中所要决定的主要方面有：办馆思想、发展目标、组织机构、人力资源、技术机制、业务外包、项目管理⑧；蒋丹提出在高校图书馆战略管理下开展竞争情报工作⑨。

---

① 肖珑：《高校图书馆战略发展规划制定的案例研究》，《图书馆建设》2011 年第 10 期，第 21—24 页。

② 潘拥军：《图书馆规划编制实践研究——以广州图书馆为例》，《四川图书馆学报》2011 年第 5 期，第 22—26 页。

③ 雷永立：《在图书馆管理中导入战略管理思想探析》，《图书馆论坛》2003 年第 4 期，第 17—19 页。

④ 路茜：《高校创新体系中的图书馆战略管理》，《辽宁税务高等专科学校学报》2003 年第 4 期，第 37038 页。

⑤ 郑学军：《大学图书馆战略计划与使命管理》，《图书馆建设》2005 年第 5 期，第 60—61、64 页。

⑥ 林雪华：《高校图书馆的战略管理》，《科技资讯》2006 年第 31 期，第 255 页。

⑦ 高静：《高校图书馆的战略管理和相关问题探析》，《科技情报开发与经济》2006 年第 17 期，第 26—28 页。

⑧ 邵景峰：《论图书馆战略管理》，《科技情报开发与经济》2007 年第 2 期，第 5—6、51 页。

⑨ 蒋丹：《高校图书馆的战略管理与竞争情报工作的开展》，《科技情报开发与经济》2008 年第 23 期，第 1—3 页。

在整个图书馆管理研究中，"2007—2008 年主要表现在知识管理、战略管理和人本管理三驾马车共同驰骋的研究局面"[①]。2008 年国家哲学社会科学基金批准了"公共文化服务体系中的图书馆战略规划模型与实证研究"（项目编号：08ATQ001），这是我国首次对图书馆战略规划和战略管理进行全面系统的研究，旨在解决上述研究中尚存的不足之处，构建适合我国各级各类型图书馆使用的图书馆战略规划模型、指南和软件等。

第三节 国内外图书馆战略规划比较

一 图书馆战略规划制定的国内外比较

1. 国内外图书馆战略规划的制定主体

从国内外图书馆战略规划的制定主体比较（见表 3-2）看，在 339 个样本（国外 258、国内 81）中，国内外的共同点是大多数以图书馆为制定主体（国外占 79.46%；国内占 86.42%），而以学校和社团为主体的较少；所不同的是，国外制定主体有采用议会、基金会和个人的，而国内没有这几类。

表 3-2 国内外图书馆战略规划的制定主体

		图书馆	议会	学校	基金会	社团	其他机构	个人	总计
国内	数量（份）	70	0	5	0	4	2	0	81
	比例（%）	86.42	0	6.17	0	4.92	2.47	0	100
国外	数量（份）	205	4	16	2	26	4	1	258
	比例（%）	79.46	1.55	6.20	0.78	10.08	1.55	0.39	100
总计	数量（份）	275	4	21	2	30	6	1	339
	比例（%）	81.12	1.17	6.19	0.59	8.84	1.76	0.29	100

注：表中"社团"包括各类图书馆学会、图书馆协会、图书馆联盟等社会组织，规划制定机构中的"学校"包括该馆所在的各级各类学校。

资料来源：本研究整理。

[①] 国家图书馆研究院：《国内外图书馆学研究与实践进展（2007—2008）》，国家图书馆出版社 2009 年版，第 20 页。

2. 国内外图书馆战略规划文本的标题

从国内外图书馆战略规划文本标题的高频词比较（表3－3）看，国内部分去掉"加强""主要""建立"等无实质意义的词，国外部分去掉"Our""We""Priority"等实质意义的词。在293个样本（国外212、国内81）中，国内外文本标题共同的高频词有"图书馆""服务""目标""规划"等，说明图书馆战略规划越来越重视服务导向。从国内外的差异看，国内的高频词中，"资源""文献"比较突出，"建设""工作""十二""事业""队伍"体现中国特色；国外的高频词中，把"战略"放在重要地位，重视目标任务、社区、项目预算、民众、使命、教学学习等，说明国内图书馆战略规划比较重视传统的图书馆要素，缺乏新的战略观。

表3－3　国内外图书馆的战略规划文本标题高频词

排序	国　内			国　外			
	高频词	频　次	比例(%)	高频词	译　文	频　次	比例(%)
1	图书馆	474	16.74	Library	图书馆	561	25.98
2	建　设	408	14.41	Strategic	战　略	305	14.13
3	发　展	283	9.99	Plan	规　划	202	9.36
4	服　务	257	9.08	Service	服　务	202	9.36
5	资　源	186	6.57	Goal	目　标	113	5.23
6	工　作	153	5.40	Provide	提　供	113	5.23
7	文　献	152	5.37	Access	获　取	109	5.05
8	目　标	141	4.98	Objective	任　务	74	3.43
9	规　划	127	4.49	Community	社　区	69	3.19
10	信　息	100	3.53	Current	趋　势	55	2.55
11	管　理	96	3.39	Project	项　目	48	2.22
12	策　略	73	2.58	Budget	预　算	48	2.22
13	指　导	67	2.37	Development	发　展	41	1.89
14	十　二	64	2.26	People	民　众	36	1.67
15	文　化	45	1.59	Mission	使　命	35	1.62
16	大　学	44	1.54	Teaching	教　学	32	1.48
17	学　院	43	1.52	Learning	学　习	32	1.48
18	事　业	41	1.45	Use	利　用	32	1.48
19	思　想	41	1.45	Age	年　龄	28	1.29
20	队　伍	36	1.27	Aim	目　的	24	1.11

注：表中比例（%）为频次在20个高频词中的比例。国内20个高频词的总频次为2831；国外20个高频词的总额次为2159。

资料来源：本研究整理。

3. 国内外图书馆战略规划文本的内容

从国内外图书馆战略规划文本全文的高频词比较（表 3 - 4）看，在 293 个样本（国外 212、国内 81）中，去掉"提高""建立"等无实质意义的高频词，国内外战略规划内容的共同主题有：服务方面（服务、公共、学科、研究、学习、社区等高频词）、资源方面（资源、馆藏、文献、图书、数据库等高频词）、信息方面（信息、技术等高频词）、人员方面（馆员、读者、教员等高频词）。从差异性看，国外比较重视战略规划以及与用户相关的需求、获取等，而国内比较重视图书馆建设、业务工作以及相关的文献资源建设、数据库建设等。

表 3 - 4 国内外图书馆的战略规划文本全文高频词

排序	国　内			国　外			
	高频词	频　次	比例（%）	高频词	译　文	频　次	比例（%）
1	图书馆	7251	17.69	Library	图书馆	19469	28.75
2	服　务	4736	11.56	Service	服　务	5864	8.66
3	建　设	4009	9.78	Plan	规　划	5820	8.60
4	文　献	3532	8.62	Information	信　息	4132	6.10
5	资　源	3319	8.10	Public	公　共	3790	5.60
6	信　息	2549	6.22	Access	获　取	3382	4.99
7	工　作	2339	5.71	Development	发　展	3363	4.97
8	发　展	2338	5.70	Staff	员　工	3093	4.57
9	管　理	1880	4.59	Resources	资　源	2389	3.53
10	读　者	1442	3.52	Strategy	战　略	1913	2.83
11	提　供	1050	2.56	University	大　学	1853	2.74
12	学　科	962	2.35	Research	研　究	1742	2.57
13	数据库	786	1.92	Learning	学　习	1645	2.43
14	科　研	739	1.80	Needs	需　求	1574	2.32
15	专　业	732	1.79	Provide	提　供	1483	2.19
16	图　书	714	1.74	Community	社　区	1473	2.18
17	大　学	710	1.73	Collection	馆　藏	1313	1.94
18	文　化	664	1.62	Faculty	教　员	1179	1.74
19	馆　员	652	1.59	Technology	技　术	1127	1.66
20	研　究	582	1.42	Support	支　持	1106	1.63

注：表中比例（%）为频次在 20 个高频词中的比例。国内 20 个高频次的总频次为 40986；国外 20 个高频词的总频次为 67710。

资料来源：本研究整理。

从文本要素角度，本项目将战略规划分为 20 个文本要素，并调查了国内外图书馆战略规划文本的文本要素重要程度情况，文本要素重要程度分"缺失"（指文本中无该要素）、"较少"（指文本中该要素相关内容特别简略）、"一般"（指文本中该要素相关内容简略）和"详尽"（指文本中该要素相关内容很详细）四级。表 3 – 5 中以拥有该详略特征的文本数量占所有样本文本的比重作为内容要素各统计数量的比例。

在 20 个文本要素中，从要素内容详尽程度看，国外比例最高的前要素十位依次是：目标体系（59.30%）、实施策略（54.09%）、信息资源（28.29%）、环境分析（26.74%）、愿景展望（22.09%）、使命陈述（18.99%）、发展历程（17.05%）、人力资源（15.50%）、技术应用（15.50%）、服务承诺（14.34%）；而国内比例最大的前十位要素依次是：信息资源（54.29%）、实施策略（40.00%）、目标体系（35.71%）人力资源（35.71%）、服务承诺（27.14%）、技术应用（25.71%）、建筑设施（12.86%）、经费支持（11.43%）、组织管理（10.00%）、发展历程（10.00%）。说明国内外战略规划文本都比较重视目标体系、信息资源、实施策略、人力资源、技术应用、服务承诺等要素，所不同的是国外对环境分析、愿景展望、使命陈述三项比较重视，而国内对于建筑设施、经费支持、组织管理三项比较重视。

就缺失程度看，国外缺失最多的要素前十位依次为：薪酬管理（93.80%）、危机管理（90.27%）、可行性分析（88.76%）、评价体系（77.52%）、部门分工（75.58%）、关键成功因素（69.77%）、制定过程（58.91%）、发展历程（58.53%）、经费支持（54.26%）、组织管理（51.55%）。而国内缺失最多的要素前十位依次为：可行性分析（98.57%）、薪酬管理（97.14%）、制定过程（95.71%）、危机管理（94.29%）、使命陈述（91.43%）、愿景展望（91.43%）、评价体系（88.57%）、部门分工（81.43%）、关键成功因素（77.14%）、发展历程（72.86%）。说明国内外普遍缺失的要素有可行性分析、薪酬管理、危机管理、评价体系、部门分工、关键成功因素等，所不同的是国外缺失的有国内重视的经费支持和组织管理，而国内缺失的有国外重视的愿景展望和使命陈述。此外，国内文本要素除上述 20 个要素外，还有指导思想、指导原则等特有的要素。

表 3 - 5　国内外图书馆战略规划文本要素的详略程度比较

内容要素	评价等级	国　内			国　外		
		数量（份）	比例（%）	排序	数量（份）	比例（%）	排序
使命陈述	缺失	64	91.43	5	51	19.77	18
	较少	3	4.28	14	110	42.64	1
	一般	1	1.43	16	48	18.60	5
	详尽	2	2.86	17	49	18.99	6
愿景展望	缺失	64	91.43	5	55	21.32	16
	较少	5	6.33	12	105	40.70	2
	一般	0	0	17	41	15.89	9
	详尽	1	1.43	18	57	22.09	5
发展历程	缺失	51	72.86	10	151	58.53	8
	较少	9	12.86	8	43	16.67	11
	一般	3	4.28	14	20	7.75	15
	详尽	7	10	9	44	17.05	7
环境分析	缺失	49	70	11	115	44.57	12
	较少	19	27.14	1	42	16.28	12
	一般	6	8.57	9	32	12.40	11
	详尽	5	6.33	11	69	26.74	4
目标体系	缺失	2	2.86	20	11	4.26	20
	较少	11	15.71	7	39	15.12	13
	一般	32	45.71	1	55	21.32	3
	详尽	25	35.71	3	153	59.30	1
实施策略	缺失	20	28.57	17	42	16.34	19
	较少	6	8.57	11	32	12.45	14
	一般	16	22.86	4	44	17.12	7
	详尽	28	40	2	139	54.09	2
部门分工	缺失	57	81.43	8	195	75.58	5
	较少	5	6.33	12	27	10.47	17
	一般	4	5.71	12	18	6.98	16
	详尽	4	5.71	13	18	6.98	17
评价体系	缺失	62	88.57	7	200	77.52	4
	较少	2	2.86	15	32	12.40	15
	一般	4	5.71	12	7	2.71	17
	详尽	2	2.86	14	19	7.36	16

续表

内容要素	评价等级	国　内			国　外		
		数量(份)	比例(%)	排序	数量(份)	比例(%)	排序
制定过程	缺失	67	95.71	3	152	58.91	7
	较少	1	1.43	16	56	21.71	9
	一般	0	0	17	21	8.14	14
	详尽	2	2.86	14	29	11.24	12
关键成功因素	缺失	54	77.14	9	180	69.77	6
	较少	1	1.43	16	31	12.02	16
	一般	10	14.29	7	24	9.30	13
	详尽	5	6.33	11	23	8.91	15
服务承诺	缺失	24	34.26	15	95	36.82	13
	较少	14	20	4	70	27.13	6
	一般	13	18.57	6	56	21.71	2
	详尽	19	27.14	5	37	14.34	10
经费支持	缺失	48	68.57	12	140	54.26	9
	较少	9	12.86	8	61	23.64	8
	一般	5	6.33	10	33	12.79	10
	详尽	8	11.43	8	24	9.30	14
组织管理	缺失	37	52.56	14	133	51.55	10
	较少	13	18.57	5	55	21.32	10
	一般	13	18.57	5	42	16.28	8
	详尽	7	10	9	28	10.85	13
信息资源	缺失	7	10	19	55	21.32	16
	较少	16	22.86	3	84	32.56	4
	一般	9	12.86	8	46	17.83	6
	详尽	38	54.29	1	73	28.29	3
人力资源	缺失	9	12.86	18	69	26.74	15
	较少	17	24.29	2	88	34.11	3
	一般	19	27.14	2	61	23.64	1
	详尽	25	35.71	3	40	15.50	8
建筑设施	缺失	48	68.57	12	129	50.00	11
	较少	8	11.43	10	62	24.03	7
	一般	5	6.33	10	32	12.40	11
	详尽	9	12.86	7	35	13.57	11
技术应用	缺失	22	31.43	16	86	33.33	14
	较少	12	17.14	6	81	31.40	5
	一般	18	25.71	2	51	19.77	4
	详尽	18	25.71	6	40	15.50	8

续表

内容要素	评价等级	国 内			国 外		
		数量（份）	比例（%）	排序	数量（份）	比例（%）	排序
薪酬管理	缺失	68	97.14	2	242	93.80	1
	较少	1	1.43	16	14	5.43	20
	一般	0	0	17	0	0.00	20
	详尽	1	1.43	18	2	0.78	20
危机管理	缺失	66	94.29	4	232	90.27	2
	较少	0	1.43	19	16	6.23	18
	一般	2	2.86	15	4	1.56	19
	详尽	2	2.86	14	5	1.95	19
可行性分析	缺失	69	98.57	1	229	88.76	3
	较少	0	0	19	16	6.20	19
	一般	0	0	17	5	1.94	18
	详尽	1	1.43	18	8	3.10	18

资料来源：本研究整理。

二 图书馆战略规划宣传发布的国内外比较

1. 网站发布规划文本的数量

从国内外图书馆战略规划在网站发布文本比较（表3-6）看，在528个样本（国外185、国内343）中，国内图书馆网站发布图书馆规划文本的仅仅占约11%，同国外图书馆平均拥有度60%比差距其为突出。同时，样本中绝大部分无法连接的网页站点均分布在我国国内图书馆网站之中。

表3-6 国内外图书馆网站发布规划文本的数量

	打不开网页		没有规划文本		发布规划文本		总计
	数量（份）	比例（%）	数量（份）	比例（%）	数量（份）	比例（%）	数量（份）
国内	20	5.83	285	83.09	38	11.08	343
国外	1	0.54	73	39.46	111	60.00	185
总计	21	4.00	358	67.80	149	28.22	528

资料来源：本研究整理。

2. 网站发布规划文本的语种

从国内外图书馆战略规划在网站发布文本的语种比较（表 3 - 7）看，国内外没有显著差异，在 149 个样本中，国内外样本一般采用单语种发布，只有少数图书馆实现了多语种发布。

表 3 - 7　国内外图书馆网站发布规划文本的语种

	无法确定		单语种		多语种		总计
	数量（份）	比例（%）	数量（份）	比例（%）	数量（份）	比例（%）	数量（份）
国内	2	5.26	33	86.84	3	7.89	38
国外	4	4.03	101	89.93	6	6.04	111
总计	6	4.02	134	89.93	9	6.04	149

资料来源：本研究整理。

3. 网站发布规划文本的表现形式

从国内外图书馆战略规划在网站发布文本的表现形式比较（表 3 - 8）看，在 149 个样本中，国内样本大多数（89.47%）采取全文浏览发布，国外图书馆除提供全文浏览外，还提供全文下载、分段链接等多种形式，而国内样本无一采用分段链接和全文下载。

表 3 - 8　国内外图书馆网站发布规划文本的表现形式

	分段链接		全文浏览		全文下载		其他形式		总计
	数量（份）	比例（%）	数量（份）	比例（%）	数量（份）	比例（%）	数量（份）	比例（%）	数量（份）
国内	0	0.00	34	89.47	0	0.00	4	10.53	38
国外	9	8.11	51	45.94	50	45.04	1	0.9	111
总计	9	6.04	85	57.04	50	33.55	5	3.36	149

资料来源：本研究整理。

第 四 章

公共图书馆战略规划研究

　　本课题组在战略管理相关理论指导下，参考国内外图书馆战略规划文本分析和面向国内图书馆工作人员的有关图书馆战略规划的问卷调查结论，并结合我国图书馆事业发展特色，最终构建了图书馆战略规划流程、组织、影响因素、战略规划文本四个子模型（如第二章图 2 - 12、图 2 - 13、图 2 - 14、图 2 - 15 所示）。公共图书馆作为公益性文化服务部门，是公众享受社会文化发展成果的重要平台。与其他类型图书馆相比，公共图书馆在管理部门、服务对象和组织结构等方面均有自身特色，其战略规划的制定必须充分考虑公众的文化利益与政府的行政利益。基于此，本章结合公共图书馆战略规划自身特点，探讨图书馆战略规划流程、组织、影响因素和文本四个子模型在公共图书馆的适用性，并提出公共图书馆战略规划中需要注意的若干问题，为公共图书馆战略规划提供指导。

第一节　公共图书馆战略规划的流程

　　公共图书馆战略规划的流程是指公共图书馆战略规划准备、制定、实施与评价各阶段人员与物资等资源的合理组织与流动方式。公共图书馆战略规划流程遵循一般模型，可分为准备、分析、制定、审核发布、实施与评价等阶段，针对公共图书馆战略规划流程的自身特点，本项目对相关问题进行探讨，以此帮助公共图书馆有效完成战略规划。

一　公共图书馆战略规划流程的实例与数据分析

　　国外公共图书馆界开展战略规划的实践活动已久，部分公共图书馆在长期的实践过程中形成了自己的特定流程，既能体现公共图书馆特色，同时又能达到高效、系统地制定战略的要求。

1. 美国门罗县公共图书馆战略规划制定流程

门罗县公共图书馆（Monroe County Public Libraries）坐落于美国印第安纳州，自 1992 年开始制定图书馆的长期计划，对图书馆的使命、任务与目标进行详细规划。2001 年该图书馆开始了 2003—2005 年战略规划[①]的制定与修改工作，这段被完整记录的战略规划制定过程已经成为该馆战略规划制定的基本流程，一直延续下来。

2001 年 10 月，门罗县图书馆馆长在员工培训日上首次介绍并讨论了战略规划问题及过程。随后，战略规划小组成立，成员包括馆长、副馆长、战略规划协调员以及埃利茨维尔分馆的负责人、成人服务人员、儿童服务人员、技术服务人员。2002 年，通过社区扫描和市场调查，对社区、工作人员等核心群体及同行图书馆进行了相关数据收集、汇总；以此为基础，规划小组做了 SWOT 分析，评估现有优势、劣势、机会和威胁。根据数据分析，规划小组起草了关于使命、愿景、价值观和目标的陈述。之后，图书馆各部门主任和工作人员通过各种途径集体参与战略目标讨论，如工作人员可以在图书馆门户网站或休息室看到规划文件，并通过图书馆的内联网、图书馆跨部门会议和部门会议来参与讨论。在总馆及埃利茨维尔分馆都可以看到社区调查和专题小组的报告文件。图书馆委员会举行了针对该规划的 14 个方面的工作会议，讨论相关战略问题。2003 年 2 月 20 日，董事会起草了最终的使命陈述，并同意了 2003—2005 年图书馆行动战略规划。战略规划制定正式完成并通过内部工作网、馆内公示以及互联网发布等方式对外宣传。

门罗县公共图书馆战略规划制定历时一年多，可以分为战略准备阶段、战略制定阶段两个部分。准备阶段包括项目启动宣传工作、战略规划小组成立、图书馆发展趋势与所在地区状况数据收集工作。其中历时最久、任务最重的是数据收集工作，门罗县公共图书馆的数据收集主要集中于所在地区环境与图书馆自身发展基础两方面，具体包括：①社会扫描，强调收集地方人

---

① "Monroe county public libraries strategic plan 2003 – 2005"，［2010 – 09 – 12］，http://www.docstoc.com/docs/6169277/Monroe-County-Public-Library-Strategic-Plan-Monroe-County-Public.

口、经济、劳动力与教育程度的相关数据，分析发展趋势；②社区调查，通过对到馆用户的问卷调查与访谈，收集用户使用图书馆的倾向和障碍、资料的质量、服务以及最常用的有价值的服务等方面的数据；③特殊群体调查，2002 年 3 月图书馆邀请约 900 名社区成员参加由馆外顾问指导的小组讨论；④利用定标比超分析法，对图书馆组织结构、停车场等服务设施、馆藏开发管理、自助流通、图书馆分馆、特色服务等方面进行比较分析。战略规划制定阶段，首先，对已收集数据采用最常用的 SWOT 分析方法分析发展的优势与劣势、威胁与挑战，找到适合图书馆发展的战略方向与战略核心领域；其次，确立公共图书馆的使命、愿景与目标体系，这一过程中需要"战略规划小组""图书馆委员会""社区代表""各部门负责人"等相关人员的讨论与评议，直至最终确定；再次，针对战略目标形成完整的战略规划实施策略；最后，需要经过图书馆委员会的审核通过，并对外发布。

2. 美国欧申赛德公共图书馆战略规划制定的流程

欧申赛德公共图书馆位于加利福尼亚州欧申赛德地区，包括一个中心馆和三个分馆。欧申赛德公共图书馆（Oceanside Public Library）1997 年开始制定发展规划，并于同年完成"欧申赛德公共图书馆 1998—2004 年战略规划"[①] 的制定工作。2004 年，图书馆董事会和理事会意识到需要制定一个新的战略规划，开始了战略制定的第二次尝试。战略规划小组成立是战略规划的第一件工作，由图书馆所有级别的员工组成战略规划团队，并根据图书馆的主要职能部门将规划团队划分为六个核心小组。规划团队成员在 2004 年 10 月 3 日开始工作，并在随后的 10 个月内共会面 20 次，共同参加每次两个小时的会议。战略规划团队先后进行了七项主要工作：①文献综述——确定有助于规划工作的资源，并提供背景材料；②最佳实践——研究新趋势，实地考察丘拉维斯塔公共图书馆，近距离地考察其"市场模式"的输出服务；③员工调查——评估员工对图书馆优势和劣势的自我认知，以及员工对用户服务的意见；④SWOT 分析——参与 SWOT 分析，同时在图书馆董事会也进行一项类似的分析；⑤定标比超——采取各种措施获得数据，将欧申赛德公

① "Oceanside public library strategic plan 2005 – 2010"，[2011 – 01 – 16]，http：//www. librarytechnology. org/lwc-displaylibrary. pl？RC = 10737.

共图书馆与圣迭戈郡以及加利福尼亚州类似规模和特点的其他图书馆进行比较;⑥社区扫描——分析关键的人口和统计信息,以创建一个详细的社区说明;⑦核心小组——领导员工核心小组在六个规划领域制订行动计划。战略规划形成后在本馆内部工作网进行公示、收集意见,并交由董事会与读者代表讨论、审核并颁布。

　　欧申赛德公共图书馆战略规划制定的过程与门罗县图书馆的流程基本相似,所需要收集的数据资源与比较分析对象基本一致。

3. 加拿大不列颠哥伦比亚公共图书馆战略规划制定的流程

　　加拿大不列颠哥伦比亚省公共图书馆 (Public Library in British Columbia) 战略规划制定由来已久,在制定 2004—2008 年战略规划①时,第一步,2003 年 3 月成立了图书馆问题和机遇委员会 (LIOC),由 10 名首席图书馆员组成,指导咨询过程,并收集影响公共图书馆发展的信息资源。委员会成员也帮助提供在咨询中出现的潜在战略措施的反馈。为了确保利益相关者能够全面参与咨询过程,不列颠哥伦比亚公共图书馆聘请了 Zethof 咨询集团来协调工作以及进行电话采访、邮件和电子调查。公司也将根据咨询结果作出报告。第二步,形势评估,确定公共图书馆所面对的主要挑战和机遇。公共图书馆服务部门 (Public Library Service Branch,PLSB) 将文件作为一个跳板,邀请图书馆利益相关者写出或在其网页上提出对文件的意见。2003 年 5 月 31 日,不列颠哥伦比亚图书馆协会/图书馆理事协会举办的战略计划研讨会邀请了图书馆董事、管理者和员工,同样也邀请了不列颠哥伦比亚省的许多公共图书馆,征求意见和信息。第三步,不列颠哥伦比亚省市政府联盟建立了一个图书馆工作组,参与咨询过程。工作组在 2003 年夏季对图书馆相关问题进行了调查,在 9 月的不列颠哥伦比亚市政当局会议上介绍了调查情况,并在 11 月向不列颠哥伦比亚图书馆提交了报告和建议。不列颠哥伦比亚图书馆理事协会在 2003 年秋季对图书馆董事会进行了调查,并在 11 月向 PLSB 提交了调查结果和建议。截止到 2003 年年底,通过采访、书面意见、研讨会,共获得了 200 多人的直接意见和反馈,更多的人间接参与了图书馆

---

① "Libraries without walls: The world within your reach (2004 - 2008)", [2011 - 01 - 16], http: // www. bced. gov. bc. ca/pls/library_ strategic_ plan. pdf.

协会的相关调查。第四步，根据战略分析形成战略目标体系，2003 年 12 月，详细记录图书馆战略环境数据与分析，并将《不列颠哥伦比亚公共图书馆战略计划的咨询过程报告》提交给不列颠哥伦比亚图书馆董事会。在整个过程中，PLSB 用超过六个月的时间征求了图书馆各方面的人员和用户代表的意见。通过咨询来实施战略，制定并完善政策。这些广泛的咨询是描绘愿景的基础。

不列颠哥伦比亚公共图书馆战略制定过程的突出特点是数据资料收集全面而专业，通过聘请 Zethof 咨询集团辅助进行数据的收集与分析，减少了该馆战略规划制定小组的工作量。图书馆委员会与战略规划小组的定期讨论无疑是战略规划制定过程中保证战略规划质量的重要工具。

4. 广州图书馆

广州图书馆新馆于 2006 年奠基，在新馆建成之后将形成以新馆为总馆、以现馆舍为分馆、以社区图书馆为延伸的服务格局。面对内外环境的变化，广州图书馆开始编制 2011—2015 年发展规划，作为事业发展的指引，以期推动图书馆实现跨越式发展。

该馆 2011—2015 年发展规划具体的编制过程如下：2009 年 11 月广州图书馆开始编制 2011—2015 战略规划，在编制初期设置了领导小组、工作小组，并指定了项目协调员。值得一提的是广州图书馆战略规划的编制采取了馆校合作的方式，聘请中山大学信息管理系共同编制。整个编制流程分为研究草拟（约五个半月）、修改完善（约两个半月）、论证与修改审定（约三个月）三个阶段。在研究草拟阶段，签订了课题委托合同，制定了研究计划，为了辅助战略规划的编制，广州图书馆还进行了读者与市民两个层面的问卷调查，其中，读者调查在广州图书馆馆内进行，而市民调查在广州市五个商业中心开展。在 2010 年 3 月完成了"广州图书馆 2011—2015 年发展规划（草案）"的初稿。在修改完善阶段，为了广泛征求意见，2010 年 4 月举行了广州图书馆 2011—2015 年发展规划（草案）专家研讨会，邀请了莫藤森国际交流中心主任芭芭拉·博尔德（Barbara Ford）、俄亥俄大学图书馆退休馆长李华伟博士、俄亥俄州威斯利安大学图书馆副馆长金旭东等七位专家对发展规划草案进行研讨，征求专家意见。此后根据专家相关意见修改了规划草案，2010 年 6 月该规划草案征求意见稿在广州图书馆的网站上公开征求公众的建议。与此同时，形成了战略规划指标体系。在论证、修改与审定阶段，2010 年 7 月初，广州图书馆邀请当地专家对征求意见稿进行论证，来自各界的专家代表共 15 人对文本的结构、框架和表述方式、广州地方文献的收藏等问题提出了意见和建议；7 月中旬，广州图书馆又召开了全国专家论证会，邀请了来自国家图书馆、上海图书馆、广东省立中山图书馆、杭州图书馆、深圳图书馆、北京大学信息管理系、中山大学资讯管理系的八位专家对征求意见稿进行论证。此次论证后，综合专家们的意见，对征求意见稿进行了大幅度的修改，形成了广州图书馆 2011—2015 发展规划，2010 年 10 月《广州图书馆 2011—2015 年发展规划》在该馆职代会上通过了审议①。整个过程历时 11 个月，研究草拟阶段历时近五个半月，其中几乎一半的时间用以进行读者和市民的问卷调查，通过馆校合作的方式共同草拟了战略规划的草案，为战略规划的制定打下了坚实的基础。

5. 实例小结

从上述四个实例中我们可以看出，国内外公共图书馆的战略规划流程基本一致，都是预先成立一个战略规划委员会与工作小组开展调研，进行环境分析和数据分析后草拟战略规划，然后就规划初稿向专家和公众征询意见，进一步通过反复论证、修改与完善，最后形成战略规划的正式文本，提交到图书馆管理委员会或职代会给予通过。这一流程与本项目构建的图书馆战略规划流程模型的规划启动与准备阶段、战略分析阶段和规划制定与发布阶段基本一致，这表明本项目构建的流程模型在公共图书馆战略规划中具有适用性。

本项目对图书馆战略规划流程的"战略规划准备工作""调研重点对象""读者参与"进行了相关调查。在 883 份来自公共图书馆的调查问卷中，有关"战略规划准备工作"，公共图书馆更加重视经费预算与保障，所占比例达到 71.80%；有关调研阶段的重点对象问题，公共图书馆除了同其他类型图书馆一样重视外部读者和内部馆员的调研外，对普通民众和社会机构的重视高于其他类型图书馆；有关读者参与的调查显示草案征求意见环节

---

① 潘拥军：《图书馆规划编制实践研究——以广州图书馆为例》，《四川图书馆学报》2011 年第 5 期，第 22—26 页。

受到了公共图书馆的重视。

从实例分析和调查问卷结果的分析中，我们认为本项目构建的图书馆战略规划流程模型适用于公共图书馆战略规划，大体需要经历准备阶段、制定阶段与实施调整阶段，并且在战略规划制定流程的具体环节上需要体现公共图书馆自身的特色，细节上有所侧重。

二　公共图书馆战略规划流程的相关问题

由上文的国内外公共图书馆战略规划实例可以看出，公共图书馆战略制定规划流程具备一些区别于其他类型图书馆的自身特征，需要在战略规划制定过程中注意。

1. 要有主动制定并启动战略规划的意识，积极做好战略规划的准备工作

公共图书馆战略规划的制定动机各不相同，有的是由于公共图书馆本身具备制定战略规划的传统，有的是在上级主管文化部门的要求下制定的，有的是出自图书馆管理者的意识，有的是根据公共图书馆的实际问题需要而制定战略规划的。上述案例中，图书馆启动战略规划多是源于图书馆自身发展需要或出于传统，无论是美国门罗县公共图书馆还是我国广州图书馆，图书馆战略规划制定与启动都不是来源于主管部门的要求，而是源于图书馆内部。与高校图书馆不同，公共图书馆战略规划虽受地区战略规划及文化部门规划的影响，但并不像高校图书馆战略规划与本校战略规划联系这样紧密，可以说公共图书馆战略规划的自主独立性更强。因此公共图书馆要有主动制定战略规划的意识，积极做好战略规划准备工作。只有这样，图书馆战略规划的制定活动才能够得到有效的领导与管理，战略规划团队的组建与分工、资料的收集、咨询会议的召开与意见收集才能得以顺利开展。

在公共图书馆战略规划启动后，要积极做好战略规划的准备工作，对于公共图书馆来说，在准备阶段要注意"做好哪些准备""确定哪些工作""需要哪些经费"等问题。

（1）关于公共图书馆战略规划的事前准备

良好的准备工作是科学合理、快速有效地制定战略规划的保障。准备工作包含方方面面，本部分的战略规划"准备事项"主要指制定战略规划需

要做哪些全方位的事前准备，包括流程准备、观念准备、人员准备等。

其一，流程准备。流程准备主要指确定战略规划启动后，预先确定好怎样制定战略规划，需要采取哪些步骤，每一步骤的任务如何，步骤之间的时间与人员安排等问题。换言之，流程准备就是确定战略规划任务的先后顺序，并确定其责任人、时间、考核目标等，公共图书馆战略规划流程准备的具体细节将在下文的"各流程环节任务确定与考核"部分详细论述。

其二，观念准备。公共图书馆制定战略规划是否成功，除考虑战略规划怎样合理制定外，更重要的是，公共图书馆是否具有战略观念，能否主动从战略高度考虑各种问题，能否坚持战略规划的实施使其达到预期效果。因此，对于管理者、普通工作人员、读者以及其他利益相关人员来说观念准备必不可少。首先，以馆长为代表的公共图书馆核心领导必须培养战略意识。馆领导的战略准备是一项长期学习过程，具体包括基本的战略思维、战略制定技能与战略实施评价等多方面的观念准备。可以通过日常学习、集中培训、馆际交流等多途径实现观念准备。其次，公共图书馆工作人员需要进行战略思维的准备。公共图书馆战略规划的制定不是馆领导闭门造车，而是需要全体工作人员的共同参与，因此必须集中馆内智力资源，宣传战略规划活动。在战略规划启动之前，需要通过"公共图书馆发展大讨论""假如我是馆长？"等战略研讨活动调动工作人员的战略意识，同时配合战略规划宣传，使工作人员做好思想准备。再次，向利益相关者传递图书馆战略制定的意图。公共图书馆需要把自己的战略意图、战略制定理念传递给文化主管部门、读者，以及有业务合作的其他部门等。通过馆内宣传、网站公示、讲座、活动招标等形式逐步向读者介绍本馆历史、本馆发展等问题，争取读者的配合；通过日常业务交流、座谈等形式向主管文化部门表达自己的发展意愿，以此获取支持；在日常交往中，通过分发介绍册、宣传单等方式与本地区其他公共图书馆、社区、行业系统、其他文化组织结构、社会教育机构宣传本馆发展构想，争取合作支持。这些观念的准备不仅仅是战略规划制定之前的临时突击，更需要在日常工作中逐步积累巩固，具备较高的战略观念准备是战略规划制定与实施的良好开端。

其三，人员准备。战略规划制定既需要专门领导，也需要具体参与者，因此合理的人员准备是必需的。根据战略规划制定的工作任务需要，公共图书馆战略规划需要准备一个专门的战略规划制定团队，具体包含总体负责人、具体管理者、资料收集人员、咨询人员、审核讨论人员、子目标负责人员、文本编制人员、联络人员等。上述规划团队人员以工作任务为依据，可由一人担负多重职责。前期人员准备中，最重要的是确定负责人、专门联络协调人员以及咨询人员。一般而言，国外公共图书馆战略规划制定负责人员为图书馆董事会主席，而国内公共图书馆战略规划制定则由馆长或业务馆长担任。专门联络协调人是战略规划的具体落实者，从启动期间的组织安排、制定期间各任务负责人员的协调、咨询专家的聘请、读者代表的联络、主管部门的沟通、评估会议的组织、战略规划的修改以及最后的发布执行等环节均需要联络协调工作，公共图书馆战略规划专门联络协调人员需要具备良好的沟通能力与人际资源网络，高效的办事能力以及大量的时间投入。专门联络协调人员是战略人员准备的核心，这一工作必须由担任一定职务的图书馆馆员担任。国内外公共图书馆战略规划的制定均重视外部咨询，咨询人员的选定在战略规划准备期间就应做好规划，选择图书馆学专家、图书馆管理者、熟悉文化政策的文化主管部门人员、读者代表、馆员代表等作为咨询对象，并保持电话、邮件等形式的联系。

除上述准备活动外，管理准备、资料准备等也十分重要。

（2）关于公共图书馆战略规划制定的流程任务及责任人的确定

确定公共图书馆战略规划制定的流程是公共图书馆战略规划制定的第一步，而明确各流程环节的任务内容与责任人则是流程确定的关键，也是准备工作的核心。

借鉴公共图书馆战略规划制定的有关文献[①]，结合我国公共图书馆的战略规划制定的实际，参考图书馆的一般流程模型（见图2-12），可以细化为20个方面，如表4-1所示。

---

① Himmel, E. E., and Wilson, W. J. *Planning for Results: A Public Library Transformation Process*, Chicago: American Library Association, 1998: B1-B3.

表 4 - 1　公共图书馆战略规划的制定任务

任务序号	任务内容
1	查找与阅读国内外公共图书馆战略规划制定的相关指导材料
2	草拟公共图书馆战略规划制定的任务,制定完成时间表,确立财务预算
3	通知公共图书馆相关人员战略规划启动意向
4	选择负责公共图书馆战略规划工作人员,成立战略规划制定小组
5	考察确定社会对公共图书馆发展的预期
6	确定公共图书馆的社会需求
7	全面评估本馆的馆藏、服务、人力资源、管理等方面情况
8	确定哪些社会需求急需公共图书馆在近期内予以满足 (或公共图书馆能够满足哪些符合其现阶段或近期发展的需求)
9	写下公共图书馆发展愿景以及战略规划制定的指导原则
10	选择相应发展愿景的服务领域
11	完成本馆使命的叙述
12	设置目标
13	回顾公共图书馆评估标准与评价工具,以配合设置目标
14	构建各战略目标下的子目标体系与具体策略
15	选择合理的目标体系,剔除不合理或欠缺条件解决的子目标
16	定位解决各目标所需要的资源
17	结合资源与服务能力审视各子目标的必要性与可行性
18	完成战略规划各部分的编制
19	提交公共图书馆管理者、各业务部门主任、公共图书馆内外专家、读者代表以及主管文化部门讨论,听取修改意见,获取支持
20	完成战略规划制定工作,交由公共图书馆各业务部门实施

资料来源: 本研究整理。

上述 20 项工作基本涵盖战略规划制定的全部内容, 各公共图书馆可以根据自身情况选择认为重要的步骤, 集中解决关键问题, 同时给以不同的时间安排。

(3) 关于公共图书馆战略规划的成本预算

国外公共图书馆常把战略规划作为一项独立结算的管理项目来进行, 对战略规划预算项目一一罗列; 而国内公共图书馆战略制定则多以日常管理形式为主, 以专项经费对战略规划成本做好事前预算的较少, 通常是以各部门管理费、办公费等日常支出的形式给付。无论哪种形式, 确定战略规划制定成本预算都有利于统筹管理整个战略规划制定过程，减少不必要的支出，控制战略规划质量。因而，公共图书馆战略规划制定成本预算计划也是战略规划事前准备的一项重要工作。应综合战略规划制定各阶段的工作情况以及所需投入的物质、人员情况，预算计划可包含物质资料费用、人员费用、管理费用三部分，具体如表4-2所示。

表4-2　公共图书馆战略规划的预算项目

物质资料费用	战略规划收集材料费
	相关资料复印费
	邮寄费、电话费、交通费等
	其他物质资料类费用
人员费用	公共图书馆馆内工作人员报酬（含加班费）
	外部参考咨询专家劳务费
	差旅费
	其他人员成本费用
管　理　费	办公费
	战略规划制定团队日常管理费
	其他管理费用
其他费用	

资料来源：本研究整理。

2. 要有重点地进行数据的收集，多视角、多方法地进行数据分析

战略规划的数据收集是公共图书馆战略规划制定过程中的重要一环，而公共图书馆与其他类型图书馆不同，不仅侧重本馆业务数据和图书馆行业发展趋势的数据，更注重收集本地区的经济发展、人口分布、文化习惯、行业分布、社区需求等数据。公共图书馆战略规划的数据收集要有重点，同时可以多视角、使用多种方法来进行这些数据的分析以保证为公共图书馆战略规划的制定提供可靠依据。

第一，公共图书馆数据收集的重点。与其他类型图书馆战略环境分析数据收集相比，公共图书馆不侧重学术数据、科研数据收集，而是注重地区大众性数据收集，需要在平时及时跟踪地区经济文化发展动态，定期了解不同阶层用户真实的信息需求，并充当社会信息公平维护者的角色。经济发展、人口分布、文化习惯、行业分布、社区需求等数据是公共图书馆数据收集的重点。公共图书馆服务于地方经济与地方公众，对地方经济形势重点把握是战略规划制定的基础；人口数据是图书馆控制发展规模的衡量标准之一，也是设计合理服务能力的基础；文化习惯是图书馆开展本地特色服务的基础；行业分布状况是图书馆提供咨询服务，开展主动服务，建立分馆的条件。美国门罗县图书馆在战略分析过程中，就强调地区人口、经济、劳动力和教育程度的发展趋势数据的收集与分析。表4-3所示为公共图书馆战略规划数据收集汇总情况，涵盖制定战略规划所需的基本数据类型以及主要的获取形式。

表4-3　公共图书馆战略规划制定应收集的基本资料

序号	收集数据分类	获取途径
1	人口数据	人口普查资料、地方人口统计资料
2	经济发展数据	地方统计局颁布的区域经济指数、财政年度报告等资料
3	行业发展数据	国内外行业发展报告、公共图书馆事业发展报告、公共图书馆行业统计数据、同行业者的访谈与内部资料
4	技术发展数据	实地考察先进公共图书馆、公共图书馆行业技术发展介绍、收集相关公司的介绍性数据等
5	公共图书馆服务与设施数据	馆藏数据、办证率、用户数、开展业务活动总结、总分馆建设数据、网络服务与手机图书馆使用数据、农村书屋建设数据等
6	公共图书馆管理数据	公共图书馆人力资源数据、公共图书馆业务系统内管理数据等
7	社区需求数据	社区居民问卷调查、青少年读者座谈、公共图书馆读者利用习惯等
8	外部机构发展期待数据	主管文化部门的访谈、文化馆的访谈、少年宫的访谈、社区的访谈、合作合同等
9	战略规划制定指导标准	公共图书馆评估标准、公共图书馆服务标准、公共图书馆战略制定相关研究成果、公共图书馆战略制定手册等
10	其他	根据各馆情况自行确定

资料来源：本研究整理。

公共图书馆战略规划制定中数据收集最具特色的为社区需求数据收集。国外公共图书馆战略规划非常注重社区数据的收集，战略规划制定委员会大半成员为不同阶层的社区代表，直接可以获得社区文化需求信息，同时社区调查是战略规划制定之前的基本环节。门罗县图书馆在布卢明顿分馆、埃利茨维尔分馆，流动图书馆以及社区沃尔玛超市设置计算机触摸屏展开调查，收集图书馆的使用倾向、使用的障碍，资料的质量和服务等数据。同时，图书馆向约900名社区成员发出邀请，最终有237名参与者（161名市民，67名工作人员，9名图书馆董事会成员），这些参与者被分成19组提供有关图书馆现有服务、未满足的需求及对图书馆未来需求的意见。欧申赛德公共图书馆创建一个详细的社区说明，统计分析关键的社区人口数据。与国外公共图书馆相比，国内公共图书馆对于社区数据的收集尚有所欠缺，外部数据注重宏观社会数据收集，而具备针对性的微观社区数据的收集并不多。社区数据是最接近用户的原始数据，是设计战略任务尤其是社区分馆提供主动服务的重要依据。社区数据收集是公共图书馆特有的数据收集种类。

第二，要注意多视角地进行数据分析。公共图书馆战略数据分析，一般遵循"确定问题、确定分析目标、收集数据、考察数据时效性与真实性、整理数据、统计分析以及获得分析结果"的流程。在数据分析过程中需要严格遵守"坚持用数据说话、有目的收集数据、掌握数据来源、认真整理数据"的原则。上述原则中必须确保所收集数据的真实性与原始性以及数据分析的准确性，尽量减少由数据分析所带来的误差。

公共图书馆数据分析注重同行业的横向比较与本馆的纵向比较。发展趋势是分析公共图书馆外部机遇与挑战、发展优势与劣势的支撑性数据之一。综观国内外数据分析，比较性数据分析通常得到公共图书馆的青睐。国外公共图书馆战略规划数据分析注重同行业、同规模的横向数据比较，这一点在高校图书馆、科学图书馆并不明显。美国公共图书馆服务数据与美国公共图书馆评分指数报告是两个公认的图书馆分级标准，它们通过服务区域人口与运营经费等标准确定不同图书馆的等级，多数图书馆均通过这一评级确定同级别的类比图书馆。通过各种量化标准进行比较，查找差距，确定自身在行业中所处位置，并借鉴其他图书馆的发展经验与战略选择方向。上文实例中的美国门罗县公共图书馆与欧申赛德公共图书馆均采用这一比较方法，门罗县公共图书馆确定27个同类图书馆进行多项数据比较，并访谈部分同级图书馆的管理状况；欧申赛德公共图书馆与圣迭戈郡以及加利福尼亚州类似规模和特点的其他图书馆进行比较。同级别图书馆比较分析已经成为美国公共图书馆战略环境分析的惯例，是战略规划文本的基准数据。国内公共图书馆更侧重馆内数据的纵向发展，总结已有成就，以此判断图书馆发展状况以及在图书馆行业中的地位。无论横向比较或纵向比较都说明公共图书馆在战略规划制定过程中注意数据收集的多元化与准确性，注意行业趋势与行业发展对战略方向确定的影响。

第三，要采取多种方法进行数据分析。在数据分析过程中，要注意充分利用各种图表工具，多种形式运用 EXCEL 表格数据表、对策表、直方图、饼图、因果图、层别图等图表形式。公共图书馆数据分析方式多数采取了以 SWOT 分析为主的方式，但是对于具体数据的分析处理方式的使用还比较单一，针对公共图书馆的特点，还可以采取统计分析法、PEST 分析法等。

SWOT 分析方法是公共图书馆战略规划常用的方法之一，可以帮助公共图书馆综合分析内部因素和外部因素，是帮助图书馆找到"能做的"与"可能做的"的一种重要方法。公共图书馆战略规划制定中利用 SWOT 分析方法需要考虑如下问题：本馆当前的战略是什么，本馆外部环境变化情况如何（政治、经济、技术、行业发展等）；本馆自身资源组合情况如何（确认本馆的服务能力、关键能力和关键限制等问题）。利用通用矩阵或类似的方式进行打分评价，把识别出的所有优势分成两组，分组时以两个原则为基础，即它们是与行业中潜在的机会有关还是与潜在的威胁有关。用同样的方法把所有的劣势分成两组，一组与机会有关，另一组与威胁有关（或者用 SWOT 分析表，将刚才的优势和劣势按机会和威胁分别填入表格），将分析结果在 SWOT 分析图上定位，进行总体战略与业务战略的分析与选择。在 SWOT 分析中，如果内部劣势与外部机会因素占据主导，则应采取扭转型战略，改进本馆的不利条件；如果外部机会与内部优势占据主导，图书馆应进一步加大投入，巩固内部优势，提高服务社会效益；如果内部优势与外部威胁占据主导，图书馆应开辟更多服务方式，增加业务增长点，分散单一服务造成的经营风险；如果图书馆既面临外部威胁，自身又存在缺陷，应采取防御性战略，避开外部威胁，从改善内部劣势做起。

根据相关研究文献①，结合公共图书馆的特点，公共图书馆进行 SWOT 分析可采取表 4 - 4 所示的分析项目，逐一判断自身的具体情况。

---

① Arthur A. Thompson Jr, A. J. Strickland, *Strategic Management: Concepts and Cases*, Plano, TX: Business Publications, 1987: 98.

表 4 - 4　公共图书馆的 SWOT 分析框架

优势：

1. 是否具有独特的能力？

2. 是否具有稳定的资金来源？经费是否能够满足业务增长需要？

3. 在社会公众中是否具有良好的声誉？

4. 是否是被公众与文化主管部门认可的重点文化发展部门？

5. 是否具有服务的成本优势？

6. 是否具有服务的馆藏优势？

7. 是否具有资源共建共享或合作优势？

8. 是否具有社区分馆、行业分馆、乡镇分馆、流动图书车、街区图书馆、农村书屋等网络优势？

9. 是否具有网络在线服务、手机图书馆等新媒介优势？

10. 是否具有 RFID、自动分拣、自动还书等技术优势？

11. 是否拥有训练有素的管理人员？

12. 是否具备服务创新能力与业务创新能力？

13. 是否具备其他优势？

劣势：

1. 战略方向是否明确？

2. 是否处于日趋衰弱的竞争地位？

3. 是否馆舍与馆藏过于落后或陈旧？

4. 是否读者利用率不高？

5. 是否缺乏核心的服务技能？

6. 是否缺乏必要的技术利用？

7. 是否遭遇内部管理问题的困扰？

8. 是否缺乏竞争意识，竞争压力的承受能力差？

9. 是否缺乏必要的形象宣传与对外沟通？

10. 是否缺乏经费支持？

11. 是否人员利用出现问题？

12. 其他不利因素？

机会：

1. 是否存在良好的政策环境？是否出现新的有利政策？

2. 是否具备法律或地方法规的保护？

3. 是否具有主管部门的支持？文化部门是否对公共图书馆发展作出规划或展望？

4. 是否具有大规模的行业合作，如公共图书馆联盟等？

5. 是否有外部资金的大量投入？

6. 社会文化需求是否进一步加强？

7. 是否具有公共图书馆协会、公共图书馆行业的整体发展规划或指导？

8. 其他外部机会？

威胁：

1. 是否有新的部门进入公共文化服务领域？

2. 公共图书馆替代性服务是否在增加？

3. 公众阅读习惯是否向电子化转变？

4. 公众对公共图书馆的需求与发展预期不断提高？

5. 外部合作是否发生变化？

6. 是否受到经济发展、文化发展的不利影响？

7. 是否遭遇不利的政府政策或地方政策？

8. 是否遇到经费缩减等问题？

7. 是否面临其他威胁？

资料来源：本研究整理。

　　统计分析法也是公共图书馆战略规划制定阶段对收集的数据进行处理、归类通常使用的一种方法。公共图书馆战略规划制定中常用的统计分析方法有描述性统计和推断性统计。描述性统计在公共图书馆领域运用较为广泛，战略规划分析的大部分统计数据均以描述性分析为主。如巴尔的摩县公共图书馆在其战略规划①中就使用描述性统计分析方法进行图书馆基本统计数据、人口、经费等的具体分析，以人口的描述性统计为例，其统计了巴尔的摩县的总人口、年均人口增长率和人种比例的相关数据，见表 4 - 5。

表 4 - 5　巴尔的摩县的人口数据

	历　　史			将　　来		
	1990 年	2000 年	2005 年	2010 年	2015 年	2020 年
总人口(人)	692123	754292	786600	819700	832900	841900
年均人口增长率(%)	0.54	0.86	0.82	0.85	0.32	0.22
白种人比例(%)	85.1	75.1	70.7	68.2	66.2	64.3
其他人种比例(%)	14.9	24.9	29.3	31.8	33.8	35.7

资料来源："Bondurant community library strategic plan 2009 - 2014"．[2010 - 07 - 21]．http：//www.bcpl.info/libpg/lib_ strategicplan07.pdf.

① "Bondurant community library strategic plan (2009 - 2014)"，[2010 - 07 - 21]，http：//www.bcpl.info/libpg/lib_ strategicplan07.pdf.

战略规划制定数据分析中，是采用描述性统计还是推断性统计，应视具体的研究目的而定，如研究目的是要描述数据的特征，则需用描述性统计；若还需对多组数据进行比较或需以样本信息来推断总体的情况，则需用推断性统计。如对公共图书馆的读者入馆率、所借图书种类进行数据分析时应采用描述性统计分析方法；若还需进一步了解本馆与其他同类图书馆读者入馆率、所借图书种类有无差异，从而判断本馆开展社会阅读宣传活动是否有效时，除进行描述性统计之外，还需要采用推断性统计方法。

除此之外，在公共图书馆战略规划制定的数据分析中还有其他战略分析方法。经过长期发展，企业战略管理领域开发出多种战略分析方法，其中大部分可以为公共图书馆所利用。除上述基础性方法外，针对宏观环境分析，可以利用波特的"五力模型"、PEST宏观环境分析工具、外部因素评价矩阵、战略钟等分析工具；针对内部因素，可以利用内部因素评价矩阵、资源分析工具、能力分析工具、核心竞争力分析工具等；针对公共图书馆目标、资源与所制定的战略相比较问题，可以利用波士顿矩阵、通用矩阵等分析工具，找出并建立外部与内部重要因素相匹配的有效的备选战略；针对战略形成，可以利用成型战略分类与选择工具等。方法无好坏之分，只有是否适合本馆制定的需要之分，选择合适的分析方法有助于公共图书馆战略规划的有效制定。

3. 要充分关注分馆与社区馆之间的辅助关系

当前，公共图书馆倡导社区分馆、网络分馆建设，倡导建立惠及全民的公共图书馆服务网络建设。这一理念必然导致战略规划制定过程中更多考虑分馆与总馆、社区馆与中心馆的互动交流，更多战略分析数据的收集，更多战略方向的多元探索，更多战略任务的设计以及更多战略策略的制定。公共图书馆战略规划强调分馆与总馆之间的整体配合，总馆的战略规划包括分馆的战略行动，分馆的管理者与读者是总馆战略规划的参与者。国外公共图书馆战略规划制定一致强调总体性与综合性，各社区分馆与总馆之间信息沟通顺畅，总馆战略规划包含所有分馆的日常工作，社区分馆是战略规划制定的节点。如不列颠哥伦比亚公共图书馆董事会成员中就有总馆与社区分馆的管理者，分馆在战略决策中起重要作用。

4. 要着重强调咨询活动的经常性与多元化

公共图书馆战略规划过程中，咨询活动不可或缺。公共图书馆战略规划咨询活动形式多样，既包括专家研讨会，也包括员工讨论；既包括战略规划制定团队的日常协商，也包括商业咨询公司的咨询活动；既包括读者咨询，也包括管理机构咨询；既包括管理层与业务层的决策咨询，也包括相关管理团队、外部管理机构的审核咨询。就内容而言，公共图书馆战略制定咨询活动既包括读者调研、行业调研、专业知识调研，也包括战略方案设计、战略内容确定、战略策略形成，同时包括战略评估、战略实施评价等多个方面。就咨询对象而言，包括图书馆员工、图书馆董事会成员、读者代表、公共图书馆同行、图书馆学研究专家、商业咨询公司、公共图书馆管理机构、政府部门等。从形式、内容到咨询对象，公共图书馆战略规划制定咨询活动都不是单一的，而是结果导向的多种咨询活动的多元组合。

咨询活动是战略规划流程中贯穿始终的部分，是经常性的管理活动。咨询活动开始于公共图书馆战略规划启动阶段。国内外公共图书馆均倾向于通过正式仪式启动战略规划制定活动，而启动仪式上的意见征集是战略规划制定咨询活动的起点，随后的数据收集与分析，公共图书馆的重点发展领域的确定，使命、愿景、目标体系的形成，战略规划文本草案的完成与修改以及评估与颁布，每一步骤均包含不同的咨询活动。如上文案例中的美国门罗县图书馆从战略规划启动到最终的审核通过，员工集体讨论—战略规划小组定期会议讨论—部主任和工作人员集中讨论这三个环节都发挥了重要作用。与国外公共图书馆情况类似，国内公共图书馆战略制定也注意咨询活动的开展，如天津市泰达图书馆档案馆的战略规划制定过程中，集体讨论与员工意见收集、馆外专家座谈、部主任等中层干部集体讨论与意见征询均是战略制定过程中不可或缺的环节。

部分公共图书馆聘请商业公司进行战略规划的制定，更是直接将战略规划活动整体以决策咨询的形式外包。如上文案例中的不列颠哥伦比亚公共图书馆聘请了 Zethof 咨询集团采用多种方式提供咨询指导。

咨询活动是公共图书馆科学合理制定发展规划的一项重要工作，多层次、多咨询对象的意见征集与战略咨询活动可以补充公共图书馆自身的决策支持力量，还可以充分体现战略的前瞻性与公众性问题。在公共图书馆战略规划制定过程中，可采纳的咨询方式有以下几种：

（1）项目研讨会

项目研讨会的形式在我国公共图书馆战略规划制定过程中的应用十分广泛，如前文广州图书馆战略规划制定过程中就召开了两次项目研讨会征求有关专家意见。在国外，这一任务则由战略规划委员会来完成，且多发生于战略规划制定前期或战略规划接近完成时期。

公共图书馆战略规划项目研讨会参会者应包括图书馆馆长、战略规划制定小组成员、本馆其他有战略制定经验的人员、图书馆学研究专家、同地区或同规模公共图书馆管理者、有直接隶属关系的文化部门人员以及其他有直接利益关系的人员。同时需要注意的是，召开战略规划项目研讨会成本较高，对公共图书馆的组织工作以及战略规划制定的事前准备要求高，但咨询效果好，同时能起到宣传作用。

（2）战略规划制定团队定期讨论

战略规划制定团队的定期讨论在国外公共图书馆战略规划制定过程中是必不可少的。定期讨论人员可以随时调整，但是要求形成每月一次或每两月一次的制度，在公共图书馆战略规划最后形成文本阶段，定期讨论的周期要相对密集。以美国新泽西州立图书馆为例，2005 年新泽西州立图书馆成立了一个由 20 位涵盖了各个部门、办公室的不同成员组成的规划指导委员会，并在持续的 19 个月中，他们每个月都会选择大家方便的时间来商讨州立图书馆的未来，直到战略规划的形成[1]。

（3）针对馆内不同级别工作人员的意见咨询

公共图书馆的战略规划工作虽然由专门的战略规划制定团队或工作小组来负责，然而未参与战略规划制定的其他工作人员的意见也很重要，他们对各自岗位的了解更加深入，因此对馆内不同部门不同级别的工作人员的意见咨询是必不可少的，但要注意避免形式单一，要注意信息的双向反馈。

（4）咨询访谈

针对性的访谈是获取信息的重要方式之一。通过与各类访谈对象的接触谈话，能够获取对方重要的主观问题，被访谈的人也感到他们在为战略规划

---

① "New Jersey state library strategic plan 2007 – 2010"，[2010 – 07 – 21]，http：//www. njstatelib. org/NJSL_ Strategic% 20Plan_ 2007 – 2010_ final. pdf.

作贡献。访谈过程是一个耗费时间的过程，需要巧妙周全的构建，访谈之前要做好充分的准备，包括材料准备、思想准备等。公共图书馆战略规划制定咨询访谈主要针对具有成功战略规划制定经验的同行或行业内的某项工作开展较好的图书馆，也可以是能够提供完整政策分析的主管部门或能够提供战略规划制定方法的图书馆学研究专家。咨询访谈要求专家不宜过多，但必须有针对性。

（5）座谈会与意见反馈活动

公共图书馆的读者需求与其他类型图书馆的读者需求有着不同之处，而读者的需求对战略规划的制定是有重要影响的，因此在战略规划编制过程中读者的意见至关重要。柯平主持的国家图书馆重大项目进行的实证调查显示，读者利用公共图书馆最主要是满足其自学及休闲娱乐的需要，其次是学业、研究、工作等业务需求，还有少量的是为了帮助他人代查资料而来的①。针对这些不同的读者需求，公共图书馆有必要在制定战略规划的过程中召开座谈会，同读者进行互动，及时了解读者的需求，有针对性地将合理的读者意见融入公共图书馆的战略规划之中。可以开展弱势群体座谈、学生代表座谈、工人代表座谈、农民代表座谈等形式，广泛了解公共图书馆服务对象的不同需求，获取不同类型读者的反馈意见。

（6）商业咨询活动

战略咨询公司长期为各类组织的战略规划制定服务，具备丰富的经验与较强的专业分析能力。因此，部分国外公共图书馆将战略规划制定的工作整体外包给战略咨询公司，咨询公司为图书馆提供完整的战略规划。但是，多数公共图书馆更倾向于本馆制定战略规划，这一过程中可以将部分工作如环境分析等基础调研工作外包给咨询公司，也可以对战略方向与战略选择问题进行咨询。商业咨询成本较高，公共图书馆可针对战略规划制定核心的战略选择与战略设计部分进行一定的咨询活动，而基础性工作由自己承担。对于商业咨询结果，应当有选择性地接受，商业咨询公司的咨询结果相对专业、深入完整。战略规划制定过程是信息不断集聚、传递、反馈的过程，各类咨

---

① 柯平等：《公共图书馆的文化功能——在社会公共文化服务体系中的作用》，上海交通大学出版社 2010 年版，第 133 页。

询活动是必不可少的信息获取与知识管理方式。除上述几种咨询活动外，还有问卷等多种咨询方式，图书馆要根据自身需要综合利用咨询这一工具，顺利完成战略规划。

5. 要重视公共图书馆战略规划的发布

战略规划的发布是公共图书馆接受社会监督的重要手段，国外公共图书馆注重战略规划的对外发布，常在本馆网站上对战略规划以及实施进展进行公开发布，而国内公共图书馆发布战略规划的则罕见。本课题组的网站调查发现，只有少数的公共图书馆在其网站上公布其战略规划，如广州图书馆、南京图书馆、长春图书馆等。而能够连续发布战略规划的公共图书馆更属少数，如安徽省图书馆在其网站上就连续发布了"安徽省图书馆'十一五'发展规划"和"安徽省图书馆'十二五'发展规划"，在这方面值得其他公共图书馆学习和借鉴。战略规划发布是战略规划实施不应回避的重要环节，是保障规划实施的重要监督手段。

公共图书馆战略规划发布可分为内部公示、馆内公示、相关单位抄送、网站发布等方式。内部公示是传统方式也是使用率较高的形式，将战略规划文本发给公共图书馆各职能部门作为岗位责任设计依据。馆内公示指将战略规划公示在图书馆宣传栏或馆内各种电子展示屏上，使到馆读者可以有所了解。相关单位抄送指将战略规划文件抄送给主管文化部门、社区、合作单位等相关部门，使对方了解本馆的发展意图。江西省图书馆"十二五"规划纲要就是以这一形式发布的，其以红头文件的方式抄送上报给省文化厅，抄送给省发改委社会处、省财政厅教科文处、省文化厅社文处、各社区图书馆。网站发布是受众最广的发布方式，将战略规划文本挂在本馆网站中，接受社会监督。上述几种发布方式不是独立的，各馆可根据自身情况采用几种方式共同发布的形式，其中内部公示多发生于战略规划制定刚刚完成之时。网站发布是战略规划发布的趋势，也是体现战略规划宣传价值与吸收外界扶持的手段。

6. 要充分尊重审核与备案单位的权利

公共图书馆战略规划文本制定后需要讨论、修改，直至最后通过管理层与专家的认证。与高校、科学等类型图书馆相比，公共图书馆战略规划的审核过程更为正式，参与人员和涉及部门更多。

公共图书馆战略规划文本首先需要得到管理层的认可。国内外战略规划最终均需交由图书馆董事会或图书馆馆务会等图书馆权力机构进行讨论审定，最终决定战略规划的相关问题，拿捏战略规划内容的分寸，把握战略目标与策略的可行性与合理性。其次，战略规划需要得到图书馆管理专家的认可。从专业角度与行业发展角度审视战略规划的合理性。再次，战略规划需要得到读者群体的认可。国外公共图书馆战略规划直接与读者对接，对不同阶层读者负责，需要得到读者代表的支持。最后，相关管理机构的认可。公共图书馆战略规划形成后需要抄送上报给主管部门或政府相关机构，判定其合理性。这一做法是国内公共图书馆领域的习惯做法，体现对主管部门的尊重，也是获取外部支持的手段。

7. 要加强对公共图书馆战略规划实施的控制

战略制定的有效性并不能表示战略的有效实施，也不会必然促进公共图书馆的高效运行。外部环境的变化及战略方案局部或整体与内部条件不符等各种不确定因素的存在，使得公共图书馆的战略实施面临诸多问题。为保证战略目标的实现，使公共图书馆能够在既定的战略轨道上顺利运行，战略规划实施控制就成为非常重要的一环。

公共图书馆战略规划实施的控制可以参考战略规划实施控制模型[①]的三个层次，既需要战略规划制定过程中对任务的分解、明晰战略规划任务责任、跟踪外界环境变化的前提控制（环境跟踪），也需要监视与发现图书馆新的战略机会与战略优势，实现战略监视（环境视察），更需要评估战略规划完成情况，强调利用各种手段促进战略规划绩效的提高，确保实施控制目标得以顺利实现。战略规划的前提控制和战略监视贯穿于从战略规划形成到实施，再到战略规划评价的全过程，而实施控制是战略规划实施和战略规划评价之间的核心活动。公共图书馆战略规划实施控制主要可以从组织监督、工具运用与战略评价三个方面进行。

（1）战略规划实施的监督

战略规划实施需要各责任部门或责任人加强各任务工作的质量监控，严格执行战略规划的相关内容，并且可以由相对独立的第三方组织或个人对整

---

① 秦远建：《企业战略管理》，武汉理工大学出版社 2007 年版，第 372 页。

个战略规划实施进展与实施效果进行监督。战略规划制定团队负责战略规划制定与修改工作，同时战略规划的实施监督也是其重要职责。美国门罗县公共图书馆战略规划实施中，由管理人员定期评估战略规划进展情况，并积极研究保障战略规划成功的措施。图书馆馆长和图书馆董事会每年检查战略规划实施进展情况并形成年度报告，根据需要进行调整，以适应环境的发展。

　　公共图书馆战略规划的实施与监督需要注意以下几点：第一，严格按照战略规划内容执行。战略规划执行要求在战略规划制定过程中明确各部门的工作任务与考核目标，将定量与定性考核纳入年度部门考核中。第二，需要确立战略规划执行年度汇报、中期检查制度，及时对一定周期内战略规划的实施情况进行总结调整。第三，鼓励建立战略规划实施奖励机制，对战略规划执行良好的部门予以一定的物质奖励，以提高各部门的积极性。第四，引入外部监督评价，在读者座谈、专家座谈、主管部门汇报中将战略规划实施情况定期公布，以外界因素促进战略规划的实施。第五，营造公共图书馆内部的战略规划实施氛围，将战略规划实施内容嵌入图书馆业务流程系统或内部知识管理系统中，将战略规划实施变成日常工作，同时要保证信息公开，加强内部监督。

　　（2）实施工具的运用

　　有效的战略规划实施工具可以减少战略规划实施的盲目性，将抽象的战略目标转化为具体的战略行动，直接指导公共图书馆工作人员的日常行为，使每个部门、每一个工作人员都清楚地知晓为达成本馆的战略目标应该做什么，并对其执行过程进行规范的监控、分析、评价与管理，以促进公共图书馆战略目标的具体实现。平衡记分卡是由 Robert Kaplan 和 David Nordon 创建的一套企业绩效评价体系，后扩展为一种战略管理工具。平衡记分卡以战略为导向，寻找能够驱动战略成功的关键因素，通过对关键绩效指标的跟踪监测，衡量战略实施过程的状态并采取必要的修正，以实现战略的成功实施及绩效的增长。[①] 该方法将战略置于中心地位，建立了战略规划实施的前提，同时该方法还强调要求部门和个人制定自己的计分卡，在此过程中，强调组织、个人之间的相互的沟通、学习，这将促进沟通达成共识，以实现战略目

---

① 　苏文忠：《差什么：民营企业破局八诀》，清华大学出版社 2009 年版，第 176—177 页。

标达成一致。

该方法从创新与学习、业务流程、用户、财务四个角度审视组织业绩。平衡计分卡中的目标和评估指标来源于公共图书馆战略规划中的战略任务与战略目标，它将图书馆的使命和战略转化为有形的目标和衡量指标。其中读者方面，包括被馆长确认的本馆将要参与竞争的读者部分，并将目标转换成一组指标。如服务范围、本地区同类图书馆服务份额、读者留住率、读者获得率、读者满意度等。内部业务运行过程方面，为吸引和留住目标市场上的读者，满足公众与政府部门的社会服务要求，图书馆须关注对读者满意度和实现组织财务目标影响最大的那些内部过程，并为此设立衡量指标。在这一方面，要重视的不是单纯的现有运行过程的改善，而是以确认读者要求与政府主管部门社会效益预期为起点、满足公众要求为终点的全新的内部运行过程。学习和成长方面，指图书馆为实现长期的业绩而必须进行的对未来的投资，包括对工作人员的能力、本馆信息系统等方面的衡量。公共图书馆在上述各方面的成功必须转化为财务上与服务评价指标上的最终成功。服务质量、服务效率、新服务项目开发和读者满意度方面的改进只有转化为读者数量的增加、到馆率、办证率、分馆数量等的提高，才能为公共图书馆带来利益。因此，平衡记分卡在财务方面罗列了本馆财务目标，并衡量战略的实施和执行是否在为最终的运行成果的改善作出贡献。平衡记分卡中的目标和衡量指标是相互联系的，这种联系不仅包括因果关系，而且包括结果的衡量和引起结果的过程的衡量相结合，最终反映公共图书馆战略。

（3）有效的战略实施评价

战略制定、战略实施、战略评估共同构成战略管理的全过程。公共图书馆所在的内外部环境的变动性与战略规划实施过程中各种问题的复杂性，决定了要保证战略管理过程的顺利实现，必须通过战略评估体系对制定与实施的战略效果进行评价，以便采取相应的完善措施。

根据本项目构建的图书馆战略规划流程模型，图书馆战略规划评价可分为战略规划编制评估、战略规划实施过程评估和战略规划实施结果评估三个层次。公共图书馆通过战略规划编制评估，有利于识别形成的战略规划文本是否具有科学性、规范性以及可行性。本项目开展的问卷调查中，有关

"评价战略规划的标准"的调查结果显示，超过 70% 的公共图书馆被调查者认为可操作性强和目标明确是评价公共图书馆战略规划文本最为重要的两个标准，责任清晰和制定过程规范也得到了 40% 以上被调查者的认同。因此，在公共图书馆战略规划的编制评估方面，要非常关注上述四个方面的标准，以保证制定的规划与本馆情况相适应，具有较强的可行性。公共图书馆通过战略规划实施过程评估，有利于根据图书馆所处环境的变化情况，识别先前制定的战略目标是否具有适用性、可行性，进而对战略目标进行动态调整。同时，通过阶段性实施效果的评估，给予相关激励，提高本馆工作人员的积极性、促进战略规划的顺利实施。公共图书馆通过战略规划实施结果评估，以考察制定的战略规划中已经取得了哪些成就，还有哪些战略目标尚未实现，哪些战略目标需要在新的战略规划周期继续跟进等问题，以便为新的战略规划提供参考。

战略规划评价最重要的是评估标准的确立。公共图书馆战略规划的评估标准应遵循系统优化、通用可比、实用性、与图书馆评估匹配等原则。系统优化指对公共图书馆的综合绩效进行评价，必须用若干个指标进行衡量才能评价其全貌。若干个指标必须互相联系、互相制约，同时每个指标应尽可能边界分明，避免互相包含以减少对同一内容的重复评价。通用可比指评价指标体系必须在纵向与横向上具有通用性和可比性。一方面，纵向比较容易做到，其条件是指标体系和各项指标各种参数的内涵与外延保持稳定，用以计算各指标相对值的各个参照值（标准值）不变。但是，即使评价指标体系不改变，今年参加评价的专家与去年参加评价的专家不同，其评价得分的可比性不是很大，但排序仍有较大的可比性。另一方面，公共图书馆行业内部须建立统一评价指标，使不同公共图书馆使用通用的评价指标体系，并且使评价结果具有可比性。实用性指评价指标体系要繁简适当，计算评价方法简便易行，所需的数据易于采集，适应目前的科技管理水平；要尽量与计划口径、统计口径、会计核算口径相一致；各项评价指标及其相应的计算方法，各项数据都要标准化、规范化。计算方法、表述方法要简便、明确、易于操作，与图书馆评估相匹配指战略评价指标与图书馆评估指标内容要统一术语标准、统一评价指标，使战略绩效直接关联图书馆评估。

第二节　公共图书馆战略规划的组织

一　公共图书馆战略规划制定组织的实例与数据分析

公共图书馆战略规划制定是一项系统工程，在欧美国家的公共图书馆战略规划制定过程中，确立战略规划团队是战略规划制定不可缺少的部分。近年来，国内公共图书馆战略规划的实践中，有些图书馆开始采用由特定人员以项目的形式制定发展规划。无论哪种方式，均涉及战略组织的问题。下文将对国内外相关的图书馆战略规划实例和国内问卷进行分析，探讨公共图书馆战略规划组织的特征。

1. 韦斯特波特公共图书馆战略规划制定的组织

韦斯特波特公共图书馆（Westport Public Library）位于美国新泽西州，其战略规划[①]制定过程吸纳了众多利益相关者的参与，并对这些人员进行了合理的组织安排，在战略规划制定组织机构分析中具备较强的代表性。

韦斯特波特公共图书馆战略规划制定工作由图书馆董事会发起并管理，责成战略规划委员会执行，并受到新泽西州普林斯顿的一家图书馆咨询公司——图书馆发展解决方案公司的协助。图书馆馆员、董事会成员、咨询公司人员以及众多社区居民均对此次规划过程和韦斯特波特公共图书馆战略规划的发展投入了大量的时间与精力。战略规划委员会由 51 名成员组成，具体包括图书馆馆员、董事会成员、社区居民以及规划顾问（来自商业机构）。战略规划委员会分成四个重点小组，在规划过程中参与者讨论关于促进图书馆服务的意见，分享他们最喜欢图书馆的方面，并明确需要改进的地方。规划委员设管理组，由图书馆董事会成员组成。规划委员会管理层在多种场合下举行会议来审查重点小组工作和调查的结果，并反复考虑图书馆馆员和董事会的规划建议。

---

①　"Westport public library strategic plan: Engaging the community, building for the future (2007 – 2010)"，[2011 – 02 – 14]，http://www.westportlibrary.org/about/publications/Strategic% 20Plan% 202007 – 2010% 20Revision% 209 – 08. pdf.

2. 布兰普顿图书馆战略规划制定的组织

布兰普顿公共图书馆（Brampton Library）战略规划[①]由图书馆董事会、顾问以及图书馆战略规划委员会共同负责。董事会在战略规划制定进程中担任监督员，并聘请独立的第三方顾问，以协助完成战略规划制定工作。战略规划委员会由图书馆馆员、董事会、用户代表、政府代表等组成，负责提供有关布兰普顿图书馆环境的变化和具体服务的调查数据，并确定年度行动计划。战略规划顾问是战略规划委员会的组成部分与分支职能工作团队，他们分别针对青少年群体、图书馆用户、志愿人员等特定对象成立四个焦点小组，负责完成资料收集与战略目标确定等任务。在整个战略规划制定过程中，图书馆董事会与图书馆馆长具备较大话语权，承担评估战略方案、监督战略规划进程、做出战略决策等重大任务。

3. 布瑞奇波特区公共图书馆战略规划制定的组织

经过长期发展，布瑞奇波特区图书馆（Bridgeport Public Library）拥有了将图书馆视为社会支柱的长期构想，即将公共图书馆建成为孩子们的安全避难所，任何年龄和职业的人可以一起相互学习和探究对城市未来至关重要问题的社会活动场所。基于此，董事会和前任理事 Nancy Johmann 断定，图书馆的未来发展需要一个关于服务的长期计划，并发起了战略规划制定工作。布瑞奇波特公共图书馆战略规划[②]由布瑞奇波特区公共图书馆长期计划委员会制定，由普林斯顿图书馆发展方案组协助。长期计划委员会由图书馆员代表、流通部主任、技术服务部主任、分部主任、新领域分部主任、儿童服务部主任、通俗读物部主任、（流通部）青年图书馆员、（流通部）参考咨询馆员、（流通部）参考咨询馆员等组成。长期计划委员将成员分为四个小组，其中计划组由各部门或分馆负责人组成，负责部门计划的制订工作，是委员会的重要职能实现小组。管理组由图书馆董事会主席、副主席等组成，并下设秘书、出纳等辅助人员。

---

① "Brampton library: Connecting community 2006 – 2008 strategic plan"，［2011 – 02 – 14］，http: // www. bramlib. on. ca/_ files/file. php? fileid = fileqOZxQrJStb&filename = file_ Strategic_ Plan_ Connecting_ Community_ 2006_ 2008. pdf.

② 柯平、白庆珉、李卓卓等：《图书馆知识管理研究》，北京图书馆出版社 2006 年版，第 349—355 页。

4. 广州图书馆战略规划制定的组织

广州图书馆"十二五"规划①制定初期，便设立了领导小组与工作小组，并且指定了项目协调员。广州图书馆"十二五"规划的制定采取了与中山大学资讯管理系合作的方式。其中领导小组负责动员、指导、支持、监督和征询等；工作小组负责信息搜集、分析以及各个阶段文本的审定、修改；中山大学资讯管理系课题组主要负责起草战略规划并参与规划的修改、论证；项目协调员负责联络和协调。在整个战略规划制定的过程中，中山大学课题组搜集了大量的文献资料、翻译了部分国外战略规划文本、组织开展了读者与市民问卷调查、确定战略规划体例、草拟文本框架等工作，并为战略规划的指标体系提供参考意见，可以说中山大学资讯管理系课题组在广州图书馆战略规划的整个过程中发挥了重要作用。广州图书馆邀请中山大学资讯管理系参与战略规划制定，采取馆校合作的制定方式比较具有创新意义。

与国外更侧重社会参与的方式不同，国内公共图书馆战略制定更倾向以图书馆内部工作人员为主体组建战略规划制定团队。如天津市图书馆战略规划制定工作由图书馆主要领导与各部门负责人、分馆负责人参与，各部门负责人承担各分支计划的制定工作，图书馆办公室协调各部门的计划制定工作，图书馆馆务会负责重大问题决策、战略规划评审等统筹管理工作。天津泰达图书馆档案馆，主要由馆领导牵头进行战略规划的制定工作，责成办公室相关人员进行具体事项的操作，各部门负责人对战略规划积极参与。

5. 实例小结

上述四个实例中，图书馆的战略规划是由战略规划组织与业务部门相互配合制定的，制定过程中设立专门的战略规划委员会和战略工作小组，同时还有一些图书馆聘请了馆外顾问参与战略规划，如韦斯特波特公共图书馆与布兰普顿图书馆。广州图书馆采取馆校合作的方式，聘请了中山大学资讯管理系制定战略规划。除此之外，图书馆内部有关部门也都参与战略规划的制定工作，如布瑞奇波特区公共图书馆战略规划涉及的主要业务部门有流通部、技术服务部、儿童服务部、通俗读物部等。

---

① 潘拥军：《图书馆规划编制实践研究——以广州图书馆为例》，《四川图书馆学报》2011 年第 5 期，第 22—26 页。

从实例分析中，我们可以看到这些图书馆的战略规划组织与本项目构建的图书馆战略规划组织模型具有一致性，说明本模型在公共图书馆中具有适用性。

为了进一步验证图书馆战略规划组织模型在公共图书馆中的适用性，本项目针对我国公共图书馆战略规划制定过程中体现图书馆机构特色的重要问题，如"战略规划由谁制定""战略规划委员会成立的必要性"进行了问卷调查。对883份来自不同级别、不同地区的公共图书馆的调查结果显示（见表4-6），52.32%的样本认为公共图书馆战略规划应该由外部机构和图书馆共同制定，33.86%的样本认为战略规划应该由图书馆独立制定，而由上级主管部门制定及聘请外部机构制定所占比例较低。这表明公共图书馆的战略规划制定已经开始重视外部机构的参与，鼓励多元主体共同参与战略规划制定活动；但是战略规划制定的主体仍以图书馆为主，需要保持图书馆的独立性与主动性。针对是否有必要成立图书馆战略规划团队，本研究开展的问卷调查显示，58.78%的样本认为"有必要"，23.90%样本认为"非常有必要"，仅有不足10%的样本认为组建战略规划委员会"没有必要"或"非常没有必要"，如表4-7所示。

表4-6 对公共图书馆战略规划制定主体的认识

	聘请外部机构	图书馆制定	上级主管部门制定	外部机构和图书馆联合制定	其他	缺省值
数　量	32	299	66	462	8	16
比　例	3.62	33.86	7.47	52.32	0.91	1.81

注：表中数据单位为：数量（份），比例（%）。
资料来源：本研究整理。

表4-7 对公共图书馆成立战略规划委员会的认识

	有必要	非常有必要	没必要	非常没必要	不清楚	缺省值
数　量	519	211	72	6	65	10
比　例	58.78	23.90	8.15	0.68	7.36	1.13

注：表中数据单位为：数量（份），比例（%）。
数据来源：本研究整理。

二　公共图书馆战略规划制定组织的相关问题

通过上述实例介绍与数据分析可以看出,国内外公共图书馆战略规划的组织与人员安排符合本项目所构建的图书馆战略规划组织模型。战略规划由图书馆董事会或馆长发起,并在战略规划制定过程中处于统筹领导与审核决策的地位,建立包括不同利益群体代表的图书馆委员会并责成战略规划制定小组负责具体工作的完成,战略规划委员会定期讨论战略规划进展等重大问题。在战略规划制定过程中,上级文化主管部门通过政策调节、行政管理等方式间接参与或以加入战略规划委员会的方式直接参与战略规划制定活动。当前,国内外战略规划组织并不完全相同,国外公共图书馆更侧重不同利益相关者的参与,注重外部参与的成效,而国内战略规划组织较为简单,暂时性强,内部工作人员是战略规划制定的主体。

虽然公共图书馆战略规划规划组织符合子模型的描述,但是由上文的国内外公共图书馆战略规划制定组织与人员组成实例可以看出,公共图书馆战略规划组织尚存较多个性问题,需要在战略规划制定中注意。

1. 发挥公共图书馆内部管理层的主导性

图书馆内部管理层的主导性既体现在馆长等管理层的决策主导,也体现于战略规划制定委员会中图书馆内部人员数量的主导性,最终直接表现在战略规划内容中图书馆话语权的主导性。

第一,发挥公共图书馆馆领导的主导作用。公共图书馆隶属各级文化部门,同时接受上级公共图书馆的业务指导,与高校图书馆、专业图书馆相比,其具备独立的法人身份,管理层的决策在执行过程中享有较高的独立性。因此,公共图书馆战略制定过程中可以发挥更多的自身独立性,馆长与馆领导的规划权限增大,其个人学历、经历、管理风格、个人偏好等因素对战略制定产生重要影响。

第二,发挥战略规划内部成员的团队作用。战略规划制定中需要领导团队、制定团队等通力配合,这一过程中,公共图书馆管理层与各业务部门人员成为战略规划制定委员会及其常设职能工作部门战略规划制定小组的主要组成人员,是战略规划的主要内容形成者。只有发挥整个团队的合作精神,才能保证战略规划的顺利制定。

2. 注重更为广泛的公众参与

公共图书馆面向社会公众服务,与高校图书馆、专业图书馆需求相对集中不同,公共图书馆需要面对大众的多样化需求,公众参与深度与广度尤其突出。公众是公共图书馆的服务对象,也是其发展的根基。PLA 自从 20 世纪 80 年代以来公布的每部规划指南,都强烈建议社区的居民应参与到规划团队中来。上文案例中几个国外公共图书馆均邀请了代表不同社会阶层的社区居民加入战略规划委员会,在战略规划内容上体现更多民主,并取得了较好效果。

公共图书馆战略规划制定中的公众参与是由公共图书馆的机构性质决定的,但是并非所有的图书馆都邀请社区居民加入规划,即便邀请了,结果也是良莠不齐。社区居民的参与也可能带来一些新问题。因而,公众的广泛参与在公共图书馆战略规划制定过程中也存在一定的复杂性,解决这一问题要注意图书馆内部管理主导性的合理控制与委员会的职责范围确定等。

3. 要重视战略规划委员会的设立

公共图书馆直接面对商业文化服务机构、其他公共服务部门的竞争,面对复杂的环境,需要考虑的战略问题更加多样,需要制定的战略内容更加贴近大众,这些必然要求战略规划制定者的视野要更加宽阔,组建适当规模、适当人员构成的战略规划委员会成为战略规划制定的重要基础。

第一,战略规划委员会的成员。公共图书馆战略规划委员会的构建要具备不同层次、不同规模、不同要求的特点,其基本问题是如何确定战略规划委员会中外部人员和图书馆工作人员在人数上的合理平衡。PLA 的公共图书馆战略规划指南中明确指出:"如果制定的规划仅仅旨在响应图书馆上级管理机构的要求,那么图书馆战略规划委员会成员要么由图书馆工作人员担任,要么由图书馆工作人员与理事会成员共同担任。如果规划旨在为社区的图书馆服务绘制蓝图,那么就有必要让社区成员参与到规划进程中来。"[1]从我国公共图书馆现阶段的基本情况看,战略规划委员会应仍以图书馆内部

---

[1] Nelson, S. S. *The Planning for Results: A Streamlined Approach*, Chicago: American Library Association, 2001: 16 – 19.

人员为主，适当吸收读者代表、外部管理部门、图书馆学研究者等组成辅助咨询委员会，以适当的形式参与战略规划制定活动。

由于长期的管理习惯，工作人员合作经验较多，战略规划制定委员会中的公共图书馆工作人员的挑选与参与难度并不大，但需要根据工作人员特点，明确各参与者的责任与权限。战略规划制定委员会外部参与成员较为复杂，需要包括读者代表、社区管理人员、外部咨询专家、文化主管机构工作人员等，其中读者代表要综合考虑读者来源的多样性，包括主要读者阶层代表、图书馆长期用户代表等。可参考美国与公共图书馆发展有关的外部社会阶层（如表4-8所示）。

表4-8   美国公共图书馆服务地区的利益相关者

	卫生机构
	法律团体
公司/商会/经济发展机构	图书馆界代表
社区服务机构/社团/俱乐部	学校媒体中心职员,学院或大学图书馆员,专业图书馆馆员
文化团体	媒体代表
教育机构	报纸、电台、电视、少数族裔媒体、当地的杂志和简报等
种族团体	残障服务机构
家庭服务机构	聋人中心、盲人协会、州/县/市的卫生和人员服务机构、全国智障儿童协会、美国爱心慈善协会、独立生活中心、美国联合脑瘫协会
金融代表	职业团体
政府代表	高级中心/服务机构
	青年服务团体/志愿者团体

资料来源：本研究整理。

第二，发挥馆长在战略规划委员会中的核心作用。公共图书馆战略规划委员会以馆长为核心，与馆务会成员组成核心领导层。各部门负责人对本部门业务了解深刻，作为成员负责分支计划。公共图书馆办公室工作人员负责规划委员会联络、组织等具体工作以及馆外规划委员会成员的联络、接待等工作。馆长要管理战略规划委员会中的所有成员，统筹图书馆战略规划的制定。

第三，战略规划委员会的规模选择。战略规划委员会的规模不需要严格确定。规划委员会的人数5—50人不等。不过，在确定规划委员会的规模时，要考虑两个主要因素。一方面，委员会需要囊括持有各种观点的人和其所在社区的各阶层代表；另一方面，委员会要精简而高效。鉴于上述两原则，公共图书馆战略规划委员会规模以9—20人为宜。

4. 要重视向外部机构的咨询

公共图书馆在战略规划制定的过程中拥有决策的自主权，但是为了体现科学性与公平性，也要重视向外部机构咨询。上文案例中，部分国外公共图书馆已经开始了引入商业咨询机构承担战略规划的制定或战略环境调研工作，而国内公共图书馆在战略规划制定过程中也举办各种形式的专家座谈会、讨论会、报告会等咨询外部专家意见。

公共图书馆战略规划制定接受咨询的条件更为成熟，既体现在具体实践的经验累积，也体现在思想认识的不断深入。根据本课题组的问卷调查，3.62%的调查样本认为战略规划应该由外部咨询机构制定。公共图书馆战略规划引入不同程度的外部咨询活动已经得到部分公共图书馆管理人员与多数图书馆学专家的认可。

第三节 公共图书馆战略规划的影响因素

战略规划的形成是一个复杂的过程，既有共性也有差异。公共图书馆战略规划来源于企业管理界，但是图书馆的非营利性、公益性等机构属性决定其不能照搬企业战略制定的理论，需要从影响因素角度寻求图书馆战略规划的独特性，探索具有图书馆特色的战略规划体系。基于此，图书馆战略规划影响因素模型成为图书馆战略规划模型体系的支撑。公共图书馆的行政隶属关系、服务对象、发展方式等与高校图书馆等类型的图书馆存在巨大差异，因而，除符合一般模型描述外，也存在着个别影响因素影响作用较大等特点。

一 公共图书馆战略规划影响因素的实例与数据分析

不同地域、不同规模的公共图书馆战略规划影响因素会有所差别，不同社会文化更是促进不同风格战略规划制定方式的形成关键。

1. 马特森公共图书馆战略规划制定的影响因素

马特森公共图书馆（Matteson Public Library）长期以来承担着该地区

信息技术与文化共享等重要社会职能，1997—2004 年图书馆遭遇了严重的财务预算危机，经济成为影响其发展的重要因素。为了摆脱不利影响，更好地发展，马特森公共图书馆开始着手制定 2005—2010 年战略规划①。

在战略规划制定过程中图书馆受到诸多内外部因素的影响。内部影响因素方面，第一，硬件设施对战略规划影响最为明显。马特森图书馆地处社区中心，其馆舍是当地重要的标志性建筑，图书馆拥有便利的交通条件，位置优越。但是图书馆馆舍面积较小，为增加大量馆藏、提供公众会议室或共享空间、提供独特的青少年项目等带来巨大限制，导致图书馆战略规划制定时馆藏目标、服务方式等均需要研究空间效益最大化问题。第二，图书馆在书刊，电子资源方面的预算增长了 42%。但是，仍然不能满足对服务水平持续提高的需要。第三，图书馆每年都在扩展项目。新的改进已得到好的反馈意见，新项目的开展为图书馆多样化发展提供了思路。第四，计算机技术对图书馆的运作至关重要。在帮助居民适应新技术发展方面起到越来越重要的作用。第五，图书馆工作人员方面，由于过去的经济危机，图书馆现在员工级别仅仅高于伊利诺伊图书馆学会推荐的增长水平，图书馆工作人员职业生涯的发展关系到图书馆的诸多方面，因此，在战略规划制定时，马特森图书馆正在持续招募出色、多样的员工来提供最优的服务，重点考虑人力资源发展。第六，公共图书馆经费来源是战略规划制定的基础，马特森公共图书馆主要经费来自税收，其他收入来源也起到重要作用。战略规划成为图书馆筹集经费的"计划书"，战略规划中重视活动项目的展示，重视预期效果的可视化。

外部影响因素方面，技术成本、经费支持、外在关系对战略规划影响最为直接。第一，技术成本与技术发展趋势是图书馆中长期战略规划制定的依据之一。针对技术落后与信息技术共享问题，马特森公共图书馆战略规划中提出"为工作人员提供持续的培训和教育机会，来完成现在的知识等级"；为图书馆技术投入与维护培训提供充足的资金。第二，经费支持是图书馆开展任何活动必须考虑的问题。马特森图书馆的发展困境来自于 1997—2004

---

① "Matteson public library strategic plan 2006 - 2009", ［2011 - 03 - 14］, http：//www. mattesonpubliclibrary. org/home/about-the-library/board/MPL_ Strategic_ Plan_ 2006. pdf.

年的预算危机，各项发展工作均受到影响，新战略规划制定时强调"通过计划、营销、投资确保图书馆的财政稳定"。第三，外部关系是公共图书馆必须面对的独特影响因素。

2. 欧申赛德公共图书馆战略规划制定的影响因素

欧申赛德公共图书馆战略规划经过多年实践，积累了相当经验，其2005—2010 年战略规划①中，对该馆战略规划制定过程中的影响因素进行了详细记录。这些影响因素的作用能够代表同类、同等规模图书馆战略制定的状况。

欧申赛德公共图书馆战略规划委员会经过多次调研与会议讨论得出图书馆发展趋势。图书馆对外关系与图书馆战略执行情况是影响战略规划制定的关键要素。第一，一些重要国家的图书馆发展趋势影响图书馆战略规划。ALA 每年的图书馆发展趋势报告是欧申赛德图书馆战略制定的重要基础资料之一。经过分析，欧申赛德公共图书馆战略规划委员会提出，图书馆已经成为社区中心而非简单的书刊仓库；读者视角中图书馆馆员的价值比以前更为重要；图书馆在互联网世界中成为联系本地服务、全州服务与个人获取之间的重要节点；图书馆读者信息需求的自我满足程度越来越高，如何获取信息与使用图书馆资源都是图书馆服务需要考虑的问题；图书馆正在经历从印刷信息向电子信息的大规模转移；技术的快速变化影响了图书馆服务的各个方面，图书馆"馆藏"的概念正在发生变化，越来越多的人选择在图书馆之外的地方（家里、学校、工作场所）获取信息、服务和资源。上述发展趋势直接影响该馆战略规划坚持以服务为目标，将该馆定位为"地区活动中心"，组织展览、讲座、表演、志愿者等活动。第二，图书馆的对外关系对图书馆战略规划也有重要影响。图书馆的对外关系主要是与读者、社区、政府、其他资助人等利益相关者的关系。欧申赛德公共图书馆战略规划制定的前提之一就是"图书馆需要从商业市场吸取教训，特别是在营销和服务方面，应该更注重满足顾客（图书馆读者）的需求和期望"，强调"图书馆需要应用新技术，跟上发展的步伐，以提高图书馆的运行效率"，

---

① "Oceanside public library strategic plan 2005 – 2010"，［2011 – 01 – 16］，http：//www.librarytechnology. org/lwc-displaylibrary. pl？RC = 10737.

以高效的工作培育和谐的社区关系。第三，图书馆战略执行情况是确立战略规划目标的依据之一。图书馆的新技术应用是以技术效率等充分发挥为前提，已有的技术革新与进展是新目标确立中把握目标可行性的重要尺度。图书馆在推进基础设施的建设过程中，无论是重塑还是新建方面，都需要考虑现有工作人员的承受能力。基于此，欧申赛德公共图书馆提出，在执行战略规划的过程中，图书馆需要为持续增长的工作人员和社区居民提供参与机会，向他们征求相关的意见与建议，并提供行动计划的反馈。图书馆需要创造一种鼓励灵活性和创造性思维的组织文化，提升工作人员对新工作内容的适应能力。

3. 湖南图书馆发展规划制定的影响因素

《湖南图书馆"十二五"发展规划纲要》是根据国家文化发展"十二五"规划、《湖南省文化强省战略实施纲要（2010—2015）》《数字湖南建设纲要》等相关指导性文件精神，结合该馆实际，在总结经验、分析形势、谋划未来的基础上制定的。在分析内外环境的基础上，湖南图书馆提出了"继续坚持服务立馆、文化办馆、科研兴馆、人才强馆的办馆理念，以打造全媒体时代的'实体湘图'与'数字湘图'复合体为发展目标，建立能满足大众型图书馆与研究型图书馆需求的资源体系和优质服务体系，形成以精细化管理为内核的科学高效的管理体系和人才、技术与科研并重的多元保障体系，为湖南'两型社会'发展和城乡居民精神文化生活提供便捷、贴心、专业的信息服务"的主要目标。影响湖南图书馆发展规划制定的外部影响因素包括国家有关政策，如《中共中央办公厅、国务院办公厅关于加强公共文化服务体系建设的若干意见》《湖南省文化强省战略实施纲要（2010—2015）》等重要文件。除此之外，外部影响因素还有时代要求、公众需求、网络信息技术、多媒体技术等。从内部影响因素来看，主要包括馆舍、设施设备、自动化水平、馆藏及事业经费等，参见图4-1。

4. 案例小结

从以上三个案例可以看出，公共图书馆战略规划制定的影响因素包括内部因素和外部因素两个方面，本研究所构建的图书馆战略规划影响因素模型适用于公共图书馆，但是在具体因素上则有所不同。如经费问题是影响公共图书馆战略规划制定最为显著的内部因素，在公共图书馆战略规划文本中均

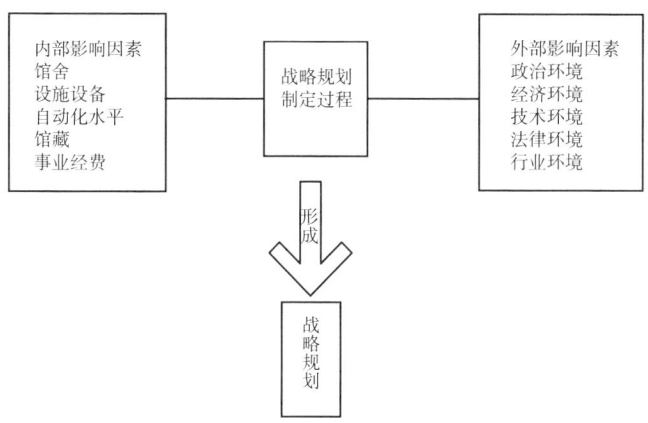

图 4 – 1　湖南图书馆"十二五"发展规划制定的影响因素

资料来源：本研究整理。

将其作为一项重要的内容。

本研究对 883 份来自不同级别、不同地区的公共图书馆调查结果也充分证明图书馆战略规划影响因素模型对公共图书馆是适用的。内部因素方面，调查结果显示（见表 4 – 9），77.24% 的样本认为公共图书馆战略受经费影响最为显著，这一因素已经成为各公共图书馆的共识。其次是人才队伍建设（58.10%），图书馆工作人员的学历、知识结构、工作经验、服务水平、职业生涯管理等均对战略规划产生影响。此外，管理制度、组织机制、馆藏等因素对公共图书馆战略制定也具有一定的影响。

表 4 – 9　对公共图书馆战略规划内部影响因素的认识

	经费	馆藏	建筑	服务方式	服务对象	服务项目	组织机制	人才队伍建设	管理制度
数量	682	300	104	175	92	97	313	513	345
比例	77.24	33.98	11.78	19.82	10.42	10.99	35.45	58.10	39.07

注：表中数据单位为：数量（份），比例（%）。

资料来源：本研究整理。

外部因素方面，调查结果显示（见表 4 – 10），60.14% 的样本认为公共图书馆战略规划受经济环境因素影响最为显著，这一因素已经成为各公共图书馆的共识。地区经济状况的好坏决定了政府对文化事业的投入力度与重视程度，其与制定战略规划的意愿和战略规划内容的丰富程度均有一定的关联。其次为公共文化服务体系建设（48.13%），它不仅直接影响文化政策，也直接影响公共图书馆政策，不仅为公共图书馆的发展带来了重大机遇，而且对公共图书馆的战略规划制定产生较为重要的影响。读者需求（36.69%）居于第三位，是公共图书馆确定发展目标的来源。政治环境（33.18%）居于第四位。在我国，公共图书馆属于公共服务部门，履行为公民提供公共文化服务的基本功能，对政治环境较为敏感。行业环境、社会评价、技术环境、读者素养等对战略规划制定均有不同程度的影响。除本课题组列出的因素外，地区因素、与不同利益相关者的关系等因素对公共图书馆也产生影响，且不同因素在不同地区作用程度有所差别。

表 4－10　对公共图书馆战略规划外部影响因素的认识

	政治环境	经济环境	技术环境	法律环境	行业环境	教育环境	读者需求	公共文化服务体系建设	社会对图书馆的评价	服务满意度	读者信息素养
数　量	293	531	203	91	229	87	324	425	231	112	128
比　例	33.18	60.14	22.99	10.31	25.93	9.85	36.69	48.13	26.16	12.68	14.50

注：表中数据单位为：数量（份），比例（%）。
资料来源：本研究整理。

综合实例分析和本项目的调查结果，我们可以看出公共图书馆战略规划的影响因素与本项目构建的影响因素模型基本一致，但在外部影响因素方面，公共图书馆更加强调公共文化服务体系建设环境，这一因素从聚类分析所得的一般模型中的中度影响因素上升到公共图书馆影响因素中的重度影响因素。

二　公共图书馆战略规划影响因素的相关问题

1. 公共图书馆战略规划影响因素的特征

通过上述实例介绍与数据分析可以看出，国内外公共图书馆战略规划的影响因素均具有共性，行业发展趋势、政策环境、经济环境等外部因素，经费、工作人员素质、管理方式等内部因素对战略规划均具有重要影响。这一分析结论符合上文图书馆战略规划影响因素模型的抽象总结。由于国情不同，国内外公共图书馆战略制定影响因素的影响程度也有所差别，同样受外部读者因素影响，国外公共图书馆的读者直接参与战略规划的制定，不同阶层的利益诉求在战略规划中均有所体现，相对而言，国内读者在战略规划制定中的话语权相对较弱，对战略规划制定的直接影响也较小。

虽然公共图书馆战略规划影响因素符合子模型的描述，由上文的实例与数据分析可看出，公共图书馆战略规划影响因素有自身特色，需要在战略规划中加以注意。

（1）公共文化服务体系因素作用明显

公共文化服务体系是公共图书馆当前发展的外部环境，也是战略规划必须深植的沃土。公共文化服务体系有丰富的内容，包括先进文化理论研究服务体系、文艺精品创作服务体系、文化知识传授服务体系、文化传播服务体系、文化娱乐服务体系、文化传承服务体系、农村文化服务体系等。公共图书馆战略规划的内容与其中的文化娱乐服务体系、文化传承体系、农村文化服务体系等多个建设内容均具有直接联系。

公共文化服务体系建设对公共图书馆战略规划制定的影响体现在多个方面。第一，对战略定位的影响。受公共文化服务体系的影响，公共图书馆开始将自己定位为"为公众提供阅读服务和资源服务，接受政府部门、教育部门、文化部门指导的"文化服务部门。[①] 第二，对办馆理念的影响。普遍均等的免费服务成为公共图书馆基本发展理念，盲目追求效益的目标制定方式被提供更多服务的新价值观念所取代。第三，对办馆模式的影响。为实现地区文化资源共享，公众最大化地享受文化资源成果，总分馆发展模式与图书馆联盟蓬勃发展，并成为今后公共图书馆发展基本趋势。第四，对服务项目的影响。公共文化服务体系提出对不同群体的文化需求予以满足，促进社会信息传播。这一要求，促进公共图书馆的服务项目进行改革，借阅服务、参考服务、联合参考咨询服务、儿童服务等项目出现新的内容。

---

① 洪秋兰、柯平、弓克：《公共文化服务体系中公共图书馆的定位和发展分析》，《图书情报工作》2010 年第 7 期，第 21—25 页。

（2）对政治环境与经济环境更为敏感

公共图书馆是接受政府资金投入的事业单位。其公共部门属性决定了政府的文化政策（如是否扶植公共文化发展、优先发展的社会领域、政府的文化发展目标等）直接影响图书馆的业务活动。例如《政府信息公开条例》的发布，促使公共图书馆"政府信息公开部门"的建立，成为战略规划中需要认真考虑的部分。

经济环境对战略规划同样有直接影响。经济危机使美国公共图书馆战略规划开始尝试有限经费中谋划图书馆的有序发展问题。国内公共图书馆中，广州等经济环境较好的地区，其战略规划与欠发达地区相比，内容更为丰富，基础建设目标更高，对服务要求更多；而经济环境相对较弱地区的公共图书馆，战略规划较为简单，对馆藏、馆舍建设等发展的重视程度高于读者服务等。

（3）不同地区、不同规模公共图书馆战略规划影响因素有所差异

我国公共图书馆战略规划水平不一，大量公共图书馆尚未制定战略规划。"十二五"期间存在以下几种情况：一是已经制定了战略规划，初步具备了战略思维，并且其战略规划已经向规范化发展，如广州图书馆"十二五"发展规划已经具备了使命、愿景等规范化的体例。二是已经制定了战略规划，但是其战略规划不够规范，尚有问题存在。以本项目实地调研的山西省图书馆为例，"十一五"期间该馆制定了战略规划，但内容比较简单，文本不够规范，"十二五"期间该馆并没有制定战略规划。三是有了制定战略规划的举措，但尚未编制战略规划文本。以天津图书馆为例，2010年在滨海新区建设与天津图书馆新馆建设两大机遇的影响下，天津图书馆产生了制定"十二五"发展规划的设想，但是其战略规划文本尚未发布。四是未开展任何战略规划活动，没有战略意识。

我国公共图书馆数量众多，分处不同地域，图书馆级别与规模存在差异，同一影响因素在不同图书馆的作用程度会随之有所不同。地域环境与图书馆规模等属于慢速惯性变化影响因素，对战略规划制定的影响是持续、渐进的。

从地区层面来看，东西部地区经济发展状况的差距，不仅影响对公共图书馆的经费投入，也会影响图书馆馆长的思维模式。对于东部地区公共图书

馆而言，由于观念开放，其对于发展的谋划较为重视，战略制定也相对处于发展期，服务能力的限制是资源类因素中影响最为直接的。各项职能战略的形成，使得权力类因素中部主任等中层干部的能力与以馆长为代表的馆领导个体特征同样对战略制定产生影响。西部地区公共图书馆，观念与规模的限制以及长期以来发展落后的形势使其战略制定受限，战略内容多为业务直接驱动与政策机会驱动，缺乏战略制定主体的自主性，属于战略制定起步期。中部地区公共图书馆的发展条件与规模介于两者之间，其当前战略制定阶段也介于两者之间，经费与服务能力对战略制定同样重要，馆长等战略制定主体通过机会因素寻找战略机会，明确战略目标。

从规模上来看，不同规模公共图书馆战略规划影响因素存在差异。我国公共图书馆根据行政级别不同被划分为相应的级别，理论上不同级别的公共图书馆在馆藏、服务范围等方面存在规模差距。同时，不同地区经济投入与政策倾斜不同，不同地区的同级别、不同级别的公共图书馆也存在规模差别。规模差别使影响因素对不同公共图书馆的作用方式与程度产生差异。规模较大的公共图书馆内部基础较好，对外部因素的影响能够作出快速反应，而规模较小的公共图书馆受内部因素的制约较为明显。

2. 公共图书馆战略规划制定与实施中针对影响因素的策略

（1）注重公共图书馆工作人员素质培养

公共图书馆工作人员的素质关系到战略规划的制定与实施。针对这一因素，可以从提升馆长、中层干部等管理者与普通工作人员素质两个层次进行管理。

一是馆长与中层干部的个人战略制定能力的培养。

战略制定过程中，公共图书馆的管理者是战略制定者也是决策者，其个人知识结构、管理经验、沟通能力等综合素质的提升对图书馆发展方向确立具有主观影响，而管理者战略思维的培养是战略制定能力提升的关键，可从以下几个方面，提高管理人员战略规划能力。

第一，完善图书馆馆长的选用与评价机制，设立弹性的馆领导职能标准。遵循"选贤任能""扬长避短"的原则，将思想水平、职业精神、学历与学术造诣、行政管理能力、公共关系、经济处理方式、战略意识等作为选拔标准，在严格、规范、明确、透明、民主的选拔程序下，选择具备组织发展意识和较高综合素养的管理决策者。将战略思维水平与预测分析能力作为馆长任职考察内容，以此从源头促进准公共图书馆馆长自我学习的动力。

第二，明确馆长定期学习机制与开发战略思维训练工具。通过定期学习、经常性研讨交流和固定间隔的实地参观等方式来提升公共图书馆馆长的知识水平与战略意识。

第三，鼓励部门主任轮岗与交流。中层干部的轮岗可以促成其能够了解其他部门的业务情况，加强部门之间的沟通与合作。

第四，构建公共图书馆战略制定知识库。在内部管理系统中嵌入管理知识库，通过收集部主任等中层干部在工作过程中所创建的各种数字化产品或者有规律地把日常处理的事件备忘形成数字产品等，共享管理经验。知识库操作和运行秉持开放性原则，保证知识库中的内容能够被图书馆工作人员便捷地访问和使用，通过知识共享，共同提高知识与管理水平。公共图书馆战略制定知识库可根据自身需要量身设计并嵌入自动化办公系统中，也可以采用通用知识管理软件或免费的开源软件实现。知识库需要实现信息资源的存储与海量信息资源数据库检索、外部网络信息资源实时采集、分布异构式专业数据库群跨库检索与关联，以及信息资源知识管理的应用需求。在功能上，战略制定知识库需要实现可视化，采用树状图将知识点分类情况表现出来，可很方便地打开分类，或者对分类进行重命名、删除、编辑、查看分类属性、增加知识点、添加新的同级分类或子级分类。

二是提升普通工作人员素质。

公共图书馆普通工作人员被称为战略规划的人力资本，当图书馆面临外界环境的快速变化时，我们必须认识到工作人员的工作表现是重要的，然而工作人员能否根据新的要求很快调整他们的技能则显得更为重要，调整自身技能的过程也是素质提升的过程。工作人员素质提升的措施，可从如下方面考虑：

第一，工作人员聘用的严格把关。公共图书馆工作人员的聘用应公开透明，对学历、专业有明确的规定，并注重对应变能力、服务态度等素质的考察。

第二，加强培训与内部竞争。通过知识培训、业务实践培训、服务理念培训、战略规划实施培训等培训活动，加强工作人员对战略规划内容与业务的了解。同时引入内部竞争，激励工作人员的积极性。

第三，加强工作团队建设。实现工作人员之间、工作人员与管理者之间的有效沟通，提高组织整体的灵活性与工作人员的信心。公共图书馆强调作为一个团队提高效率，面向未来增强团队使命感。

（2）建立合理的公共图书馆管理制度与组织制度

战略规划中强调馆长、规划制定小组、工作人员的个人作用，但同时需要用合理的制度保障战略规划的客观性。有利于战略规划制定的管理制度与组织制度包括：

第一，健全馆长与中层干部的竞聘制度。注意竞聘周期，即实行任期制，以四年到五年为固定任期，通过任期制抑制领导倦怠、小团体主义等不良影响。通过强化任职管理、职位说明书、绩效任务书、职位评估、绩效考核等方式，给予馆长较高的决策自主权。

第二，完善馆长负责制以及权力监督机制。首先，明确制约机制与监督机制，确立内部监督与外部监督协同制度，由文化主管部门、内部职工组织与读者代表共同监督、问责馆长职责履行情况，明确各种失职行为和具体处理措施；其次，由馆长负责制向"法人治理"方式转变，深圳图书馆在公共图书馆领域率先实施"法人治理"方式，明确建设权、管理权、监督权，为图书馆由管理向治理的管理方式转变提供了新制度实践。

第三，形成科学决策模式。公共图书馆设立固定的决策模式，针对不同问题启动不同层级的决策方法。

第四，明确有效的监督评价方式。有效的馆长监督评价方式包含合理的评价指标、多元独立的评价主体、科学的环节设计以及有效的奖惩策略。评价指标与图书馆绩效挂钩，将战略制定与实施效果评价作为重要指标。将外部职能部门、图书馆工作人员以及馆长自身作为监督评价的三个主体，个人述职、内部评价与外部评价相结合。丰富评价环节，提倡持续性监督与多环节的评价；严格落实奖惩制度，强化制度管理。

（3）重视读者参与和与上级主管部门联系，加强社会合作

第一，要重视读者参与。读者、其他公共服务部门、社区等在战略制定过程中有比较重要的影响。一方面，除日常举办读者阅读活动外，可组织

"一日馆员""社区自主管理图书馆""读者参与读书采购""少儿用户志愿服务"等活动,加强与读者的联系,加深读者对图书馆战略规划的了解和认可;另一方面,健全读者与公共图书馆联系渠道,在战略制定过程中通过网站论坛、电话、微博等多种形式,及时接纳读者的意见,加强读者对战略规划分析、制定、发布等具体环节的参与。

第二,要加强与文化主管部门的联系,识别政策机会。公共图书馆需要与公共部门建立流畅的信息交互平台,及时掌握最新的政务信息;了解主管部门各时期的工作重点,以合适的项目获得主管部门的关注;以文化主管部门政策为导向,制定战略重点,同时公共图书馆需要挖掘自身发展潜力,以良好的社会绩效争取更多资源。

第三,要加强公共图书馆的社会合作。在制定规划中,要主动与社区、影剧院、展览馆、艺术协会联系,寻求设立流动站、联合展览、文化讲座等方式实现部门合作的可能性。还要注意公共关系的经营。借鉴国外战略规划经验,在规划的内容中,考虑组建公共关系小组,专门负责新闻宣传、社会经费募集、馆际交流、读者活动推广等活动,统筹对外交流合作。

第四节   公共图书馆战略规划的文本

公共图书馆战略规划文本是将公共图书馆战略环境分析结果、发展愿景与使命、目标体系与实施策略等战略成果进行文字表述,是战略规划内容转化为战略实践行动的工具。公共图书馆战略规划文本既具有一般模型的特征,也具有自身的特点。

一   公共图书馆战略规划文本的实例与数据分析

战略规划文本的主要特征表现在体例与内容两个方面。下文通过案例与文本数据分析对公共图书馆战略规划文本的体例与内容进行论述。

1. 国外公共图书馆战略规划文本的体例与内容

为考察国外公共图书馆战略规划文本体例与内容的特点,本研究抽取了20个有代表性的美国公共图书馆战略规划文本进行分析。

体例方面,综合样本的实际情况,参考已有的研究,本研究将战略规划体例分为愿景、使命、目标、环境扫描、措施、指标、评价体系七个方面进行统计分析。调查结果显示（见表 4 – 11），战略目标与措施是战略规划最基本的构成要素，形成了战略规划体例的核心区。愿景和使命是图书馆表述自身社会责任、组织存在意义的重要部分，超过半数以上的样本含有这两项，组成战略规划文本的重要体例区。价值陈述、环境扫描、评价体系、服务原则、组织自身发展介绍等内容在不同文本中均有涉及。战略规划文本的体例是必选与可选项的结合，所有体例构成因素已经相对成熟，形成固定内容。从个体图书馆层面考察，美国公共图书馆战略规划文本的体例项目较为平均，多为三至五个，图书馆规模与战略规划体例存在一定的正相关。

表 4 – 11　国外部分公共图书馆战略规划的体例构成

序号	机　构	文本结构							其他
		愿景	使命	目标	环境扫描	措施	指标量化	评价体系	
1	俄勒冈州公共图书馆	√	√	√		√			监督措施
2	邦杜兰特社区图书馆	√	√	√		√			
3	卡内基公共图书馆	√	√	√					
4	锡特拉皮兹公共图书馆	√				√			价值
5	查塔山谷地区图书馆	√				√			价值
6	德怀特—福斯特公共图书馆	√	√	√	√	√			
7	东巴顿鲁治教区图书馆	√	√	√		√			核心价值
8	东海岸地区图书馆	√	√	√		√			
9	爱荷华城市公共图书馆			√		√			
10	莱文沃思公共图书馆	√						√	
11	洛克波特公共图书馆	√							服务原则
12	马特森图书馆			√		√			价值
13	门罗县公共图书馆	√		√		√		√	价值
14	蒙大拿州立图书馆	√	√	√		√			价值
15	马特洛马赫县图书馆	√							
16	新泽西州立图书馆		√	√		√			
17	奥兰治湾公共图书馆		√	√					
18	雷蒙德镇公共图书馆				√	√			
19	索诺玛县图书馆	√		√		√			价值
20	北卡罗来纳州立图书馆		√	√					
总　计		14	11	16	2	18	0	2	

注："√" 代表有，没有用空格表示。

资料来源：本研究整理。

　　内容构成方面，文本分析结果表明（见表 4 - 12），服务是图书馆共同关注的焦点，样本均用较大篇幅阐述自身服务理念、条件、对象、方式以及针对各种环境变化与组织发展目标而形成的服务革新。数字资源技术平台与居民日常生活类资源建设成为多数战略规划中的重要内容。经费、技术设施、管理也是战略规划的重要组成部分。信息技术的广泛应用给公共图书馆的日常服务带来便利的同时，也相应增加了管理成本，如何适度地筹划技术设备的发展成为公共图书馆的重要课题。经费、管理等图书馆内容因素作为服务的保障被提及。除此之外，图书馆营销、图书馆对外宣传、图书馆战略规划制定过程等也有所涉及。就个体图书馆而言，战略规划内容繁简与图书馆的

表 4 - 12　国外部分公共图书馆战略规划的内容构成

序号	机　构	内容结构							
		环境分析	经费	服务	资源	技术设施	管理	合作	其他
1	俄勒冈州公共图书馆			√				√	
2	邦杜兰特社区图书馆		√	√			√	√	战略规划形成过程
3	卡内基公共图书馆			√	√	√			
4	锡特拉皮兹公共图书馆		√	√			√		营销
5	查塔山谷地区图书馆			√					
6	德怀特—福斯特公共图书馆	√		√		√			历史介绍
7	东巴顿鲁治教区图书馆			√					参与社区经济发展
8	东海岸地区图书馆			√			√		重视培训
9	爱荷华城市公共图书馆			√					
10	莱文沃思公共图书馆			√					市场化管理
11	洛克波特公共图书馆			√					
12	马特森图书馆	√	√	√			√		营销
13	门罗县公共图书馆		√	√	√	√			
14	蒙大拿州立图书馆			√				√	侧重内部沟通管理
15	马特洛马赫县图书馆			√					注重战略规划的形成
16	新泽西州立图书馆		√	√	√				
17	奥兰治湾公共图书馆			√				√	
18	雷蒙德镇公共图书馆			√					
19	索诺玛县图书馆			√	√				
20	北卡罗来纳州立图书馆		√	√	√	√	√	√	战略规划过程
总　计		2	9	20	17	10	10	5	

　　注："√"代表有，没有用空格表示。
　　资料来源：本研究整理。

建设规模、服务用户的规模等因素有关。相对于社区图书馆，州立图书馆的战略内容更为丰富。

2. 国内公共图书馆战略规划的文本体例与内容

近年来，我国部分公共图书馆开始制定战略规划，形成了一系列战略规划文本。这些文本的体例与内容，体现了图书馆发展的方向，也展示了正式文书写作的部分个性体例。本研究选取省、市、县三个各具代表性的公共图书馆的战略规划进行分析，包括安徽省图书馆、广州图书馆和宜宾县图书馆。

（1）安徽省图书馆"十二五"规划

安徽省图书馆是一所省级公共图书馆，国家一级图书馆。安徽省图书馆位于合肥市，是安徽省重点文化工程，是当地标志性的文化建筑。安徽省图书馆有学科门类丰富的馆藏，并且收集了大量珍贵的历史文化典籍，尤其是收藏了具有浓厚地域文化藏书特色的徽州文献。2011 年安徽省图书馆制定了五年发展规划正式文件，即《安徽省图书馆"十二五"规划》。

文本体例上，《安徽省图书馆"十二五"规划》包括现状与回顾、指导思想、主要目标、主要任务和保障措施五项。现状与回顾主要阐述了安徽省图书馆"十一五"期间取得的主要成绩；指导思想阐述了安徽省图书馆"十二五"规划基本思路与观念；主要目标阐述了安徽省图书馆"十二五"规划要达到的重点目标；主要任务阐述了"十二五"期间要达到的具体事项；保障措施阐述了保障目标实现的具体措施。

文本内容上，安徽省图书馆"十二五"规划战略目标体系较为详细，并且重点突出，包括的主要目标有：在全国第五次公共图书馆评估中继续保持国家一级公共图书馆的荣誉；立足高标准、高质量把安徽省图书馆建设成为支撑全省经济社会发展、科技与知识创新以及个人全面发展的文献信息资源传播利用开发中心、学术研究交流中心、社会教育培训与继续教育中心；在全省文化共享工程业内，形成以摄制大型电视专题片为主要特色的安徽数字资源建设体系；打造一支年龄结构合理、专业门类齐全、团队意识较强、有强烈进取精神的人才队伍；积极开展文明创建工作，保持"省直机关文明单位"的荣誉，在争创"安徽省文明单位"的基础上，力争获得"全国文明单位"荣誉称号；以数字图书馆建设为基础，以物联网技术应用为手段，全力推进图书馆智能化建设。

这些战略内容涉及了未来发展方向、资源、人才和技术等多个方面，重点尤为突出，要达到的具体目标非常明确，如保持国家一级公共图书馆的荣誉、支撑全省经济社会发展等。

除此之外，在其主要任务中涉及的内容包括"图书馆事业""人才队伍""业务建设""信息服务""数字图书馆建设""共享工程""古籍保护""学术研究"八个方面，涵盖了图书馆基本业务和管理的方方面面。

总体来看，文本体例相对简单，五个体例要素中有三个是围绕战略目标和实施策略展开的，整体篇幅不多，但是基本能够反映该馆五年内的发展预期。文本内容方面，对发展目标的阐述重点突出、层次清楚、内容丰富。但仅仅是对发展目标的陈述与分解，未深入地对战略目标的实现方式、落实单位、评价方法与标准进行规定，其实施与评价会受到一定的影响。

（2）广州图书馆 2011—2015 年发展规划

《广州图书馆 2011—2015 年发展规划》文本体例包括前言、愿景、使命、使命、理念和目标五个部分。前言中分析了广州图书馆的内外环境，论述了战略规划制定的目的。愿景以简短语言阐述了广州图书馆的发展蓝图。使命中，广州图书馆提出"知识信息枢纽""终身学习空间""促进阅读主体""多元文化窗口""区域中心图书馆"等当代城市图书馆的发展使命。理念是广州图书馆文化建设的一部分，理念中展示了广州图书馆多年发展中形成的服务传统与信念。目标包含总体目标、具体目标与实施策略三个层次。

文本内容层次清楚，范围较全面。总体而言，战略规划对内部环境进行简短而深入的分析，阐明了广州图书馆的发展机遇；使命、愿景与理念对图书馆组织文化进行梳理并明确了广州图书馆城市中心馆的定位。三个层次的目标体系对广州图书馆发展重点领域进行说明，总体目标提出"建设国内一流、国际先进的国家中心城市图书馆"的发展方向。具体而言，战略规划目标体系中涉及数字图书馆建设、新技术应用平台、总分馆网络、广州市公共图书馆城域网与图书馆合作、智能化服务、服务对象化与主体化、馆藏与馆舍建设、专业化的服务团队建设等内容，涵盖馆藏、技术、服务、发展模式、人力资源、管理模式等方面。技术与服务是广州图书馆战略规划的重点，新技术的应用为便捷高效的服务提供可能与保障。服务方面，依赖RFID技术、自助图书馆系统、数字信息平台等新技术运用的智能服务成为广州图书馆服务发展的亮点。强调普遍均等获得服务的读者咨询中心、针对性推送服务、儿童阅读服务、老年阅读服务、其他弱势和特殊群体服务等服务活动成为广州图书馆践行发展理念的途径。基于群体性阅读需求，发展都市休闲生活主题馆、创意设计主题馆等主题图书馆是广州图书馆提出的创新服务方式。

《广州图书馆2011—2015年发展规划》与本项目构建的图书馆战略规划文本模型基本一致。从体例上看，目标体系全面，总体目标、具体目标、实施策略论述清楚，尤其是对公共图书馆使命与愿景的陈述给予重视。从内容上看，重视资源、技术、服务网络、服务手段和人力资源问题等各个方面，强调创新管理模式与志愿者问题建设等。总体上说，该规划是我国市级公共图书馆的一个比较规范的文本，但从文本发展和完善的角度看，需要在文本中量化发展指标与评价标准，加强实施与控制。

（3）宜宾县图书馆"十二五"规划

宜宾县是四川省宜宾市的辖区，位于四川盆地南缘。地处川、滇、黔三省边界，全县面积3000平方公里，辖26个乡镇，人口100万。《宜宾县图书馆"十二五"规划》是2010年制定的。

《宜宾县图书馆"十二五"规划》文本体例上只有发展目标，结构单一。其发展目标如下：人员机构合理配置；加快步伐，全面实现文化信息资源共享；努力争取财政加大对专项设备购置费的投入；以图书馆建设为契机，抓好社区乡镇及村图书室建设。

文本内容上，主要涉及"人员机构""资源""经费"和"乡村图书馆建设"。人员机构方面，提出了"十二五"期间的人员需求和机构设置预案；资源方面，重点发展资源共享并提出了争创国家一级馆的目标；经费方面，争取财政加大对图书馆的投入；乡村图书馆建设方面，提出乡镇（社区）文化中心站图书馆（室）藏书规模应逐年有所增加，还提出提高农家书屋的利用率、实现村村有农家书屋。

《宜宾县图书馆"十二五"规划》虽然从体例上来看没有战略规划要求必备的体例，其与我国图书馆战略规划尚不规范有关。但是从内容上来看具有典型的县级公共图书馆战略规划的特点，一是强调人员配备，二是强调资源建设，三是强调经费，四是强调农家书屋建设。这些方面充分体现了县级公共图书馆目前的重点工作和迫切需求。

二　公共图书馆战略规划文本的特征

通过上述国内外的文本分析可以看出，国内外公共图书馆战略规划的文本符合本研究所提出的图书馆战略规划文本模型。进一步对国外公共图书馆战略规划文本和国内公共图书馆战略规划文本进行比较可以看出，既有差异也有共同点。

当前，国内外公共图书馆战略规划体例差别很大。国外公共图书馆战略规划体例形式更接近于企业的战略规划，使命、愿景、战略目标、实施计划、战略制定过程等内容清楚，战略规划的责任明确，内容主要与图书馆行业发展趋势同步，注重社区文化与文化信息共享空间建设。不同规模与级别的公共图书馆形式与内容也有所差别。国内公共图书馆战略规划体例较为简单，多为四至五项，重视指导思想与目标体系的论述。

从上文的国内外公共图书馆战略规划文本结构与内容分析可知，国内外公共图书馆战略规划在文本内容要素上共性较强。

1. 形式体例特征

体例是战略规划的基本框架，经过长期发展，公共图书馆的战略规划体例已经形成了相对成熟的体系。首先，公共图书馆战略规划逐步形成固定格式。国外公共图书馆在吸收企业战略管理经验与自身探索中，以战略目标、具体措施等为核心，使命、愿景成为重要内容的图书馆战略规划体例已被多数公共图书馆所接受。核心价值观、组织历史与文化、成绩总结、服务承诺、评估指标等内容，作为可选项目，在不同战略规划文本中也有体现。结合实际，我国公共图书馆的战略规划也应逐步明确体例构成，以固定的格式促进战略规划文本的标准化。可建立以必选体例（也可称核心体例）和可选体例（也可称特色体例）相结合的模式。必选体例可包括：使命、愿景、环境分析、目标、任务、行动措施、实施保障等，可选体例可包括：关键成功因素、财务状况、已有成绩、评估体系等。其次，公共图书馆战略规划体例应具有地域色彩。分析国内外的战略规划文本，体例安排中同中有异，指导思想、工作思路、发展原则、政策分析是国内公共图书馆战略规划文本的重要体例，这一形式体现了我国行政文书撰写的特点，是当前公共图书馆战略规划文本中的重要组成部分。最后，公共图书馆战略规划体例倡导简单明确。国外公共图书馆战略规划体例完备与其多年战略规划制定经验有关，而国内战略规划文本处于起步阶段，提倡简单明确的体例。从上述三所公共图书馆的实例分析可以看出，文本体例以四至五个为宜，前言所含内容丰富，从背景介绍、已有成绩、环境分析到制定过程均涵盖其中。目标体系是战略规划的重点，所占篇幅为全部文本的 70% 以上。

2. 内容特征

战略规划内容与体例常被混淆，战略规划内容应主要从图书馆业务的角度，将涉及的未来发展问题进行全面阐述。已有文本分析与案例分析中，服务、资源、财务状况、事务管理、人力资源管理、发展环境分析等均为规划不可或缺的部分。公共图书馆与其他类型图书馆的服务对象、服务方式、服务重点领域不同，内容上也体现出不同的特色发展领域。

第一，公共图书馆重视服务网点建设。"总分馆"制是世界通行的一种比较科学的公共图书馆建设模式，有着较为成熟的管理体系和运营模式。这种模式可以使资源配置合理、文献资源共享、责任分工明确以及节省人力资源，能最大限度地发挥图书馆的效用。公共图书馆面向本地区公众，单一的馆舍不利于服务的开展，总分馆发展模式已经成为公共图书馆服务网点建设的重要形式。国内外公共图书馆战略规划中，均把"总分馆"制作为主要的战略内容，从其管理理念、方式、技术、馆舍与馆藏规模、分馆设置条件与分馆建设规模等多方面谋划图书馆分馆建设。ATM 自助图书馆、24 小时街区图书馆等新的技术与服务方式也正成为经济条件较好地区公共图书馆网点建设的选择。中心馆、分馆等服务网点是公共图书馆开展服务的物质基础，也是图书馆建设模式发展的探索。

第二，公共图书馆重视图书馆联盟与图书馆合作。面对现代读者信息需求越来越巨大、专深、复杂，单一馆已难以承受建构信息服务平台及其相应资源保障体系所需的经费开支以及技术、人力与存储空间的巨大投入，特别是受规模与地域影响，部分经济欠发达地区与规模较小图书馆更是举步维艰。于是，公共图书馆纷纷走向联合与协作。《广州图书馆 2011—2015 年发展规划》对合作与共享作出明确表述，要"推动与广东省立中山图书馆、广东省科技图书馆以及高校图书馆等同城各馆共享空间、设备设施、文献信息等资源"，"继续参与联合参考咨询网，合作开展虚拟参考咨询服务"，"继续完善公共图书馆公益讲座直播平台，拓展服务覆盖面"，"根据广佛同城化、广佛肇一体化的规划要求，研究和逐步推进与佛山、肇庆两市公共图书馆体系的交流与合作"。《南京图书馆事业发展"十一五"规划》以"全国文化资源共享工程"为依托发展图书馆合作。

第三，公共图书馆重视大众阅读服务。公共图书馆承担了传播社会文化、促进社会阅读的责任，这一社会使命促使公共图书馆必须不断开展推荐书目、读书报告、新书宣传、协助社区和家庭开展亲子阅读等活动促进大众阅读服务。国内外公共图书馆都将促进大众阅读作为本馆重要的战略任务，并形成各阶段的发展目标。《广州图书馆 2011—2015 年发展规划》中，将社会阅读作为主要内容，提出"实施专项计划，促进社会阅读""激发儿童阅读兴趣，培养儿童从小阅读的习惯""引导青少年阅读行为，培养青少年自主学习、获取信息的能力""支持成年人学习，为其获取职业发展所需资源与技能提供帮助"等，针对不同阶层公众开展多项阅读推广活动。通过举办网上阅读、作者见面会、品牌读书活动、儿童阅读表演、公共图书馆走进校园等活动，促进社会阅读的发展。大众阅读是公共图书馆区别于其他类型图书馆的一项服务内容，是公共图书馆战略规划的关键内容。

第四，公共图书馆重视展览、培训、讲座等文化活动的开展。公共图书馆是地区文化交流中心，是各种文化传播活动的载体。展览、讲座、培训、知识交流集会等活动是战略规划的特色内容。美国旧金山图书馆战略规划中提出筹办图书馆文学活动计划，举办年度系列讲座。国内公共图书馆举办讲座、展览、培训已经成为重要发展内容。《长春图书馆"十一五"发展规划及建设目标》中指出要扩大办学规模、打造品牌、坚持多元化的办学方式，不断探索适应公共图书馆社会办学的新理念和新模式。在继续办好"女子修养学堂""书达书法""少儿舞蹈""公文数学""城市热读讲座"等品牌项目的基础上，加强对外语、快速认读、少儿绘画、微机培训、继续教育等培训项目的培育发展。在"十一五"期间，培训读者达 20 万人次，创造了良好的社会效益和经济效益。

第五，公共图书馆重视地方文献、古籍资源的管理与数字化。地方文献是反映某一地区的政治沿革、经济发展、文化教育交流、地理状况和风俗民情的各种类型的文献资料，也就是指一切记录和反映某一地区历史和现状的图书文献资料。它是地方图书馆藏书建设和服务工作中最富有特色和生命力的部分，同样是公共图书馆战略规划不可或缺的内容。古籍与地方文献是公共图书馆行使社会收藏职能的方式，已有的规划中均从服务与资源建设层面讨论其发展问题。《长春图书馆"十一五"发展规划及建设目标》中对地方文献的收集与利用发展进行预测，提出该馆要继续拓宽地方文献征集渠道；加大对非印刷型文献的收藏比例；加强对非历史文献、非正式出版物和非文史类资料的征集工作力度，扩大地方文献的入藏数量；加强地方文献书目、文摘、全文数据库建设，形成具有该馆特色的地方文献数据库群；建立以该馆为中心的地方文献采购协调网，推进资源共建共享。《广州图书馆 2011—2015 年发展规划》强调"发展地方性专题服务，保存地方文化遗产，弘扬岭南文化"，"发展商贸与文化专题服务、广州名人专题服务、地方史专题服务、广府文化专题服务、发展广州'数字记忆'活动"。

公共图书馆战略规划文本的内容特征与其特色服务和特定服务人群直接相关，其机构属性决定了战略规划内容必须体现公共图书馆的使命。但是，从已收集文本的内容上看，战略规划目标体系不全面，没有细化具体任务，不利于战略规划的实施。

三　公共图书馆战略规划文本的体例与内容构成

上文对公共图书馆战略规划文本的体例与内容特征进行分析，公共图书馆战略规划文本基本符合图书馆战略规划文本模型的要素体例。公共图书馆战略规划的文本体例不宜复杂，而应层次清楚。文本体例项目的选择可体现个性化。

使命与愿景是公共图书馆战略规划的重要部分，阐述组织的发展蓝图、发展理念、发展定位。当前我国公共图书馆战略规划文本对核心体例中的"使命""愿景"还不够重视。有关使命与愿景的陈述，我国图书馆战略规划体例中很少有明确涉及的，大多是在前言中得以体现，或是将其与发展方向、总体发展目标相结合。

目标、任务、行动、计划、实施策略是战略规划不可缺少的部分。在这些体例构成上，公共图书馆与其他类型图书馆大体一致。

作为辅助要素，前言、发展方向、指导思想、指导原则、保障措施、战略评价等对于公共图书馆同样重要。依据自身的不同特点，各公共图书馆可以自由选择。

公共图书馆战略规划文本的内容是战略规划的核心。通过上文的分析可知，公共图书馆战略规划文本内容同样符合子模型，只是在具体内容表述上仍需注意。

本部分将对公共图书馆战略规划文本中使命编制、愿景编制、目标体现构建等操作问题进行分类说明。

1. 公共图书馆战略规划使命编制

公共图书馆的使命是指公共图书馆在社会中所处的地位、起到的作用、承担的义务以及扮演的角色，体现了其发展的根本目的。既反映外界社会对图书馆的要求，又体现着图书馆成员的追求和抱负。本部分以国外公共图书馆战略规划文本中使命陈述的主要内容分析为基础，为我国公共图书馆战略规划使命的编制提供指导。

（1）国外公共图书馆战略规划使命的主要内容分析

公共图书馆的使命主要涉及图书馆的业务范围、服务宗旨与机构形象，其首要内容是确认公共图书馆向社会提供何种服务，承担何种责任，以及要明确公共图书馆的业务活动范围。公共图书馆的使命也包含公共图书馆的服务宗旨与机构形象。

大部分国外公共图书馆的战略规划中均涉及体现本馆特点的使命描

述，这对完成使命编制具有参考意义。本项目将国外部分公共图书馆战略规划的使命陈述从信息服务、读者需求、社会责任、信念等角度进行归纳，表4－13分析了国外公共图书馆战略规划文本中对使命的典型陈述。

表4－13　国外部分公共图书馆战略规划的使命陈述

类　型	图书馆名称	使　命
从信息服务的角度	马里斯维尔公共图书馆	为教育、娱乐提供高质量的信息资源和服务以丰富和加强我们多样化的社区
	东巴顿鲁治教区图书馆	作为一个教育的、信息的、娱乐的和文化的中心，通过提供各种各样的资源、服务和项目，服务于教区所有的居民； 图书馆为我们的多元化且富有活力的社区提供优质的生活、娱乐、教化和经济繁荣
	新泽西州立图书馆	根据图书馆、政府和公众的特定需求提供服务，实现人与信息之间的连接
从读者需求的角度	瓦东加图书馆	通过各种方法，连接瓦东加居民跟他们所需的信息和知识，来满足他们的教育、娱乐、文化和信息需求
	布兰普顿图书馆	布兰普顿图书馆将为布兰普顿的繁荣作出贡献，通过与我们多元化和并正在成长的社区所有部门一道合作以预测和响应信息的、教育的、文化的、娱乐的需求
	马特森图书馆	通过提供受欢迎的资料和服务，来满足公众对及时准确的和不同形式的、娱乐的、教育的、文化的信息需求，对社区作出积极贡献
从社会责任的角度	桑德贝公共图书馆	通过帮助人们获取本地和全球信息和知识、提高素养以及终身学习和娱乐，从而加强和巩固社区
	埃文斯顿公共图书馆	通过提供文化、智力和信息化资源的开放式存取，促进那些独立、自信并且有文化的居民的发展
	卡尔霍恩县图书馆	通过向卡尔霍恩县的个人和企业提供多元化的文化、教育、娱乐和技术项目，来提升素养，促进文化和终身学习
从信念的角度	爱达华州图书馆	爱达华州图书馆是全球信息、创新服务和社区的纽带，使我们得以延续历史，为现实注入动力和创造未来
	穆迪港公共图书馆	我们是社区通向学习、想象力和创造性追求的世界友好门户

类　型	图书馆名称	使　命
综合型	布瑞奇波特区公共图书馆	我们相信,图书馆能改变人们的生活,它是我们民主的基石; 布瑞奇波特区公共图书馆为我们的居民和纳税人提供了终身学习、丰富文化、充实经济、娱乐享受的机会; 为了完成这个使命,我们从不同角度提供对各种著作、知识和信息的免费和开放存取
	迪卡尔布县公共图书馆	迪卡尔布县公共图书馆是一个一直在不断成长的有机体; 图书馆通过提供交互的积极服务来指导并充实迪卡尔布县人们的生活,满足了不同群体的不断变化的信息需求; 通过一个受过培训的服务导向型的员工队伍、众多合作伙伴以及随时提供用户访问的印刷物和电子资源,图书馆致力于以优质的服务来支持建立一个强大的有文化的迪卡尔布社区,并努力提高社区内人们的生活质量
	俄亥俄州立图书馆	为俄亥俄州政府提供对信息的获取; 领导和参与整个俄亥俄图书馆服务的发展; 实现图书馆和图书馆网络之间的资源共享; 为俄亥俄州居民提供专业服务
	智利公共图书馆	智利公共图书馆,利用自己的资源和门罗县图书馆系统的资源,为社区居民提供资料和服务,以满足他们的个人、教育、专业和娱乐信息需求;图书馆尤其强调协助学生和激发儿童阅读和学习的积极性。 智利公共图书馆通过它的工作人员和理事会等,将为服务对象提供创新的、低成本的、负责的服务,并为其用户提供最便利的、最大可能享有的自助服务。 智利公共图书馆支持美国图书馆协会有关图书馆的权利法案和自由阅读声明。这一使命陈述是智利公共图书馆宣言的基本理念,也是它的目标和任务的基础。这些目标和任务将由理事会根据长期规划定期建立和公布

资料来源：本研究整理。

在国外部分公共图书馆战略规划的使命陈述中,多数公共图书馆战略规划的使命陈述比较明确,但是在详略程度和内容上均存在差异。

首先,从详略程度上来看,简略的战略规划使命陈述通过一句话即可表达其战略诉求,如马特森图书馆的使命陈述:通过提供新的资料和服务来满足学术、教育对信息的需要。而详尽的战略规划使命陈述就应运用丰富的语句多层次地表达其战略诉求，如表 4 - 13 中智利公共图书馆的使命陈述。各公共图书馆根据自身需求的不同，可自由地选择战略规划使命陈述的详略。

其次，从内容上来看，国外公共图书馆战略规划使命的陈述可以概括为单一内容的使命陈述和多内容的使命陈述。单一内容的使命陈述仅仅陈述了关于公共图书馆信息服务、读者需求、社会责任、信念等其中的一方面内容，如东巴顿鲁治教区图书馆的使命陈述就是只从信息服务的角度阐述其使命的。而多内容的使命陈述是从多个角度综合地阐述公共图书馆的使命陈述，如布瑞奇波特区公共图书馆的使命陈述涉及的内容包括信念、社会责任和信息服务；迪卡尔布县公共图书馆的使命陈述涉及的内容包括价值观、读者需求和服务。

（2）我国公共图书馆战略规划使命陈述的编制

我国多数公共图书馆战略规划对使命陈述的重视不够，本项目对国内15 个文本调查显示公共图书馆战略规划文本中使命陈述缺失比例高达93.33%，而在一份规范完整的战略规划文本中，使命陈述是不可缺少的一项，因此在今后公共图书馆战略规划制定的过程中应给予重视。与国外相比，我国公共图书馆所处的环境不同，在使命陈述编制的过程中要注意以下几个方面：

①我国公共图书馆战略规划使命陈述的编制要有一定的参考依据

各馆的使命陈述受地区、规模等因素影响而有所差别，但总体而言公共图书馆使命具有共性，对于公共图书馆使命的陈述需要符合已有的关于使命的研究成果或各行业协会提出的“公共图书馆使命”推荐表述。联合国教科文组织 1994 年修订的《公共图书馆宣言》、美国 PLA 2001 年出版的《面向结果的规划：条理化方法》与英国文化、传媒及体育部 2003 年出版的《未来框架：新十年的公共图书馆、学习和信息》三个文件对公共图书馆使命有所陈述，成为国外指导战略规划使命确定的重要参考。

相比之下，关于我国公共图书馆战略规划使命陈述在相关文件中罕有明确的规定。1982 年的《省（自治区、市）图书馆工作条例》中曾提出省级公共图书馆的使命是“宣传马列主义、毛泽东思想，宣传党和政府的政策、法令，向人民群众进行共产主义和爱国主义教育；为本地区的经济建设和科学研究提供书刊资料；传播科学文化知识，提高广大群众的科学文化水平；搜集、整理与保存文化典籍和地方文献；开展图书馆学理论与技术方法的研究；对市、县图书馆进行业务指导；在有关政府部门的领导下，推动本地区各系统间图书馆的协作与协调"①。这一使命陈述带有强烈的时代色彩，体现了那一时期公共图书馆坚持的主要业务形式，但按照图书馆战略规划的陈述要求，这类使命陈述缺乏操作性指导意义。

在编制使命陈述的过程中，要有参考的依据。可以选择同时期国内外有代表性的公共图书馆使命陈述作为参考资料，也可选择上级文化主管部门的相关文件或者国家相关文化政策作为参考的依据，指导公共图书馆使命陈述的编制。

②使命编制的步骤

公共图书馆的使命内容是其工作人员共同价值观的集中体现。公共图书馆的使命应该包括该馆的信息服务、读者需求、信念、社会责任等关键内容。根据公共图书馆未来发展方向的不同，选择相应的部分内容编制使命陈述。

公共图书馆编制一份适合自身需要的使命陈述需要遵循以下步骤：

第一步，评价其他公共图书馆的使命陈述。收集国内外其他公共图书馆战略规划使命的陈述，通过对它们进行评价来判断其使命陈述的要素、特征，将其与本馆实际进行对比，了解使命陈述的编制方法。

第二步，小组讨论与访谈。召集本馆各业务部门代表进行讨论，了解本馆的基本情况，然后对馆领导和部门主任进行访谈，进一步收集数据，为使命陈述的编制打下基础。

第三步，撰写、修订、讨论使命陈述。通过以上两个步骤，确定使命陈述的内容，并撰写初稿，通过讨论征求意见，进一步修订完善使命陈述直到使命陈述的完成。通过各部门的参与来完成使命陈述的撰写，有时候还可以聘请外部咨询机构来参与使命陈述的讨论，这样使其更具操作性，有利于使命的贯彻与执行。

---

① 文化部：《省（自治区、市）图书馆工作条例》，（2010 - 12 - 04），http：//www. law-lib. com/law/law_ view. asp？id = 2528。

③其他注意事项

第一，使命陈述的语言要简洁。使命陈述不能长篇累牍，否则不利于工作人员和读者的记忆，会影响使命的广泛宣传。

第二，使命定位要明确。公共图书馆战略规划的使命是其制定发展目标、完善战略规划、设计行动计划的指导思想。使命定位就是公共图书馆未来的发展方向，要因此在使命的定位上要充分考虑公共图书馆的内外环境因素和未来发展方向，要谨慎而明确地制定。

第三，使命陈述的内容范围不能太宽或太窄。要选择能够实现的使命，这样既有利于公共图书馆的进一步发展，又不失对其未来发展方向的指导价值。

2. 公共图书馆战略规划的愿景编制

愿景是图书馆工作人员共同的价值观，是其对图书馆未来发展的共同期待与蓝图。公共图书馆的发展愿景不是千篇一律的文件，而应反映本馆的独特定位。公共图书馆战略规划中的"愿景"部分旨在描述一个目标，规划的其余部分则提供了达到这一目标的路线图。因此，战略规划的愿景要具有宏观性与多元性。单一的愿景陈述不能涵盖整个图书馆的发展，不能准确描绘规划期后公共图书馆的理想状态。微观的愿景则不能前瞻性地概括图书馆发展问题，不能保证愿景与现实的联系。本部分对国外公共图书馆战略规划的愿景进行分析与总结，以指导我国公共图书馆战略规划愿景的编撰。

（1）国外公共图书馆战略规划愿景分析

国外公共图书馆战略规划注重"愿景"陈述，各馆根据自身特点，编制愿景。国内部分图书馆也在战略规划中阐述了发展愿景或在其他文件中表明自身的发展愿景，这些成熟的表述文字对新的"愿景"编写具有很强的参考作用。愿景主要是回答："我们要到哪里去？""我们未来是什么样子？""目标是什么？"[①] 我们将国外公共图书馆的愿景划分为发展型、预期型、目标型。表4-14为本课题组经过文本调查后选取的国外部分图书馆战略规划的"愿景"陈述。

---

① 《如何理解企业愿景》，（2012-3-15），http：//doc. mbalib. com/view/666c5a2c6be87c261fc9b2b 432a41d95. html。

表 4 - 14　国外部分公共图书馆战略规划的愿景陈述

	来　源	关于"愿景"的陈述
发展型	伯德金公共图书馆	一个充满活力且富有包容性的图书馆服务正在与关键性伙伴进行合作,共同提供优质的设施、服务和项目方案,使它能够丰富伯德金社区并与其形成连接
	卡姆登县图书馆	卡姆登县图书馆致力于成为前往思想记载和信息记录的全球网络的途径。我们承诺,要提高图书馆的潜在能力,这有利于每一个社会公众的生活和我们的社区福利
	康特拉 - 科斯塔公共法律图书馆	康特拉 - 科斯塔公共法律图书馆的愿景是要成为能够提供杰出服务的重要法律信息资源中心; 康特拉 - 科斯塔公共法律图书馆致力于提供一个有助于学习和科研的环境,未来三年的战略计划将被以优先级的形式归为:信息获取、服务、协作和培训四类
	莱文沃思公共图书馆	莱文沃思公共图书馆将成为一个更有价值的、能确定的和可访问的社区资源,其可以满足社区成员们对于学习及研究资源、娱乐媒介、社区聚会空间的需求
	南卡罗来纳州立图书馆	成为帮助南卡罗来纳人民制定规划和推进卓有成效的信息与图书馆服务的领导者,成为公认的南卡罗来纳州信息与教育基础设施的重要组成部分
	纽约州立图书馆	将纽约州立图书馆建设成研究型图书馆,保护有价值的馆藏资源,为用户获取图书馆资源和服务以及馆员的帮助提供方便,满足纽约公众现在和将来信息和研究的需求
	锡特拉皮兹公共图书馆	锡特拉皮兹公共图书馆将成为一个充满吸引力的场所,通过提供各种项目、服务和馆藏,让人们能够在访问和使用的过程中提高他们闲暇时间的利用
	爱荷华市公共图书馆	爱荷华市公共图书馆将成为关于信息、高质量馆藏、杰出项目和特殊服务等方面的最佳选择; 本馆将成为一个值得信赖的市民的、文化的、社会的和学习的中心,并且是一个广受欢迎的集休闲、交流观点、公众互动为一体的场所
	菲利普斯纪念公共图书馆	菲利普斯纪念公共图书馆与欧克莱尔地区的人民共同合作,来搭建一个强大的、充满活力的、富有包容性的社区
	西雅图公共图书馆	一个充满想象和机会的城市
	韦斯特波特公共图书馆	韦斯特波特公共图书馆是为所有人提供无限制获取信息、项目、国有艺术资源的圣殿; 这是一个可供个人查询、集体学习、智力挑战和安静思考的地方; 韦斯特波特公共图书馆为积极的社会交往和终身学习提供愉快的机会,以此来丰富每位读者(无论长幼)的任何一个生命阶段的生活质量
	北帕默斯顿市图书馆	描绘北帕默斯顿市图书馆的未来,成为新西兰最出色的图书馆

续表

	来　源	关于"愿景"的陈述
预期性	瓦东加图书馆	瓦东加图书馆将是一个充满活力的社区空间,在这里人们能聚集在一起,接触到馆藏、信息服务、技术以及其他读者; 瓦东加图书馆提供多样化的服务,促进知识创新和终身学习,从而建立一个强大的社区
	奥什科什公共图书馆	奥什科什公共图书馆将成为一个用户在通往知识的终身道路上寻求帮助的重要的社区中心
	东巴顿鲁治教区图书馆	东巴顿鲁治教区图书馆系统将通过成为所有居民学习、知识、交流、文化和娱乐的重要中心,来为社区的成功作出贡献
	伍斯特公共图书馆	伍斯特公共图书馆将成为一个受欢迎的地方,同时成为教育、启迪和丰富社区多样化的主要的资源提供者
	索诺马县公共图书馆	索诺马县公共图书馆将继续保持它一流公共服务的声誉; 图书馆在社区中的角色为人所熟知:无论你是要查找信息,探索文化遗产,追求个人的兴趣、爱好,激发孩子对阅读和文学作品的兴趣,利用网络,提高学习,提高自身素养,查找好书,利用档案,抑或是利用其他图书馆的资源和服务,在这里你都可以得到知识渊博的和友好的馆员的帮助
目标型	布兰普顿图书馆	布兰普顿图书馆将通过全方位的现代设施,提供获取高质量服务的优质渠道。我们以用户为中心的服务传递和社区的伙伴关系是社区支持的基础;通过优质的服务和稳定的资金,布兰普顿图书馆对社会和经济的贡献将得到广泛的认可和支持
	布罗克维尔公共图书馆	以提供终身信息为己任,帮助布罗克维尔和地区的人们去探索、学习、成长和娱乐
	桑德贝公共图书馆	启迪公民;融入社区;丰富城市
	埃文斯顿公共图书馆	埃文斯顿公共图书馆理事会对于图书馆的未来前景进行了展望。我们希望在未来图书馆的馆藏资源、各项计划和领导机制能有助于保证以下目标的实现:让埃文斯顿市的每个居民都有机会享受充满智慧及文化品位的生活;让进入学校的学生都具备必要的发展技能;让每个孩子都能感受到阅读的愉悦和学习的乐趣;让我们这个地区的人们接受并喜欢上图书馆所带来的变化;让那些有需要的人能更加容易地获得帮助和获取信息
	布瑞奇波特区公共图书馆	作为社区心脏的图书馆;颂扬重视用户的图书馆员;图书馆的设施安全、舒适
	德怀特—福斯特公共图书馆	德怀特—福斯特公共图书馆寻求激发人们对于知识和理解的渴望并且为我们社区的每个成员提供人生旅途必需的资源;我们的设备、项目和馆藏必须成为社区求知的铁锚,我们力求保护历史文献,激发创造精神并使庞杂的信息体变得容易获得,这样每一个人都能学习、分享、成长和贡献

续表

	来 源	关于"愿景"的陈述
目标型	迪卡尔布县公共图书馆	我们展望迪卡尔布郡,在这个经济实力雄厚、重视家庭、多样性和合作的社区中,每个人都有机会发挥自己的所有潜能
	东海岸地区图书馆	东海岸地区图书馆:将您和图书馆连接起来
	俄亥俄州立图书馆	俄亥俄州立图书馆在俄亥俄州发展和提供高水平信息服务方面处于领导地位
	俄勒冈州公共图书馆	俄勒冈州公共图书馆是一个广受欢迎的可靠的聚会场所,在那里能够满足一个多样性社区的信息的、休闲的、市民的、文化的需求
	卡灵顿公共图书馆	卡灵顿公共图书馆是社区必需的提供广博的和相关的馆藏资源、最新技术,以及与其他社区机构、项目进行合作来为社区成员社会的、教育的和经济上的安康作出贡献;拥有技能娴熟的员工和勇于担当的领导,同时一个正在成长和不断变化的并服务于所有社区居民的重要组成部分;是社区的信息中心,提供指导,鼓励观点的碰撞和交流,同时提升信息素养和终身学习。拥有来自社区的支持,它是一个对社会负责、富有创新的以及对财政负责的组织,同时提供充满活力的,受欢迎的活动场所,在这里社区居民能够聚集在一起、学习、成长,并丰富他们的生活
	马里斯维尔公共图书馆	马里斯维尔公共图书馆是有远见的领导者,它提供卓越的服务和技术来创建一个中心,该中心用来建立合作关系,激发对知识与文化的好奇心,并响应我们多元化社区的需求
	马特森公共图书馆	我们的愿景是将图书馆变为社区的中心。马特森公共图书馆将是南部的知识中心,提供获取世界信息的渠道;我们全年提供实体的和数字的信息;我们将和技术上的变化保持同步,并为读者提供加强信息获取的渠道;我们相信马特森的居民将得到图书馆最好的服务,这是我们的应尽职责
	铜女王图书馆	所有市民朝着管理的成长的方向努力从而保持比斯比独有的特色;老年人将会有很多参与并为文化和社会事务作贡献的机会从而提升他们的生活质量;鼓励所有的比斯比市民掌握英语和西班牙语,以便于我们的交流更紧密、更有利于跨越社会和政治的界限;比斯比将在图书馆间推行跨界互惠活动;让不同年龄段的学生重拾对书本的兴趣,帮助他们能获得更高层次的教育以及解决问题的能力并找到理想的工作;所有的孩子都能继续参加读书活动,以便于他们都能享受到文化和交流的乐趣;对全体居民进行图书馆新服务培训;在所有的 K-12 年级把图书馆使用方法作为总课程的一部分
	威廉斯堡区图书馆	威廉斯堡区图书馆激励着所有年龄和背景的人去拓展他们的知识,追求他们的梦想,在丰富的世界文化氛围中充分得到给养;威廉斯堡区图书馆通过鼓励和支持社区人们互相交流来丰富人们的生活

资料来源：本研究整理。

国外公共图书馆战略规划的愿景基本符合发展型、预期型和目标型的划分。发展型的愿景是解决公共图书馆要到哪里去的问题，比较典型的是莱文沃思公共图书馆的愿景描述；预期型的愿景是解决公共图书馆未来是什么样子，如东巴顿鲁治教区图书馆的愿景描述；目标型的愿景解决的是公共图书馆的目标是什么，如桑德贝公共图书馆、埃文斯顿公共图书馆、马里斯维尔公共图书馆等的愿景描述。

同国外相比，我国公共图书馆的愿景描述比较单一，且多为预期型的愿景。表4-15展示了国内部分公共图书馆的发展愿景。

表4-15　国内部分公共图书馆的愿景陈述

序号	来源	愿景陈述
1	长春图书馆	"国内先进,东北一流"。"国内先进"的科学内涵是,要具有科学的办馆理念,明确的功能定位,先进的科学技术,特色的服务项目,高标准的人才队伍。"一流图书馆"的标准是,在先进的办馆理念的指导下,在东北地区内,建立一流的人才队伍,创造一流的服务业绩,形成一流的科学管理,营造一流的阅读环境,为图书馆事业的可持续发展奠定良好的物质基础和人文环境
2	广州图书馆	连接世界智慧,丰富阅读生活; 将广州图书馆发展成为公众与世界智慧相连的结点,成为保障信息获取,促进阅读、学习与交流,激发理性、灵感与想象力的公共空间
3	南京图书馆	把南京图书馆建设成为与江苏文化大省相适应的、国内一流、国际先进的现代化图书馆
4	首都图书馆	国内一流,国际知名
5	上海图书馆	世界级城市图书馆
6	山东省图书馆	建设国内一流图书馆
7	甘肃省图书馆	增强活力,改善服务
8	辽宁省图书馆	充分开发文献资源
9	安徽省图书馆	建成安徽省数字图书馆,成为全省公共图书馆数字加工、存储,达到"中部一流,国内先进"
10	湖北省图书馆	建设一流图书馆
11	杭州图书馆	国际一流图书馆

资料来源：本研究整理。

国内公共图书馆的愿景陈述主要从图书馆预期达到的行业地位角度进行阐释，愿景相对模糊，不具有测量性，多为预期型愿景。仅有广州图书馆和南京图书馆的愿景描述为发展型的愿景，以广州图书馆为例，其愿景描述为将广州图书馆发展成为公众与世界智慧相连的结点，成为保障信息获取，促进阅读、学习与交流，激发理性、灵感与想象力的公共空间；而目标型的愿景在国内公共图书馆战略规划中比较罕见，一方面是由于我国公共图书馆战略规划水平同国外差距较大，文本尚不规范。另一方面是由于我国公共图书馆的战略意识较为薄弱，缺少对公共图书馆未来战略的思考。

（2）我国公共图书馆战略规划愿景的编制

①我国公共图书馆战略规划愿景编制的原则

公共图书馆发展规划的愿景帮助全体工作人员确立组织发展目标，既不能太过具体但又需要明确。因此，编制过程中需要注意以下几个原则。第一，模糊原则。愿景的哲学意义建立在"想成为什么，所以能成为什么"，而不是"能成为什么，所以想成为什么"。所以，愿景是处于可实现而又不可实现的模糊状态。第二，文化原则。愿景是战略与文化的交集，是关于图书馆作为整体该如何运行的根本指导思想，它是对处于动态变化的内外部环境之中公共图书馆的当前及未来将如何行动的一种总体表述，是图书馆文化发展与理念的综合，是对组织成员的精神激励。第三，多元与宏观原则。愿景是组织的发展蓝图，单一的发展蓝图若想完全体现图书馆发展前景则只能宏观，符合多数不可预知的因素变化。而多元则解决了战略规划愿景过于抽象所带来的专指性不强的问题。

②我国公共图书馆战略规划愿景内容的选择

战略规划愿景内容的选择要根据战略规划愿景所属的类型来确定，发展型的战略规划可根据本馆具体的未来发展方向来选择具体内容；预期型的愿景内容选择可根据本馆的预期设想来确定；目标型的愿景内容可结合本馆目前的重点目标选择。结合我国实际情况，我们认为预期型的战略规划愿景适合我国大多数公共图书馆目前的战略水平情况，当发展到一定阶段可制定适合本馆的发展型愿景和目标型愿景。

对于预期型愿景，从内容的撰写上来看，适宜于用30个字以内的一句话来表述。具体内容可涵盖时间、地区、国别与定位，以长春市图书馆的愿景描述为例，可改造为："在五年内将成为东北地区一流的中国先进图书馆"。

③我国公共图书馆战略规划愿景编制的步骤

第一步，公共图书馆战略规划"愿景"陈述的准备材料。公共图书馆的愿景是"将要发展成为什么样子"，需要对组织文化信息全面掌握，同时借鉴同行业的"愿景"阐述材料。具体而言，愿景陈述需要准备图书馆SWOT分析数据、图书馆组织文化构建相关材料、图书馆内部文化学习材料、图书馆服务口号、发展理念等内部资料，同时需要收集行业内对公共图书馆的发展期待、行业协会对公共图书馆发展愿景的阐述、其他图书馆发展愿景表述等参考资料。

第二步，确立发展方向。发挥公共图书馆馆领导和馆员的作用，集思广益确定愿景的主要内容。

第三步，提炼愿景。从集体成员的讨论等途径获取到战略规划愿景的主要内容后，对这些内容加以提炼，形成凝练的愿景描述。

第四步，发布检验。在全馆范围内，发布愿景，经过全馆人员的检验，收集反馈意见，修改完善愿景的陈述，确立愿景的最终稿。

第五步，整合与宣传。将最终稿的愿景整合，通过公共图书馆的网站或者其他的宣传方式，如海报、座谈会等形式进行传播。

④其他注意事项。

第一，公共图书馆战略规划愿景的语言要简洁、清楚并可以抽象地表达本馆的发展方向，措辞上不可太过华丽，但是要有宏伟的气势。

第二，公共图书馆战略规划愿景要面向未来，具有一定的挑战性。对未来生动的描述，可以给工作人员一种奋发向上的激励，有利于本馆愿景的实现。

第三，公共图书馆战略规划愿景要契合实际，同其服务的省、市、社区及乡村的文化发展目标相结合，服务社会。

3. 公共图书馆战略规划的目标体系构成

战略目标是对围绕发展愿景与组织使命，公共图书馆业务活动预期取得的主要成果的期望值。战略目标的设定是图书馆使命的展开和具体化，是公共图书馆使命中确认的图书馆社会价值的进一步阐明和界定，也是对公共图书馆在既定的战略领域展开战略活动所要达到的水平的具体规定。

（1）目标体系的层级。

战略规划中目标体系不是一个，而是由若干目标项目组成的一个战略目标体系。众多目标的层级问题是制定战略规划目标需要首先考虑的问题。根据对本课题组收集的 81 个公共图书馆战略规划目标体系的层级调查统计（见表 4－16）发现，目标体系的层次最多涵盖五个层次，以二级目标最多，占 61.73%，其次为三级目标体系，占 24.69%，再次为一级目标体系，占 8.64%，五级目标体系，占 3.7%，最少的为 4 级，占 1.23%。

表 4－16　国外部分公共图书馆战略规划文本的目标体系层级

目标体系层级	图书馆	图书馆数量
1 层	伯德金公共图书馆、马达沃斯卡公共图书馆、格伦科公共图书馆、卡姆登县图书馆、洛克波特公共图书馆、图哈伯斯公共图书馆、菲利普斯纪念公共图书馆	7
2 层	瓦东加图书馆、布兰普顿图书馆、布兰特福德公共图书馆、布罗奇维尔公共图书馆、基奇纳公共图书馆、里士满公共图书馆、纽芬兰与拉布拉多公共图书馆、桑德贝公共图书馆、桑德贝公共图书馆、埃文斯顿公共图书馆、爱达华州图书馆、艾姆斯公共图书馆、奥兰治湾公共图书馆、奥什科什公共图书馆、巴尔的摩县公共图书馆、邦杜兰特图书馆、布朗斯堡公共图书馆、布瑞奇波特区公共图书馆、德怀特－福斯特公共图书馆、东巴顿鲁治教区图书馆、东海岸地区图书馆、俄亥俄州立图书馆、教堂山公共图书馆、卡灵顿公共图书馆、卡内基公共图书馆、康特拉－科斯塔郡公共法律图书馆、莱文沃思公共图书馆、雷蒙德镇图书馆（2005—2008）、雷蒙德镇图书馆（2009—2012）、路易斯公共图书馆、洛杉矶公共图书馆、马特森公共图书馆、蒙大拿州立图书馆、摩特诺玛县图书馆、纽约州立图书馆、欧申赛德公共图书馆、帕姆利比林斯图书馆、特库姆塞区图书馆、铜女王图书馆、威廉斯堡区图书馆、威斯康星州图书馆、锡特拉皮兹公共图书馆、新泽西州立图书馆、西雅图公共图书馆、西田华盛顿公共图书馆、明尼苏达公共图书馆、格林威治图书馆、格伦科公共图书馆、肯特县公共图书馆、智利公共图书馆	50
3 层	杰夫特郡图书馆、多伦多公共图书馆、穆迪港公共图书馆、北卡罗莱纳州立图书馆、俄亥俄州立图书馆、俄勒冈州公共图书馆、卡尔霍恩县图书馆、堪萨斯公共图书馆、马里斯维尔公共图书馆、门罗县公共图书馆、南卡罗莱纳州立图书馆、旧金山公共图书馆、索诺马县图书馆、伍斯特公共图书馆、爱荷华市公共图书馆、北帕默斯顿市图书馆、韦斯特波特公共图书馆、布伦特公共图书馆、纽马克特公共图书馆、英国莱切斯特公共图书馆	20
4 层	斯波坎公共图书馆	1
5 层	迪卡尔布县公共图书馆、罗文公共图书馆、贝德福德郡图书馆	3

资料来源：本研究整理。

国内公共图书馆战略规划的目标体系同样以二级、三级为主，如长春图书馆"十一五"发展规划总体发展目标与具体发展目标两个主要层次，具体发展目标中又包含主目标与分目标（实施策略）两个层次。广州图书馆2011—2015年发展规划的发展目标与长春图书馆相似，包含总体目标与具体目标两大类三个层次，最低层次的目标为策略层。南京图书馆事业发展"十一五"规划分为发展目标与主要任务两个层次。

由此可知，公共图书馆战略规划的目标层次以二级、三级为宜，需要包含总体目标、具体目标与发展策略。总体目标指将图书馆需要发展的领域通过战略规划需要达到的成果。总体目标语言简练，高度概括，能够以有限文字表述全部的发展内容。具体目标是对总体目标的分解，也是目标体系的重要枝干。具体目标涉及的内容属于战略规划内容，应注意哪些问题，后文中会详细介绍。实施策略处于目标体系的最低端，其直接、具有操作性。如广州图书馆2011—2015年发展的总体目标是"建设国内一流、国际先进的国家中心城市图书馆"，具体阐述为"2004年广州新图书馆建设项目确定时，广州市委、市政府提出了'国内一流、国际先进'的建设目标，2008年国家赋予广州市国家中心城市的发展定位。广州图书馆将广泛吸收国内外图书馆界的先进理念和经验，积极参与国际交流与合作，建立可与国内先进地区和世界著名城市图书馆横向比较的发展目标和指标体系，营造包容和谐的人文环境和崇尚真知的理性氛围，建设适应国家中心城市文化发展需求的文献信息资源，构建专业化、富有活力的服务组织，形成体现广州图书馆传统服务优势和时代发展要求、体现经济社会发展和图书馆事业发展互动、适应技术更新趋势的发展格局，引领广州市公共图书馆服务体系的科学发展"。

（2）战略目标的内容

公共图书馆的战略目标是使命和服务功能的具体化，同时也要体现多元化，其既包括基础设施建设目标，又包括服务目标；既包括定性目标，又包括定量目标。尽管如此，一定时期内，各馆需要制定目标的领域具有一定的相似性。

本项目对获得的70份拥有完整战略规划目标体系的样本结合实际情况与相关理论，将其要素划分为馆藏资源、合作、数字资源、技术、实施保障和读者服务六个方面进行统计分析，见表4-17。

表 4 - 17　国外部分公共图书馆战略规划文本的目标体系内容要素

序号	机　构	目标体系					
		馆藏资源	合作	数字资源	技术	实施保障	读者服务
1	瓦东加图书馆	√	√	—	√	√	√
2	伯德金图书馆	—	√	—	√	—	—
3	布兰普顿图书馆	√	√	—	—	—	—
4	布兰特福德公共图书馆	—	—	√	—	√	√
5	布罗克维尔公共图书馆	—	—	—	—	—	√
6	多伦多公共图书馆	√	√	—	√	—	—
7	基奇纳公共图书馆	—	—	—	—	√	—
8	里士满公共图书馆	√	—	—	—	—	√
9	穆迪港公共图书馆	√	√	—	√	—	√
10	纽芬兰与拉布拉多公共图书馆	—	—	—	—	—	√
11	桑德贝公共图书馆	—	—	—	—	—	√
12	埃文斯顿公共图书馆	√	—	—	—	—	√
13	爱达华图书馆	—	—	√	—	—	—
14	艾姆斯公共图书馆	√	—	—	—	—	√
15	奥兰治湾公共图书馆	√	√	—	√	—	√
16	奥什科什公共图书馆	√	√	—	√	—	√
17	邦杜兰特社区图书馆	—	—	√	—	—	—
18	北卡罗来纳州立图书馆	—	—	√	—	—	—
19	布朗斯堡公共图书馆	—	—	—	—	—	√
20	布瑞奇波特区公共图书馆	√	—	—	—	—	√
21	德怀特—福斯特公共图书馆	√	√	—	√	√	√
22	迪卡尔布县公共图书馆	√	—	√	—	√	√
23	东巴顿鲁治教区图书馆	—	—	√	—	—	√
24	东海岸地区图书馆	—	—	—	√	√	√
25	俄亥俄州立图书馆	—	—	—	—	—	√
26	俄勒冈州公共图书馆	—	√	—	—	—	√
27	格伦科公共图书馆	—	—	—	√	√	—
28	教堂山公共图书馆	—	—	—	√	√	√
29	卡灵顿公共图书馆	—	√	—	—	—	√

序号	机 构	目标体系					
		馆藏资源	合作	数字资源	技术	实施保障	读者服务
30	卡尔霍恩县图书馆	—	√	—	√	√	√
31	卡姆登县图书馆	—	—	—	—	—	√
32	卡内基公共图书馆	—	—	—	√	—	√
33	堪萨斯公共图书馆	—	—	—	—	√	√
34	康特拉－科斯塔郡公共法律图书馆	—	—	—	—	—	√
35	莱文沃思公共图书馆	√	—	—	√	√	√
36	雷蒙德镇图书馆	√	√	—	—	—	√
37	里士满公共图书馆	√	—	—	—	—	—
38	罗文公共图书馆	√	—	√	—	—	√
39	洛克波特公共图书馆	—	—	—	—	√	√
40	洛杉矶公共图书馆	√	—	—	√	—	√
41	马里斯维尔公共图书馆	√	—	—	—	—	√
42	门罗县公共图书馆	—	—	—	—	√	√
43	蒙大拿州立图书馆	√	√	—	—	—	√
44	摩特诺玛县图书馆	—	—	—	—	√	√
45	南卡罗来纳州立图书馆	√	√	—	√	—	√
46	纽约州立图书馆	√	—	—	—	—	√
47	欧申赛德公共图书馆	√	√	—	√	—	√
48	帕姆利比林斯公共图书馆	√	—	—	—	—	√
49	斯波坎公共图书馆	—	—	—	—	√	√
50	索诺马县图书馆	√	—	—	√	√	√
51	特库姆塞区图书馆	√	—	—	—	—	√
52	铜女王图书馆	—	—	—	—	—	√
53	威廉斯堡区图书馆	—	—	—	—	√	√
54	伍斯特公共图书馆	√	√	√	—	—	√
55	锡特拉皮兹公共图书馆	√	—	—	—	√	√
56	新泽西州立图书馆	—	—	√	√	√	√
57	爱荷华市公共图书馆	√	—	—	—	√	√
58	菲利普斯纪念公共图书馆	—	—	—	—	—	√

续表

序号	机　构	目标体系					
		馆藏资源	合作	数字资源	技术	实施保障	读者服务
59	西雅图公共图书馆	—	√	—	—	—	√
60	西华盛顿公共图书馆	√	√	—	√	—	√
61	明尼苏达公共图书馆	—	—	—	√	—	√
62	北帕默斯顿市图书馆	√	√	—	√	√	√
63	韦斯特波特公共图书馆	—	—	—	—	√	√
64	贝德福德郡图书馆	—	—	—	√	—	√
65	布伦特委员会图书馆	√	—	—	√	—	√
66	格林威治图书馆	√	—	—	—	—	√
67	格伦科公共图书馆	√	√	√	√	—	√
68	肯特县公共图书馆	√	—	—	√	—	√
69	纽马克特公共图书馆	—	—	—	—	—	√
70	智利公共图书馆	√	—	—	√	—	√
	总　　计	35	21	11	27	25	62

资料来源：本研究整理。

通过对国外战略规划文本调查发现，读者服务是受重视程度最高的要素，有88.57%的文本在目标体系中涉及了这一要素，其次是馆藏资源，占50%，技术、实施保障和合作所占比例分别为38.57%、35.71%和30%，受重视程度相差不大，数字资源所占比例最少，为15.71%。公共图书馆战略规划制定必须涵盖这些要素，同时还要根据自身特点补充其他目标要素，如总分馆建设、经费、古籍与地方文献建设等其他目标。

以南卡罗来纳州立图书馆2005—2008年度战略规划文本中的战略目标为例，其战略目标表述为：

全州范围内的图书馆合作——主动制定战略与行动计划，促进资源共享，确保全州的图书馆之间的合作，以便满足公民的信息需求；

公共图书馆发展——提供咨询服务，以便有效地支持公共图书馆的发展。通过公平合理的管理与分配联邦政府给予公共图书馆的基金来保障南卡罗来纳州的信息获取；

信息服务——为了教育的发展以及人们生活质量的提高，要不断地发展、管理、加强现有的基本信息资源传递机制，并且为建立信息灵通的州政府工作团队和州政府的有效工作提供信息资源和教育服务；

馆藏——收集、保存、组织本州的文化遗产和对图书馆团体、公民及南卡罗来纳州的政府具有价值的资源，从而保护和提供对资源的获取。保存州政府的"公共记忆"，以提供未来的研究和责任说明；

为残疾人提供服务——为包括残疾人在内的公民不断改进信息服务和资源，并且履行为所有公民提供高质量信息服务的义务；

继续教育——提高州图书馆、地方图书馆以及部门工作人员的技能，为州政府培养一批受过培训、具备相应的研究与图书馆使用技能、可为消费者提供高质量服务的工作人员。与相关的图书馆和教育组织磋商从而提供更多的继续教育机会；

政府财政与业务管理——建立合理的财政与业务管理框架，以实现对财政收入、采购、设备与人力资源的管理；

信息技术——发展信息技术，从而改善图书馆的馆藏与服务，确保南卡罗来纳州的公民都能有一个平等的机会获得电子形式的信息。为工作人员提供不断更新的技术来保证高质量的服务行之有效并且价格实惠。

这一战略规划文本包含馆藏资源、合作、人员发展和读者服务、经费和技术等要素，是一份比较全面的文本。

洛杉矶公共图书馆2007—2010战略规划目标体系：促进社区发展；让技术进步惠及每个人；帮助学生成功；提供阅读指导；支持终身学习；提供新的、受欢迎的资源；提升城市整体教育水平；丰富文化自觉。这一目标体系涉及的重要要素有馆藏（提供新的、受欢迎的资源）、技术（让技术进步惠及每个人）、读者服务（帮助学生成功、提供阅读指导、支持终身学习）和社会发展（促进社区发展、提升城市整体教育水平、丰富文化自觉）。

4. 公共图书馆战略规划的其他内容构成建议

除使命、愿景、目标体系等核心要素外，我国公共图书馆战略规划一般考虑公文行文习惯，将指导思想作为战略规划的特色要素。已有成就回顾或掺杂于前言之中或独立形成固定体例，其编制需要注重分析的准确性。

（1）指导思想

指导思想是战略规划制定的理论出发点，其编制要注意吸收先进文化成果与政策成果，既有宏观，也有微观。如南京图书馆事业"十一五"规划开篇从宏观上提出坚持以邓小平理论和"三个代表"重要思想为指导，认真贯彻"科教兴国"的战略方针，牢牢把握信息社会和知识经济发展的前进方向。还从微观上提出紧紧围绕江苏"两个率先"总目标和"建设与经济发展相适应的文化大省"战略目标，坚持为社会主义三个文明建设服务的方针①。

（2）其他

公共图书馆战略规划内容反映图书馆发展趋势，一定时期内各馆的战略规划内容涵盖领域基本相同，只是具体实施策略有所差异。这些差异体现了图书馆的个性化。图书馆制定战略规划的出发点不同，重点发展方向和文书编制习惯的差异必然导致战略规划的多样性。公共图书馆战略规划必须涵盖个性化内容，其编制应体现客观、简明与实用。

公共图书馆战略规划在流程、组织、影响因素、文本等方面均符合一般模型的论述，但是其面向大众提供普遍均等服务的社会使命使其战略规划具有公共图书馆的特殊性，本章已经对相关问题进行了讨论，以期为公共图书馆战略规划制定提供有益参考。

---

① 南京图书馆：《南京图书馆事业"十一五"规划》，（2011 - 7 - 25），http：//www. jslib. org. cn/njlib_ ntgk/njlib_ sywgh/。

第　五　章

高校图书馆战略规划研究

进入 21 世纪以来，无论是社会环境和技术环境变化对图书馆的挑战，还是图书馆事业自身发展到一定程度的客观要求，作为高校文献信息存储与服务中心的图书馆迫切需要制定战略规划指导未来的发展。高校图书馆在战略规划制定过程中将遵循什么样的战略制定流程？将会有哪些人员参与高校图书馆战略规划制定？高校图书馆战略规划的制定会有哪些因素影响？高校图书馆战略规划文本具体内容应包括哪些？本课题组构建的四个战略规划子模型是否适用于高校图书馆战略规划实践？高校图书馆战略规划制定具有哪些独特特征？这些都是本章将要解决的问题。

第一节　高校图书馆战略规划的流程

图书馆战略规划制定流程是战略规划相关活动的核心工作，因此高校图书馆战略规划首先要关注战略制定流程。

一　国内外高校图书馆战略规划流程的实例分析

本研究选取国内外四所高校图书馆战略规划实例，对其规划制定流程进行深入分析，通过考察高校图书馆战略规划实践，以期把握高校图书馆战略制定的一般流程。

1. 伊利诺伊大学香槟分校图书馆战略规划的制定流程

伊利诺伊大学香槟分校（University of Illinois at Urbana-Champaign，简称 UIUC）图书馆作为北美洲最大的公立研究型图书馆，其藏书量位居世界公立大学之冠。自 1998 年，UIUC 图书馆制定出第一份现代的正式战略规划开始，图书馆便不间断地从事战略规划①。UIUC 图书馆在 1998 年制定出第一个现代的正式战略规划，2005 年图书馆对 1998 年的第一份规划进行全面修订，规划修订的过程主要包括以下几个环节：①修订前期规划，启动新规划制定，成立长期规划顾问委员会指导规划制定，该委员会主要由大学里不同系和学院的资深教师组成。②由共同利益和目标连在一起的图书馆的几个分部门发表各自的长期愿景声明，为图书馆的规划进程提出参考。③图书馆聘请著名的图书馆未来学家与图书馆的教职工和学术专家开展为期半天的讨论，会议形成了一份文件，简洁地描述了图书馆未来的角色。④随着图书馆部门愿景声明的制定，图书馆开始致力于识别确保实现其共同愿景所需要的策略，在图书馆执行委员会的指导下，开始着手关于实施策略的研究。⑤图书馆执行委员会举行了一系列有图书馆教员、馆员参加的公开讨论，对战略规划的制定进行讨论，征求修改意见。⑥经过讨论修订后的文本，在图书馆网站发布。

2. 杜克大学图书馆战略规划的制定流程

杜克大学图书馆位居美国的私立大学图书馆前十名②。就馆舍、资源、服务以及管理体系而言，杜克大学图书馆在国外私立大学图书馆中具有典型代表性。该馆很早就关注战略规划的制定，并且其发展已相对成熟、稳定。

杜克大学图书馆 2006—2010 年规划③制定过程包括以下步骤：①成立战略规划委员会负责制定规划，并制定工作进度安排。②规划委员会收集和分析来源于图书馆内部和外部的数据，分析学术图书馆的生存环境。③数据分析之后，规划委员会组织召开图书馆员工公开会议，并征求图书馆执行小组的意见，根据数据的分析结果勾勒出规划轮廓。④委员会针对规划编制过程中的问题及规划初稿向学术委员会、艺术与科学委员会、图书馆顾问团征求

---

① "University of Illinois at Urbana-Champaign library strategic plan（2006 – 2010）"，［2010 – 09 – 10］，http：//www. library. illinois. edu/lsd/documents/library_ strategic_ plan_ 2006. pdf.

② "Duke libraries' mission & values"，［2012 – 03 – 10］，http：//library. duke. edu/about/mission. html.

③ "Connecting people ＋ ideas：A strategic plan for the Duke university libraries（2006 – 2010）"，［2010 – 04 – 10］，http：//library. duke. edu/about/planning/Perkins-Library-Strategic-Plan – 2006 – 2010. pdf.

反馈意见，对规划进行修改。⑤规划通过学校教务长同意及专家认可之后，在图书馆网站进行发布推广，进入规划实施阶段。

"2010—2012 年开阔我们的视野"规划①制定过程主要包括：①2009 年 6 月为了响应教务长关于各单位确定"最关键的优先事项和最有效地实现它的途径"的要求，大学图书馆馆员黛博拉·奇科夫斯对图书馆员工进行任命，成立目标战略规划任务小组。②黛博拉·奇科夫斯主管任务小组对 2006—2010 年战略规划进行评估，为图书馆未来两三年起草一个优先重点发展集。③任务小组收集和分析了当前高等教育和高校图书馆环境的信息，通过电子邮件和定期安排的会议，会见图书馆相关部门，并通过图书馆内部网共享研究和规划思路。④该任务小组在 2009 年 6 月到 9 月定期会面，并每月与图书馆的执行小组举行会议，以共享信息和接受指导，所有员工可以通过讨论形式参与规划，为图书馆战略框架制定提供建议。⑤完成规划框架之后，委员会将该规划框架提交给学校教务长，并与其他学术单位共享，对其进行修改完善。

3. 哥伦比亚大学图书馆战略规划制定流程

哥伦比亚大学图书馆 2006—2009 年战略规划②的制定过程主要包括以下步骤：①成立专门的战略规划小组负责制定规划，由信息服务副主席兼大学图书馆馆长 James Neal 领导。②在图书馆各部门内以及跨部门对今后三年主要目标进行讨论和总结，进行 SWOT 分析。③将 2007 和 2008 财政年度新的需求预算提交给学校相关部门。④针对目前哥伦比亚大学在研究型图书馆、信息市场以及高等教育等方面存在的问题进行环境扫描。⑤与由本科生和研究生组成的专门小组进行座谈，并在整个大学范围内对教师进行个人采访，以了解用户需求。⑥对一系列有关"新方向"的白皮书进行讨论，重点放在自上一个计划拟订以来所发生的变化，以及明确新的机遇。

4. 海南大学图书馆发展规划的制定流程

2006 年，为了明确未来五年的发展目标，确定发展重点，整合图书馆各种资源，进一步提升各项业务水平，最终建成一座有强大知识服务能力的

---

①　"Sharpening our vision：The Duke university libraries strategic plan for 2010 - 2012"，［2011 - 04 - 15］，http：//library. duke. edu/about/planning/2010 - 2012/sharpening_ our _ vision. pdf.

②　"Columbia university library strategic plan（2006 - 2009）"，［2010 - 09 - 12］，http：//www. columbia. edu/cu/lweb/img/assets/6675/strategicplan_ 2002 - 2009. pdf.

研究型图书馆基础框架，海南大学图书馆开始着手制定"十一五"发展规划，该规划在制定过程中主要包括以下阶段：①馆长争取学校领导的支持与鼓励，将图书馆五年发展规划作为海南大学"十一五"发展规划的重要组成部分进行制定。②在馆长的总体部署下，成立了发展规划制定委员会，探讨图书馆的总体发展方向与目标，研究制定图书馆部门业务目标和图书馆整体目标及实施措施，为规划和相关管理活动提供组织保障。③在全馆进行宣传动员，对规划制定参与人员进行统一培训并制定规划制定进度安排，为规划制定做好各种前期准备。④图书馆各部门对"十五"发展成就进行回顾，根据本部门业务统计数据，并结合质量管理部门每年开展的读者座谈会（包括教师、学生代表）、读者调查问卷以及读者每天的意见回复等调研数据，对读者需求及图书馆发展条件进行分析，进而明确部门发展方向及目标，编制图书馆各部门未来五年的发展规划。⑤规划委员会根据各部门规划，研究制定图书馆整体发展计划，再由馆长统筹整个规划文本。随后，通过一系列的渠道，向学校上级领导、本校教师、学生，全省图书馆界专家以及本省其他高校图书馆馆长等征集修改意见。⑥规划编制全体成员听取各方修改意见，对规划文本进一步修改、完善后正式向学校和有关部门上报，在全馆进行宣传推广，然后进入全面实施阶段。

5. 实例分析小结

通过对四所大学图书馆战略规划制定过程进行比较分析，发现国内外大学图书馆的战略规划过程并无太大差异。一般都成立或由馆长任命一个战略规划委员会和工作小组开始启动战略规划制定工作。随后开展调研，掌握图书馆所处的发展环境，为图书馆战略方向的选择提供依据。在战略分析的基础上形成战略规划草案并通过座谈会等多种形式向读者、相关专家、同行等多方收集反馈意见和建议，并通过相关专家认证。经过几次的反复修改，形成最终的战略规划文本，图书馆管理委员会或董事会予以通过，并向校级主管图书馆领导提交，予以签准、通过。在整个战略规划过程中都离不开馆领导指导，全体工作人员的参与，如 UIUC 图书馆战略规划制定中涉及图书馆各部门、执行委员会、全体人员，海南大学图书馆在发展战略制定中采取的"馆长牵头、馆员参与"的方式。

通过国内外有关高校图书馆战略规划的实例分析，发现本项目构建的图书馆战略规划流程模型在高校图书馆具有适用性。为进一步验证流程模型在高校图书馆制定中的适用性，本课题组开展了专家访谈，北京大学信息管理系王子舟教授结合其参与的该校图书馆"十一五"发展规划及 CALIS 规划的经验，指明高校图书馆战略规划制定一般都涉及战略规划启动与准备、战略分析（读者调研及环境分析）、战略制定形成文本（包括战略目标选择、座谈征求意见、专家及同行认证等）三大阶段。

通过实例分析和专家访谈，高校图书馆战略规划流程符合一般流程模型的描述。所有工作一般分为准备、分析、制定与发布等几个阶段，各阶段又具有一定的高校特色。具体的战略规划过程如图 5 – 1 所示。

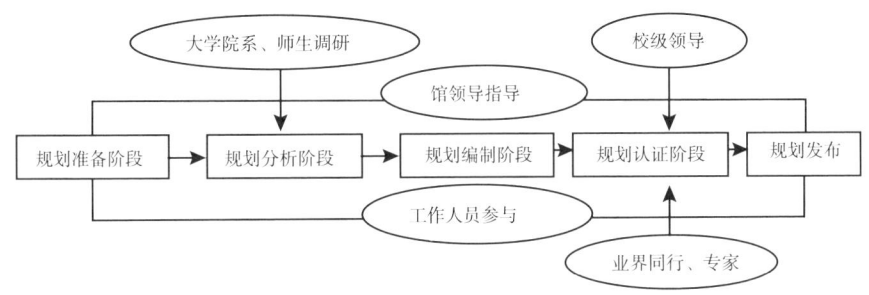

图 5 – 1　高校图书馆的战略规划流程

资料来源：本研究整理。

二　高校图书馆战略规划制定的相关问题

1. 明确高校图书馆战略规划启动动因、做好规划制定前期准备

高校图书馆战略规划制定的前期准备是一项较为复杂的工作，且具有很强的个性化特点，一般包括：在图书馆通告战略规划流程，要求图书馆员工忠于承诺；大学图书馆战略规划要适应或促进大学发展战略规划；大学图书馆主管部门了解图书馆战略规划达成的决策、承诺和所做的努力；图书馆管理者组建战略规划团队（或委员会）[1]。

---

[1]　盛小平：《大学图书馆战略规划的几个基本问题》，《大学图书馆学报》2009 年第 2 期，第 14—18 页。

　　为深入了解高校图书馆工作人员对战略规划的认识，本章研究中主要提取了本课题组的 1171 份①高校图书馆被调查者的有效问卷进行专门分析。调查结果显示，制定规划进度表是图书馆规划准备阶段最重要的工作，占76.07%；其次，71.54% 的被调查者认为建立规划委员会在战略规划准备工作中也应该给予重视；此外，分别有 60.34% 和 67.10% 的被调查者认为战略准备阶段应考虑参与人员分工、经费预算与保障；仅有 11.11% 的被调查者认为应考虑有关宣传。

　　在上节的案例分析中，战略规划准备阶段主要涉及图书馆馆长或相关领导在馆内进行宣传动员启动制定战略规划②、成立战略规划委员会（或规划任务小组、团队）③、④、制定规划进度表以及对参与人员进行分工与培训⑤等活动。

　　结合问卷调查结果以及案例分析，借鉴本项目构建的一般战略规划流程模型，高校图书馆战略规划的启动与前期准备阶段主要是围绕明确战略规划领导、制定与参与主体、统筹安排战略规划各个环节、如何采取各种措施保障战略规划的制定、如何对制定规划进行宣传等问题展开。

　　首先，明确图书馆对战略规划制定工作的准备是否充分。高校图书馆最重要的是要明确图书馆是否真正决定或准备通过制定战略规划来推动本馆在未来几年的改革与发展。同时需要考虑其他大量因素，包括：明确制定规划的动因——是大学战略规划制定推进的还是图书馆自己迫切需要制定规划，通过规划想要达到什么目的；正确认识本馆定位是服务于研究型大学，还是教学型大学，抑或是教学研究型大学；全面了解本馆财务、资源、文化以及馆领导工作稳定性和预期任期等；需要与主管图书馆的校级领导沟通商议战

---

　　① 注：本章后面提到的问卷分析结果是指 1171 份高校图书馆被调查者的有效问卷。

　　② 海南大学图书馆五年规划课题组：《海南大学图书馆（2006—2010）五年发展规划》，铅印本，2005 年 12 月—2006 年 12 月。

　　③ "Sharpening our vision: The Duke university libraries strategic plan for 2010 – 2012"，［2011 – 04 – 15］，http://library.duke.edu/about/planning/2010 – 2012/sharpening_our_vision.pdf.

　　④ "Columbia university library strategic plan（2006 – 2009）"，［2010 – 09 – 12］，http://www.columbia.edu/cu/lweb/img/assets/6675/strategicplan_2002 – 2009.pdf.

　　⑤ 海南大学图书馆五年规划课题组：《海南大学图书馆（2006—2010）五年发展规划》，铅印本，2005 年 12 月—2006 年 12 月。

略规划制定工作的必要性、重要原则与重点内容等；了解大学近期的战略规划，考虑图书馆规划要适应或推进大学的规划。

其次，基于现有的图书馆工作委员会或图书情报工作委员会成立战略规划委员会，明确战略规划制定小组人员组成。有关战略规划组织的内容将在本章第二节中具体论述。

最后，明确高校图书馆战略规划的保障。高校图书馆战略规划的制定需要有充足的人力、物力、时间保障。从管理制度、人员配备等软件到设备投入、资金投入、时间等硬件，多方面对战略规划所需资源进行规划预算。尤其是要重点关注战略规划制定时间段，为了保证规划参与人员的时间，一般要避开寒暑假，同时还要考虑避开学期末，可考虑在学期开始之初着手制定规划。除此之外，需要考虑是否邀请外部咨询公司或战略管理研究专家。通过讲座方式向全馆人员进行宣传、培训，提高全馆人员战略规划意识，使规划参与人员对图书馆战略规划流程有所了解。

2. 关注图书馆重点调研对象，持续开展咨询活动

高校图书馆战略规划制定过程中，选取重点调研对象，征求意见是不可或缺的。本课题组开展的有关"图书馆战略规划制定过程中重点调研对象"的问卷调查结果显示，94.19%的高校图书馆被调查者认为读者是最重要的调研对象；79.42%的高校图书馆被调查者认为需要对馆员进行重点调研；还有44.83%的高校图书馆被调查者认为有必要对其他同级服务部门进行重点调研；将近四成的高校图书馆被调查者认为有必要对上级主管部门进行调研；仅有超过10%的高校图书馆被调查者认为有必要对一般民众和社区机构进行调研。根据这一结果，高校图书馆战略规划的调研要注意以下方面。

第一，重点关注对本校教师与学生需求的调研。与公共图书馆相比，高校图书馆的服务对象更具有专指性，一般是本校的教师和学生。高校图书馆开展调研阶段需要重点关注对老师和学生满意度、信息需求的调研，可以将常规的读者调研和针对战略规划的专项调研相结合。此阶段图书馆完全可以参考日常开展的一系列的全校师生代表座谈会，读者满意度、需求度调查以及读者每天的意见回复等数据。正如海南大学图书馆"十一五"发展规划制定时就直接采用的质量管理部门的读者调查数据。在对学生需求调研中还要区别不同学历学生群体的需求，充分考虑本科生、研究生、博士生的需求特点，重点关注学生对课程、课题研究、论文写作等方面的知识需求。在对教师或学科发展的需求调研中，可通过学科联络员或学科馆员，了解各学科发展的需求。

第二，关注对本馆工作人员的调研。由于图书馆的决策离不开工作人员的参与，战略规划的实施也离不开工作人员的支持，所以在制定规划时，必须要充分听取和吸纳工作人员的意见。通过调研的方式让工作人员间接参与到图书馆战略规划中，并对工作人员的工作情况进行调研以了解其职业发展需求。工作人员调研可以采用工作会议、论坛、网络会议等形式获取相关信息，如加拿大英属哥伦比亚大学图书馆 2004—2007 年战略规划①制定进程的每一阶段，都会通过工作会议及电子邮件的方式，向所有图书馆员工征求意见和反馈，还开辟专门的网页供图书馆员工们方便快捷地评论规划。马里兰大学图书馆 2005—2007 年战略规划制定中由 Maggie Saponaro 领导的任务创新组，采取的是网络会议、即时通信的形式召开内部会议征求意见，所有的图书馆员工都有自己的网络会议账号，以便未来交流使用②。

第三，对其他大学或其他服务部门的调研。高校图书馆战略规划制定过程中要重视对其他大学或服务机构的发展趋势的分析，要根据本馆发展定位考察本地区、全国乃至世界范围内高校图书馆的发展趋势，同时还要考虑对相应的公共图书馆、文化馆、档案馆等的管理模式、服务模式进行适当了解。对于致力于世界知名、世界先进或国内一流的综合实力较强的"985"或"211"院校来说，开展数据调研时应关注国际一流高校图书馆现状及发展趋势的分析。对于普通的高等院校图书馆而言，则可以重点考察本地区或国内发展较好的图书馆。

第四，对国家或地方高等教育政策、发展纲要的调查。尤其是要重点考察所属大学的学科设置、大学发展目标等，为图书馆战略目标定位提供宏观指导。此外，还要重视与高等教育发展相关的宏观因素，尤其是国家发展战略的调研，关注教育部发展趋势及其出台的各项有关政策，如《国家中长

---

①　"UBC library strategic plan（2004 - 2007）"，［2010 - 02 - 03］，http：//www.library.ubc.ca/home/planning/.

②　柯平、白庆珉、李卓卓等：《图书馆知识管理研究》，第355—365页。

期教育改革和发展规划纲要（2010—2020 年）》①。各省属重点高校和普通
院校还要关注本省高校图工委的政策文件，在战略规划制定中可以以座谈会
的形式向高校图工委委员征求意见。

第五，还可以考虑对一般民众和社区机构进行调研。主要指致力于开展
社区服务的高校图书馆战略制定中需要开展一般民众或社区调研。目前，国
外高校图书馆注重开展社区服务、与社区的合作，战略分析阶段也会关注社
区的分析，向社区相关机构征求修改意见，如加拿大英属哥伦比亚大学图书
馆 2004—2007 年战略规划文本起草过程中，征求并认真考虑了英属哥伦比
亚大学和其他社区读者的反应。

3. 多种类、多途径收集高校图书馆相关数据

广泛、全面的信息获取渠道有助于全面地获取与规划相关的各类信息。
借鉴国外高校图书馆的成功经验，我国高校图书馆收集的信息涉及以下几
类：一是图书馆外部的宏观统计数据，如国民经济、地区经济、文化、教育
等相关行业的发展状况；二是图书馆外部的微观统计数据，包括大学的财
政、资源配置、学科建设、院系设置、教学模式、课程设置、学生结构等方
面的数据；三是图书馆自身的统计数据，如本馆的馆藏资源、技术、经费、
馆舍、设备、人力资源等；四是相关制度规程，如教育部、高校图工委、大
学等出台的各类规章、条例、法规等；五是相关规划文件，如政府出台的有
关教育的文件、各省级的教育文件、所在大学的战略规划文本、各省高校图
工委制定的事业发展规划（如海南高校图工委制定的《海南省高等学校图
书馆"十二五"发展规划》②）、国内外高校图书馆的规划文本等；六是组织
内部的意见，如图书馆工作人员对未来愿景的展望、对战略方向的建议、对
发展现状的评价等；七是教师和学生的需求调查，如读者满意度、学科服
务、信息素养教学需求等。

关于数据的收集途径，高校图书馆既可考虑行业组织的权威资料，如图
书馆事业年鉴、图书馆事业发展报告、图书馆发展白皮书或蓝皮书等；也可

---

① 《国家中长期教育改革和发展规划纲要（2010—2020 年）》，（2012 - 03 - 04），http：//www.
moe. edu. cn/publicfiles/business/htmlfiles/moe/moe_ 177/201008/93785. html。

② 《海南省高等学校图书馆"十二五"发展规划》，（2012 - 03 - 04），http：//www. hngjc. cn/info -
9870. html。

考虑各种媒介，如书籍报刊、广播、电视、网络（如高校事实数据库、E 线图情等）、手机等。既可以通过多种方式开展调查，包括问卷调查、网络调查、专家调查、专家访谈、委托咨询公司调查等，也可以通过互动沟通获取数据，包括现场交流会议等形式的物理空间交流，以及网络会议、公共邮箱、网络论坛等形式的虚拟交流。

4. 综合利用多种分析工具分析高校图书馆环境

根据图书馆环境系统组成，本研究将高校图书馆战略环境归纳为社会环境、行业环境、利益相关者以及图书馆内部环境四部分。

第一，重点分析高校图书馆的社会环境，找准本馆发展定位。高校图书馆可借用 PEST 分析法进行外部宏观环境扫描，其中政治因素包括政府部门出台的有关高等教育、高校图书馆及信息服务的政策、法规等；经济因素着眼于本地区乃至全国的经济发展状况及国内外趋势；社会因素包括形成当地文化的道德和价值观；技术因素是指社会开发的与高等教育和图书馆相关的软件系统与硬件设施等。

第二，重视高校图书馆行业发展趋势分析，形成自身核心竞争力。高校图书馆作为公益性服务组织在行业环境分析中并不像企业那样强调竞争优势的分析，而更侧重对图书馆合作能力的分析。高校图书馆的行业环境分析主要考虑本地区、全国乃至世界范围内的高校图书馆发展趋势，服务方面趋势有知识服务、学科服务、数字素养培训、移动服务等，设施方面趋势主要有手机图书馆、学习共享空间等，组织与人员管理方面趋势有图书馆团队建设、学习型组织等。通过上述的趋势分析，将本馆与其他高校图书馆比较，有利于通过独有的特色资源和高质量服务吸引读者，便于与其他图书馆开展合作，从而形成更大的图书馆联盟，提高自身的核心竞争力。此外，与信息咨询服务机构（如百度、Google、咨询公司等）进行比较，明确自己的特色，为图书馆争取更多的资源和用户，同时寻求一定程度的合作，以发挥优势、扩大影响力。

第三，开展利益相关者分析，评价支持意愿。从上级主管部门、服务对象到资源提供方以及其他合作组织都是图书馆的利益相关者。就高校图书馆而言，既要分析上级主管部门即所在的大学，也要分析上级指导性机构如高校图工委；服务对象主要涉及全校教师、学生等，同时可适当考虑大学社区的居民；资源提供方主要是各类书商和数据提供商，同时要兼顾学术出版行业发展趋势；合作者主要是本地区的其他高校图书馆、公共图书馆以及其他公共服务机构。利益相关者分析主要用于高校图书馆组织愿景的认同。同时，战略规划的整个过程都有必要研究、吸收来自各方的意见和诉求。如波士顿大学图书馆2010—2015年战略规划①目标的形成就是图书馆与图书馆的首要利益相关者（老师、职员、学生和大学的校友等）进行协商和合作的结果。

5. 基于不同类型高等学校的定位探讨图书馆战略目标

高校图书馆战略规划的核心内容是战略目标，该目标的选择是一项基于图书馆环境分析预测、图书馆资源与能力分析以及图书馆利益相关者预期的综合分析结果。盛小平曾指出大学图书馆目标设置过程中，必须考虑以下问题：目标此时是否适合于图书馆？目标是否指引图书馆通向正确的方向？目标是否支持图书馆使命？目标是否与大学其他目标相适应或互补？目标是否被大多数实施者所接受或理解？图书馆能否为此目标付得起费用？目标是否可测评的和可完成的？是否有足够的信心来迎接挑战？②实践中高校图书馆在制定战略目标时除了考虑这些问题外，更需要重点考虑其所属高校的发展定位。由于受文化、经济、地域等多种因素的影响，各高校在办学规模、发展实力、学科设置等方面存在差异。高校类型划分，是高校定位及确定发展方向的前提。而高校图书馆作为高校重要的信息服务机构，其建设与发展应与所在学校的建设与发展相适应，不同类别的高校发展定位和战略方针会直接影响图书馆战略目标的选择。目前受国家战略需求和政府重点投资的选择倾向，我国高校被划分为"985工程"高校、"211工程"高校、一般高校和高职高专院校。相应地，我国高校图书馆也分为"985工程"高校图书馆、"211工程"高校图书馆、一般高校图书馆和高职高专院校图书馆③。对不同类型高校图书馆定位的研究，已成为业界学者关注的重点话题。综合不

---

① "BU library strategic plan：2010 - 2015"，［2012 - 04 - 10］，http：//www. bu. edu/library/about/strategic-plan-9 - 06. html.

② 盛小平：《大学图书馆战略规划的几个基本问题》，《大学图书馆学报》2009年第2期，第16页。

③ 陈武元、洪真裁：《关于中国高校分类与定位问题的思考》，《现代大学教育》2007年第2期，第56—59页。

同类型高校图书馆定位的差异，各类型图书馆在制定战略目标过程中，需要紧密结合自身定位，设置一系列发展目标，进而为高校实现其发展目标服务。

6. 在总体规划指导下重视专项规划的制定

高校图书馆总体规划是在科学分析图书馆内外环境的基础上，参考所属大学发展定位，结合图书馆自身的实际情况，对关系图书馆改革和发展的重大问题做出系统的规划。总体规划全面阐释了"将要建设成什么样的图书馆"和"怎样建设这样的图书馆"这两个问题的总体解决方案，为专项规划或年度规划的制定提供了依据和指导。而高校图书馆专项规划是以图书馆内部分工的特定领域为对象编制的规划，它对图书馆总体规划起到支撑和补充的作用。图书馆专项规划可以从横向分工这一角度促进图书馆总体规划的落实，它的指导思想、发展目标、重点任务应与总体规划保持一致。

国外高校图书馆战略规划实施中，一般侧重将总体规划分解为年度计划或专项规划，逐步推进总体规划的落实。如伊利诺伊大学香槟分校图书馆2007年启动的"新服务模式计划"就是在2006—2010年战略发展规划的基础上启动的，遵循了大学图书馆未来发展的战略目标和战略重点①。从国内各高校图书馆战略规划工作的实践来看，当前国内高校图书馆大多重视对五年发展总体规划的制定，而基于总体规划的年度计划和专项规划很少。国内个别高校图书馆在未制定总体规划的前提下，直接制定指导某一特定领域未来发展的专项规划。如北京大学文献信息资源建设委员会通过对学校发展要求和读者服务需求及对图书馆自身情况、优势、劣势的一系列分析，于2010年12月制定了《北京大学文献信息资源体系中长期发展规划纲要（2010—2020）》，并由北京大学图书馆工作委员会讨论通过。规划具体包括建设目标与原则、建设任务、实施方案和建设保障四部分内容②。此外，华中科技大学图书馆数字图书馆研究与开发部"十一五"发展规划，通过回顾与总结"十五"成就，并与国内一流大学图书馆数字图

---

① 许丽丽：《伊利诺伊大学香槟分校图书馆的"新服务模式计划"及其启示》，《图书馆学研究》2011年第3期，第75—78页。

② 肖珑：《高校图书馆战略发展规划制定的案例研究》，《图书馆建设》2011年第10期，第21—24页。

书馆建设状况进行差距分析，提出了该馆"十一五"期间数字图书馆建设目标[①]。

我国高校图书馆应重视在总体规划的指导下制定专项规划，使得专项规划延续总体规划的发展目标和战略重点，进一步补充总体规划，并逐步推进总体规划的落实。一般而言，结合总体发展目标，高校图书馆专项规划可考虑从人力资源建设、数字图书馆建设、文献信息资源建设、经费预算、学科服务等方面制定。

7. 综合采用多种方式对战略规划进行发布与宣传

国外的高校图书馆非常重视战略规划的宣传工作，战略规划形成后，图书馆就通过简报、活页、手册、网站发布等多种形式将文本全文或大纲进行宣传，使得图书馆的利益相关群体深入了解规划内容，形成关注未来、关注发展的舆论氛围。如杜克大学图书馆和田纳西大学图书馆制定好战略规划后就创作一个简单的海报来强调方案重点，以显示整个图书馆战略发展方向。同时，受高等教育国际化发展趋势影响，国外高校图书馆在战略宣传中非常重视多语种规划文本的编制，提高图书馆战略规划的国际宣传力度。此外，还比较重视不同发展阶段、不同规划版本的连续发布，通过连续版本的比较，体现高校图书馆自身发展和图书馆外部发展环境演变途径。

国内高校图书馆并不重视战略规划的发布与宣传，本课题组通过网络访问调查图书馆战略规划文本的发布与宣传。调查结果显示，访问的 223 个高校图书馆网站中，仅极少数（8.97%）图书馆对战略规划进行了公示。借鉴国外经验，国内高校图书馆除了图书馆馆长在各种场合进行宣传外，还要以馆务会、馆内公示等形式进行馆内宣传，统一认识，形成图书馆凝聚力和向心力，进而为战略规划的实施创造良好的内部条件。同时强调采用向图书馆上级部门抄送，采用简报、活页、手册、网站发布、多媒体等方式向全校师生及各类利益相关者进行宣传，引起他们对战略规划的关注与监督。

---

① 《华中科技大学图书馆数字图书馆研究与开发部"十一五"发展规划》，（2010 – 06 – 19），http：//www. lib. hust. edu. cn/lib/dllib. nsf/% E5% 8F% 91% E5% B1% 95% E8% A7% 84% E5% 88% 92? OpenPage.

三 高校图书馆战略规划实施的相关问题

高校图书馆战略规划的实施是战略制定的继续，即高校图书馆制定出战略目标后，必须将这些战略目标转化为战略的实际行动，是战略规划从构思走向实际运作的关键。战略规划的有效实施，能够保证高校图书馆制定的战略规划充分融入本馆的发展中，为其发展提供动力。同时，随着战略规划实施的不断深入，也是不断检验和修正战略目标的一个过程，使战略规划的各个细节能够更为合理和科学。

1. 战略规划实施实例分析

（1）加拿大英属哥伦比亚大学图书馆

加拿大英属哥伦比亚大学（UBC）图书馆制定战略规划由来已久，已形成持续制定战略规划的传统。UBC 图书馆采用战略规划来推进该馆的战略发展并取得突出成效，很大原因在于该馆不仅关注战略规划的制定还非常重视战略规划的实施与监督。如 2000 年夏天，UBC 图书馆完成了 2000—2003 年战略规划①，该规划为支持学术计划和学校的学术倡议而制定。根据这些规划要求，UBC 图书馆明确了该馆使命、愿景、价值观，并从人才、学习与研究、共享与国际化三个战略方向确定了 12 个战略目标。

具体实施阶段主要涵盖以下主要环节：首先，成立了一个由校图书馆顾问委员会成员构成的执行筹划指导委员会（ISC），以提供组织保障。该委员会致力于包括员工和其他资源的配置、工作时间表和成就衡量标准等问题在内的执行策略研发工作。ISC 的具体工作为：首先，决定相对优先权、为整体项目规划整合相关事项、向各个独立工作小组分配任务、规定项目启动和完成时间、识别重大的里程碑似的突破；其次，将战略目标以项目的方式进行分解，明确具体的实施策略、负责人、时间表、资源配置等。UBC 图书馆将战略目标分解为 37 个项目，将由若干工作小组来完成，这些工作小组的成员主要是图书馆工作人员、图书馆各部门和分馆的协助人员以及来自学校其他机构的员工和教师。如"人才"战略方向下的战略目标 1"保留和

---

① "Furthering learning and research: Implementing the UBC library's strategic plan（2000 – 2003）"，[2010 – 02 – 03]，http：//www. library. ubc. ca/home/LibrStratPlan. pdf.

发展杰出的员工、改善人才招聘体制"。在战略实施阶段制定了"与 UBC 人力资源合作来解决员工收入平等化和分级等事务（2001）"，"积极回应员工意见调查的反馈信息并依此做出实际的举措（2001）"等四个实施战略，其中括号里的日期是指战略实施时间。

在整个战略实施过程中，UBC 图书馆应用项目管理的方法来实现大部分的目标。应用这种着眼于项目的方法完成大部分策略计划目标的同时，其他的一些目标已经融入图书馆的现行服务体系中，它们将在图书馆日常的运转工作中得以完成。制定时间进度表以"甘特图"的形式更为直观地显示出每个工作小组项目的名称、持续时间、启动和结束时间。时间尺度涵盖了 2000—2003 年的整个时期，这个时期又被细分为多个时间段。同时，在整个战略实施过程中非常重视战略规划实施的监督。在这个项目进行的全过程中，相关文件和背景资料都被放到员工网页上以便员工查看和进行必要的反馈与互动。ISC 成员定期向 ULAC 和图书馆管理团递交报告并听取他们的意见。当员工对计划执行、优先顺序和推行计划对现行图书馆运转的影响等问题提出自己的看法时，UBC 图书馆会召开一系列全体员工大会来进行讨论，得到的反馈信息会成为执行方案进程的一部分。具体安排如图 5-2 所示。

（2）加州大学图书馆。

自 1995 年起，加州大学（CSU）图书馆已成功连续实施了三个战略规划，即 1995—1999 年规划、2000—2004 年规划及 2005—2007 年规划，图书馆的各项服务已得到显著改善。为继续向前推进图书馆服务，图书馆又启动了 2007—2012 年第四个战略规划。经过多年实践，CSU 图书馆在战略制定、战略实施等方面已积累大量经验。

2005—2007 年的战略规划文本[①]详细介绍了战略规划的实施过程。该过程主要涉及以下环节：首先，成立战略实施委员会，提供组织保障。图书馆董事会成立委员会负责为每个战略目标制订行动计划并进行监督。每个图书馆主任负责一个委员会，委员会成员包括其他主管以及来自大学、图书馆和其他部门的代表（包括学术委员会，学术技术咨询委员会，信息技术咨询委员会，由 14

---

① "Advancing togther: 21st century strategics for the CSU libraryies", ［2009 - 10 - 19］, http: // www. calstate. edu/ls/strategic_ plan06. pdf.

ID	任务名称	开始时间	完成	持续时间	2000年 Q1	Q2	Q3	Q4	2001年 Q1	Q2	Q3	Q4	2002年 Q1	Q2	Q3	Q4
1	1.1用户调查反馈	2001/3/1	2001/5/31	66d												
2	1.2员工调查反馈	2001/3/1	2001/5/31	66d												
3	1.3沟通	2000/8/1	2001/12/31	370d												
4	1.4系统支持	2000/12/1	2001/5/31	130d												
5	1.5在线全文访问	2001/3/1	2003/3/31	543d												
6	1.6图书馆整合系统	2001/3/1	2003/8/25	648d												
7	1.7软件评价	2001/3/1	2001/12/31	218d												
8	1.8目录清理	2001/3/1	2002/4/30	304d												
9	1.9空间	2000/6/1	2003/4/30	760d												
10	1.10馆藏	2001/3/1	2003/3/31	543d												
11	1.11研究基础设施	2001/3/1	2003/3/31	543d												
12	1.12财务管理	2000/10/2	2003/5/30	695d												
13	1.13组织规划	2000/6/1	2002/3/29	477d												
14	2.1信息素养	2001/4/2	2003/3/31	521d												
15	2.2馆藏管理	2001/4/2	2003/3/31	521d												
16	2.3分布式学习	2001/5/1	2001/9/28	109d												
17	2.4贷款政策回顾	2001/4/2	2001/10/31	153d												
18	2.5进行中的调查	2001/7/2	2003/3/31	456d												
19	2.6保存和数字化	2001/4/2	2003/3/31	521d												
20	2.7统计和设定标杆	2001/4/2	2003/3/31	521d												
21	2.8技术资金	2001/4/2	2003/11/28	695d												
22	2.9供应商关系协调	2001/4/2	2003/3/31	521d												
23	2.10联盟	2001/4/2	2002/12/31	457d												
24	3.1图书馆研究中心	2002/4/1	2003/3/31	261d												
25	3.2物资捐赠	2002/4/1	2002/9/30	131d												
26	3.3非UBC人员访问	2002/4/1	2003/3/31	261d												
27	3.4参考文献	2002/4/1	2003/3/31	261d												

图 5 - 2 英属哥伦比亚大学图书馆战略规划实施甘特图

资料来源："Furthering learning and research: Implementing the UBC library's strategic plan (2000 - 2003)"，[2010 - 02 - 03]，http://www.library.ubc.ca/home/LibrStratPlan.pdf。

个校区的教师、员工、行政人员、学生组成的小组等6个委员会）。其次，在图书馆董事会的领导下，各委员会召开会议根据前面制定的"帮助学生成功""推动学术发展""延伸服务范围和为我们的社区服务""继续推进图书馆服务的改革"规划纲要制定时间表，分析资源并创建一个评估过程。同时，每个委员会还制订与对目标感兴趣或者会被目标所影响的团体进行协商的计划，并且委员会负责人员在每一次图书馆董事会议上报告规划实施的最新情况。

CSU 图书馆 2005—2007 年的战略规划能够成功实施，除了提供有力的组织保障外，还开展了有效的监督。CSU 图书馆战略规划的制定与实施与 CSU 的集成技术策略（ITS）紧密结合。图书馆董事会每年向 CSU 的技术督导委员会报告计划取得的成就。CSU 大学的成功测评报告中，不断记录计划里重要举措的进展，ITS 的叙述报告每年上报给加州立法机构。此外，CSU 图书馆战略规划实施过程中使用年度战略规划周期对战略目标进行分解，随时对规划进行监测、评价，并根据环境变化及时对规划进行调整、更新。在每个规划周期中还进行年中和年终进度审查，通过一年一度战略规划会议来更新计划，并根据预算变化作出调整。如 CSU 图书馆根据 2005—2007 年战略规划制定的 2005—2006 年度规划①，从与技术相关、与馆藏发展、与服务相关及与组织和管理相关四个方面，将规划中的部分战略目标融入年度计划中，制订具体的行动计划，并明确规划启动与完成时间。而 2006—2007 年度规划②，则直接从"帮助学生成功""推动学术发展""延伸服务范围和为我们的社区服务""继续推进图书馆服务的改革"四大战略主题着手，选定目标领域，制订具体行动计划，这种形式与战略规划紧密结合，以实现年度目标为基础，逐步促进整个规划的实施。

2. 高校图书馆战略实施工作具体分析

通过对国外高校图书馆战略实施的实例分析，发现国外高校图书馆战略规划实施过程中不仅注重建立专门的执行委员会，明确负责人为规划的实施提供有力的组织保障，还注重采用多种方法对战略目标进行分解细化、制定时间进度表、评价指标并配置资源。此外，图书馆非常重视对战略规划实施的监控。

战略规划的实施，是图书馆实现战略发展、战略规划真正发挥作用的重要环节。通过问卷调查与访谈分析，发现国内图书馆较多地关注战略规划的制定工作，规划文本形成之后便束之高阁，很少具体落实，普遍地陷入一种

---

① "Action agenda for 2005/06: As of April, 2006"，［2011 - 07 - 29］，http：//library. csustan. edu/cbengston/LibrarySUR/LibrarySU. htm-annual action plans.

② "Library activities and strategies: Progress report, as of June 2007"，［2011 - 07 - 29］，http：//library. csustan. edu/cbengston/LibrarySUR/LibrarySU. htm-annual action plans.

"规划、规划、全是鬼话"的怪圈。本研究开展的有关"图书馆战略规划实施与成效"的调查结果显示，将近30%的被调查者反映其所在图书馆已制定战略规划，但由于种种原因尚未实行，15%以上的被调查者反映其所在图书馆已严格实施规划，但无明显效果，这说明当前我国高校图书馆对战略规划的实施工作还存在诸多问题有待改善。如海南大学图书馆"十一五"发展规划，在制定阶段流程规范、科学，制定主体体现了多元化特征，战略环境分析全面，规划内容系统详尽，各部门的职能战略清晰明确，但在战略实施阶段受缺少年度规划、战略目标缺少量化指标、没有明确的责任分工、资金限制等影响，最终不了了之，以失败告终，并没有真正发挥战略规划指导和促进图书馆发展的作用。

基于国内图书馆战略规划实施现状，借鉴国外图书馆战略规划实施经验，我国高校图书馆在战略规划实施过程中需要关注以下问题：

（1）建立战略规划实施专门组织

大学图书馆的战略规划实施是一项涉及所有部门的系统工作，是"集体的努力"。国外高校图书馆在战略规划实施过程中一般涉及图书馆董事会、馆长、职能部门以及馆员等机构和个人。图书馆董事会对战略规划实施情况进行宏观监督，并拥有最高的决策权。馆长承担战略规划的召集与领导的职能。各职能部门负责人及工作人员负责战略规划中专项规划的具体实施。为协调战略实施过程中的各项活动，国外大学图书馆战略规划实施中一般成立专门的战略规划实施小组（或委员会）对战略规划的实施进行动态管理，如前面所述的加州大学图书馆在战略实施阶段成立了专门的机构，具体包括战略规划的宣传与推广，分解战略目标，监控、评估以及收集反馈信息调整规划等活动。

目前，国内高校图书馆大部分没有设置专门的战略规划部门，战略规划的制定工作一般由办公室承担，临时从馆内抽选人员参与编制，规划完成之后便解散，不再有专门的团体负责战略规划的实施，使得规划实施过程中出现的问题不能及时发现，这大大降低了规划的效度和执行力度。借鉴国外经验，我国高校图书馆战略规划实施过程中可考虑建立专门的执行委员会或小组，负责监督图书馆各项战略目标的执行进展。可考虑将曾参与战略规划制定工作的馆领导、工作人员、教师代表、学生代表等纳入战略规划的实施工作小组。

（2）对战略规划目标进行分解、排序和制订行动计划

通过对国外高校图书馆战略规划实施的实例分析，发现国外高校图书馆的战略规划在宣传与推广之后，便开始对战略目标进行分解、排序，然后制定具体的实施策略并配置适当资源。如杜克大学图书馆在 2010—2012 年战略规划的"战略方案扩展"阶段，采取了若干行动计划，包括为实施战略制订详细的计划；确定成功措施和评价这些措施方案；为完成结果，严格考虑预期预算，进行资源的推荐配置①。

战略目标分解法主要包括时间维度、职能维度和测量维度三个方面。国内外高校图书馆在战略实施实践中，也主要采用从这三个维度对战略目标进行分解。从时间维度上，将图书馆的中长期战略规划目标分解到图书馆的近期目标和年度工作计划中，使图书馆的长期目标转化为近期的可测量的发展指标，使图书馆的长期行动有效转化为短期安排，从而逐步推进图书馆战略目标的实现。如 CSU 图书馆战略规划实施就采用这种方法。从职能维度上，根据图书馆的职能部门设置，将图书馆战略规划中的总体目标分解为职能部门目标，并具体融入各职能部门日常工作中。具体包括：纵向职能的目标分解——分级目标；横向职能维度的目标分解——分项目标。分级目标主要通过逐层分解，最终形成一个由图书馆目标——图书馆各部门目标——图书馆岗位目标组成的目标体系。如国内的厦门大学图书馆"十一五"发展规划中发展目标的制定就是以职能部门分工的形式呈现的，其中包括"分馆建筑布局专案"（办公室、东部分馆、法学分馆负责）、"建设厦门大学机构存储（IR）系统"（技术部负责）、"制定藏书发展目标、结构和藏书建设发展方针"（采访部负责）等②。例如，国外"皇后大学图书馆 2006—2008 年战略规划"③ 中从"员工""馆藏资源""学习、教学与研究""场地、空间与技术""交流与意识"五个战略方向制定了 19 个战略目标。在战略实施阶段，皇后大学图书馆的各分馆和职能部门根据各战略目标制定具体的实施

---

①　"Sharpening our vision: The Duke university libraries strategic plan for 2010 – 2012"，［2011 – 04 – 15］，http：//library. duke. edu/about/planning/2010 – 2012/sharpening_ our _ vision. pdf.

②　厦门大学图书馆提供的文本《厦门大学图书馆"十一五"规划大纲》。

③　"Catalyst for discovery: A three-year strategic plan for Queen's university library"，［2011 – 07 – 28］，http：//library. queensu. ca/stratplan/2006 – 2008/2006 – 2008QULStrategicPlan. pdf.

策略，每一实施策略都是以 what、how、when、milestone、progress 五项展开。如图书馆资源与馆藏建设部对目标 2.1 "通过本地活动和外部合作，评估、建立和确保符合大学的教学和研究项目所需要的馆藏资源" 的实施策略，如表 5 - 1 所示。

表 5 - 1　皇后大学图书馆馆藏资源的实施策略分解

What	How	When	Milestone	Progress
为图书馆馆藏建设提供持续资金	通过会议和其他交流方式向大学主管部门争取资金	进行中	—	已开始
继续以联盟方式购买电子资源	继续参与 OCUL 和 CRKN 及其他联盟，如 COAHL 和 AFMC	进行中	—	已开始
加强多媒体馆藏建设	增加多媒体资源预算；鼓励图书馆联络人（Library liaisons）和合作伙伴购买多媒体资料	进行中	—	已开始
提供有关图书馆馆藏的统计信息		到 2006 年秋	统计信息的有效获取	已开始

资料来源："Resouces and collections department: A ctivities & initiatives for 2006 - 2008". [2011 - 07 - 28]. http: //library. queensu. ca/stratplan/2006 - 2008/? view = initiatives&mode = &unit = RCFT。

　　以分项目标来分解战略目标主要是根据图书馆的内部管理内容，将本馆的战略目标分解为信息资源建设、数字图书馆建设、人力资源建设等具体专项目标。如伊利诺伊大学香槟分校图书馆 2007 年启动的 "新服务模式计划" 就是在其 2006—2010 年战略发展规划的基础上制定的。

　　从测量维度上，将图书馆战略总体目标、分目标转化为定量的、具有标志性的发展指标，形成 "目标—指标" 体系，为图书馆战略规划实施提供可操作性、可考核性的工具，并为战略规划实施过程中进行动态控制、年度监测、定期评估提供依据。如澳大利亚 "莫纳什大学图书馆 2007—2009 年战略规划"[①] 就采用这种方式分解战略目标。该图书馆在战略规划中确定信息资源、信息服务、借阅服务、物理环境、质量管理、合作六个关键领域。在每个战略领域设定若干战略目标，为实现这些战略目标，在它们的下一级

---

　　①　"Monash university library strategic plan (2007 - 2009)", [2010 - 08 - 25], http: //www. lib. monash. edu. au/reports/stratplan/2007 /library-strategic-plan - 2007 - 9. pdf.

设置若干实施策略，然后为实施策略设定相应的行动计划和评估指标。同时为更好地实施这些战略，在"战略"与"行动"之间对图书馆当前正在进行的相关活动及其面临的挑战作出说明。以"信息资源"领域中归属战略目标的"使电子信息更为容易地查找和使用"为例，具体说明这种目标分解方法。如表5－2所示。

表5－2　莫纳什大学图书馆的电子信息资源战略目标分解

战略	行动	测量、目标、关键绩效指标	责任人
1.1 使电子信息更为容易地查找和使用	对2008年及以后连续订购的集成检索进行评价和推荐	对集成检索门户考察和制定推荐	负责信息资源的主管 负责信息系统的主管 负责用户服务的主管
	开发一个图书馆资源发现框架	框架的开发	负责信息系统的主管 负责用户服务的主管
1.2	……	……	……

资料来源：　"Monash university library strategic plan（2007－2009）"．［2010－08－25］．http：//www．lib．monash．edu．au/reports/stratplan/2007/library-strategic-plan－2007－9．pdf。

　　我国高校图书馆在战略规划实施过程中，亦可考虑从上述三个维度对战略目标进行分解，并根据图书馆拥有的资源、能力和今后发展重点制定战略规划实施的关键性目标，研究每一年度启动的重点项目和建设内容。然后为各关键性目标制定具体的行动计划，制定目标完成的时间表，提出相应的资源配置方案，并提出具体指标、标准来约束和衡量各项目标所取得的成效。

　　（3）考虑采用战略目标实行责任人负责制

　　国内不少高校图书馆战略规划制定出来后，战略目标没有细化，更没有指定明确的负责人，这使得规划目标缺乏有效的责任保障。许多国外高校图书馆在战略目标体系中通过层层分解、细化，并指明具体的战略实施时间表和负责人。如"伦敦大学图书馆2011—2014战略规划"中明确指出在战略实施阶段，为每个战略规划发展方向确定责任人及其各自的职责所在[1]。

---

[1]　"UCL library services strategy（2011－2014）"，［2010－08－25］，http：//www．ucl．ac．uk/library/strategy－2011/af．shtml。

　　国内高校图书馆在战略目标实施过程中可采用责任人负责制或部门负责制，一般可考虑各部门主任承担，其职责主要有：首先，针对负责的战略发展领域，听取具体执行者有关战略规划目标进展的情况，及时了解自己负责的战略发展领域的具体实现情况，分析已经取得的成就和存在的差距；其次，向图书馆管理委员会以及图书馆战略规划委员会提交自己负责的战略发展领域规划目标的年中和年终进展情况报告，及时向战略规划委员会汇报战略实施进程中遇到的困难并寻求解决的策略。

　　（4）强调对战略规划实施的监控

　　国外高校图书馆在战略规划实施过程中非常重视对其进行监督与控制。为了保障战略规划的实施结果朝着预期的方向前进，图书馆会成立专门的督导委员会或者由图书馆战略制定阶段成立的战略规划组织承担战略规划实施的监控工作，它们既对图书馆战略规划实施给予全面的方向指导，又会严格控制战略规划实施的时间，并为战略规划的实施寻求充分的财力、物力和人力等多方面的保障和支持。上文中提到的英属哥伦比亚大学图书馆战略规划实施过程中就是由战略规划执行委员会随时将战略规划执行情况、遇到的困难等向图书馆董事会和大学主管领导进行正式或非正式的汇报，征求他们的意见，同时还以各种形式与图书馆员工进行公示形成互动，及时发现战略实施过程中存在的问题，采取有效措施，对战略规划进行及时调整、修正，甚至终止战略。

　　目前，我国高校图书馆战略规划实施的实际中，最薄弱的环节就是缺少对战略规划实施过程的监督和控制，使得战略规划在整个实施周期内过于死板，与图书馆环境及读者需求的变化相脱节，最终导致许多高校图书馆的战略规划效果大打折扣，甚至"流产"。因此，国内高校图书馆需要重视对战略规划的监控，战略规划实施的相关负责人需要对战略规划执行情况和实施效果开展季度报告、年度汇报，并及时对一定周期内战略规划的实施情况进行总结和调整。同时，高校图书馆战略规划实施过程中，要对教育、技术等环境实施动态监测，对图书馆战略目标进行及时调整。如我国的广东外国语外贸大学图书馆发展规划实施过程中受大学战略目标的变化、中国高等教育改革、信息技术发展在图书馆领域应用、图书馆自身发展变化等影响，对图书馆战略目标中的文献资源建设、读者服务、科学管理、人力资源等及时进行了调整①。

（5）需要健全战略规划实施评估机制

国外大学图书馆的战略规划实施的评估工作，一般是根据规划落实情况和实施效果的年度报告数据来开展的。如宾州米勒斯维尔（Millersville）大学图书馆的战略规划②实施评估就是根据战略指导委员会提供的年度计划成绩报告对每个目标的进度进行评价。有些图书馆直接把战略规划目标纳入绩效评估流程（PEP），定期审视和修订规划。如杜克大学图书馆战略规划实施中就采用此方法，将战略目标纳入绩效评估流程，并建立特定日期或时间对战略方案进行回顾和评估，如哪些项目已经完成，有什么需要修改，哪些新措施需要纳入战略方案中。此外，国外图书馆在前一规划周期结束，新的规划制定前要对旧规划进行综合评估与回顾，以保持规划项目的持续开展，同时为新规划的制定与实施提供宝贵经验。同样，杜克大学2010—2012年战略规划制定就是对上一个"2006—2010年"规划进行整体评估，在新规划中继续保留和推进那些持续进行中的项目，根据图书馆拥有的资源和能力取消一些难以实现的规划，并根据图书馆环境变化和新的发展趋势变更战略方向制定新的发展目标，最终形成新规划③。

通过问卷调查和访谈发现，国内高校图书馆战略实施中往往会忽视对战略计划进行定期评价，甚至在一个五年计划结束时，也没有对这五年的发展进行评估。因此，我国图书馆在战略规划实施中要重视对战略规划实施效果的评估，可以以年度评审作为支持，结合图书馆环境及自身条件变化对战略规划不断调整。同时，重视考察图书馆的发展和日常工作的开展是否按照规划进行和评估资源配置的实施效果。此外，图书馆可根据战略目标体系中设置的评估标准对战略规划进行评估，也可根据本馆战略规划

---

① 李敬平：《新形势下我国大学图书馆战略目标制定与调整之探讨——以广东外语外贸大学图书馆为例》，《图书馆论坛》2010年第10期，第156—158页。

② "Millersville university library strategic plan（1991 – 1995）"，［2010 – 12 – 15］，http：//catalogue. nla. gov. au/Record/5552479.

③ "Sharpening our vision：The Duke university libraries strategic plan for 2010 – 2012"，［2011 – 04 – 15］，http：//library. duke. edu/about/planning/2010 – 2012/sharpening_ our _ vision. pdf.

实际构建评估指标体系对战略规划进行全面、系统评估，亦可考虑将战略目标与图书馆开展的自评估相结合。最后，根据评估结果对图书馆各部门和个人实施奖励。

第二节　高校图书馆战略规划的组织

一　高校图书馆战略规划制定的组织实例分析

1. 伊利诺伊大学香槟分校图书馆战略规划组织

伊利诺伊大学香槟分校（UIUC）图书馆在过去许多年里就已经制定长期规划，它是由长期规划顾问委员会指导，该委员会主要由大学里不同系和学院的资深教师组成。2006 年规划①的制定也是由长期规划顾问委员会给予指导。规划过程中图书馆邀请图书馆专家、图书馆员工和学术专家共同讨论图书馆未来的职能，在图书馆总体发展方向上由图书馆执行委员会指导制定规划的具体实施策略，然后组织图书馆员工参与公开讨论并对规划进行修订和完善。UIUC 图书馆在整个规划制定中，不仅包含图书馆各部门主管，还以讨论会的形式将全馆员工吸纳到规划制定中，同时图书馆还以不同的形式将大学教授、学术专家以及图书馆专家融入规划之中，规划制定主体涉及图书馆内部和外部人员，呈现多元化形式。

2. 杜克大学图书馆战略规划组织

杜克大学图书馆制定的三份连续的战略规划，在制定一开始都成立了图书馆规划委员会为规划的制定和相关管理活动提供了组织保障，其成员主要涵盖了图书馆馆长、各部门主管、各分馆主管、专家顾问以及一般馆员。为了获取更多相关信息和修改意见以保证战略规划的质量和可操作性，规划委员会定期召开图书馆职员公开会议，所有馆员通过讨论会被邀请参与规划制定。规划初步制定出来以后，规划委员会向学校上级领导（教务长）、学术委员会、艺术与科学委员会等其他相关委员会及图书馆顾问团征求反馈

---

①　"University library strategic plan 2006 – 2010"，［2010 – 09 – 10］，http：//www. library. illinois. edu/lsd/documents/library_ strategic_ plan_ 2006. pdf.

意见。

　　总之，杜克大学图书馆战略规划制定主体呈现多元化，主要有馆长、图书馆各部门及分馆主管、专家顾问及部分馆员具体编制规划，而图书馆上级领导、图书馆顾问团、图书馆全体职工以及其他相关部门人员则以会议讨论的方式参与到图书馆规划制定中，为其提供修改和完善建议。杜克大学图书馆战略规划制定吸纳了该馆不同部门、不同级别的馆员，并邀请不同立场的利益相关者参与战略规划制定，这既有利于兼顾战略规划受益者的利益，丰富规划内容，又能拓宽图书馆的服务辐射范围，更好地实现其价值。

　　图书馆战略规划委员会成员共 9 人如下：Sean Aery，网站设计师，数字化项目部；Andy Armacost，馆藏发展主管和馆藏馆长；Jean Ferguson，主管，研究和参考服务；Diane Harvey，主管，图书馆教学和推广；Heidi Madden，西欧研究馆员；Andrea Novicki，院校的科学技术顾问；Lynne O'Brien（主席），主任，学院技术与教学服务；Natalie Sommerville，斯拉夫语言编目馆员以及临时馆长，专题编目组；Kim Burhop-Service，图书馆人力资源管理员（该组的顾问）。

3. 海南大学图书馆规划制定的组织

　　海南大学图书馆在制定"十一五"发展规划一开始，在馆领导的总体部署下，成立了规划制定委员会，为规划和相关管理活动提供了组织保障。规划编制过程中主要采取了"馆长牵头，全员参与"的办法，让各部门的业务骨干执笔，全体馆员参与讨论，全馆齐心协力制定规划，最后由馆长对规划进行协调、整合[1]。海南大学图书馆规划制定委员会作为组织发展规划的研发机构，其成员主要涵盖了图书馆正副馆长、各部门主任、该馆馆员以及专家顾问。但为了保证规划的制定质量，并对其进行补充修改，规划制定委员会也向学校上级领导、业内专家、相关部门领导、该省图书馆同行等代表进行组织研讨、征询意见。

　　总之，海南大学图书馆"十一五"发展规划的制定中，成立专门规划

---

[1] 海南大学图书馆五年规划课题组：《海南大学图书馆（2006—2010）五年发展规划》，铅印本，2005 年 12 月—2006 年 12 月。

制定机构，并进行明确分工，这为规划的制定提供了有力的组织保障。同时，规划编制和修改阶段，主要由该馆馆领导、部门主任、馆员对规划进行起草，图书馆读者、上级领导、业内专家、相关部门和全省图书馆界同行等以调研、会议研讨等方式对规划提供修改意见，整个图书馆规划制定主体呈现出多元化特点。海南大学图书馆（2006—2010）五年发展规划制定小组成员及分工①如下：顾问：安邦建；组长：詹长智（馆长）；副组长：李春（副馆长）、陈俊（副馆长）；成员：资源建设部（卢家政、张敏、蔡瑞平）、基础服务部（杜玲、张英）、咨询服务部（李明、吉家凡）、"三化"建设部（林维波、吴伟强）、文献中心建设（李哲汇、王小会）、地方文献建设（王小会、钟哲辉、张朔人）、二级馆建设（陈俊霖、周姗、李保红）、人力资源建设（李春、张敏、胡景卫）、科学管理（吉家凡、安邦建）、交流与合作（张建媛、许苗）、科学研究（詹长智）、海南大学图书馆简史（胡景卫、吉家凡）。

4. 案例小结

对国内外高校图书馆战略规划的制定组织进行详细分析，发现它们在战略规划开始阶段都成立了专门的战略规划委员会或工作小组统筹规划工作，并确定战略制定参与人员。这些委员会和工作小组都由馆长任命，其成员主要涵盖了图书馆馆长、各部门主任、专家顾问和图书馆普通工作人员。在战略规划制定过程中都重视全体馆员的参与，并采用问卷调查、座谈会、访谈等多种形式向图书馆读者、相关专家、同行征求意见并对规划进行补充。由此可见，本项目构建的图书馆战略规划组织模型在高校图书馆具有适用性。

为进一步验证组织模型在高校图书馆制定中的适用性，本课题组开展了专家访谈，王子舟教授结合其参与的该校图书馆"十一五"规划的经验，指出："高校图书馆战略规划制定中若成立专门的组织机构负责规划制定以及后期的实施与评价固然重要，但是成立一个长久的、专门的战略规划部门需要一定的资金支持和人员编制配给，当前国内图书馆受

---

① 海南大学图书馆五年规划课题组：《海南大学图书馆（2006—2010）五年发展规划》，铅印本，2005 年 12 月—2006 年 12 月。

经费制约成立战略规划部门的时机并未成熟，但是战略规划制定'需要专人负责推进'，我国高校图书馆在制定战略规划时可考虑从各部门抽取一定人员与外部人员联合形成临时小组开展制定工作，一旦战略制定，其监控、评估等工作则属于正常工作范围，由馆领导组织实施即可。关于战略规划制定人员问题，考虑图书馆内部与外部人员的共同参与是非常有必要的，高校图书馆馆长在整个规划制定中主要承担决策的职责，规划的制定人员负责规划的编制主要由本馆的部门领导和一般人员构成，另外主管图书馆的校领导、学生和教师代表、本馆一般馆员、外部专家及其他人员可以各种途径参与规划制定，为规划的修订与完善提供意见。"由此可见，高校图书馆的战略规划制定组织可根据图书馆实际成立专门机构或临时制定小组，规划制定参与人员不仅包含馆内人员还应以各种形式邀请馆外人员的参与，这与本课题组构建的图书馆战略规划组织模型具有一致性。

二　高校图书馆战略规划组织的相关问题

1. 迫切需要构建战略规划委员会负责战略规划制定与实施相关工作

上文中，通过对国内外几所高校图书馆战略规划组织的具体分析，发现它们在战略规划开始阶段都成立了专门的"战略规划委员会"或工作小组统筹规划工作。在进行的全国性问卷调查中，超过82.39%的高校被调查者赞同成立专门的战略规划制定委员会，其中包含20%的被调查者认为"非常有必要"成立战略规划制定委员会和62.39%的被调查者认为"有必要"成立。由此可见，我国高校图书馆战略规划过程中有必要成立专门性的图书馆战略规划委员会或工作小组承担规划的研发工作，为战略规划制定工作提供有力的组织保障。

2. 图书馆战略规划制定参与主体要体现多元化特征

在图书馆战略规划组织模型中已经提到，战略规划制定委员会不仅包括图书馆内部人员还包括图书馆外部人员。相应地，高校图书馆的战略规划制定团队也要包括内部与外部人员。本研究对九份国外高校图书馆战略规划文本进行分析，其中涉及的战略规划人员组成如表5-3所示。

表 5 - 3　国外部分高校图书馆战略规划的人员构成

序号	机构名称	规划时间	规划机构名称	人员构成
1	加拿大英属哥伦比亚大学图书馆	2004—2007	规划指导委员会	馆长、副馆长、馆长助理、各院系主任、有关职能部门负责人等17人
2	美国布鲁肯斯大学图书馆	2006—2011	战略规划小组	馆长、服务馆员、技术人员、服务主管、行政秘书、编目主任、教育技术主管、档案馆人员、学生、学生助理员工等14人
3	美国东南大学图书馆	2008—2013	战略规划委员会	职业服务办事处主任、教学事务院代理院长、财务总监、通识教育部教授、教师、员工、学生代表等23人
4	美国新墨西哥州立大学图书馆	1997—2002	计划委员会	馆长、8名图书馆成员和3名来自大学社区的成员等12人
5	杜克大学图书馆	2000—2004	战略规划委员会	馆长、分馆负责人、专家顾问、教学与推广部门主任、研究馆员、研究与参考服务主管等9人
6	伊利诺伊香槟分校图书馆	2006—2009	长期规划顾问委员会	图书馆9个部门通力协作图书馆未来学家与图书馆的教职工和学术专家等
7	威斯康星大学密尔沃基分校图书馆	2007—2010	规划委员会	馆长、图书馆工作人员,以及来自校园和社区的代表
8	英国基尔大学图书馆	2007—2010	战略规划组	专业图书馆员、其他员工和主要的股东(如图书馆顾问委员会成员和科研服务总监)等
9	哥伦比亚大学图书馆	2006—2009	战略规划组	馆长、副馆长、大学图书馆行政办公室助理、编目馆员、编目部主任、数字化项目主任、馆藏发展主任、系统办公室主任等11人

资料来源: 本研究整理。

　　由表 5 - 3 可知, 国外高校图书馆战略规划委员会的成员构成除校级主管领导和馆长、部门主任等中级管理人员、馆员代表外, 还有专业咨询顾问、社区代表及学生、教师代表等参加。这种多元化的战略规划制定主体对我国高校图书馆战略规划组织人员的配置具有重要借鉴意义。

　　借鉴图书馆战略规划一般组织模型和国外高校图书馆规划实践, 并结合我国高校图书馆发展特征, 本研究认为国内高校图书馆战略规划团队应由以下人员参与：

图书馆内部人员：主要涉及图书馆馆长（包括馆长、副馆长、馆长助理）、图书馆党团工会（包括党委书记、工会教代会主席、团委书记）、图书馆中层干部（主要指图书馆各部门主任）、图书馆各职能部门一般馆员代表。

图书馆外部参与人员：主要涉及图书馆上级领导（主管高校图书馆的校级领导）、相关专家和同行（包括图书馆学专家、咨询机构顾问、其他高校图书馆领导等）、大学各院系领导、学生组织与社团（包括学生社团、主管本科生和研究生的学工部和研工部等）、图书馆读者组织代表（如图书馆读书会、图书馆学生工作管理委员会等）、图书馆读者（主要指大学各院系教师和学生代表以及少数社区读者代表）。

上述的高校图书馆战略规划制定参与人员，并不是都直接参与图书馆战略规划制定的具体工作。高校图书馆内部参与人员中图书馆馆长与图书馆党团工会领导，在图书馆战略规划制定中一般发挥统领、决策的作用，不直接参与图书馆战略规划具体操作实务，而图书馆中层干部和普通工作人员代表则更多地会直接参与战略分析、制定、实施的具体工作。图书馆外部参与人员更多的是通过座谈会、读者意见箱、网络公告等多种方式，为图书馆各战略方案提供修改意见。

3. 聘请专业咨询机构与图书馆合作制定战略规划将成为一种趋势

目前，无论是具体实践经验的积累，还是图书馆管理者对此实践的思想认识的不断深入、咨询条件更为成熟，都使得高校图书馆聘请专业咨询机构参与战略规划制定具有一定的可行性。在国外高校图书馆实践中，许多图书馆都非常重视聘请专业咨询机构，承担高校图书馆战略规划制定部分工作，协助图书馆战略规划的制定。如王子乔治郡纪念图书馆聘请 Providence Associates 公司协助完成的 1995—2000 年规划。这种方式将专业机构战略规划方式引入图书馆与图书馆内部管理者紧密联系，既能保证规划内容和体例的规范，又能及时、全面地分析图书馆情况体现图书馆自身特色。目前，国内高校图书馆战略规划制定过程中仅有少数图书馆聘请专门的咨询机构，如大学数字图书馆国际合作计划（China Academic Digital Associative Library, CADAL）制定的"第二期"发展规划，主要就是雇佣了专门的咨询机构负责规划的制定①。本项目开展的问卷调查显示，有 46.54% 的高校图书馆被调查者认为外部机构和图书馆联合制定图书馆的战略规划是最佳方式。同时，根据专家访谈，多数被访专家均强调在经费、外部战略咨询机构发展成熟的前提下，未来图书馆可考虑聘请咨询机构对图书馆战略规划制定的指导。这表明我国高校图书馆战略规划实践中聘请专业咨询机构不同程度地参与战略规划制定，已经得到图书馆管理者与多数图书馆学专家的认可。

4. 高校图书馆战略规划制定的各类参与主体的职能分工要明确

由上文可知，高校图书馆战略规划制定过程中，馆领导（馆长、副馆长等）、中层干部（各部门主任）、普通工作人员等内部制定主体与校级领导、专家、学生、教师等外部制定主体，通过明确的职能分工、角色定位共同推进图书馆战略规划的制定。图书馆战略规划制定中涉及的人员较多，每个成员都要有不同的任务分工，只有明确的任务分工，才能保证战略规划有条不紊地制定，并且根据任务分工可以随时检测图书馆内外环境变动，对规划及时作出调整。

第一，充分发挥馆长在图书馆战略规划各阶段的作用。馆长作为图书馆的高层管理者，行使决策权，其职责主要是掌握政策、把握方向、制定方针和发展规划，是图书馆战略规划制定的最重要的决策主体与责任者。正如《普通高等学校图书馆规程》中明确指出"馆长主持全馆工作，领导制订发展规划、规章制度、工作计划及经费预算，组织贯彻实施"②。有些大学图书馆的《图书馆馆长工作职责》明确规定"馆长负责制定图书馆发展规划、年度计划与经费预算，审批经费分配、使用和开支，拟定图书馆用房和设备增添计划"③。上文案例中，图书馆战略规划制定过程中，都强调馆长的积极参与，对图书馆战略规划制定的各项工作发挥领导、协调、促进的作用。高校图书馆馆长需要具有战略眼光，并对图书馆战略方向的把握、战略目标的理解、战略资源的整合以及战略规划的制定和实施负有重

---

① 注：来自对专家郑建明教授的访谈。

② 《普通高等学校图书馆规程》，（2010 – 02 – 26），http：//www. scal. edu. cn/courseInfoView. html? courseInfoId = 161。

③ 《甘肃农业大学图书馆馆长工作职责》，（2010 – 03 – 04），http：//lib. gsau. edu. cn/djysz/ gzgwzz. htm。

要责任。

第二，清晰界定图书馆中层干部责任。目前，国内高校图书馆的机构设置中，大多是实行馆长—部（室）主任（分馆馆长）—工作人员三级责任制。由图书馆各部（室）主任和分馆馆长构成的图书馆中层干部，在图书馆业务部门战略制定和图书馆整体战略目标进行部门分解过程中承担重要职责。本项目开展的有关"如果您所在单位制定战略规划，您对参与制定工作的态度"问题的调查，结果显示超过94%的高校图书馆中层干部愿意参加战略规划工作。在战略制定中中层干部的主要责任是承担部门发展计划与战略的制定。在图书馆总体发展目标的指导下，中层干部制定各业务部门的职能战略，确定其战略目标。例如海南大学"十一五"发展规划制定过程中，就采用"馆长领导，全馆参与"的方式，先由馆长明确图书馆总体发展目标，然后由图书馆各部门根据本部门实际来制定部门计划，然后将部门计划汇总并由馆长统筹协调，形成全馆战略规划的一部分。一定程度上，中层干部是图书馆业务战略的主要制定主体，也是总体战略制定的重要参与主体。其次，中层干部可以通过会议、座谈等方式，直接参与图书馆的整体战略制定，提出自己的观点与意见。

第三，鼓励图书馆工作人员积极参与战略规划实践。高校图书馆工作人员是图书馆各项政策、计划的直接实践者，同样，图书馆普通工作人员也是战略规划的具体践行者，其在战略制定中可扮演三种角色。一是作为图书馆战略规划制定小组成员直接参与战略制定工作，协助进行环境分析、委员会会议筹备、会议记录等具体工作，并为图书馆使命、愿景及战略目标的制定提供发展建议。如东南大学图书馆2008—2013年战略规划[1]和哥伦比亚大学图书馆2006—2009年战略规划[2]小组中都有普通工作人员的直接参与，但并不是所有工作人员都参与，而只有几个工作人员代表参与；二是作为图书馆战略规划修改与完善的战略咨询者，通过全馆大会、邮件、论坛等形式，平

---

[1]　《东南大学图书馆2008—2013年战略规划》，（2010 – 05 – 25），http：//www. southeastern. edu/docs/StrategicPlan2008_ 2013. pdf.

[2]　"Columbia university libraries strategic plan（2006 – 2009）"，［2010 – 05 – 25］，http：//www. columbia. edu/cu/lweb/img/assets/6675/strategicplan_ 2002 – 2009. pdf.

等、自由地参与到委员会的讨论中，为图书馆战略规划提供反馈意见。如英属哥伦比亚大学图书馆 2004—2007 年战略规划[①]由图书馆馆员的咨询理事会（ULAC）的一个小组委员会负责制定，但规划进程中的每一阶段都会不断通过普通工作人员会议及电子邮件的方式，向所有图书馆工作人员征求意见和反馈；三是通过日常工作的开展，发现图书馆战略的问题，提供反馈性建议，以实现图书馆战略规划的动态调整。

第四，重视高校图书馆所属大学的校级图书馆主管领导。高校图书馆是其所在大学的一部分，图书馆战略规划的制定受到大学性质、发展定位及其战略规划的影响，如海南大学图书馆"十一五"发展规划、基尔大学图书馆战略规划以及阿萨巴斯卡大学图书馆 2009—2011 年战略规划都是依据所属大学的战略规划制定的。图书馆制定的战略规划是否具有可操作性、是否符合或有助于大学战略规划的实现，这都需要得到主管图书馆的校级领导的认可。主管图书馆的校级领导在图书馆战略规划制定中扮演三种角色：一是负责主持图书馆战略规划的制定，根据国外高校图书馆战略规划制定主体进行分析，发现 14.42% 的图书馆战略规划是由该馆所在大学负责制定的；二是作为战略规划修改意见的征询对象，通过座谈会、网络、问卷等多种形式为图书馆使命、愿景、战略目标等的制定提供修改意见；三是作为战略规划的审定者，最终通过战略规划。国外高校图书馆的战略规划经过多轮讨论修改之后，将最终确定的文本提交校级主管领导，以获得批准。如杜克大学图书馆 2006—2010 年战略规划经过多轮修改和完善，提交学校教务长经其同意之后，在图书馆网站进行发布推广。

第五，积极鼓励教师和学生参与图书馆战略规划的制定与实施全过程，从读者视角为图书馆战略规划实践提供意见。本课题组开展的关于"图书馆战略规划读者参与环节认知分布"的调查结果显示，90% 以上的被调查者认为在图书馆制定战略规划中，读者的参与和来自读者的意见对于战略规划制定必不可少。而对于读者应该参与的环节，被调查者普遍认可的选项是"调研分析"（42.78%）、"征求意见"（22.54%）、"效果评价"（19.64%）

---

① "The university of British Columbia libraries strategic plan（2004 – 2007）"，［2010 – 05 – 25］，http：//www. library. ubc. ca/home/planning/.

三个环节。读者代表直接参与战略制定的形式在国外高校图书馆战略规划制定中较为普遍。前面案例分析中，各图书馆战略规划制定过程中均有大学教师和学生以读者身份参与战略规划制定，如美国的布鲁肯斯大学图书馆战略制定团队中就有学生、教师、院系主任等读者代表参加，读者意见在具体战略内容中占很大比重。我国高校图书馆战略规划制定中，读者主要以间接的方式参与，主要是将自身或所代表群体的信息需求及对图书馆服务质量的评价反馈给图书馆，作为战略制定的一个现实基础，引导图书馆未来的工作。此外，读者还可以通过座谈会、听证会、BBS、Facebook 等形式间接参与战略制定工作。同时，要充分发挥高校图书馆学生管理工作委员会或学生管理委员会以及师生咨询委员会的作用，为教师和学生参与图书馆战略规划搭建沟通桥梁。总之，高校图书馆应注意将教师和学生需求及反馈意见等信息纳入图书馆战略规划的各环节，而教师和学生应及时将自身的战略需求反馈给图书馆，评价已有战略的合理性与可行性，为图书馆战略规划的修订、补充、完善提供建议。

第六，邀请其他高校图书馆管理者、图书馆学知名专家、企业或非营利组织战略管理专家与学者以及咨询机构顾问等为图书馆战略规划制定献计献策。外部专家首先考虑以战略规划制定团队人员的身份直接参与图书馆战略制定，为规划制定提供专业理论指导。如南开大学图书馆"十一五"规划制定过程中，由南开大学图书馆学教授柯平专家作为战略规划执行小组组长，负责规划的具体制定工作。还有北京大学文献资源保障体系 2009—2012 年建设纲要起草过程中，是由北京大学图书馆馆长负责组建制定小组并起草规划初稿，然后由北京大学信息管理系教授王子舟在系里组建一个班子，对初稿进行修改，最后统一汇总并集中再次修改，这样就从理论与实践两个角度对规划进行了完善，保证了规划的前瞻性与可操作性。此外，外部专家以顾问的形式参与规划，凭借其掌握的丰富管理与实践经验以及相关理论知识，帮助图书馆解决战略制定过程中的困难。高校图书馆通过组织专家座谈、专家评定会等方式就制定的战略目标、战略实施策略与评价等征求修改意见。如海南大学图书馆"十一五"发展规划起草之后，就借助海南省高等学校图书馆工作指导委员会召开会议之时，向图书馆学者、该省其他高校图书馆馆长等征求修改意见，并通过专家认证。

5. 图书馆战略规划实践要求图书馆馆长和工作人员具备新的素质和能力

图书馆战略规划是一项面向未来、具有前瞻性的实践活动，它对图书馆管理者及工作人员素质和能力提出新的要求。馆长是高校图书馆战略制定的重要决策者，而高校图书馆工作人员是战略规划的执行主体，他们在战略制定与实施中都发挥重要作用，那么具有什么样的素质与能力的馆长和图书馆工作人员才能保证战略规划有效地制定与实施呢？

首先，高校图书馆馆长需要增强其战略性思维。本研究对国内外图书馆战略规划现状进行分析，发现我国与国外图书馆在战略实践方面存在很大差异，国外战略规划已经非常普遍，而我国图书馆战略规划才刚刚起步。在本课题组进一步与部分图书馆馆长进行访谈中发现，他们普遍缺乏战略规划意识，更令人吃惊的是，一些近几年颇受关注、颇有影响的图书馆馆长对战略规划反应冷淡，甚至认为一个图书馆不需要战略规划[1]。对于高校图书馆馆长，要增强他们的战略规划意识，让其充分认识战略规划对于图书馆的意义，有助于使战略规划在图书馆实践中普遍受到重视。高校图书馆馆长除了要认识到战略规划的重要意义外，还需要站在长远和全局的角度正确认识图书馆的管理问题，而不是仅仅关注眼前的、短期的发展。他们需要深刻理解和把握战略的精髓，在把握图书馆宏观发展方向的基础上，将图书馆有限的资源集中投入到最有希望、最有实力体现本馆自身特色与优势的方面，集中精力利用本馆优势，借助各种发展机遇推进本馆的发展。

其次，要加强高校图书馆馆长的沟通协调能力。馆长的沟通协调能力一般指馆长与馆内工作人员、馆外主管部门、外部公众或其他社会组织之间发生的，"旨在完成组织目标而进行的多种多样的形式、内容与层次的沟通"[2]。目前，我国高校图书馆馆长大部分是由研究学者承担，一般容易忽视其沟通能力。高校图书馆战略规划的制定与实施是一个复杂的过程，战略制定过程中不同的利益相关者参与其中，他们会对图书馆的战略目标及实施策略有不同的认识，此时需要馆长能够开展有效的沟通，协调各参与人员，使他们对图书馆发展方向达成共识，以便形成图书馆战略方案。在

---

[1] 柯平：《我们需要什么样的馆长》，《国家图书馆学刊》2011 年第 1 期，第 6—11 页。
[2] 唐承秀：《图书馆内部管理沟通》，天津大学出版社 2009 年版，第 5 页。

战略实施阶段，对于战略目标、规划的理解也会因个人的经历、地位、思维习惯等不同而呈现差异。为了使图书馆工作人员及各部门战略推进人员对战略目标的理解最接近战略制定者的意图，就需要战略制定者对战略做出解释及进行有效的沟通。这就要求馆长具有较强的沟通能力，能对战略规划进行有效宣传，解释战略制定者的意图，以确保战略相关者能准确、全面地理解战略并明确他们在战略执行中需要完成的任务，从而保证战略规划的有效实施。

最后，高校图书馆馆长要锻炼其对高等教育和图书馆行业发展预测的能力。高校图书馆发展直接受国家文化、高等教育等政策和法规的影响，这些因素也是高校图书馆战略定位所必须考虑的外部环境。因此高校图书馆馆长应该具有正确理解这些政策、法规的能力，敏锐感知和掌握有利于图书馆发展的外部机遇，审时度势，及时做出正确的战略决策。除了宏观政策与法规外，高校图书馆馆长还要对所属大学的科学研究和学科建设等有所掌握。此外，高校图书馆的战略规划是面向未来发展的，馆长还要研究和掌握高校图书馆的发展规律，对图书馆组织内部的构架及其运作方式、图书馆的决策体系、图书馆的人才培养、图书馆行业发展趋势等进行准确把握。

高校图书馆战略规划实践中，除了要求馆长增强战略规划意识、沟通协调能力以及对高等教育和图书馆行业发展趋势的预测能力外，高校图书馆中层干部和普通工作人员也要加强其战略意识。高校图书馆战略规划启动和准备阶段，图书馆馆长可以通过全馆动员大会的形式宣传战略规划的重要性，增强工作人员战略意识。同时，组织开展形式多样、活跃的战略研讨活动和战略规划相关培训，增强工作人员战略规划技能。高校图书馆战略规划制定与实施阶段，图书馆工作人员作为主要的执行者，为了保证制定的图书馆规划与大学发展目标、大学院系发展期望、学科发展以及教师和学生群体的需求等相协调、适宜，图书馆中层干部和图书馆工作人员，尤其是图书馆学科馆员或学科联络员，需要具有较强的沟通与协调能力，实现工作人员之间、工作人员与管理者之间、图书馆与院系之间、图书馆与学科带头人之间、图书馆与教师和学生之间的有效沟通。同时，高校图书馆中层干部和图书馆工作人员需要积极参加学校内的各种沟通会、读者交流会等，积极交流互动，为图书馆战略规划制定汇集来自不同群体的呼声。

第三节　高校图书馆战略规划的影响因素

图书馆战略规划制定会受到多种因素的影响和制约。为保证战略规划的有效性和科学性，图书馆在制定规划的过程中就需要对各种影响规划制定的因素进行分析与预测，以提高对各种环境变化的及时应变能力。本节主要从归纳与分析高校图书馆战略规划影响因素着手，对我国高校图书馆的战略影响因素进行具体分析，以期为我国高校图书馆提供参考。

一　高校图书馆战略规划影响因素的实例与调查分析

1. 实例分析

（1）伊利诺伊大学香槟分校图书馆战略规划制定的影响因素

UIUC 图书馆在规划制定整个过程中都十分重视对战略规划各种影响因素的分析与预测。UIUC 图书馆的战略规划目标体系是以总目标—战略—现状—分目标—资源的方式展开的，在每一个具体战略之后，对影响战略目标实施的因素进行了分析，根据图书馆自身的优势、劣势进一步制定具体的分目标以保证总体目标的实施。如在"增强我们提供所有格式内容和提高图书馆用户访问的能力"这一总目标下的一个战略是"收集对 UIUC 员工和学生有用的所有领域和格式的资料，以满足图书馆用户的现有与新兴需求"。基于该战略，图书馆分析了相关环境，即"在格式上，目前大多数资料是依据明确的收藏目的而被收集起来的；资金是以阻碍机动性、妨碍我们对新兴学科与跨学科筹资的方式进行分配的"。然后，图书馆针对这一环境要素确立了未来五年的具体发展目标为"确保旧格式资源是可读的或可转换的；跟上新格式资源建设并构建此方面开发能力；提供先进的基础设施来授权内容与解决纷争问题；建立灵活的资金分配，使资金流向新兴研究与教学领域"，由此可以看出这一具体目标的制定是根据图书馆相应的环境要素来制定的，因此图书馆各类内、外部环境要素对战略制定的影响很大。UIUC 图书馆的战略规划针对每个战略目标进行了具有较强针对性的影响因素分析，涉及的因素较多。在规划制定过程中，UIUC 图书馆对图书馆发展环境作了 SWOT 分析，总结了自身的优势、劣势、机会与挑战，为整个战略目标的制定提供参考。具体分析如表 5 - 4 所示。

表 5 - 4　伊利诺伊大学香槟分校图书馆战略环境的 SWOT 分析

SWOT	研究/学术	教育	参与/服务	经济发展
优势	强大的教师和员工团队（拥有许多年轻教师）馆藏和保存国际地位	同步和在线服务致力于信息素养教育	在州和全国图书馆联盟中多年领导地位社区员工,承诺为专业组织服务	图书馆是本地、州、国内和国际各团体的主要信息来源
劣势	长期的资金缺乏导致馆藏优势下降直到 2000 年才有综合保存项目在 UIUC 教授的新的兴趣领域内缺乏学科专门知识灰色文献获取和编目	便利的基础设施缺乏资金不足导致难以获得和使用一些新信息技术脆弱的评估文化	宣传工作没有得到很好的协调参与的奖励制度不清楚	不能很好地把握在经济发展中所扮演的角色收费服务违背了开放获取的某些服务理念
机遇	伊利诺伊学习、学术资源获取的数字环境建设成为校园里信息和知识的转化者大量的资源的数字化和获取使特色馆藏更容易获取	通过其他手段整合服务图书馆服务品牌化与 Mortenson 中心合作伙伴关系和活动形成新的服务传递和服务方式	影响联盟以免费或较低的费用提供重要资源和服务图书馆服务的价值在于为本地和国家的推广活动奠定良好的基础有机会成为信息和知识的转化者	需要积极寻求外部资金（捐赠、基金会、私营部门）开发创业项目以增加收入
威胁	物理设施的条件威胁着馆藏,并阻碍了科学研究没有足够的资金投入的数字图书馆项目	学术界以外的信息提供者(如 Google、Amazon)	—	没有与图书馆同行相等的设施,将无法吸引世界级的馆藏

资料来源：本研究整理。

综合 UIUC 图书馆战略规划的目标体系中针对每项具体目标而开展的图书馆环境分析和图书馆总体 SWOT 分析，可以归纳出 UIUC 图书馆战略规划的影响要素主要包括图书馆内部影响因素和图书馆外部影响因素。内部影响因素涉及图书馆各种类型的馆藏资源、图书馆各类服务设施与技术、图书馆人力资源保障、图书馆文化、图书馆财政、图书馆管理等方面。外部环境主要涉及社会各类与 UIUC 图书馆相关的政策法律、行业环境分析、竞争环境分析、图书馆读者需求分析、大学学术教育环境与发展趋势分析等因素。

（2）杜克大学图书馆战略规划制定的影响因素

杜克大学图书馆在战略规划制定的一开始就十分重视各类因素对规划的影响，三个战略规划的制定工作都是从图书馆内外环境数据的获取与分析开始。在获取的两份规划文本中都设有专门的环境分析部分。

"2006—2010 年人与理念的联结"规划文本中在环境评估部分，图书馆规划人员对图书馆用户信息获取途径的期望、图书馆空间构造与使用、馆员培训、图书馆新技术应用、图书馆馆藏等现状进行了描述，并对图书馆面对的持续发展的技术，其他提供信息服务的竞争机构的快速发展（如 Google、Amazon 和其他搜索引擎的发展），交叉学科研究的发展需要图书馆对馆藏、服务和设施进行重新组织，校园图书馆服务的和谐（图书馆应该寻求一致的服务模式、由整合的基础设施提供的高效的服务和技术服务），馆员培训等挑战进行的分析。通过对图书馆发展现状和发展挑战进行分析，总结图书馆自身发展优势与劣势，为确定图书馆发展愿景与战略目标奠定基础，最终确保制定的战略规划与图书馆实际发展相适应。

"2010—2012 年开阔我们的视野"规划中，杜克大学图书馆的规划人员以附录的方式对图书馆战略规划制定过程中需考虑的因素进行了详细分析，并且在分析各要素下面详细列举当前取得的成功实例和挑战的实例。影响杜克大学战略规划制定的因素主要包括：杜克大学的战略定位及战略规划方案、杜克大学在未来几年内的运作成本将缩减、图书馆应重视资源利用的效率和效益、重视大局思考的价值、了解用户体验、探索新的建立研究和教学伙伴关系的机会、协同学习与工作模式的成长、数字化资料与工具和服务越来越受重视、工作人员的终身学习等。

（3）马里兰大学图书馆战略规划

马里兰大学图书馆 2005—2007 年战略规划中以附录的形式呈现了图书馆战略环境扫描。在规划工作的早期，任务规划组花了相当多的时间来重温大量的文件，其中有一些是图书馆自己以往的战略规划，如，图书馆 2001年战略规划和 2003 年"无处不在的图书馆"，而大多数来自外部环境要素的分析，那就是对虚拟环境中各种变化、趋势、因素等的评估。

图书馆战略规划制定中的内部影响因素主要有：马里兰大学图书馆内部的经费、员工、用户等状况。外部影响因素主要有：马里兰州的经济发展状况以及对马里兰大学的财政投入、马里兰大学的财政、大学定位等；马里兰大学图书馆的机构同行发展，引用研究性图书馆学会统计数据从馆藏量、增加馆藏量、财政支出、员工总量等方面与马里兰大学进行对比；引用 OCLC 公布的"模式再认识"报告以把握大学图书馆总体发展趋势及问题，报告包括社会环境、经济环境、技术构建环境、研究和学习环境变化、图书馆环境的社会发展趋势、技术趋势、未来框架等方面。

（4）海南大学图书馆发展规划制定的影响因素

海南大学图书馆发展规划包括一个总体战略和十二个专项规划。在制定海南大学图书馆的总体战略时，战略制定人员首先考虑到大学的战略规划直接影响着图书馆战略总体目标的选择。海南大学的（2006—2010）中长期发展规划中提出，"争取到 2020 年，把海南大学建成具有鲜明办学特色、在全国高校中有一定影响力的、较高水平的教学研究型地方性综合大学，成为海南省经济建设与社会发展中知识创新、人才培养和社会服务的重要基地，为当地社会经济发展提供强有力的人才支持和知识贡献"。为适应海南大学在新的历史阶段发展的新形势和新要求，海南大学图书馆调整办馆思路，提出了通过强化自身的科研工作，逐渐形成文献研究和现代信息服务的基本框架和工作流程，致力于建设一座有特色的、与大学和海南发展相配套的"研究型图书馆"的战略总目标。同时考虑到高校图书馆相关政策法规，如《普通高等学校图书馆规程（修订)》对图书馆战略制定也产生影响。

十二个专项规划涉及图书馆的所有部门，其中详细分析了专项规划制定的影响因素或图书馆各部门现状。各专项规划的制定的影响因素主要包括文献资源建设现状、基础服务现状、咨询与知识服务现状、图书馆技术基础、数字图书馆建设成就、科学管理取得的成就与存在问题、图书馆人力资源现状与特点、图书馆二级馆建设、学术与科研发展现状、图书馆国际交流与合作等方面。在专项规划制定过程中，除了对该馆各部门的实际状况进行分析外，还非常重视对该地区、全国和世界范围内相应于该部门发展现状与趋势的分析，例如在人力资源专项规划中，在分析海南大学图书馆人力资源建设与培训现状之后，对国内外图书馆人力资源开发管理的发展动态——由"权本管理"转变为"能本管理"，建立科学合理的选人、育人和管理机制，重视人事管理制度改革，建立和完善激励机制等进行了详细的介绍，对图书馆人力资源建设目标进行了指导；在图书馆二级馆建设中也分析国内其他地区高校二级图书馆建设的经验。

海南大学图书馆"十一五"发展规划制定过程中涉及的影响因素分析如图 5 – 3 所示。

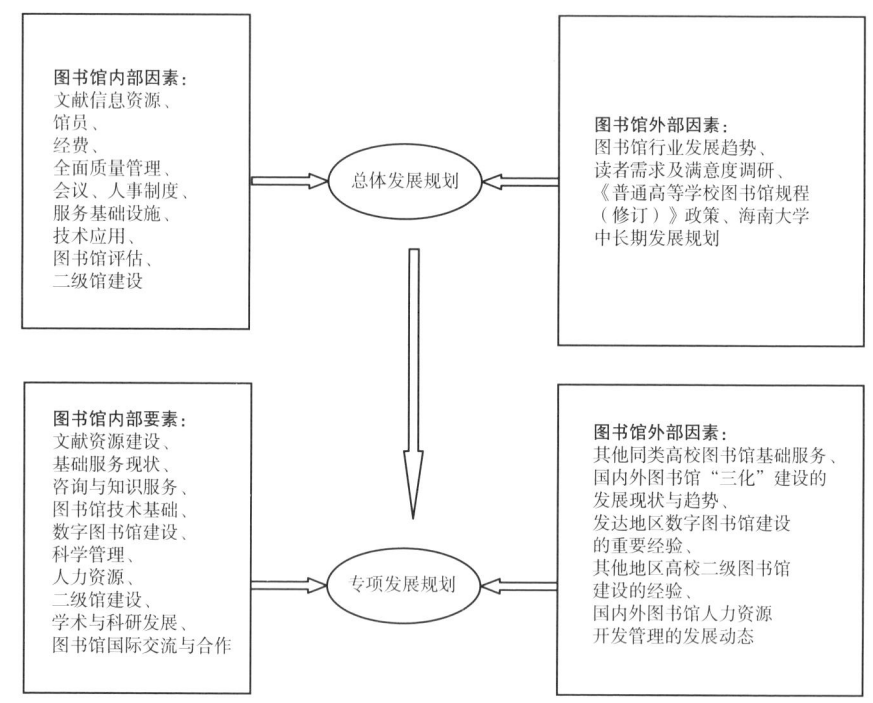

图 5 – 3　海南大学图书馆"十一五"发展规划制定的影响因素

资料来源：本研究整理。

（5）实例小结

综合分析四所高校图书馆战略规划制定的影响因素，可以发现它们主要涉及图书馆内部影响因素和外部影响因素两大类。内部影响因素主要涉及图书馆的资源要素（文献资源、人力资源、设施、财政资源等）、组织要素（图书馆管理、图书馆评估、制度等）、服务要素（服务方式、服务对象等）；外部影响因素主要包括图书馆的社会环境（经济、技术、教育发展趋势、法律等）、行业环境（高校图书馆发展趋势、图书馆联盟状况等）、利益相关者（读者、其他高校图书馆发展经验、大学的发展状况等）。高校图书馆战略规划环境因素如图 5-4 所示。

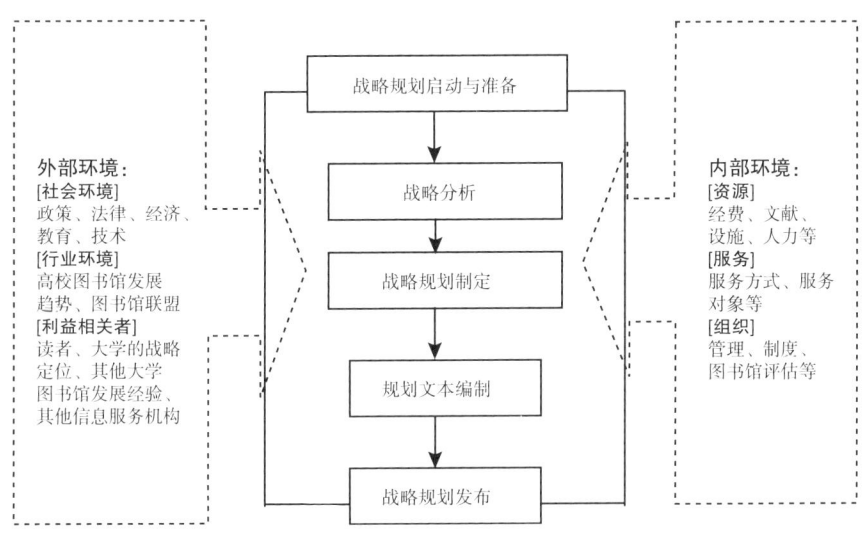

图 5-4 高校图书馆战略规划的影响因素

资料来源：本研究整理。

2. 高校图书馆战略规划影响因素的调查分析

本部分为了考察高校图书馆战略规划制定影响因素的独特性，专门探讨了高校图书馆被调查者对图书馆战略规划制定的内外部影响因素的认识态度，结果如下：

（1）内部影响因素

本部分主要从经费、馆藏、建筑、服务方式、服务对象、服务项目、组织机制、人才队伍建设、管理制度九个方面考察高校图书馆内部因素对战略规划制定的影响。

图 5-5 中的调查结果显示，大部分被调查者认为经费是影响图书馆战略规划制定的最主要的内部因素，占 72.67%。其次，有 56.11% 的被调查者认为人才队伍建设影响图书馆战略规划的制定。此外，图书馆的管理制

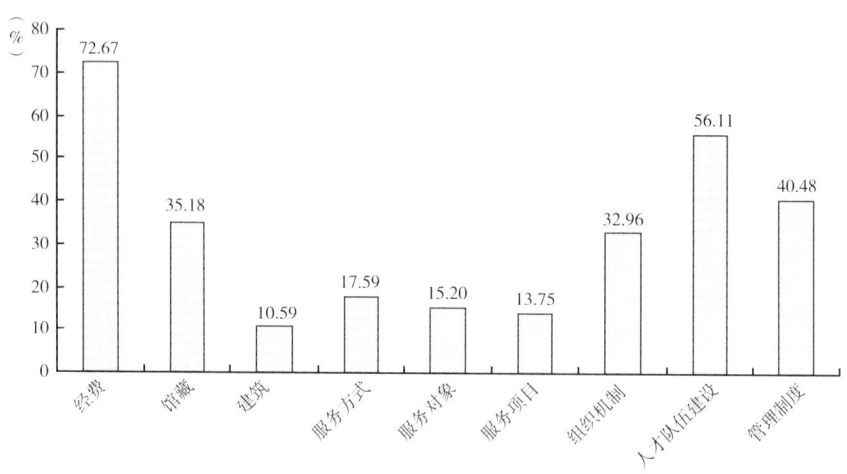

图 5 - 5　对高校图书馆战略规划内部影响因素的认识

资料来源：本研究整理。

度、馆藏和组织机制也受到了不同程度上的重视，分别占 40.48%、35.18% 和 32.96%。最后，图书馆建筑、服务方式、服务对象、服务项目也受到了一小部分被调查者的认同。

（2）外部影响因素

本部分主要从政治环境、经济环境、技术环境、法律环境、行业环境、教育环境、读者需求、读者满意度等 11 个方面考察了影响高校图书馆战略规划的外部影响因素。调查结果如图 5 - 6 所示。

调查结果显示，与图书馆战略规划制定影响因素整体调查结论相同，最受重视的外部影响因素是经济环境，受到一半以上被调查者的认同；其次是读者需求和技术环境；与整体调查结论不同的是教育环境重视程度有所加强，而公共文化服务体系建设所占比重明显下降，由排名第三下降到第五；法律环境的影响作用最小。可见高校图书馆作为高校知识存储与传播的中心，教育环境对其影响较为显著，而公共文化服务体系更多地会影响公共图书馆战略规划制定。

综合分析图书馆战略规划实例及问卷调查结果，我们可以将高校图书馆战略规划影响因素归纳为内外两大类影响因素，内部主要包括图书馆资源、服务、组织管理、人员（包括馆领导和馆员）、图书馆自己的以往规划；外

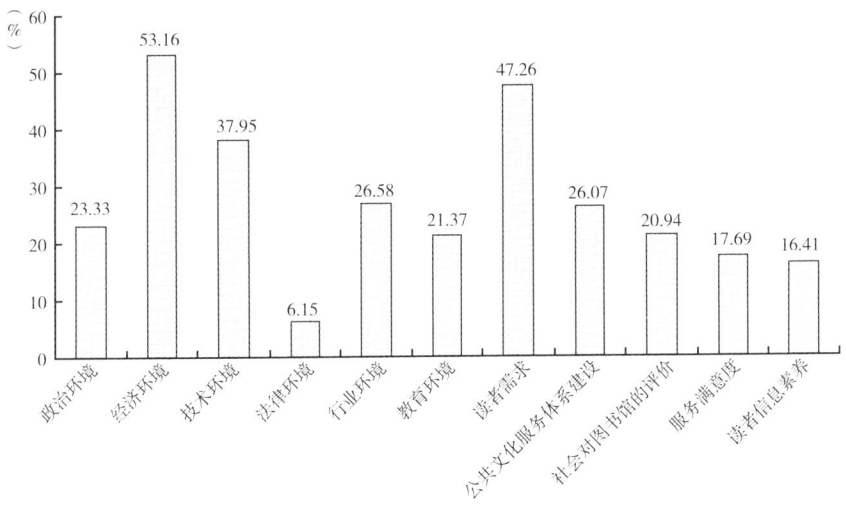

图 5 - 6 对高校图书馆战略规划外部影响因素的认识

资料来源：本研究整理。

部主要涉及宏观的政策、法律、经济、教育、技术等环境要素，图书馆行业环境，上级主管部门及读者等利益相关者等。由此可见，本项目构建的图书馆一般影响因素模型完全适用于高校图书馆，但在具体内容中高校图书馆会呈现自身特色。

二 高校图书馆战略规划影响因素的相关问题

1. 高校图书馆战略规划制定的外部影响因素

（1）社会环境

①重点关注外部经济发展水平与趋势

国外高校图书馆在制定战略规划过程中，较为普遍地重视本馆所属的大学及地区的经济状况的分析。如马里兰大学图书馆在制定战略规划时首先分析马里兰州和大学的经济状况。我国大学可分为教育部直属高校和地方所属高校，地方所属高校的经费主要来源于当地教育主管部门，较多地受限于地区经济发展水平。

在考察经济因素时，高校图书馆需重视经济周期，即当前国家经济处于何种阶段：萧条、停滞、复苏还是增长以及宏观经济变化发展的周期规律。

在 2009—2010 年全球经济危机大背景下，预算紧缩是所有大学普遍面临的经济状况，据《高等教育大事记》显示，2009 年高校平均得到的捐款占 18.7%，是 1974 年以来的最低点①。面临着年度经费削减，许多高校图书馆很关心预算压力对吸引和保持图书馆工作人员、馆藏建设、图书馆服务以及图书馆创新会产生不利影响，纷纷采取各种措施应对经济危机带来的影响，如伦敦大学 2009 年对 893 个图书馆预算进行的一项调查：54.8% 的大型图书馆计划缩减资源开支，26.8% 的小型图书馆会缩减资源开支，同时高校图书馆通过调整服务，组成联盟，评价和重新谈判取消过时的订阅，调整人员编制，极力避免裁员，减少招收新员工，绿色议程关注能源消耗以降低成本等方式应对经济危机，这在英国大学图书馆近年制定的战略规划中有所体现。我国近几年内，受经济危机影响较小，教育部门投资仍呈现上升趋势，温家宝总理在 2011 年《政府工作报告》② 中指出："今年国民经济和社会发展的主要预期目标是：国内生产总值增长 8% 左右"，"坚持优先发展教育。推动教育事业科学发展，为人们提供更加多样、更加公平、更高质量的教育。2012 年财政性教育经费支出占国内生产总值比重达到 4%。"2011 年财政性教育经费支出占国内生产总值的比重是 3.13%，这意味着今年教育投入将在 8% 的总体增长基数上，再增长 27%。可以乐观地预期，我国各高校图书馆在未来几年内将会得到更多的资源建设投入。

②政治要素

政府制定的许多有关高等教育的政策都直接或间接地影响到高校图书馆战略规划的制定，如财政拨款政策等都不同程度地影响到高校图书馆的战略选择，除了与高等教育相关的政策、法律外，行业政策对图书馆战略选择具有直接影响。不管是有关数据库建设、技术标准化等图书馆技术政策，还是资源共享、服务标准等政策对图书馆的战略目标的设定都有直接影响。在国外，图书馆的政策法规相对完善，图书馆依据相关法规制定的战略具有较强的权威性，有利于规划的实施，因此，它们在制定战略规划时一般会考虑相关的法律政策，如伊利诺伊大学香槟分校图书馆在 2006—

---

① 谷秀洁：《2010 年学术图书馆十大趋势》，《图书与情报》2010 年第 4 期，第 66—68 页。
② 《2011 年政府工作报告（全文）》，（2011 - 03 - 16），http：//www.china.com.cn/policy/txt/2011 - 03/16/content_ 22150608. htm。

2009 年战略规划中对相关的法律政策进行了分析，除了大学规章中对图书馆的规定之外，还涉及了美国版权法、美国爱国者法、残疾人法案、联邦和州政府文档存储计划、图书馆记录保密、大学档案管理、职业道德守则等有关图书馆规定的条例①。

因此，在高校图书馆战略规划制定中除了要考虑教育领域的法律、政策外，还要综合考虑大学相关条例、知识产权、信息自由和保密方面的相关法律。

③重视对国家教育发展规划、教学环境与模式的分析

高校图书馆作为大学的重要组成机构，教育环境的变化会直接或间接地影响到图书馆战略规划的制定。国外图书馆战略分析中也会较多地涉及教育环境对图书馆战略规划的影响。如麻省理工大学图书馆 1999 年战略规划中从学生的人口特征、教育经验、社会经济观念和世界观等方面对图书馆所处的教育环境进行了分析。我国 2010 年 6 月中央政治局通过的《国家中长期教育改革和发展规划纲要（2010—2020）》②（以下简称《纲要》）明确提出未来 10 年内，深化改革是高等教育未来发展的根本动力，提高质量是高等教育未来发展的核心任务，强化特色是高等教育未来发展的重点，而扩大开放是高等教育未来发展的前提。因此在未来 10 年内，我国的高等学校都会围绕《纲要》所勾画的发展道路和发展思路并结合本校自身发展特色，全面推进本校改革与发展，而高校图书馆所谓大学信息资源中心，在提高学生、教师的学习与科研能力、教学质量方面发挥不可替代的作用，因此，国内的高校图书馆在制定未来发展规划时必将根据《纲要》及其所在学校的战略部署制定发展目标。当前，通才本科教育，作为一种更加注重培养学生知识的广度和深度的平衡的教育模式而得到广泛认可，这就要求高校图书馆在未来发展中强调其提升学生信息素养与终身学习的能力。此外，近几年的"本科教学工作水平评估"中包含对高校图书馆的评估，这对图书馆战略规划的制定产生直接影响，许多国内高校图书馆的战略目标中提出"以评促

---

① "University of Illinois Urbana-Champion. Library strategic plan（2006 - 2009）"，［2009 - 11 - 09］，http：//www. library. illinois. edu/lsd/documents/library_ strategic_ plan_ 2006. pdf.

② 《国家中长期教育改革和发展规划纲要（2010—2020）》，（2012 - 03 - 04），http：//www. moe. edu. cn/publicfiles/business/htmlfiles/moe/moe_ 177/201008/93785. html.

建"，如南开大学和海南大学图书馆"十一五"发展规划中都提到了图书馆评估对本馆的影响。

另外，随着各类信息技术在教育领域的应用，对教学环境与模式都产生影响。目前，高等教育逐步呈现出远程教学的发展趋势，高校图书馆用户学习、教学与科研等行为逐渐 E 化，这对图书馆资源建设、服务方式提出新的要求。在国外图书馆战略规划中为应对这一趋势，较多的图书馆强调图书馆信息共享空间（IC）或学习共享空间（LC）协作学习环境的建设。悉尼大学图书馆在其战略规划中对学术环境进行如下分析：随着澳大利亚知识经济的发展，学术环境也在发生变化。社会不断强调终身学习，并成为 E-learning 和弹性教育模式的要素之一。数字化和网络化使得大学教育环境发生根本性变化。科学研究经常跨学科、跨机构进行，依赖技术基础设施和信息资源的合作开发。学术信息交流模式的变化、机构知识仓储的兴起、运行成本以及用户需求的增加这些因素共同促使科学研究的整体变化。技术发展，正在不断修正甚至重塑学习、教育、学术研究的固有形态。教学模式改变，讨论、交流及其所需的"实体社区环境"和"虚拟社区环境"变得更为重要，对此高校图书馆在制定未来战略规划时需要考虑图书馆信息服务环境、图书馆物理与虚拟空间的建设，这在国外图书馆战略规划中涉及得较多。

国外名校越来越重视网络公开课，有助于提升学习、教学、研究效率的信息技术无处不在，且变化迅速。在这种背景下，国外一些高校的图书馆在战略制定时关注教学中开放课件资源的建设与管理，如麻省理工大学图书馆在制定战略规划时，其对开放课件的提升和标准化给予了较高的关注。

总之，国内高校图书馆在制定战略规划时，需要综合考虑教育领域未来发展趋势、教学、科研环境与模式的转变等影响因素。

④致力于对影响高校图书馆发展技术的分析

国外高校图书馆对外部环境进行定位时，普遍注意到了技术发展对图书馆的影响，如伦敦大学学院图书馆① （UCL） 战略分析中就提到信息技术、

---

① "The Library Strategy （2005 – 2010）"，[2012 – 03 – 04]，http：//www.ucl.ac.uk/Library/libstrat_may05.shtml.

数字化学习以及全球信息提供者产品的迅速发展，为 UCL 提供了一个动态的发展环境，这使得 UCL 的全体员工都努力致力于发挥伦敦大学的全球性作用。

全球及图书馆技术的发展趋势必然会给高校图书馆发展带来新的契机。高校图书馆在战略制定时需要综合考虑这些技术发展趋势，结合图书馆实际制定合适的战略规划。

（2）行业环境

图书馆行业环境分析要从机构同行发展状况及高校图书馆发展总体趋势两个方面考虑。

①关注其他同类型高校图书馆发展状况

发展规模、综合实力、大学定位相似的高校图书馆，在发展模式、发展方向的选择上具有高度相似性。因此，高校图书馆在战略制定中，需要关注其他高校图书馆的发展状况和发展战略。通过比较对本馆在同行中进行定位，可以为图书馆自身战略目标的制定提供参考和基准。国外图书馆在战略分析阶段，一般会关注对同行机构的财政、资源、人员等调研，在比较分析中为本馆战略定位提供参考，如马里兰大学图书馆在环境分析中开展了机构同行的调查，马里兰州会议重新界定了马里兰大学图书馆在高校团体中的同行——加州大学洛杉矶分校、伊利诺伊大学香槟－厄本那分校、加州大学伯克利分校、北卡罗来纳大学和密歇根大学。布鲁肯斯大学图书馆在进行环境分析时，通过对 ACRL 的统计资料进行考察，从馆藏、工作人员、文献借出量等方面将布鲁肯斯大学图书馆与其他八所高校图书馆进行比较，发现布鲁肯斯大学图书馆尽管在收藏规模方面占有优势，但是馆藏和既有服务已经过时，且馆内建筑面积太小。针对这一现状布鲁肯斯大学图书馆就战略目标制定了增加馆舍面积、提供卓越信息资源的发展策略。国内南开大学图书馆制定"十一五"发展规划时，充分考虑了国内一流大学图书馆的发展状况和发展目标，以一流大学图书馆为参照系，制定发展目标[1]。

总之，国内高校图书馆在制定战略时，要与同行机构进行比较，发现自

---

[1]　柯平等：《图书馆知识管理研究》，第 318 页。

身优势与劣势，同时要选择一个与自己发展最相似的图书馆作为基准，以基准馆的发展战略为参考，来制定本馆的战略规划。

②高校图书馆行业发展趋势

图书馆的行业发展趋势代表了该类图书馆未来的总体发展方向，它对个体图书馆战略的制定会有直接的影响。OCLC 和 ACRL 等机构会在有关学术图书馆一系列报告的基础上，结合各类调查结论总结学术图书馆的发展趋势报告，这些报告会对国外高校图书馆战略规划的制定产生重要影响。如马里兰大学图书馆（2005—2007）战略规划环境分析中就借鉴了 OCLC 2003 年公布的"模式再认识"的环境蓝图，从经济环境、技术构建环境、学习与研究环境、技术趋势等方面对大学图书馆发展趋势及问题进行了描述，为规划的制定提供参考。还有些高校图书馆在战略环境分析中对图书馆发展趋势进行总结，指导本馆战略规划的制定，如卡尔顿大学图书馆与档案馆战略分析总结了图书情报行业的新趋势：大学图书馆更加正式地与机构更大的目标结合起来，图书馆应加强社区服务并支撑其他的重要优先事项（如招生和课程的全球化），图书馆积极开展支持培养学生的终身学习能力和高校教学人员的研究生产能力的各项活动，支持学习共享，加强图书馆合作，重视档案和专门馆藏的电子资源系统和知识库建设，重视数字保存技术、标准与知识产权等，卡尔顿大学图书馆与档案馆根据这些发展趋势明确了科研社区、教学与学习社区、信息网络和合作伙伴、社团信息管理四大战略方向，同时在具体目标中融入了上述发展趋势。

因此，图书馆行业发展趋势对图书馆的战略制定有重要影响，国内高校图书馆战略制定中需要从技术、服务模式、资源建设等方面重视总结国内外高校图书馆发展趋势，或可以借鉴有关高校图书馆发展趋势的报告和研究。

（3）利益相关者环境

图书馆在战略制定中不仅受到图书馆外部宏观环境和内部资源结构的影响，还会受到图书馆服务对象、上级主管部门及其他合作者的制约。在战略方案形成阶段，图书馆的各种利益相关者按照一定的隶属关系、服务关系、契约关系开始发挥作用，它们对图书馆的支持配合程度、关系紧密程度等对图书馆战略制定起一定的促进或约束作用。管理部门、服务对象、资源提供者都是高校图书馆的利益相关者。

①对隶属大学重点分析

作为大学的文献信息中心，大学图书馆直接服务于教学与科研。因此，大学图书馆战略目标的制定与调整必须要结合大学的实际状况并与其战略目标相一致。当前，国内大学分类较为复杂，没有统一的分类标准，如从学术角度看是研究型大学、教学研究型大学还是教学主导型大学，从学科设置角度看是综合类、文理类、农医类还是理工类等，从办学目标看是国际一流、国内一流还是西部一流、省内一流大学等，大学的不同定位直接影响着图书馆的战略选择。大学图书馆在制定发展战略时须结合本校的学科设置制定具体的馆藏发展规划，根据大学的不同学术侧重制定具体的支持教学与科研战略目标。如海南大学图书馆"十一五"发展规划制定中明确指出海南大学正在从一所普通的教学型大学向教学研究型大学发展，图书馆的发展必须适应这种转型，在未来五年中，建成一座研究型图书馆基础框架①。南开大学图书馆根据南开大学建设国内一流的办学目标，提出了为学校的教学、科研与学科建设提供强有力的支持，为建设高水平大学提供资源保障，努力建成国内一流的研究型图书馆的"十一五"发展目标。东南大学图书馆"十一五"和"十二五"发展规划分别是《东南大学2006—2010五年发展规划纲要》和《东南大学图书馆"十二五"（2011—2015年）发展规划》。2011年3月完成的"十二五"发展规划将其发展目标明确为将图书馆建设成与东南大学地位相适应的，富集人文，促进学习，支撑科研和学科发展的大学图书馆进程中的重要规划，它的实现需要全体馆员充分发挥个人智慧，团结一致，精诚合作②。目前，我国高校图书馆战略规划需要根据隶属大学的发展定位和本校特色，制定独特的发展目标，例如致力于世界一流大学的"985"高校一般设有国家重点学科和重点实验室，这类大学图书馆在制定发展战略时，除了了解国内外一流大学总体发展趋势外，还要关注重点学科的发展进而制定相应的馆藏发展规划。

图书馆战略规划的制定除了受大学本身的发展状况与定位的影响外，还会受到同时期的大学战略规划的影响。如基尔大学图书馆2007—2010年战

---

①　海南大学图书馆五年规划课题组：《海南大学图书馆（2006—2010）五年发展规划》，铅印本，2005年12月—2006年12月。

②　东南大学图书馆提供的文本：《东南大学图书馆"十二五"（2011—2015年）发展规划》。

略规划制定中参考了许多大学的规划文件，根据大学的战略目标制定了图书馆的战略目标①，如表 5 - 5 所示。

表 5 - 5　基尔大学图书馆的战略规划目标

图书馆战略目标	对应的大学战略目标
1. 增强图书馆对教学和学习的支持	·提高学生的实践经验 ·开展独特的学术课程
2. 增强图书馆对研究的支持	·支持高质量的研究和知识交流
3. 最大化利用资产	·提高员工的贡献度 ·最大化组织的效率 ·最大化利用资产
4. 合作	·把握合作的机会

资料来源："Academic services directorate university library strategic plan（2007 - 2010）". ［2010 - 12 - 13］. http：//www. keele. ac. uk/depts/li/policy/Library_ Strategic_ Plan. pdf。

同时，大学图书馆的战略目标需要随着大学战略目标的变化做相应的调整，以更好地配合大学战略目标的实现。如广东外语外贸大学图书馆为了配合学校建设国际化特色鲜明的高水平教学研究型大学，着力推进外语专业融合的目标，图书馆不断跟进发展，审时度势地对原有文献资源建设的策略做了大调整②。

②教师和学生信息需求和信息行为的变化

大学图书馆的读者主要包括在校师生，不同国籍、专业、年级的读者需求差别很大，读者的分层需求分析在战略制定中非常重要，满足不同层次的读者需求必然会影响到图书馆战略制定的内容。因此在制定战略时，需要对读者进行分类，学生有课程方面的需求、课题研究方面的需求、论文写作方面的需求等，而从事教学和研究的教师的需求又不相同。如哥伦比亚大学图书馆针对该校是研究型大学的特点将读者分类。该馆认为，学者需要与熟悉特种文献的馆员讨论难以访问的资源的获取方法；写研究文章和毕业论文的

---

①　"Academic services directorate university library strategic plan（2007 - 2010）"，［2010 - 12 - 13］，http：//www. keele. ac. uk/depts/li/policy/Library_ Strategic_ Plan. pdf。

②　李敬平：《新形势下我国大学图书馆战略目标制定与调整之探讨——以广东外语外贸大学图书馆为例》，《图书馆论坛》2010 年第 10 期，第 156—159 页。

学生依然需要学科馆员的指导和建议；教师和学生在查询一些重要但模糊的引文时期待专业辅助①。图书馆的读者群除了本校的师生外，还要考虑校外的其他读者群体，如悉尼大学图书馆在战略分析时除了考察本校学生和教师核心读者群外，同时还为其他读者群服务，包括学校的毕业生、退休员工、访问学者、其他大学的学生和职工，以及澳大利亚全社会成员②。麻省理工学院图书馆不仅仅将读者定位在本校范围，而且将目光投向了世界③。

此外，目前大学生在学习和研究中都过多地依靠互联网和搜索引擎，被称之为 Google 一代、网络一代、Y 一代、数字土著人等，他们的信息需求、检索与获取行为呈现出新的特征。英国图书馆和英国联合信息系统委员会在"Google 一代"研究的基础上，进行了为期三年的关于 1982—1994 年出生的"Y 一代"博士研究生信息检索行动和研究行动的研究。该研究通过对博士生代表进行问卷调查，调查结果显示时间压力对全日制博士生和在职博士生来说都是一个明显的限制；更多"Y 一代"喜欢在办公室、实验室或工作室工作，而不是在他们的家中，一半以上的被调查者参与过培训；在信息查询和研究活动过程中，大多数博士生都在寻找基于文本的二次文献和出版物，而不是寻找一次文献资源（比如待分析数据或原始数据）。Google 和 Google Scholar 是各年龄段的博士生们寻找资源的首选搜索引擎④。因此高校图书馆在制定战略规划时关注并跟踪用户，特别是网络一代（Y 一代）的信息需求与行为变化具有重要意义。对此国外的高校图书馆在战略规划中提出除了提高学生的信息素质之外，还要加强图书馆与 Google 等搜索引擎的合作以满足读者需求的战略目标。如湖首大学图书馆战略规划。

③关注出版行业与信息资源提供商的变化

信息技术的发展对出版行业产生重要影响，电子出版方式的出现促使了开放获取形式的出现，新的学术出版方式的出现必然促进学术交流模式的改变，

① "Columbia university library strategic plan （2006 - 2009）"，［2009 - 07 - 13］，http：//www.columbia. edu/cu/lweb/img/assets/6675/strategicplan_ 2002 - 2009. pdf.

② 《悉尼大学图书馆 2005—2010 年战略规划》，《图书情报工作动态》2007 年第 7 期，第 1—4 页。

③ "MIT libraries strategic plan （2005 - 2010）"，［2009 - 07 - 13］，http：//libstaff. mit. edu/lc/sp2005. html.

④ 英国图书馆、英国联合信息系统委员会编制《未来的研究人员——对 Y 一代博士研究生研究行为的追踪调查报告》，陈成鑫、苏娜译，《图书情报工作动态》2009 年第 12 期，第 1—12 页。

学术出版行业的变革影响了高校图书馆战略制定的内容。正如麻省理工学院图书馆在其战略分析中提到的，从印刷到电子传递的过渡给出版业和图书馆市场业务带来了巨大挑战。传统出版模式向数字环境转化的高成本，新知识产权制度，新兴替代期刊（如电子打印服务器）以及信息内容（包括印刷和数字）一切形式的急剧增加，是传统学术体制面临的重大挑战。这些变化，结合新的应用技术，已经出现了关于版权、所有权，以及数字化材料管理方面的问题。这些问题如何解决，最终将对像麻省理工学院图书馆这样的机构产生重大影响[1]。学术交流环境出现了变化，除了传统的学术交流方式外，开放获取的理念开始被学术界接受，开放存取必然会影响到图书馆馆藏发展战略，因此要关注机构库、学科库的建设和对开放存取期刊的获取与存储。

同时，受信息技术影响，电子文献迅速增长，这也在很大程度上影响了图书馆资源建设战略的制定与实施。如约翰霍普金斯大学 Welch 医学图书馆有一个行动计划，其中比较核心的内容就是减少印本的订购，增加电子资源，提供优质服务。其目标是到 2012 年，基本不再订购印本；到 2015 年，馆藏将全部实现电子化。

信息资源提供商既包括传统的书商又包括各类数据库提供商，他们在很大程度上影响了图书馆的采购策略，进而影响资源分布战略与图书馆的服务项目。如随着预算缩减、用户对电子访问的偏好以及无法续订全部收藏的现状，使得美国很多图书馆改变资源订购策略从"just-in-case"变为"just-in-time"不再是尽可能地提前订购或收集用户可能需要的资源[2]。近年来，数据库公司的涨价风潮加上经济危机影响，国外大学图书馆在战略规划中已经通过加强合作，以联合采购的发展战略开始采取抵制行动。

2. 高校图书馆战略规划制定的内部影响因素

（1）评估本馆以往战略规划的影响

图书馆在开始进行战略选择时，首先要回顾过去图书馆所制定的战略。因为过去战略的实施效果或取得的成就对新战略的选择有极大的影响。在获得的高校图书馆规划文本中很多都对以往规划成就进行回顾与总结，尤其是

---

① "MIT libraries strategic plan"，[2012 - 06 - 09]，http://libstaff.mit.edu/lc/sp1999.pdf.

② 黄金霞：《解读 2010 年美国学术型图书馆的十大发展趋势——以美国康奈尔大学图书馆为例》，《图书情报工作》2011 年第 1 期，第 93—96 页。

国内的规划文本，约 55.56% 的文本含有回顾与总结内容。现在的战略决策者往往也是过去战略的制定与实施者，由于他们对过去的战略投入了大量的时间、资源和精力，会自然地倾向于选择与过去的战略相似或增加战略或沿袭战略。如杜克大学 2010—2012 年战略规划制定时，战略规划任务小组对 2006—2010 年规划的实施状况进行总结与分析，以塑造新的规划，新规划目标在一定程度上沿袭上一规划未完成的目标，在新规划中以"提供数字化的内容、工具与服务"的战略目标延续了旧规划中"利用数字技术，为所有格式的学术研究提供方便的、无缝的访问"尚未完成的目标[1]。哥伦比亚大学图书馆 2010—2013 年战略规划就是规划小组对 2006—2009 年规划审查之后，在已经基本完成的项目基础上，识别出应该在新计划中推进的活动，以及应该在 2010—2013 年规划中考虑的新措施或因素。通过对过去规划的总结与评估，可以为新规划的制定与实施提供指导。

（2）注重对本馆纸质资源与电子资源、就业指导与教学参考等多类型资源结构的分析

高校图书馆资源受大学的发展目标影响，具有排他性和特异性，在战略方案制定与形成阶段，资源结构成为确立优势方案的依据，它既帮助建立相对优势又提供战略实施的基础。除了一般资源和智力资源对图书馆战略有影响外，图书馆的特色资源对战略制定有很大影响，如麻省理工学院的开放课件（MIT Open Course Ware）是不可多得的免费、开放的教育资源，是麻省理工学院的特色之一。因此，在制定战略规划时，该校图书馆对开放课件的提升和标准化给予了较高的关注[2]，国内海南大学图书馆提出"着力地方文献，突出馆藏特色"的资源建设战略，各大学提出的"加强特色数据库建设"都是以本馆的特色资源为基础提出的资源建设发展战略。

（3）考察图书馆经费来源与经费分配状况

经费的来源与数量，可能会影响图书馆的各项战略。据 ALA 报告，图书馆对于经费变化十分敏感，处于图书馆战略发展的需要，图书馆经费的小

---

[1]　"Sharpening our vision: The Duke university libraries strategic plan for 2010 – 2012"，［2011 – 04 – 15］，http：//library. duke. edu/about/planning/2010 – 2012/sharpening_ our _ vision. pdf.

[2]　"MIT libraries strategic plan （2005 – 2010）"，　［2009 – 07 – 13］，http：//libstaff. mit. edu/lc/sp2005. html.

幅增长或者零增长都构成维持图书馆服务和增加服务的挑战；而预算紧缩，经费减少时，图书馆业务受到很大影响，部分业务无法开展或不得不寻求合作式的发展方式①。由此高校图书馆在战略制定过程中要充分考虑经费问题，具体涉及经费来源、获取渠道、经费分配等内容。

（4）关注高校图书馆组织管理结构

20 世纪 80 年代，麦肯锡公司构建了组织发展框架的 7S 模型（组织结构、制度、风格、员工、技能、战略、共同价值观）。7S 模型强调组织发展过程中仅仅关注组织战略是不够的，要综合分析各要素保障组织战略的实施。陈振明等参考 7S 模型，结合公共部门自身的特点，概括出影响公共部门战略实施的基本要素包括：战略、组织结构、体制、组织文化、人员能力、沟通与协调六个方面②。7S 模型对 20 世纪 90 年代的高校图书馆战略规划进程起到了积极的影响③。事实上，组织结构、组织文化、体制、人员能力、沟通这几个要素不仅仅影响图书馆战略实施，而且从一开始就影响着战略的形成和选择过程，它们之间呈现一种动态适应的关系。

目前，我国高校图书馆一直采用等级严格、制度明晰、分工明确的职能型组织结构。这种结构将责任集中到最高领导层，呈现出金字塔式，使图书馆的管理成为行政管理而不是业务管理，并且当前国内图书馆组织结构中都没有设立专门的战略规划部门，忽视了发展战略的制定与实施问题。未来要按照图书馆的决策权力机构、管理执行机构、监督约束机构相互分离、相互制衡和精干高效原则，建立图书馆的理事会、管理层、职工大会和社会监督机构分权制衡的组织架构，促进图书馆内部激励战略、合作发展战略等战略方针的选择，并为制定创新战略提供空间。

高校图书馆组织文化是指图书馆在长期的活动中形成并共同遵守的目标、价值观、信念和行为规范。它具有导向、约束和凝聚作用。高校图书馆的可持续发展的动力也越来越依赖组织成员所共同信奉的价值理念，它能把图书馆工作人员的行为有效地引导到图书馆的战略目标上，进而影响图书馆

---

① 陈吴琳：《公共图书馆战略制定影响因素研究》，吉林人民出版社 2012 年版，第 141 页。
② 陈振明：《公共部门战略管理》，中国人民大学出版社 2004 年版，第 176—180 页。
③ Butler, Meredith, and Davis, Hiram. "Strategic planning as a catalyst for change in the 1990s", *College and Research Libraries*, 1992, 53（5）：393 – 403.

的发展。通过对组织文化的分析，为图书馆提供做什么和如何去做的背景。如纽约大学图书馆2007—2012年战略规划制定过程中重点分析了该馆组织文化的优势与挑战，为图书馆下一步发展指明了方向①。

　　高校图书馆制度是图书馆战略目标实现的重要保证。高校图书馆现有的管理制度和资源建设制度，如人事制度、经费分配制度、激励制度、资源采购与建设制度、学科馆员制度、科研管理制度、服务管理制度等都会对图书馆战略目标的选择产生影响。进一步完善图书馆各项管理制度已成为众多高校图书馆科学管理战略中关注的重点，如重庆大学图书馆"十二五"发展规划，在科学管理体系建设中提出了"管理制度不断完善"的目标②。图书馆战略实施中应制定与战略思想相配套、相协调的制度体系，以促进战略的有效开展。

　　高校图书馆工作人员不仅指图书馆普通工作人员，还包括图书馆馆长、中层干部。馆长是高校图书馆战略制定决策者的集中代表，其知识结构、管理经验、沟通方式、领导风格等直接或间接地影响战略制定；中层干部主要指各业务部门负责人（部门主任）负责部门的整体运作服务。部门负责人主要负责本部门的日常管理工作，无法把握图书馆的整体发展战略，更缺乏确定组织的发展方向战略意识，但是他们对本部门的发展状况更为了解，更能准确把握本部门的发展方向，对图书馆的职能战略的制定与实施有重要的影响。因此，图书馆中层干部的部门计划安排能力、工作任务完成能力以及各部门之间的沟通协调能力对战略规划的制定都会产生影响；图书馆普通工作人员是战略规划制定的参与人员，是战略实施的重要人力资源保障，从规划的制定到规划的实施与评价都需要全馆工作人员齐心协力地工作才能实现。图书馆工作人员的素质、工作能力直接影响着战略规划目标的具体选择。

　　高校图书馆的信息沟通是图书馆战略制定中规划参与人员、利益相关者之间信息交流和传递的过程，是战略制定的信息保障。很多高校图书馆

　　①　"Creating the 21ᵗʰ century library for NYU: Our strategic plan (2007 - 2012)"，[2010 - 09 - 12]，http://library.nyu.edu/strategicplan/.

　　②　《重庆大学图书馆"十二五"发展规划》，(2011 - 09 - 12)，http://web.qdu.edu.cn/zzjg/fzgh/ReadNews.asp? NewsID = 2062.

在战略制定准备期就已经建立完善的信息沟通与反馈方案，如海南大学图书馆通过馆领导、部门负责人、图书馆学专家和其他高校图书馆馆长、全馆工作人员、读者五层沟通体制实现信息传递，而哥伦比亚大学图书馆2006—2009 年战略规划①制定过程中注意通过多途径系统收集相关信息。良好的信息沟通与传递能够减少战略制定的资料收集时间，有助于宣传战略内容。

综合实例分析、问卷数据分析和高校图书馆具体的内外影响因素分析可看出，高校图书馆战略规划影响因素符合一般影响因素模型的描述。高校图书馆在战略环境分析阶段，每所图书馆并不是将上述所有影响因素进行分析，而需要根据本馆实际情况进行重点分析。高校图书馆战略规划影响因素分析，除了关注外部经济、技术、政策和内部资源、人员、管理等一般因素的分析外，高校图书馆战略规划制定影响因素尚在存较多独特性，需要在战略规划制定中加以注意。

一是，高等教育发展环境影响因素作用明显。高校图书馆是教育系统的重要组成部分，高等教育的发展走向直接制约着高校图书馆的战略决策。因此高校图书馆战略制定过程中需要重点对高等教育环境进行分析，如全国或地区高等教育财政投入、高等教育政策与方针、高等教育发展规划纲要、专业目录调整、教学模式转变、教育技术发展等都对高校图书馆战略目标设置有直接影响。

二是，高校图书馆与公共图书馆不同，其战略规划制定具有较强的依附性，主要表现为受其所隶属大学影响较大，因此高校图书馆战略规划制定过程中要重点关注其所隶属大学发展规模、大学所处地区、大学类型（按学科分类属于综合类大学、文理类大学、理科类大学、文科类大学、专业类大学；按科研规模分类属于研究型大学、教学研究型大学、教学型大学）、经费状况、战略目标等，结合大学实际状况制定图书馆战略规划，以保证本馆发展规划与大学发展规划互相促进、相辅相成。

三是，高校图书馆读者群体具有专指性，一般主要面向本校师生，这与

---

① "Columbia university library strategic plan（2006 – 2009）"，［2010 – 09 – 12］，http：//www. columbia. edu/cu/lweb/img/assets/6675/strategicplan_ 2002 – 2009. pdf.

公共图书馆广泛的读者群体存在显著差异。因此高校图书馆战略制定过程中除了同公共图书馆一样需要对读者群体的人口特征进行分析之外，还需要结合读者学科背景、课程任务、科研动向等进行深入分析。

第四节　高校图书馆战略规划的文本

一　高校图书馆战略规划文本的构成

1. 国外高校图书馆战略规划文本的构成要素调查

本研究对获取的 107 份国外高校图书馆战略规划文本的构成要素进行统计，统计结果如图 5 - 7 所示。

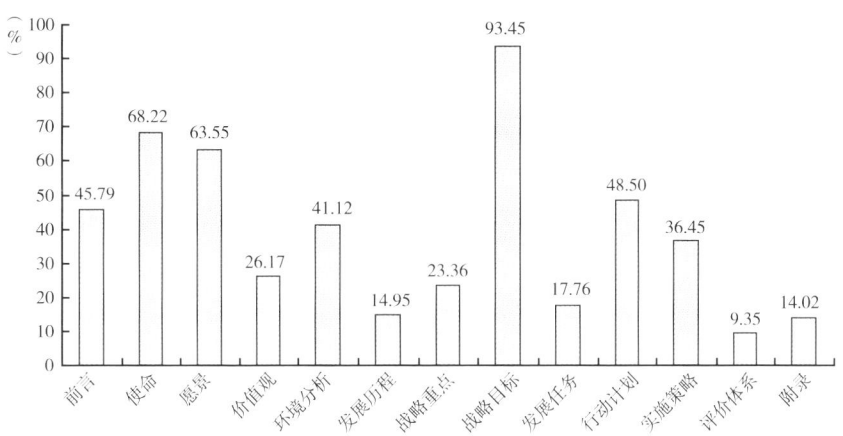

图 5 - 7　国外部分高校图书馆战略规划文本的构成要素

资料来源：本研究整理。

由图 5 - 7 可知，国外高校图书馆战略规划文本中超过 90% 的规划文本包含了战略目标，战略目标是规划的最核心要素；其次，使命和愿景作为图书馆存在价值和发展方向的重要陈述方式，分别有 68.22% 和 63.55% 的文本包含了这两个要素，构成规划文本的重要组成部分。前言、环境分析、行动计划等也占相当的比例。另外战略规划还有价值观、发展历程、战略重点、附录等内容也占有一定比例。

2. 国内高校图书馆战略规划文本的构成要素调查

本研究对国内的 36 份高校图书馆战略规划文本进行统计，统计结果如图 5 - 8 所示。

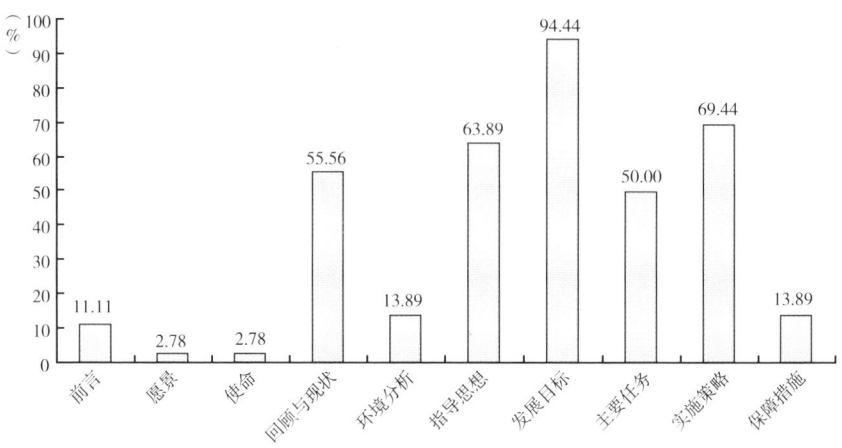

图 5 - 8 国内部分高校图书馆战略规划文本的构成要素

资料来源：本研究整理。

由图 5 - 8 可知，和国外图书馆规划文本一样，发展目标占最高比例 94.44%，是规划文本最为核心的要素；其次，实施策略作为图书馆发展目标的细化和可操作化的指导，有 69.44% 的文本包含此项内容，指导思想作为图书馆战略制定的重要依据是具有中国特色的构成要素，也占据相当比例约为 63.89%，这两者构成战略规划较为核心的要素；除了主要构成要素外，回顾与现状、环境分析、主要任务等要素也占有一定比例。而使命和愿景所占比例最低，仅占 2.78%，这与国外高校图书馆战略规划存在显著差异。

3. 问卷调查

本次调查从愿景、使命、内外环境分析、发展方向、目标等 15 个方面，探讨了高校图书馆被调查者对图书馆战略规划文本组成要素的认识。

图 5 - 9 表明，发展方向和目标被认为是最重要的，获得了约 80% 的被调查者的认可，愿景、实施策略、经费预算与来源也得到超过 60% 的被调查者的肯定。其次是行动计划、内外环境分析、使命、重点建设项目、保障措施、评价标准等，超过一半以上的被调查者给予了肯定，而现状与回顾、

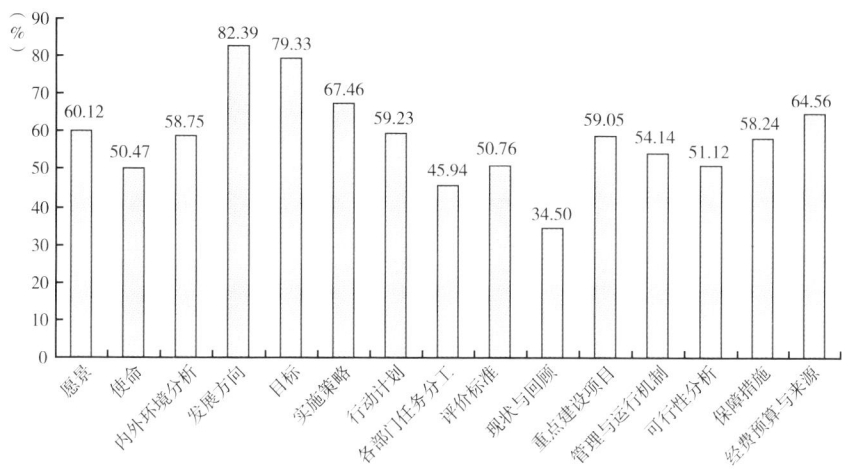

图 5 – 9　对高校图书馆战略规划文本组成要素的认识

资料来源：本研究整理。

部门任务分工的重要程度相对较低。

综合国内外高校图书馆战略规划文本统计分析与国内高校图书馆工作人员的调查结果，我们发现高校图书馆战略规划文本主要由使命、愿景、战略目标、行动计划和实施策略等核心体例要素，回顾与现状、发展方向、指导思想与原则等特色要素以及前言、环境分析、价值观、附录等其他要素构成。由此可见本项目所构建的文本模型在高校图书馆具有适用性。

二　高校图书馆战略规划内容分析

由上文可知，高校图书馆的战略规划文本构成并没有统一的格式，不同文化背景、不同规模的图书馆，其战略规划内容上会有所不同，但绝大多数的图书馆都包含使命、愿景、战略目标、任务及行动计划几项核心要素。

1. 高校图书馆战略规划使命的编制

使命是组织有效管理的基础，组织为了维持持续发展必须明确自己的使命。本部分主要从考察国外高校图书馆使命陈述着手，借鉴国外成功经验，为我国高校图书馆的使命陈述编制工作提供指导。

国外很多高校图书馆在制定其战略规划时都将使命、愿景的陈述置于文首。本项目对获取的 107 份国外高校图书馆战略规划文本进行统计发现，有 73 份文本包含使命，占全部文本的 68.22%。通过对各高校图书馆"使命"描述的深入分析，最后对文本中使命所涉及的内容进行分类与归纳，发现国外高校图书馆战略规划中的使命陈述主要涵盖以下几个方面：

（1）支持教育、学习和科研

在高校图书馆的使命陈述中，涉及支持大学的教育、学习和科研的描述最多，超过 80% 的文本含有此项内容。图书馆是高校的信息中心，拥有丰富的信息资源，参与教学科研是其最基本的职能之一。

包含支持大学教育、学习和研究使命陈述的国外高校图书馆列举如下："提供高质量的图书馆信息服务，以及印刷和电子形式的全球资源，以支持大学的教育，学习和研究目标"（爱尔兰国立大学图书馆）；"图书馆是大学探索、研究和学习活动的良好的催化剂。图书馆通过其馆藏资源、员工、合作、服务、实体和虚拟空间促进着研究和学术活动"（皇后大学图书馆）；"无论用户处于何地，我们都会通过收集、保存和提供信息资源服务于教学、学习、研究和管理团体（行政社区），以增进我们在卡尔顿大学的卓越地位"（卡尔顿大学图书馆与档案馆）；"纽约大学图书馆为了推动学习、研究和学术交流，实现开放的信息交流，将建立、维护、翻译并提供获得丰富多样的馆藏资源；培养用户对信息资源的高效利用和评价；为个人用户群体提供具有创造性和反应迅速的服务；利用全新信息技术，培养知识成长"（纽约大学图书馆）；"威斯康星大学密尔沃基分校图书馆通过提供学术资源和服务，来推进大学教学、学习，研究和服务的使命"（威斯康星大学密尔沃基分校图书馆）等。

通过分析上述这些高校图书馆的使命陈述，不仅包含了支持或促进学校教育、学习和研究的目标，还涉及了如何实现这一目标所应采取的途径与方法。为实现支持教学和科研的目标，图书馆须选择、收集、保存、揭示和传递与学校的教学、科研工作紧密结合的各类型的、各领域的文献信息资源；图书馆为学校的教学与科研提供高质量的、各类型的信息服务；图书馆通过培养高素质的员工，创建舒适、方便的物理和虚拟学习空间，促进学校的教学和科研活动；图书馆利用各种先进信息技术，从学科信息导航、定题跟踪、信息分析等方面向教学与科研领域渗透。

（2）提供资源和服务

向读者提供资源和服务是图书馆最基本的职能。服务是图书馆职能的形式，而资源则是图书馆职能实现的基础保障。在图书馆的使命陈述中，多数图书馆都提及了图书馆提供资源与服务的职能。如："第一时间为您提供合适的信息"（莫霍克学院图书馆）；"RISD 舰队图书馆的使命是提供图书馆馆藏和服务，以支持罗得岛设计学院致力于在其选择的领域培养有影响力、有创造性的艺术家和设计师、并在更广泛的文化和社会环境下发挥其职能"（罗得岛设计学院舰队图书馆）；"新墨西哥州立大学图书馆开发和提供基本和专门的资源和服务，以满足新墨西哥州立大学社区和新墨西哥人民的需求"（新墨西哥州立大学图书馆）等。

分析上述相关使命陈述，发现图书馆提供资源和服务，一般都是图书馆为实现某一特定目标的前提和基础。在图书馆发展中，图书馆工作人员需要不断思考图书馆馆藏资源是否满足读者需求，比如全面地收集各语种、世界各地、印刷和电子等多类型的资源，有针对性地建设教学参考书库、书目数据库。

（3）促进知识发现、知识交流、知识进步、知识创新

在图书馆使命陈述中较多地涵盖 "intellectual" 和 "knowledge" 等核心词汇，强调知识是联系图书馆和读者的纽带，图书馆不仅是知识获取、知识交流、知识分享的场所，还是知识发现、知识进步和知识创新的土壤。知识发现、知识交流、分享的过程同时是知识创新和进步的过程。知识发现就是从大量数据中获得有效的、新颖的、有潜在应用价值的和最终可理解的知识。图书馆的知识发现主要包含三方面：一是采用各种技术和信息交流平台，挖掘馆员头脑中的隐形知识，通过知识交流与分享，提高图书馆的服务能力；二是通过技术手段挖掘并满足读者的隐性需求；三是通过已开展的咨询服务和新的知识发现生成 "知识库"。如："图书馆通过将人和知识连接，促进知识发现"（北卡罗来纳州夏洛特大学的默里阿特金斯图书馆）；"大学图书馆提供国家最先进水平的获取广泛而多样的学术资源和创新技术，使用户评估他们的信息需求，识别和访问可靠消息来源，并成功地把信息转化为知识"（阿克伦大学图书馆）；"培养批判性的查询，并使知识创造成为可能"（爱荷华大学图书馆）；"通过把用户和知

识联系起来，从而提高人们的生活质量、促进知识发现"（华盛顿大学图书馆）；"通过提供学术资源和服务，来推进大学教学、学习、研究和服务的使命。我们为思想的发现和交换，知识的创造，保存和分享提供便利"（威斯康星大学密尔沃基分校图书馆）；"通过获取、组织知识并且提供获取途径；保存、传播现有知识，从而发展新知识"（奥克兰理工大学图书馆）等。

（4）全球的、开放的、合作的视野

随着通信、信息交流等技术的发展与普及，信息全球化趋势势不可挡。在此背景中，图书馆要谋求自身的持续发展，就应具有全球、开放与合作的意识，面向全球、全社会、社区开放，与其他社会机构合作，以实现信息资源共享，为整个学术界和全人类提供服务。国外高校图书馆的使命陈述中就较多地体现了国外大学图书馆的全球、开放、合作的视野。如："提供世界一流的图书、信息服务以满足本地、全国以及世界学术界的需求，并通过追求教学、学习和研究的最高国际卓越水平，支持剑桥大学共享社会的使命"（剑桥大学图书馆）；"UBC 愿意最大限度地为其学生和教职员工提供学习和研究的资源与条件，为他们创造致力于卓越、平等和相互尊重的工作环境；愿意与政府部门、工商业界、其他教育机构以及一般团体合作，创造新知识，从而为其学生职业生涯做好准备，通过最前沿的研究提高生活质量"（英属哥伦比亚大学图书馆）；"该图书馆的使命是为满足俄克拉何马州立大学社区的需求，为其提供信息服务"（东南俄克拉何马州立大学纪念图书馆）；"图书馆通过选择、购买、组织、储存和为随时随地的信息需求提供获取途径来促进威尔康纳尔社区的知识增长"（威尔康纳尔大学医学图书馆）等。

（5）使读者终身受益

图书馆通过支持学校教育和学习以及各项信息培训对读者职业生涯、社会适应性、信息素养等方面产生影响。高校图书馆在提升读者这些方面的能力中发挥重要作用。在国外高校图书馆使命陈述中也将这部分内容包含其中。如："教育学生，并塑造学生终身学习的能力，培养他们开展独立和创新型研究工作，并将其研究成果惠及全世界"（约翰霍普金斯 Sheridan 图书馆）；"在这个思维活跃，亲密合作的学习环境中，布鲁肯斯图书馆为教学、学习和研究挑选、组织、保存和提供信息资源，促进学生终身学习"（布鲁肯斯大学图书馆）；"图书馆是大学的一项战略资产，能对在全球化社会环境下知识的发掘和终身学习技能的发展作出贡献"（皇后大学图书馆）；"通过开展指导项目，指导学生有效利用信息和知识，图书馆推动严谨的学术研究和终身学习的目的"（爱默生学院图书馆）等。

（6）支持大学的使命

高校图书馆作为大学重要的组成机构，它往往以支撑整个学校的使命为己任。在国外高校图书馆的使命陈述中，许多图书馆的发展定位将自己作为学校这个整体的一部分来看待，其使命作为大学使命实现的基础，并随大学使命的变化而变化。如："通过提供书目记录以及提供智能获取知识和信息来支持安德鲁斯大学的使命"（安德鲁斯大学詹姆斯怀特图书馆）；"提供学术信息资源的使用帮助以完成大学的教育、研究和服务使命。图书馆通过对这些资源使用的解释、指导和教育来完成这一任务"（马里兰大学图书馆）；"积极支持西南大学的使命和目标，通过提供信息，馆藏建设，培养高素质的员工，并创建物理和虚拟学习环境，鼓励知识交流，自由探索，以及对知识的热情"（西南大学图书馆）等。

（7）保存人类文化

保存人类文化遗产是图书馆最古老的职能，图书馆在漫长的历史发展过程中一直承担着保存人类文化遗产的职责，无论是从最初的甲骨文、纸草泥版还是到近代的印刷型图书馆，再到当今的各种数字化资源，都是图书馆保存的对象。在图书馆使命陈述中有些图书馆也提到了图书馆为后人保存文化的功能定位。如："保存我们的馆藏，确保其可获取性、可使用性以及保证馆藏的存在，为后人保存宝贵的文化资产"（加州大学欧文分校图书馆）；"为 RISD 之外的艺术和学术团体提供服务，并为后人保存文献"（罗得岛设计学院舰队图书馆）等。

（8）构建良好的信息环境与空间

高校图书馆一直是学术交流的中心。读者不仅需要信息和知识，而且需要舒适、方便的学习、讨论和交流环境。构建良好的物理和虚拟信息环境和学习空间是满足读者这种更高层次需要的重要手段。

通过以上分析，本研究建议我国高校图书馆在编制本馆使命过程中，除了要借鉴使命编制的一般过程和方法外，在使命内容的编制中，应充分考虑我国高校图书馆的实际，在使命陈述中可考虑以下内容：支持学校教学与科研，提供资源和服务，发现知识，促进知识交流、知识共享、知识创新，支持大学使命，全球的、开放的、合作的视野，构建舒适物理与虚拟信息环境，实现读者终身学习，关注图书馆工作人员，保存人类文化遗产等。

2. 高校图书馆战略规划的愿景编制

管理大师彼得·圣吉认为，愿景是"一种共同的愿望、理想、远景或目标"，并指出"当一群人执著于一种心中的愿景时，就会产生一种力量，做出许多原本做不到的事情"[①]。由此可见愿景是组织愿望的景象，是组织希望将来实现的理想，有利于激发组织所有人的力量。本节主要以考察国外高校图书馆愿景为切入点，借鉴国外经验，为我国高校图书馆愿景的编制提出建议。

国外很多高校图书馆在制定其战略规划时都将使命、愿景的陈述共同呈现在战略规划文本中或选择它们其中的一个呈现出来。本项目对获取的107份国外高校图书馆战略规划文本进行统计发现，有69份文本包含使命，占全部文本的64.49%。通过对各高校图书馆"愿景"描述的深入分析，发现国外高校图书馆战略规划中的愿景主要涵盖了宏观的前瞻性愿景和微观的战略性愿景两类。

（1）宏观的前瞻性愿景

国外的大学图书馆愿景中，主要采用"国际知名""世界领先""世界一流""全国著名""卓越的"等词汇来阐释图书馆未来的整体发展定位，并未提及图书馆具体的资源、服务、空间建设等未来的发展方向。图书馆设置这类具有前瞻性和开创性的愿景，可以给人们带来无限的憧憬和向往，易于鼓励人心、激发图书馆工作人员的激情。如："耶鲁大学图书馆作为人类活动记录的管家和向导"（耶鲁大学图书馆）；"成为向大学社区提供信息的世界领先的图书馆"（麦考瑞大学图书馆）；"世界一流大学需要世界一流的图书馆作为支柱"（英国布里斯托尔大学图书馆）；"我们将把大学图书馆建设成为全国著名的学术图书馆"（德州大学图书馆）；"知识全球化时代整合知识、服务和技

---

① 彼得·圣吉：《第五项修炼——学习性组织的艺术与实务》，郭进隆译，上海三联书店1998年版，第126页。

术，使之处于国内领先地位"（美国宾夕法尼亚州立大学图书馆）；"对于 UCI 致力于发展成卓越的研究型大学"（加州大学欧文分校图书馆）等。

（2）微观的战略性愿景

这类愿景并没有明确指出图书馆未来整体的定位，而是在图书馆的资源、服务、人员、合作机构等较为具体的方面，为图书馆指明了一种可靠的、引人注目的未来状态。这类愿景具有明确的指向性，易于让图书馆工作人员觉得它是实实在在的、切实可行性的，但是这种类型的图书馆愿景往往会因涉及的发展目标过细，在短期内容易实现，无法发挥愿景鼓舞人心的作用。如"将走在研究性图书馆和学术信息交流创新的前沿。我们将为完善的客户服务提供模式，为提高实体与虚拟环境中的教学提供信息资源。我们将坚持这些技术与服务的高标准，并在此领域里不断努力"（马里兰大学图书馆）；"确保馆藏的前瞻性、多样性、开放性和高品质；通过用户教育，使人们了解到更多有用的资源；通过服务创新，使人们更易于获取资源"（芝加哥大学图书馆）；"通过我们特别的研究馆藏和卓越的服务新技术的发展与应用、和校园内外的合作、我们的战略构想，我们将成为世界广泛参与的领导者和知识/信息的'经纪人'。我们将继续作为伊利诺伊和国家的高质量信息的管理员，我们将加强作为所有形式的信息素养的培养者和教育者的角色。我们将营造一个支持和促进伊利诺伊大学香槟分校追求卓越的环境，继往开来，在继承优良传统的基础上，图书馆寻求保持世界级卓越机构的战略地位，为智力开发提供独一无二的机会"（伊利诺伊大学香槟分校图书馆）；"为读者提供响应更加及时的服务；电子资源获取利用范围的极大扩展；物理馆藏存放在适当的位置；更少的馆舍和低成本、高密度的二线书库；更小的职工队伍，但是却具有传递高质量服务的相关能力；减少服务成本"（牛津大学图书馆）等。

对上述宏观和微观两个层面的国外图书馆愿景进行归纳，可以发现国外高校图书馆愿景一般包括：一是提升图书馆整体社会形象，致力于创建国内领先乃至世界一流的大学图书馆；二是进一步改善为校内教学和科研提供的创新服务，并不断向外拓展，强化同其他机构的合作，拓展图书馆服务范围，争取在任何时间任何地点都能满足各种用户的信息需要；三是图书馆是保存人类知识和文化遗产的中心，是传播人类文化、传承人类文明的火炬手。除此之外，通过比较图书馆的连续战略规划文本，发现图书馆的愿景在短期内具有较强的稳定性，在短期的5—10年具有一定的持续性，同时在持续中呈现一定的动态变化性。如英属哥伦比亚大学图书馆2000—2003年战略规划的愿景是"UBC图书馆在研发、提供和传递优秀信息资源和服务上将成为一个地区性的、国家性的、国际性的领导者"，其2010—2015年战略规划的愿景改为"我们是一个具有国际影响力的研究型图书馆，促进知识的创新、探索与发现"。

高校图书馆的愿景最主要回答了"我们将去向何方"问题，也就是说高校图书馆在服务、资源、技术等方面未来发展的重点是什么？想要变成什么样子？5年、10年乃至20年后想达到什么目标？这些方面都是高校图书馆愿景需要考虑的。借鉴国外高校图书馆愿景所涉及的内容，从我国高校图书馆的实际出发，图书馆的愿景应该包括图书馆未来的发展方向、发展目标、核心价值等。我国高校图书馆在编制本馆愿景时一定要在分析预测图书馆发展环境的基础上，综合考虑图书馆资源、人员、设施、管理、服务、读者、社会形象等方面目前所处的状态，以此为基准，选择图书馆愿景，规划未来的理想目标。愿景的具体内容选择，可参考以下建议。

一是，图书馆愿景的选择可考虑与本校的地位相匹配，致力于创建国内领先乃至世界一流的图书馆。"985"类院校受国家重点扶持，其学科建设、师资力量、经费等方面都处于国内大学前列，这类大学的发展目标较多地致力于世界一流大学，由此，这类院校的图书馆应考虑本校地位与发展目标，致力于世界一流、国际知名等。"211"类院校可考虑致力于国内领先、国内知名等，而对于那些普通院校则可考虑选择本省、本地区优秀的、卓越的信息服务机构。

二是，图书馆愿景的编制可根据图书馆自身条件和图书馆辅助教学与科研的职能，致力于为教学与科研提供优质的服务、舒适的物理与虚拟空间，争取在任何时间任何地点都能满足各种读者的信息需要。

总之，高校图书馆在编制愿景时，一定要在对图书馆环境进行分析、预测以及客观评价图书馆自身的资源、服务与能力的基础上，考虑从宏观和微观两个维度制定图书馆愿景。

3. 高校图书馆战略规划的战略目标制定

（1）高校图书馆战略目标制定的具体方法

关于战略目标具体内容的选择会应用到哪些方法，有学者建议在设立目标体系时，图书馆可利用平衡记分卡把战略目标体系划分为财务目标、客户目标、业务流程目标、学习与增长目标来设定①。昆士兰科技大学图书馆2001—2010 年战略规划②采用平衡计分卡方法，从用户、财务、内部流程和学习与发展因素制定了战略规划。高校图书馆的用户/读者视角主要是提高读者的学习、科研能力，丰富图书馆馆藏，改善图书馆服务与设施，提高读者满意度；财务目标主要是保证图书馆获得足够的资金投入和保证投资的稳定增长，并且对现有资金进行有效分配等；业务流程目标主要围绕图书馆服务链来进行，如外文献资源采购、开拓新的服务方式、提高服务水平等；学习与增长目标主要围绕工作人员发展与培训展开，以实现图书馆各项业务的持续改进和获得最佳绩效。

此外，在图书馆战略目标制定过程中应用得较为普遍的是 SWOT 方法，分析其优势、劣势、机会与威胁等。高校图书馆的优势来源通常包括：已有规划取得的成就、信息资源、馆舍设施、技术设备、人力资源、组织文化、经费等。劣势主要包括：员工战略意识、专业人才的严重流失、设施陈旧匮乏、资源类型不够全面且更新缓慢、服务手段与模式单一落后、经费补给不足等。机会主要来自教育财政拨款大幅增加、大学社区文化需求、教育发展纲要对高等教育提出新的要求、合作与区域联盟更受重视、信息技术的革新、所需专业的高校毕业生剧增等。威胁主要包括：需求减少、网络影响与挑战、技术影响与挑战、知识产权问题、信息服务替代、数据库价格持续上涨等。

（2）目标体系层级与模式

通过分析所获取的高校图书馆战略规划文本，发现图书馆的战略目标层级不一和目标体系呈现的模式多种多样。

①目标体系的层级

对 107 份国外高校图书馆战略规划文本的战略目标层级进行统计，见表 5 - 6。

---

① 盛小平：《大学图书馆战略规划的几个基本问题》，《大学图书馆学报》2009 年第 2 期，第 14—18 页。

② "QUT library strategic planning（2007 - 2010）"，[2010 - 03 - 20]，http：//www. library. qut. edu. au/about/planning/strategicplanning. jsp.

表 5 – 6 国外部分高校图书馆战略目标的层级及表现形式

目标层级	表现形式	文本数	比例（%）
1 级	Goal； Objectives	7	6.54
2 级	Goal—Objectives； Goals—Objectives； Strategic themes—Goal； Strategic themes—Goals； Strategic direction—Goal； Strategic direction—Goals； Goals—Actions； Objectives—Actions	51	47.66
3 级	Goal—Objectives—Activity； Goal—Objectives—Actions； Strategic direction—Goal—Actions； Strategic direction—Goals—Actions	34	31.78
4 级	Goal—Objectives—Actions—Performance indicators； Goal—Objectives—Actions—Performance metrics； Strategic theme—Goals—Action—Timeframe； Goals—SWOT position—Objective—Action； Goals—Current position—Objective—Action	10	9.35
5 级	Strategic theme—Objectives—Actions—Timescale—Responsibility； Strategic area—Objectives—Actions—Timescale—Responsibility； Goal—Objectives—Actions—Timescale—Responsibility	5	4.67

资料来源：本研究整理。

由表 5 – 6 可知，比例最高（47.66%）的目标层级是 2 级，其中有八种表现形式，其战略目标的表述相对强调战略目标的概括性、指导性，有利于从宏观上把握图书馆未来的发展方向；其次为 3 级（31.78%），其目标体系以从宏观到具体的逐步递进的方式对大方向任务进行了分解细化，使得战略目标更为具体化，易于工作人员的理解；较为复杂的 4 级和 5 级（如基尔大学图书馆 2007—2010 年的"学术导航"战略规划）所占比例较少，仅为 14.02%，这种较为复杂的目标体系通过对战略目标进行逐步分解细化，并配有相应的战略举措、衡量标准以及明确的时间范围和责任人，使得战略规划具有较强的可操作性，有助于战略规划的顺利实施。最为简洁的 1 级目标体系所占比例也较少，为 6.54%，这种方式一般用于战略规划文本简本，仅仅呈现图书馆战略规划的总体目标或战略领域。

②目标体系的模式

通过对上文中列举的目标层级进行分析，发现图书馆战略规划的目标体系呈现出不同组成模式，有的较为简单、概括，有的则较为复杂、具体。曾翠和盛小平通过解析国外大学图书馆战略规划案例，归纳出五种模式，即"总—分馆"模式、"总—分目标"模式、"关键领域"模式、"目标战略—资源需求"模式、"短期—中期—长期战略目标"模式，并对每种模式优缺点进行了介绍①。

本研究在具体分析国外高校图书馆战略规划目标体系的基础上，借鉴曾翠和盛小平归纳的五种模式，发现高校图书馆的战略目标体系主要有以下六种具体模式：

模式一："总—分馆"模式。

该模式主要是指大学图书馆根据"总—分馆"运行体制分别制定战略规划，由总馆战略规划和分馆战略规划共同构成图书馆战略规划。剑桥大学图书馆战略规划、剑桥大学 Squir 法律图书馆战略规划、剑桥大学医学图书馆战略规划、剑桥大学科学图书馆战略规划就是一种典型的总—分馆模式。如表 5 - 7 所示。

表 5 - 7　剑桥大学图书馆总—分馆战略规划使命及总目标

名称	时间	使命	总目标
剑桥大学图书馆[2]	2006—2010 年	提供世界一流的图书馆信息服务以满足本地、全国以及世界学术界的需求并支持剑桥大学的使命，追求一流的教育、学习和科研水平，贡献社会	增强世界级馆藏、加强馆藏资源和其他信息资源的存取、优化学习研究环境、确保馆藏资源的存放与保护、确保适合的技术基础设施、实施联合协作计划、提高工作人员素质、确保可利用足够的资源来实现此计划

①　曾翠、盛小平：《国外大学图书馆战略规划模式解析》，《图书情报工作》2010 年第 3 期，第 131—135 页。

②　"Cambridge university library strategic plan（2006/7 - 2010/11）"，［2009 - 12 - 22］，http://www.lib.cam.ac.uk/strategic_plan.html.

续表

名称	时间	使命	总目标
剑桥大学法律图书馆①	2007—2011 年	作为卓越法律研究中心，支持剑桥法律学院的教学和研究目的，并帮助维护学院的国内与国际声誉；作为四个独立分馆之一，协助剑桥大学图书馆实现其使命；作为法定存储系统中的一个元素，保证相关的与法律有关的材料都收录到该图书馆	纸质馆藏发展、电子馆藏的发展；数字化项目、用户教育和参考咨询服务、图书与连续出版物采购/加工/编目书库空间/库存/图书排架、财务与筹款、人员编制、图书馆合作
剑桥大学医学图书馆②	2006—2011 年	为剑桥大学图书馆使命的实现作出应有的贡献；为教育、研究和专业实践提供资源和服务	与剑桥大学图书馆战略总目标一致，在具体目标中体现医学图书馆特色
剑桥大学科学图书馆③	2006—2010 年	为大学科学与技术的研究与教学组织，提供高质量的信息服务；补充系和学院图书馆在相关学科领域研究层次的馆藏和服务，确保充分满足大学生需求	其目标是履行其使命

资料来源：来自各图书馆战略规划文本。

　　通过对剑桥大学图书馆战略规划及其三个分馆战略规划的比较分析，发现总馆战略规划在分析图书馆总体发展环境及状况的基础上，制定对未来一段时期的图书馆事业发展进行指导的整体规划，对各分馆战略规划的制定发挥了指导作用，主要包括图书馆的使命、愿景、目标与战略等部分。分馆战略规划是各分馆在秉承总馆发展宗旨的基础上，在总馆使命与战略目标的统一指导下，结合所服务学科的发展特色及趋势对自身未来发展所做的规划。分馆战略规划一方面有利于支持和协助总馆战略目标的实现，另一方面制定的规划具有较强的灵活性，利于突出分馆的特色与作用。分馆规划主要涉及分馆使命、目标、战略等基本内容。"总—分馆"模式能很好地适应综

　　① "Cambridge university library squire law library strategic plan（2007/8 – 2011/12）"，［2009 – 12 – 22］，http：//www. lib. cam. ac. uk/SquireStrategicPlan20072012. doc.
　　② "Cambridge university library medical library strategic plan（2006 – 2011）"，［2009 – 10 – 08］，http：//www. lib. cam. ac. uk/strategic_ plan. html.
　　③ "Cambridge university library science libraries strategic plan（2006/07 – 2010/11）with operational goals"，［2010 – 08 – 25］，http：//www. lib. cam. ac. uk/ScienceLibraries/ScienceLi-brariesPlan20062011. doc.

合性大学图书馆的发展需求。

模式二："短期—中期—长期战略目标"模式。

该模式是指大学图书馆对确定的战略目标分别从短期、中期和长期做出规划。如萨塞克斯大学图书馆 2007—2009 年战略规划[①]的战略目标是："改善学生的学习经历；实现卓越的学习和教学；支持研究；推动创新和发展；确保有效的管理和规划；发展我们的员工"，其具体目标的呈现方式是：以在 2008 年年底之前实现的短期目标（short-term goals）和长期目标（longer-term goals）具体展开。塞尔温学院图书馆 2007—2027 年战略规划[②]的战略目标是："建立拥有支持学习的设备和储存馆藏的合适的建筑设施；资源的高成本效益管理；图书馆资料的获取、组织和传递；为图书馆外部研究人员研究提供有监管的、舒适的研究环境；支持各阶层的读者；开发具有积极性、知识渊博、技能娴熟的员工"，其具体目标的呈现方式是：分为短期目标（short-term goals 1 – 3 years）、中期目标（medium-term goals 3 – 7 years）和长期目标（long-term goals 7 – 20 years）。通过对上述两份文本的战略目标进行分析，发现"短期—中期—长期战略目标"模式把同一总目标或战略划分为不同时期的分目标，以分阶段渐进的方式制定规划，有利于战略目标稳定、协调和可持续地实施，该模式一般适合于制定中期、长期的战略规划。

模式三："大学战略目标—图书馆战略目标"模式。

高校图书馆的发展与大学的发展紧密相关，其在制定战略规划时都会受到大学战略规划的影响。许多国外高校图书馆的战略目标就是以所属大学的战略目标为参考而制定的，呈现出"大学战略目标—图书馆战略目标"模式。该模式的显著特点为图书馆战略规划是在大学使命与战略目标的统一指导下，基于图书馆特色及发展趋势而制定的。如英属哥伦比亚大学图书馆 2000—2003 年战略规划，就是与英属哥伦比亚大学启动的 TREK2000"学术计划和科研点亮知识"战略规划所倡导的战略目标有机结合起来的。UBC图书馆战略规划的原则、目标和策略集中体现在人、学习和研究、共享和

---

① "University of Sussex library strategic plan(2007 – 2009)"，[2010 – 09 – 11]，http：//www. sussex. ac. uk/library/aboutus/strategicplan. pdf.

② "College library strategic plan (2007 – 2027)"，[2011 – 08 – 08]，http：//www. se. l cam. ac. uk/library/collec-tions/Selwyn% 20College% 20Library% 20strategic% 20plan% 20June% 202007. pdf.

国际化三方面，这三方面都体现在 TREK2000 中，并且对于每一方面，图书馆战略规划的原则陈述、目标以及策略都是遵从于学校的整体原则陈述的。例如有关"学习和研究"的战略目标，首先指明"TREK2000"中明确了"UBC 大学致力于保持高标准的教学、学习、研究和服务，为了确保能提供一个学习环境，让用户能增长知识、认识自己的社会责任、为今后在全球化环境中生活和工作做准备、完成自己的梦想等"。随后，指出"UBC 图书馆致力于满足本科生、研究生、教师和工作人员学习和研究的需求。它给学生提供指导和训练来帮助他们培养信息检索与批判性思考的技能，以助于他们能在信息密集的社会中取得学业上的成功。它与学生、教师、工作人员一起寻找、发展、有效利用这种用来进行知识创造和传递的信息资源"的目标。为实现上述目标，UBC 图书馆提出了"把信息素养整合进图书馆领域的课程里；优化并扩展获取馆藏和信息资源的渠道；在校内寻求合作伙伴来支持并促进学习和研究"等五条战略策略。此外，澳大利亚的默多克大学图书馆 2003—2007 年战略规划也采用这种模式设计战略目标。

通过分析，这种模式与高校的战略规划紧密相关，一方面图书馆战略规划的制定与实施有利于促进和支持高校的战略规划；另一方面图书馆战略规划在高校使命和战略目标的指导下制定有利于图书馆沿着高校的发展方向发展，并且高校战略规划的实施会为图书馆战略规划的实施提供重要保障。

模式四："总—分目标"模式。

该模式是指高校图书馆在其使命、愿景陈述的基础上确定总目标、分目标及具体实施策略或分析预期结果的一种战略规划形式，该模式具体的展开形式较为复杂多样，主要包括以下几种子模式：

第一种子模式是"战略目标—任务—行动计划"，这是高校图书馆应用得最为普遍的一种模式。"战略目标"指图书馆在特定期限内，考虑内外环境及自身能力的可能性，在实现其使命与愿景中需要取得的成效。它是图书馆战略的核心内容，对图书馆使命和愿景的实现起推动作用。"任务"是目标的进一步细化和具体化，它与目标紧密结合在一起。"行动计划"是为实现既定目标、任务所要开展的具体活动，是结合本馆馆情来制定的，具有切实可行性。伊利诺伊大学图书馆 2005—2009 年战略规划[①]具有典型代表性，它在结合该馆实际的基础上首先确定了四个战略目标，然后在每个目标之下制定任务，最后根据战略目标与任务制定切实可行的行动方案。如目标一"扩展服务方向"，为实现这一目标设置了评估服务质量、提高服务技能、开展新的服务、制定并完善用户指导、公众参与五个战略任务。同时为了实现各任务又制定了具体可行的行动方案，如为实现第一个"评估服务质量"任务而制定了"每年进行用户满意度调查，分析结果并对服务进行完善"和"根据需要制定、审查和修改用户满意度调查"两个行动方案。

第二种子模式是"战略主题—总目标—分目标—战略"。如"牛津大学图书馆服务：2011 年愿景"就采用了该模式，它制定了"服务我们的用户""开发我们的馆藏和服务""组织我们的空间"三个主题及其相应的总目标，其中"服务我们的用户"这一战略主题对应的总目标是"在接下来的五年中，我们将采取一个协调的、回应强烈的和前瞻性措施，以提供和发展读者服务，来支持我们的三类用户群体：牛津大学的学生、牛津大学的教职员工和牛津大学之外的研究人员"，这一总目标下又列出若干分目标，分目标一是"联络—交流"，该分目标下再列战略/预期结果设置"根据学校及其分校、院系共同任务和策略目标，识别、理解和响应我们读者的需求及其优先考虑的问题"八个实施战略。"佐治亚理工学院图书馆与信息中心 2007—2011 年战略规划"采用了"主题—总目标—分目标—预期结果"模式，在战略主题之一"合作：加强教育、支持和提升"下列出其总目标是"佐治亚理工大学图书馆承诺建立并加强校园内外的合作关系，调整组织的目标来扩展佐治亚理工大学的地方性、区域性和全球性的前景"，又在总目标下列出若干分目标，如分目标一是"与学生合作"，该分目标下包含设置"学生把图书馆看作是他们的信息资源和服务存取的可靠的来源"等 11 条战略/预期结果。通过具体分析，发现上述模式从确定战略主题着手明确了图书馆的发展方向，能够为图书馆的远景规划提供指导。随后，制定总目标能够确保图书馆从总体上把握图书馆未来需要达到的程度。最后，制定与图书馆总目

[①]　"Unlocking our past, building our future: A Sstrategic Pplan for the university of Illinois library（FY 2005 – 2009）"，［2010 – 03 – 20］，http：//www. library. illinois. edu/committee/strategic/reports/2005 – 2009StrategicPlan. pdf.

标一致的分目标和实施策略，确保建立的目标体系不仅明确、具体，而且是可度量的，具有现实性与针对性。

　　第三种子模式是"主题—总目标—现状分析—分目标—实施策略"。该模式的主要特点是对设定的每一个战略目标都进行具体的、有针对性的现状分析，确保图书馆制定的战略目标符合自身特点和需求。如约克大学图书馆与档案馆 2005—2009 年战略规划[①]在总目标与分目标之间插入了"当前定位及显著特点"和"未来发展方向"的介绍，随后根据总目标与现状分析设置任务和行动方案。还有些图书馆在设定总目标之后，利用 SWOT 分析针对提出的总目标分析图书馆的优势、劣势、机会和威胁，根据分析结果制定分目标和具体的实施策略，如美国东北大学图书馆在制定 2004 年战略规划时[②]，确定了五个主题和若干目标，在每个目标之下进行了 SWOT 分析。如"研究"主题——下设有"馆藏与信息资源"和"服务与馆外活动"两个目标。"馆藏与信息资源"的 SWOT 分析结果显示，优势：提供对满足东北大学师生某些主要需要的馆藏和资源的获取，并且由其他机构的资源提供补充。劣势：东北大学还缺少许多必不可少的资源，还有一些资料也是过时的，应该被剔除或替换。机会：为了支持东北大学进入《美国新闻与世界报告》（News World Report）100 强，校方意识到应该通过学术投资计划（Academies Investment Plan）为学校各院系提供更多资金，其中就包括图书馆。威胁：经济的变化与招生人数的降低使得校方可能无法满足资助学术投资计划的目标。根据这些分析，在"馆藏与信息资源"目标下又设定了"馆藏：制定综合的馆藏发展、评估和购买策略的计划"等七个分目标。

　　第四种子模式是"总目标—战略—分目标—资源配置—责任人（或时间范围）"。该模式是图书馆战略规划中最为复杂、最为具体的一种，它通过层层细化从目标到资源配置再到责任人及时间范围使得战略目标更为具体，具有较强的可操作性。伊利诺伊大学香槟分校图书馆 2006—2009 年战

　　① "The University of York library & archives strategy（2005 – 2009）"，［2010 – 02 – 25］，http：//www. york. ac. uk/media/library/documents/policies/la-strategy_ r&rv3_ final. pdf.

　　② 徐坦翻译《美国东北大学图书馆 2004 年战略规划》，《图书情报工作动态》2005 年第 4 期，第 4—7 页。

略规划的目标体系就是以总目标—战略—现状—分目标—资源的模式来设计的①。为实现图书馆的核心使命，它确立了五个总目标，并在每个总目标下设置不等数量的战略，共有九个战略。基于每个战略分析了它当前的状况，能有助于审视图书馆内外环境，了解其优劣势、机会与威胁，进而保证图书馆制定的规划符合自身的特点和需求，使得规划具有较强的可行性。然后，它确立了五年目标，更具体、清晰地明确未来五年的发展方向。为实现这些五年目标，规划中列出了必要的资源需求，包括人力资源、财政资源和设备资源等，确保各分目标的有效实施，进而保证总体规划的实施。例如总目标之一是"加强我们提供各种形式资源的能力，提高用户的访问"，对应的战略是"收集 UIUC 教职工和学生的所有感兴趣领域中所有形式的文献资料，以满足图书馆用户当前的新出现的需求"，针对这一战略开展的现状分析显示"在格式上，目前大多数资料是依据明确的收藏目的而被收集起来的；资金是以阻碍机动性、妨碍我们对新兴学科与跨学科筹资的方式进行分配的"，由此确立了分目标如"确保馆藏文件资料的旧格式在新技术下是可读的或是可转化的"等，对应的资源是"增加 1000 万美元；针对馆藏的AUL，针对信息技术采购计划的 AUL，针对服务的 AUL"，确定了负责人是"主管馆藏的副馆长、主管信息技术专业人员的副馆长、主管服务的副馆长"。英国基尔大学图书馆 2007—2010 年战略规划②目标体系的设置也采用了类似模式。目标之一"增强图书馆对教学和学习的支持"下列出了若干任务，在"开发信息资源，支持学习和教学"任务下列出了一系列活动，在"购买大量、短期使用的电子格式书籍，发展电子图书"活动下列出时间表为"从一开始持续到 2009 年 10 月"，时间表下再列出责任人是"提供图书馆电子资源交流及支持服务的工作人员"。

模式五："战略目标—评估"模式。

该模式是在行动方案后面设置相应评估指标或衡量标准为未来图书馆战略规划评估提供参考，同时设定的这些标准还能够为战略规划的实施者提供

---

① "University of Illinois at Urbana-Champaign library strategic plan（2006 – 2010）"，［2010 – 09 – 10］，http：//www. library. illinois. edu/lsd/documents/library_ strategic_ plan_ 2006. pdf.

② "Academic services directorate university library strategic plan（2007 – 2010）"，［2010 – 02 – 25］，http：//www. keele. ac. uk/depts/li/policy/Library_ Strategic_ Plan. pdf.

指导。实施过程中通过参考指标，若发现行动方案难以达到目标，可以及时调整实施方案，以保证图书馆战略规划科学、合理、高效地实施。美国霍华德大学图书馆战略规划就采用了这种模式，该战略规划共确定了"加强图书馆对于学习、学术、服务方面的支持""通过战略计划和结果评估不断改善图书馆的效用""增加并且加强外部支持""加强国家与社区服务"四个战略目标。为实现"加强图书馆对于学习、学术、服务方面的支持"这个目标，它确定了四种战略即"改善对资源和服务的获取""加强终身学习活动的开展""将图书馆作为一个跨机构的学术中心""改善硬件设施"，随后在每一战略后面有指定相应的绩效指标。单从"改善对资源和服务的获取"战略来看，它包含八条绩效指标，并且明确评估时间和责任人，如其中的一条是"电子目录超链接连接器应用程序的连接能力，已安装并充分运行（署长/监管评审；成员评论与执行团队：试验装置、系统、监管评审——2006 年 4 月）"。

模式六："目标—战略—资源需求"模式。

该模式是高校图书馆在确立战略目标和具体实施战略之后，对实现这种战略所需要的资源进行初步估算，从资源匹配角度来制定规划。杜克大学图书馆 2006—2010 年规划①的目标体系以"目标—战略—资源需求"的形式呈现，它共包含四个战略目标，每个战略目标由若干战略实现，而每个战略下列举了具体的所需资源，如目标一"通过 Perkins 图书馆系统提供灵活、实用、诱人、安全、技术完备的图书馆空间"下的一个战略为"完成 Perkins 项目，包括 1968，1948，1928 和旧的法律的翻新来为 Bostock 图书馆服务"，而实现这一战略的资源需求是"Perkins 项目第二阶段需要 3000 万美元。大学资金和图书馆资金需要用来保证完成这个项目所需的费用"。该模式在每项具体的实施策略之后增加了完成每一个战略目标所需要的人力、财政和设备等资源，这为规划的有效实施提供了保障。

综上所述，国外高校图书馆战略规划目标体系组成呈现多种模式，每种模式各具优势。因此我国高校图书馆在制定战略目标体系时，应该从战略实

---

① "Connecting people + ideas：A strategic plan for the Duke university libraries（2006 – 2010）"，［2010 – 02 – 26］，http：//library. duke. edu/about/planning/Perkins-Library-Strategic-Plan-2006 – 2010. pdf.

施的角度出发，综合考虑本馆特色、服务对象与范围及所处环境的实际情况，借鉴国外模式制定科学、合理及易于操作的目标体系，以促进图书馆使命、愿景的实现，进而推动图书馆的持续、健康发展。

（3）战略目标的内容要素

战略目标是图书馆管理者根据现状对图书馆在未来一段时间内达到某一具体绩效的承诺，它与图书馆使命、愿景直接相关。战略目标的内容要素直接反映出图书馆要在哪些方面进行战略改革与发展。

①国外高校图书馆战略目标内容要素分析

为了解国外高校图书馆的战略重点，本研究对107份国外高校图书馆战略规划文本涉及的战略主题或战略目标（仅包括目标体系中的一级目标）进行统计分析。统计结果如图5-10所示。

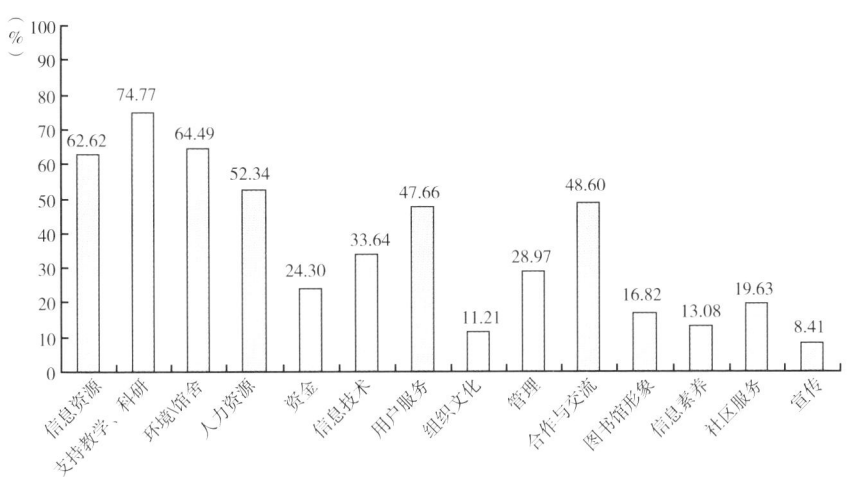

图 5 - 10　国外部分高校图书馆战略目标的内容要素

资料来源：本研究整理。

由图5-10可知，国外高校图书馆战略规划中普遍重视图书馆支持教学、科研功能的发挥；其次，较为普遍地重视本馆资源建设，包括馆藏建设、网络信息资源的获取、人力资源、资金等方面；随着新技术、教学环境及教学模式的变化，国外高校图书馆越来越重视图书馆的信息技术及物理与虚拟服务空间的建设；此外，高校图书馆作为社会系统中的一部分，非常重视同其他部门、机构的交流与合作，注重图书馆宣传及社会形象的提升；最后，图书馆是学生们获取信息、提高自身学习和研究能力的重要场所，因此图书馆除了向读者提供各类服务外，越来越重视学生信息素质的培训及终身学习能力的培养。

支持教学与科研：支持教学与科研是高校图书馆具有的服务特色。图书馆一般从以下几个方面支撑这一目标：为学生、研究者提供各类信息资源支持研究；发展学科馆员，将图书馆服务与各学院教学相结合；将图书馆信息素养培训与教学相结合；将图书馆资源和服务与大学虚拟学习环境融合等。

信息资源：信息资源是图书馆提供服务的基础。高校图书馆信息资源建设战略一般集中在：增加馆藏数量和调整馆藏结构；扩大资源获取渠道；重视资源描述、组织及长期保存；机构库建设；资源共享；支持各类移动设备对资源的存取；图书馆资源和服务与网络教学平台的有效整合等。

注重服务环境和馆舍建设：良好的服务环境是图书馆提供服务的前提。国外高校图书馆有关服务环境及馆舍建设的战略集中在：信息共享空间或学习共享空间的建设；改善图书馆家具和基础设施等物理空间；营造读者交流、学习的虚拟空间等。

人力资源：国外高校图书馆战略规划中都非常重视对人的培养。主要涉及：重视馆员培训，支持馆员的继续学习过程；为员工创建和谐、良好的发展环境；吸引、发展和挽留优秀员工；促进馆员的专业发展；重视竞争性工资，内部公平，灵活管理等。

读者服务：向读者提供服务是高校图书馆的最终目的。在战略规划中主要体现在：图书馆服务质量的提高；参考咨询服务；借助各类新技术拓展用户服务方式；重视学科服务等。

合作与交流：合作与交流向来受到高校图书馆的青睐。高校图书馆的合作与交流主要集中于：注重同教师的合作与交流，支持教学与科研；注重与学院的交流；强调与其他图书馆的合作，参与联合采购节省资源；加强与外部企业、事业机构、专业协会、大学校友的合作，寻求资助机会；重视与本地区、全国乃至世界范围内的交流合作，促进本馆发展；加强与 Google 等搜索引擎的资源合作等。

信息素养：信息技术的发展及计算机在教学、生活中的普及，学生信息素养能力的培养越来越受高校图书馆关注。主要涉及信息素养培养与高校的课程体系结合、专门为本科生开展科研提供服务、加强信息素养能力的评估、实施在线信息素质教育等。

信息技术：主要关注：图书馆基础技术设施的更新换代；关注新兴交流技术；图书馆 Web2.0 技术体验与推广；注重支持远程教学的各类多媒体技术的开发与应用；各种移动设备的应用等。

经费：经费是图书馆开展各项活动的物质保障。主要涉及寻求财政支持、有效分配图书馆经费等。

注重宣传：主要指：加强外联，注重营销；提高图书馆形象，争取资助；重视公共关系，制定公关战略等。

②战略内容要素的问卷分析

规划文本的具体内容要素直接反映了图书馆战略规划所涉及的发展目标。本项目的问卷调查设置了资源建设、内部管理、服务理念、馆舍建设、技术应用、人才队伍建设等 12 个要素，高校图书馆问卷的结果见图 5 - 11。

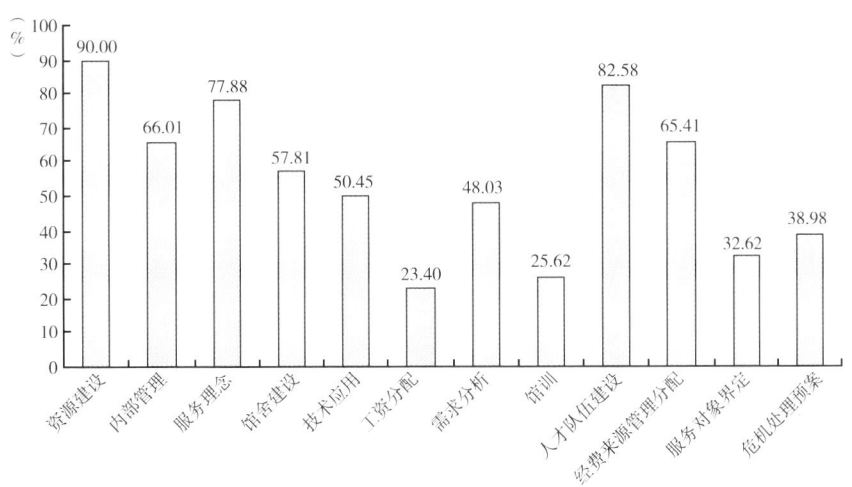

图 5 - 11 对高校图书馆战略规划内容要素的认识

资料来源：本研究整理。

　　调查结果显示，"资源建设"受到 90% 的被调查者重视，成为最为重要的规划内容组成部分，由此可见"资源建设"是高校图书馆发展的最重要部分。"人才队伍建设"和"服务理念"也受到不同程度的重视，分别有超过 80% 和 70% 的被调查者予以肯定，其次是"内部管理""经费来源及管理、分配"和"馆舍建设""技术应用"也都获得了超过一半的被调查者的认可。在所有列出的要素中，"工资分配""馆训"和"危机处理预案"的重要程度最低，仅获得不足一半的被调查者认可。

　　综合国外高校图书馆战略目标的内容要素和国内有关战略规划内容要素的调查结果，我国高校图书馆制定战略目标时可考虑从资源建设、支持教学与科研、人才队伍建设、图书馆技术应用、服务环境与空间设施、经费来源及管理、信息素养等方面选择。高校图书馆在制定战略目标时一定要避免大而全，不需要面面俱到，而要紧密结合战略分析结果，根据本馆的资源、能力选择体现本馆特色的战略重点。

　　我国高校图书馆在制定战略目标时，除了借鉴与参考国外图书馆战略经验外，要关注我国不同类型高校图书馆的发展定位。借鉴国家图书馆重点项目研究结论[1]，"985"工程高校图书馆可考虑将支持科学研究、提供科研信息咨询等作为其战略重点，在具体的资源建设战略上可强调高、精、尖的学术信息资源的整合和数据库的构建；"211"工程高校图书馆应将向大学教师和学生提供全面、丰富、优质的文献信息和支持科学研究视为其长期战略目标；一般高校图书馆应该将支持教学、重视学生培训、提升学生信息素养等作为重要发展目标，由于一般高校与地方联系紧密，在其资源建设战略上可重视地方文献数据库、专题库建设；高职高专院校图书馆未来一段时间内的战略重点主要集中在提高综合竞争能力，保持可持续发展，服务以就业为导向的高职高专教育，结合提升专业建设、实训基地建设、国家精品课建设形成强有力的文献资源保障中心，适应多种办学模式展开开放性和多元性文献服务工作，抱团取暖、联盟共享，整合专业资源，进一步开发社会化公共服务功能等方面[2]。

　　[1] 柯平等：《社会公共服务体系中图书馆的发展趋势、定位与服务研究》，国家图书馆出版社，2011 年第 5 期，第 301—304 页。
　　[2] 黄立新、王雅丽：《高职高专图书馆战略研究》，《图书馆工作与研究》2011 年第 5 期，第 24—27 页。

同时，高校图书馆还要关注学术图书馆的整体发展趋势如 ACRL 发布的《2010年高校图书馆十大趋势》，根据整体发展趋向选取面向未来的战略目标。

（4）量化指标

本研究对获取的 143 份国内外高校图书馆战略规划文本（国外 107 份，国内 36 份）进行统计，发现 60.84% 的目标体系中包含量化指标。本项目的问卷调查结果显示，77.11% 的被调查者认为在图书馆战略规划中应具有量化指标，除了 4.95% 的被调查者表示不清楚外，仅有 5.89% 的被调查者认为在图书馆战略规划中没必要设置量化指标。综合高校图书馆战略规划文本统计和问卷调查的结果可知，高校图书馆战略目标制定中需要设置适当的量化指标，为战略规划实施与评价提供具体的数据依据。西班牙加泰罗尼亚理工大学（UPC）图书馆的战略规划在不同战略目标下的行动计划之中设置相应的量化指标，如表 5－8 所示。

表 5－8　西班牙加泰罗尼亚理工大学图书馆战略规划文本的部分量化指标

战略目标	行动领域	量化指标
实现以高质量水平的资源及服务满足 UPC 成员目前及未来的基本信息需求	读者培训 自学区 图书馆基本服务 基本馆藏书目 设备及一般改善	培训课程或学期的数量 培训课程参与者的数量 馆藏书目的增长量 借阅量 读者与图书的关系 读者与期刊的关系 读者与阅读空间的关系 自学站点的数量
强化图书馆角色，即为 UPC 知识研究和创新而服务的信息资源提供者，使信息成为研究领域的关键点之一	读者培训 研究式图书馆服务 研究式馆藏书目 图书馆服务和资源整合 与企业、专业学会和其他机构合作	培训课程或学期的数量 培训课程参与者的数量 期刊的数量 UPC 提供和请求的文献数量及传递时长 馆藏量的增长：书籍、期刊和其他类型的文献 研究型读者与图书之间的关系 研究型读者与期刊之间的关系 读者数量与期刊之间的关系 共同项目图书馆与研究主线之间的关系

资料来源："The library of technical university of Catalonia. UPC libraries strategic plan 2000－2005"，[2010－05－22]，http：//bibliotecnica. upc. es/Pla_ estrategic/Paideia_ ang. pdf。

国内的东南大学图书馆"十一五"和"十二五"发展规划目标中也非常重视量化指标的设置,"十二五"规划分为办馆条件、文献资源、信息服务、数字图书馆建设、人才队伍、学术研究、交流与推广7个一级指标和44个二级指标,列出2010年现实数据和到2015年的目标数据,都以具体数字指标形式呈现,其中的办馆条件和文献资源如表5-9所示。

表5-9　东南大学图书馆战略规划文本的部分量化指标

"十二五"期间图书馆发展的主要指标				
类　别	指　标	2010年	2015年	备　注
办馆条件	文献资源经费(万元)	2150	2700	每年增长5%
	专业分馆(个)	2	4	
	信息共享区	0	1	
文献资源	纸质文献总量(万册)	352(未剔旧)	360(剔旧后)	
	纸质图书(万种)	60	80	
	外文(万种)	10	13.5	
	电子书(万种)	126.6	143.6	
	外文(万种)	2.7	4.7	
	电子学位论文(万篇)	150	185	
	特色馆藏(类)	2	3	
	数据库(个)	95	120	
	题录/文摘型	28	33	
	全文型	67	87	
	外文电子期刊(种)	16260	20000	

资料来源:东南大学图书馆"十二五"发展规划。

通过对国内外图书馆规划文本的量化指标比较分析,发现西班牙UPC大学图书馆规划文本中的量化指标归属于不同战略目标下的行动领域之中,指标项涉及面广,考察要素详尽,诸如读者培训、自学区、图书馆一般服务、研究式图书馆服务等都有涉及,同时国外图书馆规划中的量化指标比较深入系统,不仅考虑绝对数值变化,还考虑到不同参数之间的关系,并且还包含读者、员工的满意度,以及服务评价等主观性指标,使得整个量化指标体系非常全面、科学。东南大学图书馆规划文本中的量化指标主要强调办馆条件(经费、分馆数量)、资源(纸质、电子、网络)建设、文献流通与文献传递数量、人才队伍(馆员数量、职称、学历、培训次数)等显性指标绝对数值的变化，忽视深入系统比较和主观性指标的设置。借鉴国外高校图书馆战略规划经验，我国高校图书馆战略规划文本中的量化指标，在保持现有的指标范围广、数量多的基础上，应进一步深化指标、加强各指标间的关联。同时，不仅关注办馆条件、资源建设、信息服务活动、人才队伍建设等显性指标的设置，还要重视对读者的满意度、员工的幸福感、服务绩效评价等隐性指标的设置。

4. 高校图书馆战略规划的其他部分形成建议

（1）规划期限

关于"图书馆战略规划文本模型"研究，通过综合各类型图书馆战略规划文本数据和问卷调查结果得出"我国图书馆在制定战略规划时，可根据国民经济发展的五年规划制定图书馆的战略规划周期，即一般设为4—5年"的结论。这一结论是否适用于我国高校图书馆的战略规划呢？本部分专门对国内外高校图书馆的战略规划文本进行统计，发现72.22%的国内高校图书馆选择了五年为规划期限，与国民经济发展的五年规划相适应，超过10%的图书馆制定了十年及十年以上的长期发展规划，而几乎没有图书馆制定 1—3 年的短期规划；国外采用六年为规划周期的图书馆最多（28.04%），其次是四年（19.63%），而接近20%的图书馆制定了1—3年的短期发展规划。具体数据如表5 - 10所示。

表5 - 10　高校图书馆战略规划期限

单位：%

时长（年）	15	10	9	8	7	6	5	4	3	2	1	不确定
国内	5.56	5.56	2.78	0	2.78	8.33	72.22	2.78	0.00	0.00	0.00	0.00
国外	0	1.87	0	1.87	1.87	28.04	16.82	19.63	15.89	3.73	1.87	8.41
总体	1.40	2.80	0.70	1.40	2.10	23.08	30.77	15.38	11.89	2.79	1.40	6.29

资料来源：本研究整理。

此外，本研究对高校图书馆工作人员开展的有关图书馆战略规划期限调查结果显示，约有50.81%的被调查者选择4—5年，约18.96%和17.25%的调查对象认为2—3年和6—10年比较合适，选择10年以上的较少，而一年的最少。

综合文本统计和问卷调查结论，并结合构建的文本模型，我国高校图书馆战略规划期限与前面的文本模型中提出的规划期限相似，可选择与国民经济发展五年规划相符的周期。同时图书馆在战略规划实施过程中可结合本馆实际考虑设置年度或 1—2 年短期计划，此外，高校图书馆还要在五年规划的基础上明确前瞻性战略目标，考虑制定未来 10—20 年的中长期发展规划。如国内东南大学图书馆在制定"十二五"发展规划的同时制定了《东南大学图书馆中长期发展规划（2010—2020 年）》。

（2）价值观

高校图书馆通过对核心价值观的陈述与发布，告诉全校师生它所承担的责任及其发挥的作用，同时也使图书馆人真正了解了自己的职业，并为这个职业的理想而奋斗。有学者对国外知名高校图书馆的价值观进行词频分析，发现在价值观陈述中应用较多的是服务、卓越、质量、沟通、合作、尊重、知识、学术、创新、员工发展等词汇[①]。除此之外，还有诚实、正直、社会责任等词汇。如耶鲁大学图书馆的价值声明[②]包括"正直""卓越""尊重""开放交流"四个词组，每个词组下面有具体解释，如"正直"——我们坚持公平、公正和平等，并以此作为我们工作的最高标准；我们诚实、正直地对待每一个人；我们恪守高度的职业道德来对我们的工作和行动负责，并信守和诚实兑现我们的承诺。伊利诺伊香槟大学图书馆的价值陈述：追求卓越正是我们普遍而唯一的准则；无论是以传统的方式，还是以新的合作方式，为学校教职工、学生和主要的校外用户提供服务和内容；通过我们提供的服务和学术资源以及与外部机构的合作，满足多样化的、日益增长的用户需求；通过更多提供的和易用的方法，加快当今学术交流系统的转变，以提供更为经济和更易获取的方式促进知识的传播；在自由开放的社会中，保护用户的隐私权利，思想和表达的自由；创建一个灵活的和适应的机构。

（3）环境扫描

在所获取的 107 份国外高校图书馆战略规划文本中，超过 40% 的样本

---

① 张焕敏、陈良强：《国外知名高校图书馆使命、愿景、价值观研究》，《图书馆建设》2010 年第 9 期，第 106—108 页。

② "Yale universiy library straegic planning"，[2010 - 02 - 10]，http：//www. library. yale. edu/ strategicplanning/.

包含环境扫描，仅次于战略目标、使命、愿景等，居于第 5 位。环境扫描在战略规划中并没有固定位置，有的将环境扫描放在开始，有的放在中间，还有的在每个战略目标之后进行更具针对性的环境分析，还有些以附录的形式置于文本最后。有关环境扫描的对象类型、数据获取渠道与来源、环境分析方法等相关内容已在前面高校图书馆战略规划流程和战略规划影响因素部分具体分析过，在此不再赘言。

（4）回顾与总结

回顾与总结就是对图书馆上一规划所取得的成就和不足的总结，为新的规划提供参考。国内高校图书馆规划文本中有超过一半以上的样本包含此要素，国外高校图书馆规划文本中只有少数涉及了对以往规划的评估与总结，这可能与不少图书馆在制定规划的同时会有专门的年度报告或最终评估报告等辅助性文献相继产生有很大关系。在"回顾与总结"部分，国内的高校图书馆绝大多数从馆藏资源建设（纸质、电子、网络、数据库）、经费增长、流通量、举办讲座、承办展览、大型活动、服务网点、文献编目、人才队伍（职称、学历）、教学科研、馆员培训项目等方面直接以数据的形式对前一个五年规划周期内取得的成就进行总结，但是很少针对前一规划的发展目标的具体实施情况进行评估与总结，这样使得每一高校图书馆的回顾与总结部分千篇一律地从上述几方面进行论述，只是具体数据有所不同而已，缺少了本馆特色。国外高校图书馆的回顾与总结部分则与前一规划的战略目标紧密相连，对前一规划的战略目标中哪些已经落实、哪些正在进行中、哪些已经中途终止以及成功经验、失败教训等进行总结，为制定新的战略目标提供参考。如杜克大学图书馆 2010—2012 年战略规划①中对 2006—2010 年战略规划的回顾与总结，具有较强的针对性，并附有旧规划取得的成就的介绍、尚未实现战略目标的原因解析以及出现的新机遇，为塑造新的规划提供参考。

---

① "Sharpening our vision: The Duke university libraries strategic plan for 2010 - 2012", [2011 - 04 - 15], http://library.duke.edu/about/planning/2010 - 2012/sharpening_ our _ vision.pdf.

第 六 章

专业图书馆战略规划研究

专业图书馆是为专门领域的部门提供服务的图书馆，如企业、医院、军队、博物馆和政府图书馆[1]。在我国，专业图书馆是图书馆事业发展的中坚力量，在科学研究、经济建设和行业发展等方面发挥着核心作用[2]。在进行了公共图书馆战略规划、高校图书馆战略规划研究后，本部分将针对专业图书馆战略规划相关问题进行深入探讨，以检验图书馆战略规划一般模型是否具有适用性，并结合专业图书馆独有的特征对其战略规划的流程、组织、影响因素以及文本进行专门分析，以期为专业图书馆战略规划实践提供指导。

第一节　专业图书馆战略规划的流程

专业图书馆战略规划的流程遵循图书馆战略规划流程模型，然而专业图书馆具有典型的专业特性，即为特定群体提供特定领域的专深服务。因此专业图书馆的战略规划制定有其独有的特征，在本部分主要探讨战略规划流程模型在专业图书馆中的适用性以及专业图书馆战略规划制定过程中应该注意的问题。

一　国内外专业图书馆战略规划流程的实例分析

本研究选取国内外专业图书馆战略规划实例，以分析专业图书馆战略规

---

① "Types of libraries"，［2010－10－22］，http：//www.ala.org/educationcareers/careers/librarycareerssite/typesoflibraries.

② 张晓林主编《中国专业图书馆发展报告 2010》，科学出版社 2011 年版，第 1 页。

划制定的流程，针对专业图书馆的特征，对有关专业图书馆战略规划制定流程的相关问题进行深入分析。

1. 美国环境保护总署图书馆战略规划的制定流程

美国环境保护总署（Environmental Protection Agency，EPA）图书馆的战略规划提供了 2008 年及其未来阶段的图书馆的发展方向概观。这一战略规划向其图书馆员工及公众提供服务介绍并对其管理的网络系统进行了未来展望。此规划纲要内容全面，文本详尽，而且辅以相关附录、相关术语的界定和缩略词列表，以此为 EPA 图书馆服务计划的实现提供一个功能路线图。其设定的 2008 年及以后的 EPA 图书馆战略规划的发展流程如下：①作为此规划发展项目的第一步，环境信息办公室（OEI）将对图书馆读者的需求进行评估。②在图书馆最佳实践基础之上，其目标是将 EPA 转变为最重要的图书馆网络系统。③综合全面地制定目标和执行方向。④为 EPA 员工和公众的图书馆服务提供政策框架，包括支撑过程、步骤、标准和指南。⑤阶段性地回顾检查，评估进展过程，以及面对新的机遇挑战进行及时的更新策略。⑥在规划进程中向 EPA 图书馆利益相关人（内部及外部）征求意见。⑦规划的发展进程将会透明公开地进行，并通过一系列会议及其他的讨论征求相关利益者的意见信息①。

2. 美国康涅狄格州司法机构法律图书馆战略规划的制定流程

美国康涅狄格州司法机构法律图书馆（Connecticut Judicial Branch Law Library）战略规划的制定由其法律图书馆咨询委员会全程参与。第一次战略规划会议于 1999 年 5 月 3 日召开，委员会着手制定法律图书馆的未来愿景。这次头脑风暴的目的在于为创立面向 21 世纪的康涅狄格州法律图书馆识别关键要素。通过这些观点，确立未来愿景的陈述。第二次战略规划会议于 5 月 20 日召开，这次会议最终确定了愿景陈述的陈词，并对法律图书馆的使命陈述进行了反复的检查和修改，并提出了四个核心发展目标。第三次战略规划会议于 7 月 15 日召开，会议为实现四个核心目标提出了具体的分目标和实施策略。委员会决定设立第五个核心目标，并为实现这一目标提出了具

---

① "Draft annotated outline for the EPA library strategic plan"，[2010 - 10 - 22]，http：//www.epa.gov/natlibra/EPAStrategicPlanOutlineALAFinal.pdf.

体的实施策略。1999 年 7 月底，一份拥有愿景、使命、目标和实施策略的草案就形成了。经过相关意见的反馈和修改，第一份战略规划草案于 1999年 11 月下发给各委员会成员。最终经过评价与审核进行有关修改，于 2000年 2 月下发了战略规划草案第二版。

3. 中国科学院文献情报系统 2006—2010 年中长期发展规划的制定流程

中国科学院文献情报系统 2006—2010 年发展的总体目标是：到 2010年，建成一个资源丰富、无缝链接、覆盖全院、服务全国的科技信息资源与服务集成平台；初步建成院所结合、有机嵌入科学研究环境和科技创新过程、有效支持数字化科学交流和战略情报分析的知识化服务示范系统；建立与国家科技文献平台充分融合、互动服务的可靠机制，推动国家科技信息平台的建设与发展；建立符合创新跨越和可持续发展的文献情报服务运行机制，建立一支专业化、国际化的文献情报队伍；建成"国内领先、国际一流、特色鲜明"的文献情报服务机制。通过对其文本进行总结，与制定流程相关的内容如下：①中国科学院文献情报系统"十一五"建设由院出版图书情报委员会（出版委）和政策局归口管理。②作为国家科学数字图书馆二期工程专项，在院出版委领导下组建项目领导小组、专家组和项目管理中心来进行专项管理，积极发挥院出版委办公室的管理与协调职能。③国家科学数字图书馆项目领导小组由院出版委、政策局、各文献情报中心和院相关部门负责人，负责指导项目建设，对项目建设重大问题进行决策、审批项目建设方案、实施计划和项目经费预算，定期检查项目建设进展。④建立国家科学数字图书馆项目专家组，由院内外技术专家、管理专家和科学家组成，负责国家科学数字图书馆总体方案和各期项目规划的技术论证，为国家科学数字图书馆项目领导小组决策提供咨询。⑤院出版委办公室在院出版委和项目领导小组领导下，负责项目任务书与经费额度的报批工作，直接负责中长期规划建设内容中政策与人才队伍建设任务的组织实施工作。⑥设立项目管理中心，负责整个项目建设的组织实施工作。

4. 中国科学院国家科学图书馆"十二五"发展规划的制定流程

中国科学院国家科学图书馆在 2009 年组织力量开展战略研究，全面启动"十二五"发展规划制定工作。根据发展规划要求结合"十一五"期间发展任务，开展了国家科学数字图书馆的前瞻试验探索，为国家科学图书馆"十二五"的快速发展奠定基础。结合中国科学院 2050 战略路线图研究、2020 创新规划研究等，2009 年 3 月专门召开全馆战略研讨会，围绕国家科学图书馆整体发展战略、学科化服务、情报研究、信息资源建设、信息技术发展、科学出版与文化传播以及档案等业务工作发展战略进行了研讨，系统提出了以适应创新需求、深化模式转变、实现新的重大突破、全面推进服务转型的发展思路。

通过深入调查和战略分析，提出了"需求牵引、重点跨越、整体转型、持续发展"的中国科学院文献情报系统"十二五"发展总思路①。2010 年 9 月 13 日，中国科学院国家科学图书馆馆长张晓林所作的"加强战略性创新，跃升关键支撑能力——关于国科图'十二五'规划的思考"主题报告，详细介绍了该馆"十二五"规划思路与制定流程的相关信息。①战略思路。将目标愿景分成用户应用情景、技术系统情景、市场关系情景、业务模式情景、组织机制情景等方面来进行不同方向的制定与完成。在"战略目标"中，明确提出了国家科学图书馆"十二五"规划的四个子目标：数字文献资源保障（资源保障）、文献信息检索与提供（服务内涵）、资源组织与服务能力（核心能力）、图书馆相对独立的运行机制（工作方式）。同时指出了四个说明性的战略目标：初步完成从数字图书馆系统到数字知识服务模式的转变；重点实现支持知识发现、知识分析和知识交互的核心能力；全面构建支持科技决策和创新两个一线的新型知识化能力；全面达到国际一流水平，部分处于国际领先地位。②总体布局。与其他专业图书馆战略规划不同之处在于，国家科学图书馆"十二五"规划还包含总体布局部分，主要介绍机制创新的业务结构调整、持续的人才队伍发展、持续的创新组织与评价优化、持续的创新文化建设等几个方面。

基于这一思路，该馆建立战略规划团队，该馆副馆长孙坦总结国家科学图书馆"十二五"规划制定经验，概括图书馆规划的三个关键环节：①持续的战略前瞻与战略研究，包括环境与趋势扫描、专题战略研究、关键瓶颈问题凝练及解决方案可行性研究等；②战略规划框架研究与规划制定，在上

---

① 张晓林主编《中国专业图书馆发展报告 2010》，科学出版社 2011 年版，第 25 页。

一环节的基础上，结合图书馆当前的情况与能力确定合适的战略目标，凝练规划任务，并通过战略路线图方式明确各个目标任务的实现节点与步骤；③恰当地研究开发机制以及持续的战略评估与调整机制，在战略规划制定与实施后，将开展图书馆自评估和外部评估[①]。

中国科学院党组原则通过《中国科学院文献情报系统"十二五"发展规划》，提出了"十二五"期间全院文献情报工作要着重突破的重点[②]：一是要重点突破数字知识资源的基础设施能力，建立数字知识资源体系和数字知识发现服务平台；二是要重点突破科技发展态势监测与集成分析能力，建立可靠、权威、普惠的科技态势监测分析平台；三是要重点突破研究所一线的知识化信息服务能力，实现研究所文献情报服务的全面转型。

5. 实例分析小结

通过上述四个案例，对各馆制定流程进行比较分析，发现其共同点包括：一是都以总体目标为出发点，开展战略规划流程设计。虽然美国环境保护总署图书馆与中国科学院国家科学图书馆总体目标并不一样，但其后续流程的制定与实施都是紧紧围绕目标出发，这对于专业图书馆战略规划方向的明确，突出专业图书馆的特色起着重要作用；二是皆具备战略规划制定过程中咨询并适时进行修改的过程；三是最后都具备评价与审核阶段。具体来看四个案例的流程也有不尽相同之处：一是制定目标和执行方向的出发点不一样。例如美国环境保护总署图书馆战略规划是建立在图书馆最佳实践基础之上，而中国科学院国家科学图书馆则更多地反映了其政策要求；二是制定流程过程透明度不一样。国外两所专业图书馆的战略规划透明公开，并通过一系列会议及其他讨论从相关利益者中征求意见信息，而中国科学院国家科学图书馆则依靠院内外技术专家、管理专家和科学家提供咨询。

综合分析国内外专业图书馆的四份战略规划文本，我们发现其战略规划制定流程均包括战略规划启动与准备、战略规划分析、战略规划制定与发布三个阶段，与本项目构建的流程模型基本保持一致，这说明本项目构建的流程模型在专业图书馆中具有一定的适用性。

---

① 孙坦、白光祖：《关于图书馆战略规划的几点思考与讨论》，《图书馆建设》2011年第10期，第17～20页。

② 《第六次文献情报工作会议》，（2012－06－21），http：//wxqb6. las. ac. cn/lijinghai5. html。

二 专业图书馆战略规划流程的相关问题

对美国环境保护总署图书馆与中国科学院国家科学图书馆进行实例分析与比较，总结出二者的异同。那么，在我国专业图书馆战略规划制定流程中，需要注意一些什么问题？到底如何进行专业图书馆战略规划流程设计才更科学？如何保证战略规划流程能始终做到不偏离目标呢？更重要的是，如何制定针对专业图书馆的战略规划？针对专业图书馆的自身特点，在制定战略规划的过程中，相关问题需要进一步加以重视。

1. 要关注与其他部门的合作

在战略规划的制定过程中，专业图书馆应该首先考虑与其他部门展开合作。专业图书馆服务于所属机构，服务领域专深，因此在战略规划制定过程中多部门的参与和合作是至关重要的。在国外，专业图书馆对国家或地区间的不同合作也十分重视，如美国国防技术信息中心与国防部副部长办公室直接合作，在军事部门、国防机构和其他美国政府机构之间规划有关科学技术信息转移的目标和计划[①]。

2. 要重视专业化目标体系的建立

在专业图书馆战略规划制定的过程中，要重视针对专业图书馆服务领域的特征而制定专业化的目标体系。与高校图书馆和公共图书馆战略规划流程相比较，专业图书馆在制定战略规划的过程中要针对其服务的对象，考虑自身的特色建立服务于本领域、本行业的目标体系。

例如，在国内专业图书馆方面，中国科学院文献情报系统2006—2010年中长期发展规划的总体任务结构包括"面向全院所有学科领域组织资源共建共享，完善全院文献资源保障体系，完善和扩展全院文献集成服务平台，组织全院联合文献服务，建立面向整个网络环境的开放动态资源与服务集成机制，建立与相关专业文献情报系统的联合服务系统，积极推动和参与国家科技文献平台的建设，充分依托国家资源和积极利用第三方资源提升服务能力和保障可持续发展"。针对中国科学院国家科学图书馆服务的专业领

---

① 杨志萍、曹丽萍翻译《美国国防技术信息中心2000—2005战略规划》，《图书情报工作动态》2004年第8期，第9—13页。

域构建了详细的目标体系，其所涵盖的主要任务有：①全院文献资源联合保障与集成服务公共平台；②研究生信息资源与服务体系；③重点领域与重点机构信息集成平台体系；④战略情报研究服务体系；⑤人才队伍与机制体制建设。其目标体系涉及了未来发展的多个方面，包括专业资源建设、科研教学支持、数字平台建设、专业化服务和图书馆运行保障。国家科学图书馆的目标体系分类明确，专业性强，并且充分考虑到中国科学院读者群体的切身需求，是一份专业化的目标体系。在专业图书馆战略规划制定的过程中，要充分考虑专业图书馆服务的领域与行业，制定专业化的目标体系，明确专业图书馆未来的发展。

3. 专业图书馆战略规划要考虑对专业教育提供支持

专业图书馆战略规划对专业教育提供支持十分重要，这是因为专业图书馆承载着对本单位提供专业或图书馆学教育的职能。专业图书馆提供教育支持的优点包括，一是能够利用图书馆的硬件资源对教育的支持，图书馆的实体和数字馆藏成为专业教育的强大支撑，这已在多所专业图书馆得到体现。二是可以充分利用图书馆专家来支持专业教育，具有代表性的包括美国国家医学图书馆和中国科学院国家科学图书馆等。三是可以大大促进图书馆员科研成果的转化，研究型馆员在科研成果产出上普遍有着较高的要求，通过与教育（尤其是中国科学院那样的研究生培养教育）结合，为研究型馆员提供了一个很好的科研平台。四是能够充分发挥学科馆员的职能，培养学科馆员是当前图书馆的一个趋势，在专业图书馆里，对学科馆员的专业性有更大的要求，通过提供专业教育支持，能够促进学科馆员的学习，提高其学科服务的科研含量。

例如美国国家医学图书馆就为了提高医学人员信息素养而赞助了各种各样的针对医疗人员和生物学家个人的培训活动。除此之外，该馆还建立了个人奖励制度，为新到馆的图书馆学专业人员提供为期一年的培训支持。目前这一培训不仅可以在美国国家医学图书馆内进行，还可以在国家医学图书馆之外的其他机构获得一年的实践机会，其形式是以图书馆员的身份参与到各种跨学科的队伍中，对临床的、教育性的或各种研究活动提供信息服务。

在我国，中国科学院国家科学图书馆为研究生提供比较完善的信息素质教育课程体系，形成稳定的研究生信息素质教育工作机制。

4. 要重视专业图书馆战略规划流程制定过程中的监督

专业图书馆战略规划流程的监督是指在规划流程制定过程中，建立专家决策支持团队，以馆内专家为主，馆外专家为辅，结合专业图书馆的特点对规划制定流程进行定期的分析与提出必要的建议，其中包括对规划制定的不同阶段、不同内容进行必要的决策支持。这样对于专业图书馆战略规划流程制定的好处主要包括，一是能够确保对规划制定过程中提供必要的决策支持；二是能够起到监督的作用，确保战略规划流程不偏离总体目标；三是在技术层面提供必要的指导。

在该方面，中国科学院文献情报系统"十一五"建设由院建立了国家科学数字图书馆项目专家组，由院内外技术专家、管理专家和科学家组成，负责国家科学数字图书馆总体方案和各期项目规划的技术论证，为国家科学数字图书馆项目领导小组决策提供咨询。中国社会科学院则通过图书馆进一步加强与网络中心的协调，召开多次业务协调会。双方明确了各自的责任和分工并进行了部分业务调整。图书馆网络交给院网络中心统一管理，机房设备迁入网络中心机房进行托管，原来由网络中心采购的中国知网和超星数据库等电子资源交由院图书馆负责采购和提供服务。

总之，专业图书馆战略规划流程制定过程的监督与支持，最大化地体现了规划制定的实时性，并最大限度地保证了规划流程的顺利进行。

5. 要重视专业图书馆战略规划流程制定后的评估与审核

专业图书馆战略规划流程制定后要重视对其评估与审核，在整个规划结束后，即初步的规划文本形成后，组织馆内外专家团队进行评估与审核，将反馈意见传递至规划委员会以便进行必要的修改，之后采取多种方式就规划文本征集其他人员的意见，其中包括馆外专家评估等一系列必要的评估与审核过程。通过对制定的战略规划进行评估与审核，能够从总体上把握规划文本，保持规划的一致性，并且通过专家评估或其他馆外单位进行评估，可以对馆内规划委员会忽视的问题进行查漏补缺，此外还可以保障专业图书馆战略规划制定过程中信息的公开，起到对战略规划的宣传作用。如中国科学院国家科学图书馆战略规划制定后，在出版委和项目领导小组的领导下，由项目管理中心组织提出年度计划框架和预算草案，报领导小组和专家组审批。然后按照领导小组批准的计划，由项目管理中心对新建项目进行招投标，由有关专门任务管理部门和运行项目管理部门对分管任务提出具体工作计划（由项目管理中心备案），组织相关建设工作。

第二节　专业图书馆战略规划的组织

组织是专业图书馆战略规划有效进行的保障，专业图书馆战略规划的组织构成对专业图书馆战略规划的制定具有直接影响。本节将重点分析以下内容：专业图书馆战略规划的组织构成包括哪些要素？本项目构建的图书馆战略规划一般组织模型是否适用？针对专业图书馆的自身特色，在专业图书馆战略规划组织设立的过程中有哪些相关问题需要加以注意？

一　国内外专业图书馆战略规划组织的实例与数据分析

1. 康涅狄格州司法机构法律图书馆的战略规划组织

康涅狄格州司法机构法律图书馆咨询委员会成立于1990年，委员会于1999年正式参与法律图书馆战略规划的制定[①]。该委员会的主要成员有：前首席大法官 Robert J. Callahan；主席 Clarence J. Jones；副主席 Christine S. Vertefeuille；Jon M. Alander 先生；律师 William H. Clendenen，Jr.；Ann DeVeaux 女士；律师 Stephen Feinstein；Beverly J. Hodgson 先生；教授 Blair S. Kauffman；教授 Darcy Kirk；律师 William P. Yelenak。

该委员会成员来自于上级主管部门、律师、教授和法律图书馆馆员。由这些成员共同参与康涅狄格州司法机构法律图书馆的战略规划制定。

2. 中国科学院国家科学图书馆的战略规划组织

中国科学院国家科学图书馆在战略规划制定过程中，战略制定主体呈现三个主要特征。首先，馆长发挥重要的宏观指导、协调作用。如张晓林馆长在战略制定前期的前瞻性战略分析、战略制定过程中的战略重点选择、战略制定完成后的战略规划宣传等阶段，均起到重要的领导、决策作用。其次，成立专门的战略制定团队，负责环境与趋势扫描、专题战略研

---

① "A strategic plan for the connecticut Judicial Branch law libraries"，[2010-05-12]，http://www.jud. ct. gov/lawlib/StrategicPlan. PDF.

究、战略规划框架的研究与制定等工作，为该馆"十二五"规划提供组织保障。最后，从战略研讨到战略制定再到战略征求意见的整个过程，发挥上级主管部门和系统内各部门以及相关部门的作用，以不同的方式参与规划制定。2009 年 3 月 4—5 日，国家科学图书馆召开了发展战略研讨会。会议面向"十二五"，围绕如何应对科技信息服务新环境、新变化带来的严峻挑战，国家科学图书馆各项业务的发展思路和目标任务进行了研讨。总分馆全体领导干部、中层干部 40 多位同志参加了这次战略研讨。中国科学院副院长李静海、规划战略局局长潘教峰出席会议并分别发表讲话[①]。2009 年 9 月 21—22 日，举办中国科学院文献情报系统业务协调工作会议，邀请上海生科院信息中心、生物物理所、昆明植物所、上海有机所等 19 个所的 21 位代表，联合成立中国科学院文献情报系统业务协调组，共同参与全院文献情报工作相关业务的规划。与此同时，会议还就全院文献情报系统"十二五"规划的研究制定工作进展作了汇报，与会代表结合研究所特点和自身工作实际，从"十二五"规划的体系结构、任务框架和文字表述到院所协调的政策机制、研究所图书馆的创新发展以及信息技术在院所协同服务中的作用等方面提出了积极建议。这次会议是所级图书馆以业务协调组成员身份参与全院文献情报系统规划设计与建设的一个开端[②]。

3. 实例小结

康涅狄格州司法机构法律图书馆战略规划的组织由多方人员参与其中，这一点同中国科学院国家科学图书馆战略规划的组织成员来源相类似，同时也同本项目所构建的图书馆战略规划组织模型相一致，均有上级主管部门、外部专家和图书馆领导及工作人员的参与。

为进一步验证模型的适用性，本项目进行了有关的问卷调查，同时，问卷中针对战略规划委员会成立的必要性，88.1% 的认为有必要或非常有必要，只有不到 10% 的认为没必要（见表 6 - 1）。这说明成立专门性的图书馆战略规划委员会将对战略规划的制定与实施产生积极的影响。

---

① 中国图书馆学会、国家图书馆编《中国图书馆年鉴 2010》，国家图书馆出版社 2010 年版，第 347 页。

② 中国科学院国家科学图书馆：《中国科学院文献情报系统业务协调工作会议成功召开》，《中国科学院国家科学图书馆工作通讯》2009 年第 11 期，第 1—2 页。

表 6-1 对专业图书馆成立战略规划委员会必要性的认识

	有必要	非常有必要	没必要	非常没必要	不清楚	缺省值
数 量	27	10	4	0	1	0
比 例	64.29	23.81	9.52	0	2.38	0

注：表中数据单位为：数量（份），比例（%）。累计百分比以四舍五入的原始数据计算而来。

资料来源：本研究整理。

在专业图书馆 42 份样本中，针对有关"专业图书馆战略规划应由谁制定"的问卷调查结果显示，排在第一位的是外部机构和图书馆联合制定，占 57.14%，其次是图书馆制定，占 28.57%。由此反映出我国专业图书馆战略规划制定的两种模式。

通过实例分析和问卷调查，本研究发现专业图书馆战略规划组织设定同本项目构建的图书馆战略规划组织模型保持一致，但是根据专业图书馆的特点，在具体制定过程中还需要注意一些相关问题。

二 专业图书馆战略规划组织的相关问题

通过对中国科学院国家科学图书馆的实例进行分析后，本研究发现专业图书馆战略规划的组织包含建立战略规划领导核心与规划委员会、确定战略规划的部门分工、建立战略规划的评价分析小组等几个小组，同本项目构建的图书馆战略规划组织模型相一致，说明本项目构建的图书馆战略规划组织模型在专业图书馆的战略规划中具有适用性。针对专业图书馆自身的特色，本项目对专业图书馆战略规划组织的相关问题进行分析。

1. 确定战略规划领导核心，建立专业图书馆战略规划委员会

在战略规划制定过程中，首先必须确定其制定的领导核心。例如中国科学院国家科学图书馆馆长张晓林等馆领导是其制定的核心。张晓林从总体上进行把握，对该馆的"十二五"规划制定给予定位，充分体现了战略规划制定过程中馆领导的指导作用。国家科技图书文献中心（NSTL）的孟连生则在其战略规划制定过程中担任了统筹规划的职责。本项目对国内相关图书馆的调研发现，馆内外领导对图书馆战略规划越重视，其制定的效果越好、适用性越强、其实践越具可行性。

综上分析，我国专业图书馆可以设立对整个战略规划的制定过程进行监督与领导的战略规划委员会，同时在战略规划委员会下成立专门的战略规划编制小组，负责环境调研、需求分析等具体工作，为专业图书馆战略规划提供重要的组织保障。

2. 明确专业图书馆战略规划的部门构成

首先，专业图书馆的人员构成必须从实际出发，来设定自身的图书馆战略规划制定人数。由于专业图书馆的组织机构与一般图书馆差异不大，因此可以有选择地借鉴一般组织模型，考虑选择 10—20 人构成战略规划组织。

其次，应该成立专门的战略规划制定小组，或者可以称作战略规划起草小组。在专业图书馆战略规划委员会成立后，应该成立这样的小组在专业图书馆战略规划委员会的指导下负责完成具体工作，负责起草战略规划。

3. 要重视组织对战略规划的管理与运行

专业图书馆可根据自身需要设立其战略目标，在其规划过程中，组织要对战略规划进行管理与运行。如中国科学院国家科学图书馆的战略规划管理采用三种运行机制：专门任务管理机制、建设项目管理机制和运行项目管理机制。其中专门任务管理机制主要包括：①政策机制与人才队伍建设。中长期规划实施方案中政策机制与人才队伍建设项目由院出版委办公室负责组织实施，项目管理中心协助出版委办公室进行相关事务处理；②战略情报研究产品体系建设。建立战略情报研究指导委员会，由政策局、专业局、各文献情报中心负责人等组成，负责战略情报研究产品的规划、组织和管理，项目管理中心协助处理日常事务；③研究生教育特色信息资源与服务系统建设。建立研究生教育特色信息资源与服务委员会，由研究生院图书馆、研究生教育基地图书馆（含地区文献情报中心）、研究生院相关部门负责人员组成，负责研究生特色资源和服务的规划、组织和管理，项目管理中心协助处理日常事务。建设项目管理机制主要是指中长期规划中的公共文献服务集成平台、重点领域与机构信息集成平台、情报研究集成分析平台等新建和续建项目。这些项目按照统筹规划、集中管理的方式，统一由项目管理中心在院出版委和领导小组领导下负责组织实施，通过公开招标、邀标确定承担单位，并由项目管理中心进行监督管理。运行项目管理机制是指根据项目运行特点与维护需求，由项目管理中心组建相应的联合服务系统运行领导小组和工作组（例如资源建设领导小组和工作组、馆际互借与文献传递领导小组和工作组等），负责该项目的运行管理与维护。组织通过对战略规划的管理与运行可以促使专业图书馆战略规划规范有效地进行。

4. 建立战略规划的评价分析小组，重视信息的反馈

在图书馆战略规划组织模型中，并未涉及具体工作小组的构建。但是在我们对专家的访谈发现，有专业图书馆专家主张设立一个评价分析小组来对图书馆战略规划的执行进行评价和审核。这其中包括规划执行前到发布之间的审核，以及规划执行后到结束时段进行的审核。例如，课题组对中国社会科学院学部委员黄长莆进行访谈，黄长莆研究员提出可以建立图书馆战略规划"专家委员会"，并指出"专家委员会"进行评审必须体现其科学性、客观性和可操作性。

第三节　专业图书馆战略规划的影响因素

专业图书馆战略规划的影响因素同本项目构建的图书馆战略规划影响因素模型相一致，只是侧重点略有不同，具有专业图书馆自身的特点。例如内部因素中的图书馆资源因素始终处于重要地位，并重点考虑各内部图书馆服务因素、内部资产因素，同时重视外部因素中的政治因素、技术因素等。在指定专业图书馆战略规划影响因素的时候，需要在服务对象、服务项目的细分、用户的针对性、外部竞合因素方面作重点考虑。

一　专业图书馆战略规划影响因素的实例分析

专业图书馆战略规划过程中受到诸多因素的影响，既有外部的因素也有内部的因素。专业图书馆面对的服务对象较为固定，且服务领域比较专深，因此其战略规划的影响因素也有着其自身特色。例如美国国家农业图书馆、加拿大科技信息研究所就实体与数字馆藏有着其自身的要求，并在环境分析的时候反映出来。

1. 美国国家农业图书馆

美国国家农业图书馆（National Agricultural Library，NAL）为美国全国以及农业部服务，本着用户的需求和期望，其战略规划特别关注数字环境的影响。美国国家农业图书馆提出在无所不在、无时不在的数字环境下提供不间断的可获取的高质量信息的服务。要取得成功，就要建立在现有服务基础上，为广泛和高要求的客户群开发传递信息的新方法，但新方法必须不能以废除旧方法为代价。美国国家农业图书馆认识到在20世纪90年代，发生了巨大的技术和文化变革，即互联网空前地将数以百万计的人们联系到一起，虽然这个变化没有要求替换掉图书馆核心的功能，但是这种数字环境对图书馆的影响要加以重视。

2. 加拿大科技信息研究所

加拿大科技信息研究所（Canada Insititute for Scientific and Technical Information，CISTI）并非专门的图书馆机构，但其战略环境分析对专业图书馆有借鉴价值。CISTI 将其环境分析命名为："科学、技术和医学信息环境：变革的驱动力。" 从外部影响因素来看，主要包括全球市场力量、开放获取、未来的关键技术以及加拿大的创新环境等四个方面。

一是全球市场力量。该部分是对全球竞争、基于新的服务和参与者的一个分析，首先包含行业环境因素，随着网络出版和信息获取的广泛应用，信息资源和市场已经日益国际化，用户可以自由地选择在哪里、从谁那里怎样获取他们所需要的科学、技术和医学（STM）信息，在这个前提下，研究所必须考虑开始投资于信息系统来提升他们的服务方式和服务内容。另外，还着重强调了竞争因素。由于竞争使得学术团体、学术出版机构和研究出版社等许多非营利性 STM 的出版机构出现，迫切需要跟上技术发展的脚步，创造能支持他们的活动和引进新服务的必需收益。每年增长的期刊价格、基本不变的政府基金，以及维护印刷版资源和电子期刊的成本，已经导致 CISTI 购买力明显下降，日益加剧的竞争和 STM 信息交互式获取方法的发展对 CISTI 的业务收益产生了很大的影响。但是 CISTI 也有自己的竞争优势：在文献传递方面，它是国际公认的强有力的竞争者，它提供优质服务和快速传递。为保持这种领先地位，CISTI 必须为其用户提供更全面的电子信息和服务，并建立有效的用户联系。

二是开放获取——改变学术信息交流方式，这属于读者因素。作为对商业 STM 信息出版商过高定价的回应，图书馆员发起了开放获取运动，他们代表研究人员呼吁，公共基金资助的项目的研究成果应该被研究人员和公众免费获取。在这种环境下，CISTI 必须认识到并对开放获取的趋势做出回应。CISTI 需要为出版活动建立新的资金运转模式。此外，开放获取可能导致图书馆馆藏成本的降低，但长期保存与获取资源的成本可能会增加。这也必将影响到 CISTI 在新模式下怎样提供 STM 信息服务。总之，面对开放获取，CISTI 需要重新审视与改进对读者的服务方式。

三是未来的关键技术，这属于技术环境因素。今天出现的新技术正在改变人们创造、管理和传播信息的方式，而未来也将由这些技术来塑造；信息网络正以无缝的方式整合资源，为用户提供更多的信息获取方式；服务的各个方面都在很大程度上依赖信息技术。规划指出，STM 信息提供商和出版商必然要在这些能满足用户需求的技术上进行投资。对能以用户需要的任何方式，在任何时间将 STM 信息传递给任何地点用户的技术，必须进行不断的投入。CISTI 也必须不断更新和整合自身的信息技术基础设施和应用，以建设快速、有效、灵活、低廉、能快速响应的服务系统。

四是加拿大的创新环境，该部分将经济因素与政治因素相结合进行综合分析。为了多部门研究合作的投资及其发展，过去十年，加拿大政府优先投资加强国家研究能力和创新系统的项目，这极大地鼓励了公共、私人和院校等各机构组织间更为广泛的合作，这属于典型的经济因素。另外，还充分考虑了政治因素的影响，对于提供信息服务支持国家战略创新，CISIT 必须调整自身提供的 STM 信息资源和服务，以支持科研密集型私有企业的科研和创新活动，不断增加在公共部门的核心研究活动和配套设施上的投资。

3. 中国科学院国家科学图书馆

中国科学院国家科学图书馆对"十二五"期间面临的环境进行了深入的研讨。关于"思考起点"，建立了以发展目标和路径为中心，数字知识环境变迁、国家和院科技创新需求、创新发展模式变化三者相互作用的环境模型。关于"思考背景"，以"创新 2020"为背景，根据新的科技创新环境提出新的基础性战略性需求，从自主创新、战略创新、交叉融汇与转换性创新三方面来分析。关于"信息环境的革命性变化"，一是强调数字化趋势，重点分析了数字化科技出版、数字化科技资源、数字化科技学术交流、全面和泛在的数字研究与教育信息环境、开放的数字知识环境等方面；二是研究的变化，包括数据驱动的科研、探索性科研、合作型科研、集成化科研；三是学习的变化，包括赛博学习、开放型学习、合作型学习、创造型学习；四是媒介的变化，包括媒介是一个活的交流平台、集成化传播、体验式传播、虚拟学习和创新中心。此外，开放和交互的信息环境将重塑学术交流机制。

4. 实例分析

经过实例分析，我们发现专业图书馆战略规划的影响因素与一般图书馆战略规划影响因素模型保持一致，均由影响战略规划制定的内外部因素组成，但侧重点略有不同，如上述三个实例均对技术和数字化环境给予重视。

通过对国内的专业图书馆战略规划影响因素综合分析，发现国内专业图书馆在其战略影响因素分析方面存在其自身特点并且尚有许多地方需要进一步改善。国内专业图书馆在战略分析阶段普遍忽视对影响因素的分析，一般仅关注前一阶段五年规划的成绩总结与回顾，而鲜有对图书馆外部与内部具体影响因素的分析。专业图书馆忽视对其内外部影响因素全面、具体的分析，会使得专业图书馆的战略规划制定过程与战略目标的选择同图书馆实际脱离，到了战略实施阶段可能会面临许许多多诸如资金、人力、技术方面不足等问题，进而影响到后期战略规划实施绩效。

二　专业图书馆战略规划影响因素的相关问题

经过对专业图书馆战略规划影响因素的实例分析，我们发现专业图书馆战略规划的影响因素有其特殊性，需要在制定过程中作为重点内容给予重视。

1. 专业图书馆战略规划制定尤其需要考虑政治与经济环境

专业图书馆受到其所处的国家或地区的政治与经济环境影响较大。国家有关行业政策的发展是专业图书馆要时刻关注的重要信息，如我国国家"十二五"经济和社会发展纲要提出传承创新，推动文化大发展大繁荣，在这样的环境下，专业图书馆的馆藏范围、专业程度、服务方式就应该做出相应的改变。此外，专业图书馆表现出了其国别和地区的经济或政治差异：例如美国政府要求美国环境保护总署图书馆在环境信息的保护和永久存取方面发挥作用，此外，在过去的半个世纪中，美国在生物学、医学和材料科学方面的持续科研投入，对美国国家医学图书馆有着空前的、革命性的进步影响。而同样的，在加拿大数字信息化飞速发展并取得成就的今天，加拿大科技信息研究所则确保建立的数字化 STM 信息环境服务于加拿大国民，从

STM 信息资源中发掘价值，稳固前进步伐，并充分利用数字化 STM 信息环境带来的机遇。可以这样说，一个国家、地区政策的变动，经济环境的转变，都有可能影响着专业图书馆战略规划的总体走向与细节变动。

2. 重视技术因素对专业图书馆战略规划制定的影响

专业图书馆，尤其是以理、工、农、林、医图书馆受技术因素影响最大。这是由于上述行业更新速度较快，技术是反映其变化的关键因素，在这类专业图书馆中，要准备战略规划流程设计，必须要首先紧密结合当前行业技术方面的变革。尤其是科研环境的变化，如 E-Science、E-Learning 技术环境的影响要重点关注。

新技术的发展，升级了专业图书馆的传统服务，可以更好地整合专业图书馆的资源。如加拿大科技信息研究所以开放存取为例更强调技术改变对战略规划流程准备的影响[①]。在其战略规划文本中指出"开放获取改变了学术信息交流方式"。传统的学术研究成果发行和传播的成本由订购者支付，这些订购者多是诸如图书馆之类的研究机构。在开放获取模式中，并没有明确这种成本的支付者，最常使用的模式中，作者将支付自己论文出版和被广泛获取的费用。

今天出现的新技术正在改变人们创造、管理和传播信息的方式，而未来也将由这些技术来塑造。信息网络正以无缝的方式整合资源，为用户提供更多的信息获取方式。当今环境下，服务的各个方面都在很大程度上依赖于信息技术。加拿大科技信息研究所对未来关键技术的影响进行了阐述。其战略规划强调，"对能以用户需要的任何方式，在任何时间将 STM 信息传递给任何地点用户的技术，CISTI 必须进行不断的投入。CISTI 也必须不断更新和整合自身的信息技术基础设施和应用，以建设快速、有效、灵活、低廉、能快速响应的服务系统"。

新技术对专业图书馆战略规划的影响是多方面的。以中国科学院国家科学图书馆为例，其受到技术影响作出的战略规划从多角度涉及相关技术发展目标：其一，技术环境的搭建。其战略规划中指出"中国科学院国家科学

---

① 金瑛、姜晓曦：《国外图书馆关于环境定位和发展目标定位的战略规划分析》，《图书馆建设》2009 年第 10 期，第 97—102 页。

图书馆文献情报系统在技术上的建设将形成国家科学数字图书馆 CSDL 二期系统，整个系统在技术上是一个开放和有机融合的多层结构。这个系统充分利用整个网络空间开放的数字信息资源和科技信息交流服务，有效依托该院 E-Science 所提供的网络基础设施和科研与管理资源，提供逐步深化的信息资源组织与服务，在知识本体基础上形成知识网格，并提供开放工具支持个性化、特色化信息组织和第三方嵌接利用"。其二，技术环境的平台支持。如中国科学院国家科学图书馆公共信息平台构成的基础文献资源与服务层，可以组织和提供各种数字化、网络化文献资源，协调建设和有效揭示非数字化文献资源，提供情景敏感和无缝连接的集成文献服务机制，提供开放利用各种资源与服务的公共接口，为上层应用环境提供开放的文献资源与文献服务的检索、调用和集成支撑。其三，建设的重点领域包括：建立本领域各种信息化科研资源的集成组织平台，建立相应的知识仓储、开放交流和信息组织处理的服务机制，建立基于知识组织体系的科研空间动态集成机制，提供与战略情报分析平台的交互析取机制，为上层应用环境提供开放的信息化科研资源的检索、调用和集成支持。由战略情报分析平台及其协同工作机制构成的情报分析服务层，开放嵌接公共平台和领域与机构平台的信息化科研资源和服务，建立分布式的数据析取机制，从开放信息环境、公共平台、领域与机构平台等收集、过滤相关数据，建立战略情报数据仓库并按照战略情报研究知识本体进行有机组织，建立开放的战略情报集成分析机制来组织各种数据挖掘、知识发现和知识表现工具，建立战略情报分析开放接口支持授权用户对情报分析服务的调用、集成和定制与扩展。其四，完善知识网格集成服务机制。"建立能够充分反映科学研究的各类对象及其相互关系的知识本体，建立基于该知识本体的集成服务层来对各种对象及其关系进行多维描述和关联，建立能够将这些描述和关联嵌入相应的资源、服务和过程中的服务机制，建立开放接口支持各层次系统和第三方系统利用这个机制来集成资源和过程，形成一个开放的可伸缩和可定制的语义纽带服务机制"。其五，由研究所数字信息门户、个人数字科研工作平台、个人信息助手、开放服务和开放分析接口等构成个性化服务层，提供嵌入式工具，支持用户在自己的应用环境和应用过程中建立有机利用多种信息资源与服务的能力，建立嵌入用户环境的用户端信息处理、信息组织、信息检索、信息分析和服务集成能力。从多个方面的战略部署，强调技术带来的诸多改变。

也有专业图书馆受技术推动而作出更大改变。例如美国大气研究中心图书馆的发展分析认为，数字信息时代的两个现实推动了战略规划的发展：第一，信息技术为其提供新工具来研究、分析已有的理论、方法和成果，开展科研活动的形式快速改变。科学研究也由原来的个人努力转变为依赖团队长期的合作与分享，既有地区合作又包括国际上的合作。图书馆作为重要的服务机构，要为分布不同地区的科研活动提供信息服务。第二，图书馆在组织中的角色地位也发生了很明显的变化，它由原来单纯的文献购买者变为一个实体组织，这个组织为了维护自身、科学研究和纳税人的利益，在对我们的智力财产的收集、整理和管理中发挥主导作用。此外，美国大气研究中心图书馆还提及两个发展的新领域："新领域1：与其他气象学相关的专业图书馆进行合作，建立一个规范的电子文献开放存取机构库，为气象学研究提供各种材料。"和"新领域2：建立一批数字资源，它们能够体现我们组织的历史，体现 UCAR/NCAR 对未来的气象学研究和教育的重要性。"

3. 兼顾图书馆内部资产因素

专业图书馆的资产因素涉及专业图书馆的财务以及馆舍等硬件的程度。兼顾图书馆内部资产因素是专业图书馆的一个共性。首先，经费是图书馆运转的血液，经费短缺有五个危害：文献资源建设得不到保证；无法及时采用现代信息技术和设备，现代化建设举步维艰；图书馆工作待遇降低，造成大量人才流失；馆舍老化；对信息服务的开展造成影响。因此，图书馆为了自身的发展，除了积极申请必要的资金之外，还要合理地对已有的经费进行采购或维护，避免浪费与铺张。另外，有形资产是指图书馆的建筑与各种物资设备，是图书馆运行的物质基础。旧的建筑不加以改造，会影响读者的满意度，也不利于文献保护和现代化信息技术的实施。

以美国国家农业图书馆为例，其经费的问题最为突出。在美国国家农业图书馆战略规划中，每一章都有国家农业图书馆运行中的主要方面——服务、收藏、市场营销、合作伙伴、基础设施和设备——以表格的形式总结了各个领域额外的资金要求。这样的布局是用来简化审查和便于讨论。这并不意味着选取的这些项目或服务能够优先获得经费的支持。它们的相互依存有效地避免了这样的方式采用。相反，图书馆所有的运行部门都将为寻求经费支持而努力。此外，每年提供的财务数据评估了国家农业图书馆完成战略规划需要的额外资金，但这些数字并不代表通过每年拨付的经费对图书馆能起到当前这么大的作用。"在过去的十年中，当前预算几乎没有跟上通货膨胀，严重阻碍了图书馆维持馆藏的能力，削减了新业务的开发。这个基金是为了阻止这一趋势和在超过十年的停滞不前的预算后重新振兴图书馆。他们也将允许 NAL 通过为复杂的农业和环境信息提供简单的搜索和点击，来满足客户日益增长的期望"。

4. 重点考虑各内部因素中的图书馆服务因素

专业图书馆服务因素包括服务对象、服务方式、服务项目等因素。专业图书馆的服务对象范围小而明确，为专业特定人群检索信息、借阅资料和提供专题服务之用，故在对其影响因素进行分析的时候，必须首先明确服务对象，这是专业图书馆各种影响因素考虑的首位。如加拿大科技信息研究所2005—2010 年战略规划就包含着明确的服务对象："预期目标将产生一个有效的信息流促进科研和创新的发展。"实现这个目标的关键是要有整合的"学术信息基础设施"，提供通用、无缝和永久的信息接口获取科学信息及相关信息。其中，在智能检索分析工具以及专家的帮助下，加拿大研究人员、中小企业的管理者、查找医疗信息的加拿大国民从桌面就可以获取国内外科学技术医学信息资源。进而针对这一明确的服务对象群体进行战略部署。

其次为用户提供更为专业、细分的信息服务。在明确了服务对象后，专业图书馆应进一步明确自身的服务要求：为用户提供更为专业、细分的信息服务。例如中国科学院国家图书馆在"十一五"规划中提出，要建成一个资源丰富、无缝连接、覆盖全院、服务全国的科技信息资源与服务集成平台；初步建成院所结合、有机嵌入科学研究环境和科技创新过程、有效支持数字化科学交流和战略情报分析的知识化服务示范系统，其科技信息资源就是中国科学院对自身定位和提供的信息服务归类。到了该馆的"十二五"规划中，更加强调了其目标：从数字图书馆系统到数字知识服务模式的转变；实现支持知识发现、知识分析和知识交互的核心能力；全面构建支持科技决策和创新两个一线的新型知识化能力等专业化的目标，并重点强调了战略情报研究服务，包括科技发展态势动态监测与集成分析体系；科技发展结构、演变异变、相互作用分析监测方法体系；科技发展、科技战略和科技政策权威情报研究报告体系等细分的信息服务。

第四节　专业图书馆战略规划的文本

专业图书馆战略规划文本是专业图书馆战略内容的呈现载体，对于专业图书馆来说至关重要，它向专业图书馆的上级主管部门表明其可持续存在的价值。通过对专业图书馆未来发展期望的描绘，使得上级主管部门对专业图书馆更加关注和重视。

本部分以所收集的加拿大科技信息研究所、美国大气研究中心图书馆、美国国防技术信息中心、美国国家农业图书馆、美国国家医学图书馆、美国环境保护总署图书馆、美国康涅狄格州司法机构法律图书馆七所国外专业图书馆，以及中国科学院国家科学图书馆、中国社会科学院图书馆两所国内图书馆的战略规划文本为样本对其体例进行比较，见表6-2。

表6-2　国内外部分专业图书馆的战略规划文本体例

图书馆	使命陈述	愿景展望	发展历程	环境分析	目标体系	实施策略
CISTI	√	√	√	√	√	√
NCAR	√	—	—	—	√	√
DTIC	√	√	√	√	√	√
NAL	—	—	√	√	√	√
MED	—	—	√	√	√	—
EPA	—	—	√	√	√	√
CJBLL	√	√	—	—	√	√
中科图	—	—	—	√	√	√
中社图	—	—	—	√	√	√

注：CISTI——加拿大科技信息研究所；NCAR——美国大气研究中心图书馆；DTIC——美国国防技术信息中心；NAL——美国国家农业图书馆；MED——美国国家医学图书馆；EPA——美国环境保护总署图书馆；CJBLL——美国康涅狄格州司法机构法律图书馆；中科图——中国科学院国家科学图书馆；中社图——中国社会科学院图书馆。

资料来源：本研究整理。

从上述文本调查结果出发，对规划文本的部分体制进行具体分析。

一　专业图书馆战略规划文本中的使命与愿景陈述

对国外专业图书馆27份战略规划文本统计显示，有使命陈述的专业图书馆的比例为 66.67%。相比之下，我国的两个专业图书馆规划中并无使命陈述部分。企业的使命陈述强调的是："我们是什么？应该是什么？"这对于图书馆而言也具有一定的适用性。专业图书馆与公共图书馆、高校图书馆的显著差异主要体现在服务对象上，专业图书馆的服务对象具有专指性，主要面向所属科研机构的科研人员或研究所学生，而这些专业研究人员对专业图书馆的要求是跟随其科研的进展不断变化的，这导致了其服务宗旨的不断变化。

通过对国内外专业图书馆文本的分析，对文本中的使命进行归纳总结，发现这些专业图书馆战略规划的使命陈述多体现着对科学研究的支持和特色资源的服务。对科学研究支持的使命陈述有："通过高价值的 STM 信息及出版服务提升科学研究和创新"（加拿大科技信息研究所）；"丰富馆藏资源并提供使用，为美国大气研究中心开展的学术研究和教学活动提供支持"（美国大气研究中心图书馆）。体现特色资源服务的使命陈述有："有效及时地向法院和公众提供可理解的最新的法律材料和资源，并为用户提供辅助性书目、法律参考咨询和研究指导"（美国康涅狄格州司法机构法律图书馆）。

然而美国国防技术信息中心的战略规划使命陈述是综合型的，共分 10 项具体内容。但是从实际来看，并不提倡使用这一方式来编制专业图书馆战略规划的使命陈述，因为这样的使命陈述不利于记忆与宣传，虽然内容上比较丰富，但是却不能突出重要的方面。

在已调查的国外战略规划文本当中，使命与愿景往往是密切联系的一对概念，因此我们将愿景也放在一起进行比较分析。统计结果显示，有愿景陈述的专业图书馆战略规划文本的比例是 70.38%。专业图书馆战略规划的愿景是对专业图书馆长期愿望、未来发展的蓝图。如加拿大科技信息研究所的愿景展望为：在未来五年内，成为驱动科学信息开发，为加拿大国民创造价值的领导者。而美国国防技术信息中心的愿景展望则更加细致，包括信息共享和管理、知识管理和数据仓库、工具和程序、管理等四大部分，每部分包含若干条目。这两个实例的使命与愿景陈述值得我国专业图书馆借鉴。

与国外相比，尽管国内的专业图书馆战略规划中尚无使命和愿景的描述，但是以中国社会科学院图书馆的战略规划为例，其文本中的指导思想已经初步具备了使命和愿景的雏形。我国专业图书馆在编制使命和愿景的过程中，可以从本馆自身出发，结合使命与愿景的构成要素将指导思想进一步转化为战略规划的使命与愿景。

二　专业图书馆战略规划文本中的发展历程

对国外专业图书馆的战略规划文本进行调研的结果显示，除美国大气研究中心图书馆和美国康涅狄格州司法机构法律图书馆外，48.14% 的专业图书馆战略规划文本含有发展历程，可见发展历程部分对于专业图书馆战略规划较为重要。

通过对包含本馆发展历程的战略规划文本进行深入挖掘，发现现有的七份专业图书馆战略规划文本中，发展历程在文本体例中所处位置不甚一致。例如加拿大科技信息研究所将其发展历程糅合在对内部环境和外部环境的分析中，伴随着环境的变化，总结其发展历程。而国外其他的专业图书馆战略规划发展历程，在前言、简介、概要等部分出现，如美国国防技术信息中心、美国国家农业图书馆、美国国家医学图书馆等。

而国内专业图书馆战略规划中的发展历程部分，处理方法各不相同。例如，中国科学院国家科学图书馆是糅合在具体的行动目标里，而中国社会科学院图书馆的发展历程主要融合在其"十一五"发展回顾当中。

对于国内专业图书馆来说，将发展历程糅合在目标中是一个有益的尝试，其优点在于：一是，将发展目标与发展历程紧密结合，在文本中时刻体现了本馆所取得的成就；二是，将发展历程精细化，将所取得的成就与现有的不足分配到每一个细分项目中；三是，能够起到督促的作用，以促使下一个阶段的战略规划能够有更高的目标与追求。

而中国社会科学院图书馆的发展历程部分，则安排在文本中的"十一五"发展回顾当中，其中包括"基础设施日趋完善""加大电子资源引进力度、资源覆盖面进一步扩大""应用系统建设与使用稳步推进""数据库建设持续发展""加强数字信息服务""深入开展数字图书馆相关研究""理顺体制机制""建立健全信息化相关管理制度""队伍建设成效明显"九个方面。例如在基础设施日趋完善部分，提到了"院馆服务器系统、网络平台和客户端等信息化基础建设日趋完善。服务器系统已逐步形成了以两台小型机为核心，二十余台 PC 服务器为辅助的服务器群，并建成了 SAN 存域网构架下，以光纤交换机、磁带库和存储阵列为基础的完整的存储、备份和恢复系统。客户端经过不断升级和改造，使读者服务和图书馆业务工作用电脑得到全面更新，大大提高了服务效率和质量"。这种详细的总结是该发展历程回顾的一个特色。

将发展历程作为独立内容置于战略规划文本中，这是国内传统的操作方式，也有着其不可比拟的优越性：一是，能够总体上把握上一个战略规划所取得的成就；二是，相对于发展回顾置于子目标下的方式而言，该方式有着更好的前瞻性；三是，该方法有利于战略规划文本的管理与对比。

三　专业图书馆战略规划文本中的环境分析

环境分析方面，国外的文本调查结果显示，拥有环境分析的专业图书馆战略规划文本的比例为 62.96%，未占专业图书馆战略规划文本的绝大部分。由此体现出专业图书馆战略规划中对环境分析的重视程度不一。专业图书馆战略规划的环境分析包括了环境扫描、SWOT 分析等重要部分，在专业图书馆战略规划的过程中都是重要的组成部分。

专业图书馆战略规划的环境分析应包括外部环境分析和内部环境分析两个部分。专业图书馆在学科和专业上比高校图书馆和公共图书馆更具特色，其内外部环境分析应更有针对性。从外部环境来看，专业图书馆的外部环境分析更为具体，多数专业图书馆均对技术环境分析加以重视。如美国国家农业图书馆战略规划中指出："随着技术的发展，无缝访问数字内容和个性化服务得到保障"；加拿大科技信息研究所战略规划中指出："为加拿大的研究与创新提供通用、无缝和永久的信息接口。"这两份战略规划文本均对技术带来的影响进行了环境分析，指出技术环境下图书馆的战略发展。此外，专业图书馆还非常强调对科研与学术交流模式的分析，如中国科学院国家科学图书馆在其战略规划中重点强调新型学术交流模式和科研类型对本馆带来的挑战。

从内部环境分析来看，专业图书馆更加强调本领域内的资源与服务的主导地位。如美国国家农业图书馆通过不断升级和更新软件、硬件等来保障数据安全，为用户提供可信赖的数据[①]。此外，专业图书馆还关注人才队伍能

---

① 金瑛、姜晓曦：《国外图书馆关于环境定位和发展目标定位的战略规划分析》，《图书馆建设》2009 年第 10 期，第 97—102 页。

力对未来发展变化的影响，如中国科学院国家科学图书馆在战略规划环境分析与趋势扫描中，重点强调该馆人才队伍能力的提升将成为图书馆未来发展变化的重要驱动力。

四　专业图书馆战略规划文本中的目标体系

对国外专业图书馆的战略规划文本调研显示，百分之百的专业图书馆战略规划都有目标体系，详尽者达到了 62.96% 。目标体系是专业图书馆战略规划最重要的构成部分。一份规划如果缺失了对目标体系的阐述，那就不能成为规划。战略规划的指导作用，在目标体系中得到了最好的反映。

此外，实施策略作为目标体系中的一个层级，受到了大多数专业图书馆的重视。本项目针对实施策略的文本调查结果显示，有实施策略的专业图书馆战略规划文本比例为 85.18% 。在专业图书馆战略规划中，实施策略能够对战略规划目标进行细化，使战略规划具有可操作性，有利于战略规划的实施，但是实施策略不是一成不变的，在战略实施过程中需要根据图书馆内外环境的变化或战略重点的调整进行及时的变化与修订。

以美国康涅狄格州司法机构法律图书馆①的目标体系和实施策略为例，该馆的战略规划目标体系是采用总目标—分目标—实施策略的结构层级。首先从该馆的整体出发设立宏观发展的总目标，然后对总目标进行细分，设立更易于操作的分目标，最后通过实施策略提出具体操作方案。总目标包括"为满足用户需求，获取、组织并保存现有的馆藏与信息资源"，在此总目标下列出的分目标有"确保满足法律图书馆的最小馆藏标准"等，对应的实施策略是：①完成对最小馆藏标准的评价，并根据此评价给出修改建议；②检验最小馆藏标准来确定合理的数据，如纸本书、电子书的数量；③获取充足的资金支持；④对最小馆藏标准进行持续的检验。

①　"A Strategic Plan for the Connecticut Judicial Branch Law Libraries"，[2011 – 05 – 12]，http：//www. jud. ct. gov/lawlib/StrategicPlan. PDF.

第 七 章
国家图书馆战略规划研究

国家图书馆是一个国家政府建立的负责收集和保存该国出版物，担负全国总书库职能的图书馆。除收藏本国出版物之外，国家图书馆通常还收藏大量外国出版物，并负责编制国家书目和联合目录。国家图书馆是一个国家图书馆事业的推动者，是面向全国的中心图书馆，既是全国的藏书中心、馆际互借中心、国际书刊交换中心，也是全国的书目情报中心和图书馆学研究中心。国家图书馆的战略规划活动对全国图书馆事业的健康发展具有举足轻重的影响。

与其他文化机构一样，国家图书馆的发展需要一种能够应对环境变化的"路线图"，需要跨越部门界限的运行决策、管理模式和目标诉求，以及与此相关的整体视觉和新思维、新流程。战略规划为此提供了中长期定义的视角，成为较为有效地指出未来发展路线的管理工具。

由于国家图书馆具备文献贮藏的齐备性，服务对象的高端性，机构建制的总揽性，文化传承的主流性等特征[①]，在其战略规划的实践活动中，表现出有别于其他类型图书馆的操作流程、组织、影响因素和文本体例。

第一节　国家图书馆战略规划的流程

国家图书馆战略规划流程是其战略管理实践的理性抽象和概括，反映了战略规划活动要素的功能结构与运动规律。战略规划流程的设计对于理论抽

[①]　赵益民、柯平：《五千年国家藏书机构职能考》，《图书馆》2009年第6期，第38—42页。

象和实践指导的意义已非常显见，国家图书馆与其他公共服务机构一样，需
要寻求运行规律的探索和提炼，流程的构建和应用为此提供了总结优秀经
验、推广研究成果的可能。

一　国内外国家图书馆战略规划流程的实例分析

（1）荷兰皇家图书馆战略规划制定流程

荷兰皇家图书馆（荷兰文：Koninklijke Bibliotheek）位于海牙，成立于
1798 年，是荷兰的国家图书馆。该馆在 1993 年成为独立机构，但其资金依
然由荷兰教育文化及科学部提供，其任务主要包括提供研究者和学生研究信
息；让每个人都能享用丰富的文化遗产；促进国家信息科技的基础建设；能
在国际上提供永久的数字信息①。荷兰皇家图书馆每四年制定一份战略计
划，明确陈述任务，以实现它的法定义务，战略规划在与教科文组织的官方
对话中发挥着关键作用。荷兰皇家图书馆自 1996 年制定了其第一份战略规
划以来②，已经制定五份战略规划，分别为 1996—1997 年战略规划、1998—
2001 年战略规划、2002—2005 年战略规划、2006—2009 年战略规划、
2012—2013 年战略规划。通过多年实践，荷兰皇家图书馆在战略制定、实
施与评价方面已经积累了丰富经验。本研究主要以荷兰皇家图书馆 2006—
2009 年战略规划制定过程为例，具体介绍其制定流程，为国家图书馆战略
规划的制定提供参考。

2005 年春，荷兰皇家图书馆正式启动战略规划，主管部门成立战略制
定组织，开展初步调研，并制定近期完成的战略选择任务。到 2005 年夏，
图书馆不同部门以报告的形式阐述具体的战略任务，这些报告构成了战略规
划内容文件的基础，使得战略规划受到全馆人员的支持。同时图书馆组织外
部国际专家评审委员会评估了 1998—2001 年、2002—2005 年的战略规划实
施成果，在对前期规划成果给予肯定的基础上，为新规划的制定提出新的建
议，如根据该馆在国际上的重要地位，调整其战略任务，还有些建议是有关

---

① 荷兰皇家图书馆，（2012 – 04 – 12），维基百科，http：//zh. wikipedia. org/zh – cn/% E8% 8D%
B7% E8% 98% AD% E7% 9A% 87% E5% AE% B6% E5% 9C% 96% E6% 9B% B8% E9% A4% A8。

② "Strategic plan Koninklijke Bibliotheek（1998 – 2001）"，［2012 – 04 – 12］，http：//www. kb. nl/
bst/beleid/bp/index – en. html.

E-deport 及风险管理方面的，以文本附录的形式将评估委员会的报告以及图书馆对它的回应呈现在文本中。同时对图书馆所处的发展环境进行系统分析，如科学交流模式转变、技术发展、用户知识需求变化、E-deport 政策等。综合各项调研结论，初步提出战略规划主要内容。随后，外界专家和协作机构严格审查荷兰国家图书馆的愿景，并提出修改建议。2005 年 8 月将所提议的战略规划的主要内容交给外界国际专家评审委员会，进一步征求意见，随后形成规划初稿。2006 年年初，战略规划草拟稿多次向图书馆重要利益相关者、专家征询意见，并交由荷兰教育文化及科学部进行商讨，进一步修改、完善规划，最终形成定稿并呈交主管机构。整个图书馆规划制定过程包括规划启动、调研与环境分析、战略制定、战略规划广泛征求意见、修改完善与定稿几个阶段。

（2）中国国家图书馆战略规划的制定流程

"十二五"时期是推动文化大发展大繁荣，提升国家文化软实力，基本建成公共文化服务体系的重要阶段。中国国家图书馆作为国家总书库、国家书目中心，在此背景下深入分析把握国内外图书馆事业发展新趋势、新变化、新特点，先后推出《国家图书馆"十二五"规划纲要》《国家图书馆科研工作发展规划（2011—2015）》《国家图书馆"十二五"人才发展规划》，以促进国家图书馆事业平稳快速发展。

国家图书馆"十二五"发展规划制定着手于 2009 年年初，主要包括以下阶段：

第一阶段为规划前期准备与启动阶段。国家图书馆 2009 年年初开始着手"十二五"规划的前期调研，成立国家图书馆"十二五"规划调研小组，由国家图书馆研究院承担。调研工作涉及如下方面：首先跟踪国外国家图书馆战略规划制定情况，了解国家图书馆发展趋势，主要对美国国会图书馆、英国国家图书馆、法国国家图书馆、俄罗斯国家图书馆（莫斯科）、俄罗斯国立图书馆（圣彼得堡）、日本国立国会图书馆等世界主要国家图书馆的发展规划、战略规划等进行了比较全面的收集与分析。通过借鉴国外国家图书馆战略规划实践，吸取经验，指导中国国家图书馆战略规划的制定，并形成《国家图书馆"十二五"规划调研报告》，为国家图书馆"十二五"发展规划做好前期准备。2010 年年初，由周和平馆长召集相关部门人员集中研讨，形成《国家图书馆"十二五"规划起草提纲》。2010 年 1 月 21—22 日，国家图书馆召开"十二五"规划座谈会，文化部相关司局和直属单位负责人，全国省级公共图书馆、部分副省级城市公共图书馆馆长，图书馆有关专家出席会议，与会代表围绕国家图书馆"十二五"规划思路建言献策。2 月 5 日，特邀高校、科研、党校、部队等就图书馆馆长和有关领导举行新春茶话会，听取大家对国家图书馆规划编制工作和 2010 年工作要点的意见、建议。经过两次座谈会，探讨国家图书馆"十二五"发展思路：一是建设国家文献资源总库、国家文献战略储备库、专题知识库群；二是加强数字资源建设力度，构建基于多网络、多终端、全媒体的数字图书馆服务体系；三是构建国家图书馆多层次服务体系，不断提高公共文化服务水平；四是深度参与、积极承担、主动策划国家重点文化建设工程；五是加强与国内外图书馆界的交流与合作，发挥在国内图书馆界的引领作用，扩大在国际图书馆事务中的影响力；六是加强科研工作与人才队伍建设，打造具有专业竞争力的馆员队伍[1]。同时馆内召开专门会议征求全馆各部处负责同志的意见和建议。然后，下发了国家图书馆"十二五"规划启动文件，正式启动"十二五"规划制定工作，成立了规划领导小组，主要负责战略规划决策，由馆领导构成，领导小组下设工作小组，主要负责战略规划编制的具体工作。

　　第二阶段为战略分析阶段。战略分析工作主要通过组织馆内工作人员开展，全馆确定了事关事业发展全局性问题的 11 个专题，组成专门小组开展专题调研工作，主要对国家图书馆"十一五"规划实施状况进行回顾；对"十二五"发展环境进行分析，涉及宏观的、社会发展的、经济的、文化发展的各项政策；经过环境分析提出"十二五"期间着重要解决的问题，了解"十二五"期间图书馆的发展趋势以及当前存在的问题，并对需要解决的战略问题进行汇总。在战略分析过程中遵循 SWOT 模型，以全面掌握国家图书馆面临机会与威胁、自身优势和劣势等，进而为国家图书馆指明发展方向。于 2010 年 5 月底陆续完成调研报告，为《国家图书馆"十二五"规划起草提纲》起草提供依据。

---

① 国家图书馆办公室：《建言献策共谋发展——国家图书馆"十二五"规划座谈会在京召开》，《中国图书馆学报》2010 年第 3 期，第 15 页。

第三阶段为战略制定阶段。战略制定的具体工作主要由战略规划编制小组负责。首先根据两次座谈会关于《国家图书馆"十二五"规划起草提纲》的讨论意见和建议，战略规划工作小组对会议纪要进行整理，形成约两万字的两份文件，为"十二五"规划目标制定提供参考。同时结合战略分析阶段形成的 11 个专项调研报告结论，工作小组在内部多次讨论修改后，至 8 月底完成《国家图书馆"十二五"规划起草提纲》文本征求意见稿，9 月 1 日征求战略规划领导小组成员意见。10 月 15 日，周和平馆长主持召开领导小组会议，对《纲要》文本进行了讨论，10 月 22 日、25 日和 28 日，分别召开座谈会，征求中层干部、科组长和高职人员的意见。11 月 4 日，在国家图书馆第二次职工代表大会上征求职工代表对《纲要》文本的意见。11 月 12 日，在党委理论中心组学习扩大会议上，党委理论中心组成员、馆党委委员、工作小组成员结合党的十七届五中全会精神，对《国家图书馆"十二五"规划起草提纲》文本进行讨论。根据征求的修改意见，对规划初稿进行修改，然后再上交到规划领导小组进行讨论，经过领导小组修改通过之后，形成规划定稿。规划定稿形成之后，11 月 13 日，2010 年第 31 次馆务会审议通过了《国家图书馆"十二五"规划起草提纲》文本，形成最终稿，并于 11 月 25 日正式公布。规划以馆发文件《关于下发〈国家图书馆"十二五"规划纲要〉的通知》（国图办发［2010］82 号）形式下发到全馆各部门。

（3）实例小结

通过对荷兰皇家图书馆 2006—2009 年战略规划制定过程进行具体分析，发现其最大的特点是不仅强调馆内领导和馆员对战略规划制定工作的参与，还非常重视外部专家参与工作的常态化，外部专家不仅仅停留在提出修改意见环节，还组织外部国际专家评审委员会，对图书馆已往规划实施状况进行评估，为新规划提供建议，并且还对新规划文本的各项内容进行全面审核。

通过对中国国家图书馆"十二五"发展规划制定过程分析，发现国家图书馆战略制定过程主要呈现如下特点：①整个制定过程中专门成立领导小组，重视发挥馆领导的全程指导作用；②同时注重全面征求国家图书馆不同利益相关者的意见，并且作为中国图书馆事业的发展典范，战略制定过程中还强调听取来自不同类型、不同级别的图书馆代表的建议，以期制定国家图书馆战略目标能引领全国图书馆事业的发展；③战略分析阶段，成立若干专项调研小组，更强调对国家图书馆相关影响因素的全面、深入、系统的分析；④战略规划文本内容的编制过程中及时把握国家图书馆外部文化、政策环境变化，对内容进行动态调整与完善，如结合党的十七届五中全会精神，及时对《国家图书馆"十二五"规划起草提纲》文本进行讨论补充。

虽然荷兰皇家图书馆和中国国家图书馆在战略制定过程的具体环节中，呈现出各自独有的特征，但对其进行综合分析，我们可以看出国内外国家图书馆的战略规划流程基本一致，都涉及战略规划前期准备与启动、战略分析、战略制定三个主要阶段。这与本项目构建的图书馆战略规划流程模型中的制定环节（规划启动与准备阶段、规划分析阶段、规划制定与发布阶段）基本保持一致，这表明本项目针对战略规划流程所构建的流程模型在国家图书馆战略规划制定中具有适用性。但国家图书馆战略规划制定流程尚存一些具体操作特征，需要在战略规划制定流程中注意。

二 国家图书馆战略规划制定流程的相关问题

国家图书馆的战略规划从工作准备到环境分析，从制定发布到实施落实，各主要阶段表现出制度化、具体化和显性化的特征，流程涉及的活动要素也表现出开放性、复杂性和不确定性的特征。在组织、功能和运行机理的作用与影响下，国家图书馆战略规划制定过程中需要注意如下问题：

（1）重点做好全面充分的前期准备工作

本项目开展的大型问卷调查中，国家图书馆的工作人员对图书馆战略规划的准备工作较为强调。被调查者们认为，国家图书馆的战略规划是需要进行前期准备的管理活动，其中最为重要的是"制定规划进度表"，对该项的支持率超过全国平均水平（73.66%）15个百分点，达88.89%。同时，设置专门的战略规划委员会，对参与人员进行合理分工，制造相关舆论导向，扩大战略规划影响等项工作的开展，对国家图书馆的战略规划而言，也是必不可少的前提条件，其重要程度均高于其他类型的图书馆。设立专职机构方面，国家图书馆应该组建专门的战略规划部门，争取人员、时间等方面的支持。正如前面提到的中国国家图书馆"十二五"战略规划制定过程中非常重视成立专门战略规划组织机构，在调研阶段成立了由全馆各部门工作人员参与的调研工作小组，在战略制定阶段又成立了战略规划领导小组和战略规划工作小组，分别负责战略规划的决策和战略规划具体编制工作。做好战略规划宣传也是战略规划准备阶段的重要工作。国家图书馆战略制定前期需要重视全馆的宣传与动员工作，提高全馆人员战略意识和参与规划制定工作的积极性，可以通过中层干部动员会传达、确立战略规划的核心精神与指导思想，亦可通过全馆大会、学习材料、发布公告等方式普及战略理念，推广战略影响。中国国家图书馆在制定"十二五"规划之前，召开了有关人员参与的座谈会，馆长重点分析了"十二五"时期图书馆事业发展所面临的形势，以及当前图书馆事业发展所面临的突出问题和困难。分别从建设国家文献资源总库、国家文献战略储备库、专题知识库群等六个方面对"十二五"期间国家图书馆的重点工作进行剖析。会后，办公室专门发文（国图办发〔2010〕5号），将会议内容整理印发至全馆各部处，要求及时组织所有员工学习、讨论，认真思考未来五年的工作谋划。

（2）强调调研对象的广泛化与国际化

根据问卷调查的统计分析，在整个战略规划调研过程中，国家图书馆较为强调上级主管部门、其他公共文化服务部门以及本馆工作人员的作用，对这些部门和群体的调查较为重视，其重要程度高于其他类型的图书馆。由此可见，外部的行政主管部门、相关服务机构、内部的工作人员均为国家图书馆战略规划的考察重点，战略规划的分析应以此为核心全面展开。

实践中，国家图书馆具有宽泛的社会需求和复杂的服务对象，因此国家图书馆战略规划调研阶段需要开展更为广泛、更为全面的调研。国家图书馆与其他公共部门一样，由于制度的安排而被赋予了一定的强制力，能够而且应该承担一些其他类型组织所不能承担的责任。除了文化传承和文献借阅，国家图书馆往往还要承担终身学习、社区交流、文化休闲等职能。读者群体和服务职能的广泛性为国家图书馆带来了宽广而深远的社会影响，其象征性意义比其他类型图书馆大，需要处理的社会事务也更繁杂。从世界范围来看，国家图书馆的服务对象已经涉及中央党政军领导机关、科学研究部门和重点生产建设单位（中国国家图书馆）；国会各委员会、议员及其工作人员、普通大众、学者、学生、国内外的研究人员（美国国会图书馆）；国会、政府机构，年满20岁的国民（日本国立国会图书馆）；信息用户、各类型图书馆、文化听众、出版行业（芬兰国家图书馆）等。为此，国家图书馆的战略管理者在采取战略行动之前，需要针对较为宽泛的社会需求，努力探寻能够契合外部环境的战略议题。

国家图书馆作为一个国家图书馆事业的核心，对整个国家的图书馆事业发展具有宏观指导作用。因此，国家图书馆的战略规划调研对象除了更具广泛性外，还应强调国际化。通过对世界各发达国家的国家图书馆发展现状、未来发展战略等进行全面系统的分析，掌握国际图书馆发展新趋势新特点，借鉴国外图书馆发展经验，有利于形成既能体现本国图书馆发展特色又能体现国际图书馆发展趋势的战略规划。如中国国家图书馆"十二五"发展规划制定中就对美国国会图书馆、英国国家图书馆、加拿大国家图书馆、日本国立国会图书馆等的战略规划进行深入、全面的分析，为我国国家图书馆战略目标的选择提供参考。

（3）重视强制的资源保障和非市场化的战略环境

国家图书馆在法定授权限制了战略自主权的同时，获得了一定的资源保障强制力。与企业的资源来源于市场利润或筹集不同，国家图书馆的运行经费主要依靠政府财政预算拨款，通常是依据历史先例确定预算数额。复杂的市场因素已被简化为行政规划的一部分，在多元化的目标体系中，战略绩效难以测定，加上公平服务的宗旨的秉承，国家图书馆的战略效率意识往往相对其他文化服务机构，甚至其他类型的图书馆较为薄弱。建立在国家税收机制上的强制性保障对国家图书馆而言，其本身无疑就是一种重要的资源，能够确保国家图书馆在制定和执行战略时，不必像其他文化服务机构一样强调潜在读者的需求，但因此也可能丧失潜在的发展机遇。另一方面，政府和上级监管机构作为公共部门的"市场"或者"市场的重要因素"而存在，导致国家图书馆的战略制定与实施无法独立完成，导致有时过于关注政府和上级机构的偏好与态度，并强调认清和处理权威网络成员的信仰和要求。

（4）做好多维度、多层级的综合性的战略分析工作

内外战略环境的分析为国家图书馆战略规划的形成提供前提条件。为此，国家图书馆与其他类型图书馆一样，在战略环境分析过程中要注重对外部国际图书馆事业发展趋势，国家政策、法规，图书馆相关技术，学术出版

模式等分析，在内部要重视图书馆资源、服务与管理等方面的分析。如荷兰皇家图书馆 2010—2013 年发展规划对图书馆用户需求、用户行为、E-Learning、E-Science、更多数据库等环境进行了分析。就具体的战略分析内容而言，第一，国家图书馆应针对政治、经济、读者、资源等图书馆战略发展的内外部主要影响因素，辨析、明确若干最有可能面临的未来预期情景，并以此为分析框架，分别拟定不同演进态势中的背景选项。第二，国家图书馆应以自身的战略使命为宗旨，以主要的社会功能为分析框架，在指导思想和发展原则的框架下，明确图书馆的现实定位，从馆藏建设、读者服务、业务管理、信息技术等主要领域制定图书馆在可预期的未来中的发展目标。第三，国家图书馆应通过对设施、管理、服务、读者、形象等图书馆战略发展所需资源的差距评价，检测基于物质条件的预期变革可行性的客观基础，辨析面向该馆发展目标的资源缺口。第四，国家图书馆应通过对读者、员工、资源提供者、上级主管部门、相关文化服务机构等战略发展的主要利益相关者的意愿评价，检测基于社会认知的预期变革可行性的主观基础，对主要利益相关者面对预期变革的意愿反应进行评价，厘清发展进程中来自各方的支持与阻力。如芬兰国家图书馆 2006—2015 年战略规划制定中对利益群体进行重点分析包括相关利益方（教育部、地方基金、公司等）、合作伙伴（文化参与者、芬兰版权管理协会、赫尔辛基大学等）、国家协作（图书馆部门、存储机构、芬兰非实体大学等）、国际合作（战略合作者和组织、软件提供商和 IT 提供商、欧盟合作者等）[①]。

　　对内外战略环境的分析为国家图书馆的战略发展规划的形成提供前提条件，同时，图书馆发展现状与理想预期在战略资源和利益相关者意愿层面表现出的差距又通过可行性分析反作用于组织愿景的修订与完善，最终的分析结果为战略规划制定奠定科学决策的基础。如我国的国家图书馆在进行"十二五"规划之前的分析工作中，通过广泛的调研，形成了大量的规划支撑材料，如"十一五"工作总结及"十二五"发展目标调研大纲，分配激励机制调研大纲，人才队伍建设调研大纲，提高立法决策服务能力调研大

---

　　① "The Finnish national library strategy（2006 - 2015）"，［2009 - 5 - 23］，http：//www. nationallibrary. fi/jnfoe/organization/nationallibrarystrategy_ 20062015_ summary. html.

纲，国家文献资源总库建设调研大纲，馆藏资源整合与揭示调研大纲，古籍保护工作调研大纲，社会教育职能拓展调研大纲，国家文献战略储备库建设调研大纲，数字图书馆新媒体服务调研大纲，全国数字图书馆推广计划调研大纲等。这些全面的分析为国家图书馆战略规划的顺利开展创造了有利的条件，奠定了坚实的基础。

（5）强调战略目标的价值性与多元化

国家图书馆战略规划制定的核心工作是战略目标的确立。国家图书馆战略目标的制定过程可采用一般流程模型确定的步骤。首先由国家图书馆战略规划委员会成员分别构思、描述针对每个战略要素的不同发展阶段；然后集中讨论，并记录、汇总所有观点，整合共同意见，深入阐述、剖析重大分歧，充分发表个人见解，最终取得共识；最后公布愿景草案，广泛征询建议，力求获得各利益相关者的认同，并通过各类渠道和方式公布正式的愿景，以此明确本馆的现实定位，为制定未来发展的预期目标提供纲领性的指导。流程从根本上追求战略绩效的提升，强调国家图书馆社会职能的实现。另一方面，受多元文化的影响，已很难存在一个能够衡量国家图书馆战略成功与否的评价准则，事实上，绩效评估标准和衡量方法的作用均非常有限。国家图书馆的战略管理者在制定战略规划时，必须充分考虑各种利益相关者的观点，寻找出各方都能接受的战略方案，并定期进行战略环境分析，响应来自各方的社会需求。在此过程中，公共利益成为国家图书馆战略管理的出发点和落脚点，公众协商、专题小组、公开声明等形式的活动对满足公众的期望显得非常重要。

（6）强化战略方案和行动计划形成过程的科学性与规范性

国家图书馆战略方案的拟订环节，具体包括以下步骤：第一步，明确战略定位，旨在确定国家图书馆战略规划的主要指导思想和策略方针，根据战略发展的内外部环境分析结果，确定竞争与合作的发展定位，选择适宜的进取、协同、聚焦、培育等战略模式，以促进核心竞争优势与能力的高效构建。第二步，编制行动计划，通过国家图书馆内外部发展要素的相关匹配，在趋势预测和需求响应的基础上，制定战略行动计划，划分战略实施领域，将战略目标细化、具体化为可操作的实践举措。第三步，优化实施方案，通过国家图书馆组织功能与战略行动计划的衔接，以提高战略绩效水平为目标，从业务部门和社会职能的交叉维度，以及总体战略、职能战略、业务战略、行动计划等纵向维度，对行动计划的实施顺序和取舍调整作出科学判断，为高效地实施战略规划进行策略性的重组与优化。战略模式、行动计划和实施方案是战略规划制定的主要内容，三个步骤将图书馆的战略目标具体化、可操作化，将战略意图明确化、书面化，以此保障战略蓝图的科学绘制，促进战略方案的协同实施。

所有规划制定活动之间在逻辑上拥有基于战略思维的内在一致性，最终形成指引战略发展的纲领性文件，并为战略的实施与评价奠定坚实的基础。如实例分析中提到，我国的国家图书馆对"十二五"规划的制定专门明确了规划编制工作时间表，从开展专题调研，到撰写规划文本；从提交领导小组讨论，到馆内外征求意见，最终将规划文本完善、定稿，经历了始于2010年1月，止于2011年3月的制定过程。在此过程中，规划文本的编制得到了馆职代会的审议，以及馆务会讨论和通过。

（7）充分考虑国家图书馆繁杂的战略制约因素和监督机制

首先，相关法令、章程规定的义务在授权、明确国家图书馆社会职能的同时，也要求其战略规划的制定与实施必须在宪法或法律的规范下进行。政治因素限制着国家图书馆发展变革的自主权和灵活性，战略管理者必须考虑立法意图和上级规划导向，并完全接受相关政府机构的监督。其次，国家图书馆的行动计划必须接受公众的检查，读者、相关教育、文化机构等利益相关群体已提出越来越高的监督意愿，要求国家图书馆的战略管理具有足够的透明度。最后，国家图书馆传统的服务项目也会对其构成制约，限制服务模式的创新和社会职能的拓展，导致较小的战略变革自由度。为有效应对诸多因素的制约，已有一些国家图书馆广泛吸引公众参与战略管理过程，并通过行业联盟、跨行业合作、行业协会（学会）、顾问团体、战略监督委员会、咨询机构（专家）等创建缓冲机制，既避免相关利益群体与图书馆的矛盾冲突，增加回旋余地，又利用授权产生的强制力及协作机会，确保组织变革创新能力。

三　国家图书馆战略规划的实施问题

根据文本分析统计，国家图书馆的战略规划实施周期与其他类型图书馆存在一定的区别，规划期限的频率分布没有后者离散（三年以下的占 20%，六年以上的占 26%）。国家图书馆三至五年的规划实施周期占总体比重的76% 以上，表现出与国民经济发展周期高度一致的特性。国外发达地区的国家图书馆拥有较短的规划期限（近半数为三至四年），体现出其对复杂的发展环境的重视程度，也提示我国国家图书馆在遵循国民经济发展的五年周期的同时，应该强化中短期的行动计划和监督测评。

战略规划经过准备、分析与制定阶段的进程，其管理效用必须在具体实施中得以体现。从逻辑顺序来看，战略规划的实施通常包括战略方案的实施、战略绩效的评估和战略规划的修订等环节，各国的国家图书馆对此作了很多有益的探索，积累了很多值得借鉴的经验。

战略方案的实施环节中，芬兰国家图书馆在芬兰公共管理公司首席咨询员的指导下，采用平衡计分卡编写战略内容，勾画部门职能，确保战略诉求与全体馆员的切身利益息息相关。美国国会图书馆则致力于将战略计划整合到图书馆的管理活动中。一方面，要求每一服务都以战略计划为基础制定本部门战略计划，战略规划办公室将监督图书馆战略计划的制定与落实，确保它和图书馆战略规划保持一致。另一方面，要求图书馆的所有管理者以本馆战略规划目标和部门战略计划为基础，制定可评估的年度计划目标。年度成果计划是详细计划和各部门协作互助的基础，当组织管理者要求制定个人年度成果计划时，年度目标也是个人计划的基础。此外，经过图书馆执行委员会的复查后，用年度成果计划提出图书馆预算需求。制定了图书馆拨款后的 30 天内，图书馆有责任对年度成果计划进行修正，并将其转化为执行计划，向国会提交，把年度目标与财政拨款计划层层连接起来。

战略绩效的评估环节中，众多国家图书馆意识到完成战略规划目标是一个持续的过程，除了对此过程进行内部审议与评估外，还需要参考来自外部相关方面的意见和建议。美国国会图书馆在实施 2004—2008 年的战略规划时，通过一套名为 PPBEES 的评估系统，在愿景驱动下，确保管理层和相关方面对用户需求作出敏感反应，并对规划进行灵活的评审和修改。国家图书馆战略规划评估与本课题组构建的一般战略流程模型中提到的评估模式一样，主要包括战略规划编制评估、战略实施过程评估和战略实施结果评估三大类。国家图书馆战略实施过程评估中需要特别注重战略规划实施的年度评估，即每季度对规划执行情况进行评估，确定并报告完成年度目标的进程，年终时战略规划执行委员会根据实施状况，对规划进行适当的调整，并将战略实施结果以图书馆年鉴或年报的方式进行发布。如荷兰皇家图书馆在战略规划实施过程中，注重通过执行结果和年度报告，界定不同部门的年度计划的进程，以及详细阐述功能实现的体系结构[①]。在此过程中，馆员需要制定年度计划指导备忘录，确定是否对正在执行的运行计划，由国会或文化部审查的对完成使命至关重要的年度成果计划，或者是即将制定的新的年度成果计划等进行修正。国家图书馆在战略规划实施中期，需要进行一次重要审查，根据图书馆发展环境的监测结果和图书馆服务目标的重新定位作出必要的发展路径的修正，但一般不会进行重大的规划更新。此外，国家图书馆在下一个规划周期到来前的一年必须要开展末期评估活动，可召集战略委员会成员，全面评价本期战略绩效，并开展下一轮规划的重大修订（重新编制）工作。如我国国家图书馆在战略规划调研阶段就组织全馆各部门人员开展的"十一五"规划评估，总结了"十一五"规划取得的成就。还有荷兰皇家图书馆2006—2009年战略规划制定前期，于2005年下半年，由外部国际专家评审委员会评估了1998—2001年、2002—2005年的战略规划实施成果，评审委员会对荷兰皇家图书馆前期战略规划实施中取得的成果，给予极高的肯定。同时，评估委员会也提出若干建议。荷兰皇家图书馆战略制定过程中认真考虑了这些建议，并融入新的战略规划中[②]。

　　为了针对战略绩效进行全面、细致、客观、准确的评价，许多评估体系得以研发、应用，表7-1列出了美国国会图书馆2008—2013年战略规划中的部分实施绩效评估指标。

---

　　①　"Strategic plan Koninklijke Bibliotheek（2006–2009）"，［2009–11–23］，http：//www. kb. nl/bst/beleid/bp/2006/kp–strategicplan. pdf.

　　②　"Strategic plan Koninklijke Bibliotheek（2006–2009）"，［2009–11–23］，http：//www. kb. nl/bst/beleid/bp/2006/kp–strategicplan. pdf.

表 7 – 1   美国国会图书馆 2008—2013 年战略规划实施绩效评估的部分指标

绩效指标	典型性标准
成果一:维护并扩大图书馆内容(无论是国内的还是国外的、传统格式还是新格式)	
缴送资源	· 缴送资源出版者的数量 · 以新格式存储的缴送资源的数量 · 非缴送出版者所占比例
采访渠道的多样性	· 方法和资源的数量
内容的多样性和完整性	· 不同学科、格式、语言和地区资源的数量 · 获得的整套、系列完整资源的数量 · 获得的用户请求资源的比例 · 资源的传播
成果二:提高保存和可获取性	
内容的可获取性	· 馆藏控制的资源所占的比例 · 用户可以直接发现的资源所占的比例 · 获取的时间性 · 可获取的数字化资源的数量
内容的保存	· 保存的资源所占的比例 · 数字化资源或者重新格式化资源的数量 · 可持续资源的数量
成果三:增加与其他图书馆和合作者之间共享的内容	
共享内容的总量	· 与合作机构的协议或者媒介 · 长期协议 · 合作伙伴的数量 · 共享内容的数量
加入标准研究的团体	· 加入标准研究的团体
成果四:增加构建知识体的创造性和原创性成果	
为国会传递产品和服务	· 回应国会请求的产品的质量 · 回应国会请求的产品的及时性

资料来源:"The library of Congress strategic plan (Fiscal Years 2008 – 2013)",[2008 – 06 – 30],http://www.loc.gov/about/mission/StrategicPlan07 – Full.pdf。

战略规划的修订环节中,为了促使阶段性成就和变化的战略环境能够及时通过过渡性文本进行补充和修改,确保战略规划体系得到不断更新和完善,国家图书馆应该加强战略规划文本的修正、完善工作,保证未来愿景和战略目标均能获得至少每年一次的检视,而且是基于严格的战略绩效评价,不同于年度工作总结的全面审核与测评。战略规划的修订应该针对既定战略与复杂环境之间的矛盾，战略制定的主观判断和科技水平的限制导致预测的失准，战略实施过程中产生的明显失误，战略规划过程自身不符合图书馆发展规律之处等。实践中，芬兰等国家图书馆均非常注重战略的后续阶段及每年的修订，以确保战略目标的顺利实现。美国国会图书馆的规划在年度评估和中期评估时，把对战略规划的修改呈交给有关方面，并将修订的年度报告在员工中广泛发放。

第二节　国家图书馆战略规划的组织

世界各国的国家图书馆针对自身的战略规划行为，纷纷从组织建制方面予以重视。根据当地的政治、文化、经济等条件，有的在馆内创立了专职的工作部门，如战略规划领导（工作小组），有的广泛吸收利益相关者组成规划团队，有的外请专家（机构）进行评估，有的变革原有组织结构，提升决策效率。许多成功的组织建设经验为全球国家图书馆的战略规划活动提供了重要的参考依据。

一　国家图书馆战略规划组织的案例分析

本研究选取国内外几所国家图书馆战略规划案例，对其规划制定的组织进行深入分析，通过考察国家图书馆战略规划实践，以期把握国家图书馆战略制定的组织，指导国家图书馆战略规划制定的组织实践。

1. 芬兰国家图书馆的战略规划制定组织

首先，图书馆委员会指导战略活动，既参与具体工作，又负责对结果的评价。该馆选择具有代表性的用户、合作者和管理团队组成战略团队，支持实际的战略规划过程。战略团队的成员来自图书馆委员会、图书馆各部门以及赫尔辛基大学图书情报系。还设立了一个内部工作组负责起草战略规划草稿。

其次，芬兰国家图书馆战略规划的制定过程在芬兰公共管理公司首席咨询员的指导下进行。因为战略规划过程的目的是在一个较长时期（即愿景周期）内，树立一些主要目标的愿景，使这些目标指引决策、计划、管理、效果和图书馆未来发展。芬兰公共管理公司采用计分卡片的方法来进行战略制定，计分卡片可以勾画出每个主要部门的大体轮廓，以保证战略对全体职员更加显而易见。对战略管理体系来说，相应的监督和支撑政策也会作出更新以适应全馆战略方针。

再次，芬兰国家图书馆重视读者和合作伙伴对战略规划工作的参与，甚至许多有代表性的利益相关者和更为广泛的利益相关团体都受到关注。这些虽然不属于图书馆战略规划的主要制定参与者，但是其起到了十分重要的参考咨询以及反馈作用。

芬兰国家图书馆采用的方式是以公共管理公司指导，馆内图书馆委员会内部工作组为主体进行战略规划制定的组织形式，这种组织形式属于馆外公司指导，馆内进行制定，馆内外其他相关人员和读者进行反馈的方式，充分吸收各方力量，对战略规划的制定起到很好的协作作用。

2. 荷兰皇家图书馆战略规划制定的组织

荷兰皇家图书馆则通过馆内主管部门制定与外部专家协作审查的方式来制定战略规划。除了自身具备战略规划制定的组织外，还借助外部专家和协作机构对拟定的愿景进行严格的审查。2005 年 8 月所提出的战略规划的主要内容被送交外聘的国际专家评审委员会，2006 年年初，战略规划草案经过专家（组织）的多次评审，以及教科文组织的研讨，最终才形成定稿，并呈送于该馆的主管部门。

通过外聘的国际专家评审委员会参与战略规划制定的组织形式，具有十分明显的优势。这种内部组织制定后由外部高水平专家组织进行审查的方式，是一种高效的组织形式，因为外部组织——高水平专家的鉴定与审查，确保了馆内战略规划制定的正确性与适用性，外部专家组织同样起到了咨询团队的作用。

3. 英国国家图书馆战略规划制定的组织

英国国家图书馆主张新的战略规划制定应实行扁平化的层级机构。英国国家图书馆认为，战略规划可以从现有团队中产生，然而新的规划的建立必然受到外部的影响，因此，需要对管理团队进行调整和培训。同时，该馆也认识到中层和高层管理团队必须支持变革，并培养实施变革的能力，但图书馆仍然存在缺少营销专家、时间和预算管理人员，运营管理能力薄弱，IT领导层力量不强等问题。为此，从 2000 年开始，该馆进行了组织调整，把原来的层级结构变得扁平，中层干部直接向 CEO 汇报，必要时引进外部专家。在改组后的机构中，只有"财务与资源部主任"依旧留在最高管理层，其他都是中层干部，并且多数来自企业界。

与芬兰国家图书馆相似之处在于，英国国家图书馆的战略规划制定组织也与企业紧密结合，充分吸收企业人员的管理经验来支持图书馆战略规划的制定。二者的不同之处在于芬兰国家图书馆借助外部公司进行指导工作，而英国国家图书馆则通过员工来组成规划委员会，进行战略规划的制定，指导与直接参与的形式和结果都不相同。

4. 中国国家图书馆的战略规划制定组织

中国国家图书馆将"十二五"规划制定列入 2010 年全馆十大工作之首。为做好"十二五"战略规划的编制工作，专门发文《关于做好国家图书馆"十二五"规划编制工作的通知》（国图业发〔2010〕19 号），启动《国家图书馆"十二五"规划纲要》的制定程序。成立规划编制领导小组，明确了在其领导下，成立规划工作小组负责具体工作。领导小组承担规划编制过程的组织领导、重大问题的讨论以及听取工作小组的工作汇报和决定重大问题；工作小组协助专题调研的实施、负责领导小组决定的落实和规划文本的起草。同时由馆领导牵头，开展分专题的调研活动。

具体的组织过程：①成立"十二五"规划前期调研小组。该小组成员负责对美国国会图书馆、英国国家图书馆、法国国家图书馆、日本国立国会图书馆等世界主要国家图书馆发展规划、战略规划进行较全面的收集与分析，形成《国家图书馆"十二五"规划调研报告》；②由馆领导周和平主持集中研讨，形成《国家图书馆"十二五"起草提纲》；③召开座谈会，听取来自文化部系统相关司局、省市级公共图书馆、高校图书馆、科研系统图书馆、党校与军队院校图书馆、情报系统等的代表对起草的意见与建议；④成立《国家图书馆"十二五"规划起草提纲》领导小组，馆长周和平为组长、常务副馆长詹福瑞为副组长，成员包括常丕军、陈力、张志清、魏大威；⑤领导小组下设工作小组，业务处处长汪东波为组长、副组长索传军，成员包括张彦、王青云、卢海燕、方自今、王志庚、孙一钢、陈红彦、申晓娟，在《国家图书馆"十二五"规划起草提纲》的基础上着手开始纲要文本的起草；⑥全馆确定 11 个专题后，成立专门小组开展专题调研；⑦由周和平馆长召开小组会议，对纲要进行讨论。

中国国家图书馆成立规划编制领导小组进行领导工作，规划工作小组负责具体工作的方式，具备了鲜明的中国特色，这种由上至下的战略规划制定形式，符合中国国家图书馆这一国家级别的规划制定；同时，通过设立规划编制领导小组进行总体的指导及规划过程中、规划后的审定，也确保了规划方向及内容的正确性与适用性。

经过上述对芬兰国家图书馆、荷兰皇家图书馆、英国国家图书馆、中国国家图书馆战略规划组织建设的分析，我们得出其共同点：首先，成立馆内外成员组成的图书馆战略规划制定部门（小组），来进行图书馆战略规划文本的制定；其次，设立上层领导部门进行战略规划方向制定与制定过程的整体把握；最后，在规划制定后，一般通过多种途径，对规划内容进行审核，如国外国家图书馆有的请有关咨询公司参与审查，中国国家图书馆通过召开会议对草案进行决议通过。

二　国家图书馆战略规划组织的相关问题

本部分综合国内外国家图书馆战略规划组织实例分析与实证调查结论，分析国家图书馆战略规划制定中组织的相关问题，以指导国家图书馆战略规划的实践。

1. 确定国家图书馆战略规划制定的上层监督部门

国家图书馆是国家最高级别图书馆，具备较大的象征意义，同时在公共文化服务领域发挥不可取代的作用。国家图书馆设立上层监督机制是指结合馆内外的行政与专家力量来构建一个上层监督部门，全程审批与指导国家图书馆战略规划的制定工作。这样做的优点在于：一是能够保证按照国家宏观政策环境的要求来进行规划制定，确保对各种政策法规的把握，协调国家上级部门的要求，以及相应公共文化部门与其他文化部门的关系。例如时逢国家推行"文化强国"，那么作为国家公共文化建设重点工程的国家图书馆应该负担起较高的任务，规划上层监督部门则应该对该指示进行传达以及设立任务，使得下属战略规划制定机构能够准确把握发展态势，将"文化强国"的要求加入战略规划内容中。二是全程进行维护。在已有的不同图书馆战略规划制定以及实施中，有的具备很好的适用性，有的则提出过高或过低的任务目标，导致后续无法施行。设立上层监督部门的目的在于能够对战略规划制定的整体过程、制作进度进行实时的监督，过程跨越整个规划制定过程，通过以周或月为时间周期的检查以及听取制定部门的工作汇报（简报），来对战略规划制定小组作出指导性建议。三是协助审核。本研究建议国家图书馆战略规划制定完成后，设立馆内外学者、专家组成的审核部门对文本进行审查，在这个环节中，上层监督部门负责与审核部门进行沟通协调，再将修改意见反馈给战略制定部门。在这里，上层监督部门起到了信息反馈"中介"和对审核小组的意见进行提炼和选择的作用。

2. 设立馆内外专家学者组成的国家图书馆战略规划制定部门

国家图书馆战略规划制定部门是国家图书馆战略规划制定的主体，设立制定部门（或规划制定小组、规划制定委员会）具有不可取代的现实意义。无论从实例和实证调研的结果，都反映了该部门的不可或缺。

通过本项目针对国外的 25 份国家图书馆战略规划文本进行的内容分析，可以看出在战略规划制定机构方面，国家图书馆除了少量（8%）的由议会为其编制规划，其他的绝大多数（92%）都由图书馆自行编制，超出了平均水平 14 个百分点。所在学校、基金会、学会、协会、其他机构或个人成为其他类型图书馆在战略规划制定机构方面的选择，相比之下，国家图书馆的规划工作模式较为单一，组织形式较为明确。

组织建设的问题在本项目进行的 18 份问卷调查结果中有比较一致的意见。第一，对于是否有必要成立专门性图书馆战略规划委员会，国家图书馆工作人员主张"有必要"或"非常有必要"的比例达 88.89%，超过总体调查样本的平均水平，表现出设置专职规划部门的必要性。第二，在最重要图书馆战略规划的准备工作中，有 77.78% 的国家图书馆工作人员认为是"建立规划委员会"，其支持率仅次于"制定规划进度表"，高于经费预算及保障等项，其比例也高于总体平均水平，同样印证了专职规划部门在国家图书馆中的重要性。第三，对于规划制定机构的选择问题，66.67% 的国家图书馆工作人员主张"外部机构和图书馆联合制定"，由比例高于总体平均水平逾 17 个百分点，说明馆外的相关机构的重要程度日益显现，联合制定国家图书馆的战略规划正成为一种明智的选择。第四，超过八成的馆员愿意或非常愿意参与本馆的规划制定工作，表现出规划设计的良好的群众基础。

　　而在能够获取的国家图书馆战略规划文本实例中，对战略规划组织有介绍的文本几乎都采取了设定专门规划部门来进行规划制定，例如上文实例分析的荷兰皇家图书馆、英国国家图书馆等。

3. 在制定过程中充分反映各部门、读者代表的意见

　　战略规划制定部门的设立无法替代读者在国家图书馆战略规划活动中的重要性。本项目对国家图书馆工作人员的问卷调查发现，在整个战略规划过程中，读者应该重点参与战略规划制定前的调研与分析（支持率33.33%），战略规划草案后的征求意见（支持率22.22%），战略规划执行后的效果评价（支持率33.33%）等环节，并在战略规划的实施过程中发挥一定的作用。

　　读者、媒体、外部专家的意见反馈作用在国家图书馆中，与普通高校、公共图书馆存在不同点，包括：一是国家图书馆工程宏大，需要考虑上层专家、学者意见。地方、公共图书馆充分考虑当地读者素养、读者层次，高校图书馆主要针对高校类型对战略规划作出变更，而国家图书馆战略规划的制定，远远不能如此简单。国家图书馆应该设立选择读者代表、各行业专家代表、各省份地方代表，来对其规划制定提出意见及修改建议，这就是国家图书馆与基层图书馆最大的不同；二是国家图书馆战略规划的内容综合，不能仅参考某方面专家（例如农业专家）的意见，必须将相关专家结合来进行；三是国家图书馆的战略规划是很难由少数人员完成，而是高度协作的结果。尽管主要的起草和建议工作由少数人员承担，但最终的文本却体现着全体员工、服务对象、政府部门、咨询机构，以及其他利益相关者的思想意志。这就需要国家图书馆规划制定人员具备不同的学科背景和层次，但在现实中这几乎难以实现，因此采用读者代表意见制是当前较好的解决方法。

4. 根据实际情况设定国家图书馆战略规划评审部门

　　赵益民对我国业界专家的理想预期调查显示，超过80%的专家认为图书馆自身是合适的规划制定机构，负责战略规划的制定、监控、评估等工作的专职部门的设立也得到了一定的支持[①]。但是在评估方面，就不能够依赖规划制定小组了，原因包括：一是制定规划小组人员知识结构方面难免存在

---

① 赵益民：《图书馆战略规划流程研究》，国家图书馆出版社2011年版，第119页。

不足，对规划的某些部分存在理解偏差，可能导致规划的错误；二是规划小组人员往往通过分工协作的方式来进行规划编制，因为涉及了国家图书馆战略规划这种浩大的工程，规划部门的团队人数较多，分工较细、步骤较多，难免出现重复或者遗漏，这就需要设定审核部门来进行完善；三是规划部门没能充分反映监督部门的意愿，或出现与国家政策、法规相悖的情况，这也需要审核小组进行修订。

而审核部门的构成与形式应该根据实际情况进行设定。例如在我们已有的文本中，荷兰、芬兰与英国国家图书馆都具有审核小组，但其权力的大小、监管范围、组员构成又各不相同。作为国家图书馆来说，审核部门中财政、经济、管理、公共文化部门专家是必不可少的。

5. 明确国家图书馆战略规划各参与主体的职责

为明确战略规划委员会及其他部门与人员在战略规划活动中的职责，确保战略规划各阶段、环节的顺利实施，本研究根据广泛参与、积极调动的原则，针对国家图书馆战略规划的各项任务，以及各环节、步骤的工作量及难易程度，制定出国家图书馆战略规划工作分配及时间进度表，如表 7 – 2 所示。表格将工作职能与工作进度整合起来，提升了组织模型的可操作性，增加了管理程序上的明确性，从更加贴近实践的角度设计行动方案。

表 7 – 2　国家图书馆战略规划工作分配及时间进度

阶段	步骤及工作时长	战略规划委员会	图书馆领导	部门主任	馆员代表	其他馆员	专家委员会	主管领导	咨询顾问	其他人员
战略准备	设立专职机构（第 1 周）		●	○					○	
	收集基本信息（第 2 周）	●	○	○					○	
	确立核心信念（第 3 周）	○	●	○	○	○	○		○	
战略分析	分析战略环境（第 3 周）	●	○						○	
	确立战略目标（第 3 周）	●	○						○	○
	评价组织资源（第 4 周）	●	○						○	
	评价支持意愿（第 4 周）	●	○						○	○
战略制定	明确战略定位（第 4 周）	●	○						○	
	编制行动计划（第 5 周）	●	○	○	○				○	
	优化实施方案（第 5 周）	●	○						○	

续表

阶段	步骤及工作时长	战略规划委员会	图书馆领导	部门主任	馆员代表	其他馆员	专家委员会	主管领导	咨询顾问	其他人员
文本编制	草案拟定(第6周)	●							○	
	意见征询(第7—8周)	●	○	○	○	○	○		○	○
	修改定稿(第8—9周)	○	●	○					○	
	宣传推广(第10周)	●								
战略实施	战略方案实施(战略周期)	○	●	○	○	○	○			
	战略绩效评估(战略周期)	○	○	○	○	○	●			
	战略规划修订(战略末期)	●	○	○	○	○	○			○

资料来源：本研究整理。

　　表7－2中每行的"●"符号代表该步骤的负责人（部门），承担组织、协调的任务，并在重点工作中负有不可推卸的责任。"○"符号代表该步骤的一般性参与人员，在各项战略规划的分析、制定和实施流程中承担辅助性的工作。无疑，战略规划委员会在整个战略规划进程中的重要性显而易见，其他部门与人员的支持、配合也必不可少。

　　战略规划委员会作为承担图书馆战略规划分析与制定任务的专职部门，从创建之初便全程参与，负责各项议题的组织开展和规划结果的加工、整理。"咨询顾问"是通过提供配套的管理工具来引导、协助规划活动的专业人士，"其他人员"类型的参与者包括图书馆的读者和相关的友邻部门、机构的代表，这些群体或个人对战略规划的参与程度虽然不高，但在规划分析和文本编制的意见征询等环节中的重要性不容忽视。馆员代表、其他馆员和专家委员会成员在核心信念确立的过程中也担负着重大的责任。

　　各参与部门和人员仅为举例，特定的国家图书馆可视具体情况进行适当增减。任务分工并非绝对的职责划定，实践当中难免存在交叉和应急的现象。实际操作中，应遵循参与度最大化原则，促使读者、馆员等核心群体以不同形式参与到不同的战略规划阶段中，以此体现国家图书馆的公共服务实质和战略价值导向。

　　表7－2中的总体时间安排以10周为一个完整的战略规划分析与制定的周期，以此作为范例。战略实施阶段涵盖了整个战略发展周期，历时最长。具体的图书馆应视自身的前期基础、条件配备、规划能力等影响因素而定，

如设立专职机构由于涉及规章制度、人员经费等诸多保障因素，或许需要更长的筹备时间；分析战略环境、编制行动计划等步骤需要的战略规划技术就因馆而异；确立核心信念和宣传推广战略规划文本等程序也在不同图书馆之间存在着较大的差异，完成的时间各不相同。

时间进度表是规范战略规划进程的标尺，认真遵循是确保规划质量和战略绩效的前提条件。尽管能够根据特定图书馆的具体情况进行调整，但在尽可能的条件支持下，应该保证充足的时间开展战略规划流程，预留一些时间是比较明智的选择，因为很多时候会出现应对紧急环境变化的临时会议，以及反复修改战略规划文本等的需要。

第三节　国家图书馆战略规划的影响因素

国家图书馆的战略规划活动中，同时存在着来自外部和内部的影响因素，战略绩效的发挥受到这些因素的促进或制约。从现有的理论研究和成功的实践经验来看，世界各国的国家图书馆均非常重视各类影响因素，从理论上分析其作用机理，从实践中强调其价值实现。随着国家图书馆内外环境的重要性的日益增强，影响因素分析已成为战略规划制定的基石，包括理论模型在内的相关研究已取得初步进展[①]。

一　国家图书馆战略规划影响因素的实例分析

1. 芬兰国家图书馆战略规划制定影响因素

芬兰国家图书馆2006—2015年战略规划的制定充分考虑了国家图书馆的内外部影响因素。芬兰国家图书馆战略规划制定人员意识到国家图书馆未来发展环境将发生很大变化，并将影响到整个图书馆。

从外部因素来看，首先，国家大学法案第25项修订条款规定了国家图书馆将为大学、专业和公共图书馆提供服务，这就要求建设新的合作的、交互的服务文化。因此，国家图书馆不仅要注重作为服务的提供者，还要注重

---

① 李廷翰、柯平、赵益民、成舒云：《图书馆战略规划影响因素模型实证分析》，《图书情报知识》2011年第4期，第19—23页。

成为图书馆网络的合作者。其次，新的数字图书馆服务理念正在全面形成中，当它实现时，将产生一个重大的飞跃，图书馆将着重创造广泛的国家数字资源，促进位于米凯利市的国家数字化中心建设。最后，信息技术和专门知识的不断变革，也影响着芬兰国家图书馆战略规划的制定。鉴于这些外部环境的影响，芬兰国家图书馆认为图书馆用户和合作伙伴参与战略规划工作显得很重要，许多有代表性的图书馆相关利益方和其他相关利益团体都包含其中。图书馆委员会指导战略工作，既参与具体工作，又负责对结果的评价。选择具有代表性的用户、合作者和管理团队组成战略团队，支持实际的战略规划过程。

从内部因素来看，芬兰国家图书馆战略规划制定的内部因素主要考虑的有两个方面，一是，确定图书馆新用户，包括信息用户、图书馆、出版行业和文化听众，见图 7 - 1。

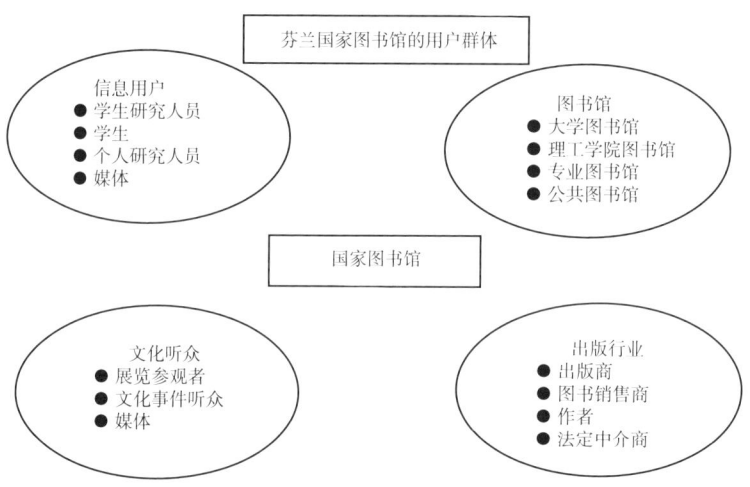

图 7 - 1　芬兰国家图书馆的用户群体

资料来源：李菁楠：《芬兰国家图书馆 2006—2015 年战略规划》，《图书情报工作动态》2008 年第 5 期，第 1—5 页。

二是，确定相关利益群体，见图 7 - 2。相关利益群体在确保国家图书馆的成功上是有一定影响的。在战略期内，芬兰国家图书馆考虑到图书馆地位的变化，因此与核心利益方和图书馆网络合作变得尤为重要，伙伴关系将会有利于开展服务。在信息系统建设方面，国际合作也尤为重要。

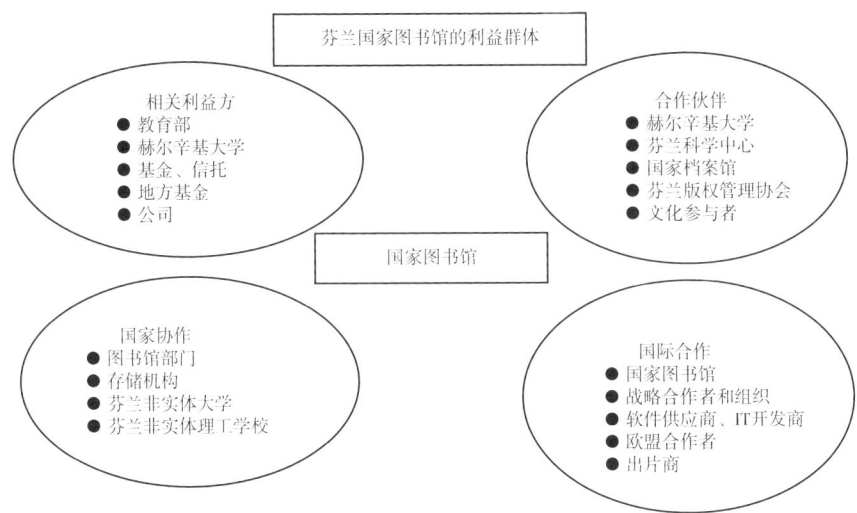

图 7 - 2　芬兰国家图书馆的利益群体

资料来源：李菁楠：《芬兰国家图书馆 2006—2015 年战略规划》，《图书情报工作动态》2008 年第 5 期，第 1—5 页。

2. 赞比亚国家图书馆战略规划制定的影响因素

赞比亚国家图书馆履行国家图书馆的服务功能，负责后勤和技术支持的提供，来发展学校、大学图书馆和教育部教师资源中心。在其改进学校和大学图书馆服务的努力中，赞比亚国家图书馆与省教育官员和区议会秘书合作，促使这些机构认清图书馆在教学和学习中的重要性。赞比亚国家图书馆制定战略规划时对国家图书馆的内外部环境进行了 SWOT 分析，见表 7 - 3。

表 7 - 3　赞比亚国家图书馆战略规划的 SWOT 分析

	SWOT 分析
优势	• 赞比亚国家图书馆在农村和城市地区已经有一个图书馆网络,它可以自己扩展和提高,以提供更好的服务 • 由赞比亚国家图书馆提供的服务大部分是免费的,以便一般公众获取更多的信息和知识。付费服务只收非常低廉的费用 • 赞比亚国家图书馆隶属教育部,它支持图书馆服务在教学和学习过程中重要组成部分的地位 • 赞比亚国家图书馆服务中的高级成员虽然非常少,但是他们都是非常熟悉图书馆的专业人员,在学校图书馆,学习型组织和教师资源中心的图书馆服务的发展中能够提供最好的指导 • 赞比亚国家图书馆与国内和国际上对图书馆的发展非常感兴趣的图书馆、协会、其他机构和组织保持联系。因此,国家图书馆可以不断掌握图书馆事业的新发展

续表

	SWOT 分析
劣势	<ul><li>赞比亚国家范围的图书馆传递服务非常匮乏,因为这里只有很少的图书馆,传递存在于农村地区、近郊区的人口、在校学生中甚至政府部门,传递材料往往是不合适的、过时的</li><li>由于教师在学校以教学为中心的模式,使得学生认为教师是唯一的信息来源,学习也是按部就班,所以这里普遍缺少对图书馆价值的认知。图书馆服务主要为精英服务的</li><li>赞比亚国家图书馆缺少立法和法定责任。立法应该明确规定赞比亚国家图书馆作为国家图书馆的作用。此外,立法应执行规定的标准,并通过协作来确保对可获取资源的最大利用,表明政府要建立有效的国家图书馆的服务的承诺</li><li>中央和专门部门非常缺乏建设一个国家图书馆或国家机构方面的举措</li><li>目前,国家图书馆严重缺乏有专业资格的人员</li></ul>
机会	<ul><li>赞比亚国家图书馆是国际上公认的赞比亚国家图书馆,因此有可能吸引潜在合作伙伴的支持赞比亚国家图书馆现在获取的支持来自于国际图书援助提供的服务,在城市和农村地区有服务社区的机会</li><li>教育部,提供它的国家政策,旨在使图书和其他文献更容易获得,来推进开放式学习和提高文化素养,并且国家图书馆明确承认有支持这项事业的责任</li><li>通过国家和更多的人寻求充分利用图书馆服务,识字率逐渐上升</li><li>虽然数量上远远不够,但是信息和通信技术设备已经应用在 6 个省图书馆的图书服务中,这是一个信息社会的里程碑</li></ul>
威胁	<ul><li>国家图书馆缺乏立法,不能提供有关服务的强制性责任,来履行国家图书馆的职能。因此,政府的支持和承诺并非具有强制性</li><li>图书馆界在教育部没有被完全理解或认可,因此高层管理有管理曲解的风险。结果赞比亚国家图书馆经常被边缘化</li><li>缺乏国家级的专业图书馆员。因此,在赞比亚国家图书馆的现有干部人才,可能会为了其他更好的机会到别的组织中去</li></ul>

资料来源:"Zambia library service: Submission to the Africa Comission", [2010 - 05 - 22], http://www.commissionforafrica.org/english/consultation/submissions/before/sb - oct - nov04 - 040.pdf。

从赞比亚国家图书馆战略规划制定的 SWOT 分析中可以归纳出影响赞比亚国家图书馆战略规划制定的内外部因素。其中,内部影响因素包括国家图书馆的资源、服务、人员配备;外部影响因素包括图书馆法律政策、行业环境、合作交流等。

3. 中国国家图书馆战略规划制定的影响因素

我国国家图书馆在制定"十二五"规划的过程中进行了前期调研工作,

其中涉及大量的馆内外影响因素。在分配激励机制调研中，考察对象涉及馆内相关业务部门、职能部门（如人事处、财务处）、总务部及文化部系统内的相关事业单位，如故宫博物院、国家博物馆、中国艺术研究院等单位的人事部门。在提高立法决策服务能力的调研中，考察对象涉及国内相关图书情报机构，如中国科学院图书馆、广东中山图书馆；相关政府机构，如国家图书馆部委分馆（民政部、财政部）、全国人大和全国政协信息服务机构；国外相关机构，如英国议会图书馆、美国国会图书馆、日本国会图书馆等。在国家文献资源总库建设的调研中，考察对象涉及 NSTL、CALIS、中国社会科学院图书馆、北京大学图书馆、上海图书馆、浙江图书馆、中山图书馆、黑龙江省图书馆，以及中文商业性网络资源、中文免费网络资源等。由政府部门、服务机构、民间团体、行业联盟、网络平台等构成了中国国家图书馆战略发展的内外环境，其中影响因素在战略规划制定之前的分析阶段便得到高度重视，调研结果最终反映到战略规划文本的编制当中。

4. 实例小结

芬兰国家图书馆对影响因素划分得比较细致。该馆战略规划的一大特色是对利益群体和读者的归类，分析诸多利益相关群体和读者对芬兰国家图书馆的战略规划产生的重大影响，其作用与意义在规划的分析与制定中表现得非常突出。赞比亚国家图书馆对影响因素的利弊认识得比较全面，各类影响因素在该馆的战略规划分析（SWOT）过程中被充分地考虑，每项因素的影响范围和实质意义被清晰地呈现出来。中国国家图书馆对影响因素进行了深入调研。

在各国国家图书馆的战略规划实践中，从环境分析到方案制定的诸多环节均表现出对各类影响因素的关注。这些国家图书馆与其他类型图书馆一样，拥有资源、管理、服务等层面的战略规划内部影响因素。资源因素包括馆藏文献信息（纸质与电子等类型）、可获取的网络数字信息、人力资源、资产设备、馆舍建筑、运行经费等。管理因素包括组织架构、规章制度、运行机制、业务流程、核心价值、组织文化、领导风格等。服务因素包括基础业务、特色（高端）服务、科研水平、服务能力、创意意识、职业精神等。从这些实例的分析中，我们可以看出这些国家图书馆战略规划制定的影响因素基本符合本项目所构建的影响因素模型。

二 国家图书馆战略规划影响因素的实证分析

在本项目开展的大型问卷调查中，考察了受访对象对图书馆战略规划的内外部影响因素认知状态，将国家图书馆工作人员的观点与总体样本的平均值进行比较，可揭示国家图书馆战略规划的一些基本特点。

首先，问卷提出了若干在战略规划调研过程中应该重点调查的对象，国家图书馆的被调查者认为馆员（支持比例为88.89%，下同）、读者（88.89%）、同级公共文化服务部门（55.56%）和上级主管部门（44.44%）必须予以重视。其中，馆员、上级主管部门和同级公共文化服务部门的支持率明显高于总体样本的平均水平，体现出这些部门和群体对国家图书馆战略规划具有较高的重要程度。

其次，对于战略规划中最为重要的"中长期目标"，国家图书馆的被调查者认为确定依据主要包括愿景和使命（72.22%）、内部因素综合分析（72.22%）、外部因素综合分析（72.22%）等，支持率均明显高于总体样本的平均水平。同时，已有战略实施的反馈影响（33.33%）、长期发展的经验累积（22.22%）等项的认同程度则低于总体样本的平均水平。比较得出的差异表现出国家图书馆的战略规划对内外环境的敏感程度高于其他类型的图书馆，对愿景和使命这类核心价值的追求显得较为强烈，而组织惯性和领导意志的影响则相对较小。

更为直接的是，调查问卷直接列出若干图书馆战略规划的影响因素，以多选项的形式考察被调查者的观点。图7-3和图7-4以百分比的柱状图形式，分别描绘了国家图书馆战略规划内外部影响因素支持率与总体平均水平的比较状况，代表总体平均水平的柱形以支持率的降序排列，国家图书馆与其结对并列，以此凸显二者的差异。

从柱形图的比较中可以看出，国家图书馆与其他类型图书馆的最大差异在于组织机制、管理制度等因素的影响明显较大，超过总体平均水平20余个百分点。同时，馆藏、服务项目、建筑等因素的影响则小于其他类型图书馆，差距最大的也超过了10个百分点。这表明组织管理、机构建制等方面的战略条件对国家图书馆而言更为重要，尤其值得注意的是，尽管国家图书馆拥有呈缴制的法定文献来源，但经费因素对其的影响程度却不低于其他类型的图书馆。

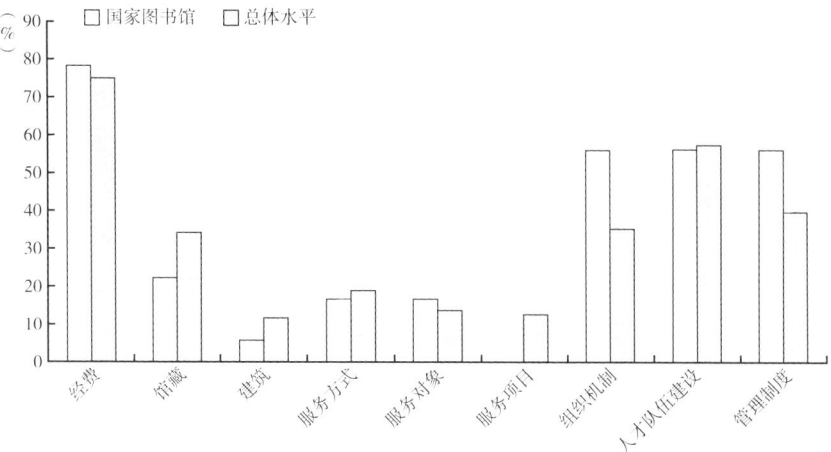

图 7 - 3　国家图书馆战略规划内部影响因素支持率与总体平均水平的比较

资料来源：本研究整理。

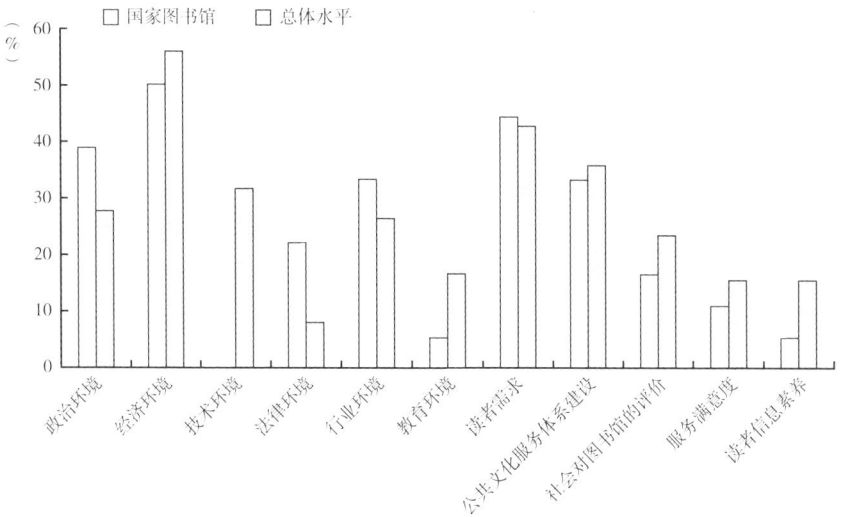

图 7 - 4　国家图书馆战略规划外部影响因素支持率与总体平均水平的比较

资料来源：本研究整理。

外部环境的影响因素对国家图书馆和其他类型图书馆造成的差异更为显著。政治环境、行业环境和法律环境的影响在国家图书馆中表现得较为突出，明显超过了总体平均水平，差距最大的近 15 个百分点。技术环境、社会等因素的影响则在国家图书馆中表现得相对较弱，与总体平均水平的差距最大也近 15 个百分点。教育环境和读者信息素养对国家图书馆战略规划的影响程度最低，说明国家图书馆已拥有相当比例的高层次读者群体，规划重心已向宏观的战略环境倾斜。

三 国家图书馆战略规划影响因素的相关问题

1. 要重视技术环境变化带来的重大变革问题

技术环境是指国家图书馆战略发展所涉及国家和地区的技术水平、技术政策、新产品研发，以及技术发展动态等。许多新技术、新工艺、新材料的出现和发展不仅顺应时代潮流，而且会在图书馆界产生具有深远、覆盖面大等特征的影响，为国家图书馆的战略规划提供了变革依据，同时，也有可能形成发展进程中的威胁与障碍。如在芬兰国家图书馆的战略规划中就重视信息技术的影响，尤其重视数字图书馆的发展对战略规划的影响。

通常，国家图书馆在战略规划的制定和实施中应该考虑的技术方面的问题包括：基础设施中包含哪些先进技术？信息服务中有可能使用哪些新技术？读者需要哪些新技术？服务创新需要运用哪些新技术？本馆对这些技术的接受程度如何？能否持续地利用这些技术？这些技术的发展趋势如何？其他图书馆是否掌握了最新的技术动向？应用前景如何？本馆的技术投入力度及其增长如何定位？新技术对本馆的竞争优势起到什么作用？认真地解决这些问题，就能在技术层面优化战略环境，充分利用战略资源。

2. 要关注行业环境对国家图书馆的影响

国家图书馆的行业环境是国家图书馆所处的公共文化服务领域的行业性质、在国民经济中的作用、行业所处的发展阶段、行业的市场容量及未来增长前景、行业的关键成功因素、行业技术变革的速度、行业的市场结构、文化信息供需双方的数量及相对规模、行业演变的驱动力等因素的总和。由于宏观环境对国家图书馆的影响常常通过行业环境因素的变化发生作用，行业环境也就成了国家图书馆外部影响因素分析的核心和重点。在战略规划活动中，国家图书馆既要了解本行业中相关组织的资源水平、竞争优势以及合作渠道与方式，同时还应熟悉世界各国同类图书馆的发展状况、核心资源、战略路径。行业环境中的因素往往较其他层面的因素拥有更为直接和显见的影响和作用，要求国家图书馆在战略规划制定过程中予以高度重视。

3. 重视文化因素在国家图书馆战略规划制定影响因素中的重要地位

文化对国家图书馆战略规划制定有着直接或间接的影响，这不仅存在于图书馆内，而且外部文化也对国家图书馆战略规划的制定存在着一定的影响。

（1）内部文化因素

作为历史最为久远的一类图书馆，国家图书馆承担着文化传承与传播的重任，其战略规划在很大程度上受到馆内外文化因素的影响，馆内文化的重要性显得尤为突出。图书馆文化是在一定的社会文化环境中，为谋求生存和发展，通过长期的信息服务活动自觉形成的，并经过绝大多数员工认同、信守的服务宗旨、价值观念和道德行为准则的综合反映。图书馆文化主要表现为发展范式、认知标识、轶闻故事、权力结构、组织结构、控制体系、仪式和惯例等。国家图书馆文化的打造涵盖精神财富和物质形态的范畴，需要明确意识形态、符号象征、核心价值等一套复杂的概念，并将其内化为馆员难以质疑或改变的、被视为最合情合理的行为框架和思考方式。在国家图书馆的战略规划活动中，组织文化是其核心能力与竞争优势的潜在来源。组织文化与战略方案的匹配成为战略规划首先必须考虑的问题，二者的相互适应能够有力地促进战略规划的绩效发挥，巩固战略规划构建的竞争优势。一方面，根据不同的文化，图书馆应该重视战略的定位与调整；另一方面，传统文化面对图书馆的战略变革，往往也要进行必要的扬弃与嬗变。

（2）外部文化因素

文化因素是人们的价值观、思想、态度、社会行为等的综合体，是国家图书馆置身于其中的一定社会思想意识、文化心态和观念形态的总和。文化环境不像政治环境和经济环境那样具有直接的影响，而是潜移默化地影响和作用于国家图书馆的战略规划中。文化环境对国家图书馆战略规划的影响主要表现为三个方面：第一，决定着国家图书馆战略规划制定的智力条件，如高素质馆员的配备，现代化科技手段的运用，战略管理效率的提升等；第二，决定着国家图书馆战略管理的价值取向，确保战略价值取向的形成，权衡各种利益关系，认识、取舍战略议题和方案；第三，规定着国家图书馆战略规划主体的实施手段和工具，确保战略规划目标的顺利制定与实现，以及战略绩效的最大化发挥。

4. 国家图书馆战略规划的制定要密切关注政治法律环境的变化

政治法律环境既是对国家图书馆的战略规划制定具有影响的政治力量，也是国家图书馆生存和发展的重要前提之一，所有国家图书馆都受到政治法律环境的影响，其战略规划制定的开展必须在政治法律环境所确定的制度框架内进行。政权性质、政党制度、政治体制、政治形势、方针政策、法律法规和立法制度对国家图书馆的地位、作用、组织结构、社会职能、管理方式的作用最为直接。如赞比亚国家图书馆的战略规划制定就对其所处的政治法律环境进行了分析："赞比亚国家图书馆缺少立法和法定责任。立法应该明确规定赞比亚国家图书馆作为国家图书馆的作用。此外，立法应执行规定的标准，并通过协作来确保对可获取资源的最大利用，表明政府要建立有效的国家图书馆的服务承诺。"由此可见，政治法律环境因素对赞比亚国家图书馆的深远影响。

政治法律因素包括国内的政治制度、政党和政党制度、政治性团体、党和国家的方针政策、法规条文，政治气氛等；也包括国际方面的外交状况、国际关系、国际政治局势等。具体而言，影响主要表现在三个方面：第一，政治环境决定国家图书馆战略发展的政治性质；第二，政治环境决定国家图书馆战略规划制定的民主化程度；第三，政治环境决定国家图书馆战略规划的合法化程度。

第四节　国家图书馆战略规划的文本

国家图书馆的战略规划从环境分析到方案编制，最终会形成一种指导实践的纲领性文件，即战略规划文本，以此促进馆员、读者及主管领导等对规划的理解、执行、监督和评价。关于图书馆战略规划文本模型构建的研究初见成效，已由外部特征、内容要素、体例结构等层面构建起战略规划文本的总体框架[①]，

---

① 柯平、李健、贾东琴：《图书馆战略规划文本模型的构建》，《图书情报知识》2011 年第 4 期，第 24—31 页。

国家图书馆应以本项目的文本模型为基准，突出自身特色，探索符合自身发展路径的战略规划核心文件的参考模板。

一 国家图书馆战略规划文本的实证分析

在本项目开展的大型问卷调查中，专门针对战略规划文本的编制提出若干问题，以多选项的形式考察被调查者的观点。总体来看，在文本的体例结构、行文特点、编制方法等方面，国家图书馆与其他类型图书馆之间存在一定的差异。

对于一份科学规范的战略规划文本，国家图书馆的被调查者认为具备明确的目标（83.33%）和较强的可操作性（66.67%）这两项是最为重要的，其次是必须拥有清晰的职责分工（44.44%）和规范的制定过程（38.89%）。与其他类型图书馆不同的是，国家图书馆的战略规划文本需要在本馆内部能达到较高的认同，但不一定具备一定的弹性（16.67%）和非常齐全的构成要素（16.67%），对行文简明扼要的要求也不太高（5.56%）。

对于如何编制战略规划文本，国家图书馆的被调查者更主张借鉴国外的相关指南（88.89%），认为有必要（包含"非常有必要"和"有必要"两种态度）制定一部符合我国国情的战略规划"编制指南"的近90%，其余的持不清楚态度，表现出对战略规划文本规范性的较高需求。另一方面，对使用辅助设计软件来实现战略规划制定的标准化，国家图书馆的被调查者的积极性并不太高，支持率低于全国平均水平10个百分点。

对于战略文本中是否应该拥有量化的建设指标（如对未来藏书量的预期），有27.78%的国家图书馆被调查者持否定观点，而且有16.67%的人态度不明确。造成这种现象的原因或许与发达国家的规划文本情况类似，主要是因为不少规划文本在制定的同时还有各类辅助性文献也相继产生，如事业发展白皮书、开发项目报告、年度报告以及服务与管理的规章条文等。这些文档通常会对发展指标进行细致的量化，在很大程度上对组织的发展进程作出了极具操作性的规范。

为了更直观地表现国家图书馆与其他类型图书馆在战略规划文本方面的差异，图7-5以百分比柱状图形式，描绘了国家图书馆战略规划文本结构要素与总体平均水平的比较状况。代表总体平均水平的柱形以支持率的降序排列，国家图书馆与其结对并列，以此凸显二者的差异。

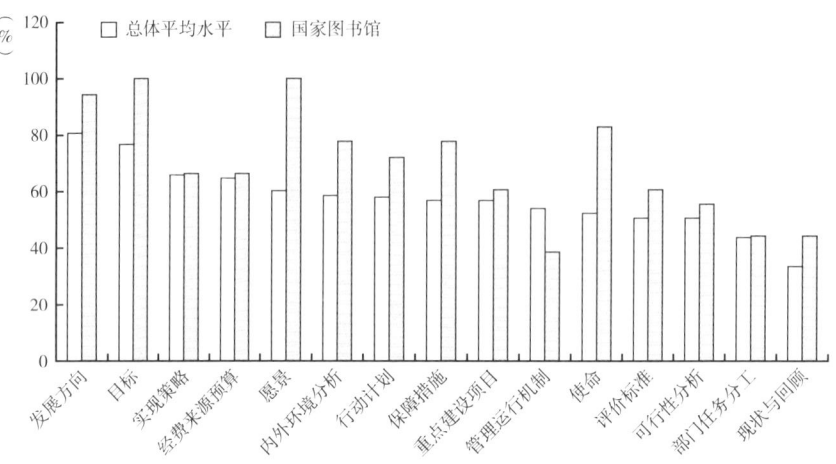

图 7 – 5　国家图书馆战略规划文本结构要素与总体平均水平的比较

资料来源：本研究整理。

从图 7 – 5 中两类柱状图的差异中可以看出，国家图书馆的战略规划文本中有很多结构要素的支持率高于总体平均水平，差异最为显著的是愿景（相差 39.67 个百分点，下同）、使命（30.74）、目标（23.11）、保障措施（20.73）、内外环境分析（19.14）等。尤其是愿景和目标方面的要素，国家图书馆的被调查者支持率高达 100%。仅有管理运行机制低于总体平均水平 15.25 个百分点。以上表明，国家图书馆对战略规划文本的内容齐备性具有较高的要求。

除了宏观的文本内容体系，图 7 – 6 则从具体的内容要素层面展现国家图书馆与其他类型图书馆在战略选择与发展思路方面的差异。代表总体平均水平的柱形以支持率的降序排列，国家图书馆同样与其结对并列。

与战略规划文本的结构要素类似，国家图书馆同样有若干内容要素的支持率高于总体平均水平，主要包括技术应用（相差 23.46 个百分点，下同）、服务对象界定（13.06）、危机处理预案（13.06）、服务理念（13.18）等。支持率最高的资源建设、服务理念、人才队伍建设等要素均得到近九成

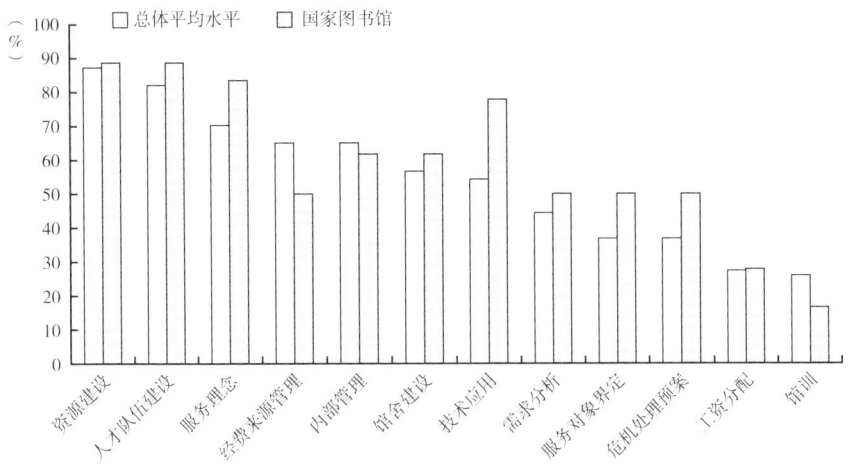

图 7 - 6　国家图书馆战略规划文本内容要素与总体平均水平的比较

资料来源：本研究整理。

被调查者的认同。稍有区别的是，国家图书馆对经费来源管理、馆训、内部管理等要素的重视程度相对较低，分别低于总体平均水平 15.33、9.13 和 4.04 个百分点。这些差异表现出国家图书馆对战略规划文本具体的内容要素的取舍意向。

　　本项目针对国外图书馆战略规划文本开展的内容分析中，国家图书馆的样本有 25 份，占 9.69%，仅次于高校图书馆和公共图书馆。国家图书馆表现出不同于其他类型图书馆的文本内容特征，其在自身的发展愿景、愿景预测、生存使命、价值理念等层面的规划内容重视程度最高，环境分析、发展历程和成功关键因素等的重要性亦显著高于其他类型图书馆。

二　国家图书馆战略规划文本的使命分析

　　在本项目考察的国内外图书馆战略规划文本中，拥有使命陈述的国家图书馆超过 85%，高于公共图书馆（80.46%）、高校图书馆（79.81%）和其他类型的图书馆（66.67%）。

　　国家图书馆使命的形成是内因和外因共同作用的结果，使命陈述的编制是战略规划核心信念具体化、书面化的过程。每个国家图书馆的使命会因历史由来、发展现状、服务宗旨、终极理想等影响因素而有所不同。在长期的战略发展进程中，使命陈述由于政治、文化、经济等因素的影响，形成了具有国别、地区特征的差异，表 7－4 将常见的国家图书馆战略规划文本中的使命陈述划分为文化建设型、资源建设型、信息服务型等具有鲜明诉求特征的类型，各自包含若干有代表性的范例。

表 7－4　国内外部分国家图书馆战略规划的使命陈述

类型	图书馆名称	使命
文化建设型	中国国家图书馆	促进事业持续稳步发展，为满足人民群众日益增长的精神文化需求，建设创新型国家、学习型社会与和谐社会作出贡献
	赞比亚国家图书馆	通过国家提供图书馆和信息服务给公众、学校、教师资源中心，要灌输一种为个人和国家发展而阅读和利用信息的文化
资源建设型	美国国会图书馆	确保国会和全国人民利用其馆藏资源，为后代保存一个通用的知识与创新资源馆藏
	埃塞俄比亚国家图书馆	获取、整理和保存信息资源，为研究和学习目的建立一个国家信息系统来利用资源，使公众受益
信息服务型	乌干达国家图书馆	要收集、保存和传播乌干达的记录的知识和文化遗产，在图书馆和信息传递中提供专业的领导作用，推动阅读
	芬兰国家图书馆	确保所出版的国家文化遗产的可获得性。为市民及社会各界传播和制作各种信息内容，与图书馆网络和其他信息社会中的参与者共同提供服务
	马来西亚国家图书馆	通过马来西亚国家数字图书馆系统，让所有马来西亚公民平等获取信息、享受图书馆服务和利用知识资源的权利
	纳米比亚国家图书馆	支持对所有纳米比亚人和纳米比亚各图书馆的信息提供。通过利用国家的和国际的信息资源，支持教育和研究
	尼日利亚国家图书馆	向所有尼日利亚人和非尼日利亚人的教育活动和做出明智的决策，提供获取、处理、组织、宣传，并提供信息资源的链接的服务

资料来源：本研究整理。

大多数国家图书馆的使命陈述诉求明确，内涵单一，但也有部分国家图书馆在其战略规划文本中罗列出多个层面的战略使命。如立陶宛国家图书馆的使命不仅包含了预期实现的愿景成分，还将未来的关注领域涵盖其中："立陶宛国家图书馆是承担保护立陶宛文化遗产职责的国家文化信息机构；保障国内外用户文化信息交流；积极促进知识社会的发展；促进现代信息技术的广泛应用，开展新的服务和活动；关注其他国家图书馆以及世界图书馆界整体的发展形势；关注图书馆学、目录学、信息学领域的职业技能的提高，促进立陶宛市民的学习发展。"

斯里兰卡国家图书馆的使命陈述则涉及该馆的核心职能、主干业务、服务承诺、奋斗目标等领域。内容较为丰富："从国家层面上统筹和协调图书馆服务；在国家图书馆中发展一个完善的斯里兰卡信息资源中心，协调统筹并协助斯里兰卡其他主要珍藏；协助和鼓励在具体领域建立完善的信息资源中心并通过国家信息网络形成相互连接；为进入国内和国际数据库提供捷径；为每一个斯里兰卡公民提供学习机会，协助斯里兰卡民众的进步；协助斯里兰卡成为一个有丰富文化内涵和先进知识的国家。"

在一些战略规划文本的连续性版本中，可以发现国家图书馆的使命传承与转变。尽管大多数国家图书馆长期秉持一致的发展使命，但在某些历史阶段，也会因社会进步和时代需求的改变，对自身的使命陈述作出调整和修正。如英国国家图书馆在其2005—2008年的战略规划文本中，确立了"帮助人们增加知识、丰富生活"的使命，作出详细的注解："我们相信知识的力量和价值：知识可以给社会带来文化、社会、人才和经济效益；仅仅保存知识并不够；我们的任务是使人们在现在和将来能够利用知识。当知识被利用时，会增加人的整体理解力；我们能够直接为使用我们馆藏和服务的用户提供帮助，不仅能够增加他们个人的知识，而且通过参与他们的研究，为整个知识体系的扩展作出贡献。同时我们的工作成果丰富了所有大不列颠公民的生活，从而使全体民众间接受益。"

在下一个战略周期，即2008—2011年的战略规划文本中，该馆则提出了"促进世界知识的传播"的新使命，而且并未加以具体的诠释，其使命陈述不仅在意义上发生了转变，内涵也显得更加丰富，战略定位有了更加广阔的空间。

尽管各国国家图书馆的使命陈述在体例、长度、内容等方面均会存在差异，但有一些要素得到了大多数战略管理理论家和实践家的认同。制定使命陈述时需要考虑的主要因素包括：图书馆的业务范围、核心职能、竞争对手、关键技术、核心价值和理念、财政运作基础、主要优势和劣势、当务之急的行动以及内部管理的原则等。

从我国的实际情况出发，国家图书馆应该根据自身的具体情况，重点关注以下要素：社会责任、服务对象及内容、资源和技术、本馆的价值观等，并对这些要素进行精炼和诠释，使它们能更好地服务于实践。在表现形式方面，通过基于网络平台的战略规划文本发布模式，最终的使命陈述的传播手段变得丰富多样。国外的一些先进经验值得借鉴，如威尔士国家图书馆以精心拍摄和制作的影视短片展示代表其组织使命的"未来规划"，并以兼容不同操作系统的多种视频格式在该馆网站中提供在线播放和下载。

三　国家图书馆战略规划文本的愿景分析

愿景对于图书馆战略规划的意义非常重大，不同于使命是对图书馆发展宗旨和信念的阐明，未来愿景则是对于战略目标制定的实践操作的体现。表7-5将常见的国家图书馆战略规划文本中的愿景陈述划分为战略定位型、服务承诺型、综合型等具有鲜明诉求特征的类型，各自包含若干有代表性的范例。

表7-5　国内外部分国家图书馆战略规划的愿景陈述

类型	图书馆名称	愿景
战略定位型	中国国家图书馆	建设资源更丰富、设施更先进、环境更优美、服务更到位、国际影响更大的现代化、国际化国家图书馆
	芬兰国家图书馆	国家图书馆是国家的信息门户
	埃塞俄比亚国家图书馆	成为一个世界级的国家信息中心，国家的信息资源被体系化地组织起来，利用信息的文化在建设民主和发展过程中逐渐形成
	纳米比亚国家图书馆	国家图书馆将作为纳米比亚已公布的国家遗产的收藏、保护和鉴赏中心，以及国家参考馆藏中心
服务承诺型	美国国会图书馆	确保知识、信息的获取，促进国会及其各部门对馆藏资源的创新性利用方面处于全国领先地位
	荷兰皇家图书馆	为每个人提供任何地点可以获取荷兰内外所有出版物的服务。在荷兰(科技)信息基础设施建设中发挥核心作用。提倡永久地存取国内的或是国际上的所有数字信息
	尼日利亚国家图书馆	通过提供现成的，易于获得的信息资源，确保培养见多识广的和有知识的市民
	印度尼西亚国家图书馆	发挥图书馆最大潜力，努力提高全民族的生活质量
综合型	马来西亚国家图书馆	建立世界领先的图书馆，为世界各地的人们提供图书服务，实现国家愿景中的目标
	英国国家图书馆	我们是研究界的中枢，要提供值得信赖的信息来源，帮助人们开阔眼界、解决问题以及创造机遇。我们为世人提供出色的信息内容和专业知识，并通过从他人那里学习专业知识来进行补充，以此来增加用户的经验

资料来源：本研究整理。

国外通行的做法是以愿景描述来表达组织的未来预期和发展诉求，这种未来图景的展望是一个延续性的递进过程，不同时期的规划文本对此的表达不尽相同，或略作修改，或全面更替。

美国国会图书馆是规划核心理念延续传承的典型代表，其 10 年间的两个版本均保持了一致的愿景："在两个方面处于全国领先地位：确保知识、信息的获取；促进国会及其各部门对馆藏资源的创新性利用。"使命也完全一样："确保国会和美国人民能够获取、利用其资源，并为后代维护与保存一份完整的，蕴含知识与创新的馆藏。"长期保持一致的愿景和使命表现出该馆坚定的战略发展信念和不变的战略发展方向。

英国国家图书馆的愿景在最近两个战略周期中发生了调整和转变。该馆 2005—2008 年的战略规划文本中，提出四个方面的愿景："在不断变化的科研信息的海洋中起到领航人的角色；为每一个愿意做科研的人（不论其是为了学术、个人还是商业目的）服务；通过集成服务使用户不论在何时何地都可以得到英国国家图书馆的资源和专家指导；与其他机构合作，利用馆藏和专业知识满足用户需求。"

该馆 2008—2011 年的战略规划文本中，对原来的愿景作出了修正、补充和完善，将"科研信息的海洋中的领航人"改为"研究界的中枢"；为用户提供的服务从本馆的资源扩展到"实体或数字形式的世界一流的信息"；战略诉求从"满足用户需求"演进到"为当代甚至将来社会和经济的发展都起到了至关重要的作用"。内容虽然也是四项，但内涵却发生了很大的变化："我们是研究界的中枢，要提供值得信赖的信息来源，帮助人们开阔眼界、解决问题以及创造机遇；我们为任何想做研究的人提供服务。我们的目标是：无论何时何地，只要人们需要，我们都会帮助人们获取实体或数字形式的世界一流的信息；我们为世人提供出色的信息内容和专业知识，并通过从他人那里学习专业知识来进行补充，以此来增加用户的经验；通过有效地提供这些服务，英国国家图书馆为当代甚至将来社会和经济的发展都起到了至关重要的作用。"

我国国家图书馆的战略规划通常使用指导思想、发展定位、基本原则等内容作为规划制定的核心理念，这与国外的愿景描述不尽相同，缺乏对描绘国家图书馆远景蓝图的引领作用。国家图书馆的愿景通常用于指导其制定战略决策，向利益相关者传达预期效益信息，清晰地展现竞争优势，并强调组织的运作规则。就其实质而言，愿景能促使国家图书馆的战略管理者构筑从现在通向长远未来的重要桥梁。因此，在国家图书馆的战略规划中，愿景是其规划文本结构体系中必不可少的组成部分，须实现三个基本目标：要有对其自身长远未来中的展望性的预期描述；并有对远景目标的方向性陈述；指引着国家图书馆的未来发展框架和航向。

四 国家图书馆战略规划文本的目标体系分析

国家图书馆的战略目标体系包含着一系列有层次的目标，每个大目标又有细分的具体小目标，各小目标中又包含着具体的行动方案与评价标准。比较典型的是澳大利亚国家图书馆 2006—2008 年的战略规划，其中建立了从"目标"到"预期成果"，再到"措施"的目标体系，如表 7 - 6 所示。限于篇幅，仅列出部分具体措施。

表 7 - 6　澳大利亚国家图书馆战略规划（2006—2008 年）的目标体系

目　标	预期成果	措　施
致力于通过提供更多简单易行的集成化服务，通过各种收集、分享、记录、传播、保存知识的新方法使我们的用户能得到更多资源，以加强知识创造	确保澳大利亚和澳大利亚人民重要资料的收集和维护	配合其他收藏机构来提高对分布在全国各地的文献遗产资料的访问
		保持对亚洲及太平洋地区的特定兴趣
		选择性地收集海外印刷、电子资源，整合我们现有的资源优势及研究
	满足用户快速而方便地获取我们本馆馆藏和其他资源的需求	描述馆藏内容并通过新技术揭示它们
		增加数字图书馆藏范围及数量
		探索帮助查询的技术，简化与改进查询及获取资源的过程
	展示我们在澳大利亚的文化、知识与社会生活中的突出地位，促进对国家图书馆及其馆藏的理解和享受	提高图书馆收藏和服务在开放社会的重要性，以及与澳大利亚的相关性
		通过出版物、展览和活动选择性地解释和强调图书馆馆藏
		确保图书馆能成为吸引用户之间互动和自由交流知识、思想的地方
		与图书馆和其他机构合作实施一个全国性的行动计划
	确保澳大利亚人访问活跃的、相关信息服务	倡导能代表澳大利亚图书馆的图书馆服务的重要性
		在国际图书馆事业的发展中发挥积极和有影响力的作用
		提供服务，支持用户的知识创新
	与瞬息万变的世界保持联系，加入新网络社区，提高知晓程度	探索收集数字资源的新模式，例如存放澳大利亚公共资源，获取澳大利亚网络资源
		支持在网络环境传播我们的用户所创造的知识

资料来源：《澳大利亚国家图书馆 2006—2008 发展方向》，（2009 - 05 - 10），http：//www. nla. gov. au/pub/gateways/issues/80/story09. html。

　　除了基本的结构要素，有的国家图书馆编制出更为详尽的目标体系，容纳更多的构成要素。这方面较有代表性的是美国国会图书馆2008—2013年的战略规划，该文本中涉及的内容翔实，仅目标体系方面就划分出众多层次，在内容、用户、推广、组织、员工等五大战略主题下，分别列出若干"预期成果""战略选择"及需要特别关注的"外部因素"，每项"预期成果"中又包含若干"绩效指标"和相应的"典型性标准"，作为战略绩效评估的指标。该馆的整个目标指标详尽，可操作性强，指引着未来战略规划的制定方向。表7-7简要展现了该馆的目标体系层次，限于篇幅，仅将"内容"战略主题的部分内容列出。

　　战略规划文本作为指导战略实施的领导性文件，其结构体例中的使命和愿景被视为引导性的战略思想描述，真实面向实践操作的则是目标、任务、行动计划、实施策略等一系列的战略方案。这些包含国家图书馆长期发展的各级目标、计划和措施的内容可以归纳为战略规划的目标体系，其中涉及不同级别的策略如何统筹监控，如何协同发挥最大功效，如何避免失衡的战略规划进程等问题。我国国家图书馆在战略规划时要重视目标体系的确立和划分，具体的操作步骤是：首先要为国家图书馆各业务部门的分工与协同服务；其次以同类的计划集成为战略项目，进行跨部门的运作，保障项目管理活动的有效开展；最后是要均衡各业务领域的行动计划，避免对局部领域过度的强调或无意的忽略，确保规划进程的协调推进。

表7-7　美国国会图书馆战略规划（2008—2013年）的目标体系

战略主题	预期成果,战略选择,外部因素		绩效指标	典型性标准
内容	预期成果	维护并扩大图书馆内容(无论是国内的还是国外的、传统格式还是新格式)	缴送资源	· 缴送资源出版者的数量
				· 以新格式存储的缴送资源的数量
				· 非缴送出版者所占比例
			采访渠道的多样性	· 方法和资源的数量
			内容的多样性和完整性	· 不同学科、格式、语言和地区资源的数量
				· 获得的整套、系列完整资源的数量
				· 获得的用户请求资源的比例

续表

战略主题	预期成果;战略选择;外部因素		绩效指标	典型性标准
内容	预期成果	提高保存和可获取性	内容的可获取性	·馆藏控制的资源所占的比例
				·用户可以直接发现的资源所占的比例
				·获取的时间性
				·可获取的数字化资源的数量
			内容的保存	·保存的资源所占的比例
				·数字化资源或者重新格式化资源的数量
				·可持续资源的数量
		增加与其他图书馆和合作者之间共享的内容	共享内容的总量	·与合作机构的协议或者媒介
				·长期协议
				·合作伙伴的数量
				·共享内容的数量
			加入标准研究的团体	·加入标准研究的团体
		增加构建知识体的创造性和原创性成果	为国会传递产品和服务	·回应国会请求的产品的质量
				·回应国会请求的产品的及时性
	战略选择	定期优化选择和保存标准		
		引导建立相关的法律和政策提案,来平衡内容拥有者的权利与保存、利用者的需求		
		为当代和下一代建立一个有效的持续的内容管理机构,来管理图书馆保存的知识		
		建立能够满足不断提升的用户需求的内容		
		维持并提高五种主要传统采访渠道的效率:缴送、购买、赠送、调拨、交换		
		扩大并促进馆藏管理以提高安全防护控制		
	外部因素	定期优化选择和保存标准知识产权问题的解决,特别是仅以电子格式存在的资源的知识产权。这可能影响图书馆获取资源的方式		
		数字查询能力的开发。这将影响编目信息的水平,编目信息是社会(包括学术界、法律界和立法研究者)需要和必需的		

资料来源:"The Library of Congress Strategic Plan(Fiscal Years 2008 – 2013)",徐刘靖,纽宇鹏译,李麟校对,《图书情报工作动态》2008 年第 6 期,编译自:http://www.loc.gov/about/mission/StrategicPlan07 – Full1.pdf。

第 八 章
其他图书馆与图书馆组织战略规划研究

前几章对国家图书馆、公共图书馆、高校图书馆以及专业图书馆的战略规划进行了全面研究，除了上述图书馆类型外，在我国还存在一些其他类型的图书馆，如党校图书馆、工会图书馆、中小学图书馆等，这些图书馆有各自独立的特征，因此它们从战略规划的整体到每个具体环节上都不甚一致，本章主要选取党校图书馆、中学图书馆和小学图书馆三类图书馆战略规划进行研究。

图书馆组织是图书馆、相关机构部门及行业工作者为了实现某种预定目标而以一定方式组织起来的且具有相对稳定结构形式的图书馆集合体，一般包括图书馆协作组织和图书馆学术团体，如图书情报工作委员会、图书馆联盟、图书馆学会、图书馆行业协会等。在考虑自身长远的可持续发展方面，如前所述，各类型图书馆都需要战略规划，而各图书馆组织同样需要战略规划，本章将选择图书馆联盟和图书馆学会这两类组织作为研究对象。

第一节 党校图书馆战略规划

党校是一种专门类型的学校，它们不同于普通高等院校或是一般的科学研究机构，中国共产党党校是在党委直接领导下培养党员领导干部和理论干部的学校①，由于这类学校的特殊性，作为学校重要服务性部门之一的图书

---

① 《中国共产党党校工作条例》，（2011 - 07 - 11），http：//www.gov.cn/jrzg/2008 - 10/29/content_1134879.htm。

馆不能被归属于高校图书馆或是专业图书馆系列类型来论述，而是要针对其不同特点分别进行研究。从这个层面展开来说，本节所要研究的党校图书馆战略规划是有其鲜明特色的，也正是因为有特色，其战略规划才呈现出在科学制定同一性中的多样性。

党校图书馆是党校中重要的文献信息服务中心，它的发展方向关系到党校的信息化建设，它的服务质量影响着党校的教学科研工作，它的规划趋势涉及党校在理论创新上的推进，因此，党校图书馆对于党校的意义不言而喻。2008 年发布的《中国共产党党校工作条例》中第三十七条就明确指出："党校要重视图书馆（室）建设。中央党校和省、自治区、直辖市委党校图书馆要办成多功能、现代化的综合性文献资料中心。要创造条件，不断提高图书馆（室）的数字化水平。"① 党校图书馆在党校中的地位如此重要，对于图书馆而言，战略规划是图书馆面向未来发展的必不可少的一环，党校图书馆需要有战略规划，那么按照这个逻辑来看，党校图书馆战略规划的制定与否、流程是否规范、文本是否科学、实施是否到位等不仅仅直接作用于党校图书馆本身，还会间接地对党校的各个方面产生影响，同时也在很大程度上反映党校在图书馆系统上的重视程度和建设水平。

一　党校图书馆的战略规划制定现状

我国党校的设立情况是"中国共产党中央和地方各级委员会分别设立中央党校，省、自治区、直辖市委党校，市（地）委党校。中央直属机关工委、中央国家机关工委、中央金融机构党委、中央企业党组（党委）、新疆生产建设兵团党委，可设立党校。中央党校和地方党校，可设立分校。各省、自治区、直辖市委可根据实际情况，设立县（市）委党校。不设立县（市）委党校的，可设立市（地）委党校分校"② 。每所党校要配备至少一个图书馆（室），根据上述的设立规模，从中央到地方的各级党校以及党校分校均有图书馆。图书馆在考虑长远发展的时候要以战略规

---

① 《中国共产党党校工作条例》，（2011 - 07 - 11），http：//www.gov.cn/jrzg/2008 - 10/29/content_ 1134879. htm。

② 《中国共产党党校工作条例》，（2011 - 07 - 11），http：//www.gov.cn/jrzg/2008 - 10/29/content_ 1134879. htm。

划制定这一方式来科学地作出判断，各党校图书馆也应遵循这种方式并最终以战略规划文本的形式表现出来，那么在我国拥有如此多党校图书馆，其所积累的战略规划文本数量应有不少，但是经本研究对党校图书馆制定战略规划的情况考察发现，现状并非是这样的。当前党校图书馆的规划文件基本上是在党校相关领导的指示下，配合党校本身的发展规划来制定的，较多地以五年规划、年度工作计划、专项发展规划等形式呈现。

2010 年 9 月 25 日中共中央党校下发了《关于进一步加强和改进党校图书馆工作的若干意见》，提出了适应党校工作新形势和新任务的 18 条具体意见，其中包括四部分内容，即"深刻认识加强和改进图书馆工作的重要性和紧迫性""加强和改进图书馆的指导思想、主要任务和近期目标""进一步推进图书馆工作的若干措施和意见""建立和完善图书馆事业科学发展的体制机制"。这份文件对党校图书馆今后的工作有重要的指导价值，从这一层面上来看，它具有战略规划的"影子"，根据本课题组所构建的文本模型来看，文件虽然不能算作一份严格意义上的战略规划文本，但却包含了战略规划文本中的几个体例核心要素，如回顾总结、指导思想、任务、目标、实施策略等。

关于全国党校数字图书馆资源建设，中共中央党校办公厅每五年做一次规划，已形成了连续规划文本。2000 年以来党校系统纷纷开始建设数字图书馆，2004 年逐渐开展数字资源的共建共享，2006 年 7 月 14 日，中共中央党校办公厅向各省、自治区、直辖市委党校，铁道部、新疆生产建设兵团党校，各副省级城市及省会城市市委党校印发《全国党校图书馆数字资源建设规划（2006—2010）》和《全国党校图书馆数字资源共建共享工作条例（试行）》。在 2006—2010 年规划中，首先说明了制定该规划的意图，然后分五个部分构成整个规划文本，分别是"背景与需求""指导思想和建设原则""总体目标和具体任务""实施步骤"和"保障措施"。2010 年 12 月 13 日，中共中央党校办公厅又印发了《全国党校数字图书馆资源建设规划（2011—2015）》，这份文本在构成上与 2006—2010 年规划有了一些大的改变，最为突出的一点是"具体任务"部分更为细化了。2011—2015 年规划分为三大部分内容——"今后五年全国党校数字图书馆资源建设的指导思想和总体目标""以'三大文库'（即中国共产党历史文库、马克思主义理论文库、中国国情与地方志文库）为中心的数字资源建设方案"和"资源建设的检查评估"，并有两个附件——"三大文库"初步框架与建设分工、数字资源建设基本规范标准和数字资源服务平台。比较这两份规划文本发现，其文本内容体现时间连续性和发展连续性，如在"总体目标"这一项上，2006—2010 年规划提出"全国党校图书馆数字资源建设总体目标是，在 5 年内基本建成全国党校图书馆数字资源共建共享服务平台，建成具有相当规模的、能基本满足党校系统基本学科和优势学科建设需要的特色数据库群，以支撑党校教育的发展"，而 2011—2015 年规划中提出的是"加大各党校数字资源库建设的力度，大力推进数字图书馆建设。深度开发特色资源、区域资源，整合各方优质资源，紧密围绕'三大文库'建设，以中央党校数字图书馆建设为契机，搭建全国党校系统图书馆数字资源共建共享网络平台，力争在五年内建成具有相当规模的、能基本满足党校教育和干部学习需要的特色数字资源库群"，这里同样提出了共建共享网络平台、特色数字资源库群两个关键词，虽然在表述上与 2006—2010 年规划略微有差异，但要表达出来的基本意思未变，增加的部分是与主要任务相结合的目标。对于这两份规划的性质，2006—2010 年规划在最后作出了说明："本规划是建设的指导性规划，其主要指标是预测性和导向性的。规划实施期间遇到环境发生重大变化或其他重要原因，应做适当调整"，这一说明实际上是把 2006—2010 年规划确认为一份战略规划，认为该规划具有对全国党校图书馆数字资源的未来建设的预测功能和直接指导方向功能，且具有环境可调控性。

除了中共中央党校之外，地方党校通常以各自不同的方式来指导图书馆的工作以及规划图书馆的发展。本项目对 31 个省级地方党校、新疆生产建设兵团党校和铁道部党校等 33 个党校的网站进行了搜索和内容考察，尽管各地党校在它们网站公布的信息中提到了自身制定的图书馆规划，但却发现没有一个地方党校网站或是其图书馆网站发布了可供查看的战略规划文本或是相关草案，网站调查情况见表 8-1。

表 8 - 1　已拥有文本的地方党校图书馆战略规划制定情况

党校名称	文本名称	文本类型	制定时间	规划期限	制定主体	文本发布时间	文本发布主体
河北省党校	《中共河北省委党校图书馆 2012 年工作要点》	工作计划	不详	1 年	不详	2012 年 3 月 2 日	中共河北省委党校图书馆
浙江省委党校	《浙江省党校系统数字资源建设规划(2011—2015)》	专项规划	不详	5 年	不详	不详	不详
广西壮族自治区委党校	《中共广西区委党校、广西行政学院 2011—2020 图书馆发展规划》	战略规划	不详	10 年	不详	2012 年 4 月 11 日	不详
贵州省委党校	《新时期校图书馆发展对策》	工作总结	不详	不详	不详	2005 年 10 月 28 日	贵州省委党校

注：本研究整理。

　　广西区委党校印发了《中共广西区委党校、广西行政学院 2011—2020 图书馆发展规划》，但该文件在其网站上显示为只提供内网用户访问，而大部分党校图书馆的战略规划只是在党校整体发展规划或是党校信息化发展规划中作出了针对图书馆如何发展的说明，说明党校图书馆在战略规划制定上的重视程度不够，同时对规划的宣传与发布力度尚不足。《中共安徽省党校 2011—2015 年发展规划》中分条列项地指出要"抓好图书馆建设。积极推进图书馆转型发展，建成馆藏结构合理、管理科学规范、服务手段先进、突出党校特色和安徽特色、现代化多功能的新型图书馆。充分发挥图书馆功能"。《中共上海市委党校、上海行政学院 2005—2010 年信息发展规划》是为落实《中共上海市委党校、上海行政学院 2005—2010 年发展规划纲要》确定的信息化建设的目标和要求而制定的，其中在"主要任务"的"应用系统的开发与完善"中有写到关于"数字图书馆系统"的发展，强调"一方面加强图书馆馆藏数据库建设，另一方面加强数字图书馆平台的建设和发展，扩展数字图书馆的应用服务功能"，另外还在"信息资源建设"这一项的规划中对"图书资料信息资源库建设"作了任务细化，如要"对原自建的哲学社会科学数据库进行内容重组，重点建设富有党校特点的党史党建、行政管理等方面的特色数据库。同时加强电子图书、电子期刊等方面镜像站的建设"。《中共上海市委党校、上海行政学院 2011—2015 年信息化发展实施规划》的制定目的之一是为落实《中共上海市委党校、上海行政学院2011—2015年发展规划纲要》，体例结构上与前一个五年发展规划基本一致，在"主要任务"中提到了与图书馆五年内发展明确相关的有："注重'数字图书馆网站'的服务功能建设""分步实施图书馆资源拓展服务""推进数字化信息资源开发和共享"。浙江省委党校制定了《全省党校系统信息化建设规划纲要（2011—2015）》，这是指导浙江省党校系统"十二五"信息化建设的纲领性文件。文件中提出把构建知识服务平台作为具体目标之一，要"扩充全省党校数字图书馆的功能"，还要把"以整合党校系统特色资源、社会优质数字资源为主要功能的数字图书资料系统""以信息情报推送、专题资源检索、学科资料订制为主要功能的个性化服务系统"等作为十大支撑系统之一来建设，把"进一步推进图书馆的转型发展"作为四项重点任务之一来实施。类似于发展纲要这样的文件通常是对党校信息化建设工作起到重要的挈领作用，也是地方党校图书馆必须遵从的发展方向，这与中央党校图书馆发展规划中的指导原则是相承的。

从全国党校系统图书馆对战略规划制定的总体现状来看，仍然存在着很多问题。首先，党校图书馆的战略规划文本量少，甚至很多党校图书馆并没有制定过战略规划，这在一个侧面上说明党校图书馆对战略规划的重视程度还不够。其次，规划文本欠缺规范性，除了少部分是"十一五"或是"十二五"这种五年中期规划外，大部分只是一份略微粗糙的工作计划或是年度总结，缺少对图书馆长远的可持续的发展规划，这反映了党校图书馆在制定规划的很多环节上并不科学，也没有严密的可行性论证，更谈不上对党校图书馆今后发展的指导意义了。最后，对党校图书馆的整体规划思考不足，在信息化大发展的背景下的党校图书馆特别重视数字资源、数据库建设等信息化建设工作，但是缺乏能立足于国际化视野的战略眼光，不能很好地衡量自身的全面发展。

二 党校图书馆科学制定战略规划的必要性

党校图书馆要制定战略规划，首要的一点是分析其对战略规划的需求，即厘清战略规划之于党校图书馆的必要性。另外，根据前文对党校图书馆制定战略规划的现状描述可知，制定过程出现的问题颇多，对为何要制定战略规划这一问题认识不清，我们也需要对其制定的必要性进行深入的分析和探讨。只有在这个基础上，才能在后续部分讨论如何指导党校图书馆的战略规划制定。

1. 符合建设学习型政党的党校根本建设方向

学习型政党这一概念的提出是与我国的党建战略任务紧密相关的。2004年9月19日，党的十六届四中全会通过了《中共中央关于加强党的执政能力建设的决定》，强调要"重点抓好领导干部的理论和业务学习，带动全党的学习，努力建设学习型政党"。2009年9月18日，党的十七届四中全会"对当前和今后一个时期加强和改进党的建设做出了部署，强调要建设马克思主义学习型政党、提高全党思想政治水平"，并提出"把建设马克思主义学习型政党作为重大而紧迫的战略任务抓紧抓好"。建设学习型政党关注的是系统学习、有效学习、创新能力、追求进步、全面发展，变革了党内全员的学习理念，同时对党员干部提出了更高的要求。近年来，党校的根本建设方向围绕着学习型政党的建设来展开，需要明确的是建设学习型政党不是一朝一夕的事情，而是一个不断革新、日益进取的长期过程，有学者就认为，"中国共产党探索建设马克思主义学习型政党的过程就是一个学习目标不断明确、学习内容随时更新、学习方法逐渐规范、学习态度日趋科学的过程"[①]。

党校制定战略规划的年限区间大多为五年，而党校图书馆必定要与党校战略规划步伐和方向取得一致，承担起建设学习型政党诸多任务中的其中一些，因而现有的党校图书馆规划也多为五年规划。从另一面来看，党校图书馆的馆藏资源包含丰富的马克思主义理论著作及马克思主义中国化的最新成果，是供党员学习的有效场所之一，图书馆的战略规划肯定会有关于馆藏资源建设的部分，这部分规划与党员在党校学习的很多方面是直接相关的，由此可见党校图书馆进行战略规划的制定不仅仅符合建设学习型政党的要求，也是与党校当前的战略规划相符的。

2. 与党校教育的要求相结合

党校是党委的重要部门，它的本质是学校，则教育是党校办学的核心

---

① 王德庆、孙晓冬：《论我党对建设马克思主义学习型政党的探索》，《南京政治学院学报》2011年第3期，第13—17页。

内容。党校教育分为几个方面：轮训各级在职党员领导干部、培训任职的后备干部、举办各类专题研讨班、培训党校科研骨干、学位研究生教育等。有学者归纳了党校教育的主要作用有三个，即培养大批党政干部，为党与政府各项方针政策提供理论依据，是党政干部思想交流的重要平台[①]。《中国共产党党校工作条例》中明确说明：党校教育的总体目标是，围绕党和国家工作大局，按照实事求是、与时俱进、艰苦奋斗、执政为民的要求，尊重和研究干部成长规律和党校教育规律，针对干部成长的特点和需求，以马克思主义理论特别是中国特色社会主义理论体系为主课，培养忠诚于中国特色社会主义事业、德才兼备的党员领导干部和理论干部。党校图书馆作为党校教育的重要支持，要发挥它的教育辅助功能，服务于教学与科研，它在学位研究生的培养上更是相当于高校图书馆的职能，党校教育的目标也影响着图书馆的各项发展。因此，制定党校图书馆的战略规划，要结合党校教育的具体要求，力图在党校教育和图书馆发展中寻求一个最佳的接入点。

3. 适应党校开展决策咨询服务的需求

党委是党校的直接领导，而党校在党委和政府决策中能发挥思想库的作用，这种作用依赖于党校内部的机构组织共同合力，其中自然包括了党校图书馆。图书馆开展参考咨询工作是基本任务，但是党校图书馆与高校图书馆或是公共图书馆不同，它主要的服务对象除了党校内的教师群体和研究生外，就是具备高素质、高学历的各级党员领导干部，来党校学习的学员大多任职于政府机关部门，那么当政府需要决策、学员有咨询需求的时候，党校图书馆可主动联系学员以提供决策咨询服务。再者，党校图书馆最为重要的特色资源是马克思主义理论类文献资源，这些文献对领导决策有着非常大的参考价值。党校图书馆有必要把配合党校开展决策咨询服务这个发展方向纳入战略规划的制定当中，也只有从战略发展的角度去考虑图书馆的这一服务，才能更好地体现党校在政府决策中的功能，同时能与党校提供决策咨询的需求相契合。

[①]　陈莲凤：《党校教育作用及当前困境》，《长春大学学报》2011 年第 6 期，第 104—106 页。

三　党校图书馆制定战略规划的具体措施

通过党校图书馆制定战略规划的必要性分析可知，各级党校图书馆都应该制定战略规划，首先对于何谓战略规划这个问题在前面章节已得到充分的论证和阐述，那么我们可以说党校图书馆尚缺乏适合自身发展的战略规划，这一点也在前文的战略规划制定现状分析中得到了佐证，本部分将重点讨论在这样的情况下，党校图书馆应该如何制定战略规划。依据本研究所构建的图书馆战略规划一般模型，党校图书馆的制定措施可分为四个方面。

1. 要完善党校图书馆的战略规划组织

根据组织模型，图书馆战略规划组织主要涉及战略规划委员会和战略规划制定小组，以及它们的人员组成。目前，党校图书馆组织结构与一般高校图书馆组织结构类似，其主要包括综合办公室和业务部门，如资源建设部、采编部、流通部、参考咨询部、读者工作部、技术保障部等。如江苏省委党校图书馆的机构组织，除馆长外共有六个部室，从馆长到其他六个部室都有明确的职责分工：馆长的主要职责有六个方面，如采集各类型文献、开展多项读者服务工作和信息服务、对市县级党校图书馆进行业务指导等；资源建设部负责文献资源的采访、分类、编目及典藏等各项工作；参考咨询部主要为广大读者提供电子信息的阅览、咨询、定题与检索服务等；读者工作部为读者提供中、外文书刊的借阅服务；资料编研部主要职能是编辑电子刊物、编写热点问题资料和专题数据库；技术保障部负责本馆的现代化建设、管理和维护全馆软硬件设施、进行有关岗位的计算机培训等；综合业务部主要职责是协助馆长做好图书馆的各项工作，负责对外联系，对内工作的协调，履行各个职能部门的后勤保障等[1]。从上面所列各部室的职能可以看出，包括馆长在内没有任何一个部室明确地分配为承担制定图书馆战略规划的职责。

再如上海市委党校图书馆的机构设置分为四个部门，每个部门都各司其职：综合办公室的主要职能和任务有协助馆长管理图书馆、负责制定全馆各项规章制度、组织开展科研及学会活动等；信息流通部为读者提供借阅服

---

[1]　《中共江苏省委党校、江苏省行政学校图书馆机构组织》，（2011 - 07 - 16），http://lib. sdx. js. cn/art/2008/11/25/art_ 1289_ 4225. html。

务、信息咨询、馆藏文献复印等；信息采编部负责编制并落实《信息资源保障体系结构》及《采访工作条例》和《编目工作条例》、文献采购编目等；网站编辑部主要负责数字图书馆网站的建设和日常管理①。这份职责分工中，同样没有看到有任何一个部室来负责图书馆的战略规划制定工作。本研究考察了北京市委党校、天津市委党校、河北省委党校等31个省、自治区地方党校图书馆的部门职责分工规定，均没有设立专门的战略规划部门，甚至在各部室职责中也未提及负责图书馆战略规划的问题，说明当前党校图书馆的组织部门设置是不利于战略规划制定的。

党校办公厅和校委会是制定党校图书馆战略规划的主体之一，另外还需要图书馆自身的切实参与，即图书馆也是不可或缺的制定主体之一，并且要尽最大可能地发挥其主观能动性，全面考虑党校图书馆的战略发展。根据本项目构建的图书馆战略规划组织模型，本研究建议党校图书馆在制定战略规划时，可考虑在党校图书馆成立战略规划委员会，并邀请主管图书馆的党校领导、读者代表及相关专家学者参与，为图书馆战略规划制定出谋划策。同时，在战略规划委员会下设立专门的战略规划工作小组，由图书馆馆长指导，并由图书馆各部门负责人和个别工作人员参与，具体负责战略规划数据搜集、分析、文本起草等工作。党校图书馆馆长在战略制定中要充分发挥沟通、协调的作用，处理好党校与党校图书馆、图书馆内部工作人员等之间的关系。设立专门的党校图书馆战略规划组织，明确图书馆战略规划的主体及其各自职责，有利于保障图书馆战略规划制定与实施工作有效、持续的开展。值得注意的是，考虑到党校图书馆的特殊性，党校相关领导在战略规划的审核和认定上发挥重要作用，并以正式公文的形式发布，如中共中央党校图书馆的《全国党校图书馆数字资源建设五年规划》就是由中共中央党校办公厅审定发布的。

2. 要遵循合乎现实条件的规范的党校图书馆战略规划制定流程

根据本研究得出的一般流程模型，一个完整的图书馆战略规划流程应包括战略启动与准备、分析、制定、审定与发布这四个阶段。就目前已出台的

---

① 《中共上海市委党校、上海行政学院图书馆机构设置》，（2011 - 07 - 16），http：//www. sdxlib. gov. cn/depportal/department/sdxlib/about1. jsp？ Pos = 1&tpid = 380206。

与党校图书馆相关的战略规划来看，党校图书馆的特殊性决定了它的战略规划流程不能完全照搬一般流程模型，在具体内容上有所变化。

第一个阶段是党校图书馆战略规划启动阶段，在这个阶段里，党校图书馆与其所在党校主管部门进行协调沟通，准备启动战略规划，提出准备战略规划的若干要求，并成立由图书馆利益相关群体组成的党校图书馆战略规划委员会，负责指导和协调战略规划的各项工作。在战略规划委员会领导下成立由图书馆内部人员组成的战略规划制定小组，负责战略规划的具体工作。第二个阶段是党校图书馆战略规划的分析与制定阶段，校领导以指导者和决策者的角色参与这个阶段，战略规划委员会是这个阶段的活动主体，图书馆委员会和制定小组按照分析结果起草战略规划，然后提交给校领导审阅，再根据审阅意见修改规划初稿，如此反复并结合对党校图书馆内外专家进行征询讨论的结果调整规划。第三个阶段是党校图书馆战略规划文本的审定阶段，这一阶段的主要内容是由校领导和党校图书馆主管部门对规划文本进行审定，该过程通常需要进行几次，直到文本的最终确定。第四个阶段是党校图书馆战略规划文本的发布阶段，有两个渠道可以作为文本发布的选择，一个是党校有关部门如行政办公室，再一个就是党校图书馆，可以同时选择，但就党校图书馆的实际情况来说，选择党校办公厅或党校行政办公室作为发布渠道是最为合适的。如全国党校数字图书馆资源建设的"十一五"规划和"十二五"规划的发布都是经中央党校校领导同意，并由中共中央党校办公厅统一印发。如浙江省党校系统信息化建设"十二五"规划是浙江省委党校经过9个月的调研论证和起草修改，并经浙江省委党校校委会讨论通过的。

上述是各级党校图书馆在制定战略规划时要涉及的几个必备步骤，中共中央党校和地方党校的具体情况不一样，因此各级各地的党校图书馆要履行的职能也不一样。因此针对不同层级的党校图书馆，本研究强调要注意两点：第一，制定流程要合乎现实条件，如县委党校图书馆这种相对较小型的党校图书馆没有图书馆网站，则它在文本发布渠道选择的时候便不必把考虑的重点放在如何在网上推广的问题了；第二，流程要相对完善，也就是说以党校图书馆的需求为基础，尽可能地把每一个步骤完成好。

3. 要在战略规划制定过程中充分考虑到影响党校图书馆的内外部因素

党校图书馆的战略规划制定要受到诸多因素的影响，有来自馆内部的，也有来自馆外部的。依据本课题组得出的影响因素模型，党校图书馆在内部影响因素方面要突出考虑的是馆藏资源建设和图书馆服务项目，党校图书馆的特色馆藏资源是有关马克思列宁主义理论、毛泽东思想研究、邓小平理论研究、"三个代表"重要思想研究、科学发展观研究、中共党史党建研究等，图书馆的服务项目围绕特色馆藏而开展，既要满足党校学员和学生的学习科研需求、教师的科研工作需求，又要满足党校为党委及领导干部的决策服务需求。外部影响因素要重点考虑中国共产党的政策方针、建设路线、战略任务和最新理论成果，还有党校工作的新趋势、官方文件精神，如《全国党校数字资源建设规划（2006—2010）》是"为了在'十一五'时期更好地服务于党中央大规模培训干部、大幅度提高干部素质的战略任务"，《全国党校数字资源建设规划（2011—2015）》是"为了适应党校工作的新形势和新任务，深入贯彻《中国共产党党校工作条例》和全国党校工作会议精神，认识落实中央党校校委颁发的《关于进一步加强和改进党校图书馆工作的若干意见》和《党校图书馆工作规程》等文件精神"。

4. 要形成科学规范的党校图书馆战略规划文本

战略规划不是普通的工作计划，也不是短期计划，更不是年度总结报告，它需要有相对严格的规范性较强的体例结构。依照本研究构建的文本模型，党校图书馆战略规划文本在特色要素部分体现得非常明显，每份规划都提到了指导思想、指导原则、发展方向，这是由于党校具有鲜明的中国特色所决定的。文本模型中的核心体例有使命、愿景、目标、任务、行动计划以及实施策略，在本研究所搜集到的党校图书馆规划文本中都没有对于该党校图书馆的使命和愿景的陈述，这是当前党校图书馆战略规划中有所缺乏的部分。党校图书馆要制定规划，尤其要重视战略规划，确定其存在的使命和进行愿景描述是规范性战略规划文本的重要核心部分。

第二节　中小学图书馆战略规划

小学和初中是我国九年义务教育制度中的两个重要阶段，2006 年 9 月 1 日起施行的《中华人民共和国义务教育法》规定"义务教育必须贯彻国家的教育方针，实施素质教育，提高教育质量，使适龄儿童、少年在品德、智力、体质等方面全面发展，为培养有理想、有道德、有文化、有纪律的社会主义建设者和接班人奠定基础"①，这是对小学和初中的教育教学在法律上提出的要求，在实施过程中还需要多方努力。高中是国民教育体系内中等教育的较高层次，为输送入高等院校前进一步培养优秀的后备人才，高中和小学、初中一起合称为中小学教育阶段，它的发展水平是衡量一个国家教育实力、智力资源储备和综合潜力的重要指标。在我国，不是每一个中小学都配备有图书馆，不同的中小学对自身图书馆的重视程度也不同，地域差异、学校等级差距、上级教委出资款额等都导致中小学图书馆在数量和质量上有着极大的不平衡。要缓解这种现状，改变中小学图书馆的外部条件固然重要，但从图书馆内部着手也是并行之策，本节要研究的就是中小学图书馆的战略规划及其相关问题。

一　中学图书馆战略规划

这里要研究的中学图书馆包括初中图书馆和高中图书馆。

1. 中学图书馆发展现状

2003 年，教育部下发教基〔2003〕5 号文件《教育部关于印发〈中小学图书馆（室）规程（修订）〉的通知》，向各级教育行政部门对中小学图书馆（室）的管理工作提出了九点要求。《中小学图书馆（室）规程（修订）》中明确规定中小学图书馆的基本任务是："贯彻党和国家的教育方针，采集各类文献信息，为师生提供书刊资料、信息；利用书刊资料对学生进行政治思想品德、文化科学知识等方面的教育；指导学生课内外阅读，开展文献检索与利用知识的教育活动；培养学生收集、整理资料，利用信息的能力和终身学习的能力；促进学生德、智、体、美等全面发展。"这反映了中小学图书馆所要承担的社会责任以及须履行的义务，对于中学图书馆而言，其战略规划不能脱离图书馆的基本任务来制定。该规程还对各类中学图书馆（室）藏书量的最低标准作出了相关规定，如表 8 - 2 所示。

---

① 《中华人民共和国义务教育法》，（2011 - 08 - 01），http：//www.gov.cn/ziliao/flfg/2006 - 06/30/content_ 323302. htm。

表 8 - 2 各类中学图书馆（室）藏书量

	完全中学		高级中学		初级中学	
	1 类	2 类	1 类	2 类	1 类	2 类
人均藏书量（册数）（按在校学生数）	45	30	50	35	40	25
报刊种类（册数）	120	100	120	100	80	60
工具书、教学参考书种类（册数）	250	200	250	200	180	120

资料来源：教育部：《中小学图书馆（室）规程（修订）》，[2011 - 06 - 23]. http://wenku.baidu. com/view/85f3338402d276a200292ec0.html。

各馆馆藏数量的最低标准是该图书馆存在的必要条件，也是基于这个条件之上的图书馆才有制定战略规划的需要。2006 年天津社会科学院曾对天津市中学图书馆进行了调研，他们发现天津市中学图书馆在建设上存在着四大问题：学生每天阅览时间短、图书馆小且藏书不足、教学参考书多而教师用书少、图书馆人员比较短缺①。

关于全国中学图书馆的基本情况，以普通高中学校图书馆和普通初中学校图书馆为例，这两类图书馆在 2004—2010 年的统计数据如表 8 - 3 和表 8 - 4 所示。

表 8 - 3 全国普通初中学校图书馆的基本情况

年份	学校所数	学生人数	图书馆面积（平方米）	人均面积（平方米）	藏书册数	人均册数	电子图书片数/G	人均片数/G
2004	63060	64750006	6820961	0.11	856511328	13.23	10586790 片	0.16 片
2005	61885	61718079	7061900	0.11	877797806	14.22	35090119 片	0.57 片
2006	60550	59373792	7261346	0.12	894932516	15.07	56165091 片	0.95 片
2007	59109	57208992	7475518	0.13	911098066	15.93	68907771 片	1.20 片
2008	57701	55741542	7740538	0.14	939017372	16.85	90507433 片	1.62 片
2009	56167	54336420	7936680	0.15	952246414	17.53	8878478.55 G	0.16 G
2010	54823	52759127	8262311	0.16	987003030	18.71	9472465.77 G	0.18 G

资料来源：2004—2010 年的数据来自中国图书馆学会、国家图书馆编《中国图书馆事业发展报告 2011》，国家图书馆出版社 2012 年版，第 168 页。

---

① 《你经常去学校图书馆吗：天津市中学图书馆亟待发展》，（2011 - 08 - 01），http://web.tjl.tj.cn/show5.php? id = 2620。

表 8 - 4   全国普通高中学校图书馆的基本情况

年份	学校所数	学生人数	图书馆面积（平方米）	人均面积（平方米）	藏书册数	人均册数	电子图书片数/G	人均片数/G
2004	15998	22203701	8543888	0.38	487087208	21.94	15516992 片	0.7 片
2005	16092	24090901	9394712	0.39	526657527	21.86	47794085 片	1.98 片
2006	16153	25144967	10236217	0.41	566177258	22.52	79888917 片	3.81 片
2007	15681	25224008	10619885	0.42	587048013	23.27	108627813 片	4.31 片
2008	15206	24762842	10954946	0.44	599951482	24.23	125883945 片	5.08 片
2009	14607	24342783	11241322	0.46	616254109	25.32	11467595.83 G	0.47 G
2010	14058	24273351	11615555	0.48	627067721	25.83	14082068.96G	0.58 G

资料来源：2004—2010 年的数据来自中国图书馆学会、国家图书馆编《中国图书馆事业发展报告 2011》，国家图书馆出版社 2012 年版，第 167 页。

从表 8 - 3 和表 8 - 4 所显示的数据来看，初中和高中在各项指标上都差异较大，不管是图书馆总面积还是藏书总册数抑或人均指标，高中图书馆的现状都要比初中图书馆好很多。

从全国普通初中学校图书馆的情况来看，学校图书馆的面积、藏书册数、电子图书数量是逐年增加的。比较显著的是，由于学校数量和学生人数的递减，使得人均指数上升较快。就城市、县镇和农村相比，农村学校和学生人数减幅大大超过城市和县镇，使得农村初中的人均数达到或超过城市和县镇水平。例如，2010 年，农村初中学校数 28670 所（比 2008 年减少了 2788 所）、学生人数 17844749（比 2008 年减少了 2797668），尽管图书馆的面积从 2008 年的 2948321 平方米减少到 2860095 平方米，但人均却从 0.14 平方米上升到 0.16 平方米，已超过县镇（人均 0.14 平方米）、接近城市（人均 0.20 平方米）的水平；尽管藏书册数从 2008 年的 404092149 册减少到 398615153 册，但人均却从 19.58 册上升到 22.22 册，已超过县镇（人均 17.05 册）、接近城市（人均 16.60 册）的水平[①]。

全国普通高中的学校所数和学生人数在 2004 年至 2010 年有增有减，但总体波动幅度不大，表格中其他所示项的数值变化与普通初中学校图书馆的变化趋势一致。需要引起重视的是，与城市和县镇增长趋势相比，农村高中

---

① 中国图书馆学会、国家图书馆编《中国图书馆事业发展报告 2011》，国家图书馆出版社 2012 年版，第 168 页。

的图书馆面积和藏书数量呈递减趋势。例如，城市高中图书馆面积从 2008 年的 5520448 平方米增至 2010 年的 5675239 平方米，藏书册数从 2008 年的 260668779 册增至 2010 年的 267648302 册；县镇高中图书馆面积从 2008 年的 4802594 平方米增至 2010 年的 5369074 平方米，藏书册数从 2008 年的 292394456 册增至 2010 年的 317770935 册；而农村高中图书馆面积从 2008 年的 631904 平方米减至 2010 年的 571242 平方米，藏书册数从 2008 年的 46888247 册减至 2010 年的 41648484 册①。

尤其值得注意的是，这两类中学图书馆对于电子资源的投入都很重视，普通初中和高中图书馆的电子图书 2008 年的片数都比 2004 年的增加了 7 倍多。

整体看来，全国普通高中和初中学校图书馆的硬件条件得到快速发展的现实成为战略规划的基础。

2. 中学图书馆战略规划与基础教育课程改革

中学图书馆战略规划不仅为中学图书馆的未来发展指明方向，还要为中学的教育教学和中等教育的长远发展服务。基础教育课程改革是中学教育的导向标，因此中学图书馆的战略规划必须要将其考虑在内。提到课程改革，先要涉及的是教育改革，基础教育改革是一个庞大复杂的系统工程，其中非常重要的是对教师教学方式和学生学习方式的改革，而能对这两种方式的改革造成直接影响的就是课程改革了。课程体现了国民教育的基本要求和学校人才培养的总体模式，联合国教科文组织在 1994 年的《学习——财富蕴藏其中》研究报告中就指出：在当今这样的信息时代中，通过不断加重课程负担来满足社会对教育无止境的需求，既不可能也不合适，必须改革知识为本、学科为中心的课程教材体系。基础教育课程改革是增强综合国力和提高民族素质的战略举措，是关乎中学生存发展的根本大事。世界各国从 20 世纪 80 年代开始就不断推动本国的基础教育课程改革，在知识经济占主导的今天，紧扣基础教育命脉的课程改革同人的全面发展、国家和民族的前途已联系在一起了。中学作为基础教育改革的一个重要实践主体，中学教育工作者们肩负的任务责无旁贷，中学图书馆应全力为课程改革服务，图书馆战略规划

---

① 中国图书馆学会、国家图书馆编《中国图书馆事业发展报告 2011》，国家图书馆出版社 2012 年版，第 168 页。

也要围绕课程改革的方方面面来展开。

（1）中学图书馆战略规划目标需配合基础教育课程改革的目标

2001 年，教育部印发了《基础教育课程改革纲要（试行）》，明确指出课程改革的具体目标是：①强调形成积极主动的学习态度，使获得基础知识与基本技能的过程同时成为学会学习和形成正确价值观的过程；②整体设置九年一贯的课程门类和课时比例，并设置综合课程，以适应不同地区和学生发展的需求，体现课程结构的均衡性、综合性和选择性；③加强课程内容与学生生活以及现代社会和科技发展的联系，关注学生的学习兴趣和经验，精选终身学习必备的基础知识和技能；④倡导学生主动参与、乐于探究、勤于动手，培养学生搜集和处理信息的能力、获取新知识的能力、分析和解决问题的能力以及交流与合作的能力；⑤发挥评价促进学生发展、教师提高和改进教学实践的功能；⑥实行国家、地方、学校三级课程管理，增强课程对地方、学校和学生的适应性。

从这六个目标中可以看出，通过课改而直指实现基础教育改革的一个总方向是要通过改变学生的学习过程和学习方法，以此培养学生正确的人生观和价值观。中学图书馆的服务对象主要是中学生和中学教师，中学生学习习惯和学习方法的养成依赖学校、家长、个人三个方面的共同作用，而中学图书馆在这其中能发挥的效力一直处于被忽视的状态。中学图书馆在促进中学生各方面素质的提高上应有所作为，因此它在制定战略的时候要针对课程的变化对馆藏资源建设、馆内学生活动开展、教师教学活动支持等作出规划。

（2）中学图书馆的战略目标选择需参考基础教育课程设置

课程设置是基础教育课程改革中的重中之重，2001 年教育部出台的《义务教育课程设置实验方案》中给出了初中教育课程设置，如表 8-5 所示。

表 8-5　初中教育课程设置

课程门类	年级		
	七	八	九
	思想品德	思想品德	思想品德
	历史与社会(或选择历史、地理)		
	科学(或选择生物、物理、化学)		

课程门类	年级		
	七	八	九
	语文	语文	语文
	数学	数学	数学
	外语	外语	外语
	体育与健康	体育与健康	体育与健康
	艺术(或选择音乐、美术)		
	综合实践活动		
	地方与学校课程		

注：综合实践活动主要包括：信息技术教育、研究型学习、社区服务与社会实践以及劳动及技术教育。

资料来源：教育部：《义务教育课程设置实验方案》，（2011 – 08 – 01），http：//www.bjedu. gov. cn/image20010518/773. doc。

2002 年，教育部制定了《全日制普通高级中学课程计划》，其中对普通高中的课程设置为：①普通高中必修课设有思想政治、语文、数学、信息技术、外语（英语、俄语、日语等语种）、物理、化学、生物、历史、地理、体育和保健、艺术及综合实践活动；②选修课设有数学、信息技术、物理、化学、生物、历史、地理 7 门学科，以及地方和学校根据学生兴趣要求和发展需要所开设的课程。高中的综合实践活动包括研究性学习、劳动技术教育、社区服务、社会实践四部分内容。

依照以上两类教育课程设置，结合本校的具体情况，同时在保障本校学生的兴趣与需求的情况下，中学图书馆可分类别改进课程咨询服务，还可设立学科馆员，加大有关课程教学辅导的数字资源建设力度等，这些举措都可以列入图书馆战略规划中去。

（3）中学图书馆战略规划要支持基础教育课程改革的实施

改革不是一句空头口号，没有实施的改革只能停留在倡议阶段，不能发生根本性改变，实施是改革的最终落脚点。《基础教育课程改革纲要（试行）》（教育部教基〔2001〕17 号）提出了课程改革的一些实施方案：积极鼓励高等院校、科研院所的专家、学者和中小学教师投身于中小学课程教材改革；在教育行政部门的领导下，各中小学教研机构要把基础教育课程改革作为中心工作，充分发挥教学研究、指导和服务等工作。中学图书馆帮助中学的一线教育工作者更深入地学习有关基础教育改革的各种理论，更好地融入课程改革的热潮中，不但要将学习到的理论知识应用到课程改革的实践过程中，而且要通过图书馆服务来指导学生进行研究性学习，因而中学图书馆的战略规划在制定的过程中就要考虑到如何支持课程改革最终实施的问题。

3. 中学图书馆战略规划分析

结合对本研究搜集到的一些中学图书馆规划文本进行分析，本研究认为我国中学图书馆战略规划至少应包含以下要素：

（1）使命和愿景

根据本研究构建的战略文本模型，使命和愿景是图书馆战略规划中必不可少的要素。从本研究所搜集的我国中学图书馆规划文本中可以看出，所有的文本中都没有确切的关于使命的说明，但有部分图书馆列出对其愿景的说明，另外还有很多中学图书馆并没有制定战略规划，更谈不上那些图书馆的使命设计以及愿景描述了。中学图书馆的使命是中学图书馆的建设定位和服务理念，是中学图书馆存在的理由和依据，它能为中学图书馆确定一个发展的基本指导思想、原则和方向，这其中包含了中学图书馆的服务定位、价值观体现和形象标识等。有一些中学图书馆在规划中并不使用"愿景"一词，把远景规划替代愿景，如北京师范大学泉州附中图书馆概况与发展规划中关于该馆的远景规划是："本馆严格按照福建省一级达标中学标准的要求配备各项软硬件设施。现正逐年落实相关预算大幅提高藏书量（包括电子出版物等），力争在建校八周年之际使我校图书馆总藏书量达到 10 万册。电子阅览室已建设完毕并正式投入使用。"这一表述与愿景的内涵是不甚一致的，需要在指出馆内发展的未来方向的同时，根据该馆现阶段的管理需求来体现对未来的一种期望和预测。

（2）战略目标和任务

中学图书馆在设定战略目标的时候，应配合本中学的办学目标、中学教育改革方针、中学课程改革目标来进行。"战略目标"的提法在现在的中学图书馆中并不常见，在它们的规划中使用频次较高的是"发展目标"或是"总体目标"。如常州市金坛市第三中学图书馆建设五年规划中提到学校图书的发展目标是："计划用五年时间达到省定二类图书馆标准，向一流图书馆迈进，将我校图书馆建成一个满足教育教学需求的高标准的文献信息中心"，江西省乐平中学图书馆近期发展规划中指出该校图书馆的总体目标是："经过两个三年规划的时间，把我校图书馆建设成为馆舍设备配套、管理机构完善、管理制度健全、管理人员素质较高、藏书充足、藏书种类丰富的适应现代学校发展的新型图书馆。"

任务可以理解为组织责任和组织要完成的工作，中学图书馆规划的任务说明通常表述为"具体目标"或"工作要点"。如南京市江宁中学图书馆发展规划（2004—2007 年）罗列了实现总体目标的工作要点："围绕情报资料中心定位和学校创新教育特色开展各项业务工作，从文献采购到文献流通、信息传递都要根据学校工作重点不断提高服务层次和质量；充实、调整情报服务信息传播技术力量；进一步完善计算机网络管理，馆藏文献种类多样化，并在数量的基础上达到一定的质量，使江宁中学文献资料成为湾里区教育系统资料辐射源"等。

（3）行动计划和实施策略

有序的行动计划有助于中学图书馆战略规划的落实，行动计划可在纵向上分时间阶段来制定，比如以一年为期来循序渐进地实现战略目标，也可在横向上结合图书馆的战略任务来制定，行动计划在规划文本中起到重要作用。如萍乡中学图书馆近三年发展规划中是按每年的年度规划来确定行动计划，"2007 年增加书架、书柜、报刊架及设备，增加学生'文字阅览室'等；2008 年建设电子阅览室，各室图书、期刊按《中国图书馆分类法》（第四版）进行分类，图书按索书号顺序排列等；2009 年进一步开展各类读书活动，进一步改善馆舍环境等"，南翔中学图书馆发展规划则从三个方面提出行动计划："提高图书馆服务质量；不断改善阅览条件；科学管理，提高效益"。行动计划不是共性层面的东西，是与各类中学、各类中学图书馆的特殊发展状况结合非常紧密的一部分。

中学图书馆战略规划实施策略是为以上拟定的行动计划服务的，体现在文本中，大多是以"举措""具体措施"等词来指称。如金坛市第三中学图书馆建设五年规划里提出在未来五年该馆建设的七大举措是："不断加强对图书馆建设的规划与领导；加大投入，不断改善图书馆的基本设施；加大文献资源建设的力度；进一步科学地管理图书馆；加大图书馆工作人员业务培训力度；不断拓展服务渠道，提高服务质量；逐步加快图书馆自动化、网络化的建设进程。"

二　小学图书馆战略规划

教育部对小学图书馆的建设是较为重视的，但实践中的小学图书馆在教育系统里仍处于被"边缘化"的状态，出现了上级政策与具体操作之间的不平衡。本研究从小学图书馆的现状分析入手，通过随机观察访谈，结合本研究构建的战略规划一般模型，对小学图书馆战略规划提出一些建议。

1. 小学图书馆的现状

小学是国民教育体系中的初等教育，也是九年义务教育的初级阶段，比起初中和高中教育来说，其时限较长，小学教育中的任何一个环节都能对人的今后成长影响颇深，小学图书馆的作用也将日益凸显。教育部每年会发布该年度的教育统计数据，2004—2009 年的有关普通小学图书馆的数据如表 8－6 所示。

表 8－6 所显示的数据可以看出，普通小学学校所数在逐年减少，图书馆的总占地面积也在不断减少，但城市区域的小学图书馆占地面积在2004—2006 年逐步缩减后又出现反弹，到 2009 年已接近 2004 年的数值，县镇的小学图书馆占地面积却在逐渐加大。另外，拥有小学图书馆占地面积比例最大的农村区域小学图书馆是在不断缩小占地面积的。在图书馆藏量这一指标上，来自农村的小学图书馆的藏书量远高于城市和县镇的小学图书馆，全国小学图书馆的纸质文献总藏量呈逐年下降趋势。在电子图书藏量上，城市的小学图书馆领先于县镇和农村，这是由城市小学信息化建设速度较快所决定的。从全国范围来看，电子图书的藏量在逐年上升，说明相比于纸质文献而言，小学图书馆更重视数字馆藏资源的建设。

现在很多的小学图书馆利用率普遍不高，尤其体现在一些中小型城市的小学图书馆中。本研究的课题组成员于 2011 年 8 月 15 日随机走访了湖南省郴州市的十所小学，这些小学的图书馆（室）的场地位于教室里，而且负责管理的人仅有一个，也就是说，整个图书馆（室）的借阅工作、活动策划、服务推广等全由一个人完成，而且其中有六所小学图书馆的负责人还是任课教师，平时该教师上课的时候，由于无人看管便关闭图书馆。通过对这十所小学图书馆的管理员进行非正式的采访得知，学校对图书馆的活动开展是在课程课时上有硬性规定，如每周定时组织不同的班级参加图书馆的阅读活动，如果学校不作类似要求的话，只有少部分教师和学生在一个学期内会来图书馆查阅资料，图书馆很多时候仅仅是一个"摆设"。当被问及是否对本校图书馆制定过战略规划以及是否有想法去制定战略规划的时候，他们均表示从未制定过战略规划，只是在学校的要求下写过一些简单的工作计划，有九位管理员甚至不能区分小学图书馆战略规划和工作计划有何区别。另外，由于他们中间的大部分人主要是从事教学工作的任职教师，对图书馆管理不甚了解，把大部分时间和精力都分配给自己的教育教学工作，因而他们对图书馆的规划制定也只是应付了事。有两位馆员还给本课题组成员翻阅了该校的年度工作计划，其中没有提到有关图书馆的计划，这让他们更是觉得图书馆的规划对于学校而言无关紧要。

表 8 – 6　全国普通小学图书馆的基本情况

年份		2004	2005	2006	2007	2008	2009	2010
学校所数	总计	394183	366213	341639	320061	300854	280184	257410
图书馆面积(平方米)	城市	2070664	1987515	1850541	1990374	2018402	2051438	2179206
	县镇	2004453	2099401	2253521	2439250	2490652	2563578	2784875
	农村	9462159	9387697	9305757	8872678	8650212	8100742	7949302
	总计	13537276	13474613	13409819	13302302	13159266	12715758	12913383
藏书册数	城市	286989943	280419856	269796441	293285060	296881097	305917086	317834093
	县镇	275333788	309150779	335646090	357684340	368100270	382902568	415352431
	农村	859127751	889879374	876779397	836055584	813802958	780890869	774224140
	总计	1421451482	1479450009	1482221928	1487034984	1478784325	1469710523	1507410628
电子图书片数/G	城市	9362901	26392095	37783058	49229601	50756983	4182106.87	5613501.88
	县镇	3624869	12683572	18823142	26922591	31804794	3488455.5	3870178.50
	农村	6780386	15137975	32363451	93421813	36605562	7773587.88	8690550.62
	总计	19768156 片	54213642 片	88969651 片	169574005 片	119167339 片	15444150.25 G	18174231.00 G

资料来源：本研究根据教育部的年度教育统计数据整理，参考中国图书馆学会、国家图书馆编《中国图书馆事业发展报告 2011》，国家图书馆出版社 2012 年版，第 169 页。

2. 小学图书馆战略规划的相关问题

针对国内小学图书馆的发展现状，我们分析小学图书馆战略规划的各个部分，以期对小学图书馆有所启发。

首先，关于战略规划组织，由于小学图书馆规模小，服务对象相对单一（仅面向本校教职工和小学生），管理人员很少，人才队伍建设很不完备，没有科学分工的组织机构，因此要成立一个图书馆战略规划机构是不现实的，故组织模型并不适用于小学图书馆。那么，在现有条件下要进行战略规划，需要校领导牵头，从各年级组抽调部分骨干教师召开有关本校图书馆战略规划的会议，并由这些教师在本年级内协助开展规划调研，然后由图书馆工作人员负责拟定战略规划。

其次，关于小学图书馆战略规划流程，图书馆工作人员不仅是战略规划文本的制定者，而且是整个规划的协调者。校领导在整个流程中始终起到参与、指导和审定的作用，教师辅助战略规划的分析和制定。小学图书馆战略规划的发布在当前背景下若由图书馆来发布，并不能产生效力，所以由学校发布的效果较好，与全校的战略规划一同发布也是可以的，让全校共同配合图书馆的工作，并监督图书馆战略规划的实施。

再次，关于战略规划影响因素，小学图书馆自身条件的局限性是其在战略规划中需重点考虑的内部因素，这些局限性包括特色馆藏资源建设的可持续发展、图书馆人才队伍的建设、小学生服务项目的拓展、经费问题、馆舍面积的合理性问题、管理制度的完备性问题等。国内初等教育的政策和趋向则是小学图书馆战略规划主要考虑的外部因素。

最后，关于小学图书馆战略规划的文本，作为战略规划最终形式化的体现，小学图书馆可以依照战略规划文本模型去编制。

在上述四个相关问题中，我们认为小学图书馆战略规划还应遵循：第一，战略规划要紧跟初等教育发展趋势，我们一直强调战略规划是一个长期的发展规划，那么对于趋势的准确把握是衡量该战略规划可行性的一个重要标准，小学图书馆战略规划要把握好整个初等教育发展的趋势，如何让小学图书馆在未来初等教育中发挥更大优势是其战略规划中需反复斟酌的问题；第二，进行战略规划可借鉴国外小学图书馆的建设经验，国外初等教育对小学图书馆的重视程度要高于我国，而且国外小学图书馆在完善度、使用度、发展规划等方面都走在了我国前面，它们的许多宝贵经验可以为我国小学图书馆提供借鉴和参考；第三，不同区域内的小学图书馆在战略规划上侧重点不同，城市、县镇和农村三个不同地域的小学图书馆有各自的特点，东部和西部的小学图书馆在发展上极不平衡，所以小学图书馆进行战略规划时不能把别的区域内小学图书馆发展规划生搬硬套进来，要形成适合自身的独特的发展模式。

第三节　图书馆联盟战略规划

图书馆联盟是基于资源共享、互惠互利的目的而联合组织起来的图书馆共同体，目前我国的图书馆联盟有多种形式，从图书馆具体类型联合来看有公共图书馆联盟、高校图书馆联盟、公共—高校图书馆联盟，从资源类型联合来看主要有数字图书馆联盟、文献信息共享系统，另外还有在地理联合上的地区性、国家性、国际性图书馆联盟等。图书馆联盟的建立能有效降低各馆采购资源的成本，联盟共同体内的各个图书馆是以一种合作的姿态出现的，能够通过编制联合目录共享各馆的馆藏，还能更加便捷地实现文献传递和馆际互借。尽管图书馆联盟有着很多的优点，但是它在发展中陆续出现的很多问题也不容忽视，如很多学者所探讨的联盟意识薄弱问题、各馆之间合作不对等问题、经费来源差异问题等，这些问题都对图书馆联盟的进一步深化构建带来了制约。要解决图书馆联盟发展中的种种难题，除了对症下药之外，一个常常被所有联盟所忽视的管理工具是要制定图书馆联盟的战略规划。

一　图书馆联盟战略规划的可操作层面

图书馆作为个体存在的时候，战略规划是贯穿其发展的重要部分，而以合作协议建立起来的图书馆联盟，自提出伊始就具有了战略意味，它的本质是一个自治组织，它的管理主体是独立于联盟内部各成员机构的，那么对图书馆联盟进行战略规划在哪些层面上能具有可行性或是操作性呢？本研究根据并分析已收集到的国内外图书馆联盟的战略规划文本，认为图书馆联盟的战略规划在以下三个方面具有可操作性。

1. 战略规划渗透图书馆联盟的建设策略

建设策略是一个组织对其可以实现的各行动计划和目标方式、方法的总和，与其相关联的是建设任务、建设内容以及建设方针等。1972年，Partrick 把图书馆联盟的任务总结为六个传统服务项目：借阅特许、馆际互借服务、联合目录或资源目录共享、复印优惠、参考咨询服务协作和传递服务。如今的图书馆联盟在快速发展的信息技术冲击下，其建设任务以及与任务相关的各方面也发生了新的变化。有学者研究了中小城市区域的图书馆联盟，认为它的建设内容应包括五个方面：实体资源合作共享、数字资源协调共享、服务合作共享、业务合作共享、技术支持与人力资源培训[①]。还有学者对高校图书馆联盟的建设策略提出了一些建议：明确发展指导原则、确保建设资金保证、加强联盟标准化建设与数字化平台建设、加强人员的培训与教育、小范围低起点发展原则、重点建设与均衡发展相结合原则[②]。另外，有学者对我国区域性高校数字图书馆联盟建设现状进行调查之后，得出加强其建设的几点对策，即政府大力支持，统筹规划；宣传推广、提高联盟的知名度和利用率；多渠道筹集经费、确保联盟的可持续发展；加强合作、变资源主导型为服务主导型；加强特色数据库的建设和共享；设计良好的沟通平台和培训机制；加强数字图书馆联盟的理论研究[③]。

学者们对不同类型的图书馆联盟的研究大都是基于该联盟的现状及未来的可能性发展趋势提出了若干建设策略，这些给联盟自身提供了很好的参考。但是对于各个图书馆联盟自身来说，制定战略规划是能指导或改善联盟建设策略的直接办法，在这一点上，一些联盟已经作出了较好的战略规划。美国具有代表性的图书馆联盟之一的 OCLC 在其 2000 年战略规划中，提出 OCLC 的 2000 年发展规划：集中和加强核心服务工作、创新工作，加快 OCLC 的国际化进程、为图书馆和教育部门增加教育服务的通报，每一条总论式的规划里还包括具体的工作规划，如加强联机联合编目工作、加强资源

---

①　朱俊波：《我国中小城市区域图书馆联盟建设研究》，《图书馆建设》2011 年第 1 期，第 85—88 页。

②　郭效：《高校图书馆联盟建设与发展研究》，《现代情报》2010 年第 2 期，第 18—20 页。

③　何琳：《我国区域性高校数字图书馆联盟建设现状调查分析》，《图书馆》2010 年第 4 期，第 61—63 页。

共享、开发管理电子资源软件等①。渥太华大学图书馆联盟2004—2005年网络年报中调整了联盟在2003—2004年的战略方向目标，并分别在馆藏、场所设计、学术合作、学术资源获取、协同合作、服务社区等方面列出了详细规划。从以上的联盟规划文本中不难看出，图书馆联盟的战略规划包含了该联盟今后的建设方案、计划和将要达到的目标等。建设策略的相关问题是图书馆联盟持续发展需要长期关注的，把联盟战略与建设策略结合起来是应有之义。

2. 战略规划调节图书馆联盟的运行机制

图书馆联盟的运行机制包括两部分内容，一部分是图书馆联盟作为一个复杂系统中内部各构成要素之间的相互作用方式，另一部分是图书馆联盟作为一个整体与外部各种密切相关因素间互相联系与制约的运动原理，可以外显为联盟的组织目标、机构和制度等。有学者认为图书馆联盟的运行机制应包括目标机制、决策机制、信任机制、协调机制、激励机制、约束机制、分配机制和学习机制②，这种划分方式的主要依据是运行机制的功能。关于区域性图书馆联盟的运行机制，也有学者进行了一定研究，如对吉林省图书馆联盟运行机制的研究，文中作者认为图书馆联盟运行机制是指在一定的政策下，图书馆联盟进行供求、经营、支持、流通、控制和反馈等内在的机理及其运行方式③，这种划分的出发点是将图书馆联盟看成一个自组织系统。

无论如何对图书馆联盟的运行机制作出理解和内容划分，联盟的运行机制作用后的结果都不是固定不变的。我们所说的调节图书馆联盟的运行机制，并不是指要对运行机制解释不一的概念进行革新性的界定，也不是要对运行机制的方式罗列进行不同的阐释，而是从图书馆联盟发展的角度来分析联盟运行机制的可能性变化，这体现在战略规划中主要就是联盟的使命、愿景、战略目标、管理机构等的更新。如渥太华大学图书馆联盟2003—2004年确定了未来前景——在莫里塞特图书馆创建信息共享；建立数据研究中

---

① 张小兰译《OCLC的发展概况及2000年战略规划》，《图书情报工作动态》2000年第4期，第14—17页。

② 叶宏：《论图书馆联盟的运行机制》，《图书馆》2007年第2期，第56—58，123页。

③ 黄微、胡方元、朱亚玲：《吉林省图书馆联盟运行机制及发展对策研究》，《图书馆学研究》2010年第9期，第46—50页。

心；通过参与例如学者门户与加拿大研究知识网络等省和国家的财团和项目，扩大访问数字馆藏的渠道；通过建立"新教授基金"购买书籍收藏，支持学术成果；发展机构库储存我们大学的知识成果①。该图书馆联盟在2004—2005年重新确定了新的未来前景——建设图书馆目录，离线存储功能，允许我们在校外存储利用频率少的资源，从而在馆内节省出空间建设传统的学生学习的地方；延长图书馆服务时间；加强用户服务；持续增加图书馆馆藏预算；持续参与并领导加拿大知识研究网络；到2010年为止建立一个公共信息图书馆，整修健康科学图书馆和 Brian Dickson 法律图书馆②。

图书馆联盟的运行机制不同于单个图书馆的运行机制，从系统论的视角看，具有较高复杂性和多线程性的图书馆联盟要比单个图书馆更为重视自身运行机制的形成和发展，而且由于联盟的类型不同而适应于带有不同特点的运行机制。战略规划是对未来的一种科学性、前瞻性的计划，图书馆联盟的战略规划既能把握现阶段联盟运行机制的利与弊，又能在此基础上调节机制的运作，制定出下一阶段乃至长远战略上的符合本联盟良性运行的机制。

3. 战略规划融入图书馆联盟的未来管理

图书馆联盟的未来管理是一个宏观层面上的设想，涉及联盟内外部的很多方面，这里主要讨论的是联盟的未来模式演变和管理关键要素。

1998年，McFadden 和 Arnold 按照联盟组织的严密程度将图书馆联盟分为四类：松散型、跨类/跨州型、紧密型和资金集中的州内型③。这四种类型主要是根据美国的图书馆联盟具体情况来划分的。关于我国图书馆联盟的构建模式，学者们立足于不同时期的联盟发展有不同的观点，2005年燕今伟认为我国图书馆联盟的类型可以从组织模式、合作模式和功能模式三个不同角度进行划分④，之后曹志梅在研究我国区域图书馆联合体的构建时提出

---

① 《渥太华图书馆网络年报 2003—2004——把人们和思想联系起来》，（2011 - 08 - 30），http：//www. biblio. uottawa. ca/biblio/en/content/annual - report - 2004. pdf。

② 《渥太华图书馆网络年报 2004—2005》，（2011 - 08 - 30），http：//www. biblio. uottawa. ca/biblio/en/content/annual - report - 2005. pdf。

③ McFadden，A. B. and Arnold，H. "Hanging together to avoid hanging separately：Opportunities for academic library consortia"，*Information Technology and Libraries*，1998，17（1）：36 - 44.

④ 燕今伟：《图书馆联盟的构建模式和发展机制研究》，《中国图书馆学报》2005 年第 4 期，第 24—29 页。

了三种构建方式：分类—区域型、区域—区域型、综合交叉型①。图书馆联盟是不断向前发展的，其间伴随着信息技术的推进、用户需求的增多、联盟建设资金的限制等机遇和挑战，于是会出现比如从原先的实体文献资源共享体系发展为数字图书馆联盟、单个图书馆同时隶属于不同图书馆联盟、不同的图书馆联盟再融合形成新的联盟等情况。新的情况将会给图书馆联盟带来其类型或模式的演变，面对这些演变，联盟在面向未来的管理上可以通过制定战略规划来提供方向性的路径。

在图书馆联盟的未来管理中，对关键要素的判断和有效处理关乎该联盟的成功，学界对于关键要素这方面的研究也有不少。如戴龙基等就认为，一个成功的联盟有如下关键因素：从自己的所属机构或领导机构得到直接的支持和帮助；保证联盟资金的连续性与稳定性；设立专职人员；联盟在强调各成员馆的一致性的同时，也给予他们一些机动灵活性；各成员馆之间，不同层次的馆员之间，成员馆和联盟之间，馆员和联盟之间应加强沟通②。燕今伟认为一个联盟的成功与否，取决于联盟的组织领导、议事机制、经费来源和利益分配机制等因素③。图书馆联盟的战略规划中与管理关键要素相匹配的是战略任务、实施策略和行动计划。战略任务体现了关键要素对联盟长远发展的战略作用，实施策略是这种战略作用引发的实现线路，而行动计划直接表征了这些线路所能使用到的各种关键因素。

二 图书馆联盟战略规划的具体实践——以天津市高等教育文献信息中心为例

图书馆联盟的战略规划是一个必须付诸实践的活动，尤其是联盟作为组织的特性出现的时候，需要有战略规划指导组织的长期发展。如中国高校人文社会科学文献中心（CASHL）制定了中长期发展计划（2010—2020），宏观考量了国家的发展战略这一外部环境，对图书馆行业情况进行了调研，确

---

① 曹志梅：《区域图书馆联合体及其构建》，《中国图书馆学报》2007 年第 3 期，第 31—33 页。
② 戴龙基、张红扬：《图书馆联盟——实现资源共享和互利互惠的组织形式》，《中国图书馆学报》2000 年第 3 期，第 36—39 页。
③ 燕今伟：《图书馆联盟的构建模式和发展机制研究》，《中国图书馆学报》2005 年第 4 期，第 24—29 页。

定了包含外文文献资源战略体系、整合中文研究成果、公共文献信息服务共享平台、运行管理机制的创新完善这四大建设任务，并以框架和纲要的方式明确了实施保障，从而保证战略规划能够得到正确而有效的执行[①]。本节基于本研究所提出的四个子模型，分析这些模型对于图书馆联盟战略规划的适用程度，然后以天津市高等教育文献信息中心（TALIS）为例解析图书馆联盟的战略规划。

1. 本研究构建的模型对图书馆联盟战略规划的适用性分析

本研究构建了组织模型、流程模型、影响因素模型和文本模型四个子模型，在前面各类型图书馆战略规划研究中已经证明它们具有普遍适用性，是基本适用于图书馆个体的，但是对于图书馆联盟这种图书馆联合体来说，模型是否可用还是一个问题。本研究得出的组织模型和影响因素模型是以单个图书馆为分析单元的，故这两个模型是不能直接被图书馆联盟套用，需要进行一定的模块内容转化，那么我们可以重点考虑的是流程模型和文本模型的适用度。

流程模型中把图书馆的战略规划分为启动与准备、分析、制定与发布、实施与评价四个阶段，这种整体上的流程分类是以一份战略规划的形成过程为基本分析单元，并不过于关注战略规划的主体，从这个意义上说，流程模型的阶段划分是适合于图书馆联盟的。具体到各个阶段内，启动与准备阶段是同组织模型相结合的，因此其中各个模块中的各图书馆部门及其所指向的规划步骤均对图书馆联盟无直接适用性。分析阶段和实施与评价阶段中的每一个环节都是图书馆联盟在战略规划时应经历到的，而制定与发布阶段中有关个体图书馆参与的模块在套用于图书馆联盟时都要去除，并以功能相对应的联盟组织来替代。另外，贯穿整个流程模型各阶段的馆领导指导可以改为图书馆联盟内组织领导指导，而读者参与的部分可由各成员馆参与。

文本模型是对战略规划文本体例结构的一种模式化语言表述，即它的分析单元是每份已形成的战略规划文本，这种文本结构可以看成是战略规划成果表现的文献形式之一，作为可呈现的客观事物。所以，不仅图书馆个体的战略规划文本适用于本研究的文本模型，图书馆联盟也可以根据此模型来撰

写联盟战略规划文本。

2. TALIS 的战略规划实践

我国图书馆联盟的蓬勃发展是源于 20 世纪 90 年代中期以来高校、公共及科研等全国性的行业系统内文献共建共享项目的建设[①]，全国性的和区域性的文献信息服务系统相继建立起来，到目前为止发展较好的有中国高等教育文献保障系统（CALIS）、江苏省高等教育文献保障系统（JALIS）、天津市高等教育文献信息中心（TALIS）等。国内大多数的图书馆联盟会进行五年规划，这是根据全国五年规划要求来制定的，因而文本形式均以"×五"为年限命名，如"十五"发展规划、"十一五"发展规划等。

2010 年 10 月，党的第十七届五中会议通过了中共中央关于制定国民经济和社会发展第十二个五年规划的建议。各图书馆联盟陆续制定指导未来五年自身发展的"十二五"规划，如 CALIS 正值三期，经过多次讨论，筹备制定"十二五"战略规划，同时大学数字图书馆合作计划（CADAL 项目）也准备充分利用一、二期建设基础，通过广泛的合作交流，共建共享各种学术资源，从"整合海量资源、融合先进技术、泛在个性服务、全球开放合作"方面，实现"资源海，计算云"相融合的学术数字图书馆[②]。2009 年NSTL 经过对苏州、兰州、重庆、广东等多省（市）图书馆的调研考察及多次会议讨论和征求意见，初步形成国家科技图书文献中心的"十二五"发展规划初稿。地区级的图书馆联盟开始启动，如天津高等教育文献信息中心组织 19 所高校图书馆馆长共商天津高校数字化图书馆建设的"十二五"规划[③]。本项目的子项目之一——TALIS"十二五"发展规划研究是一个关于图书馆联盟战略规划的实践研究，本课题组为 TALIS 的"十二五"战略规划提供理论指导和国内外百余份参考资料，同时 TALIS 为本课题组提供相关的研究数据和实践条件。

---

① 燕今伟：《图书馆联盟的构建模式和发展机制研究》，《中国图书馆学报》2005 年第 4 期，第 24—29 页。

② 浙江大学图书馆：《CADAL 项目分期规划报告》，（2011 - 1 - 21），http：//www.google.com.hk/search? hl = zh - CN&source = hp&q = CADlis1。

③ 天津高等教育文献信息中心：《天津高校图书馆召开"十二五"数字图书馆建设项目规划战略研讨会》，（2011 - 1 - 21），http：//www.tjdl.cn/portal/portal/media - type/html/group/usrgest/age/notice show.psml? metainfold = ABC014791。

TALIS 在"十一五"期间发布了《天津市教育信息化十一五投资规划方案——高校数字化图书馆建设》，对 TALIS"十一五"建设提出了建设目标和三大重点任务。这份规划方案尽管在"十一五"内给 TALIS 的发展给予了很大程度上的指导，但它实质上是一份五年期间工作计划，尚不能算作真正意义上的战略规划。在本课题组的子项目研究过程中，先后开展了多次项目讨论会，对 TALIS"十二五"战略规划的每一个环节都予以指导和跟踪反馈，如本课题组对其规划前期的准备阶段提出建议"成立发展规划委员会，并下设战略规划制定小组"，还指导 TALIS 战略规划的整个流程参照流程模型来进行，并建议最后的战略规划文本应根据文本模型而定，文本大纲包括"前言、使命、愿景、现状与需求分析、指导思想与总体目标、具体目标与重点任务、实施策略"几部分。

在这份规划案中，TALIS 遵循战略规划的基本思想和制定导向，将其愿景定位为："追求卓越，构建接触的国内外区域'数字图书馆'联盟，为读者提供无障碍信息服务，使馆员得到良好发展"，其使命是"构建天津高等教育文献保障体系，以整合的资源、技术、服务为天津高等学校的学科建设、教学和研究提供便捷、高效的文献信息保障。提供有利于发现和制造的环境，通过高品质的知识服务帮助师生取得成功"，并把其价值观概述为"合作、奉献、创新、卓越"。除了愿景、使命和价值观的描述外，TALIS 战略规划还重点论述了"环境扫描"部分，根据 TALIS 的实际情况进行了详尽的环境分析，包括外部环境和内部环境两大方面。其中外部环境涉及社会环境、经济环境、技术环境和教学学术环境。和 TALIS 战略发展相关的社会环境主要源于"国家中长期教育改革和发展规划纲要（2010—2020）"和"天津市中长期教育改革和发展规划纲要（2010—2020）"这两个纲领性指导文件，经济环境涉及财政教育经费支出对 TALIS 的影响，技术环境分析主要包括云计算、移动应用和媒体平板、社会交流和协作、视频、下一代分析技术、社交分析、背景感知计算等，教学学术环境则探讨了本科教育模式与文献信息需求、教育资源传播、学科学术水平评价指标、信息素养教育等内容。在内部环境中，除了对 TALIS"十五""十一五"建设进行了回顾外，还列举了图书馆未来发展的十大趋势，从而对 TALIS 的今后发展作出了若干理性分析。

需求分析是战略规划中重要的环节之一，TALIS的战略规划在这一部分中分别对天津高校图书馆资源需求、读者信息服务需求进行了调查分析。TALIS组织天津各高校面向学科带头人、做过或正在进行大项目研究的科研人员、引进的人才、学校行政管理人员进行了"信息资源需求深度调查"，通过天津17所高校图书馆提交的上百份访谈报告中得出天津高校读者信息服务共有五个方面的需求：资源本体需求、决策性信息服务需求、科研教学的融入性知识服务需求、信息咨询与信息素养的提升需求、基础设施需求。

TALIS将"十二五"期间的建设原则归纳为：全面协调原则，即从单纯的文献信息共享向多层次共享发展；普遍服务原则，即全面推进包括本科高校、高职高专、独立学院在内的各类高校信息服务整体化建设，提升高校图书馆文献资源总体保障率及信息服务能力；科学发展原则，即构建面向教学科研的资源共建共享服务平台。在这三个建设原则下，并根据指导思想和总体目标，TALIS的总体发展思路是：于可持续发展中求提升；与全国联盟对接融合以借势；创新发展求卓越，并明确其三个方面的战略重点——构建面向教学和科研的资源共建共享服务平台，开展面向学科发展和高端决策的知识服务，培养卓越知识服务人才。

战略规划的最终落脚点在于实践具体的战略目标与任务，TALIS的"十二五"规划案中列举了五大目标，每一个目标对应着不同的实施策略，并细化为若干可操作的任务。目标一是建立与需求相适应的信息共享系统平台，有两个实施策略可以用于实现这一目标：保持"十一五"建设项目的可持续发展；基于服务需求，建设新的联合系统平台。目标二是提升服务于教学、科研及学科建设的资源保障能力，对应的策略是保持"十一五"建设项目的可持续发展、引进新的数字学术资源、以教学和学科需求为主导来建设优质特色资源。目标三是建立用户需求主导的"立交桥"式联合图书馆创新服务体系，该目标涵盖了五个实施策略：扩大联合服务体系的广度和受益面，发挥CALIS省中心功能，广泛推广CALIS建设成果及服务；建立若干个学科文献中心，与现有文理中心、工程中心形成较完善的专业文献中心服务体系；以整合的人力资源为天津高校提供高水平信息服务；构建一站式自主学习物理支持环境——"学习共享空间"；创建具有先导作用和广泛影响力的区域资源共享"天津模式"。目标四是构建学习型组织、建设杰出专业队伍，相适应的策略有：通过组织专业研讨会、馆际互访及学术、业务交流，促进组织、行业内部知识交流，提高馆员职业素养；组织专业技能竞赛，促进馆员专业发展、发现杰出人才；建立面向学科和科研的知识服务队伍，培训学科馆员；建立研究与服务成果的共享机制。目标五是多方融合协作，建立跨行业的资源共建共享的天津地区联盟，包含推动天津高校图书馆情报学科建设及理论实践力量的战略合作、建立天津市（高校、公共、科研）数字化图书馆共建共享服务机制两个策略。

TALIS 发布的《天津市高等教育文献保障体系"十二五"发展规划（草案）》是子项目的实践结果之一，它是按照本研究提出的几个子模型来制定的，不管是从文本规范性，还是论证科学性上，都可以称作一份较为正式的战略规划。这不仅为图书馆联盟战略规划的实践参考，也为本项目的一些研究结论提供了有力佐证。

第四节　图书馆学会战略规划

图书馆学会是图书馆及相关行业工作者自愿结合的学术性团体或组织，它与图书馆协会是有一定区别的。在我国，中国图书馆学会对自身的界定是："本会是由全国图书馆及相关行业或机构科技工作者自愿结合、依法登记成立的全国性、公益性、学术性、非营利性的社会组织，是党和政府联系图书馆工作者的桥梁和纽带，是引导图书馆行业全面落实科学发展观，科学管理，推动科技进步，建设创新型国家，发展我国图书馆事业的重要社会力量。"中国图书馆学会以担当学术活动为主，还开展了许多图书馆协会职能的工作。现阶段下，学界对与图书馆学会和图书馆协会的名称界定存在着争议，我国尚无全国性的图书馆协会，中国图书馆学会在很大程度上充当了图书馆协会的角色，二者并不像国外图书馆学会与协会那样在职能上有着明确界限而互相不可替代。就本节研究范畴来说，我们讨论国内的图书馆学会战略规划，可以使用国外的图书馆协会战略规划作为分析案例，在这里我们对学会与协会不作特别的区分。

图书馆组织的战略规划不同于个体图书馆的战略规划，个体图书馆战略规划包括组织、流程、影响因素分析和文本四个方面内容，而对于图书馆学会来说，不像个体图书馆那样有层级分明的组织机构，其战略规划是由学会秘书处负责、全体会员参与，组织和影响因素的问题融合在规划流程中进行讨论，图书馆学会战略规划文本的形成可以套用本研究提出的文本模型，因此，本节我们主要研究的是图书馆学会战略规划流程问题。

一 图书馆学会战略规划的流程

1. 美国研究图书馆协会战略规划流程分析

《美国研究图书馆协会（ARL）2005—2009 战略规划》中描述了 ARL 制定这份战略规划的经过："ARL 上一次制定全面的计划是在 20 世纪 80 年代。1994 年 ARL 重新评估和更新了协会的使命和目标。从那时起，ARL 董事会每年都要对当年的项目进行表决，并制定一个 3—5 年的优先发展项目决议声明。2001 年，全体 ARL 成员对 ARL 的核心项目进行了评价。此外，在过去 5 年里，ARL 还进行了专项评估，每一项评估都改变 ARL 的 1 至 2 个项目的发展方向。2004 年 2 月，董事会认识到 ARL 需要在成员范围内进行一次 ARL 工作计划的全面评议和评估。在 ARL 董事会指导下，战略计划工作根据所有成员的建议制定了下面的战略计划。"

从这段描述中，可以看出 ARL 的战略规划是一个反复修订整合的过程，ARL 董事会在整个制定中全程指导，ARL 的所有成员都参与其中并提出对战略规划的修改建议，这个过程大致可用图 8－1 来表示。

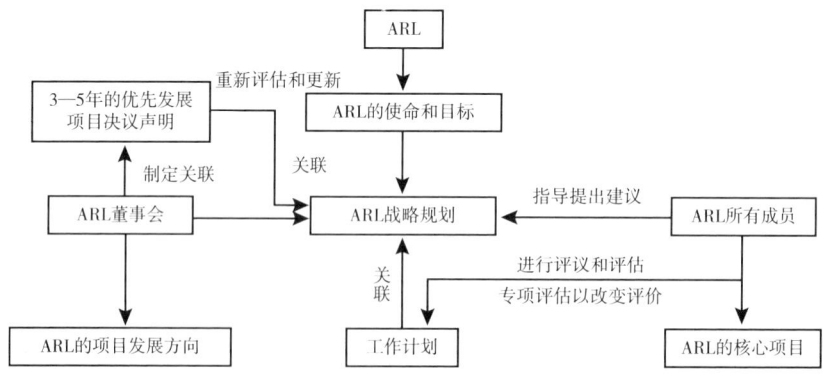

图 8－1 研究图书馆协会战略规划的制定流程

资料来源：本研究根据《美国研究图书馆协会（ARL）2005—2009 战略规划》整理。

图 8-1 中表示了 ARL 战略规划流程的两个阶段。第一个阶段是战略规划准备阶段，确定了关联 ARL 战略规划的三个要素，分别是：使命和目标的分析、3—5 年优先发展项目的制定、工作计划的全面评议和评估。第二个阶段是战略规划制定阶段，主要由两个主体来负责，一个是 ARL 董事会全程指导，另外一个是 ARL 的所有成员对战略规划的内容设计提出建议。

2. 中国图书馆学会战略规划流程分析

国内图书馆学会战略规划多以五年规划为主，以中国图书馆学会为例，它在流程上较为注重四个方面。

（1）战略分析阶段中的环境分析部分

中国图书馆学会"十一五"期间工作规划中开头便说明了该规划的制定背景：

"'十一五'期间（2006—2010 年）是我国全面建设小康社会的关键时期，落实科学发展观，构建'和谐社会'，建设创新型国家，作为文化事业重要组成部分的图书馆事业，将大有用武之地，也必将有一个更大的发展机遇。"

图书馆战略规划可以从图书馆的内部和外部两方面进行环境分析，对于中国图书馆学会的"十一五"规划而言，我国图书馆事业的发展环境是中国图书馆学会生存发展的根本土壤，因此学会的"十一五"规划首先要对这一个外部环境进行分析。中国图书馆学会"十二五"规划纲要同样在开头部分对我国图书馆事业发展环境作了与时俱进的分析：

"'十二五'期间（2011—2015 年）是我国全面建设小康社会的关键时期，是深化改革开放、加快转变经济发展方式的攻坚时期，也是图书馆事业大有作为的重要战略机遇期。"

（2）战略分析阶段的指导思想和指导方针部分

指导思想是国内任何战略规划中非常重视的内容，以什么样的思想去指导规划关系到该规划的总体方向，指导方针是在指导思想的基础上对战略规划方向上的准则把握。如中国图书馆学会"十一五"期间工作的指导方针是："坚持以邓小平理论和'三个代表'重要思想为指导，坚持科学发展观，坚持'百花齐放，百家争鸣'的方针，充分发挥学会的整体优势和社会功能，本着'融入社会、服务社会、贡献社会'的原则，加强学会工作的群众性、服务性、导向性，提高图书馆行业的学术研究水平和业务工作水平，适应建设创新型国家的需要，创新图书馆服务和管理理念，弘扬图书馆'智慧与服务'精神，促进图书馆为全面建设小康社会服务，为教育、科技、文化进步和人的全面发展服务。"再如中国图书馆学会"十二五"期间的指导方针是："以邓小平理论和'三个代表'重要思想为指导，深入贯彻落实科学发展观，按照党的十七大精神和胡锦涛总书记在纪念中国科协成立50周年大会上的重要讲话要求，坚持以会员为本，准确把握我国图书馆事业、图书馆工作者队伍和图书馆学会发展的时代特征，发扬民主，凝聚力量，把握事业发展方向，为推进图书馆事业科学发展服务，为提高全民素质，提升国家软实力，全面建设小康社会服务。"

（3）战略分析阶段的战略目标确定部分

选择适合自身持续发展的战略目标对于一个组织而言是至关重要的，中国图书馆学会把战略目标的确定视为整个战略规划流程中的核心阶段之一。中国图书馆学会"十一五"期间工作规划的总体目标分为两部分：一是包括桥梁纽带、学术发展、协调指导、科普教育、维权代言、会员之家、人才建设在内的职能目标；二是六个重点目标，涵盖了发挥学术担当、关注行业规范与行业自律、促进图书馆协作等方面。进行"十二五"规划时，中国图书馆学会确定了其在"十二五"期间的工作目标，都是围绕图书馆学和中国图书馆事业而展开的，另外还根据这些目标提出了若干重点任务。

（4）战略规划制定阶段的战略方案描述部分

中国图书馆学会在这一部分中做了大量的工作，将每一个方案的操作步骤都进行了细化。中国图书馆学会提出在"十一五"期间学会工作的主要方面有：学术研究与学术交流、行业服务与公共关系、科普宣传与全民阅读、专业教育与人才培养、国际及港澳台地区交往与合作、编译出版和行业动态、学会自身建设。中国图书馆学会在"十二五"期间工作的主要方面则是：推动图书馆事业法制化、规范化建设；资源协调与体系建设；推动学科建设与发展；科普宣传与全民阅读；新技术推广应用；对外交流与合作；图书馆宣传推广；人才队伍建设；学会自身建设。从这两个五年规划的战略方案可以看到，有些方面同时出现在两个规划中，表明中国图书馆学会在这些方面是需要持续发展的，即这些方面体现的是中国图书馆学会的长期建设任务。

二　对国内图书馆学会战略规划的建议

（1）国内图书馆学会要重视战略规划的启动与准备阶段，各个学会要把制定战略规划作为一个常态性的工作来做，那么战略规划的启动与准备阶段是贯穿在这项工作中的，但很多学会在这一个阶段做得并不完善，突出的不足在于都没有成立一个正式的战略规划组织。我们建议图书馆学会战略规划流程的准备阶段中要单独地成立战略规划委员会以及战略规划制定小组，为学会战略规划制定提供重要组织保障。

（2）地方图书馆学会要结合本地区实际情况来进行战略规划，尤其是在分析阶段的发展分析和环境分析中，不仅要参考中国图书馆学会的战略规划制定，还要兼顾地方图书馆学会面临的政策环境、本地区图书馆事业发展环境、本地区图书馆行业发展环境、本地区学术环境等，从这些方面入手，明确自身已具备的资源，以此分析得出学会的发展方向。

（3）图书馆学会战略规划要分别构建使命和愿景两大模块，而国内的图书馆学会在这部分都未能做到。ALA 在每一次的战略规划中都要重新考虑其使命和愿景，2001—2005 年战略发展规划中的使命和愿景分别是：

愿景：美国图书馆协会资源与技术服务协会（ALCTS）设想了一个适应传统图书馆角色转变的环境。新技术的不断涌现使得信息的获取变得越来越容易，同时也使得那些美好愿望的实现可能性越来越大。任何读者都可能在任意的时间和地点需要高质量的信息，ALCTS 则提供了一种框架来满足读者的这种信息需求。

使命：ALCTS 倡导图书馆及信息机构就某些方面共同发展，如制定规则、标准和实施一些最好的实践活动来创建、收集、组织及传递保存各种形式的信息资源。ALCTS 鼓励其成员开展教育、学术研究及职业培训等活动。它致力于实现提供高质量的信息、统一的信息接口、开展协作研究及提供终身教育。

《ALA 迈进 2010 年的战略规划》中对 ALA 的愿景和使命进行了更新，其中提出：

使命：ALA 的使命是引领图书馆、信息（情报）服务和图书馆事业的发展、提升与改进，以加强民众学习，确保所有民众能获取信息。

愿景：ALA 是以下两方面的首要倡导者，一是在促进人们与各种载体记录的知识建立联系的过程中，图书馆与图书馆员的价值；二是公众享有免费、开放的信息社会的权利。

2011—2015 年战略规划中再一次对 ALA 的使命作了调整，加入了对 ALA 核心价值观的表述：

使命：美国图书馆协会的使命是领导图书馆和信息服务，以及图书馆职业的发展，推广和提高，以促进学习，确保人人可获得信息。

核心组织价值观：在美国和世界各地拓展和扩大图书馆服务；所有类型的图书馆——高校、公共、中小学和专业图书馆；所有图书馆员，图书馆工作人员，董事会成员及其他个人和团体，致力于改善图书馆服务；会员服务；一个开放、包容和协作的环境；职业道德，敬业精神和诚信；追求卓越与创新；知识自由；社会责任和公众利益。

图书馆学会的使命和愿景不是一成不变的，须根据社会环境的变化、图书馆整体事业的发展、前份战略规划的完成情况等来调整该学会的使命和愿景。

4. 全面考虑影响图书馆学会战略规划的各种因素，将其融于战略规划流程的每一阶段中。《目前和未来的美国图书馆协会：规划背景》是 ALA 为其战略规划而制定的文件，包含关于 ALA 各方面的较详尽的背景资料，其中分析了 ALA 主要竞争者和盟友这两个关键的影响因素。文件中认为，ALA "主要的竞争对手是全国性的专业图书馆协会，这些协会不仅是竞争对手，也有可能在瞬息万变的联盟队伍和国际参与中成为盟友"，还有来自虚拟世界的新竞争者。《美国研究图书馆协会 2005—2009 战略规划》中提出了 ARL 的 SWOT 分析，分别对优势、劣势、外部环境机会和外部环境威胁进行了分析，这四部分中提到 ARL 的影响因素有：信息环境、当前的技术环境、成员代表、其他机构或组织等。

概括地说，国内图书馆学会战略规划需考虑的影响因素来自三个方面。第一个方面是国内图书馆事业发展的总体趋势，图书馆学会的成立是图书馆事业健康发展的结果，因而图书馆学会的发展与图书馆事业发展趋势之间是紧密结合的；第二个方面是各类图书馆学会所处的环境，这里所说的环境既包括物理空间上的环境，即该学会所处的区域环境，又包括宏观上的环境，即政策、技术、行业、教育、法律等环境；第三个方面是图书馆学会的职能局限性，作为自发性的社会组织，它不可能承担其他如政府部门等的相应职责，它不可避免地在其职能发挥中要带有一定局限性，这些局限性使图书馆学会战略规划不会过分地追求那些根本无法达到的目标。

第 九 章

图书馆战略规划编制指南研究

　　基于本项目构建的图书馆战略规划流程、组织、影响因素以及文本四个子模型，前五章具体探讨了各类型图书馆战略规划的相关问题。图书馆战略规划的制定作为一项复杂的、系统性工作，为了保证战略规划的有效性和规范性，有必要制定一部指南为战略制定提供参考。基于本研究的图书馆战略规划模型和各类型图书馆战略规划研究结论，本部分主要从操作的层面，研制图书馆战略规划编制指南。具体内容涉及指南编制的背景、目的、基础、过程、内容框架以及指南的应用措施等相关问题。

第一节　图书馆战略规划编制指南的目的与基础

一　战略规划标准与指南

　　"标准"最基本的含义就是衡量事物的准则。根据 GB/T20000·1—2002《标准化工作指南第一部分：标准化和相关活动的通用词汇》的规定，标准是指为在一定的范围内获得最佳秩序，经协商一致制定并由公认机构批准，共同使用和重复使用的一种规范性文件①。而为在一定的范围内获得最佳秩序，对实际的或潜在的问题制定共同的和重复使用的规则的活动，即制

---

　　① 中华人民共和国国家质量监督检验检疫总局：《标准化工作指南第一部分：标准化和相关活动的通用词汇》，中国标准出版社 2002 年版，第 3 页。

定、发布及实施标准的过程，称为标准化①。由此可见，各行各业各类标准的制定、颁布与实施是行业发展走上标准化的必然途径。

国外的各类型图书馆很早就重视图书馆行业发展的标准化，制定并颁布了一系列的标准。近十年，随着事业的发展，为了进一步推进图书馆各类活动的科学、规范化发展，我国各类型图书馆根据自身发展需求已颁布了一系列标准。如公共图书馆领域的《公共图书馆建设标准》（2008）、《公共图书馆建设用地指标》（2008）、《公共图书馆服务标准》（2011）以及高校图书馆的《普通高等学校图书馆评估指标》（2002）等，这些标准为我国图书馆建设、服务及绩效管理等提供了系统的、规范的及可操作性的参考工具，积极促进了我国图书馆事业的标准化发展。图书馆战略规划作为图书馆战略管理的重要环节，它在全面分析图书馆所面临的内外形势的基础上，为图书馆未来的发展指明发展方向和明确发展目标。图书馆战略规划的制定工作是一项复杂的、系统性工作，为了保证战略规划的有效性和规范性，有必要制定战略规划标准为战略制定工作提供科学的、具有可操性的参考工具，进而推进图书馆战略规划走标准化道路。

"指南"原意指指向南方，引申为指导。后来比喻辨别正确发展方向的依据。现今多指为人们提供指导性资料或情况的东西，如工作指南、操作手册等。指南具有指导作用，但并不像标准是经协商一致制定并由公认机构批准的规范性文件。通过指南对组织各项工作进行规范性指导，有利于标准的出台，因此为了推进组织工作的标准化，需要首先重视指南的编制工作。目前，我国图书馆除制定读者指南或入馆指南等基本指导性文件外，还编制了一些工作指南，引导图书馆各项工作朝规范化方向发展。如《高等学校图书馆数字资源计量指南》（2004）、《普通高等学校图书馆文献集中采购工作指南》（2007）以及与数字图书馆相关的《数字图书馆服务政策指南》（2010）、《数字图书馆资源建设指南》（2010）等系列指南，这些指南为图书馆更好地开展服务提供依据，积极推动了图书馆的发展。

---

① 中华人民共和国国家质量监督检验检疫总局：《标准化工作指南第一部分：标准化和相关活动的通用词汇》，中国标准出版社2002年版，第4页。

二 编制图书馆战略规划指南的背景及目的

1. 编制指南的背景

近几年，随着经济、技术、出版等环境变化与挑战以及全球知识化进程的加快，战略管理特别是战略规划成为图书馆把握未来、在众多挑战与竞争中谋求生存与发展的重要工具。受国内战略规划理论研究的深入以及国民经济与社会发展规划纲要等要素影响，我国图书馆界在实践中也开始关注图书馆战略规划的制定。早期就有个别图书馆制定"九五""十五"及"十一五"发展规划，进入"十二五"发展阶段，我国图书馆战略规划受到重视，"全国图书馆事业的'十二五'战略规划开始启动、图书馆联盟的'十二五'战略规划提上日程、各级各类个体图书馆'十二五'战略规划均有一定的发展"，从个体图书馆到跨地区或系统组成的行业联盟再到国家图书馆事业的"十二五"战略规划的制定，呈现出从点到线再到面的新局面①。

尽管目前我国图书馆在战略规划制定方面已经取得一定成就，但是在具体实践中仍然存在一些不容忽视的问题，阻碍着图书馆战略规划工作的有效开展。本项目在调研过程中发现当前国内图书馆战略规划实践中还存在以下问题：首先对图书馆战略规划的认识和重视程度不够，仅有个别大型图书馆认识到制定规划的重要性，有些馆即使制定了规划，并没有落实，使规划变为一纸空文，还有些馆直接将战略规划等同于工作计划或工作任务，使得规划缺少前瞻性指导作用，更甚至有些馆想制定战略规划，却不知从何下手，不知如何制定；其次，在制定的具体工作中也存在许多问题，如图书馆战略规划制定流程的科学性有待提高，战略准备阶段忽视制定战略规划进度表、战略规划宣传、培训等工作，战略分析阶段较多重视对现有工作成就的回顾与总结，而忽视对环境动态变化发展趋势的预测；再次，战略规划制定参与主体较为单一，不能广泛吸纳意见，不利于战略规划的科学有效实施，更缺少有效的监督；最后，形成的战略规划文

---

① 柯平、贾东琴等：《关于图书馆"十二五"战略规划的若干思考》，《图书馆工作与研究》2011年第2期，第4—11页。

本内容不够全面，目标体系的可操作性不强以及文本结构缺少规范性等。鉴于我国图书馆战略规划实践中存在的种种问题，为了规范和促进我国图书馆战略规划工作，进一步推进图书馆战略规划的标准化，迫切需要制定一部符合我国国情的图书馆战略规划编制指南。为了进一步明确图书馆战略规划编制指南的必要性，本课题组在开展的全国性问卷调查中向图书馆工作人员征求"制定图书馆战略规划编制指南的意见"，调查结果显示，认为有必要和非常有必要制定编制指南的被调查者达到了 86.31%。这表明了编制指南是我国图书馆实践领域的迫切需求，而制定一部符合我国国情的图书馆战略规划"编制指南"更是大多数图书馆工作人员所期望的。

2. 编制指南的目的

基于上述背景，本项目尝试研制国内第一部图书馆战略规划编制指南，以期为我国图书馆的战略规划制定提供操作规范，从多个方面对图书馆战略规划实践产生影响。首先，就图书馆战略规划意识而言，以期通过编制指南提高图书馆界对战略规划的认识。《指南》将对战略规划的性质、各组成要素、制定流程及其各环节具体工作进行具体介绍，并提供参考意见，这将有助于图书馆管理者对图书馆战略规划形成较为全面、深入的了解。其次，就战略规划实践而言，《指南》是为了促进图书馆战略规划制定工作的科学性、规范性。《指南》将为图书馆战略规划制定工作提供一个规范统一的框架，在此框架下各级各类的图书馆结合自身特色制定发展策略，从规划流程、规划制定主体、规划文本等方面建立一套可供图书馆参考的框架，进而避免不完整、不规范、不具操作性规划文本的形成。再次，就图书馆整体发展而言，以期图书馆依据《指南》并依托图书馆内外发展环境，制定科学、规范的战略规划，进而指导馆藏发展、优化资源配置、改善图书馆服务。最后，就图书馆战略规划标准化而言，以期《指南》为推进我国图书馆战略规划标准化奠定基础。在图书馆战略规划实践中，一方面《指南》为各项战略规划工作提供统一参考标准，将使得图书馆战略规划沿着规范化的道路发展，这为标准化发展道路奠定基石；另一方面，期望《指南》在实践中得到检验并逐步完善，当《指南》发展到一定水平时，可在其基础上进一步修改、精简提炼一套战略规划标准，并得到权威部门认可，在全国范围内推广，为战略规划标准的形成提供资料来源。

三　编制图书馆战略规划指南的基础

1. 学术研究成果的支持

学术研究是现实问题的反映，其研究趋势在一定程度上可以直接反映实践的发展趋势，其研究成果能在一定程度上对实践进行指导。国外图书馆自20 世纪六七十年代将企业战略管理理论引入图书馆领域后，各种有关图书馆战略管理的著作相继产生，从战略规划制定、方法选择、战略实施效果等多方面进行阐释，引导和规范了图书馆战略规划调研和制定程序。所有这些研究成果都在一定程度上指导了国外图书馆战略规划实践活动。这些研究成果中不乏一些类似于指南性质的著作或论文，对规范图书馆战略规划活动发挥重要指导作用。除了 ALA 颁布的专门的指南性著作外，如 Riggs 的《图书馆管理者的战略规划》（1984），Jacob 的《如何编制图书馆战略规划手册?》（1990）、ALA 出版的《图书馆多元合作的战略规划：榜样与案例》（1997）等都发挥指南的作用。国内图书馆战略规划理论与实践起步较晚，最早可获取的文献为 1985 年在《图书馆建设》发表的《黑龙江省公共图书馆发展战略规划》等一组文章，并没引起国内图书馆界重视。经过多年沉寂之后，2008 年以来图书馆战略规划的研究成果明显增多。这些研究成果除了从理论视角探讨图书馆战略规划的必要性外，还从实践的角度对国外图书馆战略规划经验、国外战略规划文本特征、战略规划模式等方面进行介绍，还有些学者有针对性地对图书馆战略规划过程、文本体例结构、组成要素、制定主体等方面进行探讨，国内图书馆战略规划研究已经迎来发展的大好时期。这些学术研究成果的逐步深入为战略规划指南的制定提供了理论基础。

2. 实践活动的经验借鉴

国外图书馆战略规划经多年实践发展，在众多理论研究成果和一系列战略规划指南、规范等的指导下，已呈现出普遍性、规范性、常规性等主要特点[①]。

---

① 柯平：《图书馆战略研究》，《情报资料工作》2010 年第 3 期，第 5—9 页。

它们的战略规划活动最终形成的战略规划文本，凝聚着宝贵的实践经验，为我国图书馆战略规划实践提供了丰富的案例资源，也可作为《指南》编制的重要实践依据。同时，国内图书馆中，战略规划的制定已经在一定范围内应用，"十一五"期间已有部分图书馆制定了"十一五"发展规划，而到"十二五"初期各级各类图书馆又掀起制定"十二五"发展规划的热潮，并呈现出从点到线再到面的普遍性的新特征。在"十二五"期间，国内图书馆在学习借鉴国外图书馆战略规划的基础上，仿效国外图书馆战略规划文本模式并结合国内图书馆馆情形成规范的兼具特色的规划文本。因此，无论是国外图书馆还是国内图书馆的战略规划实践活动，都为《指南》的编制提供重要的实践基础。

3. 相关的战略规划指南的参考

学习与借鉴国外图书馆的规划指南和相关组织机构的规划指南，有助于开阔眼界为我国图书馆战略规划《指南》的编制提供有益参考。

自 20 世纪 80 年代开始，国外一些图书馆学会就注重编制适合于全国的某一类型图书馆战略规划的指南来促进图书馆规范地制定战略规划，推动图书馆的科学管理，提高图书馆工作绩效。如 ALA 下的 PLA 自 1980 年以来已经修改编制了六部有关公共图书馆的规划指南，即《公共图书馆规划程序》（1980）、《公共图书馆规划与角色确定：选项与程序手册》（1987）、《面向结果的规划：公共图书馆转型过程》（1998）、《新的面向结果的规划：条理化方法》（2001）、《面向结果的战略规划》（2008）、《面向结果的实施：将你的战略规划付诸行动》（2009）。六部规划指南都是基于三个相同的假设：必须局部地定义卓越，它是以图书馆服务匹配社区的需求、兴趣和优先权为结果的；对于大图书馆和小图书馆来说卓越都是可能的，比起无限的资源，它更依赖承诺；卓越是一个变化的目标，卓越必须持续地保持[①]。指南以战略规划流程为主线，将公共图书馆战略规划中图书馆管理者和董事关心的和优先考虑的问题以具体任务的形式展开，并配有一系列相关图表，使得指南具有较强的操作性。指南的另外一个最显著的特点就是自 1987 年的指南采用角色确定思想以来，沿用"社区需求调研—角色确定—使命陈述—战略

---

①　Nelson，S. S. *"Strategic Planning for Results"*，*Chicago*：*American Library Association*，2008：1.

目标—具体目标—行动方案"的程式。其中，1980 年至 2008 年的五部指南之间是随着图书馆环境的变化及图书馆战略实践的发展而持续传承和不断变革的关系。总体变化包括图书馆战略规划制定周期由几年减少到几个月，准确地反映了图书馆迅速变化的环境；完成一个规划需要的任务数量从 23 减少到 10，以保证在很短的时间期限内能完成更多的改善进程；图书馆优先权的数量从 8 个增加到 18 个；自 2001 年版本以来规划指南都强调规划的实施[①]。在此列举 2001 年、2008 年和 2009 年指南版本以考察它们的规划步骤与任务，如表 9 - 1 所示。

　　除了国外图书馆战略规划指南为《指南》编制提供重要的借鉴外，相关领域的战略规划指南也提供有益的参考，如《英国高等学校战略规划指南》和温洛克民间组织能力开发项目与中国农业大学汪力斌博士合作编制的《中国非营利组织战略规划指南》。《英国高等学校战略规划指南》[②] 是为规范英国高校的战略规划工作，英格兰高等教育拨款委员会（HEFCE）于 2000 年编辑出版的。该指南主要包括"摘要""前言""战略规划循环的总体描述""战略规划循环之一——规划""战略规划循环之二——形成规划文件""战略规划循环之三——规划的实施与监控""附录——用于高校战略规划过程的自查问题一览表"七部分组成，在每一部分下面按战略规划制定程序涉及若干工作环节，整个指南以条例的形式阐述，共包括100 条。《中国非营利组织战略规划指南》[③] 包括"前言""战略规划的背景与准备""战略规划的制定""战略的执行计划""附录——工作表"等部分，在每部分下面也是以战略规划流程中涉及的具体工作环节展开，从规划的准备到计划实施与监督均有涉及，整个指南以章节的形式展现，在具体写作中穿插战略规划实例以辅助说明，使得指南更为简单易懂，具有较强的操作性。

---

①　Nelson, S. S. "Strategic Planning for Results", *Chicago*: *American Library Association*, 2008: 3.

②　刘念才译《英国高等学校战略规划指南》，（2011 - 07 - 20），http://www.wordwendang. com/word_baogao/1128/230399. html。

③　温洛克民间组织能力开发项目组：《中国非营利组织战略规划指南》，（2011 - 07 - 20），http://wenku. baidu. com/view/b646ebec4afe04a1b071de0f. html。

表 9 - 1 公共图书馆协会 2001、2008、2009 版指南的规划步骤与任务

《新的面向结果的规划:条理化方法》(2001)	《面向结果的战略规划》(2008)	《面向结果的实施:将你的战略规划付诸行动》(2009)
准备:开始规划	为规划而计划	准备变革
1. 设计规划流程	1. 设计规划流程	1. 做好准备
2. 筹备理事会、员工和委员会	2. 开始规划流程	2. 有效沟通
设想:识别可能性	识别服务的优先次序	探索可能性
3. 确定社区愿景	3. 识别社区需求	3. 识别各种活动
4. 识别社区需求	4. 选择服务响应	4. 组织各种活动
设计:勾勒未来	做好准备	识别关键活动
5. 遴选服务响应	5. 为变革做准备	5. 评价那些活动
6. 撰写目标与任务	6. 考虑图书馆的价值和使命	6. 确定有效活动的优先项
构建:组合未来	描绘未来	简化和条理化
7. 确定准备活动	7. 撰写目标与任务	7. 识别那些不能支持图书馆目标的活动
8. 确定资源需求	8. 识别组织能力	8. 识别无效的活动和步骤
沟通:通知利益相关者	交流计划	9. 决定如何应对这些无效率和无效果的活动
9. 撰写基本规划并获得批准	9. 撰写战略规划并获得批准	考虑时间和其他资源
10. 交流关于规划流程结果	10. 交流关于规划流程结果	10. 识别资源再分配的可获得性
实施:迈向未来		
11. 资源分配或再分配	11. 识别所需的资源	
12. 监督执行		使其奏效
		12. 选择并实施这些活动
		13. 监控实施
		14. 确保变革规范

资料来源:本研究根据 "The New Planning for Results: A Streamlined Approach" (2001)、"Strategic Planning for Results" (2008)、"Implementing for Results: Your Strategic Plan in Action" (2009) 整理。

第二节 我国图书馆战略规划编制指南的研制

一 战略规划编制指南的形成过程

根据项目研究目的,本课题组在 2009 年 7—12 月的全国性问卷调查中以"制定图书馆战略规划时,是否需要借鉴国外的相关指南?"和"您对制定一套符合我国国情的图书馆战略规划'编制指南'的意见"两个问题,就图书

馆工作人员对规划指南编制的必要性进行调查。2010 年 9 月，本课题组成员以项目会的形式讨论了《指南》大纲，起初确定以规划文本的组成要素为依据，从规划标题、愿景、使命及目标体系等几部分编制图书馆战略规划一般指南，然后再编制公共图书馆、高校图书馆、专业图书馆等各类型图书馆的专门指南。

　　根据《指南》大纲，本课题组成员开始对国内外有关战略规划编制工作的理论研究成果进行收集，并对美国 PLA 编制的《新的面向结果的规划：条理化方法》（2001）和《面向结果的战略规划》（2008）两部指南进行部分编译。随着项目整体研究的推进，图书馆战略规划一般模型的构建及各类型图书馆战略规划研究的完成，于 2011 年 6 月 26 日，课题组邀请天津多所学校图书馆馆长对《指南》大纲再次集中研究讨论。会议首先明确《指南》大纲，确定《指南》要以流程模型为主进行统领，按流程阶段将《指南》具体分为战略准备、战略分析、战略制定、编制文本及文本发布与宣传、战略实施与评价等部分，并把组织模型、影响因素模型和文本模型融入各相关阶段中；其次，就《指南》是局限于某一类型的图书馆还是扩大至所有图书馆，参会人员对此进行了讨论，最终参会人员倾向于先编制一部对所有图书馆具有普遍指导意义的一般性指南。因为公共图书馆、高校图书馆、专业图书馆等尽管在服务对象、发展定位及发展环境等方面存在显著差异，但是在规划制定流程、组织、影响因素及文本结构的宏观层面具有一定相似性，本研究在各类型图书馆战略规划研究章节中也证实了这一点，即一般模型在各类图书馆中具有普适性，只是在具体细节中存在差异。

　　因此，本项目采用了先一般后特殊的编制策略，先编制一部具有普遍适用性的一般指南，然后在《指南》应用说明中根据各类型图书馆情况稍加说明，如若允许，在以后的研究中将再编制针对各类型图书馆的专业指南。经过一个多月的写作，形成《指南》初稿，课题组又以项目会的形式，邀请数位图书馆馆长对《指南》初稿进行讨论，提出修改意见和建议，课题组成员再次进行修改、完善。随后，课题组成员借参加"2011 年中国图书馆年会暨中国图书馆学会"的机会，向业内多位专家征求修改意见。此外，课题组成员采用访谈形式向多位图书馆专家听取修改意见，最终形成《指南》文稿。关于《指南》初稿，具体的专家评价意见见附录 2。

二　为《指南》细化规划阶段与子阶段

《指南》是以本项目构建的图书馆战略规划流程模型为主线，将组织模型、影响因素模型及文本模型融入相应阶段，并参考国外公共图书馆战略规划指南相关材料及其他组织机构战略规划指南，最终形成的。

1. 关于战略规划启动与准备阶段

根据战略规划流程模型和参考国外图书馆战略规划指南以及相关研究成果，《指南》中有关图书馆战略规划启动与准备阶段可划分为启动、组织建立、相关计划与保障三个子阶段：

（1）启动

这一子阶段要结合图书馆实际，明确规划动因。这一任务主要由图书馆馆长、图书馆的管理团队成员以及图书馆委员会的成员来完成。在这个过程中需要召开一次图书馆委员会会议，大概需要两到三星期的时间完成。

图书馆在设计规划过程时首先要明确图书馆通过规划打算实现的目标。确定图书馆战略规划动因是一个复杂的工作过程，需要图书馆召开一次图书馆委员会讨论、确定规划启动原因。如在《新的面向结果的规划：条理化方法》中①提到回答下列几个问题有助于明确规划动因："谁来决定我们应该做出这个规划？启动这个规划的明确理由是什么？在启动这个规划的理由中，是否存在尚未说明的理由？如果有的话，那么这些理由是什么？是否还有别的原因让我们制定这个规划？这个规划进程最重要的成果是什么？这个规划可能有何其他积极成果？这个规划是否可能有负面效果？如果这个规划还有潜在的不利因素，那么怎样减少或者消除这些因素？如果这个规划以失败告终，那么它的后果和负面效应是什么？如果我们现在不能启动这个规划进程，那我们何时启动这个进程？"等。对这些促进图书馆制定战略规划的相关问题进行了讨论，确定规划动因后，经图书馆馆务委员会同意正式启动战略规划制定程序。在这次会议上馆长须制定一套当前图书馆规划的现状简要概述和一个简短的图书馆开始规划过程的原因，同时委员会成员可提出其他制定规划的

---

① Nelson, S. S. "The Planning for Results: A Streamlined Approach", Chicago: American Library Association, 2001: 15 – 16.

原因。借鉴《新的面向结果的规划：条理化方法》所列出的问题，《指南》在第一部分的"明确战略规划动因"部分对图书馆战略规划启动动因进行详细说明。

（2）组织建立

根据本项目构建的"图书馆战略规划组织模型"，《指南》应该从"成立最有效的图书馆战略规划委员会和战略规划制定小组、确定委员会和制定小组成员与规模、明确参与人员职责、委员会工作原则与方式"等方面指导图书馆成立战略规划组织。

①选择规划委员会成员

关于图书馆战略规划委员会人员组成及其选择途径，PLA 编制的《面向成果的战略规划》（2008）指出图书馆战略规划制定人员主要涉及图书馆董事会、图书馆管理团队、图书馆工作人员和规划委员会。规划委员会人员可由图书馆员工、管理者、图书馆委员会成员等从利益相关者、有一技之长者、社区代表三类人群中推荐人选，最终由图书馆委员会（或董事会）批准。同时规划委员会成员的选择既要考虑人员的年龄、种族、社会结构、职业、职称等人口学特征，推荐人需要填写一份包含组织/团体/技能、被推荐人姓名、选择的原因的表格，图书馆委员会根据汇总表格讨论确定最终人员名单，同时还要成立一个由 3—4 人组成的附属委员会以防确定的人员不能参加[①]。本项目构建的图书馆组织模型中也明确指出图书馆战略规划委员会成员不仅要包含馆内人员，还要涵盖图书馆外部各利益相关者。根据本项目构建的图书馆战略规划组织模型，并借鉴国外图书馆战略规划指南经验，《指南》在第一部分的"成立图书馆战略规划组织"中对组织成员选择、委员会规模作出了详细说明。

②明确战略规划负责人，推进规划进程

图书馆战略规划委员会确定后，一个重要的工作就是明确战略规划进程的促进者，是从图书馆内部选取还是从外部选取？如何选取出最合适的人选？是否需要聘请专业战略咨询顾问或图书馆专家？都是该阶段需要考虑的问题。Nelson 和 Garcia 在 E-Learn Libraries 网站中发布了如何确定促进者的树状图，并详细介绍了各群体作为促进者的优劣，见图 9-1 和表 9-2。

---

① Nelson，S. S. "Strategic Planning for Results"，*Chicago*：*American Library Association*，2008：24-27.

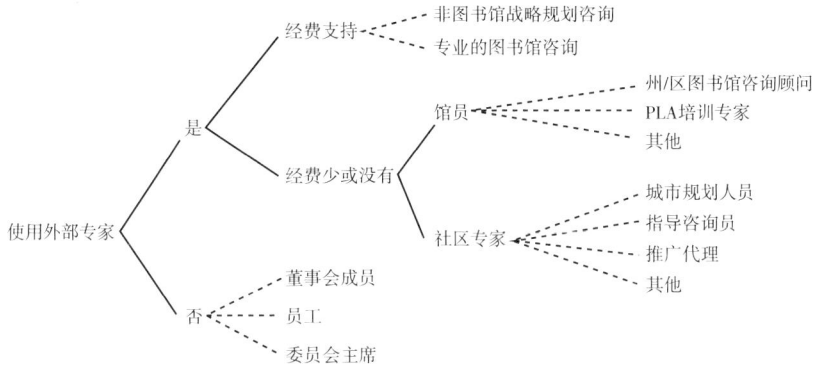

图 9 - 1　确定图书馆战略规划促进者的树状分析

资料来源："Nelson, Garcia. Select your facilitators"，[2011 - 07 - 20]，http://ourlibraryplace.com/elearn/mod/resource/view.php? id = 64。

表 9 - 2　各战略规划进程促进者的优缺点

	名称	优点	缺点
内部促进者	图书馆董事会成员	对图书馆的具体工作比较了解	他们将和员工承担促进者一样面临许多困难。其他董事会成员可能会认为你在规划进程中发挥促进作用,但图书馆员工却不这样认为。即使社区领导者认为员工是中立的,但你仍然倾向于希望员工提供内容答案而不是过程指导。由董事会成员担任规划促进者,他们传递给社区的信息就试图控制战略优先权,并未采取社区意见
	社区委员会领导	在社区备受尊敬,在规划进程中具有可靠性;也许能够帮助确定其他社区领导者;本人的参与会带动其他社区成员的参与	也许没有旨在确保委员会全体成员充分参与制定决策所必需的技巧;也许变得过分参与委员会的管理,而不能有效地参与制定决策;也许太忙于其他职责而不能有效地履行主要职责
	图书馆员工	对图书馆具体工作较了解	与董事会成员承担促进者的缺点相同

续表

		名称	优点	缺点
外部促进者	需支付聘金	非图书馆战略顾问	如果图书馆所在城市在以往的战略规划中聘请顾问，再聘请这些顾问做图书馆战略规划促进者，他们在主管图书馆的政府部门和社区委员会中有较高信誉	他们对图书馆不太了解，在图书馆员工和董事会中可信度不高
		专业的图书馆战略顾问	他们熟习规划流程，在图书馆员工和董事会成员中具有较高信誉。他们的图书馆方面的经验能够有效补充社区委员会人员对图书馆的不了解	聘用他们的费用一般较高，在当今经济萎缩的情况下图书馆经费会有所限制。大型图书馆可考虑聘请
	不需支付或支付少许	有经验的州或地区图书馆顾问	他们在对图书馆不太了解的社区委员中有较高信誉	他们一般很忙，可能很难按他们的时间进行规划进度安排
		PLA培训的促进者	他们至少参加了3座图书馆战略规划制定过程，了解战略规划流程。在图书馆员工和董事会中具有较高信誉	尽管他们有丰富的图书馆实践经验，但还需要对社区有深入了解的社区委员给予支持
		社区专业人士	在战略规划会议中能够熟练地组织会议人员的互动	他们对战略规划流程不熟悉，需要一段时间的培训，并且对图书馆具体工作不熟悉

资料来源：根据 E-Learn Libraries 网站的有关内容整理。

借鉴国外图书馆战略规划指南经验，《指南》在"确定战略规划制定负责人"部分对有关问题进行了详细说明。

③明确各方职责

规划组织是一个由图书馆内外部不同利益群体构成，这些参与者在战略制定过程中需要明确分工、通力合作、相互配合，进而推进战略规划活动的顺利开展。图书馆战略规划中涉及的人员主要有图书馆工作委员会、馆长、其他馆领导、图书馆规划委员会、部门主任、员工代表、普通工作人员、咨询顾问、上级主管领导、读者代表以及其他人员等。《指南》中需要为战略规划组织各参与者的职责进行说明，为图书馆提供参考。

④开展培训提升参与人员战略意识与技能

根据本项目构建的流程模型和 ALA 图书馆战略规划指南显示，对参与规划的人员进行培训是为图书馆战略规划活动提供人员保障的重要途径。图书馆采用各种培训手段，综合提升战略规划人员的战略意识、战略技能、技巧等，这是保证战略规划顺利开展的重要前提。因此《指南》在"培训规划制定人员"部分详细介绍了有关图书馆战略参与人员的培训项目、培训方式等。

（3）相关计划与保障

①制定规划时间表

制定规划是达到目的的一种手段而不是目的本身，不要将太多的精力耗费在战略制定阶段，而应将更多的时间与精力用于战略规划实施上。提前制定有效的规划进度时间表，能够指引规划制定工作按部就班地开展，以节省时间和精力。因此《指南》需要关注这部分的指导。

其一，明确战略规划制定的时间跨度。

美国 PLA 的战略规划指南中指出为了准确地反映图书馆迅速变化的环境，规定完成一个图书馆战略规划的时间从几年减少到 4 个月，并根据规划过程中涉及的 10 项任务，制定的 4 个月的时间进度如表 9 - 3 所示。

表 9 - 3　图书馆战略规划的时间进度

任务	规划活动	时间
任务 1	设计规划过程	第一个月
任务 2	开始规划过程	
任务 3	确定社区需求	第二个月
任务 4	选择服务响应	
任务 5	为变化做准备	第三个月
任务 6	考虑图书馆价值观和使命	
任务 7	制定目标和任务	
任务 8	识别组织能力	
任务 9	制定战略规划并获得支持	第四个月
任务 10	交流规划过程的结果	继续

资料来源：Nelson, Sandra. "Strategic Planning for Results", *Chicago*; PLA, 2008: 24 - 27。

借鉴 PLA 的经验，我国图书馆战略规划制定过程中可考虑选择 4—6 个月为规划制定周期，有关战略规划制定时间跨度选择时应注意的相关问题《指南》中的"制定规划时间表"给予了详细说明。

其二，安排会议。

会议是图书馆战略规划制定过程中，最常用也是最为有效的沟通方式。不同的战略规划参与主体较多地会以会议的方式表达观点，无论是图书馆使命、愿景的确定还是战略目标体系的形成，都需要战略规划参与者经过多次会议讨论、修订，最终达成共识。因此《指南》非常有必要对战略规划中有关会议安排的相关问题给予说明。

图书馆需要明确战略规划制定过程中需要召开会议的大概次数，以便统筹安排整个战略进度。参与图书馆战略规划的人员并非专门负责战略规划制定一项工作，他们都有各自的工作职责，将大家集中起来召开会议会存在一定困难。因此在战略规划准备阶段可以初步拟定一份会议地点及时间安排，以核实规划参与者的时间为会议的召开有所准备。在 PLA 的《新的面向结果的规划：条理化方法》（2001）中设计了四次会议，三次规划委员会（主要对图书馆员工和理事会的基本情况介绍、图书馆使命、愿景、战略目标的讨论）、一次图书馆理事审核会议。借鉴 PLA 的图书馆战略规划指南，本项目编制的《指南》在"规划过程中的会议安排"部分对图书馆战略规划制定过程中的会议次数和会议主题进行了详细阐释。

图书馆还需要确定会议召开地点，对不同会议召开地点提前选择，有助于提前做好会议预算，提前预订场所以免临时难以找到最佳场所。在本项目编制的《指南》对"会议地点选择"部分给予指导，并列举了大量"战略规划会议准备工作"环节应注意的问题。

②明确其他战略规划保障

图书馆战略规划的顺利制定除了需要基本的人力、时间支持外，还需要充足的财力、良好的文化基础及有效的沟通计划。因此《指南》还应该对其他相关保障给予说明。

其一，制定预算表。

图书馆战略规划制定成本预算计划也是战略规划事前准备的重要工作之一。美国的 PLA 的经费预案如表 9 - 4 所示。

表 9 - 4 图书馆战略规划的经费预算

预算项目		数量	单位价格	总额
邮寄费用		8	$ 23.00	$ 184.00
委员会支撑费用	规划材料费			
	邮费			
	茶点			
	差旅费			
顾问/促进者	劳酬			
	交通费			
员工费用	加班费			
	额外报酬			
规划打印费用	最终文本打印			
	其他形式			
其他				

资料来源：Himmel，E. and Wilson W. J. "Planning for Results: A Public Library Transformation Process". *Chicago*: *American Library Association*，1998：workforms C。

借鉴 PLA 战略规划指南经验，综合战略规划制定各阶段的工作情况以及所需投入的物资、人员情况，预算计划可包含物质资料费用、人员费用、管理费用三部分。《指南》在"制定预算表"中对相关的物质资料费用、人员费用、管理费、其他费用等进行了具体说明。

其二，制定沟通计划。

图书馆战略规划制定过程中涉及众多团体，包括图书馆馆务委员会、图书馆管理者、图书馆员工、图书馆读者、上级主管部门等利益相关群体，在规划过程中如若没有开展有效的沟通，可能会影响规划的制定甚至对后面规划的实施会产生严重的消极影响。因此《指南》中需要对图书馆战略规划沟通计划给予相关说明。为了图书馆战略规划相关沟通的便捷开展，图书馆需要建立一个战略规划交流平台，该平台提供规划过程的简要介绍并根据规划流程的四个阶段设置四个子网页，每个子网页都提供该规划过程的不同阶段的信息，在第一阶段（战略规划启动与准备），网站可发布时间进度表、规划委员会成员的姓名、规划委员会的会议纪要，委员会的初步建议等；第二阶段（战略规划分析）可以张贴图书馆 SWOT 分析、图书馆发展趋势、读者需求信息等；可以发布图书馆使命、愿景、战略目标、任务列表以及规划委员会会议记录；第三阶段（战略规划制定与发布），可以发布规划文本草稿及员工意见表，发布最终文本与规划宣传材料；第四阶段（战略规划实施与评价），网络发布实施进程，实施中注意的问题与解决方案，以及实施结果的反馈与评价信息。《指南》中的"制定沟通计划"部分对此问题进行相关介绍。

2. 关于战略规划分析阶段

战略规划分析阶段的主要任务就是全面、系统地收集关于图书馆自身和外部环境的信息，客观认识组织当前的优势、劣势、机会与威胁并对未来发展前景进行预测。根据战略规划流程模型、影响因素模型，《指南》中应该对"已有成就回顾与总结""开展调研、搜集数据""综合分析"等工作给予相关指导。具体可细分为历史回顾、调研分析、战略方向推导，目标体系构建四个子阶段。

（1）历史回顾

该任务主要是针对那些以前制定了战略规划的图书馆，对已有规划进行回顾与总结，研究图书馆已有发展基础。《指南》对该阶段应该重点关注哪些信息、需要总结哪些相关方面、如何总结等问题给予相关指导。

（2）调研分析

①明确调研对象与数据分析方法

本项目构建的流程模型，明确指出图书馆在确定调研对象时必须对读者和馆员进行调研，其次重视对图书馆上级主管部门与同行的调研，然后各类型图书馆根据自己需要选择其他一些调研对象。根据流程模型，《指南》在"调研对象的选择"中对图书馆应重点考虑调研对象范围给予了相关建议。

图书馆为了发现问题、统一认识、进行科学规划，需要通过各种渠道收集相关的信息作为战略决策的重要参考。借鉴国外的成功经验，结合图书馆战略规划影响因素模型，图书馆所需信息主要涉及图书馆外部的宏观环境、行业环境与读者需求方面的数据和图书馆内部的资源、服务、组织管理等方面数据。

数据收集的方法多种多样，如何选择最适合的方法获取数据，黛博拉·威尔考克斯·约翰逊建议从"有意义"和"实用性"这两个标准出发来选择资料收集方法。其中，"有意义"是指所收集资料的有用性（如果某种方法能够帮助我们收集到最有用的资料，那么这种方法对于我们来说就是最"有意义"的）；"实用性"则关系到资料收集过程在侵扰性、容易度和成本方面的承受能力（其一，资料收集方法的侵扰性越小越好，最好的资料收集方法应该能够最大限度地减少你的资料收集行为对于社区日常生活和工作的干扰；其二，资料收集方法的容易度越高越好，最好的资料收集方法应该是最容易收集资料的方法；其三，资料收集方法的成本越低越好，最好的资料收集方法应当将资料收集工作所耗费的人力、物力、财力成本降至最低）。

在数据收集过程中，图书馆战略规划人员如何才能高效、快捷、准确地收集到战略规划所要的充分的信息呢？PLA 出版的《公共图书馆规划与角色确定：选项与程序手册》（1987）[①] 指出有效收集数据要注意综合收集有关图书馆、图书馆服务及其服务社区的实时数据和主观印象数据；要利用其他组织已收集、整理过的数据；提前明确收集的每条信息将要发挥的作用；允许有足够的时间思考和整合获取的数据；保持环境的持续监测；收集比委员会实际需求更多的信息。

根据本项目构建的流程模型、影响因素模型，并借鉴 PLA 的图书馆战略规划指南，《指南》中的"数据收集"部分，对图书馆战略规划相关数据的种类、获取途径、数据收集方法、应注意的事项等内容进行了详细说明。

②综合分析

根据战略规划流程模型，综合分析主要包括环境分析、需求分析和发展分析三方面。《指南》也相应地从环境分析、需求分析和发展分析三个方面给予具体指导。

在数据获取之后，可选择熟悉各种统计分析工具的规划委员会成员对收集到的有关数据资料进行整理归类并进行描述和解释。因此《指南》在对数据整理的相关软件、统计与描述方式等进行了详细介绍。

其一，环境分析。

根据本项目构建的图书馆战略规划影响因素模型，图书馆战略环境分析

① McClure, Charles R. and Douglasl, Amy Owen et al. "Planning and Role Setting for Public Libraries: A Manual of Options and Preocedures", *Chicago: American Library Association*, 1987: 16.

应涉及图书馆内部和外部环境。其中内部环境包括"资源""服务"和"组织"等，而外部环境主要包括"社会环境""利益相关者"和"行业环境"。《指南》根据影响因素模型在"环境分析"部分着重对图书馆"宏观环境"及图书馆 PEST 工具、图书馆行业环境及图书馆五力模型、图书馆内外环境分析要素等进行了具体介绍。

除了对图书馆内外部环境进行独立分析外，根据图书馆战略规划流程模型，环境分析阶段还需要对图书馆内外环境进行整合分析，采用较为广泛的是 SWOT 分析法。图书馆的优势来源通常包括：文献信息资源、基础设施、空间及设备、人力资源（含专业技术能力、学术创新能力、工作经验等）、品牌形象、事业经费、组织文化与管理、合作伙伴关系等。劣势主要包括：员工缺乏足够的竞争与合作意识，专业人才的严重流失，设施陈旧、匮乏，资源更新缓慢，服务手段落后，经费补给不足等。机会主要来自财政拨款的大幅增加，母体机构的发展规划、外来人口带来的文化需求，行业联盟组织的创建，信息技术的革新，所需专业的高校毕业生的剧增等。威胁主要包括：需求减少、读者分流、经济萧条、营利性机构的竞争、政策法规的不利变动、文献采购费用大幅上涨等。

关于 SWOT 数据的收集方式多种多样，有面向员工和利益相关者的问卷调研、访谈调研，还有头脑风暴法。其实较为理想的方法是图书馆战略规划制定委员会成员在初步查看前期收集的相关数据，在战略规划支持者的指导下，分成 3—4 个小组分别讨论、列举图书馆的优势、劣势，机会与威胁，然后将各小组列举的条目汇总，规划委员会成员利用头脑风暴法，对列举的条目进行合并、增删，最终确定图书馆 SWOT 分析结果。根据分析结果，强调重要事项，就若干需要解决的重要事项达成一致。

结合本项目流程模型和国外图书馆战略规划实践中开展的 SWOT 分析经验，《指南》专门对图书馆 SWOT 分析中的优势、劣势、机会以及威胁等相关问题制定了选择列表。

其二，需求分析。

图书馆作为服务性机构，其最终目标是最大限度地满足读者需求。本项目构建的图书馆战略规划流程模型，明确指出读者需求分析是战略规划分析阶段的重要环节。因此《指南》也要对需求分析给予重视。《指南》中的

"需求分析"部分对需求分析对象的选择、需求分析数据的获取方法与途径、需求分析的主要内容等作了详细说明。

其三，发展分析。

发展分析的主要目的是对收集的图书馆的行业发展趋势、地区发展趋势等信息进行整理，同时对图书馆自身发展特性进行分析，提出适合自己的发展思路。根据本项目构建的图书馆战略规划流程模型，并结合我国图书馆特点，发展分析是图书馆战略分析阶段的重要工作事项。《指南》中的"发展分析"部分对发展分析目的、发展分析的具体工作内容、发展分析的方法和数据获取途径等给予了相关说明。

（3）战略方向推导

根据本项目构建的图书馆战略规划流程模型，战略方向推导是《指南》的重要内容之一。根据数据分析结果，图书馆现有的能力、资源与服务需求的匹配推进发展方向进而细化成图书馆的发展愿景。然后，图书馆再根据确定的新规划周期内致力满足的需求作出需求响应，进而逐条形成图书馆功能列表。经过讨论与分析，功能列表最终形成目标体系。因此《指南》需要对图书馆战略方向推导中涉及的"愿景""使命""需求相应和功能定位""选择战略重点"等活动项给予指导。

①编制图书馆愿景

如何编制愿景是《指南》应该明确的。图书馆的愿景就是图书馆欲实现目标的未来方向性表达，它可以激发图书馆工作人员对未来发展的热情与激情，并且能够将图书馆各部门凝聚成一个共同体，朝一致的方向努力。

根据 Kotter 在《领导变革》一书中指出的有效愿景的基本特征：一是可预想的：描绘了未来可能的场景；二是值得做的：希望各利益相关者的长期利益都能实现；三是切实可行的：包含实际的可达到的目标；四是集中的：能在战略决策时提供指导；五是灵活的：允许发挥人的主观能动性，针对发生变化的环境作出相应的反应；六是便于沟通的：应该容易交流，能在 5 分钟内解释得清楚、完整[①]。结合图书馆和我国的实际，《指南》第二部分

---

① 杰弗里·雷格斯比、盖伊·格雷科、魏晓燕：《精通战略：如何发现你的竞争优势》，薛梅译，中国财政经济出版社 2005 年版，第 14 页。

中的"明确图书馆愿景"指出了有效的图书馆愿景应具备的三个特征:一是必须远大而且切实可行;二是应当简洁、清晰、便于沟通;三是应当稳定性与灵活性兼顾。

愿景的编制不是随意的,而是按一定的步骤有序开展的。如 Himmel 和 Wilson 在《面向结果的规划:公共图书馆转型过程》①中指出,愿景形成的具体过程包括:一是陈述需求:如社区中的每个人需要通过教育获得一份体面的工作;二是将这一需求转为一个需要解决的问题的句子:孩子们正在辍学;三是按照"什么没有发生"的形式阐述上述问题:孩子们没有完成中学学业;四是下一步陈述由于上面问题的存在产生的负面作用:那些辍学的高中学生将永远不会找到体面的工作;五是现在将这一问题由现在式转变为将来式,由消极方面转变为积极方面:孩子们将会完成中学学业;六是通过将不好的结果转变为好的方面来写下你想要的结果;七是这个结果就是图书馆为这一需求而展开的愿景陈述的一部分:留在中学获得教育的孩子他们有获得好工作的资格。

根据图书馆战略规划流程模型,并借鉴 Himmel 和 Wilson 的观点,《指南》中的"愿景的编制步骤"对图书馆愿景的编制步骤作了具体的说明。

②明确需求响应和图书馆功能定位

PLA 1987 年出版的战略规划指南《公共图书馆规划与角色确定:选项与程序手册》采纳了角色确定概念,使角色确定成为公共图书馆战略规划过程的重要组成部分。后来 PLA 修改的 1998 版、2001 版、2008 版的规划指南都沿用了角色确定的思路,但是规划指南中提供的公共图书馆功能选项由最初的八项,随着图书馆环境与社区需求的变化,已调整成了 18 个服务响应(Service Response):做一个见多识广的公民(Be an Informed Citizen)、建立成功的企业(Build Successful Enterprises)、鼓励多样化(Celebrate Diversity)、链接网络世界(Connect to the Online World)、培养青年读者(Create Young Readers)、家谱(Discover Your Roots)、表达创造力(Express Creativity)、快速获取事实消息(Get Facts Fast)、了解你所在社区(Know

---

① Himmel, E. E., and Wilson, W. J., "Planning for Results: A Public Library Transformation Process", *Chicago*: *American Library Association*, 1998: 50 – 51.

Your Community)、学会读、写（Learn to Read and Write）、作出职业选择（Make Career Choices）、作出知情的决策（Make Informed Decisions）、满足好奇心（Satisfy Curiosity）、促进想象力（Stimulate Imagination）、学业有成（Succeed in School）、知道如何发现、评价和利用信息（Understand How to Find, Evaluate, and Use Information）、访问舒适的地方（Visit a Comfortable Place）、欢迎来到美国（Welcome to the United States），这 18 个服务响应是基于 2006 年举行的 ALA 年度会议、PLA 博客公告和 2007 年 ALA 冬季会议举行的最终公开听证会三个会议确定的①。本研究编制的是一般性图书馆指南，因此并未形成特定的服务响应列表，而是提出图书馆需求响应②，战略规划制定人员可以在分析自身资源、服务能力现状的基础上，根据本馆发展定位、愿景制作适合本馆的服务响应列表。中国图书馆学会可以发挥其带头作用，积极鼓励各分委员会讨论制定全国各类型图书馆的功能列表，以指导图书馆事业发展。PLA 在《面向结果的规划：公共图书馆转型过程》中说明制作功能列表可从以下方面进行考虑：确定的需求是什么；为满足这种需求图书馆能做什么；如果图书馆提供了这一服务将会实现什么；描述潜在的服务响应——图书馆将做什么、谁是目标对象、如何传递这一服务、由于图书馆提供了这一服务将会发生什么；这一服务需要图书馆提供什么资源（员工、馆藏/信息资源、设备、技术）③。在这个过程中需要注意不要选择太多需求响应，在规划周期内根据需求重点制定 3—5 个，同时这个需求响应确定的目标不能太具体，不能是一个响应仅仅满足很具体的一个需求，而应具有一定的宏观性。

③编制图书馆使命

图书馆的使命就是指对图书馆存在理由、最终目标和其所承担的职责和任务的精简而准确的陈述。根据本项目构建的图书馆战略规划流程模型和文本模型，《指南》中的"明确图书馆使命"部分从内容与陈述方式两个方面

---

① Nelson, Garcia. "An Interactive File with Links to Examples of the Service Responses", [2011 - 08 - 23]. http://ourlibraryplace.com/elearn/mod/resource/view.php? id = 71.

② 注：图书馆的需求响应是指图书馆通过提供哪些服务能够满足确定的重点需求。

③ Himmel, E. E., and Wilson, W. J. "Planning for Results: A Public Library Transformation Process", Chicago: American Library Association, 1998: 50 - 51.

说明了使命应必备的特征。

图书馆使命的编制方法和愿景的编制一样都需要规划委员会成员集中讨论，并适当吸纳个别馆员参与，体现广泛参与和群策群力的特点。首先由图书馆战略规划主持者将可供参考的资料发给委员会成员，包括图书馆 SWOT 分析、发展分析、需求分析、制定的功能列表及精选的有代表性的国内外同类型图书馆的使命陈述等资料，并由主持者规划委员会成员普及关于使命陈述的知识；然后，每位成员按自己的理解，独立起草一份使命陈述，经汇总与讨论后整合成一份较为成熟的征求意见稿；随后，将使命初稿进行公布、发送，向图书馆员工、馆务委员会等利益相关群体广泛征集修改意见；修改、完善之后交由图书馆馆务委员会审核批准，正式形成代表本馆战略发展核心信念的使命陈述，并以各种方式和渠道公布使命陈述。通过宣传推广，促进全馆员工的思想统一，争取上级部门的大力支持，以及外部利益相关者的充分理解和认同。根据本项目构建的流程模型，《指南》中的"明确图书馆使命"部分给定了使命编制的四个步骤。

对于某一特定机构而言，使命陈述具有丰富的内容和含义，并不存在统一的格式和特别的要求，但有些使命的构成要素受到较多战略管理理论家和实践者认同。

根据文本模型图书馆的使命陈述应该反映出图书馆的存在理由、承担的职能、职能实现的方式以及服务的运营哲学和组织形象等，具体要素可考虑从核心服务对象，主要服务内容和范围、核心技术与资源、图书馆所承担的服务目标，服务预期效果与价值、图书馆的基本信仰、价值观和道德倾向，图书馆的社会责任和形象，对图书馆员工的关注等。

④确定战略主题/战略重点

战略主题/重点是指组织为实现愿景而确定的新战略规划周期内的重点发展领域。战略主题/重点是由战略规划人员集中根据确定的图书馆愿景、使命以及确定的功能列表讨论形成的对图书馆发展方向的陈述。国外图书馆一般是以 Strategic Theme 或 Key Area 词组展现的，它的行文高度简洁、概括，条目不能太多，一般 3—6 条。《指南》中的"确定战略主题/战略重点"部分对战略主题的行文特点、注意事项给予了说明，并精选了个别国外图书馆典型案例以供参考。

（4）目标体系构建

①确定战略目标和任务

根据本项目构建的图书馆战略规划流程模型，图书馆战略目标与任务的制定是图书馆战略规划制定的核心工作，同时这两项也是图书馆战略规划文本的核心构成要素。因此，《指南》必须对这两部分重点关注，并给予相关指导。

其一，选择目标层级。

根据本课题组对收集的 90 份公共图书馆规划文本和 107 份高校图书馆规划文本的目标体系的层级调查统计，发现目标层次最多可涵盖四个层次，以 2 级目标最多，占 45.69%，其次为 3 级目标体系，占 34.01%，仅含 1 级目标的有 11.68%，含 4 级的有 5.56%，而含 5 级的仅有 1.01%。国内图书馆战略规划的目标体系同样以 2—3 级为主。2 级目标主要以 Goals/Goal-Objectives 或 Goals/Objectives-actions 形式展现，3 级目标体系则较多的以 Goal-Objectives-Actions/Activity 展现。柯平等也曾指出图书馆的战略目标体系通常由一系列目标组成，包括战略目标、战略任务及行动措施或计划等[①]。借鉴国外图书馆战略规划实践经验，《指南》指出我国图书馆战略规划目标体系可考虑采用 2—3 级形式。

其二，选择目标体系模式。

根据各类型图书馆战略规划目标体系模式的研究成果，当前国外图书馆战略目标体系可归纳为以下几种模式，见表 9 – 5。

表 9 – 5　国外图书馆战略目标体系模式

模式	呈现方式	优点
长期—中期—短期	在确立不同战略目标的基础上，对这些战略目标分别从短期、中期和长期作出规划	同一总目标或战略划分为不同时期的分目标，以分阶段渐进的方式制定规划，有利于战略目标稳定、协调和可持续地实施，该模式一般适合于制定长期的战略规划，一般超过10 年

① 柯平、白庆珉、李卓卓等：《图书馆知识管理研究》，北京图书馆出版社 2006 年版，第 325 页。

模式	呈现方式	优点
母体机构目标—图书馆目标	在母体机构使命与战略目标的指导下,制定图书馆的目标以促进母体机构战略目标	与母体机构发展紧密结合,图书馆制定的战略目标较为容易地被上级主管部门通过,并能获得战略发展资金。一般应用于母体机构有特别要求的状况
战略目标—评估	在战略目标后面设置相应评估指标或衡量标准为图书馆战略规划评估提供参考	能够为战略规划的实施者提供指导,实施过程中通过参考指标,若发现行动方案难于达到目标,可以及时调整实施方案,以保证图书馆战略规划科学、合理与高效地实施
目标—实施战略—资源需求	图书馆确立各种战略目标以后,有针对性地制定一系列具体实施战略,并就如何实现这种战略从所需要的资源匹配角度来进行规划	该模式详细描述了每一个战略目标的资源需求,要求每一步战略规划的实施得到充足的资源供应,从而使战略规划确实可行
总目标—分目标—其他	目标—任务—行动计划—资源配置—责任人(或时间范围)	这是最为普遍的模式,该模式具有较强的逻辑性,从目标到资源配置再到责任人及时间范围,通过层层细化使得战略目标更为具体、具有较强的可操作性
	总目标—现状分析—分目标—行动计划	对设定的每一个战略目标都进行了具体的、有针对性的现状分析,确保图书馆制定的战略规划符合自身的特点和需求

资料来源:本研究整理。

借鉴国外图书馆战略目标体系模式,并结合我国实际,《指南》中的"选择目标体系模式"部分对我国图书馆战略目标的制定给予指导。

其三,确定战略目标。

根据文本模型(见图2-15)可知,战略目标是指图书馆想要达到什么样的结果,是对图书馆未来发展情景的预期,其描述一般是定性的、非具体的。战略目标的制定可以借鉴愿景、使命的确立方法,规划人员根据图书馆的愿景、使命以及确定的战略主题/重点,先个别构思若干目标,再集中研讨形成初稿,然后组织相关专家和本馆普通工作人员、读者代表等利益相关人员对提出的目标方案进行评论和论证,征求修改意见,最终取得共识。图书馆的战略目标应该是一个多层次、多维度的体系,比愿景更加复杂,因此,对目标是否明确,多项目标是否有主次之分,目标的内容是否协调一致，目标是否与使命、愿景相符等问题需要反复地交流、讨论，甚至可采用德尔菲法。

②为战略目标制定任务项

任务是目标的进一步细化和具体化，是为实现每一个战略目标而制定的具体的、短期所要达到的结果。任务一般是指可量化的、具体的目标，能够使战略规划具有可衡量性、执行性。如 Nelson 指出一个任务应该包括三个组成要素[①]，一是措施（Measure）或指标，如服务的人口数量、图书馆服务满足用户需求的程度、图书馆提供服务的总数量等；二是成功的标准（Standard），即对确定的指标设定的量化结果；三是时间段（Timeframe）。在制定任务时首先明确目标实现所需的措施，如图书馆确定的一个目标是向某镇社区的学前儿童推广阅读，该项目标的措施应关注提供服务的学前儿童，图书馆向他们提供服务、资料等的数量。然后，确定措施实现的程度和时间范围。如：措施：参与夏令营阅读孩子的数量；标准：将要增长 10%；时间段：每年，由此形成的任务就是"每年参与夏令营阅读的孩子的数量将增加 10%"。

由于图书馆管理者和图书馆员工对图书馆各项工作比较了解，因此，在为每个战略目标制定任务的过程中，可由图书馆各部门管理者与从各部门选择的资深图书馆员工负责该项工作。然后，图书馆制定委员会成员进行讨论，对列举的各项任务进行讨论、选择。关于每个目标究竟设定几项任务较为合适并没有明确的规定，但是如果仅设一项任务可能只展示了目标的一个方面，如果设定的任务项太多就会需要更为广泛、全面的监督和支撑数据，这将会浪费很多时间，增加目标实现难度。规划委员会成员如何对列举的任务项进行选择，Himmel 和 Wilson 在《面向结果的规划：公共图书馆转型过程》中[②]指出，规划委员会成员可参考以下几种标准：如果该项任务完成了，我们目标的实现是否有所进展？这是否测量我们想要达到结果的最好的方法？我们是否收集了与任务指标有关的数据？我们选择的任务对图书馆社

[①]　Nelson，Garcia. "An Interactive File with Links to Examples of the Service Responses"，[2011 - 08 - 23]，http：//ourlibraryplace. com/elearn/mod/resource/view. php？ id = 97.

[②]　Himmel，E. E.，and Wilson，W. J. "Planning for Results： A Public Library Transformation Process"，*Chicago*：*American Library Association*，1998：76.

区的利益相关者是否有益？任务中是否包含若干行动计划将会产生预期的变化？

根据本项目构建的图书馆战略规划流程模型，并参考国外学者相关研究结论，《指南》的"确定任务项"部分对任务的特点、任务的制定方式、任务制定过程中的注意事项、合适的任务项数量选择等方面进行了详细说明。

③评价组织资源，进行差距分析

战略资源是图书馆所拥有或控制的，用以维持其生存和发展的关键性活动要素，主要来自经费、人员、设施、馆藏资源、技术、管理、形象等方面。图书馆在战略目标制定阶段已经制定了一系列激动人心的潜在目标，这些目标对图书馆的未来发展情景进行了美好预测。但是这些目标是否能与图书馆实际紧密结合？图书馆是否真的具备实现其目标的能力？这需要图书馆对自身的资源、能力进行一次客观、真实的评估，进而明确本组织目前已经为战略目标的实现具备了多少资源。在完成了组织资源评估工作以后，需要找出图书馆当前资源与能力表现与成功实现机构的战略目标所需要的资源之间存在的差距。差距分析除了能够直接反映组织现实的资源、能力与实现预期目标所需资源、能力的差距外，还能在更大的领域发挥作用：一是根据差距分析结果，及时修订未来愿景，调整战略目标，如若差距分析显示机构未来目标与当前状况之间存在的差异不明显，说明制定的战略目标对组织并没有指导作用，规划制定人员就需要继续深入分析，选定新的目标。如若发现现状与未来理想之间存在的差距看起来大得难以弥补，规划制定人员就需要进一步调整战略目标；二是明确资源的优势与劣势所在，为行动计划的编制提供合理的设计依据；三是通过对自身资源的认识和定位，为实施定标比超战略提供科学的决策参考。

根据图书馆战略规划影响因素模型可知，图书馆的资源体系通常分为有形资源（资金、设备等）、无形资源（技术、声誉等）和人力资源等类。图书馆领导、管理者及员工对本馆的资源具有全面、深入的了解，因此，此项工作应在馆长领导下，由参与战略规划的主要员工具体落实，再通过规划委员会集中讨论、确定。首先由图书馆重要馆员经过讨论确定本馆具体资源分类，然后根据已决定的战略目标并结合自己对图书馆资源状况的了解和掌握的相关统计数据，每人填写一份资源现状评估表格，随后对评估结论进行讨论，达成一致，形成一份完整的资源现状评价表。

资源评价方面，赵益民从资源、员工、设施、管理、服务、读者、形象资源方面设计了图书馆战略资源差距矩阵，其员工部分如表 9 - 6 所示[1]。

表 9 - 6　图书馆战略资源差距矩阵

战略要素	分析指标	起点	终点	成本	难度	差距分值	总计
		H_4	H_3				
员工(H)	学历层次	1	2	1	1	1	23
	职业素养	1	3	2	2	8	
	招聘培训	2	3	2	1	2	
	职业满意度	2	4	2	3	12	

资料来源：赵益民：《图书馆战略规划流程研究》，国家图书馆出版社 2011 年版，第 137—138 页。

在各类资源下面分设若干评价分析指标。"起点"（如 H_4）为图书馆目前的发展水平，"终点"（如 H_3）为经过愿景展望形成的战略目标，对二者进行 0—4 的评分，0 表示不具有该项资源，1 表示资源较少，2 表示处于平均水平，3 表示资源较多，4 表示资源丰富，处于优秀水平。起点分值代表图书馆的现有资源状况，终点分值代表实现战略目标所需的资源水平。"成本"代表补足资源差距需要付出的各类代价，如人力、物力、财力或时间。以 1、2、3 表示从低到高的付出水平。"难度"代表补足资源差距的难易程度，以 1、2、3 表示从低到高的困难等级。"差距分值"的计算公式为：（终点 - 起点）×成本×难度，每一项战略要素的合计分为其下所有分析指标的分值之和[2]。分值越高表示图书馆资源现状与战略目标成功实现所需资源的差距越大。

资源评价工具还可以利用 Himmel 和 Wilson 的评价工具[3]。从员工、馆藏、设施、技术等方面选择具体指标进行差距分析，员工大类下包含需要的

---

[1]　此处仅以馆藏资源为例。

[2]　赵益民：《图书馆战略规划流程研究》，国家图书馆出版社 2011 年版，第 138 页。

[3]　Himmel, E. E., and Wilson, W. J. "Planning for Results: A Public Library Transformation Process", Chicago: American Library Association, 1998: 76.

专业员工的数量、需要的辅助专业员工的数量、需要的行政人员的数量、需要的培训四个具体指标；馆藏资源下有图书资料所需费用、信息资源所需费用（包含电子资源等）、目前馆藏资源的充足性（包括资源的数量、种类等）；设施主要涉及所需空间数量、设备数量、照明/环境要求；技术包括装备需求、软件需求、通信、电力、线路需求。其中的员工一项如表 9 - 7 所示。

表 9 - 7 图书馆工作人员差距分析

服务响应			
员工			
需要的专业员工的数量	现有的	需要的	差距
	缩减差距的计划或剩余资源的再分配		
需要的辅助专业员工的数量	现有的	需要的	差距
	缩减差距的计划或剩余资源的再分配		
需要的行政人员的数量	现有的	需要的	差距
	缩减差距的计划或剩余资源的再分配		
需要的培训（包括刚开始的和正在进行的）	现有的	需要的	差距
	缩减差距的计划或剩余资源的再分配		

资料来源：Himmel. E and Wilson，W. J. "Planning for Results：A Public Library Transformation Process". *Chicago：American Library Association*，1998：81 - 82。

赵益民和 Himmel 从两个角度对图书馆现有资源与战略目标成功实现所需资源进行差距分析，前者从定性与定量指标相结合方式对图书馆资源进行全面的分析，后者主要是以定量的指标进行差距分析。我国图书馆在进行差距分析时可根据图书馆数据统计状况，选择适合本馆情况的差距分析方法，分析资源的种类一般包括经费、人员、设施、馆藏资源、技术、管理、形象等。

根据本项目构建的图书馆战略规划影响因素，并结合赵益民、Himmel与 Wilson 等的具有实践指导意义的研究成果，《指南》在"评价组织资源、进行差距分析"部分，对该项活动所涉及的图书馆资源类型、评价组织资源的适宜主体、评价组织资源的方法与过程等进行了具体指导。

3. 关于战略规划制定与发布阶段

战略规划制定与发布阶段是在上一阶段形成目标体系的基础上，通过战略选择，确定总体战略和业务战略，形成战略方案。这一阶段主要包括形成战略方案、文本编制、规划审定发布三个子阶段。

（1）形成战略方案

①制定科学有效的行动计划

根据战略规划文本模型可知，战略方案除目标和任务外，最重要的就是行动计划。行动计划要具有科学性、客观性和可行性。科学性是指制定行动计划的方法要科学，要考虑到各方面的影响因素。客观性是指依据实事求是的原则，克服盲从冒进的思想，针对本馆的特点，制定行之有效的行动计划。可行性是指行动计划要具有可操作性，要综合考虑管理人员与馆员的执行能力，使每个馆员都能够适应具体的行动计划和工作条件[①]。如在温洛克民间组织能力开发项目组编制的《中国非营利组织战略规划指南》中指出行动计划就是为实现每个具体目标，确定具体的工作任务、时限、衡量指标、负责人和所需要的资源，包括人力、财力和技术资源，一般绘制成表格，按年度分短期目标制定，也就形成了年度工作计划[②]。如表9-8所示。

表9-8　非营利组织战略规划中的年度工作计划

短期目标2.2：每年开展至少五次社会性别培训，促进社会性别主流化

编号	活动	负责人	日期	衡量指标	所需资源
2.2.1	成立社会性别培训小组		×年×月	20人的小组	成立费用
2.2.2	培训者的培训		×年×月	20人两天	北京专家2名，培训、会务费用等
2.2.3	网络工作人员培训		每年	每年培训400人两天	培训场地和教材
2.2.4	执法人员培训		每年	20人两天	培训场地学员食宿补贴
2.2.5	对受家庭暴力的妇女提供培训		每年	20人两天	心理咨询专家

资料来源：温洛克民间组织能力开发项目组：《中国非营利组织战略规划指南》，[2011-07-20]，http：//wenku.baidu.com/view/b646ebec4afe04a1b071de0f.html。

---

① 杨溢、王凤：《图书馆战略规划的制定程序与内容框架研究》，《图书馆建设》2009年第10期，第112—113页。

② 温洛克民间组织能力开发项目组：《中国非营利组织战略规划指南》，（2011-07-20），http：//wenku.baidu.com/view/b646ebec4afe04a1b071de0f.html。

　　此外，行动计划的编制任务主要由图书馆各部门管理者与图书馆员工承担主要任务，主要根据已确定的战略目标和任务制定切实可行的行动方案。首先，图书馆各部门管理者和图书馆员工可采用头脑风暴法，集中讨论，为战略任务拟定行动方案；其次，由战略规划制定委员会就行动方案具体包含的内容进行讨论，并从这些方案中选择出最近一年或两年内对目标实现影响相关的内容，形成年度工作计划。关于行动计划选择的标准，Himmel 和 Wilson 在《面向结果的规划：公共图书馆转型过程》中①列举的以下标准可供参考：哪个行动计划最能有效促进战略目标的实现；哪个行动最倾向于激发用户和潜在用户；哪个行动计划最倾向于建立在员工的能力和兴趣的基础上；这个行动计划是否能够很好地成功完成；这个行动计划是否能有助于一个以上的任务或目标的实现；是否有充足的资源实现该行动计划；实现该行动计划是否需要有效的图书馆资源再分配。再次，为其具体实施确定具体负责人或部门。在选择负责人时要综合考虑管理人员和馆员的执行能力，已经承担的工作任务量、知识结构等使每个馆员都能够承担与自己能力、精力相符的行动方案，这样才能够保证规划的切实实施。为各行动方案确定明确的开始与结束时间，确保计划在下一个财政年内实现；最后，根据前面的"差距分析"结果，进一步确定行动计划所需的人员、馆藏、技术、经费等资源，然后对形成的行动计划进行重新检查、确定与调整，如若发现有些行动计划不具有可行性，就需要制定新的方案，如若该项计划的确是正确的并能促进战略目标的实现，那么可以考虑延长行动计划的实施期限。

　　国外图书馆战略规划实践行动计划的编制过程中非常强调行动计划的可操作性。如米勒斯维尔大学图书馆战略规划就采用这种结构设定战略目标体系，规划包含服务、馆藏发展、员工组织和发展、物理环境发展四个战略重点。在每个战略重点下形成若干战略目标，目标下设若干任务，每项任务下又设若干行动计划。如服务战略重点下的"目标2：通过新技术提供信息存取"下，设有"继续集成网络系统，包括在线目录、

---

① Himmel, E. E., and Wilson, W. J. "Planning for Results: A Public Library Transformation Process", *Chicago*: *American Library Association*, 1998: 88.

流通、查询和连续出版物模块""使用最新技术为用户提供最快最易行的信息存取"等四项任务。在任务下面设置"编目部将继续完善网络数据库使其能支持图书馆及用户对信息获取的需求""自动化委员会和查询部将执行查询模块""自动化委员会和期刊部将执行联系出版物模块"等八个行动方案。

行动方案下设了所需资源（其中设备部分见表9－9）、时间（见表9－10）、责任人等项，具体内容如下：

如资源需求包括：职员——自动化协调员、临时编目人员、数据库清理员、临时支持馆员、连续出版物部门的临时支持馆员、学生助理馆员。

表9－9　米勒斯维尔大学图书馆战略规划所需设备

获取模块	1991—1992	$15000.00
贝克 & 泰勒界面	1991—1992	4000.000
连续出版物模块	1992—1993	20000.000
3 个联系出版物的工作台		3000.000
光盘网络		35000.000

资料来源："Millersville university library strategic plan 1991 - 1995"，[2010 - 05 - 11]，http://catalogue. nla. gov. au/Record/5552479。

表9－10　米勒斯维尔大学图书馆部分战略目标对应的时间

| 初始数据库清理 | 1991—1993 | 联系出版物模块 | 1992— |
| 获取模块 | 1991—1993 | 网络 | 依赖于学校项目 |

资料来源："Millersville university library strategic plan 1991 - 1995"，[2010 - 05 - 11]，http://catalogue. nla. gov. au/Record/5552479。

相关个人、委员会、功能：自动化委员会、自动化协调员、信息获取委员会。

根据本项目构建的图书馆战略规划流程和文本模型，并借鉴《中国非营利组织战略规划指南》和PLA的《面向结果的规划：公共图书馆转型过程》以及国外图书馆战略规划实践经验等，《指南》中的"编制行动计划"部分对行动计划特点、行动计划编制步骤、行动计划的内容与变现形式等进行了详细说明。

②整合优化战略目标体系

图书馆战略规划是一个长期策略的制定与实施的体系，由战略重点、战略目标、任务和行动计划等部分构成，自上而下呈现出由宏观、抽象到微观、具体的战略思维。前面已经分别形成了战略目标体系的各部分，现在需要将它们组合在一起。由于规划过程有主观性、非线性等特征，因此，需要以全局的视野和统筹的思维对战略目标体系进行优化，对战略行动计划、任务和目标进行重组、调整和排序，确保整个战略规划的有效实施。相应的，《指南》中的"整合优化战略目标体系"部分也给予了详细指导。

（2）文本编制

针对内外环境的分析制定战略方案是图书馆战略规划活动的主要内容，这一过程的直接结果将形成指导实践的纲领性文件，即战略规划文本。

①文本编制过程

图书馆战略规划文本的编制是一项系统性的工作，文本编制的每一个步骤是否规范直接影响着规划文本的规范性与科学性。因此，《指南》需要对此活动给予指导。根据战略规划流程模型，《指南》中的"战略规划文本的编制、修改与批准"部分对图书馆战略规划文本编制步骤作了具体的说明。主要包括五个步骤：确定编写人员、草案拟定、文本修订、广泛征求意见、修改定稿获得批准。

②制定凸显特色的文本标题

目前，国外图书馆战略规划文本标题较为统一地采用 × Library Strategic Plan（或 Planning）200 × – 200 × 或者 A Strategic Plan for × Library，200 × – 200 × 的模式，并且有些图书馆为了凸显规划的特色，一般会根据战略规划的主要目标，设定简短、生动的短句作为文本正标题，而由 × Library Strategic Plan/Planning 200 × – 200 × 做副标题。如韦斯特波特公共图书馆 2007—2010 年战略规划的副标题是"参加社区，构建未来"（Engaging the Community，Building for the Future）、皇后大学图书馆 2006—2008 年战略规划的"探索的催化剂——皇后大学图书馆 3 年战略规划"、爱默生图书馆的"放眼未来：爱默生学院图书馆 2003—2006 年战略规划"、德雷克塞尔大学图书馆"21 世纪图书馆愿景：Drexel 的信息枢纽—

Drexel 大学图书馆 2004—2006 年战略规划",等等。而当前的国内图书馆尤其是大陆地区的图书馆战略规划还存在名称混乱、不统一、概念不清、以工作计划替代战略规划的问题,如有的叫发展规划,有的称为建设规划,甚至有的称之为工作计划,这在一定程度上反映出管理行为的随意性①。图书馆战略规划既不同于长期计划也不同于工作计划。图书馆战略规划是为图书馆未来制定具有前瞻性、全面性、创新性的长远发展目标体系。从科学性角度思考,在规划名称确定时一定要体现出战略性发展。根据国外图书馆战略规划经验,并结合我国图书馆特色,《指南》中的"文本标题"部分给予了专门指导。

③确定适宜的规划期限

关于战略规划期限,国外学者的观点较为分散,从 1 年、2 年、3—5 年,甚至更长时限均有涉及②。根据"战略规划文本模型"中有关规划期限的研究结论,我国图书馆战略规划期限可根据国民经济发展的五年规划可考虑选择 5 年为规划周期中期发展规划,同时图书馆可结合本馆实际具体考虑设置年度或 1—2 年中短期的行动计划和监督测评,逐步推进本馆的中长期规划的实施,此外图书馆还要在 5 年中长期规划的基础上明确前瞻性战略目标,考虑制定未来 10—20 年的长期战略发展规划,××图书馆 2020 年或 2030 年远景规划。如东南大学图书馆在制定"十二五"发展规划的基础上,又制定了东南大学图书馆"2010—2020"中长期发展规划,为图书馆的长期发展进行指导。《指南》中的"规划期限"部分给定了几种选择模式。

④规划文本的内容特征

图书馆战略规划文本内容的选择已经受到国内外理论与实践界的普遍关注。如赵益民在文本分析和专家调查的基础上,将规划文本的体例构成内容与文本具体内容要素整合在一起,作出文本内容必备与备选要素的参考划分,如表 9 - 11 所示。

---

① 柯平、贾东琴等:《关于图书馆"十二五"战略规划的若干思考》,《图书馆工作与研究》2011 年第 2 期,第 2—7 页。

② Pacios, Ana R. "Strategic plans and long-range plans: Is there a difference", *Library Management*, 2004, 25 (6/7): 259 - 269.

表 9 - 11　图书馆战略规划文本必备与备选内容要素的划分

类型	内容要素	类型	内容要素
必备要素	目标体系	备选要素	服务承诺
	实施策略		建筑设施
	愿景展望		发展历程
	信息资源		评价体系
	使命陈述		部门分工
	人力资源		成功关键因素
	技术应用		可行性分析
	组织管理		制定过程
	环境分析		危机管理
	经费支持		薪酬管理

资料来源：赵益民：《图书馆战略规划制定流程研究》，国家图书馆出版社 2011 年版，第 159—160 页。

我国图书馆在选择战略规划文本内容时需要参考本项目构建的文本模型，文本模型显示，图书馆战略规划文本中除了包括由愿景、使命、战略目标、任务、实施策略几项核心构成要素，由前言、环境分析、评价体系几项构成的辅助内容要素以及由回顾与总结、指导思想与原则、部门分工几项构成的特色内容要素外，在具体内容阐释中还应涉及信息资源建设、人力资源建设、技术应用、服务承诺、组织管理、经费支持、建筑设施、发展历程、制定过程、成功关键因素、可行性分析、危机管理、薪酬管理等要素。"文本模型"中将除体例构成要素以外的具体内容要素分为两类，其中一类是必备要素主要包括信息资源建设、人力资源建设、技术应用、组织管理、经费支持等要素；另一类是备选要素主要包括薪酬管理、危机管理、可行性分析、建筑设施、馆训、服务对象界定等要素。这两类要素之间并没有绝对的分界标志，各类型、不同级别、不同规模的图书馆可以根据本馆实际进行选择。此外，除了提到的内容要素外，战略规划实施进度表、预期效果等内容也应给予重视，必要时，可考虑加入文本内容之中。

根据本项目构建的文本模型，并借鉴相关研究结论，《指南》中的"规划文本的内容要素"从规划文本的必备要素、备选要素以及文本内容选择注意事项等方面进行了详细介绍。

⑤规划文本的体例结构

本研究将获取国外图书馆战略规划文本的体例结构进行统计，发现国外图书馆战略规划文本体例结构主要有以下几种模式：

最为简洁的模式：使命—愿景—目标体系；加入价值观的模式：使命/愿景—价值观—目标体系；展示图书馆环境分析的模式：使命/愿景—环境分析—战略目标；最为全面的模式：前言/馆长讲话—环境—使命—愿景—价值观—规划制定过程—目标体系—附录—参考文献。图书馆可根据本馆实际，选择适合模式，编制规划文本简本或详细版本。Himmel 和 Wilson 指出图书馆战略规划文本必须包括愿景、使命陈述、战略目标、任务四项，此外还可考虑将战略规划人员组成、战略规划过程、图书馆项目或服务现状、社区需求简要概况等信息融入文本①。

本项目构建的图书馆战略规划文本模型显示，图书馆战略规划文本的体例结构主要有核心体例要素、特色要素和供补充的辅助要素组成。其核心体例要素涉及愿景、使命、目标、任务、行动计划、实施策略。特色要素包括回顾总结、发展方向、指导思想、指导原则、各部门分工等具有中国特色的元素。辅助要素包括前言、价值观、环境分析、制定过程、经费预算、评价体系、附录。图书馆在编制战略规划文本时可根据本馆具体状况在具备文本必备要素的基础上，适当选择部分特色要素和辅助要素，形成具有中国图书馆特色的科学化、规范化、个性化与多样化的图书馆战略规划文本。根据文本模型，《指南》中的"文本结构"部分从文本的核心构成模块、文本的特色要素与文本的其他要素三部分给予具体指导。

⑥规划文本的行文特点

一份科学、有效的规划文本除了在标题、结构、内容等方面有一定的要求外，在具体的语言，文字表述方面也有一定的要求，其最基本的要求就是让执行规划的人能够顺利地读懂、理解。因此，《指南》需要对规划文本的行文特点给予指导。Nelson 曾指出一份有效的规划文本在具体的表述中应具备以下五个特征②：

一是清晰。一份清晰的文本就是容易读懂和理解的文本，应用的语言是

---

①　Himmel, E. E., and Wilson, W. J. "Planning for Results: A Public Library Transformation Process", *Chicago: American Library Association*, 1998: 92.

②　Nelson, Garcia. "An Interactive File with Links to Examples of the Service Responses", [2011 – 08 – 23], http://ourlibraryplace.com/elearn/mod/resource/view.php? id = 102.

较为简单、为读者熟悉的。如：The Anytown Public Library must take action to increase public awareness, through a variety of means including better marketing, PSAs, and the Community Outreach Program, of the Library's mission and goals. The Library must work with the ADDC and other organizations to ensure that Anytown's residents understand the importance of the library to the community as a whole and to the downtown area in particular, while at the same time striving to build relationships with the NDGs throughout the city and with those areas of the county that are served by the library.

可改为：The Anytown Public Library will work with the Anytown Downtown Development Council (ADDC) and the Neighborhood Development Groups (ADGs) to inform people about the library's programs and services.

二是简洁。用尽可能少的文字表达更多的意思，避免冗余。如：

The Anytown Public Library had its beginnings in 1904 when the Ladies Club formed the Anytown Library Guild. The Anytown Library Guild was originally housed in a room in the home of Mrs. J. C. Jones and the collection was built through donations of books from the entire community. In 1924, the Library Guild passed administrative responsibility for the library to the City of Anytown and the library became The Anytown Public Library. When the city assumed administrative responsibility, the library was moved to a room in the basement of the Anytown Court House.

改为：The library was founded by the Ladies Club in 1904 and became a city department in 1924.

三是具有可信性。一份可信的文本同时并具备精确性和可信性。在具体行文中尽量多使用具体的定量数据。如：

Anytown has grown a lot over the past decade and it appears that the city will continue to grow rapidly. Some of the new residents will be people who's primary languages is not English and the library will need to develop programs and services to meet the needs of the people. It will require considerable infusion of additional resources to do that.

可改为：According to the U. S. Census Bureau, the population of Anytown increased from 60，000 to 74，600（24%）between 1990 and 2000. The County Planning Department is projecting that the population will increase by 10% a year over the next decade and that 35% of the new residents be people whose primary language is not English. The library currently offers few programs for non-English speaking residents，and the board will need to reallocate existing resources or obtain new resources to develop services and programs for this growing audience.

四是逻辑性。文本内容要按易于读者理解的特定的模式安排。如：

内容目录：

Ⅰ.战略目标概要；Ⅱ.20××年行动计划概要；Ⅲ.规划委员会成员；Ⅳ.规划制定过程；Ⅴ.战略目标和任务

改为：内容目录：

Ⅰ.规划委员会成员；Ⅱ.规划制定过程；Ⅲ.战略目标概要；Ⅳ.战略目标和任务；Ⅴ.20××年行动计划概要

五是要具有说服力。具有说服力的文本就是说服人们相信图书馆是重要的资源中心，值得人们支持。如：

任务：到20××，持有图书馆证的居民将增加15%

任务：每年图书馆流通量将增加10%

可改为：

任务：到20××，某市持有图书馆证的居民数量将从41000增加到47000

任务：每年，95%的来图书馆寻找有趣的阅读、观看以及听的资料的读者将会在图书馆找到那些东西以满足他们的需求。

借鉴 ALA 图书馆战略规划指南经验，《指南》中的"文本的语言特征部分"，指明了图书馆战略规划文本行文要具有清晰、简洁、可信性、逻辑性以及较强的说服力。

（3）规划审定发布

①文本的外部形态特征

规划文本形成后，要经过图书馆规划委员会或上级主管部门的审定，然后以多种形式发布。在规划文本打印之前需要再次确定文本的格式、内容、排版等。同时，除了出版打印文本全文外，还要考虑设计一些重点突出规划使命、愿景与战略目标图文并茂的简报、活页、手册等以便图书馆利益相关者能够迅速、准确掌握图书馆战略规划重点，便于战略规划的宣传推广。此外，对于服务对象多民族化或多国籍化的图书馆应考虑战略规划文本的多语种处理，以满足各类服务对象的图书馆战略重点的理解，同时个别大型图书馆为了适应国际化的发展需求，也应考虑多语种文本的编制。如西雅图公共图书馆 2011—2015 年战略规划就呈现了英语、中文、西班牙语、俄语、索马里语五种语言形式的版本。正式出版的规划文本还需要设计凸显本馆特色的封面设计。借鉴国外图书馆战略规划实践经验，《指南》中的"文本发布形态"部分给予详细说明。

②重视多途径多方式的文本发布与宣传

关于战略规划宣传推广的问题，我国图书馆不仅应该在文本制定阶段广泛征询意见，还应加强正式文本的多渠道公布和宣传工作。根据本项目构建的图书馆战略规划流程模型中的规划文本发布与宣传阶段的工作，并借鉴国外图书馆战略规划实践经验，《指南》中的"文本的发布、宣传方式"部分对文本发布与宣传的具体方式与途径、具体做法等进行了介绍。

除了对文本的外部特征和文本的发布与宣传方式等方面给予指导外，《指南》还指明了文本的持续修订与调整的方式和重点内容。

4. 关于战略规划实施与评价阶段

这一阶段包括规划实施、规划评价两个子阶段。

（1）规划实施

图书馆战略规划的实施是战略制定的继续，即图书馆制定出战略目标后，必须将这些战略目标转化为战略的实际行动，它是战略规划从构思走向实际运作的关键。PLA 出版的最近的两部对公共图书馆战略规划制定起指导作用的规划指南中，均涉及了图书馆战略规划的实施。此外，《中国非营利组织战略规划指南》和《英国高等学校战略规划指南》两部指南中都对战略规划的实施进行了详细介绍。《新的面向结果的规划：条理化方法》指出战略规划实施阶段主要包括两项任务，一个是进行资源分配或再分配，另一个是监督执行，在该阶段主要开展的工作重点包括"对执行规划的各项活动所需的资源进行分配或再分配、将规划中的各项活动整合成图书馆的持续运作、对图书馆的达标进展情况进行监督、在情况变化或规划设想无效时，对规划进行必要的调整、为当前规划周期的第二年度或第三年度设计更多的活动、在下一个规划进程中运用你在这个规划周期所学到的知识"等。《中国非营利组织战略规划指南》指出战略实施阶段的主要工作涉及根据已确定的战略总目标，制定具体目标和具有可操作性的行动计划与制定监测和评估机制。《英国高等学校战略规划指南》从落实责任、确定目标、组织结构、管理变革、承担风险、监控等方面介绍了高等学校战略规划实施的注意事项。

根据本项目构建的图书馆战略规划流程模型，并借鉴 PLA 的图书馆战略规划指南、《中国非营利组织战略规划指南》以及《英国高等学校战略规划指南》相关经验，《指南》在"战略实施部分"从成立专门的战略实施组织或小组、重视战略目标的分解、排序和实施计划的制定、为各项战略任务确定负责人、制定监督机制等方面对战略实施相关问题进行了具体指导。

（2）规划评价

如何判断战略规划是否能成功或具有可行性？即一份好的规划应该符合哪些重要标准？本项目在战略规划流程模型中已经进行过相关研究。对图书馆战略规划进行评价，有助于图书馆把握正确的方向，对规划进行动态调整，以发挥战略规划的前瞻性指导的作用。因此，《指南》中需要对图书馆战略规划评价的相关问题给予指导。高爽通过专家调查从规划设计和规划内容两个维度，构建了高校图书馆战略规划评价指标体系，如表9-12所示。

表 9 - 12 高校图书馆战略规划评价指标体系

一级指标	二级指标	三级指标	一级指标	二级指标	三级指标
设计 A1	清晰性	逻辑结构	内容 A2	整体性	要素齐备
		表达重点			统筹兼顾
	吸引性	版面编排			战略重点
		行文方式			回顾总结
	民主性	相关利益者			本校规划
		馆员参与			教育规划
		信息传递			城市规划
					图书馆法规

续表

一级指标	二级指标	三级指标	一级指标	二级指标	三级指标
内容 A2	协调性	内部环境	内容 A2	发展性	馆藏与服务
		外部环境			读者
		竞争对象			技术与设施
	可行性	规划委员会		风险性	风险分析
		目标表述			危机处理
		执行计划		灵活性	目标弹性
		权责细化			资源弹性
		绩效测量			权责弹性
		阶段计划			
		预算支持			

资料来源：高爽：《高校图书馆战略规划评价指标体系构建》，南开大学 2009 年版，第 43—45 页。

　　此外，组织要想成功地制定和执行战略规划，必须要注意规划的过程、内容和使用。为保证规划的过程和所制定的规划对组织产生积极的影响，需要考虑三个方面的内容：制定规划的过程决定着规划的可信度和是否可以方便地使用规划的格式影响着人们在工作中对它的使用，人们不会使用复杂的、过时的文件，组织的管理者对规划的使用和态度会影响其他员工和董事会对规划的认可程度[1]。《英国高等学校战略规划指南》也从战略制定过程、内容和使用三个维度，列出了 33 个问题用于高校战略规划的自我检查[2]。规划指南中列出战略规划成功的关键要素或需要注意的问题列表，有助于图书馆在制定战略规划时对照考核，以保证规划的有效性。因此，在战略规划指南中也可从战略制定过程、规划内容、规划的使用等维度制定规划评价指标体系或列举一系列与规划相关问题供图书馆参考，有利于规范战略规划。

　　总之，根据图书馆战略规划流程模型，借鉴《英国高等学校战略规划指南》，并结合研究者相关研究成果，《指南》中的"图书馆战略规划的评

---

　　① 温洛克民间组织能力开发项目组：《中国非营利组织战略规划指南》，（2011 - 07 - 20），http：//wenku. baidu. com/view/b646ebec4afe04a1b071de0f. html。
　　② 刘念才译：《英国高等学校战略规划指南》，（2011 - 07 - 20），http：//www. wordwendang. com/word_baogao/1128/230399. html。

价"部分对图书馆战略规划评价的相关问题进行了介绍,并提供了若干图书馆战略规划成功关键问题,以供图书馆参考。

第三节 《我国图书馆战略规划编制指南》
(征求意见稿)的内容框架与应用

一 《指南》的内容框架

《指南》主要以本项目构建的图书馆战略规划流程模型为主线,将组织模型、影响因素模型及文本模型融入相应阶段,并参考国外图书馆战略规划指南相关材料及高校与非营利组织等其他组织机构战略规划指南编制的有效经验而编制,《指南》征求意见稿全文见附录1。《指南》按战略规划流程设定的阶段讨论了战略规划过程中的几个关键阶段——"战略规划启动与准备""战略规划分析""战略规划制定与发布""战略规划实施与评价"四个阶段,每个阶段形成一章,每个阶段下会有若干具体活动项以推进战略规划制定工作。《指南》的总体结构如下:

前言

第一部分 战略规划启动与准备

　　一、明确战略规划动因

　　二、明确战略规划制定方法

　　三、图书馆战略规划制定机构的选择

　　四、成立图书馆战略规划组织

　　五、制定规划时间表

　　六、规划制定过程中的会议安排

　　七、确定战略规划保障

第二部分 战略规划分析

　　一、已有成就回顾与总结

　　二、开展调研,搜集数据

　　三、综合分析

1. 战略规划启动与准备

战略规划启动与准备是战略规划实践的起点，充分的前期准备工作是制定一个科学、合理的战略规划的前提。《指南》主要从明确战略规划动因、明确战略制定方法、战略制定机构选择、成立专门战略规划组织、制定规划时间进度表、规划过程中的会议安排、确定战略规划保障等方面具体阐释了图书馆在战略规划准备与启动阶段需要重点关注和解决的问题，并针对每一工作环节提出更为具体的参考活动和表格。

2. 战略规划分析

任何图书馆的战略规划都建立在原有的发展基础之上，也都要面临未来环境的变迁。全面、系统地收集关于图书馆自身和外部环境的信息，客观认识组织当前的优势、劣势、机会与威胁并对未来发展前景进行预测都是图书馆在制定规划时需要重点考虑的事项。在本部分，《指南》主要从已有成就回顾与总结、开展调研、数据收集与分析等方面进行指导。在已有成就回顾与总结部分，《指南》提出要了解前一规划已经实现哪些目标、还有哪些目标未开展、哪些中途终止、哪些开展了还尚未完成、进行到何种程度、战略目标实施成功的经验与失败原因等为新规划寻求发展机遇。在数据收集部分，《指南》主要以列表的形式提出图书馆战略分析阶段所需要的数据类型、数据获取途径以及数据收集的注意事项等。在分析部分，《指南》重点强调图书馆如何作环境分析、用户需求分析、发展分析，同时对各种分析工具（如内部因素评价表、外部因素评价表、PEST、五力模型、SWOT 等）进行具体介绍，并根据图书馆特征提出各分析工具调整建议。

经过战略规划准备、数据收集与分析之后，图书馆的战略规划已具备了必要的前期基础，可以进行战略规划推导、目标体系构建并与资源能力匹配。主要包括图书馆战略愿景、使命的制定，图书馆发展总体目标与具体目标的制定等活动事项。在这部分，《指南》除了具体阐释各活动项目的特征、编制步骤、方法外，还从国内外战略规划文本中精选部分案例辅以说明，以更好地发挥《指南》的指导作用。

3. 战略规划制定与发布

规划文本是图书馆战略规划活动形成的最重要的纲领性文件，是图书馆长期发展的行动准则和决策依据。一份科学、规范的图书馆战略规划文本应该如何编制、应包括哪些体例要素，都是战略规划制定中面临的实际问题。规划文本的发布与宣传也是战略规划实施前的重要工作，对图书馆愿景、使命及发展目标进行有效宣传，不仅有利于提升全馆工作人员的工作积极性，增强凝聚力，还有利于向外界宣传图书馆，提升图书馆形象。在该部分，《指南》主要介绍了行动计划编制，文本的编制、修改与批准过程及该过程中的重点注意事项，规划期限选择，文本标题撰写方式，文本结构要素，文本内容要素的选择，文本中量化指标的设置，文本的语言特点，文本的发布形态，文本发布与宣传方式，战略实施过程中文本的调整与修改等。这部分最显著的特点是在每项活动后面提供多种选择，并对多个选项进行了描述，各图书馆可根据自己需要考虑那些选项中哪些对本馆最有效。

4. 战略规划实施与评价

战略规划的实施是战略制定的继续，要保证规划能够真正发挥对图书馆管理活动的指导作用，必须要付诸实践。战略规划的实施过程是一项较为系统、复杂的工作，图书馆在战略实施过程中需要对实施过程进行不断监测，并对实施效果进行阶段评估，对规划不断地进行修订与完善，进而实现图书馆战略规划的动态管理。关于战略规划的实施，《指南》主要从战略实施流程展开，主要涉及战略规划实施组织设立，战略目标分解、排序与实施计划的制定，确定任务责任人，制定战略实施监督机制等方面。关于战略规划评价部分，《指南》并未提供一个全面、系统、统一的战略规划评价指标体系，而是列举了图书馆战略规划要想成功需要考虑的几个关键问题，以期能够启发各图书馆在开展战略评价时，可结合本馆实际制定更为具体、适宜的战略规划评估指标。

二 《指南》在各类型图书馆的应用

目前，我国图书馆事业体系主要以国家图书馆为龙头，公共、高校和专业三大类型图书馆为支柱，其他类型图书馆为骨干。由于服务对象、主管机构等不同，各类图书馆在具体制定战略规划时会呈现出不同需求。这使本研究编制的《指南》会因其一般性，而不能具体体现各类型图书馆战略规划制定过程的独特性。因此，各类型图书馆在参考本《指南》时，需要具体参考本项目开展的各类型图书馆战略规划研究成果，将战略规划制定的一般过程与各类图书馆特殊性有效结合，进而制定出具有各类型图书馆特色的战略规划。

1. 《指南》在公共图书馆的应用

根据第四章中公共图书馆战略规划研究结论可知，本项目构建的流程模型、组织模型、影响因素模型、文本模型在公共图书馆具有适用性，但公共图书馆在战略规划制定中尚存在一些具体操作特征。因此，基于一般战略规划模型编制的规划指南，从整体上对公共图书馆战略规划具有规范指导作用，但在具体应用中还需要注意结合公共图书馆的特征。

（1）增强战略规划的主动性与主导性

首先，公共图书馆战略规划启动动因各异，提高和改善图书馆服务质量驱动、主管部门驱动、图书馆管理者个人观念驱动、制定传统驱动等都可能成为制定战略规划的动机。公共图书馆战略规划虽受地区战略规划及文化部门规划的影响，但并不像高校图书馆战略规划与本校战略规划联系那样紧密，它们战略规划中自主独立性更强，公共图书馆具备更多独立发起、制定战略规划的客观条件。

其次，就图书馆战略规划组织方面而言，呈现以下特点：图书馆内部管理层的主导性更强，公共图书馆隶属各级文化部门，其具备独立的法人身份，管理层的决策在执行过程中享有较高的独立性，公共图书馆战略制定过程中可以发挥更多的自身独立性，馆长与馆领导的规划权限较大；外部公众参与更为广泛，公共图书馆服务对象较高校图书馆更为广泛，因此战略制定过程中需要面对大众的多样化需求，公众参与深度与广度在战略制定过程中尤其突出；规划委员会中外部成员与馆内工作人员的职责领域分界明显，外部参与人员作为规划委员会的咨询机构，帮助图书馆确定所在地区的文化需求，政府发展预期等，帮助图书馆选择最有效的方式满足地方文化需求的服务重点，并在战略规划制定活动收尾阶段，参与讨论已完成的规划草案。图书馆内部人员是战略规划制定委员会的核心，其首要职责是组织并吸收外部分支委员会的建议，把委员会的建议与自身对战略发展问题的观点转变为服务与工作计划。

（2）结合区域实际，全面深入分析

关于数据收集，公共图书馆战略数据的收集具有典型地方性，不仅重视对本馆业务数据和图书馆行业发展趋势数据的收集，更注重收集本地区的经济发展、人口特征、文化习惯、行业分布等数据，尤其注重本地区大众性数据、服务社区的需求等信息的收集。

关于调研对象的选择，除了强调对馆员、读者调研外，还特别重视对其他相关公共文化服务部门、一般民众、社区机构的调研。

关于图书馆环境分析，公共图书馆战略环境分析主要从图书馆内部、外部两个维度开展。首先，公共文化服务体系对公共图书馆战略制定影响较大。公共图书馆服务与公共文化服务体系中的文化传播服务体系、文化娱乐服务体系、文化传承服务体系、农村文化服务体系等多个建设内容均具有直接联系，公共文化服务体系是公共图书馆当前发展的外部环境，是我国公共图书馆战略规划制定的沃土。其次，公共图书馆战略制定对政治环境与经济环境影响更为敏感。已有的经验中，《政府信息公开条例》的发布，促使公共图书馆"政府信息公开部门"的建立，成为战略规划中需要重点考虑的部分。最后，不同地区、不同规模的图书馆在战略环境分析中的侧重点会有所差异。由于我国的公共图书馆主要归属各地区不同级别的文化主管部门，不同地区的经济投入与政策倾斜不同，不同地区的同级别、不同级别的公共图书馆存在规模差异。处于发达地区、规模较大的图书馆一般具有良好的内部环境，在战略分析中会较多地关注外部的政治、经济等方面的发展机遇，而对于偏远地区、规模较小的图书馆更多地对内部条件和服务能力进行分析，进而确定战略规划。

关于需求分析，公共图书馆不仅仅要关注服务社区单个读者或机构的信息需求，更要关注整个服务社区的发展现状、社区的发展趋势以及社区的信息需求等。正如 PLA 出版的几部公共图书馆战略规划制定指南中都涉及了设计社区愿景、分析社区现状、明确社区需求等方面。

（3）借鉴角色确定方法进行战略方向推导

就战略方向推导而言，首先，确定图书馆发展愿景，公共图书馆愿景的编制步骤、方法、一般特征都可遵循《指南》。但在具体的愿景编制中公共图书馆发展规划的愿景需要坚持文化原则、多元与宏观原则。其次，明确公共图书馆的功能，作出服务响应。公共图书馆最基本的社会职能是保存人类文化遗产、传递科学信息知识、实施社会教育、开发智力资源、提供文化娱乐。随着时代的发展，图书馆功能在不断变化与发展，正如 Nelson 根据图书馆职能确定的做一个见多识广的公民，建立成功的企业鼓励多样化，链接网络世界，培养青年读者，学会读、写，作出职业选择等 18 项服务响应，作为图书馆战略规划选择的发展重点。因此，公共图书馆战略规划制定中可以借鉴国外角色确定的方法，先明确本馆的功能列表，然后根据环境分析和社区需求结果，确定重点或优先发展的功能，进而明确发展重点。最后，明确图书馆的使命，公共图书馆使命主要是根据图书馆发展愿景及发展重点而确定的，具体的制定过程、方法、特点都遵循使命的一般要求，只在具体内容上具有明显的差异性。可从图书馆教育、培养阅读习惯、提供学习与娱乐场所、提供信息服务、扫盲等图书馆基本职能着手编制图书馆使命。

就制定战略目标体系而言，公共图书馆的战略目标体系的层级、模式、制定过程与其他类型图书馆具有相似性。根据第四章公共图书馆战略规划的研究结论，可知公共图书馆的战略目标体系以 2—3 级为宜，需要包含总体目标、具体目标（或任务）与实施策略。

（4）注重与利益相关者的沟通

公共图书馆战略规划文本的形成过程主要包括文本编制、征求意见、修改、批准等环节。公共图书馆战略规划文本的审核过程与国家图书馆的审核过程相似，比较正式，参与人员更多，涉及部门也较为复杂。首先，需要得到管理层的认可，即规划文本最终要交由图书馆董事会或图书馆馆务会等审定；其次，规划文本方案需要得到图书馆管理专家的认可，从专业角度与行业发展角度审视战略规划的合理性；第三，战略规划需要得到读者群体的认可，即图书馆规划文本要得到图书馆服务社区的读者代表的认可；第四，相关管理机构的认可，即图书馆需要将规划文本抄送上报给主管部门或政府相关机构，判定其合理性。

就规划文本的内容与体例结构而言，根据国外公共图书馆战略规划体例经验，结合实际，我国公共图书馆战略规划可建立以核心体例、备选体例和特色体例相结合的模式。核心体例要素可包括：愿景、使命、目标、任务、行动措施、实施保障等。备选体例要素可包括：前言、已有成绩、环境分析、成功关键因素、财务状况、战略评估方式等。特色体例要素主要是结合我国行政文书的写作特点，考虑将指导思想、指导原则、工作思路等纳入我国公共图书馆规划文本体例中。

规划文本的内容要素主要体现在战略目标的具体内容上，根据第四章的研究结论，各公共图书馆根据本馆确定的优先发展功能选项确定图书馆未来一段时间内的发展目标，如从"公共图书馆服务网点建设、图书馆联盟与合作、大众阅读服务、展览、培训与讲座等文化活动、地方文献与古籍文献的管理与数字化、政府公开信息服务"等几个方面进行考虑。

2.《指南》在高校图书馆的应用

根据第五章高校图书馆战略规划的研究结论可知，由于服务对象具有专指性和具体性，使得高校图书馆在战略规划制定中具有一定的独特性。高校图书馆在战略制定过程中可以参考本研究编制的《指南》，并结合高校图书馆的独特性及本馆实际制定可行的战略规划。

（1）从所在学校出发制定战略规划

首先，高校图书馆制定战略规划的动因较多，但与公共图书馆较为明显的差异是高校图书馆战略规划启动具有较强的依附性，即高校图书馆战略规划启动较大地受所在学校发展规划的影响，更多地从适应或促进所在大学发展战略规划着手制定。在明确战略发展目标中较多地考虑到大学的发展目标。

其次，关于战略规划组织机构方面，高校图书馆战略规划人员同样由馆内和馆外人员构成。馆外人员除校级主管领导外，还包括图书馆专家、顾问、其他大学图书馆同行和学生、教师代表等。馆内人员除涉及馆长、部门主任等中级管理人员、馆员代表外，还可考虑将个别图书馆的工作委员会代表纳入。

最后，关于高校图书馆战略规划制定的有效时间，高校图书馆要考虑大学一年一度的校历时间安排，可根据学期时间安排图书馆战略规划制定的周期。高校图书馆战略规划启动时间一般不在 6 月或 12 月开始规划过程，因为此时接近学期末，各工作人员时间安排将太复杂。基于上述原因高校图书馆可以考虑在 2 月或 3 月或 9 月启动规划，规划制定时间可与学期时间同步，大概 12—18 周。

（2）结合学校实际进行调研分析

在数据收集方面，结合我国高校图书馆实际，高校图书馆在战略规划制定过程中需要获取的相关数据主要包括：宏观统计数据如经济、文化、教育等相关行业的发展状况；微观统计数据包括大学的财政、资源配置、学科建设、院系设置、教学模式、学生结构等方面的数据；图书馆自身的统计数据，如本馆的馆藏资源、技术、经费、馆舍、设备、人力资源等；相关制度规程，如教育部、大学等出台的各类规章、条例、法规等；相关规划文件，隶属大学的战略规划文本，国内外高校图书馆的规划文本等；图书馆内部观点，如图书馆员工对图书馆未来发展的认识和期望等；读者需求调查，如不同类型读者满意度，读者对资源、服务等方面的需求。

在调研对象方面，主要强调对馆员与读者调研，同时还要关注所在大学的性质与发展定位。对馆员调研主要明确馆员对本馆发展的认识与预期。高校图书馆的用户群体主要是在校学生与教师员工，用户调研过程中主要对用户当前的信息素养、用户期望、未来的资源、服务与空间需求等进行调研。

学生需求的主要是与课程相关的信息，而教师员工除了需求与课程相关的信息之外，还需要更多与研究课题相关的前沿的信息资源。大学的不同性质与发展定位对图书馆馆藏建设、服务等产生重要影响，因此高校图书馆在开展调研时首先要明确所隶属大学下一步的发展定位。

在图书馆环境分析方面，高校图书馆战略环境分析主要从图书馆内部、外部两个维度开展。首先，教育环境的变化对高校图书馆的战略规划的制定影响较大。主要是随着教学/科研模式的 E 化、网络化以网络公开课逐步普及，高校图书馆为了更好地配合大学教学，需要不断改变自身的服务模式，以提高用户的信息素养。其次，通过国内外高校图书馆战略环境分析发现，高校图书馆的发展机遇主要来自信息技术发展、图书馆用户需求的变化和学校内部教学及科研发展趋势三方面。信息技术的发展与图书馆发展有着天然的联系，每一次技术的革新都会影响到图书馆事业的发展，新技术的普及与应用必然会影响到图书馆战略目标的制定，并且信息技术的发展在影响用户需求、最终驱动图书馆不断拓展服务的同时，也为图书馆服务创新提供了有效的技术支撑。用户需求是影响图书馆服务的根本因素，学校内部教学及科研发展趋势是高校图书馆区别于其他类型图书馆在制定服务战略时必须考虑的重要影响因素。

在需求分析方面，高校图书馆的读者群体主要是本校的学生和教师员工。因此在需求分析阶段主要关注在校师生的资源需求、图书馆未来发展期望等。高校学生读者的需求主要集中在课程方面、课题研究、论文写作等方面，并且本科生、硕士生、博士生不同级别的学生对信息的需求会存在差异；同时从事教学和研究的教师员工的需求又有不同，因此高校图书馆在进行需求分析阶段首要的是对读者进行分类，根据不同需求有针对性地制定本馆资源建设、服务等战略。

（3）依据学校战略方向与目标确定图书馆战略方向与目标

就战略方向推导而言，首先，确定图书馆发展愿景，高校图书馆愿景的编制步骤、方法、一般特征都可遵循《指南》。但在具体的愿景编制时，可参考高校图书馆战略规划研究章节中的结论，从宏观和微观两个层面考虑，可以参考"提升图书馆整体社会形象、致力于创建国内领先乃至世界一流的大学图书馆、进一步改善为校内教学和科研提供的创新服务、不断向外拓展，强化同其他机构的合作，拓展图书馆服务范围、争取在任何时间任何地点都能满足各种用户的信息需要"等方面编制图书馆发展规划愿景。其次，明确图书馆的使命，高校图书馆使命主要是根据图书馆发展愿景及发展重点而确定的，具体的制定过程、方法、特点都遵循《指南》中的一般要求，只在具体内容上具有明显的差异性。可结合本馆实际，从支持教育、学习和科研，提供资源和服务，使读者终身受益，支持大学的使命等方面着手考虑编制图书馆使命。

就制定战略目标体系而言，高校图书馆的战略目标体系的层级、模式、制定过程与其他类型图书馆具有相似性。根据高校图书馆战略规划研究章节的结论，高校图书馆的战略目标体系以2—3级为宜，需要包含总体目标、具体目标（或任务）与实施策略。图书馆战略目标的制定过程是一个较为复杂的过程，反复的交流、讨论显得很重要，"讨论—表决—推荐—讨论—表决"的循环流程比较容易促使分散的意见得以整合，容易达成团体的共识。

（4）重视校内广泛征求意见

高校图书馆战略规划文本征求意见时除了向本馆馆员、读者代表、外部图书馆专家等咨询修改意见外，还要向本馆所在地区的高校图书馆工作委员会成员等咨询修改意见。同时，高校图书馆的战略规划文本需要经过由外部专家组成的委员会或小组进行审定，主要针对规划的科学性、客观性、实践性和可操作性等方面进行审核。高校图书馆战略规划文本的批准首先要通过本馆工作委员会的认可，再提交学校的图书馆主管领导，批准通过。

就规划文本的内容与体例结构而言，根据国外高校图书馆战略规划体例经验，结合实际，我国高校图书馆战略规划文本体例与公共图书馆一样由核心模块、备选模块和特色模块组成。

规划文本的内容要素主要体现在战略目标的具体内容上，根据前面高校图书馆战略研究章节的研究结论，各高校图书馆在内容要素选择方面可以从员工、馆藏资源、设施、技术经费等着手，凭借良好的服务与丰富的馆藏支持用户的研究与教育；为大学的目标及使命服务；促进国内外合作及在世界范围内推动学术交流等。

3.《指南》在专业图书馆的应用

专业图书馆是我国图书馆事业体系中较为复杂化、多样化的体系，包括科学研究图书馆系统、农业图书馆系统、化工文献信息系统、社会科学院图书馆系统等。专业图书馆主要是某学科、某专业的特色馆藏中心，其主要面向相关领域和行业，提供基于学科领域和业务领域的学术与专业文献资源保障、学科化信息服务和战略情报研究服务。因此，专业图书馆在其战略规划制定过程中一定要综合考虑专业图书馆的特色。

专业图书馆的服务对象专指性较高，其馆藏资源专业性强、服务学科较为集中而专深。因此，专业图书馆的调研对象的选择、数据收集范围、环境定位相对于高校图书馆与公共图书馆而言针对性更强。

根据第六章专业图书馆战略规划的研究结论，专业图书馆环境分析阶段主要从内部与外部两个维度展开，具体的内部环境要素主要包括资源、服务、资产、组织等方面，外部环境要素主要包括经济、技术、法律等宏观环境、行业环境以及读者需求等要素，其中技术发展、经费支持以及学术交流环境对专业图书馆的发展影响更为明显，如国外专业图书馆环境分析中更多地涉及无缝连接技术，手机、个人数字助理等便捷的现代通信工具更多地引起专业图书馆的关注。

专业图书馆在确定战略发展总目标时，由于专业图书馆的读者比较集中且专业性强，保证读者对专深资源的需求一般是专业图书馆的发展重点。具体的服务、资源建设等发展战略更具有专指性。如专业图书馆的资源发展定位一般资源学科范围比较窄，资源内容专深，有些图书馆根据本馆实际会涉及商业信息、科技情报等；服务定位方面专业图书馆更多地强调为创新活动提供服务，并强调为本学科或专业领域提供最佳的服务，并努力使读者随时随地都能获得专业信息。

关于专业图书馆的战略规划文本，可直接按照《指南》的核心、特色和其他三个体例要素模块，根据本馆实际编制规划文本。

4. 《指南》在国家图书馆的应用

国家图书馆是由国家政府建立的图书馆，是一个国家图书馆事业的核心。因此，国家图书馆在制定战略规划时，除了可以遵循《指南》提供的一般流程外，在具体的制定中还要考虑其具有的独特特征。

（1）发挥引领和示范作用

首先，国家图书馆直接隶属国家文化部，其制定战略规划的动因，除了改善本馆条件、服务等基本动机外，更主要的来自上级主管部门的推动，为全国图书馆事业战略发展作出表率，引领全国图书馆事业的发展。

其次，图书馆战略规划组织方面，在由文化部主管领导、图书馆内部领导等构成的规划领导小组下再成立专门负责战略制定的规划工作小组。工作小组具体设置组长负责主持、管理整个规划制定过程，以及由图书馆各部门主任构成规划成员具体负责各项调研工作。

最后，就国家图书馆战略规划制定时间跨度而言，由于国家图书馆作为全国图书馆事业的领航者，涉及的调研、征询意见范围更广泛、更全面，因此所需的时间更长，可能会延至半年或更长时间。

（2）从国际视野、立足本国进行战略分析

国家图书馆在战略分析过程中需要注意的是调研对象更具有国际性，除了强调对各个国家图书馆战略规划的调查、分析外，更强调对各个国家图书馆发展状况的实地调研、观察、学习。

关于调研对象的选择除了关注馆员、读者、其他相关公共文化服务部门外，还要关注国家立法等政府部门。

在环境分析方面，与其他图书馆一样从图书馆内部、外部两个维度开展环境分析。内部环境主要是从资源、服务、管理三个方面展开，但国家图书馆作为全国的信息资源储备战略中心，更多的会强调全国各类型资源的储备，不仅重视信息的数量，而且也重视存储的格式的多样性。在外部环境分析中，国家图书馆更多地意识到国家图书馆运作环境的国际性、国家图书馆行业发展趋势、注重国家公共文化服务体系的整体分析、对国家文化政策的变化更为敏感。总体而言，国家图书馆环境分析阶段与其他类型图书馆相比，更多的是从国家层面和国际视野去考虑问题。

在需求分析方面，最重要的是明确国家图书馆的服务定位。纵观世界范围内许多国家图书馆的政策规定，国家图书馆多属于研究图书馆，服务对象主要是科研人员。中国国家图书馆服务的对象主要是中央党政军领导机关、科学研究部门和重点生产建设单位[①]。因此，国家图书馆在进行需求分析时除了对一般公众的信息需求进行调研外，还要重点关注国家的中央党政军领

---

① 吴慰慈、蔡箐：《国家图书馆发展战略研究》，《国家图书馆学刊》2008年第2期，第15—20页。

导机关、科学研究部门、立法部门和重点生产建设单位的需求。

（3）多角度进行战略方向推导

就战略方向推导而言，首先，确定图书馆发展愿景，国家图书馆愿景的编制步骤、方法、所具备的一般特征都遵循《指南》。而国家图书馆愿景的独特性主要体现在国家图书馆根据其发展定位，在愿景的具体内容方面具有独特性。其次，明确国家图书馆的功能，作出需求响应。中国国家图书馆将本馆职能定位为"国家图书馆是国家总书库，国家书目中心，国家古籍保护中心。履行国内外图书文献收藏和保护的职责，指导协调全国的文献保护工作；为中央和国家领导机关、社会组织及社会公众提供文献信息及参考咨询服务；开展图书馆学理论与图书馆事业发展研究，指导全国图书馆业务工作；对外履行有关文化交流职能，参加国际图联及相关国际组织，开展与国内外图书馆的交流与合作"[1]。因此，国家图书馆可根据本馆职能定位并结合环境、需求与发展分析，选择、明确图书馆的发展重点或总目标，金瑛与姜晓曦通过对不同国家的国家图书馆的总目标进行分析发现，国家图书馆面向全国国民及政府，满足大众的娱乐、继续学习、研究及支持政府的决策服务是国家图书馆选择战略总目标时主要考虑的因素[2]。最后，明确图书馆的使命。国家图书馆使命主要是根据图书馆发展愿景及发展重点而确定的，具体的制定过程、方法、特点都遵循使命的一般要求，只在具体内容上具有明显的差异性。

（4）注意规划涉及部门的广泛性和相关要素的复杂性

就文本编制、征求意见、修改、批准的过程而言，与其他类型图书馆具有相似性。但具体的征求意见对象更具有广泛性，除了向馆内的普通工作人员、馆外的读者、专家、相关部门代表等征询意见外，由于国家图书馆对全国图书馆事业的发展具有领导、示范作用，因此在战略规划文本的修订阶段还要广泛向全国各省市级图书馆领导等征询意见；国家图书馆战略规划的审核过程更为正式，参与人员更多，涉及部门更复杂。首先，需要得到管理层的认可，国家图书馆制定的战略规划首先要通过馆内工作委员会的讨论审

---

① 《国家图书馆概况》，（2011 - 8 - 27），http：//www.nlc.gov.cn/newdzzn/。

② 金瑛、姜晓曦：《国外图书馆关于环境定位和发展目标定位的战略规划分析》，《图书馆建设》2009 年第 10 期，第 97—102 页。

定，最终决定战略规划的相关问题，把握战略目标与策略的可行性与合理性。其次，战略规划需要得到图书馆管理专家的认可。从专业角度与行业发展角度审视战略规划的合理性。最后，相关管理机构的认可。国家图书馆战略规划形成后需要抄送上报给主管部门或政府相关机构，判定其合理性。

就规划文本的内容与体例结构而言，根据国外国家图书馆战略规划体例经验，结合实际，我国国家图书馆战略规划可建立以核心要素、特色要素和其他要素相结合的模式。核心体例要素可包括：愿景、使命、目标、任务、行动措施、实施保障等。特色体例要素，主要是结合我国行政文书的写作特点，考虑将指导思想、指导原则、工作思路等纳入我国国家图书馆规划文本体例中。其他体例要素可包括：前言、已有成绩、环境分析、成功关键因素、财务状况、战略评估方式等。

就规划文本的内容要素主要体现在战略目标的具体内容上，国家图书馆战略目标体系的内容选定过程中可重点考虑"研究性公共信息机构的角色定位、信息时代图书馆界的主导者和协调者地位、数字环境下制定并推进数字化战略的中流砥柱、在履行基本职能的同时保持制度的创新、全球化背景下开展国际和国内的广泛交流合作"[1] 等方面。

---

① 吴慰慈、蔡箐：《国家图书馆发展战略研究》，《国家图书馆学刊》2008 年第 2 期，第 15—20 页。

第　十　章

图书馆战略规划计算机辅助研究

随着信息化时代的到来，以计算机技术、信息技术为代表的高新技术对社会各个领域产生了深刻的影响。在图书馆界，传统的工作方式受到新技术应用的影响日益剧烈。特别是近些年，RFID 射频技术、SFX 链接技术、Web2.0 技术、云计算等新技术在图书馆中得以广泛应用，使得图书馆内外部环境发生了革命性的变化。随着图书馆战略规划研究的不断深入，应用计算机技术辅助将会帮助图书馆快速、准确地完成战略规划的制定。

第一节　计算机辅助图书馆战略规划制定的研究

狭义地来看，计算机辅助图书馆战略规划是指利用计算机开发战略规划软件辅助图书馆战略规划的制定；而广义的计算机辅助图书馆战略规划是指利用计算机以及相关信息技术辅助图书馆战略规划制定的过程，其中除了计算机软件开发与利用外，还包括现代信息技术的利用。

一　计算机辅助图书馆战略规划的必要性

本项目的 2198 份调查问卷中，对"设计图书馆战略规划制定软件的态度"的调查结果显示，近 70% 的被调查者认为需要设计战略规划制定软件。根据我们对部分被调查者的调研并结合当前各类型图书馆的战略规划实践，计算机辅助图书馆战略规划的必要性体现在以下几个方面：

第一，为图书馆战略规划制定提供参考范例。本项目通过文本调研发现，多数国内图书馆战略规划文本缺乏使命、愿景的陈述，战略目标的制定不符合客观实际且在具体目标的制定上存在重复。针对这一问题，本项目对图书馆战略规划制定参与者进行了电话访问，多数被访者认为出现上述问题的一个较大原因就是缺乏可供参考的战略规划范例。而计算机辅助图书馆战略规划制定就可以通过建设网站、博客、维基等为图书馆提供范例或者指南等帮助其进行战略规划制定，为图书馆提供有价值的参考信息。

第二，为图书馆战略规划制定提供决策支持。图书馆在进行战略规划的过程中，往往不知道该从何入手，找不到进行战略规划的切入点。有部分制定者也参考国内外优秀的战略规划文本，然而对于如何制定、怎么制定以及如何结合本馆特点来制定等问题，却找不到切入点。在这些方面，通过计算机辅助战略规划就可以为图书馆提供战略规划工具包，为图书馆战略规划制定提供指导。

第三，为图书馆战略规划提供"规划"。图书馆在制定战略规划的过程中，对于战略规划的时间、战略规划制定流程、组织管理等与战略规划有关的活动需要进行相应的规划来适应战略规划的制定，可谓"战略规划的规划"。本项目的问卷调查和访谈发现，一些战略规划制定单位因为时间紧迫，要求在短时间内必须完成规划文本，另外，也有个别图书馆的战略规划是由个人来完成的，这些不正确的做法需要加以规范。计算机辅助图书馆战略规划就可以为此类问题提供解决方案。

综上所述，利用计算机辅助图书馆战略规划具有较大的必要性，在图书馆战略规划制定过程中应用计算机辅助图书馆战略规划的制定可以为图书馆战略规划提供参考范例、决策支持，并能解决相关问题。

二　应用计算机辅助图书馆战略规划的目的

应用计算机辅助图书馆战略规划可以帮助图书馆快速、准确地进行战略规划的制定，具体来讲，本项目应用计算机辅助图书馆战略规划的目的在于以下几点：

首先，对图书馆战略规划制定起到宣传、鼓励的作用。现有的一些图书馆之所以对战略规划不重视，主要是由于没有认识到战略规划对于图书馆未来发展的重要性，而通过相关网站建设，可以向图书馆工作人员宣传关于图书馆战略规划重要性的知识，使之更有信心地去做好本馆的规划文本。

其次，对图书馆战略规划制定起到指导性的作用。计算机辅助图书馆战略规划可以为图书馆提供战略规划工具包来对本馆的情况进行把握，作出战略规划制定前的一些判断与选择（例如，是否委托其他单位来进行战略规划制定等问题）。同时，也可以通过网站的方式提供图书馆战略规划的流程、组织、影响因素、文本等模型，为图书馆工作人员提供直观而简练、准确而明细的图书馆战略规划指导。

再次，对图书馆战略规划制定起到规范性的作用。通过计算机辅助图书馆战略规划的制定可以规范战略规划制定的过程。利用计算机辅助工具进行战略规划制定，其战略规划的过程、战略规划的文本等均在规范化的辅助模块下进行，有利于图书馆战略规划制定的规范化。

最后，通过计算机辅助图书馆战略规划制定，能够充分发挥计算机信息管理的优势，对节省大量的重复劳动、便于战略规划的讨论与传播、更好地采用图形化界面等方面都起着重要作用。

三　计算机辅助图书馆战略规划的类型

从类型上来看，计算机辅助战略规划大体上可以包括以下几类：

第一类是以范例、工具包等形式存在的各种展示性、指导性的战略规划网站。其目的是让访问者通过浏览该网站，可以模仿、学习范例或根据其提供的工具包逐步地制定适合自身图书馆的战略规划。例如本课题组所构建的战略规划网站为访问者提供范例以供参考，ALA 的网站则为访问者提供战略规划制定工具包帮助访问者进行战略规划。该类型计算机辅助图书馆战略规划制定方式的指导性较强，有利于尚未制定战略规划的图书馆团队或个人借鉴、参考和学习。同时也能够根据图书馆自身的客观条件不同，参考网站上有价值的指导信息制定个性化的战略规划。

第二类是以软件的方式辅助战略规划制定。通过设计相关软件辅助战略规划的制定可以为战略决策提供支持，包括内外部环境的判断。计算机软件有强大的分析能力，节省了战略制定人员对大量数据进行清洗、加工处理和分析的时间，为战略规划的制定提供决策参考。

第三类是通过可交互的各种 Web2.0 工具辅助战略规划制定。其中包括战略规划论坛、战略规划博客、战略规划微博、战略规划维基等。该类型的战略规划辅助工具主要用于在制定过程中团队中个人与个人的交流、团队与外部上下级组织的沟通，并可以为同其他战略规划制定单位进行学习、交流提供便利。

第二节　国外现有计算机辅助战略规划的参考模式

信息技术在图书馆的传统查询、借阅、管理、传播等方面起着举足轻重的作用，随着图书馆战略规划研究的不断深化，信息技术逐步应用于图书馆战略规划的制定。在国外，已经存在计算机辅助战略规划制定的工具包（Toolkit）和计算机辅助软件，可供图书馆战略规划参考。随着图书馆对Web2.0技术的持续关注，Web2.0也可以应用于图书馆战略规划之中，对图书馆战略规划进行宣传与辅助。

一　战略规划工具包

图书馆战略规划的工具包是辅助图书馆战略规划制定的一系列工具。工具包对图书馆战略制定的全过程给予指导，帮助图书馆逐步地进行战略规划。本项目以 ALA 的战略规划制定工具包和英国联合信息系统委员会的战略规划工具包为例，对图书馆战略规划工具包进行介绍。

1. ALA 的图书馆战略规划制定工具包

ALA 根据《面向结果的战略规划》（2008）[①] 这一指南，在 http：//ourlibraryplace. com 为图书馆制定战略规划提供工具包，共包括六个工具，涉及图书馆战略规划的促进者选择、经费预算、目标设定等全部过程。

（1）工具1：促进者选择

图书馆战略规划开始制定之前，制定者都应该考虑这样的问题：什么因素能够对战略规划的制定过程起到促进作用？当然在此阶段里，最值得关注的应当是：制定者是否需要通过寻求外部顾问来协助规划的制定？如果确定需要寻求外部支持，那么到底是选择一个拥有专业素质的外部顾问团队，还

---

① Nelson，S. S. "Strategic Planning for Results"，*Chicago*：*American Library Association*，2008.

是依赖内部团队来完成呢?

　　ALA 所提供的战略规划工具包 1 就能够解决这一选择的问题。在点击了工具 1 的链接后,出现了一个页面提供一系列需要回答的问题,例如:"您的规划制定需要一个内部的促进者还是一个外部促进者?""如果贵单位需要一个外部促进者,那您能够承受多高的费用?""在哪儿可以找到促进者(顾问)——图书馆内部还是外部?""您如何从已有的候选中选择适合的促进者?"

　　带着这些问题,ALA 提供的工具包设计了一个"促进者决策树"来回答访问者的疑虑,见图 10 - 1。

促进者决策树　　　　　　　　　　选择您的促进者

在每个层级点击其中一个选项(白色)以确定你的选择,点击灰色按钮重新开始这个过程,点击白色按钮,可以看见整个决策树,当你完成后,点击底部的按钮可以看到所有选项的细节。

□ 全选
▨ 重新开始　　　　　　■ 点击此处查看促进者更多信息

图 10 - 1　美国图书馆协会的图书馆促进者决策树

　　资料来源: "Interactive tool to help you make decisions about a planning facilitator",[2011 - 11 - 09],http://ourlibraryplace.com/elearn/mod/resource/view.php? id = 64。

　　针对这一问题,战略规划人员可以根据本馆情况进行选择,点击不同的选择会出现更多的不同的路径选择,见图 10 - 2。

　　如图 10 - 2 所示,如果选择了需要促进者来帮助战略规划的制定,会出现"免费—收费的选项",图 10 - 3 我们选择了收费路径,可以看出其后还有细化的选择,分别是"非图书馆战略规划咨询"和"专业的图书馆咨询"等。明了而直观地为制定者提供决策选择。在其下方还有"查看全部"的选择,能够方便人们对整体的决策选择进行浏览。

　　(2)工具 2:规划之前的计划

　　所谓的"规划之前的计划"指的是一些规划制定者在规划制定之前需

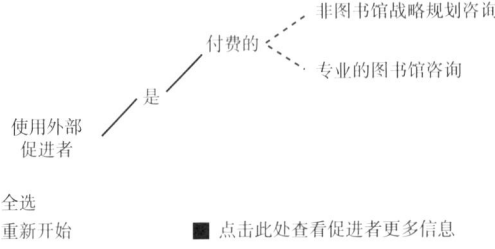

促进者决策树　　　　　　　　　　选择您的促进者

在每个层级点击其中一个选项（白色）以确定你的选择，点击灰色按钮重新开始这个过程，点击白色按钮，可以看见整个决策树，当你完成后，点击底部的黑色按钮可以看到所有选项的细节。

□ 全选
▨ 重新开始　　　　　　　■ 点击此处查看促进者更多信息

图 10 - 2　美国图书馆协会的图书馆促进者决策树展开

资料来源："Interactive tool to help you make decisions about a planning facilitator."［2011 - 11 - 09］. http：//ourlibraryplace. com/elearn/mod/resource/view. php？id = 64。

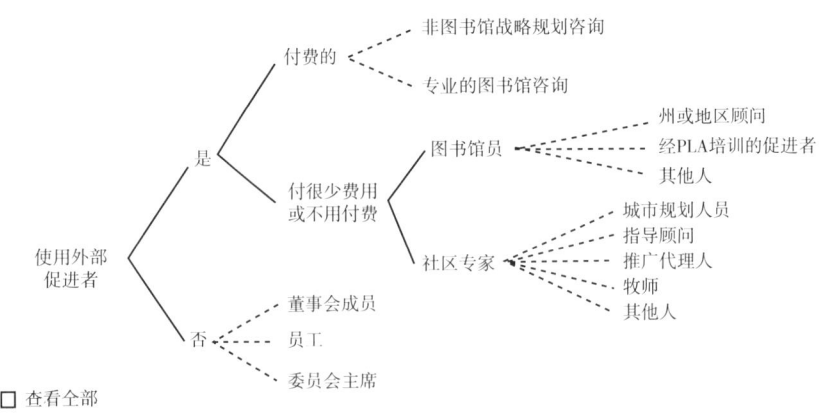

□ 查看全部

图 10 - 3　美国图书馆协会的图书馆促进者决策树总览

资料来源："Interactive tool to help you make decisions about a planning facilitator"，［2011 - 11 - 09］，http：//ourlibraryplace. com/elearn/mod/resource/view. php？id = 64。

要考虑的问题，例如规划日程表、规划委员会构成、规划预算等。在工具 2 的阶段，ALA 可以提供的是制定者的选项、对制定者决策进行记录等功能。

点击工具 2 中"提供的决策支持工具"页面，我们能够了解到这个工具的功能，即提供给战略规划制定者三个方面的帮助："应该由谁来辅助管理战略规划委员会会议""战略规划时间表与日程表""战略规划预算"。

在"应该由谁来辅助管理战略规划委员会会议"的页面，我们可以看到这里明确地对需要做出抉择：根据工具 1 提供的促进者决策树，来写下战略规划协作者的名字。

在"战略规划时间表与日程表"部分，ALA 建议采用为期 4 个月的时间来进行图书馆战略规划的制定，在 4 个月的制定期结束以后，会得到一份由图书馆董事会通过的战略规划文本，之后进行发布与宣传。工具包的注意事项强调，一旦开始图书馆战略规划的制定过程，随着规划进程时间的推进，需要更快、更紧凑地开展规划制定活动。工具包建议在制定规划的时候，最好激励参与制定的管理者、顾问以及图书馆馆员全身心投入，否则按照平时图书馆馆员日常忙碌的工作时间表，将会无法制定出一份比较完美的计划。因此，它建议也可以将计划放到寒暑假期等公众假期进行集中突破。

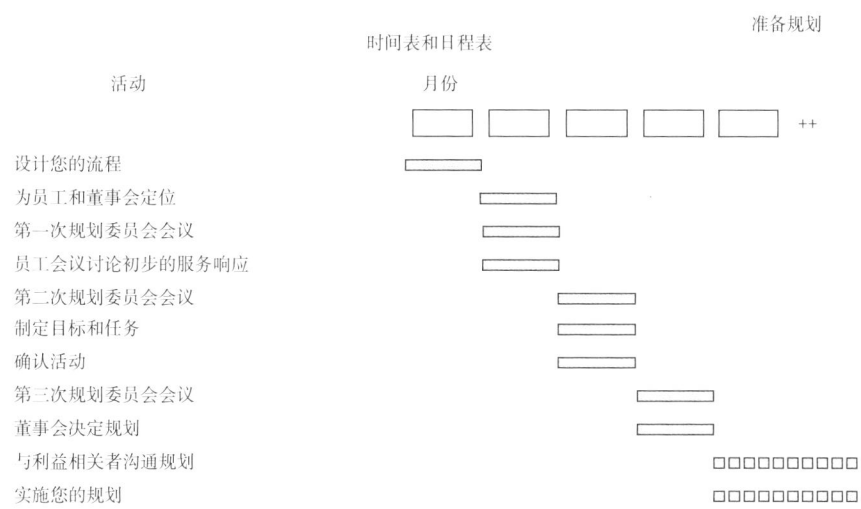

在屏幕上方的第一个"月份"框中输入你准备制定战略规划月份的缩写（三个字母），在余下的框中输入后面四个月份的缩写。

■ 点击此处查看其他要做的决定

图 10 - 4　美国图书馆协会的图书馆战略规划时间与日程安排

资料来源："Interactive tool to help you make decisions about a planning facilitator"，［2011 - 11 - 09］，http：//ourlibraryplace. com/elearn/mod/resource/view. php？id ＝64。

　　从图 10 - 4 可知，ALA 的规划制定日程表（至少 4 个月）中包含的步骤与过程：

　　第一个月的时间用来进行战略规划流程的设计。

　　第二个月的时间需要进行三项内容：员工与董事会的定位、第一次规划委员会会议、员工会议（讨论初步的服务响应方案）。

　　第三个月需要进行的内容包括：第二次规划委员会会议、制定规划的总目标以及任务、制定各项措施。

　　第四个月需要进行的任务包括：第三次规划委员会会议、董事会最终决定规划。

　　在这 4 个月的战略规划制定之后，ALA 的战略规划制定日程表列出了此后时间段要完成的任务，包括就战略规划同利益相关者的沟通和战略规划的实施。

　　（3）工具 3：制定预算与图书馆服务响应

　　有关制定预算。点击制定预算的链接，工具包并没有过多的阐述理论，

<table>
<tr><td></td><td>预算</td><td>准备规划</td></tr>
<tr><td>促进者费用……………………………………………$</td><td>0</td><td></td></tr>
<tr><td>规划委员会餐饮费用</td><td></td><td></td></tr>
<tr><td>　三次会议午餐…………………………………$</td><td>0</td><td></td></tr>
<tr><td>　咖啡、苏打水等………………………………$</td><td>0</td><td></td></tr>
<tr><td>邮件费用…………………………………………$</td><td>0</td><td></td></tr>
<tr><td>为规划委员会成员的英里数和
停车费报销（如有）……………………………$</td><td>0</td><td></td></tr>
<tr><td>最终规划印刷费…………………………………$</td><td>0</td><td></td></tr>
<tr><td>其他（列出清单）………………………………$</td><td>0</td><td></td></tr>
<tr><td></td><td>■ 点击此处合计</td><td>$ 0</td></tr>
</table>

□ 点击此处查看其他要做的决定　　　　□ 点击此处检查和打印您的决定

图 10 - 5　美国图书馆协会的图书馆战略规划预算

　　资料来源："Interactive tool to help you make decisions about a planning facilitator"，[2011 - 11 - 09]，http：//ourlibraryplace. com/elearn/mod/resource/view. php？id = 64。

而是以一张可以输入数据以及能够打印、预览、输出的预算表格呈现给我们。在表格中，我们能够清楚地记录下未来战略规划制定需要的餐饮、邮寄、交通等费用以及最终规划的打印费用和其他的支出。尽管这些支出项目并不完善，尤其对于我国的战略规划来说，有的经费支出并没有列入其中，但这一模板仍是一个比较好的，可以供参考的预算模版（见图 10-5）。

关于图书馆的服务响应。在该部分战略规划工具包为访问者提供了 18 项服务。例如点击学习读与写条目，该页面给出了学习读与写的解释：通过提高成人与儿童的阅读能力，去支持他们的个人目标与实现他们作为家长、公民与职工的职责。在解释语句下列出了 6 个图书馆，通过点击能够链接到各图书馆的主页，参考各个图书馆具体的服务措施。

（4）工具 4 和工具 5：目标和任务

工具 4、5 在其工具包中是并列出现的，因为它们共同关注的是目标和任务。工具 4 能够帮助战略规划制定者理解目标与任务当中的不同要素，而工具 5 则负责对目标和任务进行综合。作为战略规划制定者，只需输入自身的计划，点击鼠标，就能够得到一个目标（见图 10-6）。

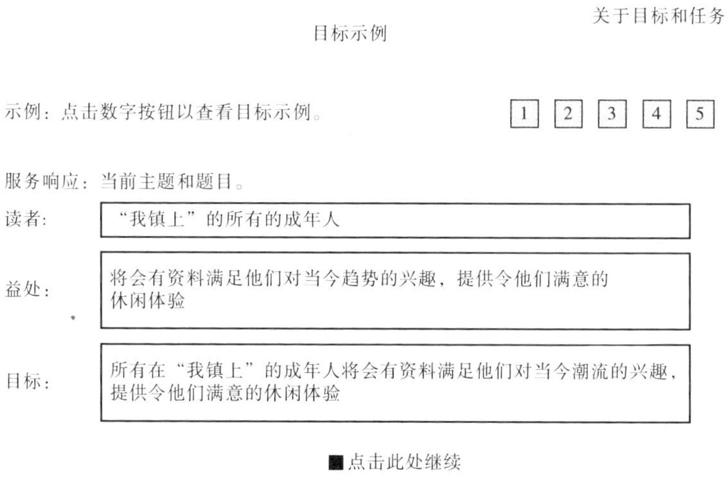

图 10-6　美国图书馆协会的图书馆战略目标示例

资料来源："Interactive tool to help you make decisions about a planning facilitator"，[2011-11-09]，http://ourlibraryplace.com/elearn/mod/resource/view.php?id=64。

（5）工具 6：撰写战略规划

在工具 6 中，ALA 给出了 5 种类型的图书馆战略规划，分别为明确的、简洁的、可信的、有逻辑的和有说服力的。点击每一选项便会得到一段范例，为制定者撰写战略规划以必要的参考，例如，图 10 - 7 为一个图书馆战略规划的简洁性范例。

编写规划

一个有效的规划是清晰的

一个清晰的规划对读者来说应该容易阅读和理解，语言简洁而且熟悉。阅读下面的这段话，然后把它修改得更清晰。您可以修改框中的文本。把您的指针放在框中任意的地方，点击左键开始。

某镇公共图书馆必须采取行动以提高公众意识，通过各种手段和方式包括更好的营销、公益广告和社区延伸计划适应图书馆使命和目标。图书馆必须同 ADDC 和其他的组织合作以确保某镇居民理解图书馆对于整个社区的重要性，特别是对于市中心地区来说，同时努力建立与整个城市的 NDGS 以及与图书馆服务的其他区域建立关系。

■ 当您完成修改查看其他已完成的点击此处

图 10 - 7　图书馆战略规划的简洁性范例

资料来源："Interactive tool to help you make decisions about a planning facilitator"，〔2011 - 11 - 09〕，http：//ourlibraryplace. com/elearn/mod/resource/view. php? id = 64。

除了以上 6 个工具包外，ALA 还为战略规划提供了表格模板供战略制定人员参考，并可以随时进行输入、生成与打印。[①] 该表格包括了沟通计划、选择规划委员会成员、社区愿景、社区 SWOT 分析、图书馆 SWOT 分析、环境变化分析、目标、定标比超分析、组织能力、结果交流等部分。例如，图 10 - 8 为 ALA 所提供的图书馆 SWOT 分析表格。

在 ALA 为图书馆所提供的一份目标分析表格中，它将图书馆的服务宗旨、总目标列在前，然后对实现目标进行了一个简短的描述，最后分别是任务 1、任务 2、任务 3 等细则，其中包括：A.（为完成任务）选择措施；B. 标的；C. 时间范围；D. 任务模板；E. 任务，见图 10 - 9。

2. 联合信息系统委员会的战略规划制定工具包

英国联合信息系统委员会（Joint Information System Committee，简称 JISC）

---

① "Strategic planning for results（SPFR）workforms"，〔2011 - 07 - 25〕，http：//www. elearnlibraries. com/workforms/strategic_ planning_ for_ results. html。

B. 支持选择服务响应	C. 反对选择服务响应
B1.图书馆优势	C1.图书馆劣势
B1.外部机会	C1.外部威胁

完成人 _____　　完成日期_____

数据来源_____　　图书馆_____

图 10 - 8　美国图书馆协会的图书馆 SWOT 工具

资料来源："Strategic planning for results（SPFR）workforms"，［2011 - 07 - 25］，http：//www. elearnlibraries. com/workforms/strategic_ planning_ for_ results. html。

是旨在指导和推动英国高等教育信息化发展的全国性专业组织，1993 年由"计算机委员会"（1965 年建立）和"信息系统委员会"（1991 年建立）合并而成。JISC 研发了新型的工具包以支持战略规划的制定。这份战略信息工具包加入了"商业智能"模块，能够帮助信息机构等作出决策，见图 10 - 10。

JISC 工具包是一种制定战略规划的教程。它依照次序如下：战略重要性、"使命、愿景、价值观"、环境扫描和商业智能、管理战略活动、规划监控等。

（1）工具 1：战略规划的重要性

该页面阐述了战略规划的重要性：当前，高等教育机构面临着越来越多的压力，例如学习与科研受发展速度加快、信息交流技术等影响加大、图书馆业

A.服务响应 _____

B.目标 _____

C.从服务响应描述中的可能措施 _____

_____

_____

_____

_____

_____

_____

D.任务

1.选择措施 _____

2.标的 _____

3.时间范围 _____

4.任务模板

a.时间范围	b.标的	c.措施

5.任务 _____

_____

_____

图 10 - 9　美国图书馆协会的图书馆目标分析

资料来源："Strategic planning for results（SPFR）workforms"，［2011 - 07 - 25］，http：// www. elearnlibraries. com/workforms/strategic_ planning_ for_ results. html。

务日渐进入一个激烈的竞争当中、图书馆等机构需要从商业机构中吸收国际化的商业模式、招聘新的员工面临着新的能力要求等。因此必须要有一个合适的战略规划来促进图书馆的运作。JISC 工具包的战略规划示意图，见图 10 - 11。

（2）工具 2：使命、愿景、价值

JISC 的在线战略规划制定工具包能够对战略规划描绘一幅壮阔的"总体蓝图"，从而令图书馆战略规划制定者明晰其总体战略。它包括以下部分：一是"什么是使命陈述：一个好的使命陈述的特征"，如何去识别与统一您的使命陈述；二是"什么是愿景陈述：为什么您需要愿景陈述"，愿景陈述由什么构成，您应该提前了解什么，如何识别您的愿景；三是"价值的意义：定义您的价值"；四是咨询部分。

（3）工具 3：环境扫描与商业智能

该工具包含的内容很多：什么是商业智能、优势？如何应用外部数据？什么类型的数据可以被使用等。

优秀实践与创新

战略信息包

战略重要性

使命、愿景、价值观

环境扫描和商业智能

管理战略活动

监控

领航课题

全部报告和背景信息

可印刷版本

下载PDF格式

图 10 - 10　联合信息系统委员会战略工具包

资料来源："Strategic infokit"，［2011 - 07 - 25］，http：//www. jiscinfonet. ac. uk/infokits/strategy/indexhtml。

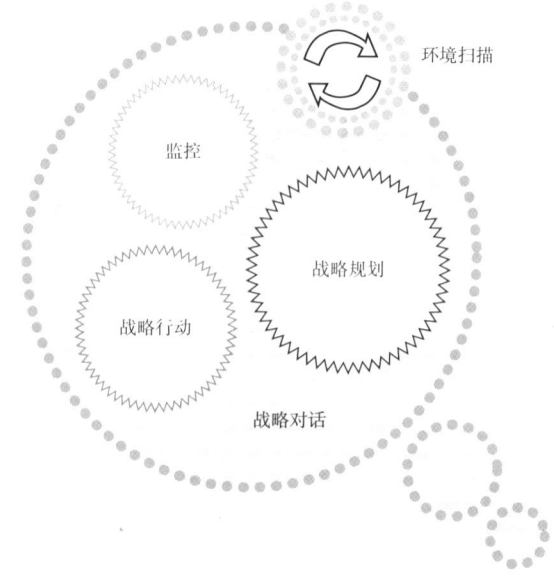

图 10 - 11　联合信息系统委员会工具包的战略规划示意

资料来源："Strategic infokit"，［2011 - 07 - 25］，http：//www.jiscinfonet. ac.uk/infokits/strategy/indexhtml。

（4）工具 4：管理战略活动

通过一系列的战略管理活动，战略规划制作机构能将使命、愿景和核心价值紧密结合并且不互相偏离。从而达到以下目标：一是保证规划的制定能够与战略目标紧密结合，最后得以实现；二是能够保证为不同的制定机构提供战略必需的资源；三是确保能够将分散的活动从紧密结合的目标中体现出来。

（5）工具 5：规划监控

对规划的监控部分是国外图书馆战略规划制定的重要组成部分，它体现了对规划制定后的修订与更新，是必要的一环。主要包括：监控的过程、监控的方向、监控的细节内容等。

除了这 5 个核心工具外，JISC 还提供了一整套的战略规划制定工具和技术，从而真正实现了其"工具包"的功能，其网站上从 A 到 Z 排列的"工具和技术"给有需要的访问者以帮助，见图 10 - 12。

综上所述，ALA 的战略规划工具包与 JISC 的工具包，它们的侧重点是

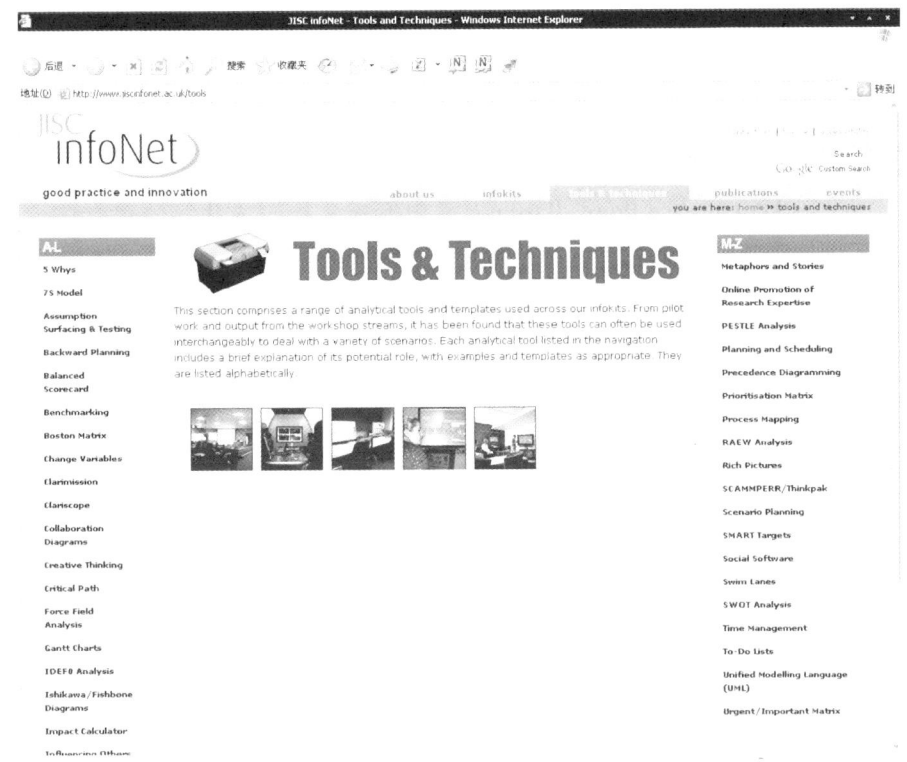

图 10－12 联合信息系统委员会的战略规划工具包

资料来源："Tools and techniques"，[2011－07－25]，http：//www. jiscinfonet. ac. uk/tools。

不同的。ALA 注重简明扼要的战略规划制作、提供表格、表单以及输出和打印，实践性要强于 JISC；但 JISC 的优点在于对战略规划制定的全面阐述，包括来源、定义、适用范围、注意要点等，更像是一部战略规划制定的百科全书。这些战略规划工具包通过网站进行发布，同时这一类网站还可以对战略规划有关理论、实践和相关信息进行宣传，并且可以为有制定战略规划需求的图书馆提供指导。

二 计算机辅助战略规划软件

计算机辅助战略规划软件是利用计算机进行程序设计，辅助战略规划的不同阶段的过程。对图书馆战略规划制定来说，可应用两类计算机辅助战略规划软件，一类是专门为战略规划设计的计算机辅助软件，即计算机辅助战略规划软件；一类是与战略规划相关可应用于战略规划制定过程的计算机辅助软件，即相关软件。

1. 计算机辅助战略规划软件

Luis F. Alarcón 和 Alfonso Bastías[①] 利用 C++ 程序为建筑公司设计了一个计算机辅助战略规划软件。这一计算机辅助软件系统采用图形交互界面的设计帮助用户构建概念模型，见图 10－13。

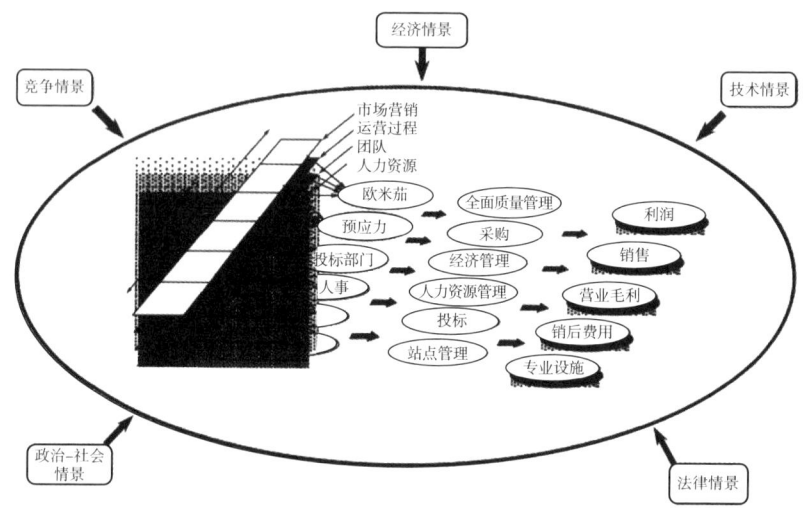

图 10－13　企业绩效的概念模型

资料来源：Alarcón，Luis F.，and Bastías，Alfonso. "Computer aided strategic planning in construction firms"，［2011－10－5］，http：//itc. scix. net/data/works/att/w78－1998－3. content. pdf。

这一概念模型帮助企业管理者来分析影响企业战略目标的预期战略因素，包括六个层次：外部代理人、战略、内部代理人、流程、结果和综合绩效。每一个层次在计算机辅助软件中均有对应的可供选择的战略。

除此之外，该软件还有对战略进行评价的功能。模型中代表决策的战略是可以进行评价的，例如内部代理人战略的有效性是通过用户指定不同的选

---

① Alarcón，Luis F.，and Bastías，"Alfonso. Computer aided strategic planning in construction firms"，［2011－10－05］，http：//itc. scix. net/paper w78－1998－3. content.

择来进行的。在图 10 - 13 中，一个选择可以通过拥有或者缺失某些战略特征加以确定。用户必须指定战略的特征，然后软件就可以自动地生成所有可能的选择。图 10 - 14 显示了由系统自动生成的第一顺序战略的选择。

可替代	战略				欧米茄	预应力	投标部门	关键人员	行政人事	劳动人事
	人力资源	协同工作	运营流程	营销						
1	●				PP	P	P	PP	P	P
2		●			P	PP	PP	PP	O	O
3			●		O	PP	P	P	P	P
4				●	PP	PP	P	P	O	O

图 10 - 14　内部代理人的组织选择影响因素

资料来源：Alarcón，Luis F.，and Bastías，Alfonso. "Computer aided strategic planning in construction firms"，[2011 - 10 - 05]，http：//itc.scix.net/paper w78 - 1998 - 3.content。

当具体的特征被确定后，软件就可以为每个指定的战略创建一个类似的报表，并且用户可以自己确定评价标准，见图 10 - 15。

计算机辅助战略规划可以为图书馆的战略规划制定带来极大的便利。相比人工往往需要花费几个月时间来制定战略规划，计算机辅助战略规划软件可以极大地加快战略规划的制定，同时可以不受地域和空间的限制而被不同的人员重复使用。

2. 相关软件

除了特定为战略规划设计的软件以外，还可以利用相关的软件来辅助图书馆进行战略规划的制定，包括一些竞争情报软件和即时通信软件等。

状态	定义
NN	高消极影响
N	中消极影响
O	无重要影响
P	中积极影响
PP	高积极影响

图 10 - 15　评价标准的用户选择界面

资料来源：Alarcón, Luis F. , and Bastías, Alfonso. " Computer aided strategic planning in construction firms", ［2011 - 10 - 05］, http: //itc. scix. net/paper w78 - 1998 - 3. content。

（1）竞争情报软件

竞争情报软件在图书馆战略规划制定过程中的"环境扫描""环境分析"等方面起到辅助的作用。虽然竞争情报软件目前最广泛地运用于商业竞争当中，但是对于某些图书馆所处环境的情报搜集也能起到辅助作用。本部分以较为成熟的 TextAnlyst 文本分析软件为例，介绍竞争情报软件的功能。

TextAnlyst 是一个多用途的竞争情报信息软件，但是它的运用十分广泛，包括国内外的杂志编辑、出版发行人员、科研人员、科学家、律师、投资银行家都在应用该软件。它能够快速地对文献进行大意概述并有效地对文献进行导航，同时在我们预先设立的文本数据库中进行资料的聚类工作。总之，TextAnlyst 可以对一个特定的学科进行语义信息检索，或者进行有效的文本挖掘。[①]

TextAnlyst 的功能大致包括对文本语义的提炼、对文本的精确概述、以学科为中心的文本探索、在文本数据库里面进行有效导航、阐述文本主题结构、文本聚类功能、语义信息检索功能。

竞争情报软件在图书馆战略规划制定中，对于环境扫描用的 SWOT 方法能够起到直接的支持作用。当前，竞争情报软件尤其对于图书馆 SWOT 分析中的外部因素（机会或威胁）分析有极大的帮助，能够让图书馆在制定规划的过程中更容易地搜集与区分不同信息。

（2）即时通信软件

即时通信软件在图书馆战略规划制定过程中，具有重要作用。首先，即

[①]　TextAnlyst, ［2011 - 10 - 05］, http//www. megaputer. com/textanalyst. php.

时通信软件能够起到"会议室"的作用。一份完善的图书馆战略规划文本需要进行多次的大小会议与磋商，但是在这些会议总会遇到有些成员无法参加会议而缺席的情况；或规划制定的图书馆成员遍布分馆而不容易会合到一起；或是战略规划制定主体是图书馆组织，而非实体单一图书馆等。即时通信软件的应用，在文本、语音，或者视频方面都能够起到取代实际会议的作用。它能够将零散的交流行为即时传达，有效地弥补了间断性会议之间的空隙。其次，即时通信软件能起到对即时信息进行快速更新的作用。即时通信软件拥有文件传输功能，可以进行文本的传递，同时也能够通过文本或者语音视频与其他成员进行交流。

腾讯通（RTX）是即时通信软件的代表，它是腾讯公司推出的企业级即时通信平台。企业员工可以轻松地通过服务器所配置的组织架构查找需要进行通信的人员，并采用丰富的沟通方式进行实时沟通。该平台的主要功能，包括企业内部实时信息交互、视频语音、企业短信中心等，其基本功能有：即时沟通交流（方便、快捷地即时进行消息发送与接收，提供不同颜色字体的文字，提供个性化展示）；状态展示（提供查看联系人在线状态信息，可以方便、清晰地了解联系人在线状态）；组织架构（可清晰地看到由树形目录表达的多层次企业组织架构，是实时更新的电子通信录）；联系人分组（支持常用联系人分组，把最频繁的联系人划入同一分组中管理）；通信录（提供公司外的联系人资料管理，可以进行分组、发短信、拨打电话）；快速搜索栏（提供快捷搜索条，可以悬浮到桌面任何地方，提供账号、拼音、中文姓名的模糊查找）；消息通知（提供广播消息和系统消息，通知用户关键信息）；历史消息查看器（对所有消息的历史记录进行查看、查找、归类）等[1]。

腾讯通这类即时通信软件可以辅助图书馆战略规划的制定，具有很高的实用性、易用性、可管理性和安全性。在实际应用中，这类软件可以通过员工实名制、记录对外交互信息等措施，确保战略规划制定的通信安全。同时还可以利用第三方应用程序，如可以开发第三方短信网关、即时通信监控功能、用户数据同步等功能，为图书馆战略规划制定提供实时、快速的通信保障。

---

① 腾讯通，（2011 - 10 - 05），http://rtx.tencent.com/rtx/feature/index.shtml。

三　Web2.0 在图书馆战略规划中的应用

Web2.0 是互联网由静态网络向为用户提供网络应用服务的一次升级，相比于传统的互联网，Web2.0 更加注重新技术的应用、更加以个人为中心、更具社会性。过去的互联网是静态网络，通过浏览器为用户提供信息推送服务。Web2.0 强调以个人为中心，注重与用户的交互。除了主动提供信息服务以外，还为用户提供交互的工具，允许用户参与到互联网信息内容的创造中来，Web2.0 中的用户不仅是内容的获取者也是网络内容的制造者。具有代表性的 Web2.0 应用主要有博客、维基、网志聚合等等。

随着 Web2.0 的普及和图书馆战略规划研究的深入，二者逐步融合起来。博客、维基等 Web2.0 工具开始应用于图书馆战略规划的制定中。

1. 博客

博客（Blog）是一种通常由个人管理、不定期张贴新的文章的网站。博客上的文章通常根据张贴时间，以倒序方式由新到旧排列。[①] 在图书馆战略规划的制定方面，博客起着不可取代的作用。

首先，博客可以以主题的形式发布文章，对战略规划进行报道。例如，Carter McNamara 的战略规划博客[②]就是以战略规划为主题发布一系列与战略规划有关的文章，其报道的主题类目涉及：战略规划基本原理，关键问题，资源，目标与行动规划，实施与监控，使命、愿景与价值，准备规划，战略思考，战略历史，其他，等等。

其次，博客能够以较自由的形式对现有成熟的图书馆战略规划进行转载，供他人参考。图书馆官方网站往往需要发布完整性的战略规划，而且一般不方便对其他图书馆规划进行转载，而博客恰恰能够弥补这方便的缺陷。例如，"图谋博客"转载了"美国国会图书馆 2011—2016 战略规划（节选）"，而"闪图书芯"则转载了国际图联"IFLA2010—2015 年战略规划（讨论稿）"。对于正在准备制定战略规划的图书馆来说，这样的模板或案例

---

① 《博客、百度百科》，（2011 - 10 - 20），http：//baike. baidu. com/view/1509. htm。
② Strategic planning. ［2011 - 10 - 20］，http：//managementhelp. org/blogs/strategic - planning/.

的转载对战略规划制定者有参考价值。

最后，博客还可以促进图书馆战略规划制定过程中的沟通。如果说信息发布、更新是普通网站都能够完成的任务，那么信息的沟通与反馈就是博客特有的一个功能。图书馆战略规划从准备到制定完成过程往往需要几个月的时间，在这期间，战略规划不同部分的编订者往往更多地关心自己部分的工作内容，难免忽略对规划文本的整体性与协调性的兼顾。通过博客的评论、回复与互访功能，可以定期对战略规划整体文本进行更新和讨论，即时地传播和评价战略规划制定的重要信息。如"闵图书芯"博客的"评论"板块①，访问者可以就相关内容加以评论。

2. 微博

微博，即微博客（MicroBlog）的简称，是一个基于用户关系的信息分享、传播以及获取平台。与博客不同，微博客所载的文字内容量较小，一般要求 140 字左右。比较著名的微博是美国的推特（Twitter），根据相关公开数据，截至 2012 年 7 月 1 日，该产品在全球已经拥有 5.17 亿个注册用户。② 在国内 2009 年新浪门户网站首次推出新浪微博的内测版，自此以后，微博这一信息交流方式在我国开始普及开来，受到广大网民的青睐。

微博所承载的信息内容量较小，因此便于在不同的媒介，如手机、笔记本等移动设备上进行访问。因此在战略规划制定的过程中，可以便于战略规划的迅速传播，有利于图书馆战略规划文本的宣传。同时微博也可以作为一种非正式交流的方式，满足战略规划制定者之间的非正式信息交流的需求。

第三节　本项目图书馆战略规划
计算机辅助制定研究

图书馆战略规划研究是一项具有深厚理论基础且实践性较强的课题。用

---

① 《闵图书芯》，(2011 - 05 - 12)，http：//www. mhlib. sh. cn/blog/xiangxi. asp？fid = 18511。

② 新浪科技、Twitter 注册用户量超 5 亿：仅次于 Facebook，［2012 - 10 - 20］，http：//tech. sina. com. cn/i/m/2012 - 07 - 31/00387445367. shtml。

网站的形式对研究成果进行充分的展示，并且图书馆战略规划网站能为正在制定或者准备制定战略规划的图书馆同行、专家们提供参考。

一　本项目图书馆战略规划网站的构建

国家社科基金重点项目"公共文化服务体系中的图书馆战略规划模型与实证研究"经过多方筹备与技术合作，创建并开通了"图书馆战略规划"网站（http：//spl. hebut. edu. cn/），见图 10 – 16。

图 10 – 16　本项目构建的图书馆战略规划网站

资料来源：本研究整理。

1. 网站构建过程

本项目网站的构建从建立之初到网站建成大体上经历了四个阶段：

第一阶段：建立网站制定小组

为了确保网站的顺利建成，本项目初期邀请河北工业大学图书馆参与合作，建立了网站制定小组。

第二阶段：需求调研

在确定小组成员后，本课题组通过发放调查问卷，了解各地区各类型图书馆的战略规划网站的需求。

第三阶段：相关文献与网站的调研

广泛搜集有关战略规划网站建设的文献，获取文章中介绍的系统和网站，了解相关理论基础。进而对国内外战略规划网站进行调研，了解其页面设置，为本项目构建网站奠定基础。

第四阶段：网站初步建成

2011 年 5 月，本课题组经过多次讨论，初步设置了网站的 12 个栏目，包括"您的图书馆需要战略规划""图书馆战略规划模型""为您的图书馆定制战略规划"、参考咨询、战略规划交流论坛、国内外战略规划文本参考、国家重点项目介绍、项目成果、项目简报、参考资料、专家博客、最新动态。2011 年 6 月，邀请天津图书馆界部分馆长召开项目小组会议，确定网站内容板块，最终确立的四个内容板块包括"图书馆战略规划的参考模型""项目与项目成员介绍""图书馆战略规划资料参考与借鉴""互动交流"。2011 年 6 月，图书馆战略规划网站初步建成并开通访问。

2. 网站的组成模块

（1）图书馆战略规划的参考模型板块

该板块包括"您的图书馆需要战略规划""图书馆战略规划模型""为您的图书馆制定战略规划"三个部分，每个部分中都有下一级子菜单。

其一，"您的图书馆需要战略规划"。

"您的图书馆需要战略规划"下包含五个子栏目，分别是"您的图书馆有战略规划吗""什么是图书馆战略规划""图书馆战略规划常见问题解答""图书馆'十二五'战略规划"和"图书馆'十三五'战略规划"。其中，在"您的图书馆有战略规划吗"子板块部分有本项目的"图书馆战略规划调查问卷"，该问卷是项目进行实证研究的主要依据，向图书馆工作人员开放。而在"什么是图书馆战略规划"部分，对图书馆战略规划概念及意义进行简要而明确的解释与辨析，给访问者提供有关理论，指导其实践。

其二,"图书馆战略规划模型"。

其中包括两个子栏目。"图书馆战略规划模型"子栏目提供一般战略规划模型的 PDF 版本可供下载。这是本课题组的核心成果之一。其中包括图书馆战略规划的组织、流程、影响因素、文本四个模型,这个一般模型的成果,是各馆制定战略规划的有益参考。而在"相关理论知识"子栏目,网站也提供了完整的 PDF 文本以供下载,文本内容涉及了关于图书馆战略、战略规划管理的理论研究、图书馆战略管理的实践进展、管理概念模型介绍等方面的相关理论知识。

其三,"为您的图书馆制定战略规划"。

该栏目分为"公共图书馆""高校图书馆""专业图书馆""其他图书馆"等四个子栏目,主要介绍本项目根据不同类型图书馆而提供的战略规划相关材料,为各类型图书馆战略规划制定提供参考。

(2)项目与项目成员介绍板块

该板块的标题居于网站的右上方。其中包括"项目介绍""项目成果""项目简报""图书馆战略规划讲座"等。

(3)资料参考与借鉴板块

该板块旨在对访问者提供国内外大量的战略规划模板、参考文献、与战略规划文本的链接,通过直接对国内外现有的优秀战略规划文本进行直接访问,以供参考。本栏目主要包括"国内外战略规划文本参考""参考资料""相关链接"等。

(4)互动板块

该板块主要是为图书馆战略规划研究人员、制定者及其他相关人员进行交流与互动而设置的,通过互动板块为各图书馆的战略规划制定者提供交流平台,同时可以对有关用户提出的问题作出迅速的反应。这一板块主要由"战略规划交流论坛"栏目构成。

二 本项目图书馆战略规划计算机辅助制定的未来展望

计算机辅助图书馆战略规划可以帮助图书馆快速、准确地制定战略规划,同时为战略规划的制定提供理论和实践的指导。本项目已构建了辅助图书馆战略规划的网站和论坛,通过网站和论坛对本项目的研究成果进行展示，达到如下目标：首先，通过网站对我们所构建的图书馆战略规划模型进行必要的解释，为图书馆战略规划制定人员提供战略规划指南、参考范例以及其他理论或实践方面的支持。其次，通过与战略规划制定人员和研究者等同行在论坛上的交流，对来自不同馆的做法进行分享，积累了更加丰富的使用素材。然而信息技术在不断更新，利用新的技术辅助图书馆战略规划的制定是今后研究的重点，具体地讲，除了本项目构建的网站和论坛以外，在今后的研究中需要对以下几个方面加以更为深入的研究。

1. 软件开发

随着图书馆战略意识的增强，越来越多的图书馆开始制定本馆的战略规划。对于那些从未制定过战略规划的图书馆来讲，一套计算机辅助图书馆战略规划的软件可以帮助图书馆快速入门，同时计算机辅助图书馆战略规划软件可以节约大量的时间、人员和经费，有利于制定统一规范的图书馆战略规划。因此，以本项目编制的指南与构建的模型为基础开发一套适合图书馆的计算机辅助战略规划软件是今后研究的重点。

2. Web2.0 技术的应用

Web2.0 技术的发展迅速，其在图书馆的应用形成了图书馆 2.0 的新模式。Web2.0 的互动性与参与性是其一大特色，不仅为用户提供内容而且提供交流的技术，在图书馆战略规划的过程中可以起到协助作用，战略规划的内部人员或外部人员可以通过 Web2.0 网站进行沟通与协调，将其作为一个分享信息的工具。在今后的研究中，本项目将重点研究图书馆战略规划博客的建立，拓展图书馆战略规划宣传与开发的平台。

3. 云计算

云计算是多种技术的复合体，包括分布计算、并行计算、网格计算等。云计算旨在通过其自身的大规模软硬件的集成为用户提供服务，最终的目标是实现用户只要手持终端即可访问云计算平台，省去了主机的笨重和烦琐。云计算自从其概念提出以来得到了快速发展，并在图书馆中得到了广泛应用。许多图书馆建立起了云计算平台为读者提供服务，如美国的 OCLC 和我国的 CALIS 均建设了图书馆云计算平台。图书馆战略规划制定应用云计算技术包括两个方面，一方面是作为战略内容考虑，在战略规划制定过程中要充分考虑云计算因素对图书馆未来发展的影响。另一方面作为技术手段考虑，可将战略规划的制定放到云平台进行，利用云平台搜集和处理数据，并在云平台上进行内外部战略规划人员的信息沟通，可以保障战略规划制定的安全性，同时战略规划人员可以不受时间、空间的限制随时访问，进行信息交流。因此，云计算作为一种计算机辅助在图书馆战略规划中的应用是本项目今后重点关注的领域。

第十一章

我国图书馆事业"十二五"及未来战略规划研究

　　"十一五"结束"十二五"开始之年，我国各类型的图书馆开始着手制定面向未来发展的"十二五"发展规划。但是目前我国图书馆的实践中，仍缺少一部对全国图书馆事业发展具有引导作用的战略规划。鉴于图书馆战略规划对全国图书馆事业发展的重要作用，本章主要通过对我国图书馆"十二五"战略规划的成就与存在问题进行探讨，制定《中国图书馆事业"十二五"及2020战略规划》建议案，并提出若干指导我国图书馆事业未来战略规划的建议，以期从宏观层面对我国图书馆事业的战略规划实践提供参考。

第一节　我国图书馆"十二五"战略规划的若干问题

　　2010年10月党的第十七届五次会议通过了中共中央关于制定国民经济和社会发展第十二个五年规划的建议。图书馆作为国家社会文化科学教育领域的重要组成部分，应当制定指导未来五年本行业发展的"十二五"规划。本节结合我国图书馆"十二五"战略规划制定的背景，深入分析了我国制定图书馆"十二"战略规划实践中取得的成就和存在的主要问题。

一　我国图书馆"十二五"战略规划制定的背景和意义

1. 我国图书馆"十二五"战略规划制定的背景

（1）良好的社会环境为图书馆"十二五"战略规划的制定提供了社会需求

　　随着世界多极化、经济全球化以及科技创新孕育新突破，国际环境总体上有利于我国社会发展，我国政治稳定，经济与社会迅速发展，综合国力提升，为图书馆"十二五"战略规划提供了良好的社会环境。工业化、信息化、城镇化、市场化、国际化的深入发展，对图书馆有了更大的新的需求。劳动力素质改善，基础设施日益完善，社会保障体系逐步健全，图书馆成为社会必不可少的信息保障和知识保障设施。全面建设小康社会、创建学习型社会等，加强了图书馆的重要性。特别是公共文化服务体系的提出与建设，赋予图书馆新的历史使命，确立了图书馆在社会公共服务和公共文化服务中的地位与作用，也推动了各级各类公共图书馆的快速发展。

（2）经济的稳步发展为图书馆"十二五"战略规划制定奠定基础

"十一五"期间国民经济的稳步发展，加速了文化事业投入的增长。全国文化事业总投入 2001—2006 年为 496.13 亿元，2006—2009 年达 897.36 亿元，比"十五"总投入增加 80.9%。随着公共文化事业投入的加大，图书馆的经费投入也有了大幅增长，截至 2009 年年底全国公共图书馆共增加 75 所，全国人均购书费从 2006 年的 0.50 元上升至 2009 年的 0.78 元。① 这些表明经济的发展促进了我国图书馆事业的发展。2009 年，我国国内生产总值为 340506.9 亿元。到 2010 年，我国经济运行已成功摆脱国际金融危机的负面冲击，开始进入常规增长轨道，预计 2011 年全年经济增长可保持在 9% 左右。这为图书馆"十二五"战略规划的制定提供了良好的经济基础。

（3）图书馆相关法律、标准的出台为"十二五"战略规划的制定提供法律保障

"十一五"期间，我国图书馆法律、标准取得了突破性进展。2008 年11 月正式启动《公共图书馆法》立法工作，2009 年经过四次支撑研究会议形成了《公共图书馆法》初稿；2008 年颁布《公共图书馆建设标准》《公共图书馆建设用地指标》《文化馆建设用地指标》；2009 年《公共图书馆服务标准》完成送审建议稿。"十一五"期间还相继出台了一些地方法规，如《乌鲁木齐市公共图书馆管理办法》《江西省公共图书馆服务标准》、山东省《图书借阅服务规范》。伴随着一系列法律法规的出台与实施，图书馆各项

---

① 文化部财务司：《中国文化文物统计年鉴 2010 年》，国家图书馆出版社 2010 年版，第 15 页。

业务活动朝着规范化、标准化、法制化的方向迈进，为我国图书馆"十二五"战略规划实施所需的各种资源与条件提供了重要的法律保障。

（4）图书馆相关信息技术的发展为图书馆"十二五"战略规划构筑坚实平台

网络、通信等技术的飞速发展为图书馆发展提供基础技术保障，而Web2.0、智能检索引擎、云计算、语义网、RFID、3G、智能移动终端以及数字电视等新兴技术的应用和普及，则给图书馆事业带来了新的发展机遇。图书馆"十二五"战略规划的制定，除了包含文献信息等"硬服务"、提高读者服务等"软服务"，还应强化新技术在图书馆的应用与标准化管理，在信息技术发展的支持下，细化具体目标中信息技术、硬件与软件的加强与改进条目。

（5）教育的发展为图书馆"十二五"战略规划创造新的需求

"国家中长期教育改革和发展规划纲要（2010—2020年）"明确指出要加强优质教育资源开发与应用。加强网络教学资源体系建设、引进国际优质数字化教学资源、开发网络学习课程、建立数字图书馆和虚拟实验室、建立开放灵活的教育资源公共服务平台，促进优质教育资源普及共享。① 从纲要的角度强调为实现城乡优质教学资源的普及共享，加大学校数字图书馆和虚拟实验室的建设，这就为高校和中小学图书馆"十二五"战略规划明确了重要发展目标。

（6）《中央关于国民经济和社会发展十二五规划的建议》是图书馆"十二五"战略规划的前提和导向

《中央关于国民经济和社会发展十二五规划的建议》中的"深入实施科教兴国战略和人才强国战略，加快建设创新型国家""加强社会建设，建立健全基本公共服务体系""推动文化大发展大繁荣，提升国家文化软实力"等条目直接从政策上对"十二五"总体发展作了前瞻，是"十二五"图书馆战略的前提，发挥了导向作用。

总体来说，图书馆发展的内外环境对于图书馆"十二五"规划制定都

---

① 《国家中长期教育改革和发展规划纲要（2010—2020年）》，（2011 - 01 - 19），http：//www.gov.cn/jrzg/2010 - 07/29/content_ 1667143.htm。

是有利的。正如文化部原副部长、国家图书馆馆长周和平在国家图书馆"十二五"规划座谈会上指出的,中央高度重视文化建设为图书馆事业发展提供了良好的政策环境;人民群众日益增长的精神文化需求为图书馆事业发展提供了强劲的动力;现代科学技术的发展为图书馆事业发展提供了强大的技术支撑;国际图书馆事业的发展为图书馆事业提供了更广阔的发展空间,这些都为国家图书馆事业的发展提供了难得的机遇。

2. 我国图书馆"十二五"战略规划制定的意义

"十二五"时期是我国全面建设小康社会的关键时期,是深化改革开放、加快转变经济发展方式的攻坚时期,也是图书馆事业发展的重要战略机遇期。深刻认识并准确把握国内外图书馆事业的新变化新特点,科学制定指导我国图书馆下一个五年事业发展的纲领性文件——"十二五"规划,具有十分重要的意义。

(1)促进图书馆事业的可持续发展

首先,有利于提升个体图书馆的服务水平。战略规划对于一个图书馆来说,既关系到图书馆的现实、规范图书馆的行为、指导图书馆的活动,决定着图书馆的资源建设、服务与管理的提升,增强图书馆的社会效用价值;更关系到图书馆的未来发展,决定图书馆的方向,提高图书馆的竞争力,增强图书馆的可持续发展价值。我国各图书馆通过制定"十二五"战略规划,将会对图书馆未来五年的发展产生积极影响,第一,能够为图书馆明确其使命、愿景及其未来发展方向,只有明确了发展方向,图书馆各项管理活动才不至于迷失方向,才能保证将有限资源用于关键发展领域;第二,可以通过明确图书馆的价值观、目标体系方式促进图书馆各部门更加协调一致地为共同的发展目标努力。清晰、可达的目标有利于增强馆员的信心,鼓舞馆员斗志,成为推动图书馆未来五年发展的加速器;第三,通过对图书馆"十一五"战略规划成就回顾与总结,结合图书馆内外环境的分析比较与大范围的读者调研,可明确该馆的资源状况与未来需求,再通过总目标—战略重点—任务—实施策略层层地对目标分解,可将有限资源用于重点的发展领域,优化图书馆内部资源的有效配置。

其次,有利于促进整个图书馆事业的发展。全国范围内各级各类图书馆通过"十二五"战略规划的制定,为未来五年指明了发展方向,以构建明晰的目标体系的方式绘制出图书馆通向未来的路线图，推进图书馆下个五年的快速发展，这也将推动我国整个图书馆事业登上新的发展台阶。同时，通过制定全国图书馆事业的"十二五"战略规划，以图书馆事业使命、愿景、前瞻性发展目标的方式向社会、向政府主管部门加强图书馆事业的宣传，为我国图书馆事业来五年发展赢得政府、社会的关注与支持。

（2）社会意义

图书馆事业作为社会文化服务领域中重要组成部分，它的发展对于整个社会发展具有重要意义。

首先，有利于提高全民族文明素质。《中央关于国民经济和社会发展十二五规划的建议》中指出，要建设社会主义核心价值体系，深入推进社会公德、职业道德、家庭美德、个人品德建设，不断拓展群众性精神文明创建活动，广泛开展志愿服务，要弘扬科学精神，加强人文关怀等。[①] 图书馆作为人类精神文明的承载体与传送枢纽，其建设的好坏，与上述目标的达成息息相关。因此，我国图书馆通过"十二五"战略规划的制定，将提高全民族文明素质纳入其战略发展重点，通过构建目标体系，将其推向图书馆日常工作，在未来五年内逐步实现。

其次，有利于推进科学与教育、文化的发展。科学是整个人类与社会进步的不竭动力，教育是一个国家发展和兴旺发达的强大力量，文化是一个民族的精神和灵魂。图书馆事业发展能够为科技、教育、文化发展起重要的基础与铺垫作用，图书馆作为文化、教育、科学传播的载体，承载了启发思维的社会责任。我国图书馆"十二五"战略规划的制定，将为图书馆勾画出未来五年发展蓝图，通过规划逐步提升图书馆的服务，满足人民群众不断增长的精神文化与知识需求，不断提升人民文化素养，不断提高读者创新能力，进而推进整个社会科学、教育与文化的创新。

二　我国图书馆"十二五"战略规划制定取得的成绩

我国与发达国家图书馆事业在战略规划上存在较大的差距[②]，无论是图

---

① 新华网：《中共中央关于制定十二五规划的建议》，（2011 - 01 - 19），http：//news. sina. com. cn/c/2010 - 10 - 27/204721364515. shtml。

② 柯平：《图书馆战略研究》，《情报资料工作》2010 年第 3 期，第5—9 页。

书馆战略理论研究还是图书馆战略规划实践，我国落后了近二十年。认清形势，分析现状，将有利于我国图书馆"十二五"战略规划的科学制定。

1. 全国性图书馆事业"十二五"规划

（1）全国公共图书馆"十二五"规划

按照文化部有关部署，经社会文化司研究决定，由社会文化司牵头，深圳市文体旅游局、公共图书馆研究院共同参与，并主要依托公共图书馆研究院这个基地，集中全国图书馆界的专家、学者、管理者的智慧和力量，编制《公共图书馆事业发展"十二五"规划》（以下简称《规划》）。为此，成立了由文化部社会文化司于群司长任组长，社会文化司巡视员刘小琴、深圳市文体旅游局副局长陈新亮、深圳图书馆馆长吴晞任副组长的课题组。该《规划》草案的编制工作于 2010 年 3 月正式启动，4 月在深圳召开"全国公共图书馆'十二五'发展规划座谈会"，7 月底如期完成了草案（初稿）并上报文化部社会文化司。①

2011 年 2 月，文化部社会文化司委托国家图书馆研究院围绕国家公共文化服务体系建设的总体部署，结合我国公共图书馆事业发展的现实情况，对《规划（初稿）》作进一步修改和完善。4 月，文化部社会文化司召开"公益性数字文化建设暨全国公共图书馆事业发展'十二五'规划专家座谈会"，就《规划》提出的事业发展总体思路、关键发展指标及重点任务部署等问题进一步征求各界专家的意见和建议。6 月初，国家图书馆研究院向文化部社会文化司提交《规划》修改稿及《规划》起草说明。9月，《规划（征求意见稿）》完成，并经由文化部办公厅向全国及文化部有关司局广泛征求意见。此后，文化部社会文化司会同国家图书馆根据各方意见对《规划》再次进行修订。② 在 2011 年 10 月 26 日贵阳召开的全国公共图书馆工作会议上，文化部社会文化司巡视员刘小琴就《全国公共图书馆事业发展"十二五"规划》编制的必要性、"十二五"时期公共图书馆事业发展基础和《规划》的主要内容等作了说明。

---

① 温雪芳：《谋划未来五年发展，迎接新的机遇挑战——〈全国公共图书馆事业发展"十二五"规划〉课题及进展》，《公共图书馆》2010 年第 4 期，第 19—22 页。

② 申晓娟、胡洁、李丹：《关于"十二五"时期我国公共图书馆事业发展的战略思考——〈全国公共图书馆事业发展"十二五"规划〉解读》，《中国图书馆学报》2012 年第 4 期，第 4—11 页。

《规划》紧扣"公共图书馆服务体系"这一主线,在内容框架上包括公共图书馆事业的发展基础、总体思路、重点任务和保障措施四个部分。《规划》通过确立发展目标、重点领域分项目标、重点任务三个层次,明确了"十二五"时期公共图书馆事业发展的战略重点。在"逐步建立覆盖城乡、结构合理、方便快捷、惠及全民的服务网络","带动全国图书馆事业发展,使公共图书馆在公共文化服务体系和公共数字文化建设中发挥主体作用,使公共图书馆成为人民群众基本文化需求的重要阵地"发展目标基础上,针对当前存在的问题提出了七个方面的分项发展目标。还提出了 10 个方面的战略重点,包括:制度规范建设、设施网络建设、公共数字文化建设与服务、传统文化典籍保存与保护、文献信息资源保障体系建设、公共文化产品和服务供给、新技术研究与应用、科研规划与管理、人才队伍建设、国内外交流与合作。《规划》在提出发展目标的基础上,通过测算,提出了"十二五"期间公共图书馆事业发展的一系列量化指标,共计九个方面 16 个量化指标。

这是我国第一次组织编制全国公共图书馆事业发展的中长期规划,对指导未来五年公共图书馆事业的发展具有十分重要的意义。

(2)高校 CADLIS 和 CASHL"十二五"规划

教育部"九五·211"公共服务体系的重要建设项目"中国高等教育文献保障体系(CALIS)"于"十五"时期与"中英文图书数字化国际合作计划(CADAL)"一起合并为"中国高等教育数字化图书馆(CADLIS)",经过"十五""十一五"时期的建设,已发展成为全国高校图书馆数字化联盟。CADLIS 项目在建设的同时撰写了《国家重大信息化工程建设规划(2011—2015)高等教育数字图书馆项目建设规划概要》,于 2010 年 8 月正式提交教育部。这一规划明确了"十二五"CADLIS 项目包括 CALIS、CADAL 两个专题,建设将分为 2011—2012、2012—2014、2014—2015 三个阶段,建设内容延续前三期的工作,包括标准规范体系建设、基础设施建设、资源数据库建设、数字图书馆应用系统建设、运行服务体系建设、安全保障体系建设、人力资源与培训体系建设七个方面。此外,"中国高校人文社会科学文献中心"(CASHL)2010 年制定了《CASHL 中长期发展计划(2010—2020):实现"国家人文社会科学信息资源平台"的战略目标》,其基本框架包括：序言、指导思想、战略目标、建设任务、组织实施五个部分。①

（3）国家科技图书文献中心"十二五"规划

国家科技图书文献中心（NSTL）2009 年经过对苏州、兰州、重庆、广东等多个省（市）图书馆的调研考察及多次会议讨论和征求意见，初步形成国家科技图书文献中心的"十二五"发展规划初稿。

2011 年 5 月 27—31 日，中国科学院国家科学图书馆《图书情报工作》杂志社在福州召开了以"图书情报机构发展战略与未来"为主题的第 24 次图书馆学情报学学术研讨会，会议邀请五位专家作专题报告："智慧城市与'十二五'发展"（王世伟）、"图书馆战略规划模型与图书馆'十二五'规划"（柯平）、"国家科技图书文献中心的服务模式与发展战略"（孟连生）、"国外图书馆战略规划"（初景利）、"图书情报机构如何构建发展战略——以城市及区域发展战略为例"（张文德），来自全国各地的代表围绕"十二五"战略进行了学术讨论与交流。研讨会上，孟连生研究馆员详细介绍了国家科技图书文献中心的发展战略。NSTL 规划提出"十二五"发展目标是：全面加强国家科技信息资源建设，基本建成数字时代的国家科技文献信息资源战略保障基地；建设覆盖全国、分工协同的普惠化科技文献服务体系，成为国家科技文献信息集成服务枢纽和知识化服务中心，形成针对国家、行业和地区重大需求的联合服务机制；建设成为国家科技文献信息服务发展的支持中心，切实提高科技信息服务能力及可持续发展能力，初步形成基于数字内容环境的知识化资源平台和技术系统。

2011 年 8 月 3—6 日，中国图书馆学会专业图书馆分会和中国科学院国家科学图书馆主办的以"知识服务 2011：面向'十二五'的文献情报机构知识服务能力构建"为主题的 2011 年学术年会在新疆召开，NSTL 吴波尔副主任为大会专门作"国家科技图书文献中心十二五发展规划"的专题报告，中国医学科学院医学信息研究所代涛所长作了"面向十二五的医学知识服务战略"报告，研讨将"十二五"规划引向知识服务。

_____

① 肖珑：《高校图书馆战略发展规划制定的案例研究》，《图书馆建设》2011 年第 10 期，第 21—24 页。

（4）中国图书馆学会"十二五"规划

在 2010 年 3 月 25—26 日中国图书馆学会八届二次常务理事会暨八届二次理事会上，学会秘书处作了《中国图书馆学会"十二五"规划起草提纲》的说明，理事们非常关注学会"十二五"规划的制定，对规划的内容进行了探讨。大家认为学会的"十二五"规划要与国家的图书馆事业和文化事业发展相结合，要起到推动图书馆事业发展的重要指导作用。

2010 年 4 月 28 日，中国图书馆学会专业图书馆分会在中国科学院国家图书馆建馆 60 周年之际，举办"图书馆十二五发展规划"专家论坛，邀请的专家报告有：中国科学院国家科学图书馆馆长张晓林的《中国科学院文献情报系统"十二五"发展思路》、国家科技图书文献中心主任袁海波的《国家科技文献平台建设"十二五"发展规划思路》、国家图书馆副馆长陈力的《国家图书馆"十二五"发展规划思路》、中国科技信息研究所总工程师武夷山的《中国科技信息研究所"十二五"发展思路》、CALIS 管理中心主任朱强的《北京大学图书馆"十二五"发展规划思路》。这次论坛为各图书馆"十二五"规划的制定从理论到行业发展动态提供了参考。

由中国图书馆学会秘书处起草的《中国图书馆学会"十二五"规划纲要》，于 2011 年 8 月 31 日经中国图书馆学会八届八次常务理事会审议通过。该规划提出了"十二五"期间的指导方针、工作目标和"十二五"时期工作的九个主要方面：充分发挥决策咨询作用，积极协助推进公共数字文化建设，推动图书馆事业的法治化和规范化进程；充分发挥行业联络与协调作用，通过策划或参与重大项目促进我国图书馆业界的整体协作与发展；提升学术研究与交流平台，推动学科建设与发展；强化图书馆的导读和社会教育功能，引导业界在科普宣传与全民阅读上发挥作用；加强对外（对台港澳）的交流与合作，扩大我国图书馆在国际图书馆界的影响力和话语权；以服务会员为中心，切实加强学会自身组织建设和内部机制建设；提升宣传推广能力，塑造图书馆的良好形象，增强图书馆对社会公众的吸引力；为新技术的推广应用提供平台，改善图书馆服务能力，加速图书馆现代化步伐；加强人才队伍建设，提高图书馆员的职业化水平，为我国图书馆事业的发展提供智力支持。这一规划经过了反复讨论，突出学会工作的重点，明确了未来的方向。

2. 地区性图书馆事业"十二五"规划

在各级政府着力研究制定地方经济社会发展规划时,文化部门要抓住机遇,组织编制好"十二五"公共图书馆事业发展规划,意义重大。江苏省文化厅社会文化处处长谷峰[①]在总结和评价江苏"十一五"公共图书馆事业发展进程的基础上,从体现"四个要求"、做到"四个兼顾"入手提出江苏省公共图书馆事业"十二五"发展规划的编制建议,强调各地要切实加强对规划编制的领导,立足当前、着眼未来,突出重点、抓住关键;要成立规划起草领导小组,组建得力的规划编制队伍,规范程序,依法决策;还要加强科学研究,提倡民主参与,加强调查研究,认真分析"十一五"事业发展的优势与不足,广泛听取各方面的意见和建议,为科学制定规划奠定坚实基础。

山西省《关于"十二五"全省图书馆发展规划的建议》分"省级图书馆发展规划"和"市、县、乡、村等各级图书馆/室发展规划"两个部分,前者包括面临的形势、五项目标、十项任务和五项保障措施;后者列举五项发展目标、七项具体任务和五项保障措施,任务具体,有明确的指标和数据,是一个结合本地实际、叙述简明扼要且具有可操作性的规划建议。

海南省高校抓住"十二五"期间海南国际旅游岛建设将"加速度"和"上水平"的机遇,2011 年年初,在省教育厅的直接领导下,由省高校图工委组织专家,开展了全省高校图书馆"十二五"发展规划的研制工作。以《国家中长期教育改革和发展规划纲要(2010—2020 年)》和《普通高等学校图书馆规程(修订)》为指导、以《普通高等学校基本办学条件指标(试行)》等系列文件为重要依据,并结合《关于推进海南国际旅游岛建设发展若干意见》《海南省国民经济和社会发展第十二个五年规划纲要》《海南省高等教育"十二五"发展规划》《海南省"十二五"科技发展规划纲要》提出的建设目标,经过充分调研与论证,对今后五年全省高校图书馆的整体建设与发展提出指导性意见。最终完成《海南省高等学校图书馆"十二五"发展规划》,并在海南省教育厅网站上发布。该规划文本包括前言、规划背景、指导思想与基本原则、发展目标和任务、保障措施、实施意见六个部分,在实施意见部分

---

① 谷峰:《江苏公共图书馆事业"十二五"发展规划编制研究》,《新世纪图书馆》2010 年第 4 期,第 58—59 页。

强调，各图书馆在各自学校的领导下，根据《海南省高等学校图书馆"十二五"发展规划》确定的战略目标、主要建设任务，制定本校（院）实施的具体方案和措施，分阶段、分步骤组织实施，一般情况下不能低于《海南省高等学校图书馆"十二五"发展规划》提出的各项技术指标。

由湖北省教育厅领导和投资建设的全省高校文献资源共建共享服务系统2010年1月7日顺利通过了项目一期建设验收，为了在一期建设成果的基础上进一步提高全省高校文献资源保障水平、提升省数字图书馆两个数据中心的服务能力、加强对成员馆的服务力度，湖北省高等学校数字图书馆管理中心提出了《湖北省高等学校数字图书馆"十二五"发展规划》，2011年11月16日，湖北省教育厅组织召开论证会，通过了专家论证。

天津高等教育文献信息中心（TALIS）在"十一五"期间发布了《天津市教育信息化十一五投资规划方案——高校数字化图书馆建设》。"十二五"前，天津高等教育文献信息中心为提升规划水平，组织了19所高校图书馆的馆长共商天津高校数字化图书馆建设"十二五"规划。在此基础上，天津高等教育文献信息中心与南开大学"图书馆战略规划"国家重点项目课题组合作，将TALIS"十二五"发展规划研究纳入国家重点项目"图书馆战略规划"的子课题，课题组提供"规划流程""规划组织""规划影响因素""规划文本"四个模型理论指导和国内外百余份参考资料，完成了《天津市高等教育文献保障体系"十二五"发展规划（草案）》，文本大纲包括"前言、现状与需求分析、指导思想与总体目标、具体目标与重点任务、实施策略"五大部分，该规划文本编制规范、具有操作性。

地方图书馆学会中也有一些制定了"十二五"规划，如2011年1月14日四川省图书馆学会第七次会员代表大会上推出了《四川省图书馆学会"十二五规划"》，常德市图书馆学会2010年制定了《常德市图书馆学会"十二五"规划起草提纲》，2011年2月18日在常德市图书馆网站发布。

3. 各图书馆的"十二五"规划

（1）图书馆"十二五"规划文本调查

2011年前后，全国各类型图书馆都在开展"十二五"规划工作，本研究通过对图书馆"十二五"规划进行文本调查，收集了有代表性的37个规划文本，其基本情况见表11－1。

表 11 – 1　我国图书馆"十二五"规划文本基本情况调查结果

序号	图书馆名称	"十二五"规划文本标题	网上发布	"十一五"回顾	环境扫描	使命	愿景	指导思想	目标	任务措施	评价指标
1	国家图书馆	国家图书馆"十二五"规划纲要									
2	首都图书馆	首都图书馆(北京市少年儿童图书馆)"十二五"发展规划		√	√			√	√	√	
3	上海市图书馆	上海图书馆上海科学技术情报研究所 2011—2015 年发展规划		√	√				√	√	
4	云南省图书馆	云南省图书馆"十二五"发展规划		√	√			√	√	√	
5	湖南省图书馆	湖南图书馆"十二五"发展规划纲要		√	√			√	√	√	
6	安徽省图书馆	安徽省图书馆"十二五"规划	√	√				√	√	√	
7	江西省图书馆	江西省图书馆"十二五"规划纲要		√				√	√	√	
8	宁夏回族自治区图书馆	宁夏图书馆"十二五"创新工作思路与规划要点						√	√	√	
9	河南省图书馆	河南省图书馆"十二五"发展规划(征求意见稿)		√				√	√		
10	新疆维吾尔自治区图书馆	新疆维吾尔自治区图书馆 2013—2017 年发展规划		√		√	√		√		
11	广州市图书馆	广州图书馆 2011—2015 年发展规划	√			√	√		√	√	√
12	杭州市图书馆	杭州图书馆"十二五"发展规划		√					√		
13	浦东区图书馆	浦东图书馆发展规划(2011—2015)		√	√			√	√	√	
14	青岛市图书馆	青岛市图书馆"十二五"发展规划		√					√	√	
15	宜宾县图书馆	宜宾县图书馆"十二.五"规划纲要	√							√	

续表

序号	图书馆名称	"十二五"规划文本标题	网上发布	"十一五"回顾	环境扫描	使命	愿景	指导思想	目标	任务措施	评价指标
16	东南大学图书馆	东南大学图书馆"十二五"（2011—2015年）发展规划		√	√			√	√	√	√
17	厦门大学图书馆	厦门大学图书馆"十二五"发展规划大纲			√				√	√	
18	重庆大学图书馆	重庆大学图书馆"十二五"发展规划（讨论稿）	√	√				√	√	√	
19	河北大学图书馆	河北大学图书馆"十二五"建设与发展规划（草案）	√	√					√	√	
20	河南工业大学图书馆	河南工业大学图书馆"十二五"（2011—2015年）发展规划	√						√	√	
21	中原工学院图书馆	图书馆"十二五"规划					√		√		
22	河南城建学院图书馆	河南城建学院图书馆"十二五"发展规划	√	√				√	√	√	
23	云南师范大学图书馆	云南师范大学"十二五"图书馆建设规划及2020年远景目标		√	√	√		√	√	√	
24	江汉大学图书馆	江汉大学图书馆"十二五"发展规划	√	√					√	√	
25	盐城工学院图书馆	盐城工学院图书馆"十二五"事业发展规划	√	√	√				√	√	
26	沈阳化工大学图书馆	沈阳化工大学图书馆"十二五"规划	√					√	√	√	
27	上海音乐学院图书馆	上海音乐学院图书馆"十二·五"内涵建设方案	√						√	√	
28	天津商业大学图书馆	天津商业大学图书馆"十二五"发展规划						√	√	√	
29	榆林学院图书馆	榆林学院图书馆2010—2015年发展规划（讨论稿）	√						√	√	
30	陇东学院图书馆	陇东学院图书馆"十二五"发展规划	√	√					√	√	

续表

序号	图书馆名称	"十二五"规划文本标题	网上发布	规划文本内容							
				"十一五"回顾	环境扫描	使命	愿景	指导思想	目标	任务措施	评价指标
31	娄底职业技术学院图书馆	娄底职业技术学院图书馆2011—2015年发展规划	✓					✓	✓	✓	
32	吕梁学院图书馆	吕梁学院图书馆"十二五"发展规划	✓	✓					✓	✓	
33	石家庄学院图书馆	石家庄学院图书馆"十二五"战略规划		✓	✓	✓	✓	✓	✓	✓	
34	大连职业技术学院图书馆	大连职业技术学院图书馆"十二五"建设发展规划	✓	✓					✓		
35	黑龙江工商职业技术学院图书馆	黑龙江工商职业技术学院图书馆"十二五"建设发展规划	✓	✓				✓		✓	
36	宁德职业技术学院图书馆	宁德职业技术学院图书馆"十二五"发展规划	✓					✓		✓	
37	中国社会科学院图书馆	《中国社会科学院图书馆"十二·五"(2011—2015)信息化建设规划》		✓					✓	✓	

资料来源：本研究整理。

从表11-1中可见，37个图书馆规划文本中，国家图书馆1个、公共图书馆14个、高校图书馆21个、专业图书馆1个。

各地公共图书馆参考文化部、国家图书馆关于"十二五"公共图书馆、"全国文化信息资源共享工程"发展规划的要求，结合本地实际，开展"十二五"规划工作，在启动规划工作、创新工作思路和模式、制定规划文本、调查研究等方面进行科学的布局和合理的安排。

《国家中长期教育改革和发展规划纲要（2010—2020年）》为高校图书馆制定"十二五"规划指明了方向。而各高校"十二五"规划的制定，直接推动了高校图书馆的"十二五"规划工作。

（2）图书馆的"十二五"规划总体水平提高，但也存在不平衡发展现象

各图书馆规划存在明显差异，主要有三种情况。

　　第一种情况：积极制定本馆"十二五"规划，重视规划的发布宣传。

　　首都图书馆、上海图书馆、湖南图书馆、安徽图书馆、江西图书馆等省级公共图书馆，十分重视"十二五"规划制定，在规划文本编制工作中有新的思路和工作计划，保证了图书馆规划制定工作的质量。

　　云南师范大学图书馆在研究的基础上，于2010年6—9月制定了"十二五"规划，不仅总结了"十一五"规划的执行评估情况，分析了机遇与挑战，而且设计了"2020发展远景"，提出了使命陈述、建设定位，以及"十二五"的基本任务、具体措施和保障描述。

　　上海浦东图书馆经过半年多的走访调研，在多次广泛征求意见和反复讨论修改并经专家论证后，于2011年8月编制完成了《浦东图书馆发展规划（2011—2015）》。这一规划的编制促使全馆从学术研究的角度考察审视外部环境及图书馆事业的发展规律和趋势，从功能定位、服务理念与方式创新上进行思考和探索，明确了图书馆的发展目标和重点任务。该规划在馆刊《图书馆发展研究》2011年第3期全文发布。2011年10月18日，该馆与上海市图书馆行业协会、上海图书馆共同举办了以"图书馆·文化传承与创新"为主题的第二届浦东图书馆学术论坛，重点讨论了图书馆战略管理的问题。

　　第二种情况：启动"十二五"规划工作，取得初步成果。

　　有的图书馆已着手"十二五"规划的相关工作，组织力量起草了本馆的"十二五"规划草案，为正式的规划奠定了基础。例如，河南省图书馆于2011年完成了《河南省图书馆"十二五"发展规划（征求意见稿）》，对"十一五"进行了简略回顾，列举了指导思想和总体目标，将具体目标分为9项，并提出4个方面的措施。

　　有的图书馆积极参与本地区文化规划的相关工作，制定本地区公共图书馆事业"十二五"规划。例如，山西省图书馆在"十一五"期间制定有比较简单的"十一五"规划，"十二五"期间虽然没有单独制定本馆规划，但于2009年11月19日制定了《关于"十二五"全省图书馆发展规划的建议》，将该馆规划作为其中的一个部分。

　　武汉商业服务学院图书馆为了做好"十二五"改革与发展规划工作，成立了"十二五"改革与发展规划起草工作领导小组，制定了《图书馆

"十二五"改革与发展规划工作方案》，在分析现状的基础上，进行校内调查和省外调研，2010 年 4 月 26—29 日，由馆长带领图书馆调研小组到广东交通职业技术学院、深圳职业技术学院、中山大学珠海校区等五所国家级、省级示范院校就相关重要问题开展调研活动，随后凝练先进的管理经验和服务举措，形成调研报告，举办会议专门研讨，还组织开展了"我为'十二五'建言献策"活动，广泛征求意见和建议，发表了文章。[①]

第三种情况：组织制定本馆"十二五"专项规划。

中国社会科学院图书馆于 2010 年 12 月制定了《中国社会科学院图书馆"十二·五"（2011—2015）信息化建设规划》，分"十一·五"发展回顾、"十二·五"信息化规划、中国社会科学院数字图书馆工程、信息化建设项目、名网建设五个部分，提出院图书馆"十二·五"信息化建设将以满足中国社会科学院及全国哲学社会科学界的科研需求为总体目标，以"国家社会科学数字图书馆"信息化建设项目为龙头，以科技创新为动力，以服务科研为导向，充分利用现有资源，依托院馆、各分馆和所馆，加快发展。提出要进一步加强数字资源的建设，加大数字资源保障力度，优化资源配置，突出信息资源的服务功能；加快应用系统的开发利用，继续推动新技术在图书馆的应用与推广；开展"名网"建设，增强图书馆的宣传和服务能力；继续强化信息化基础设施建设，为数字图书馆建设搭建技术支撑平台；高度重视信息安全；加强对信息化人才的培养和引进工作，激励人才发展，为全面提升院图书馆信息化水平作出贡献。该规划对于信息化项目任务列举详细，突出了重点工作。

第四种情况：未制定本馆"十二五"规划。

我国公共图书馆有 2951 个，其中市县级图书馆占较大比重（地市级 343 个，县市级 2570 个）。[②]然而大部分市县级公共图书馆虽然参与了本地区的相关"十二五"规划制定，却没有制定本馆的"十二五"规划。县级公共图书馆的规划工作普遍缺乏规划意识和规划实践，只有少数图书馆尝试制定了"十二五"规划，规划文本相对简单。

---

① 张兵：《科学编制图书馆"十二五"规划引领高校校园文化发展——以武汉商业服务学院图书馆为例》，《湖北成人教育学院学报》2011 年第 6 期，第 44—46 页。

② 周和平主编《中国图书馆事业发展报告 2012》，国家图书馆出版社 2013 年版，第 3 页。

一些省级公共图书馆由于种种原因没有制定"十二五"规划，但不少图书馆积极参与本地文化部门"十二五"规划工作，发挥了一定作用。例如，山东省图书馆积极参与制定《山东省文化厅"十二五"文化改革发展规划》，在该规划中提出了图书馆发展的主要指标是"全省公共图书馆藏书人均达到 1 册，各级公共图书馆、文化馆、乡镇（街道）文化站、村（社区）文化室和文化共享工程基层服务点全部建有公共电子阅览室，覆盖率达到 100%。文化信息资源共享工程 80% 的县支中心达到省文化共享工程示范县标准，60% 的基层服务点实现规范化，入户覆盖率达到 80%。网上图书馆新增资源 20TB 以上，资源总量达到 55TB。县级公共图书馆、文化馆均配有流动文化车"；将"加强公共文化服务体系建设"作为首要任务，提出"加快市级公共图书馆、艺术馆、博物馆和县级图书馆、文化馆建设和升级改造，到 2012 年底全省市级三馆全部达到国家一级馆标准，县级两馆全部达到国家二级馆以上标准"，"数字图书馆建设工程"（完成省、市、县三级数字图书馆建设，形成互联互通的数字图书馆网络）以及到"十二五"末实现公共图书馆全部免费开放等具体目标。对比《关于全省"十一五"时期文化工作的指导意见》，公共图书馆不仅地位凸显了，而且目标任务明确具体，展现公共图书馆前所未有的发展机遇与前景。

（3）规划体例模式多样化

在规划文本编制体例上有四种模式。

第一种是经典模式。首都图书馆"十二五"规划按照图书馆发展规划的传统模式，分现状、机遇与挑战、指导思想和总体目标、主要任务、保障和措施五个部分。

上海图书馆的"十二五"规划于 2011 年 2 月 22 日馆所四届二次职代会通过，分工作回顾、发展环境分析、发展目标、主要任务和重点工作、保障措施五个部分，其特点是规划文本内容简洁，但附有"十二五"战略规划蓝图。

云南省图书馆规划工作起步早，2010 年 6 月 1 日就制定了"十二五"发展规划，分四个部分：工作回顾；面临的形势；指导思想和主要目标；主要任务及措施，其中详细描述了 9 个方面 45 项重点工作任务及相应措施。

安徽省图书馆"十二五"规划分四个部分，第一部分"十一五"时期主要工作回顾总结详细；第二部分"十二五"时期的指导思想和主要目标简明扼要；第三部分主要任务分 8 个方面、37 项重点工作；第四部分列举了管理机制、运行机制、人才和组织三大方面的保障措施。

第二种是按照"总体描述 + 重点目标任务"体例的模式。宁夏图书馆于 2010 年年底完成了《宁夏"十二五"文化体制改革与发展规划纲要》中全区公共图书馆行业及自治区图书馆相关发展目标体系论证、设计、申报（列项）等工作，又根据最新颁布的《中共中央关于深化文化体制改革 推动社会主义文化大发展大繁荣若干重大问题的决定》的新精神、新要求，对本馆"十二五"期间社会服务、改革与发展目标体系进行全面修订、完善，于 2011 年 11 月完成了《宁夏图书馆"十二五"创新工作思路与规划要点》，包括总体基本思路和体系建设效能化目标（要点）两个部分，提出了宁夏图书馆的核心办馆理念、九大基本社会职能，全面实施项目（工程）拉动、品牌（精品）带动战略，列举了六个方面的具体目标和任务。该规划提纲挈领、目标任务具体、措施方法可行，体现了时代性和务实性特点。

湖南省图书馆"十二五"规划体例是，第一部分"坚持注重内涵的发展道路，开创湖南图书馆事业发展新局面"，包括"十一五"回顾，"十二五"发展环境、指导思想、主要发展目标，将 21 个方面的重点工作任务分为"文献信息资源建设""读者服务""服务条件与环境""人力资源建设""学术研究"五个部分，规划文本于 2012 年 2 月发布。

杭州市公共图书馆在全国公共图书馆中颇有影响，该馆制定的"十二五"规划分三个部分，一是总结杭州图书馆近几年来取得的 9 个方面发展与成就；二是阐述面临的 5 个方面的问题与挑战；三是列举"十二五"时期的主要目标及任务。虽然该规划没有环境分析，工作重点和任务描述也比较简略，但其亮点在于提出了新的目标定位——努力实现杭州图书馆由"市民大书房"向"公共文化空间"的转型，树立文化、科技、教育"三位一体"的公共设施形象，且提出了若干项具体指标，通过规划确立了未来发展的方向。

第三种是综合体例的模式。江西省图书馆规划纲要共分四部分。第一部分为"十一五"回顾和"十二五"发展环境；第二部分为指导思想和主要目标；第三部分分为 5 个方面、32 项重点任务；第四部分提出了 5 个方面的 18 项措施。该规划于 2011 年 12 月 23 日通过图书馆文件（赣图发〔2011〕48 号）下发。

第四种是新体例模式。按照战略规划的一般体例，在传统体例上增加了使命、愿景等要素，体现目标体系的完整性和逻辑性。如《石家庄学院图书馆"十二五"战略规划（馆内讨论稿）》不仅遵循了规划的新型体例，对需求进行了详细分析，而且确立了使命、定位和愿景，提出了比较完整的行动计划，包括一个中心、两个面向、三个战略（服务立馆、人才兴馆、科技强馆）、四个特色、五个方面和六大工程。该馆在总体规划下还制定有 10 个子规划，包括《图书馆"十二五"党建工作发展规划》《图书馆"十二五"文化建设规划》《图书馆"十二五"图情学科建设规划》《图书馆"十二五"内部管理体制改革》《图书馆"十二五"文献资源建设发展规划》《图书馆"十二五"功能布局规划》《图书馆"十二五"读者服务规划》《图书馆"十二五"数字图书馆建设规划》《图书馆"十二五"技术设备发展规划》《图书馆"十二五"读者管理发展规划》。

（4）重视研究，产生了一批具有示范作用的规划案例

科学研究是制定规划的重要环节。在"十二五"规划制定中，一些图书馆在规划理论指导下，积极探索、科学制定规划，形成了较为规范的规划文本。比较突出的有家图书馆、广州图书馆、东南大学图书馆等。详见本书第四、五、七章案例部分。

三 我国图书馆"十二五"战略规划制定存在的问题

尽管当前我国图书馆"十二五"战略规划制定已经取得一定成就，并在持续开展中，但是仍然存在一些不容忽视的问题。

（1）对"十二五"战略规划的重视和认识不够

从整体看，目前我国图书馆开展"十二五"战略规划制定活动有三种情况：第一种情况是高度重视战略规划制定，致力于比较完整的战略规划，如国家图书馆、广州图书馆等。第二种情况是对发展计划比较重视，参照"十一五"规划，总结成就，分析现状，继而提出"十二五"阶段图书馆发展的主要思路（或目标）。这类规划缺乏具体的目标和任务，缺乏具有可操作的对策措施，但指明了战略发展方向，具有战略上的指导性。第三种情况

是对规划缺乏重视和认识，没有及时进行规划活动。调查发现，大部分图书馆没有制定战略规划或没有考虑战略规划。没有进行战略规划活动的主要原因是"最近很忙""暂没有时间""人手暂时不足"等。

图书馆没有进行"十二五"战略规划制定的根本原因首先是认识问题，一些图书馆领导层并未深刻认识到开展"规划"工作的重要性和迫切性，或者随意应付了事，工作未落到实处；有些图书馆错误地将"规划"与工作计划、工作任务画上等号，将"规划"降格为一个一个的具体目标与日常事务。当然，也有一些图书馆曾考虑过制定规划，却不知道从何入手，因而徘徊不前。

在图书馆"十二五"规划中，得力的组织十分重要，然而，由于缺乏充分的认识，在一些制定"十二五"规划的图书馆，整个过程中没有成立专门的战略规划部门，规划制定参与人员较为单一。

（2）"十二五"战略规划名称不统一、较为混乱

国外图书馆战略规划不仅在公共图书馆和高校图书馆十分普遍，而且有较为统一的名称，一般采用"Strategic Plan"。与国外相比，国内图书馆战略规划进展较为缓慢，规划名称各异，既不统一也不规范。据本研究通过网络或邮件获取的 53 份我国图书馆"十一五"（46 份）和"十二五"（7 份）规划文本，其中名称为"发展规划"的最多，有 30 份，占总样本的56.60%，名称为"建设规划"或"工作计划"的有 18 份，而名称中包含"战略规划"的样本仅有 5 份，主要是港台地区的大学图书馆或公共图书馆。①

表 11 - 1 共列出 37 份"十二五"规划文本，以"发展规划""发展规划纲要""发展规划大纲"为标题的达到 27 份，占 72.97%，而采用"战略规划"名称的只有 1 份（《石家庄学院图书馆"十二五"战略规划》），说明在我国还缺乏战略规划概念以及使用"战略规划"术语的习惯。由此可见，当前我国内地的图书馆战略规划还存在名称混乱、概念不清、以工作计划替代战略规划的问题，一定程度上反映出管理行为的随意性。

---

① 柯平、贾东琴、李廷翰：《关于图书馆"十二五"战略规划的若干思考》，《图书馆工作与研究》2011 年第 3 期，第 4—11 页。

（3）"十二五"战略规划制定缺乏严谨性

当前我国图书馆界战略规划缺乏理论指导，许多图书馆并未建立科学、严谨的规划分析与制定程序，按科学方法制定"十二五"规划。首先，在战略规划启动阶段，我国图书馆缺乏足够的规划主动性，多依靠上级行政主管部门要求或参照上级工作方案而制定，采取"应付了事"的工作态度应对国家的号召，这就容易导致图书馆被动接受主管部门安排的发展路径，不利于图书馆的科学发展。其次，在战略规划分析阶段，国内图书馆较多地关注"图书馆工作回顾与总结"或自身现状的简单描述，而较少或根本不涉及图书馆所处环境中的优势、劣势、机会与威胁的分析及环境发展动态分析。在上述表 11－1 的 37 份"十二五"规划文本中，有 12 份文本中没有"十一五"回顾，大部分文本虽有回顾部分，但也存在不规范的问题，有的类似于工作总结或成绩的列举，有的只是作了简单的工作回顾；有 26 份文本没有环境扫描，在有环境扫描的文本中，大多为现状描述，而不是运用战略分析工作作较为详尽的环境分析；有的"十二五"规划虽然有详细的目标任务，但对于环境的分析特别简单，对于发展成就和存在问题一笔带过，对发展形势也是轻描淡写，未形成从环境扫描到目标制定的文本结构。

大多数图书馆的整个规划过程，从启动到最后文本形成，未将读者调研和环境分析贯穿始末，这使得战略规划制定容易与动态变化环境与读者需求相脱节。这反映出我国图书馆界普遍缺乏战略分析意识，缺乏战略环境动态分析的方法，战略规划能力较差，从而影响了战略规划水平。

（4）"十二五"战略规划文本模式有待规范

判断一份战略规划文本是否规范，不仅看它的内容体系是否全面、系统，还要关注文本的内容结构、外部特征是否科学规范。

目前，战略规划文本内容的全面性、协调性、可行性有待提高。在"十二五"规划中，大多数文本内容不够全面。当前国内图书馆"十二五"发展规划内容较多地关注图书馆发展历程、制定背景、指导思想、发展目标、实施策略等，在具体战略内容上更多的是关注图书馆自身建设，涉及图书馆建设、设施条件改善、信息资源建设、数据库建设、读者服务、图书馆馆员队伍建设等诸方面，而对体现前瞻性、长远发展前景的使命、愿景和组织管理、薪酬管理等战略保障内容几乎没有涉及。

此外，现有规划文本几乎沿用传统陈旧的文本结构。在上述表 11 - 1 的 37 份"十二五"规划文本中，大多数文本基本是以"指导思想—发展历程—发展目标—主要任务"或"图书馆现状（或"十一五"回顾）—发展目标—主要任务"的结构呈现。使命、愿景是战略规划的必备要素，然而大部分"十二五"规划文本都没有使命、愿景陈述，在 33 份图书馆"十二五"规划文本中，只有 3 份有使命陈述、3 份有愿景陈述、2 份同时有使命和愿景陈述。由此可见，图书馆建立使命和愿景，不仅仅是文本标准化的需要，也是我国图书馆更新战略观念，在战略管理上赶上国外先进图书馆管理水平的需要。

（5）"十二五"战略规划目标任务体系缺乏可操作性和评价指标

图书馆战略规划是一个逻辑严密的目标体系，前瞻性目标和具体实施目标、定性目标与量化目标设置必须协调。然而，在当前我国图书馆已有的"十二五"规划中，虽然大多数都有目标和任务部分，但较多的是涉及图书馆未来 5 年达到的具体目标或是 5 年工作任务的文字表述，而很少涉及图书馆长远发展目标。图书馆战略规划是图书馆未来蓝图，既包括近期可实现的具体目标，也需要适当加入引导图书馆长远发展和激发员工工作激情的前瞻性目标。

文本中目标体系的构建是逐步实现总体目标的有效路径，而当前图书馆"十二五"规划中的目标体系多数以"发展目标—主要任务"的形式呈现，很少以标准的战略规划目标体系中"战略重点—目标—任务—行动计划"的逐层递进、细化的方式呈现，相应地还缺少具体的任务分解、人员配置和进度安排等。此外，还缺乏规划的评价因素，在调查的 33 份"十二五"文本中，只有 2 份有较详细的评价指标，其他文本均没有考虑规划实施后的评估问题。这样，就使得战略规划制定与实施相脱节，影响了战略规划后期顺利的、有效的实施。

（6）"十二五"战略规划的宣传推广薄弱

规划的最终文本呈现方式较为简单。在调查获得的图书馆"十二五"规划文本中，全部文本都是以 PDF 或 Word 的方式简单呈现，缺少精美、简洁的宣传册或文本简册，不利于战略规划文本的有效推广和引起上级行政主管部门的重视。同时，文本正文只是采用单一的文字论述，而缺少表格或插图，使得文本呆板，因而缺少吸引力。

战略规划制定后不仅要让全馆认同，而且要让读者和社会了解。然而，大多数图书馆没有宣传推广意识，忽视了文本的发布和宣传环节。根据赵益民 2010 年对国内外 528（国内 343，国外 185）个图书馆网站发布图书馆战略规划情况的调查，在没有发布规划文本的网站中，国外只有 73 个，占 39.46%，而国内达到 285 个，占 83.09%；在拥有规划文本的网站中，国外网站有 111 个规划，占 60.11%，而国内只有 38 个，仅占 11.08%，[1] 中外图书馆战略规划网上发布差距极为明显。表 11 - 1 的 37 份文本中，也只有 17 份在网上发布，还有许多图书馆将"十二五"规划作为内部资料，强调保密和不外传，或者只在校内或本地小范围内传播，这说明，我国图书馆界对图书馆信息公开、对图书馆规划的公开性认识有严重误区，我国图书馆战略规划的宣传推广工作任重而道远。

第二节　《中国图书馆事业"十二五"及 2020 战略规划》建议案的制定

一　建议案制定过程

建议案的编制过程主要分为四个阶段。

1. 第一阶段广泛调研，初稿撰写阶段（2010 年 3 月至 5 月中旬）

2010 年是国家"十一五"完成之年，面向未来发展，各行各业乃至各个单位纷纷着手制定本行业、本单位的"十二五"发展规划。目前在我国图书馆的实践领域中，还缺少一部对全国图书馆事业发展具有引导作用的战略规划。鉴于此，本课题组于 2010 年 3 月正式启动"中国图书馆事业'十二五'战略规划"编制工作。本建议案主要在《国民经济和社会发展"十二五"发展规划》《国家中长期教育改革和发展规划纲要（2010—2020 年）意见稿》等国家发展规划的指导下来制定的行业发展规划，具体编制主要依据本课题组前期开展的国内外图书馆战略规划实证调研结果（包含文献

---

① 赵益民：《图书馆战略规划流程研究》，国家图书馆出版社 2011 年版，第 64 页。

调查、规划文本分析、调查问卷等），由本课题组负责人组织项目全体成员经过多次讨论，确定建议案大纲。在本课题组成员热情参与和大力支持下，通过充分酝酿、分工合作，并经多次深入的讨论和修改，于5月底完成"中国图书馆事业'十二五'战略规划"建议案初稿（征求意见稿）。"中国图书馆事业'十二五'战略规划"建议案撰写过程中，本课题组成员除了借鉴课题组前期调研数据、中国图书馆事业发展报告①、图书馆发展趋势调研系列报告②—⑤等有关图书馆发展现状总结与发展趋势预测的相关资料外，还重点关注了公共文化服务体系建设进展蓝皮书、发展趋势报告、国家出台相关政策以及高等教育发展相关报告。总之，全方位地把握各类型图书馆发展环境、发展成就、存在问题及发展趋势，为"中国图书馆事业'十二五'战略规划"草案编制提供现实依据。

2. 第二阶段征求意见阶段（2010年5月中旬至6月）

建议案初稿形成之后，本课题组多次以项目会的形式集中讨论修改，最终确定《全国图书馆事业"十二五"发展规划（草案）》，包括总目标和6个具体目标——资源建设、服务建设、图书馆管理体制建设、沟通与合作、人才建设、学术创新。

本课题组于2010年5月30日，在河北省石家庄市召开项目专题探讨会。会议主要邀请河北省图书馆学会、河北省图书馆、河北省重点高校图书馆、河北省情报科学技术情报研究院的领导以及图书馆学理论研究者等出席会议。会议以"图书馆事业发展战略"为主题，以科学发展观与公共文化服务原则为指导，以本课题组起草的"中国图书馆事业'十二五'发展规划"草案内容为基础，重点讨论"中国图书馆事业"十二五"发展规划"

---

① 中国图书馆学会、国家图书馆编《中国图书馆事业发展报告（2009）》，国家图书馆出版社2010年版。

② 初景利、吴冬曼：《图书馆发展趋势调研报告（一）：环境分析与主要战略》，《国家图书馆学刊》2010年第1期，第3—11页。

③ 初景利、吴冬曼：《图书馆发展趋势调研报告（二）：总体发展趋势》，《国家图书馆学刊》2010年第2期，第21—30页。

④ 初景利、吴冬曼：《图书馆发展趋势调研报告（三）：资源建设和用户服务》，《国家图书馆学刊》2010年第3期，第3—9页。

⑤ 初景利、吴冬曼：《图书馆发展趋势调研报告（四）：图书馆管理、人员发展及结论》，《国家图书馆学刊》2010年第4期，第3—8页。

制定的若干问题，同时简要论证了本课题组的图书馆战略规划模型、图书馆事业影响因素模型等项目中期成果。会议期间本课题组成员陈昊琳、李健向与会专家就项目研究进展和关于"中国图书馆事业'十二五'发展规划"的前期研究思路以及草案作了汇报。

　　会议讨论期间，与会专家高度肯定了在国家"十一五"结束之年探讨"中国图书馆事业'十二五'发展规划"为我国图书馆事业未来五年发展提供指导，具有重大现实意义。与会专家对本建议案的整体框架给予基本肯定，但个别专家提议在建议案中可考虑增加指导思想、指导原则等文本内容，在具体内容上专家指出图书馆事业发展规划需要与国家文化产业发展纲要、国民经济和社会发展规划、国家中长期教育改革和发展规划纲要等紧密结合。与会专家还建议在编制全国图书馆事业的发展规划过程中，一定要全面、系统地把握我国不同地区、不同类型图书馆发展特征，在规划中有效协调这些差异，提出具有普遍指导意义的发展目标。与会专家还强调作为对全国图书馆事业发展发挥引导作用的发展规划，不应限于今后五年，可考虑为图书馆未来十年乃至二十年制定具有前瞻性、全面性、创新性的长远发展目标。与会专家肯定了建议案提出的资源建设、服务建设、图书馆管理体制建设、沟通与合作、人才建设、学术创新六个具体目标，认为目标具有一定全面性，几乎涉及了图书馆发展中的方方面面，但是对各具体目标下的发展策略与任务提出诸多修改建议。如资源建设部分应重点强调古籍保护与利用，并将古籍范畴拓展到历史文献；数字资源建设要强调知识产权保护机制的建立；图书馆管理体制部分需要强调不同类别、不同层级以及图书馆服务体系的绩效和成效评价；在人才建设方面专家强调建议案提出的"由身份分类管理转变为职位分类管理"建议很好，但人事制度创新改革要法律先行；沟通与合作部分可改为交流与合作，图书馆合作过程中要重视学会作用，等等。

　　总之，各位专家从宏观到微观，从理论到实践提出了很多宝贵意见，对本课题组进一步修改、完善建议案提出了宝贵意见。《石图学苑》对本次专题研讨会进行了全程报道①，并将"规划"草案全文发表在 2010 年第 3 期，

---

　　① 孙革令：《柯平教授"国家社科课题"讨论会在石家庄市图书馆召开》，《石图学苑》2010 年第 3 期，第 11 页。

对本项目成果进行了推广与宣传，并进一步扩大了本项目的影响力，也期望本次宣传能够引起图书馆理论与实践界对全国乃至地区图书馆事业发展规划制定工作的重视，以促进全国图书馆事业的持续发展。

3. 第三阶段建议案深入调整、修改与完善阶段（2010 年 7 月至 2011 年 5 月）

2010 年 6 月 27 日，本课题组召开项目工作会议汇报了石家庄项目研讨会的情况，讨论了专题研讨会的专家意见，启动对"中国图书馆事业'十二五'发展规划"草案的修改。此后，根据专家意见，并结合项目研究进展，本课题组多次召开小组讨论会商定进一步调整与修改方案。作为我国图书馆事业的中长期发展规划，它应该具有宏观性、战略性、前瞻性的特征，能够为未来五年、十年乃至二十年的图书馆事业的发展指示方向，因此，本课题组结合专家建议在原来草案基础上，增加 2020 年发展规划部分，原规划标题改为"中国图书馆事业'十二五'及 2020 战略规划"。2011 年作为中华人民共和国国民经济和社会发展第十二个五年规划纲要（简称十二五规划）的开局之年。自 2011 年 3 月国家十二五规划出台后，各行各业及个体单位的"十二五"发展规划纷纷制定与发布。如《国家公共文化服务体系建设"十二五"规划纲要》已经过多次讨论和多方征求意见，就有关发展思路、目标任务等问题达成共识。图书馆领域各类型个体图书馆和图书馆联盟（如 NSTL、TALIS 等）的"十二五"发展规划大量涌现，其中更为重要的《全国公共图书馆事业发展"十二五"规划》经过多次讨论和多方征求意见，在发展总体目标和战略重点等方面达成共识。所有这些相关规划，为本课题组进一步修改与完善"规划"建议案提供实践指导。此外，面向未来图书馆发展、旨在建立并形成未来图书馆发展愿景的 GRL 2020 （Global Research Library 2020）国际研讨会，相继于 2007 年、2008 年、2009 年分别在美国、意大利、中国台湾举办。① 该会议为世界各图书馆提供了交流平台，各国图书馆专家欢聚一堂共同讨论、明确图书馆未来发展方向和所要采取的必要的计划，为世界范围内的图书馆发展提供宏观引导。因此，本阶段课题组参考相关图书馆 2020

---

① "GRL 2020 Asia Position Papers"，［2012 - 03 - 19］，http：//www. grl2020. net/uploads/Asia/Booklet Asia.

发展愿景、目标，重点补充我国图书馆事业 2020 发展规划部分。

总之，该阶段本课题组在国家经济、文化、教育领域发展纲要的指导下，结合已构建的图书馆战略规划流程、组织、影响因素、文本四个子模型以及各类型图书馆战略规划研究结论，对"中国图书馆事业'十二五'战略规划"草案进行深入补充与修改。

4. 第四阶段建议案征求意见、修改、定稿阶段（2011 年 6 月—2011 年 12 月）

"中国图书馆事业'十二五'及 2020 战略规划"建议案经历前一阶段的深入调整与修改之后，开始以本课题组研讨会为基础，进一步讨论、修改与完善建议案。本课题组并于 2011 年 6 月 26 日召开项目专题研讨会，主要邀请南开大学、天津财经大学、天津工业大学、军事交通学院、天津职业大学、天津商业大学、河北工业大学等大学图书馆馆长及部门领导以及南开大学信息资源管理系图书馆学专业学者等参加会议，针对草案进一步提出修改意见。经过多次修改讨论之后形成"中国图书馆事业'十二五'及 2020 战略规划"建议案。

二 建议案内容框架

本建议案根据我国图书馆事业的发展基础现状，参考国外相关经验以及我国经济、高等教育、公共文化服务、图书馆等领域"十二五"战略规划内容，在综合分析图书馆事业整体发展的内外部环境的基础上，经过多次讨论，征求专家意见，最终从目标体系与行动建议的视角提出涉及图书馆何种核心业务的发展规划目标体系。总体内容框架如图 11 - 1 所示。

前言部分简要叙述建议案制定的背景、意义及目的。

指导思想部分明确指出制定"中国图书馆事业'十二五'及 2020 战略规划"要依据"中华人民共和国国民经济和社会发展第十二个五年规划纲要""国家中长期教育改革和发展规划纲要（2010—2020 年）""国家公共文化服务体系建设'十二五'规划纲要"等，必须高举中国特色社会主义伟大旗帜，以邓小平理论和"三个代表"重要思想为指导，深入贯彻落实科学发展观，适应国内外形势新变化。

总体目标部分明确提出"建成多层次、高标准、满足不同需求、覆盖

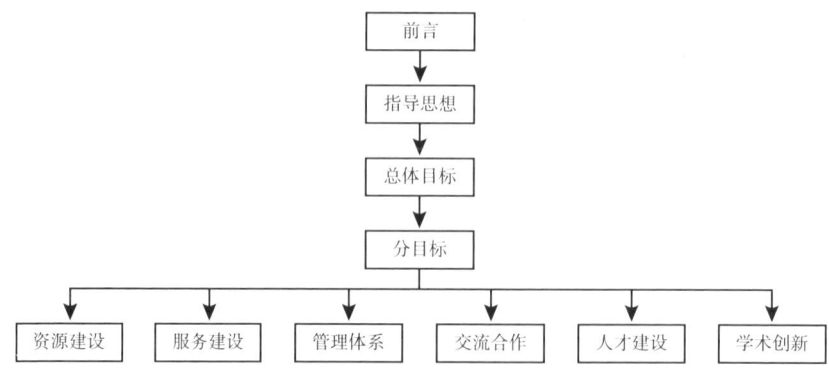

图 11 - 1　本项目起草的图书馆事业总体规划内容框架

资料来源：本研究整理。

全社会的图书馆服务体系框架"。

　　资源建设部分主要包括建设国家信息资源总库、大力发展古籍保护与利用、塑造数字化信息资源中心、文献资源整合发展四项具体目标，并在每一目标下设有若干建设目标与任务。

　　服务建设部分主要包括继续推进现有各项文化工程建设，建成布局合理、层次清楚、覆盖全面的图书馆网络，建成以服务绩效为标准的多元服务体系三项具体目标，并在每一具体目标下提出相应建设目标与任务。

　　管理体系部分包含实现管理体制改革与创新、深化人事制度改革、立足科学管理拓展、稳固事业经费四项具体目标，在每一具体目标下提出相应建设目标与任务。

　　交流合作部分主要涵盖加强国内外图书馆界的合作与交流、塑造图书馆事业的整体社会形象两项具体目标，并在每一具体目标下提出相应建设目标与任务。

　　人才建设部分包括图书馆人才的职业化建设、图书馆人力资源管理两项具体目标，每一具体目标下设置相应建设目标与任务。

　　学术创新部分主要从图书馆学研究工作开展、研究内容创新、研究指导思想等方面进行综合概述，并从加强学术研究的引导，制定合理的科学研究评估扶植奖励机制；加强图书馆相关研究的编辑出版工作；增加科学研究项目的投入力度；加快科技成果的转化速度；重视科学研究的交流五个方面提出建设目标与任务。

本建议案的具体内容详见附录3。

第三节 加强对我国图书馆事业未来战略 规划的宏观指导

根据本课题组前期对我国图书馆战略规划现状的分析与调查发现，我国图书馆战略规划在经历了发展规划时期之后，目前正处于实践探索与理论指导时期，实践中仍存在诸多问题，如战略规划意识淡薄、规划文本缺少规范等。因此，无论在图书馆学理论研究，还是在图书馆实践中都需要加强对我国图书馆事业战略规划的指导。

一 重视图书馆事业战略规划制定的科学指导

1. 图书馆战略规划名称的科学性

图书馆战略规划既不同于长期计划也不同于工作计划。图书馆发展规划同图书馆长期计划相似，是一种基于对过去的回顾与总结，根据现状而确定的图书馆未来发展方向，也是已有发展的延续，重视从全局、长远的视野来勾画图书馆的未来。工作计划就是各部门的工作总结与年度工作计划等，它是一种短期规划，是整个战略规划实施过程中分解的具体任务安排，对组织的发展方向缺少一种全局的、整体的引导。由此可知未来我国的图书馆事业的战略规划"十二五"规划，并不仅仅只局限于今后五年内，如何保持"十一五"发展成果的延续和提高，需要从战略发展的角度出发，在总结图书馆过去和现在发展成就的基础上，分析它所处的环境因素的变化趋势，为图书馆未来制定具有前瞻性、全面性、创新性的长远发展目标体系。从科学性角度思考，在确定规划的名称时一定要体现出战略性发展，因此，我国的图书馆"十二五"规划，宜统称为图书馆"十二五"战略规划。

2. 图书馆战略规划制定流程的科学性

我国图书馆战略规划制定，按照本项目构建的流程模型可分为三个阶段进行。第一阶段即战略规划启动与准备阶段，主要包括制定战略规划进度表、成立战略规划委员会和战略规划制定小组、确定战略规划保障和宣传动员等工作。第二阶段即战略规划分析阶段，主要对已有成就进行回顾与总结，开展图书馆调研数据收集，对图书馆内外环境、发展趋势、读者需求等进行分析，进而明确图书馆资源、能力以及读者需求等。然后通过资源、能力的匹配，确定图书馆的使命、愿景等。第三阶段即图书馆战略规划制定阶段主要包括图书馆总体战略、业务战略、战略方案的选择与制定，以及战略规划文本的形成、发布等部分。战略规划不是一次性完成的，而是一个不断讨论、不断修正、不断完善的动态连续过程，不仅是一个文件的写作，而是从研究到形成文本的逻辑推进过程。

3. 图书馆战略规划组织的科学性

通过对国内外的规划现状调查和规划文本分析，能够发现国外图书馆成立了专门的"战略规划委员会"负责战略规划的制定、实施、修订和总结。陈昊琳等选取了美国公共图书馆战略规划文本中有直接注明战略规划制定主体的 16 份样本，对其进行分析发现由特定战略规划委员会制定战略规划的占 50%，由单纯的图书馆董事会或委员会制定的占 37.5%，外聘机构或顾问的占 12.5%。① 我国图书馆在制定战略规划时应借鉴国外图书馆经验，根据本研究构建的战略规划组织模型，首先应成立战略规划委员会，对整个战略规划的制定过程进行监督与领导，同时在战略规划委员会下成立专门的战略规划编制小组，负责环境调研、需求分析等具体工作，为图书馆战略规划提供组织保障。

4. 图书馆战略规划文本的科学性

一个科学规范的图书馆战略规划文本主要体现在其外部特征和内容要素两个方面。在外部特征方面，鉴于国外图书馆战略规划文本结构、调查问卷及我国图书馆发展特点，我国图书馆战略规划文本可以结合本馆发展实际状况，参照"前言—使命—愿景—现状与需求分析—发展方向—总体目标—具体目标—行动计划"较为科学的模式形成文本结构。我国图书馆战略规划制定中可以考虑利用图书馆网站，尽可能地提供全文浏览和全文下载的获取方式，甚至以多媒体的表现手段增强趣味性、可读性和识别性。同时，要

---

① 陈昊琳、柯平等：《美国公共图书馆战略规划制定对我国的启示：一种基于文本分析的研究》，《图书情报工作》2010 年第 8 期，第 12 页。

编制精美的战略规划宣传简册，完善战略进展简讯、年度测评报告、规章制度条文等辅助性文献的研究与编制。大型图书馆还应考虑战略规划文本的多语种处理，以适应国际化的社会需求。

在内容要素方面，借鉴国外图书馆战略规划经验和本研究构建的战略规划文本模型，我国图书馆战略规划的核心内容体系的确立可以从"战略管理路径"和"战略保障体系"两个角度具体展开，力图构建全面、系统的战略规划内容体系。在制定的战略规划中既要包含五年内可具体操作实施的具体目标，又要包含能够从宏观上指导图书馆近十年或二十年发展的前瞻性目标。图书馆战略规划的编制一定要突出重点，如果将一般目标与重点战略混淆，使得战略面面俱到，看似全面但重点不突出，难以形成目标聚焦、思路清晰的效果，也难以在有限的时间内，集中优势资源，实现重点突破。[1]

图书馆战略规划制定过程中除了上述四个方面要体现科学性外，在战略规划的制定阶段还必须考虑规划的实施，从各图书馆实际出发，制定与本馆条件相适宜的规划。基于对图书馆发展环境变化的考虑，图书馆在战略规划制定时就要注重对前一两年规划的具体实施措施的制定，并且要考虑为后一两年规划措施的修订与完善留足空间，将使自己处于主动的地位。

二 重视对图书馆事业战略规划的分类指导

我国图书馆事业已形成以国家图书馆为龙头，公共、高校和专业三大类型图书馆为支柱，其他类型图书馆为一般组成部分，各类型图书馆发展环境、发展目标、发展趋势等方面存在很大差异。因此，未来在制定各类图书馆战略规划时一定要考虑对不同类型图书馆的发展现状、发展趋势、发展目标等进行分类指导，使得图书馆的战略规划呈现各自发展特色。

1. 加强对国家图书馆战略规划制定的指导

国家图书馆对全国图书馆事业的发展有引导作用。国家图书馆应积极尝试引入先进的战略管理理念与科学的战略管理工具，并根据图书馆自身特点

---

① 王世伟：《公共图书馆制定"十二五"规划的思考与方法》，《图书馆论坛》2010 年第 6 期，第 133 页。

构建战略规划流程、组织、影响因素、文本等模型为战略的具体制定提供理论框架。文化部在国家图书馆战略规划制定过程中首先要积极参与战略制定过程，对其进行监督与引导，并积极参与大范围内的论证与研讨，最后根据战略规划的具体任务分解事项，提供财政资金，保证战略的顺利实施，并加强对战略实施的监督与评价。

2. 加强对公共图书馆战略规划制定的指导

全国公共图书馆系统在行政上归属文化部社会文化司（下设图书馆处）管辖。省、市、县各级公共图书馆由当地文化行政管理部门统一管辖。公共图书馆战略规划编制过程中，文化部应该带头发挥促进、组织、指导的作用。

（1）重视制定各地区公共图书馆事业的战略规划

鉴于我国各地区图书馆事业发展水平的差异，要重视制定各地区的公共图书馆事业战略规划，特别是针对东西部地区、针对发达地区和欠发达地区，提供战略规划的宏观指导。各省图书馆学会要采用科学的战略制定工具制定规范的战略规划，及时将动态信息及经验以各种形式公布，为本省及市、县级公共图书馆战略规划的制定提供参考，同时从宏观上把握本省公共图书馆发展现状与趋势为各公共图书馆战略规划制定提供指导。当地各级文化行政管理部门需要参与公共图书馆战略规划制定，从微观与实施的角度提供参考意见，并为图书馆战略的实施提供充足的资金保障。

（2）加强指导城市各级公共图书馆和农村公共图书馆的战略规划制定

省级公共图书馆可凭借其较为充足的人力、物力资源积极尝试引进先进理念、使用科学的管理工具，为市级公共图书馆树立学习的榜样。市级图书馆要结合城市发展制定具有特色的图书馆战略。农村图书馆要以县图书馆为中心，结合农村实际，选择可行的发展道路。至于公共图书馆战略规划重点的选择，各馆要根据自身发展优劣势、发展机会与威胁，实现公共文化服务体系从量的发展到质的提升、注重多元化文献保障体系的建立和完善、着力公共图书馆核心层的人力资源建设、以新技术的运用为切入点创新公共图书馆的管理和服务、推动制度建设实现公共图书馆的科学长效管理、重视图书馆新老建筑的节能减排、实现低碳的文化服务环境等方面进行具体战略匹配与选择。[①]

3. 加强对高校图书馆战略规划制定的指导

高校图书馆在行政上隶属其所在高校，教育部高等学校图书情报工作指导委员会以及各省区市图工委对其具有业务指导和管理的职能。首先，教育部高等学校图书情报工作指导委员会应该重视积极制定全国高校图书馆战略规划，为全国的高校图书馆战略规划制定起指导作用。各省区市图工委可以以引导或参与的方式推进各高校图书馆战略规划制定。无论是全国范围的图工委还是各省区市的图工委都应积极推进高校图书馆战略规划指南的编制，从流程、文本机构、组织等方面为高校图书馆战略规划的制定提供参考。其次，应开展联盟先行、逐步推进的战略规划制定方式。如在全国范围内，CASHL、CALIS 等应首先从宏观上对重点院校图书馆战略发展方向进行引导。各地方高校图书馆联盟则坚持与全国联盟对接融合，结合本地区发展特色制定具有创新性的战略规划，进而指导本地区个体图书馆战略规划的制定。最后，各高校图书馆战略规划内容应体现持续与创新相结合的特点，在战略规划中战略重点的选择一定要保持教学与科研服务项目的持续性，同时借鉴国外高校图书馆战略规划文本，提升高校图书馆战略规划水平。

4. 加强对专业图书馆及其他类型图书馆战略规划的指导

专业图书馆及其他各类型图书馆一般隶属于所在机构，受所在机构的统一领导与管理，同时在业务上接受行业组织的指导与协调。首先，积极推进科学院系统、社会科学院系统、情报所系统的图书馆战略规划的制定，为各类专业图书馆战略规划制定规范、内容和发展方向提供参考。其次，党校图书馆、中小学图书馆、军队院校图书馆、医院图书馆、工会图书馆等各类图书馆要在所属机构指导下，借鉴高校和公共图书馆战略规划的实践经验，制定规范的战略规划。各相应的行业协会要对各类型图书馆战略规划的制定积极发挥指导与协调作用。

三　重视对图书馆事业战略规划的分阶段指导

近几年，我国图书馆战略规划实践呈现上升趋势，从个体图书馆到图书

---

① 王世伟：《我国公共图书馆"十二五"发展战略重点》，《国家图书馆学刊》2010 年第 3 期，第 10—12 页。

馆联盟再到整个区域乃至全国范围的图书馆战略规划的制定开始受到重视。我国图书馆事业的战略规划在实践中不断发展与完善，经过若干年发展之后，会逐步从初期阶段过渡到成熟阶段。国外图书馆战略规划在不同阶段的发展过程中，关注的焦点会有所转移，因此随着图书馆战略规划实践与研究的发展，我们要重视分阶段指导，保证图书馆战略规划的科学性与规范性，进而整体推进中国图书馆事业战略规划的发展。

1. 战略规划发展初期

（1）增强图书馆战略意识

在战略规划初期，加强图书馆工作人员的战略意识具有重要意义。在日常管理活动中，各图书馆需开展各类战略规划宣传活动，让图书馆工作人员尤其是普通馆员学习和掌握战略规划相关知识，充分认识战略规划的重要意义，强化馆员的战略意识，提高他们参与战略规划的积极性，为图书馆战略规划的制定与实施提供重要的人员保障。

（2）充分发挥图书馆学会的指导作用

国外图书馆协会在图书馆战略规划制定方面发挥了很好的积极示范和理论指导作用。如美国图书馆协会在《美国图书馆协会 2015 年战略规划》中多次强调了 ALA 的行业领导作用："在促进图书馆事业发展以及提升图书馆信息服务质量与馆员的专业技能方面起领导作用……" 实际中它也以身作则，持续制定了本组织的战略规划，如 "ALA Goal 2000" "ALA Action 2005" "ALA Ahead to 2010" 以及 "ALA 2015 Strategic Plan"，为美国各图书馆提供了很好的示范。

借鉴国外图书馆协会经验，中国图书馆学会在图书馆战略规划中要积极发挥促进、组织、指导的作用。在实践中应科学制定学会发展规划树立典范，在管理中可考虑增加 "图书馆战略规划研究" 专业委员会，推进图书馆战略规划的理论研究，同时考虑邀请企业管理理论界和实践界的专家开展各种形式的战略规划培训与讲座，开展图书馆战略规划宣传与推广活动，以增强图书馆领导和馆员的战略规划意识，并让他们深入了解战略规划制定过程中的流程、战略分析工具与方法、战略文本、战略实施与评价等相关知识，为图书馆战略规划的制定及实施奠定基础。各省级图书馆学会也要积极发挥引导作用，组织制定本地区图书馆事业发展规划。

（3）树立典范提供参考

受地区政治、经济、文化等因素制约，我国各地区图书馆事业的发展不平衡，存在显著差异。因此，在我国图书馆战略实践初期阶段，政府或图书馆上级主管部门可考虑从各级各类图书馆中选取经济基础较好、服务水平较高的图书馆作为典型案例，并鼓励图书馆与其他领域战略研究学者参与到图书馆战略实践，对战略规划的制定—实施—规划修订—评价等整个过程提供理论指导，力争案例馆战略规划制定、实施与评价全过程的科学、规范，最终形成典范，供其他馆参考借鉴。如国家图书馆对全国公共图书馆的发展有引导作用，国家图书馆应积极尝试引入先进的战略管理理念与科学的战略管理工具，并根据图书馆自身特点科学、有效地开展图书馆战略规划相关活动，为全国图书馆战略规划实践提供参考。各省级图书馆采用科学的战略制定工具制定规范的战略规划，应及时将动态信息及经验以各种形式公布，为本省及市、县级公共图书馆战略规划的制定提供参考。目前，在公共图书馆中，较有代表性的市级公共图书馆是广州图书馆，该馆和中山大学资讯管理系合作编制的《广州图书馆2010—2015年发展规划》，引进了国外"战略规划"的核心要素，并结合我国图书馆发展特色，制定了较为科学、规范的战略规划范本。图书馆联盟领域较有代表性的是"天津市高等教育文献信息中心'十二五'发展规划"，主要由使命—愿景—价值观—环境扫描—指导思想—发展思路—具体战略目标—任务构成。

（4）以学术研究推动实践发展

学术研究是现实问题的反映，其研究成果亦能在一定程度上对实践进行指导。国外图书馆战略规划发展初期，图书馆界就非常重视采用不同的形式强调战略规划的学术研究，除了研究者发表相关研究成果外，还强调在图书馆教学中增设图书馆战略规划相关课程，从教育的途径提升图书馆战略规划研究的水平。如1984年美国研究图书馆协会于在职继续教育课程中开设"图书馆环境中的策略规划原理"，[①] 专门传授规划技能，培养战略意识。借鉴国外经验，我国图书馆战略规划初期，首先可考虑在图书馆学

① Birdsall, Douglas G., and Hensley, Oliver, D. "A new strategic planning model for academic libraries", *College and Research Libraries*, March 1994, 55 (2): 149-159.

科学硕士和专业硕士课程设置中增加图书馆战略规划相关课程，为图书馆职业发展培养专门的战略规划相关人才。其次，图书馆学理论研究学者要关注图书馆战略规划研究，可考虑以申请相关项目的形式加强战略研究，形成更为系统、全面、深入的研究成果，为图书馆战略规划实践提供有效指导。

（5）面向实际应用编制指南

在战略规划发展初期，随着应用理论探索的逐步深入，国外图书馆为促进图书馆战略规划的科学和规范，各类组织和个人开始重视编制图书馆战略规划指南，或撰写具有指南性质的图书馆战略规划专著等，通过应用理论的研究为图书馆战略规划提供指导。1980年，美国公共图书馆协会出版《公共图书馆规划程序》①，论述了规划制定的内容、步骤，以及社区调查方法等内容。借鉴国外发展经验，我国图书馆事业战略规划发展初期，中国图书馆学会也可考虑组织专家学者编制适合我国国情的各类型图书馆战略规划指南、手册，并开发设计相关的软件和模板，为图书馆战略规划的制定提供参考。图书馆界研究者可在大范围调研的基础上，总结国内外图书馆战略规划模式，结合各类型图书馆特征制定图书馆战略规划的制定、实施与评价模型，为各类型图书馆战略规划实践提供指导。

2. 图书馆战略规划深入发展阶段

随着图书馆战略规划理论探索与实践的发展和逐步完善，在不久的将来，我国图书馆事业战略规划将逐步走向成熟。在此阶段，需要顺应图书馆发展趋势不断调整战略指导策略，促进我国图书馆事业战略实践整体的深入发展。

（1）图书馆战略规划常规化

推进我国图书馆事业的战略规划实践走向成熟，最重要的是实现图书馆战略规划的常规化，将制定战略规划纳入日常管理规范。具体实践中，第一，图书馆需要改变现阶段由图书馆办公室临时组织人员制定规划的现状，在图书馆设置固定的规划发展部门全面负责规划的制定、实施、调整与评价等工作，并根据图书馆环境和战略变化，不断调整图书馆组织结构、业务流

---

① Palmour, Vernon E., et al. "A Planning Process for Public Libraries", *Chicago*; *American Library Association*, 1980; 330.

程以及工作人员岗位配置，为图书馆战略目标的实现提供组织保障。第二，图书馆战略规划制定需要形成固定周期，并且保证不同时期战略规划文本的连续性，以保证战略核心理念在不同版本的规划文本中得以传承和演进。规划文本在指导战略实践的同时要不断进行自我修订与完善，规划实施的效果通过新的文本制定或中期修订版本得以体现。根据阶段性成就和变化的战略环境进行补充和修改，使得战略规划体系更加完善，也更具合理性和操作性。第三，图书馆战略规划和图书馆工作年度计划、部门计划以及业务工作紧密结合，战略实施阶段对战略目标进行细化分解，形成年度工作计划，并及时发布年度进展报告。第四，图书馆战略规划评价要全面、及时，在制定新规划前，图书馆应客观、全面评价前一份规划已实现的目标和有待持续的任务，通过评价并汲取经验为新规划的制定与实施提供指导。应考虑将图书馆战略评价纳入图书馆评估体系，进一步完善图书馆评价体系，同时通过评价促进图书馆战略发展。

（2）图书馆战略规划标准化

图书馆战略规划制定、实施以及评价工作是一项复杂的、系统性工作。为了保证战略规划的科学性和有效性，要对战略规划的构成要素进行规范化处理，探索行业规范，制定符合我国国情的图书馆战略规划指标体系，形成具有指导意义的战略规划标准（包括考量、定标以及对规划的评价标准等）并为战略相关工作提供科学的、具有可操作性的参考工具，进而推进图书馆战略规划走标准化道路，这是我国图书馆事业战略规划深入发展阶段需要开展的重要工作。

（3）强调图书馆战略规划与图书馆事业发展蓝皮书或白皮书的结合

为更好地贯彻战略思想，实施战略规划，很多图书馆会在公布规划文本的同时发布一些相关的文档。国外图书馆发布的图书馆战略规划相关文件中值得注意的是一类以"皮书"命名的文本，它们主要反映图书馆发展状况、成就以及提供相关发展建议等，对图书馆的发展历程发挥着不可忽视的作用。如爱尔兰利莫瑞克大学图书馆[①]和英国伦敦大学图书馆[②]等均发布了指

---

①　"University of Limerick Library. Library Development Plan 2007 – 2011"，［2010 – 07 – 08］，http：// www2. ul. ie/pdf/561400224. pdf.

②　"University of London Library. University of London Research Library Services：a plan for the future"，［2010 – 07 – 08］，http：//www. ulrls. lon. ac. uk/strategic_ plan4. pdf.

引本馆未来发展的白皮书。还有美国的《信息 2000 年》针对美国图书馆事业未来十年的工作目标，提出需要优先实施的 95 项计划，新加坡的《图书馆 2000 年》则全面规划新加坡图书馆事业的远景蓝图。近几年，我国图书馆界也开始关注图书馆事业发展白皮书或蓝皮书的编制，以反映我国图书馆事业的发展状况和取得的成就，并为未来发展提出建议等。如 2010 年，深圳公共图书馆研究院编制的《中国公共图书馆发展蓝皮书 2010》首度以"皮书"形式，对全国公共图书馆发展进行整体的总结、整理、综述和研究。2012 年 2 月，国家图书馆研究院组织启动《中国图书馆事业发展报告（蓝皮书）》编纂工作，以期准确、全面反映我国图书馆事业整体发展现状并提出事业发展建议，进一步推动事业科学发展，于 2013 年 4 月正式发布。因此，图书馆事业进入全面规划阶段，首先，面向全国/地区的图书馆事业战略规划，由国家/地区行业主管部门制定图书馆事业发展蓝皮书。具体内容涵盖图书馆整体事业的发展愿景与目标、各类型馆的现状与问题、未来发展策略等；其次，面向读者服务，由个体图书馆独自制定与本馆战略规划相配套的图书馆发展蓝皮书，内容涵盖本馆的历史由来、资源概况、机构设置、服务指南、特色优势等。

第十二章

结论与展望

　　通过战略管理理论的引入和网络调查、文本分析、问卷调查、专家访谈等实证研究的开展，一系列的图书馆战略规划模型得以构建、修订和完善。本研究就战略规划模型在各类型图书馆适用性进行了探讨，并结合各类型图书馆自身特征，提出了各类型图书馆战略规划的相关问题，以期对不同类型的图书馆战略规划实践有所裨益。课题组以前期构建的图书馆战略规划模型为依据，开发研制一系列战略规划的实用工具，既包括具有微观操作指导意义的指南和战略规划网站，也包括具有宏观指导作用的《中国图书馆事业"十二五"及2020战略规划》。公共文化服务体系中的图书馆战略规划模型与实证研究取得了一定进展，但也不可避免地存在着不足，更加深入的研究和实践应用有待进一步展开。

第一节　研究成果的主要结论与建树

一　主要结论与建树

1. 面向公共文化服务体系，从多维度研究图书馆战略规划

　　首先，研究图书馆战略规划制定与实施所依存的内外部环境。以公共文化服务体系的发展为导向，利用柔性策略应对社会需求，通过图书馆业务流程协调与利益相关者的竞合关系，对整个图书馆战略规划的社会环境、行业环境、图书馆内部环境进行全面深层的剖析。将图书馆外部运作环境与内部业务流程进行整合，通过战略规划设计，将图书馆的核心价值观念贯穿于创新型的竞争优势之中。

其次，以文化发展为背景将图书馆战略研究拓展到个体图书馆、跨地区或系统组成的行业联盟以及国家图书馆事业三个层面，整个战略结构与以公共文化服务体系为主体的外部环境产生交互影响，最终形成一个立体、交互的图书馆战略规划体系。

2. 基于理论与实证构建图书馆战略规划模型

为了揭示较深层次的现实问题，本研究综合采用多种实证方法。本研究实施了全国范围内的大样本问卷调查和横跨多领域的专家访谈，用深入分析的数据反映图书馆战略规划制定与实施状况。

本研究采用模型研究方法构建了一套具有实用价值的战略规划系统模型，模型包含诸多参数变量和可控元素，既要适应不同地区和系统的图书馆工作实践，又要涵盖从国家层面的事业宏观战略到个体图书馆的发展策略，具有一定的复杂程度。在考虑各类型图书馆实际需求的基础上，构建图书馆战略规划一般模型，并结合图书馆定位及图书馆战略制定过程中的社会、制度、文化、技术等影响因素，从图书馆系统各要素业务和谐发展的角度指导图书馆战略实践。本研究在提出适用于我国图书馆战略规划一般模型的基础上，又采用深度访谈、案例分析、问卷调查等实证方法，对一般模型在各类型图书馆的应用进行验证与修订。

3. 提出我国各类型图书馆战略规划研究策略

本研究对我国主要类型图书馆的战略规划进行了较为全面深入的研究。一方面，分析本研究构建的模型在公共图书馆、高校图书馆、专业图书馆、国家图书馆以及其他类型图书馆（如党校图书馆、中小学图书馆等）中的适用性，并根据不同类型和不同级别的图书馆各自的独特特征对一般模型进行细化。另一方面，从规划制定流程、组织、影响因素、文本体例等方面探讨了具体的应用策略，以期为我国各类型图书馆战略规划实践提供指导。

此外，本研究还对一般模型在全国、地区图书馆学会与联盟层面的拓展性应用进行验证性研究，重点讨论这两个类型组织在战略制定流程、战略制定组织与影响因素方面所呈现的独特特征。

4. 编制指导我国图书馆战略制定的实用指南

指南对操作具有指导性作用，本研究以课题组构建的图书馆战略规划流程模型为主线，将组织模型、影响因素模型及文本模型融入相应阶段，并参考国外公共图书馆战略规划指南相关材料及其他组织机构战略规划指南，形成图书馆战略规划编制指南草案。指南草案按战略规划流程设定的阶段讨论了战略规划过程中的几个关键阶段——"战略规划启动与准备""战略规划分析""战略规划制定与发布""战略规划实施与评价"四个阶段，每个阶段下面会有若干具体活动项以推进战略规划制定工作。本指南草案并不是要为我国图书馆战略规划实践提供统一模式，也不是指令性的，全国各级各类图书馆在战略规划制定过程中可结合本馆实际与发展特色借鉴性地使用它。为了使项目研究成果更有效地发挥指导作用，本研究结合各类型图书馆战略规划研究成果和各类型图书馆特征，进一步提出了指南在各类型图书馆的应用策略与注意事项。

5. 关于图书馆战略规划辅助网站方面

本研究依托河北工业大学图书馆门户，经过多方筹备与技术合作，开通了我国首个有关"图书馆战略规划"的网站。网站主要分为三大板块：①项目研究成员、活动及成果展示板块，主要包括项目整体介绍、项目研究成果展示、项目研究简报动态、课题组开设和参与的图书馆战略规划讲座等内容；②图书馆战略规划制定参考板块，主要提供本研究构建图书馆战略规划的相关理论知识、模型、针对各类型图书馆的模型细化内容、国内外与图书馆战略规划相关的重点参考文献以及国内外图书馆战略规划文本汇编等，通过提供丰富的相关资料汇编以期为国内图书馆战略规划实践提供借鉴；③图书馆战略规划制定交流互动板块，主要借用论坛、即时通信软件等方式搭建图书馆实践人员与本项目负责人员的交流互动平台，实现项目研究成果的持续宣传，并通过与实践人员的互动形成项目研究成果的持续、动态的完善与调整。

6. 起草《中国图书馆事业"十二五"及 2020 战略规划》建议案

本项目研究在回顾与总结我国图书馆事业"十二五"发展规划制定背景、意义、取得成就和存在问题的基础上，以当前全国经济、公共文化服务、教育、图书馆等领域的"十二五"及 2020 相关发展规划纲要为指导，并结合项目前期研究成果，起草了《中国图书馆事业"十二五"及 2020 战略规划》建议案。通过多次专题讨论最终确定草案的总体目标——建成多层次、高标准、满足不同需求、覆盖全社会的图书馆服务体系框架；同时，将具体目标分解成资源建设、服务建设、图书馆管理体制建设、沟通与合作、人才建设、学术创新 6 个分主题，在各个分主题下又提出了详细的建设目标与任务。最后从重视图书馆事业战略规划制定的科学指导、重视对图书馆事业战略规划的分类指导以及重视对图书馆事业战略规划的分阶段指导三个层面提出相关建议，为我国图书馆事业未来战略规划实践提供宏观指导。

二　主要创新点

1. 创造性地提出战略规划指导模型

以战略管理理论、公共服务理论、协同理论为基础，借鉴有关战略知识管理和文化发展等最新成果，并结合大规模的实证调查，创造性地建立图书馆战略规划的结构化理论模型。不同级别、系统和地区的图书馆能够在一系列高度整合的理论模型指导下进行战略规划的科学设计，以此改进传统的分散、简单和经验化的决策行为模式。

2. 编制国内第一部图书馆战略规划指南

构建具有实践指导意义的图书馆战略规划指南及规划指导网站。本研究以图书馆战略规划流程、组织、影响因素与文本 4 个模型为指导，完成了《图书馆战略规划编制指南》以及构建的"图书馆战略规划网站"等具有操作指导性的研究成果，可以从实践上指导各级各类图书馆参照战略规划流程，组建规划机构，有针对性、有计划地确定发展目标和行动计划。

建议各级各类型图书馆在规范统一的框架下制定发展策略，以此整合全国图书馆的战略资源，优化资源配置与图书馆生态环境，推进事业规模化发展。

3. 提出图书馆战略规划的指导建议

为公共图书馆、高校图书馆、专业图书馆、国家图书馆及其他各类型图书馆提供科学制定战略规划的指导意见，在此基础上，提出《中国图书馆事业"十二五"及 2020 战略规划》建议案，为全国图书馆战略规划提供指导。

三 成果的主要价值与影响

1. 学术价值方面

（1）技术层面。本研究科学合理地引入相关学科的理论，构建创新型的研究方法论体系。基于对学科理论基础，综合运用问卷调查、文本分析、专家访谈等多种方法，构建了面向公共文化服务体系的图书馆战略规划一般模型，为图书馆战略规划实践提供指导。

（2）思想层面。课题组本着从文献考察到实证调研，从理论推导到数据分析，从模型构建到模型应用的基本研究思路，探讨图书馆战略管理现状与未来定位等事业建设问题，明确提出图书馆战略制定一般模型及面向个体图书馆、跨地区或系统组成的行业联盟以及国家图书馆事业的战略发展对策。图书馆的战略规划活动需要众多学科的理论支撑，战略管理理论是极为重要的理论基础。本研究将源自企业界的战略管理原理与方法导入图书馆，进行可行性与必要性分析，并在图书馆的视域中进行"本土化"的适应性修正，推进符合我国图书馆实践特色的战略理论创新。本研究除了受战略管理理论指导外，还将公共服务理论、协同机制理论、危机管理理论等相关理论导入图书馆战略规划研究之中，并探讨了各种理论对图书馆战略规划制定、实施与评价过程、战略内容选择等的影响。这既拓展了原理论的应用领域，又丰富了图书馆战略规划的理论。

（3）学术材料价值。在研究过程中课题组对国内外有关图书馆战略规划的研究文献进行分类整理，并重点对获取的国外图书馆战略规划文本进行翻译、整理，形成《国内外图书馆战略规划文本汇编》。同时还对美国 PLA 出版的《新的面向结果的规划：条理化方法》（2001）和《面向结果的战略规划》（2008）两本指南内容进行部分编译。全面翔实的文献资料和规划文本汇编可作为图书馆战略规划的重要参考。此外，更有来源于遍及全国的 2198 份问卷的调查数据，加上跟踪进行的大量访谈和研讨交流，第一手资料较为翔实可靠。

2. 应用价值方面

（1）为各级各类图书馆制定战略规划提供参考。本课题组基于理论研究与实证调查结果构建的图书馆战略规划一般模型和起草的《图书馆战略规划编制指南》以及构建的"图书馆战略规划网站"等研究成果，可以增强图书馆战略规划意识，从操作层面为图书馆科学制定战略规划提供指导。

（2）为制定符合国情的图书馆事业发展战略提供参考。本课题组通过国内专家调查和国内外网络调查，以及大样本的各类规划文本分析，从实证研究中探索出符合我国国情的图书馆战略发展模式，促进纲领性管理文件的高效制定。同时，汇集我国图书馆界一线管理者、资深图书馆员工以及相关专家教授的建设性意见，起草了《中国图书馆事业"十二五"及2020战略规划》建议案，为构建推动我国图书馆事业发展的指导性战略方案提供参考。

3. 社会影响与效益方面

（1）学界会议交流。各类学术会议对项目专题及成果进行广泛而深入的交流研讨，如中国图书馆学会年会、全国图书馆学博士生论坛、浦东图书馆学术论坛等。

（2）专题会议研讨。在形成阶段成果和最终成果过程中，多次召开项目专题研讨会，研究了战略规划模型、战略规划指南、"十二五"战略规划等重要问题。课题组到河北省图书馆、天津工业大学图书馆、天津高等教育文献信息中心等处举办项目专题研讨会，聘请各地专家参与项目讨论，汲取有益意见。

（3）研究成果在学术期刊发表。项目的大量阶段性研究成果陆续发表后引起学界密切的关注，后续研究不断涌现。33篇重要研究论文先后在13种学术期刊上发表；核心成果作为优秀论文入选全国学术研讨会论文集；约50万字的多篇硕、博士学位论文顺利完成；《关于图书馆"十二五"战略规划的若干思考》《图书馆战略规划组织结构模型的构建》等多项成果被《人大报刊复印资料》全文转载和多家专业核心期刊文章引用。

（4）期刊专题。为扩大项目成果的影响，本项目先后在《国家图书馆学刊》《图书情报工作》《山东图书馆学刊》《图书情报知识》《情报资料工作》建立六个专题：专题一"图书馆网站评价"、专题二"公共文化服务：图书馆的战略选择"、专题三"公共图书馆战略规划研究"、专题四"图书馆战略规划研究"、专题五"图书馆战略规划模型研究"、专题六"图书馆战略规划实践与指南应用"。

（5）图书馆学专业教育与人才培养。项目研究极大地促进了研究生研究选题与研究水平的提高。随着与项目相关的一批硕、博士学位论文的撰写完成，项目研究对大学图书馆学专业教育和学科建设的大力推动作用愈加明显。在项目负责人柯平的指导下，专业理论教学拓展至图书馆战略研究、图书馆服务战略、网站服务功能、延伸服务方法以及服务补救管理体系等一系列前沿专题。本课题组成员以该项目为依托完成了博士学位论文，参与成员先后成为北京、天津、云南、吉林等地多所高校及公共图书馆的业务骨干和专业人才。

（6）图书馆队伍建设。结构多样、涉及面广的课题组成员为项目成果的普及推广发挥着积极作用，促进了理论与实践的结合。30 余位课题组的研究成员分别来自北京、天津、上海、深圳、河北、河南、青海、云南等全国东、西部地区各省区市的高等院校、公共图书馆、高校图书馆、科学图书馆等组织，由博士生导师、教授、图书馆馆长、业务骨干以及在读的硕、博士研究生等各梯队组成。不仅课题组成员通过研究获得了自身学术水平的提高，而且促进了更大范围的专业人才素质的提升。

（7）指导事业建设。项目研究成果直接用于指导《天津市高等教育文献信息中心"十二五"发展规划》《云南师范大学图书馆"十二五"发展规划》《中原工学院图书馆"十二五"发展规划》的具体制定，为图书馆事业发展提供理论指导。

第二节 研究局限与未来展望

一 研究局限

1. 缺乏在一般模型基础上的针对各类型图书馆的专门模型

本研究构建的图书馆战略规划流程、组织、影响因素以及文本四个模型是适应于各地区各类型图书馆的通用模型，主要考虑的是图书馆战略规划制定的共性问题，对于图书馆战略规划在各地区图书馆和各类型图书馆的差异性考虑不足，因而，缺乏针对各类型图书馆的更加具体的专门模型。

2. 缺乏案例的持续跟踪研究

本研究对公共图书馆、高校图书馆、专业图书馆等类型都有案例分析，为各类型战略规划研究提供了现实基础和具体范例，然而，对于案例图书馆的研究在短期内难以跟踪战略规划的实施，以及检验战略规划实施的效果。

3. 缺少针对各类型图书馆战略规划指南的编制

本研究起草的图书馆战略规划编制指南草案，主要参考本课题组构建的图书馆战略规划一般模型，以战略制定流程模型为主线，并将其他模型融入相应部分综合而成。不同类型图书馆具有各自独有的特征，尤其是图书馆具体战略环境要素和图书馆功能定位有显著差异，因此它们在战略规划实践过程中也会呈现不同的特点。在后续研究中，可根据各类型图书馆的特征，编制更为具体的规划指南。

二　未来研究展望

围绕相关学科的理论引入和战略规划四个一般模型的构建，本研究得出了一些结论、观点，虽然有图书馆实践者的认知作为支撑，也经过了一定的实践检验，但尚有许多需要改进、完善的地方。从后续研究的角度来看，本研究认为可从以下几个方面进行深化和拓展。

1. 完善图书馆战略规划的理论体系

在已有战略规划基本理论与模型研究的基础上，进一步深入研究战略规划对图书馆业务流程管理的影响，研究战略规划与图书馆评估的结合特别是与绩效评价的关联，研究与战略规划相适应的图书馆转型，特别是人力资源建设、图书馆组织文化、图书馆领导等相关要素和软环境等，不断完善图书馆战略规划理论体系。

2. 提升图书馆战略规划编制指南的普适性

在战略规划实践中，不同类型、不同规模的图书馆功能定位、发展目标、发展环境等具有显著差异。因此，指导其战略规划活动的操作指南要具备普适意义并不容易。在未来研究中，一方面，要针对不同地区和不同类型图书馆所具备的特征细化图书馆战略规划操作实务，力求编制体现各类型图书馆特征的战略规划指南；另一方面，对本指南进行大样本应用实例研究也是检验其普遍价值和意义的有效途径。

3. 在编制指南的基础上，制定战略规划标准

近几年，为了推进图书馆各类活动的科学、规范化发展，我国各类型图书馆根据自身发展需求已经颁布了系列标准。如公共图书馆领域的《全国公共图书馆评估标准》（2003 年，2009 年）、《公共图书馆建设标准》《公共图书馆建设用地指标》（2008 年）、《公共图书馆服务标准》（2011 年）以及高校图书馆的《普通高等学校图书馆评估指标》等，这些标准为我国图书馆建设、服务及绩效管理等提供了系统的、规范的及具有可操作性的参考工具。图书馆战略规划作为图书馆战略管理的重要环节，它在全面分析图书馆所面临的内外形势的基础上，为图书馆未来的发展指明发展方向和明确发展目标。图书馆战略规划的制定工作是一项复杂的、系统性工作，为了保证战略规划的有效性和规范性，在后续研究中可基于图书馆战略规划编制指南，制定图书馆战略规划标准，为战略制定工作提供科学的、具有可操作性的参考工具，进而推进图书馆战略规划走标准化道路。

4. 探索战略规划流程的自动化构建

面对日益复杂的战略环境，规划人员将越来越难以处理纷繁的流程变量，建立在自动化处理基础上的辅助软件将成为战略规划制定发展的必然选择。系统动力学方法已利用 DYNAMO 仿真语言在计算机上实现了对真实系统的仿真实验，从而研究包括人类社会在内的系统结构、功能和行为之间的动态关系，建立系统的结构模型和量化分析模型，为战略与决策的制定提供依据。iThink 系列及相关的 Simile，Stella，Berkeley Madonna 等工具软件能够提供图形化的流程构建环境，不仅用于生态、生物和环境科学等领域，在社会科学研究中也表现出显著的功效。借鉴突变理论和系统仿真方法，可以预见，计算机的辅助设计将成为图书馆战略规划流程构建与研究的一个主要方向。

5. 从战略规划的研究拓展到战略管理领域

战略规划是战略管理的重要组成部分，为使图书馆管理发展到一个新的水平，应当从引入科学的战略规划改善图书馆管理，发展到以战略规划导向图书馆整体创新。要进一步在引入战略管理理论的基础上，加强图书馆战略管理的研究，将图书馆战略管理与知识管理、人力资源管理等整合为适应21 世纪图书馆创新管理的重要领域，以促进图书馆业务的全面创新和图书馆事业的可持续发展。

参考文献

中文文献

[1] 〔美〕艾尔弗雷德·D. 钱德勒:《战略与重构》[M],云南人民出版社 2002 年版。

[2] 〔美〕安娜蓓尔·碧莱尔:《领导与战略规划》,赵伟译,机械工业出版社 2000 年版。

[3] 〔美〕保罗·C. 纳特、罗伯特·W. 巴克夫:《公共和第三部门组织的战略管理:领导手册》[M],陈振明等译,中国人民大学出版社 2001 年版。

[4] 〔美〕保罗·乔伊斯:《公共服务战略管理》[M],张文礼,王达梅译,清华大学出版社 2008 年版。

[5] 〔美〕弗雷德·R. 大卫:《战略管理:概念部分》(第 11 版)[M],李青译,清华大学出版社 2008 年版。

[6] 〔英〕格里·约翰逊、凯万·斯科尔斯:《战略管理(第 6 版)》[M],王军等译,人民邮电出版社 2004 年版。

[7] 〔美〕杰夫·科伊尔:《战略实务:结构化的工具与技巧》[M],王春利、常东亮译,中国人民大学出版社 2005 年版。

[8] 〔美〕卡罗·托马斯:《有关战略规划的几个问题》[J],《城市规划》2003 年第 1 期,第 36 页。

[9] 〔英〕理查德·惠廷顿:《战略是什么》[M],王智慧译,中国劳动社会保障出版社 2004 年版。

[10] 〔美〕Lian Ruan.:《美国专业图书馆的战略规划——个案研究》[J],

《图书馆建设》2004 年第 4 期，第 74—78 页。

[11]〔美〕伦纳德·古德斯坦、蒂莫西·诺兰、J. 威廉·法伊弗：《战略计划实务：企业执行版》［M］，曹彦博、王宇译，中国财政经济出版社 2004 年版。

[12]〔美〕罗伯特·M. 格兰特：《现代战略分析：概念、技术、应用》［M］，罗建萍译，中国人民大学出版社 2005 年版。

[13]〔美〕迈克尔·波特：《竞争战略》［M］，陈小悦译，华夏出版社 2004 年版。

[14]〔美〕迈克尔·A. 希特等：《战略管理：竞争与全球化（概念）》［M］，吕巍等译，机械工业出版社 2002 年版。

[15]〔美〕迈克尔·A. 希特等：《战略管理：赢得竞争优势》［M］，薛有志、张世云等译，机械工业出版社 2010 年版。

[16]〔美〕梅森·卡彭特、杰瑞德·桑德斯：《战略管理：动态观点》［M］，王迎军、韩炜、肖为群等译，机械工业出版社 2009 年版。

[17]〔澳〕欧文·E. 休斯：《公共管理导论》［M］，彭和平等译，中国人民大学出版社 2001 年版。

[18]〔法〕皮埃尔·杜尚哲、贝尔纳·加雷特：《战略联盟》［M］，李东红译，中国人民大学出版社 2006 年版。

[19]〔美〕R. 爱德华·弗里曼：《战略管理：利益相关者方法》［M］，王彦华、梁豪译，上海译文出版社 2006 年版。

[20]〔美〕唐纳德·E. 里格斯：《图书馆战略规划的评价方法》［J］，杨柳译，《图书馆》1986 年第 6 期，第 52—54 页。

[21]〔美〕小阿瑟·A. 汤普森、A. J. 斯克里克兰三世：《战略管理（第 13 版）》［M］，段盛华等译，中国财政经济出版社 2005 年版。

[22]〔美〕小阿瑟·A. 汤普森、约翰·E. 甘布尔、A. J. 斯克里克兰三世：《战略管理：获取竞争优势》［M］，蓝海林等译，机械工业出版社 2006 年版。

[23]〔美〕詹姆斯·弗·穆尔：《竞争的衰亡：商业生态系统时代的领导与战略》［M］，梁骏等译，北京出版社 1999 年版。

[24]芝加哥大学商学院等：《精通战略》［M］，王智慧译，北京大学出版

社 2004 年版。

[25] 北京市社会科学院:《北京文化发展报告》[R]，社会科学文献出版社 2007 年版。

[26] 毕强:《排队论在图书馆能力规划中的运用》[J]，《图书馆》1982 年第 3 期，第 17—20 页。

[27] 曹堂哲:《公共行政执行协同机制——概念、模型和理论视角》[J]，《中国行政管理》2010 年第 1 期，第 115—120 页。

[28] 陈超:《公共图书馆的战略营销管理》[J]，《图书馆论坛》2002 年第 10 期，第 112—115 页。

[29] 陈传夫、饶艳、吴钢:《转型时期图书馆知识产权管理战略需求、目标与路径》[J]，《中国图书馆学报》2010 年第 2 期，第 24—30 页。

[30] 陈吴琳、柯平、胡念、范凤霞:《美国公共图书馆战略规划制定对我国的启示:一种基于文本分析的研究》[J]，《图书情报工作》2010 年第 15 期，第 11—15 页。

[31] 陈吴琳、陆晓红、魏闻潇:《国外图书馆战略规划制定对我国的启示——以美国为例》[J]，《图书馆工作与研究》2010 年第 12 期，第 14—20 页。

[32] 陈红梅:《网络环境下图书馆竞争与合作战略研究》[J]，《情报杂志》2007 年第 10 期，第 152—155 页。

[33] 陈捷:《企业战略管理理论的发展过程与趋势》[J]，《大众科技》2004 年第 11 期，第 1—2 页。

[34] 陈荣平:《战略管理的鼻祖:伊戈尔·安索夫》[M]，河北大学出版社 2005 年版。

[35] 陈威:《公共文化服务体系研究》[M]，深圳报业集团出版社 2006 年版。

[36] 陈一梅:《经济危机时期美国公共图书馆的拓展和困顿——读〈美国图书馆 2009 年度状况报告〉》[J]，《图书馆建设》2010 年第 8 期，第 104—106 页。

[37] 陈永刚:《图书馆事业规划的原则内容和方法》[J]，《图书馆理论与实践》1988 年第 3 期，第 46—47、72 页。

［38］陈幼其：《战略管理教程（第二版）》［M］，立信会计出版社 2009 年版。

［39］陈振明：《公共部门战略管理》［M］，中国人民大学出版社 2004 年版。

［40］陈振明：《公共部门战略管理途径的特征、过程和作用》［J］，《厦门大学学报》（哲学社会科学版）2004 年第 3 期，第 5—14 页。

［41］陈志伟、李春海：《网络环境下图书馆之战略地位分析及资源共享的构想》［J］，《图书馆学研究》2000 年第 4 期，第 55—59 页。

［42］程娟：《地方高校图书馆核心竞争力研究》［M］，中国水利水电出版社 2009 年版。

［43］程亚男：《社会·文化·图书馆——关于图书馆发展战略的思考》［J］，《图书馆》1987 年第 1 期，第 10—13、9 页。

［44］初景利、吴冬曼：《图书馆发展趋势调研报告——环境分析与主要战略》［J］，《国家图书馆学刊》2010 年第 1 期，第 3—11 页。

［45］崔红伟：《高校图书馆电子资源体系的构建战略》［J］，《现代情报》2007 年第 3 期，第 125—127 页。

［46］邓显超：《中国文化发展战略研究》［M］，江西人民出版社 2009 年版。

［47］董大海、曲晓飞、胡秀红：《动态统筹的战略管理理念》［J］，《管理工程学报》2002 年第 16（3）期，第 60—73 页。

［48］董建华：《现代图书馆管理战略探讨》［J］，《图书情报知识》1985 年第 3 期，第 55—57 页。

［49］董小英：《战略规划与图书馆管理》［J］，《黑龙江图书馆》1991 年第 6 期，第 72—74、35 页。

［50］杜克：《中国图书馆发展战略研讨会论文集》［C］，书目文献出版社 1996 年版。

［51］冯玲、黄文镝、韩继章：《全国文献资源调查与布局期间图书馆协同协作活动特征研究》［J］，《图书馆理论与实践》2010 年第 6 期，第 1—8 页。

［52］甘大明：《民族地区图书馆可持续发展战略》［J］，《图书馆论坛》

2007 年第 10 期，第 166—167、165 页。

［53］郭媛媛：《20 世纪 90 年代以来企业战略管理理论的发展述评》［J］，《现代管理科学》2006 年第 1 期，第 72—73 页。

［54］国家图书馆研究院：《国内外图书馆学研究与实践进展（2007—2008）》［M］，国家图书馆出版社 2009 年版。

［55］韩德昌：《公司战略管理》［M］，山西经济出版社 1999 年版。

［56］韩军：《论公共文化服务体系的构建》［J］，《党政干部论坛》2008 年第 1 期，第 16—17 页。

［57］韩梅：《关于财政支持公共文化服务体系建设情况的调研》［J］，《行政事业资产与财务》2009 年第 5 期，第 43—56 页。

［58］韩炜：《渐进型竞争战略演化研究》［D］，南开大学 2008 年版。

［59］何斌：《企业 IT 战略规划与管理研究》［D］，天津大学 2005 年版。

［60］何继良：《关于构建公共文化服务体系、保障人民基本文化权益的若干问题思考》，《毛泽东邓小平理论研究》2007 年第 12 期，第 5—10 页。

［61］胡昌平、罗贤春：《公共图书馆事业与国民经济协同的战略思考》［J］，《图书馆建设》2005 年第 5 期，第 12—15 页。

［62］胡昌平：《国家可持续发展的图书情报事业战略》［M］，北京图书馆出版社 2006 年版。

［63］胡玉奎：《系统动力学——战略与策略实验室》［M］，浙江人民出版社 1987 年版。

［64］黄纯元：《我国图书馆事业发展战略的若干思考》［J］，《中国图书馆学报》1986 年第 3 期，第 15—22、32 页。

［65］黄浩明：《非营利组织战略管理》［M］，中国人民大学出版社 2003 年版。

［66］黄瑞敏：《基于 SWOT 矩阵分析的海峡西岸图书馆发展战略研究》［J］，《图书馆界》2007 年第 9 期，第 72—75 页。

［67］贾怀勤：《数据、模型与决策》［M］，对外经济贸易大学出版社 2004 年版。

［68］姜晓曦、孙坦、黄国彬：《国外不同类型图书馆的资源建设战略规划

分析研究》[J]，《图书馆建设》2009 年第 10 期，第 83—88 页。

[69] 蒋建梅：《政府公共文化服务体系绩效评价研究》[J]，《上海行政学院学报》2008 年第 7 期，第 60—65 页。

[70] 蒋永福：《中国图书馆发展战略研究初探（论纲）》[J]，《图书馆建设》1987 年第 S1 期，第 8—14 页。

[71] 蒋永福：《文化权利、公共文化服务体系与公共图书馆事业》[J]，《国家图书馆学刊》2007 年第 4 期，第 16—20 页。

[72] 蒋永福：《从图书馆管理走向图书馆治理——图书馆法人治理结构与行业管理初探》[J]，《高校图书馆工作》2010 年第 5 期，第 3—7 页。

[73] 蒋永福：《现代公共图书馆制度研究》[M]，知识产权出版社 2010 年版。

[74] 景晶：《馆员感知的高校图书馆馆长领导风格实证研究》[J]，《图书情报工作》2010 年第 1 期，第 79—81、19 页。

[75] 金瑛、姜晓曦：《国外图书馆关于环境定位和发展目标定位的战略规划分析》[J]，《图书馆建设》2009 年第 10 期，第 97—102 页。

[76] 柯平、白庆珉、李卓卓：《图书馆知识管理研究》[M]，北京图书馆出版社 2006 年版。

[77] 柯平、陈昊琳：《基于实证的图书馆战略规划需求研究》[J]《图书情报知识》2010 年第 6 期，第 25—30、39 页。

[78] 柯平、陈昊琳：《图书馆战略、战略规划与战略管理研究》[J]《图书馆论坛》2010 年第 6 期，第 52—57 页。

[79] 柯平、陆行素、曾伟忠：《试论我国图书馆与其它信息机构优势互补协调发展》[J]，《图书馆工作与研究》2009 年第 6 期，第 12—16 页。

[80] 柯平、洪秋兰、孙情情：《公共文化服务体系中的图书馆与社会合作实证研究》[J]，《图书情报工作》2009 年第 9 期，第 8—12 页。

[81] 柯平、贾东琴：《关于图书馆"十二五"战略规划的若干思考》[J]，《图书馆工作与研究》2011 年第 2 期，第 4—11 页。

[82] 柯平、尹静：《省级公共图书馆在公共文化服务体系中的功能定位》[J]，《国家图书馆学刊》2008 年第 4 期，第 40—45 页。

［83］柯平、詹越：《基于群落生态原理的公共文化服务体系中公共图书馆定位研究》［J］，《图书馆论坛》2008 年第 12 期，第 32—36 页。

［84］柯平、赵益民：《基于实证的新中国图书馆事业发展研究》［J］，《图书馆论坛》2009 年第 6 期，第 47—53 页。

［85］柯平：《基于战略管理的图书馆战略研究》［J］，《山东图书馆学刊》2010 年第 3 期，第 6—13 页。

［86］柯平：《图书馆战略规划研究的时代背景与理论视角》［J］，《图书馆工作与研究》2010 年第 2 期，第 4—10 页。

［87］柯平：《图书馆战略研究》［J］，《情报资料工作》2010 年第 3 期，第 5—9 页。

［88］柯平：《图书馆知识管理研究》［M］，北京图书馆出版社 2006 年版。

［89］柯平：《我们需要什么样的图书馆馆长》［J］，《国家图书馆学刊》2011 年第 1 期，第 6—11 页。

［90］柯平：《公共图书馆免费开放的理论思考》［J］，《图书馆》2011 年第 3 期，第 1—5 页。

［91］柯青：《数字信息资源战略规划》［M］，东南大学出版社 2008 年版。

［92］黎群、张文松、吕海军：《战略管理》［M］，北京交通大学出版社 2006 年版。

［93］李德娟：《中国图书馆事业六十年发展的成就与问题实证分析》［J］，《图书馆与情报》2010 年第 5 期，第 42—45 页。

［94］李东来、冯玲：《区域图书馆整体协同发展的实现路径研究》［J］，《图书与情报》2009 年第 6 期，第 1—7 页。

［95］李东来、韩继章：《"全国图书协调方案"时期图书馆协同思想指导下的馆际协作的回顾与思考》［J］，《图书馆》2009 年第 5 期，第 51—55 页。

［96］李东来：《城市图书馆建设的实践与思考》［M］，北京图书馆出版社 2007 年版。

［97］李国新：《公共文化服务体系建设中的图书馆》［J］，《图书馆研究与工作》2010 年第 3 期，第 5—11 页。

［98］李浩：《省级公共图书馆的科学定位与和谐发展》［J］，《新世纪图书

馆》2009 年第 2 期，第 59—61 页。

[99] 李健、唐承秀、王凤、李亚琼：《国外公共图书馆战略规划研究现状及趋势分析》[J]，《图书情报工作》2010 年第 15 期，第 6—10、21 页。

[100] 李景源、陈威：《中国公共文化服务发展报告 2007》[M]，社会科学文献出版社 2007 年版。

[101] 李景治、罗天虹：《国际战略学》[M]，中国人民大学出版社 2003 年版。

[102] 李明芳：《战略管理：历史起源、现代趋势及其未来的挑战》[C]，见张阳、李明芳编《战略管理评论》（2009 年第 1 卷），科学出版社 2009 年版。

[103] 李庆华、叶思荣、李春生：《企业战略演化观的理论基础及其作用研究》[J]，《技术经济》2006 年第 10 期，第 78—83 页。

[104] 李少惠：《公共文化服务体系建设的主体构成及其功能分析》[J]，《社科纵横》2007 年第 2 期，第 37—39 页。

[105] 李维安、王世权：《利益相关者治理理论研究脉络及其进展探析》[J]，《外国经济与管理》2007 年第 4 期，第 10—17 页。

[106] 李维安：《非营利组织管理学》[M]，高等教育出版社 2005 年版。

[107] 李晓江、杨保军：《战略规划》[J]，《城市规划》2007 年第 1 期，第 44—56 页。

[108] 李玉刚：《战略管理研究》[M]，华东理工大学出版社 2005 年版。

[109] 李子瑞：《对我国图书馆战略研究的思考》[J]，《图书馆学研究》1988 年第 3 期，第 10—13 页。

[110] 李竹宇、徐美珠：《论我国公共部门人力资源管理价值取向与制度设计——基于新公共服务理论思考》[J]，《理论与改革》2007 年第 2 期，第 106—108 页。

[111] 刘慧娟、范敏：《探索　耕耘　追求卓越——长春图书馆百年纪念学术文集》[C]，吉林人民出版社 2010 年版。

[112] 刘丽珍：《战略决策：过程与控制》[M]，上海世纪出版集团 2010 年版。

[113] 刘婷：《战略精论》[M]，清华大学出版社 2004 年版。

[114] 刘学:《战略:从思维到行动》[M],北京大学出版社 2009 年版。

[115] 刘兹恒、徐建华、张久珍:《现代图书馆管理》[M],电子工业出版社 2010 年版。

[116] 柳群英:《乡镇图书馆可持续发展的战略思考》[J],《图书馆工作与研究》2007 年第 3 期,第 105—107 页。

[117] 卢秀菊:《图书馆规划》[J],《教育资料与图书馆学(台湾)》1995 年第 33(2)期,第 178—208 页。

[118] 卢秀菊:《图书馆规划之研究》[M],台湾学生书局 1988 年版。

[119] 陆浩东、刘昆雄:《图书馆信息资源开发与营销》[J],《中国图书馆学报》2007 年第 5 期,第 99—103 页。

[120] 陆晓红、武晓丽、张伟、金洪燕:《我国公共图书馆战略规划缺失问题探究》[J],《图书情报工作》2010 年第 15 期,第 22—26 页。

[121] 陆晓红:《面向公共文化服务的城市公共图书馆体系构建》[J],《图书情报工作》2009 年第 17 期,第 18—22 页。

[122] 罗钢、林健:《企业信息系统战略规划方法组合分析研究》[J],《企业管理》2003 年第 11 期,第 112—114 页。

[123] 罗钢、林健:《企业信息系统战略规划过程研究》[J],《计算机科学》2003 年第 7 期,第 85—94 页。

[124] 罗贤春:《科学发展观中的图书情报事业渗透战略》[J],《情报理论与实践》2005 年第 4 期,第 346—348、405 页。

[125] 吕鸿:《基于三馆协同的非物质文化遗产知识整合研究》[J],《图书与情报》2010 年第 3 期,第 127—129 页。

[126] 麻志姜:《城市公共图书馆职能新定位思考》[J],《江西图书馆学刊》2009 年第 3 期,第 9—11 页。

[127] 马炳厚:《论军队院校图书馆事业发展战略》[J],《图书与情报》1988 年第 4 期,第 12—16 页。

[128] 马海涛、龙军:《公共文化服务体系建设与财税政策支持——基于原理、制约和路径的分析》[J],《铜陵学院学报》2007 年第 6 期,第 3—8 页。

[129] 马瑞民、肖立中:《战略管理工具与案例》[M],机械工业出版社

2009 年版。

[130] 马逸恬：《企业战略规划思路设计》[J]，《商业时代》2006 年第 31
期，第 33—35 页。

[131] 宓浩：《关于我国图书馆事业发展的战略选择》[J]，《图书馆》1987
年第 6 期，第 1—5、10 页。

[132] 缪其浩：《论图书馆管理中的规划》[J]，《图书馆杂志》2002 年第 5
期，第 3—7 页。

[133] 倪学寨：《我国图书馆事业发展的战略思考》[J]，《中国图书馆学
报》1987 年第 2 期，第 36—39 页。

[134] 欧育新：《目前图书馆的走向与发展战略》[J]，《中国成人教育》
2007 年第 5 期，第 65—66 页。

[135] 潘拥军：《公共图书馆规划管理实践研究》[J]，《图书馆论坛》2011
年第 3 期，第 32—34 页。

[136] 饶文军：《企业战略管理理论发展评述》[J]，《商业时代》2009 年
第 26 期，第 51—52 页。

[137] 任浩：《战略管理：现代的观点》[M]，清华大学出版社 2008 年版。

[138] 莎日娜：《西部民族地区图书馆可持续发展战略的几点思考》[J]，
《图书馆论坛》2007 年第 4 期，第 67—69 页。

[139] 沈生进：《图书馆制度文化与精神文化的协同》[J]，《图书馆工作与
研究》2009 年第 2 期，第 18—20 页。

[140] 盛小平：《大学图书馆战略规划的几个基本问题》[J]，《大学图书馆
学报》2009 年第 2 期，第 14—18 页。

[141] 石杰：《知识视角的企业战略管理》[M]，海洋出版社 2008 年版。

[142] 四川省图书馆业余学校研究班：《四川省图书馆十年规划的设计
(1980—1989)》[J]，《四川图书馆学报》1980 年第 3 期，第 9—14
页。

[143] 苏东：《战略管理中的现代与后现代》[J]，《南开管理评论》2000
年第 5 期，第 21—25 页。

[144] 苏志乐：《图书馆发展战略研究基本方法论》[J]，《高校图书馆工
作》1987 年第 3 期，第 9—12 页。

[145] 宿世明：《图书馆生存环境分析与发展方向研究》[J]，《图书情报知识》2006 年第 6 期，第 52—56 页。

[146] 束漫：《城市公共图书馆服务创新的原则、方法和新思路》[J]，《图书馆理论与实践》2008 年第 4 期，第 95—97 页。

[147] 束漫：《影响城市公共图书馆服务的大环境因素》[J]，《图书馆论坛》2007 年第 1 期，第 14—17 页。

[148] 孙海鸣、刘乃全：《企业战略高级教程》[M]，上海人民出版社2002 年版。

[149] 孙树杰：《战略规划流程与思考方法》[J]，《企业研究》2004 年第 3期，第 14—17 页。

[150] 孙坦：《国外图书馆战略规划研究》[J]，《图书馆建设》2009 年第10 期，第 82 页。

[151] 谭力文、吴先明：《战略管理》[M]，武汉大学出版社 2006 年版。

[152] 唐承秀：《图书馆内部管理沟通》[M]，天津大学出版社 2009 年版。

[153] 唐虹：《社区图书馆联盟——实现校地资源共享及协同发展模式研究》[J]，《图书情报工作》2009 年第 21 期，第 86—89 页。

[154] 唐彰新：《浅谈公共部门绩效管理》[J]，《集团经济研究》2007 年第 12 期，第 78—79 页。

[155] 陶亮、朱喜钢：《战略规划方法比较研究》[J]，《华中科技大学学报》（城市科学版）2004 年第 3 期，第 70—73、82 页。

[156] 田立东：《中国民营企业战略制定关键影响因素研究》[D]，北京交通大学 2010 年版。

[157] 汪大海：《试论公共部门战略管理的十大误区》[J]，《中国行政管理》2004 年第 6 期，第 19—23 页。

[158] 王斌华：《风靡美国高校的战略规划理论》[J]《外国教育资料》1992 年第 1 期，第 61—68、6 页。

[159] 王佃利、曹现强：《公共决策导论》[M]，中国人民大学出版社2003 年版。

[160] 王国强：《二十一世纪初期澳门图书馆事业发展规划之研究》[M]，澳门图书馆暨资讯管理协会 2003 年版。

[161] 王国强：《图书馆规划理论的发展与现况》[J]，《图书馆论坛》2003年第 1 期，第 7—12 页。

[162] 王建坤：《战略规划的实质与程序》[J]，《21 世纪商业评论》2007年第 40 期，第 92—96 页。

[163] 王列生：《论构建公共文化服务体系的意识形态前置》[J]，《文艺理论与批评》2007 年第 2 期，第 125—129 页。

[164] 王列生、郭全中、肖庆：《国家公共文化服务体系论》[M]，文化艺术出版社 2009 年版。

[165] 王名：《非营利组织管理概论》[M]，中国人民大学出版社 2002 年版。

[166] 王念新、仲伟俊、梅姝娥：《基于竞争能力理论的企业信息系统战略规划方法》[J]，《管理科学》2008 年第 5 期，第 46—53 页。

[167] 王珊：《面向 21 世纪国家图书馆发展战略思考》[J]，《国家图书馆学刊》2000 年第 1 期，第 3—10 页。

[168] 王世伟：《城市图书馆公共文化服务体系论丛》[M]，上海社会科学院出版社 2008 年版。

[169] 王世伟：《城市中心图书馆发展若干问题研究》[J]，《图书情报工作》2009 年第 1 期，第 10—14、41 页。

[170] 王世伟：《关于加强图书馆公共文化服务体系结构与布局的若干思考》[J]，《图书馆》2008 年第 2 期，第 5—13 页。

[171] 王世伟：《我国公共图书馆"十二五"发展战略重点》[J]，《国家图书馆学刊》2010 年第 3 期，第 10—12、22 页。

[172] 王世伟：《现代城市图书馆公共服务论丛》[M]，上海社会科学院出版社 2007 年版。

[173] 王雅莉：《公共部门管理》[M]，东北财经大学出版社 2006 年版。

[174] 王迎军、柳茂平主编《战略管理》[M]，南开大学出版社 2002 年版。

[175] 文南生：《论农业图书馆发展的战略转移》[J]，《农业图书情报学刊》1988 年第 3 期，第 18—21 页。

[176] 吴德祥：《上海图书馆事业发展战略探讨》[J]，《图书馆杂志》1986

年第 4 期，第 5—8 页。

[177] 吴建中：《图书馆 VS 机构库——图书馆战略发展的再思考》［J］，《中国图书馆学报》2004 年第 5 期，第 5—8 页。

[178] 吴建中：《战略思考：图书馆管理的 10 个热门话题》［M］，上海科学技术文献出版社 2005 年版。

[179] 吴淑玲：《两种数字图书馆发展趋势预测模型的比较》［J］，《情报科学》2004 年第 11 期，第 1317—1320 页。

[180] 吴慰慈、蔡箐：《国家图书馆发展战略研究》［J］，《国家图书馆学刊》2008 年第 2 期，第 15—20 页。

[181] 吴晞：《赋予图书馆网络以新的含义和新的结构模式——关于我国高校图书馆网络发展战略的若干思考》［J］，《高校图书馆工作》1987 年第 1 期，第 16—21 页。

[182] 武湘：《对我国公共图书馆事业发展战略的认识》［J］，《图书馆》1986 年第 5 期，第 1—3 页。

[183] 武亚军：《战略规划如何成为竞争优势：联想的实践及启示》［J］，《管理世界》2007 年第 4 期，第 118—129 页。

[184] 熊志云、黄家发：《"信息福利"与高校图书馆的发展战略研究》［J］，《大学图书馆学报》2007 年第 6 期，第 80—83 页。

[185] 徐建华：《现代图书馆管理》［M］，南开大学出版社 2003 年版。

[186] 徐享王：《基于"效率"与"公平"共生的图书馆服务能力提升战略取向》［J］，《图书情报工作》2010 年第 4 期，第 108—110 页。

[187] 许德音、周长辉：《中国战略管理学研究现状评估》［J］，《管理世界》2004 年第 5 期，第 76—87 页。

[188] 许建业：《公共文化服务体系建构中的图书馆发展路向——兼论新公共服务理论对图书馆事业改革的启示》［J］，《国家图书馆学刊》2006 年第 3 期，第 44—48 页。

[189] 闫平：《试论公共文化服务体系建设》［J］，《理论学刊》2007 年第 12 期，第 112—116 页。

[190] 闫平：《服务型政府的公共性特征与公共文化服务体系建设》［J］，《理论学刊》2008 年第 12 期，第 90—93 页。

［191］杨丰全、周凤飞、任静：《高校图书馆 CI 战略设想》［J］，《情报科学》2007 年第 12 期，第 1790—1793、1906 页。

［192］杨广锋：《核心竞争力研究的基础：图书馆竞争分析》［J］，《图书馆杂志》2007 年第 3 期，第 2—6 页。

［193］杨美华：《大学图书馆之经营理念》［M］，学生出版公司 1989 年版。

［194］杨青、王延清、薛华成：《企业战略与信息系统战略规划集成过程研究》［J］，《管理科学学报》2000 年第 4 期，第 60—66 页。

［195］杨位平：《加强学术性以推动全局——高校图书馆战略思想刍议》［J］，《大学图书馆学报》1983 年第 8 期，第 46 页。

［196］杨扬：《加快数字图书馆建设的战略思考》［J］，《现代情报》2007 年第 8 期，第 107—108、116 页。

［197］杨溢、王凤：《图书馆战略规划的制定程序与内容框架研究》［J］，《图书馆建设》2009 年第 10 期，第 109—114 页。

［198］杨直民：《关于北京农业大学图书馆发展战略的构思》［J］，《农业图书情报学刊》1988 年第 1 期，第 2—7 页。

［199］叶允中：《论图书馆中层执行力》［J］，《图书馆学研究》2009 年第 3 期，第 21—23 页。

［200］于良芝、李晓新、朱艳华、刘煜蔷：《公共图书馆的使命与服务：基于内容分析法的国内外比较研究》［J］，《图书馆论坛》2007 年第 6 期，第 21—28 页。

［201］于良芝、陆秀萍、付德金：《SWOT 与图书馆的科学规划：应用反思》［J］，《国家图书馆学刊》2009 年第 2 期，第 17—22 页。

［202］于良芝：《战略规划作为公共图书馆管理的工具：应用、价值及其与我国公共图书馆的相关性》［J］，《图书馆建设》2008 年第 4 期，第 54—58 页。

［203］叶允中：《论图书馆中层执行力》［J］，《图书馆学研究》2009 年第 3 期，第 21—23 页。

［204］余倩、陶俊：《国外最新图书馆战略规划体例评析》［J］，《图书馆建设》2009 年第 10 期，第 103—108 页。

［205］于迎娣、胡海燕：《美国公共图书馆协会战略计划的启示》［J］，《图

书馆学研究》2010 年第 4 期，第 94—96 页。

[206] 翟燕舞、华志忠、马剑虹：《战略导向的概念、先行因素及其绩效影响机制研究综述》［J］，《管理学报》2009 年第 3 期，第 420—426 页。

[207] 詹越：《知识管理战略选择与制订研究述评》［J］，《情报杂志》2009 年第 1 期，第 126—129 页。

[208] 曾翠、盛小平：《国外大学图书馆战略规划模式解析》［J］，《图书情报工作》2010 年第 5 期，第 131—135 页。

[209] 曾峻：《公共管理新论：体系、价值与工具》［M］，人民出版社 2006 年版。

[210] 张兵：《敢问路在何方——战略规划的产生、发展与未来》［J］，《城市规划》2002 年第 6 期，第 63—68 页。

[211] 张钢、张守华：《公共部门战略管理研究的主题和方法——地方政府战略管理国际学术研讨会综述》［J］，《浙江社会科学》2005 年第 2 期，第 223—225 页。

[212] 张捍东、杨维翰、许宝栋、汪定伟：《企业战略管理理论的发展》［J］，《安徽工业大学学报》2003 年第 4 期，第 283—289 页。

[213] 张红：《21 世纪的图书馆文化竞争》［J］，《图书馆论坛》2001 年第 5 期，第 7—9 页。

[214] 张炭：《公共部门战略管理限制性因素分析》［J］，《法制与社会》2006 年第 9 期，第 112—113 页。

[215] 张建林：《快速战略决策的理论和方法研究》［D］，华中科技大学 2006 年版。

[216] 张克科：《我国公共图书馆事业发展战略十想》［J］，《图书馆学研究》1987 年第 3 期，第 22—26、151 页。

[217] 张世影：《我国公共图书馆治理结构优化的关键：合理设置建设主体》［J］，《国家图书馆学刊》2010 年第 4 期，第 21—25 页。

[218] 张收棉：《企业战略信息管理绩效评价体系研究》［J］，《情报杂志》2009 年第 1 期，第 74—78 页。

[219] 张小曼、叶春峰：《基于知识工作的高校图书馆发展战略》［J］，《情

报杂志》2007 年第 11 期，第 136—138 页。

[220] 张肖虎、杨桂红：《组织能力与战略管理研究：一个理论综述》[J]，《云南财经大学学报》2007 年第 2 期，第 49—54 页。

[221] 张雪花、张宏伟、张宝安：《SD－MOP 整合模型在区域发展战略规划研究中的应用》[J]，《系统工程》2007 年第 9 期，第 65—72 页。

[222] 张燕、周磊：《图书馆知识管理的发展战略》[J]，《图书情报工作》2003 年第 7 期，第 108—111 页。

[223] 张永军：《农业院校图书馆发展竞争情报战略的 SWOT 分析》[J]，《安徽农业科学》2007 年第 30 期，第 1800—1801 页。

[224] 张玉利：《管理学》[M]，南开大学出版社 2004 年版。

[225] 张智光等：《决策科学与艺术》[M]，科学出版社 2006 年版，第 33—53 页。

[226] 赵晖：《跨系统图书馆联盟协同管理概念模型及管理体系研究》[J]，《图书馆建设》2010 年第 3 期，第 89—92 页。

[227] 赵晖：《我国图书馆联盟协同机制构建的困境与对策》[J]，《图书馆论坛》2009 年第 3 期，第 18—20 页。

[228] 赵立波：《公共事业管理》[M]，山东人民出版社 2005 年版。

[229] 赵丽萍：《从价值链角度论现代公共图书馆战略性再造》[J]，《情报杂志》2005 年第 8 期，第 93—95 页。

[230] 赵筱媛：《企业信息资源配置理论方法与战略规划研究》[D]，吉林大学 2005 年版。

[231] 赵益民、柯平：《新中国公共图书馆事业发展与展望》[J]，《图书馆工作与研究》2010 年第 4 期，第 4—9 页。

[232] 赵益民、王孝、王铮、魏艳霞：《关于公共图书馆战略规划模型的思考》[J]，《图书情报工作》2010 年第 14 期，第 6—11 页。

[233] 赵益民、詹越、柯平：《基于生态竞争的公共图书馆定位研究》[J]，《国家图书馆学刊》2008 年第 4 期，第 35—39 页。

[234] 赵益民：《图书馆战略规划流程研究》[M]，国家图书馆出版社 2011 年版。

[235] 郑伦：《论建设我国社会主义现代化图书馆之战略》[J]，《图书馆杂

志》1989 年第 6 期，第 11—13 页。

[236] 郑挺：《我国高校图书馆发展战略的构想》[J]，《中国图书馆学报》1987 年第 2 期，第 29—35、39、5—6 页。

[237] 中共青岛市委党校课题组：《论公共文化服务体系建设的关键环节》[J]，《理论学刊》2008 年第 9 期，第 73—75 页。

[238] 中国图书馆学会、国家图书馆：《中国图书馆事业发展报告 2007》[M]，国家图书馆出版社 2008 年版。

[239] 中国图书馆学会、国家图书馆：《中国图书馆事业发展报告 2008》[M]，国家图书馆出版社 2009 年版。

[240] 中国图书馆学会、国家图书馆：《中国图书馆事业发展报告 2009》[M]，国家图书馆出版社 2010 年版。

[241] 中国图书馆学会、国家图书馆：《中国图书馆事业发展报告 2010》[M]，国家图书馆出版社 2011 年版。

[242] 中国图书馆学会、国家图书馆：《中国图书馆事业发展报告 2011》[M]，国家图书馆出版社 2012 年版。

[243] 周和平：《中国图书馆事业发展报告 2012》[M]，国家图书馆出版社 2013 年版。

[244] 周丕启：《大战略分析》[M]，上海人民出版社 2009 年版。

[245] 周三多、邹统钎：《战略管理思想史》[M]，复旦大学出版社 2003 年版。

外文文献

[1] Albegov M; Andersson A. E; Snlckars F, *Regional development modeling: Theory and practice* [M], Amsterdam: North-Holland Publish Company, 1982.

[2] Alexander J. O, " Fundraising for the evolving academic library: The strategic small shop advantage" [J], *The Journal of Academic Librarianship*, 1998, 24 (2): 131 −138.

[3] Anderson P, "Complexity theory and organization science" [J], *Organization*

Science. 1999 (10): 243 −257.

[4] Andrews K. R, *The concept of corporate strategy* [M], Homewood, IL: Dow Jones-Irwin, 1971.

[5] Annabelk S. A, *Public library collection development in the information age* [M], New York: Haworth Press, 1998.

[6] Ansoff H. I, *Corporate strategy: an analytic approach to business policy for growth and expansion* [M], New York, McGraw-Hill, 1965.

[7] Bailey S, "Making a difference: from strategic plan to business plan" [C], *Proceeding of the 2008 Library Assessment Conference: Building effective, sustainable, practical assessment*, 2009: 409 −415.

[8] Bain & Company, Management tools 2001 − Global, June 2001 [EB/OL], [2002 −2 −27] . http: //bain. com/bainweb/pdf/articles/3559. pdf.

[9] Balas J. L, "Online help for library strategic planners" [J], *Computers in Libraries*, 1999, 19 (1): 40 −42.

[10] Barney J. B; Hesterly W S, *Strategic management and competitive advantage: concepts and cases* [M], Pearson Education, Inc. , 2006.

[11] Baughman S. A; Elizabeth A C, *Strategic planning for library multitype cooperatives: samples and examples* [M], Chicago: American Library Association, 1997.

[12] Benton Foundation. *Buildings, books, and bytes: Libraries and communities in the digital age* [M], Washington, DC: Benton Foundation, 1996.

[13] Berman E; West J, "Productivity enhancement efforts in public and nonprofit organizations" [J], *Public Productivity & Management Review*, 1998, 22 (2): 207 −219.

[14] Berry F. S; Wechsler B, "State agencies' experience with strategic planning: findings from a national survey" [J], *Public Administration Review*, 1995 (55): 159 −168.

[15] Birdsall D. G; Hensley O D, "A new strategic planning model for academic libraries" [J], *College and Research Libraries*, 1994, 55 (2): 149 −159.

[16] Bolt N. M, Stephan S S. *Strategic planning for multitype library cooperatives: a*

planning process [M], Chicago: American Library Association, 1998.

[17] Boschken H. L, "Analyzing performance skewness in public agencies: the case of urban mass transit" [J], *Journal of Public Administration Research and Theory*, 1992, 2 (3): 265 −288.

[18] Bower W. D; Heminger A R, "Development of a strategic decision framework for identifying and selecting knowledge management projects" [C], *Proceedings of the 35th Hawaii international conference on system sciences*, USA, Jan 7 −10, 2002.

[19] Bowman C, *The Essence of strategic management* [M], Prentice-Hall, Englewood Cliffs, NJ, 1990.

[20] Bozeman B; Straussman J D, *Public management strategies* [M], San Francisco: Jossey-Bass Publishers, 1990.

[21] Brandenburger A M; NalebuffB J, "The right game: Use game theory to shape strategy" [J], *Havard Business Review*, 1995 (4): 57 −71.

[22] British Library, The British Library's strategy 2005 − 2008 [EB/OL], [2010 − 08 − 02] . http: //www. bl. uk/aboutus/foi/pubsch/strategy_0508. pdf.

[23] Brown S; Eisenhardt K, *Competing on the edge: Strategy as structured chaos* [M], Boston: Harvard Business School Press, 1998.

[24] Bryson J. M, *Strategic planning for public and non-profit making organizations* [M], San Francisco: Jossey-Bass Publisher, 1988.

[25] Butler M; Davis H, "Strategic planning as a catalyst for change in the 1990's" [J], *College & Research Libraries*, 1992, 53 (5): 393 −403.

[26] Carlo B. J; Chapter S T, "Capacity planning for broadband in public libraries issues and strategies" [J], *Library technology reports*, 2009, 45 (1): 38 −42

[27] Carr S. J, "Strategic planning in libraries: an analysis of a management function and its application to library and information work" [J], *Library Management*, 1992, 13 (5): 4 −17.

[28] Catoggio A; Robertson S, "Strategic procurement of public library

collections" [J], *Australian Public Libraries and Information Services*, 2007, 20 (1): 20 −27.

[29] Cervone H. F, "Strategic analysis for digital library development" [J], *OCLC Systems & Services: International Digital Library Perspectives*, 2009, 25 (1): 16 −19.

[30] Christensen C, *The innovator's dilemma: When new technologies cause great firms to fail* [M], Boston: Harvard Business School Press, 1997.

[31] Christine M, "From forward plan to business plan: strategic planning in public libraries" [J], *Australasian Public Libraries and Information Services*, 1997 (4): 190 −201.

[32] Davis P, "Libraries at the turning point: Issues in proactive planning" [J], *Journal of Library Administration*, 1981, 1 (2): 11 −24.

[33] Decker R; Hopper M, "Strategic planning and customer intelligence in academic libraries" [J], *Library Hi Tech*, 2006, 24 (4): 504 −514.

[34] Department for Culture, Media and sport. Framework for the future: libraries, learning and information in the next decade [EB/OL], http: // www. culture. gov. uk/global/publications.

[35] Dixit A. K; Skcat S, *Games of strategy* [M], New York: Norton, 1999.

[36] Drago W. A; Clements C, "Leadership characteristics and strategic planning" [J], *Management Research News*, 1999, 22 (11): 11 −18.

[37] Eadie D. C; Steinbacher R, "Strategic agenda management: a marriage of organizational development and strategic planning" [J], *Public Administration Review*, 1985 (45): 425 −430.

[38] Evans G. E; Ward P L, Rugass B, *Management basics for information professionals* [M], New York: Neal-Schuman Publishers, Inc., 2007.

[39] Evans P; Wurster S T, *Blozum to Bits: How the new economics of information transformed strategy* [M], Bostonz: Harvard Business SchoolPress, 1999.

[40] Feinman V. J, "Five steps toward planning today for tomorrow's needs" [J], *Computers in Libraries*, 1999, 19 (1): 18 −21.

[41] Ferguson D, "Developing social capital: Australian and New Zealand

friends of libraries" [J], *Australasian Public Libraries and Information Service*, 2006, 19 (1): 26 −30.

[42] Fitzroy P; Hulbert J M, *Strategic management: Creating value in a turbulent world* [M], Hoboken: John Wiley & Sons, Inc., 2005.

[43] Floyd S W; Wooldridge B, "Middle management involvement in strategy and its association with strategic type: a research note" [J], *Strategic Management Journal*, 1992, 13 (1): 153 −167.

[44] Flynn N; Talbot C, "Strategy and strategists in UK local government" [J], *Journal of Management Development*, 1996, 15 (2): 24 −37.

[45] Forsman R. B, "Incorporating organizational values into the strategic planning process" [J], *The Journal of Academic Librarianship*, 1990, 16 (3): 150 −153.

[46] Franco M. A; Diaz R. I, "Strategic planning of human resources in the library system of the Pontifical Catholic University of Chile" [J], *Library Management*, 1995, 16 (3): 15 −23.

[47] Fred R. D, "How companies define their mission" [J], *Long Range Planning*, 1989, 22 (2): 90 −97.

[48] Freeman R. E; Reed D L, "Stockholders and stakeholders: a new perspective on corporate governance" [J], *California Management Review*, 1984, 25 (3): 88 −106.

[49] Furrer O; Thomas H; Goussevskaia A, "The structure and evolution of the strategic management field: a content analysis of 26 years of strategic management research" [J], *International Journal of Management Reviews*, 2008, 10 (1): 1 −23.

[50] Galbraith J. K, *New industrial state* [M], London: Penguin, 1968.

[51] Gamier G. H, "Context and decision making autonomy in foreign affiliates of U. S. multinational corporations" [J], *Academy of Management Journal*, 1982, 25 (4): 893 −908.

[52] Gardner R. K, *Library Collection: Their Origin, Selection, and Development* [M], New York: McGraw-Hill, 1981.

［53］ Geyer-Schulz A；Neumann A；et al，"Strategic positioning options for scientific libraries in markets of scientific and technical information: the economic impact of digitization"［J］, *Journal of Digital Information*, 2006, 4（2）.

［54］ Gilmore F. F, *Formulation and advocacy of business policy*［M］, rev. edn, Ithaca. NY: Cornell University Press, 1970.

［55］ Golden J, *The role and contribution of strategies and factors in the career successes of public library directors*［D］, University of Pittsburgh, 2005.

［56］ Guo H C；Huang G H；Chen B, "Characteristic analysis of environmental system in the Lake Erhai Basin"［J］, *Biosystem Studies*, 1999（1）: 23 – 34.

［57］ Hamel G, "Strategy as revolution"［J］, *Harvard Business Review*, Jul-Au 1996.

［58］ Hansen M. T；Nohria N；Tieney T, "What your strategy for managing knowledge"［J］, *Harvard Business Review*, 1999（2）: 106 –116.

［59］ Hape R, Public libraries in Denmark and the on-line and digital information service – what is it about? ［C］, *Proceedings of the 1st Asia-Pacific Bioinformatics Conference on Bioinformatics 2003.* 2005: 1 –6.

［60］ Harrison E. F, *The Managerial Decision-making Process*［M］, Boston: Houghton Mifflin, 1999.

［61］ Harwell J. C, "Library strategic planning for the transition away from print journals"［J］, *Against the Grain*, 2007, 19（4）: 66.

［62］ Hauptman A. M, *The economic prospects for American higher education*［M］, Association of Governing Boards of Universities and Colleges, 1992 .

［63］ Hayes R. H. "Strategic planning-forward in reverse?"［J］, *Harvard Business Review*, 1985（6）: 111 –119.

［64］ Hayes R. H；Wheelwright S. C, *Restoring our competitive edge: competing through manufacturing*［M］, New York: John Wiley and Sons, 1984: 129 – 131.

［65］ Hayes R. M, *Strategic management for academic libraries: a handbook*［M］,

Westport, Connecticut: Greenwood Press, 1993.

[66] Hayes R. M ; Walter R A, *Strategic management for public libraries: a handbook* [M], Westport, Connecticut: Greenwood Pres 1996.

[67] Helms M. M, *Encyclopedia of management* [M], (5th edition) Thomson, Detroit, 2006.

[68] Hemphill T, "Cooperative strategy, technology innovation and competition policy in the United States and the European Union" [J], *Technology analysis and strategy management*, 2003, 15 (1): 93 −101.

[69] Henczel S, "Measuring and evaluating the library's contribution to organisational success: developing a strategic measurement model" [J], *Performance Measurement and Metrics*, 2006, 7 (1): 7 −16.

[70] Hennen T. J, *Hennen's public library planner: a manual and interactive CD-ROM* [M], New York: Neal-Schuman Publishers, Inc. , 2004.

[71] Himmel E; Wilson W J, *Planning for results: a public library transformation process* [M], Chicago: American Library Association, 1998.

[72] Hirshon A, "Library strategic alliances and the digital library in the 1990s: The OhioLINK experience" [J], *The Journal of Academic Librarianship*, 1995, 21 (5): 383 −386.

[73] Hofmann U, "Developing a strategic planning framework for information technologies for libraries" [J], *Library Management*, 1995, 11 (4): 22 − 32.

[74] Huang G. H, Integrated decision support system for water quality management in Lake Erhai Baisn [C], Proceedings of the CSCE/ASCE. Environmental Engineering Conference, 1997 (1): 145 −156.

[75] Hughes O. E, *Public Management and Administration* [M], (2nd ed.). Macmillan Press Ltd. , 1998.

[76] Hurst D. K, "Why strategic planning is bankrupt" [J], *Organizational dynamics*, 1986 (15): 4 −27.

[77] Jacob M. L, *Strategic planning: a how-to-do-it manual for librarians* [M], New York: Neal-Schuman, 1990.

[78] James B. G，"Reality and the fight for market position"［J］，*Journal of General Management*，1985：45 −47.

[79] James F；Williams II，*Strategic planning in higher education：implementing new roles for the academic library*［M］，Binghamton：N Y，Haworth，1991.

[80] Jenning K. N，"Which came first，the project or the fundraising?"［J］，*Bottom Line：Management Library Finances*，2004，17（3）：108 −110.

[81] Johnson G，"Managing strategic change：strategy，culture and action"［J］，*Long range planning*，1992，25（1）：28 −36.

[82] Johnson H，"Strategic planning for modern libraries"［J］，*Library Management*，1994，15（1）：7 −18.

[83] Jones D. J，"Critical issues in public library planning：the new South Wales experience"［J］，*The Australian Library Journal.* 2004，53（10）：375 − 379.

[84] Jose A；Bhat I，"Marketing of library and information services：A strategic perspective"［J］，*The Journal of Business Perspective*，2007，11（2）：23 − 28.

[85] Joseph M，"Public library strategies for the over 50s：everything old is new again – or is it?"［J］，*Australasian Public Libraries and Information Senties*，2009，22（3）：115 −119.

[86] Kelly P；Joseph M，"Developing a youth services strategy framework for public libraries"［J］，*Australasian Public Libraries and Information Services*，2010，23（2）：56 −60.

[87] Kostagiolas P. A；Banou C；Laskari E-M，"Strategic planning and management for the public libraries：the case of Greek central public libraries"［J］，*Library Management*，2009（4/5）：253 −265.

[88] Kostagiolas P A；Korkidi M，"Strategic planning for municipal libraries in Greece"［J］，*New Library World*，2008（11/12）：546 −558.

[89] Kotten J，*Strategic management in public and nonprofit organizations. in：Managing public concerns in an era of Limits*［M］，London：Greenwood Publishing Group，inc. 1997.

［90］ Lampert C. K; Vaughan J, "Success factors and strategic planning: rebuilding an academic library digitization program" ［J］, *Information Technology & Libraries*, 2009, 28 (3): 116 −136.

［91］ Library 2000 Review Committee, *Library 2000: Investing in a learning nation* ［R］, Singapore, Ministry of Information and The arts, 1994.

［92］ Line M . B, "Management musings 15: Looking ahead: How far?" ［J］, *Library Management*, 2004, 25 (1/2): 62 −63.

［93］ Linn M, "Planning Strategically and strategic planning" ［J］, *The Bottom Line: Managing Library Finances*, 2008, 21 (1): 20

［94］ Linneman R. E; Chandran R, "Contingency planning: A key to swift managerial action in the uncertain tomorrow" ［J］, *Managerial Planning*, 1981 (29): 23 −27.

［95］ Lynch M. J, "Who's using a planning process for public libraries?" ［J］, *Public Libraries*, 20: 3 (Fall, 1981): 85 −86.

［96］ Martin L. A, "The public library: middle-age crisis or old age?" ［J］, *Library Journal*, 1983, 108 (1): 17 −22.

［97］ Matthews J. R, *Strategic planning and management for library managers* ［M］, Westport: Libraries Unlimited, 2005.

［98］ McClamroch J; Byrd J J; Sowell S. L, "Strategic planning: politics, leadership, and learning" ［J］, *The Journal of Academic Librarianship*, 2001, 27 (5): 372 −378.

［99］ McFarlan F. W, "Information technology changes the way you compete" ［J］, *Harvard Business Review*, 1984, 62 (3): 98 −103.

［100］ McGinn M, *Applying strategy to external funding: a case study of the Queens Borough Public Library* ［D］, North Carolina: Universtiy of North Carolina at Chapel Hill, 2005.

［101］ McGrath W. E, *Development of a long-range strategic plan for a university library: the Cornell experience; Chronicle of the first years effort* ［M］, Ithaca, N Y, Cornell University Libraries, 1973.

［102］ McKiernan P; Morris C, "Strategic planning and financial performance in the UK SMEs: does formality matter?" [M], *Journal of Management*, 1994 (5): 31 −42.

[103] Michael J. G. ; Chen M J, The strategic management field: a survey-based status review and assessment [J], *Academy of management proceeding*, 2004 (1): 1 −6

[104] Milam D. P, "Public library strategies for building stronger economies and communities" [J], *National Civic Review*, 2008, 97 (3): 11 −16

[105] Miller K. D; Waller H G, "Scenarios real options and integrated risk management" [J], *Long Range Planning*, 2003, 36 (1): 93 −107.

[106] Mintzberg H, "Strategy-making in three modes" [J], California *Management Review*, 1973, 15 (2): 44 −53.

[107] Mintzberg H; Waters J A, "Of strategies, deliberate and emergent" [J], *Strategic Management Journal*, 1985, 6 (3): 257 −272.

[108] Mintzberg H, "The Strategy concept: Five Ps for Strategy" [J], *California Management Review*, Fall 1987: 11 −24.

[109] Mintzberg H, "The fall and rise of strategic planning" [J], *Harvard Business Review*, 1994, 72 (1): 107 −114.

[110] Mitehell R. K; Agle B R; Wood D J, "Toward a theory of stakeholder identification and salience Defining the principle of who and what really counts" [J], *Academy of Management Review*, 1997, 22 (4): 853 −856.

[111] Moore M. H, *Creating public value: Strategic management in government* [M], Cambridge: Harvard university Press, 1995.

[112] Mowery D. C; Oxley J E; Silverman B S, "Strategic alliances and interfirm knowledge transfer" [J], *Strategic Management Journal*, 1996, 17 (Winter Special Issue): 77 −91.

[113] Nag R; Hambrick D C; Chen M J, "What is strategic management really? Inductive derivation of a consensus definition of the field" [J], *Strategic Management Journal*, 2007, 28 (9): 935 −955.

[114] Nasi J, Nasi S, et al. , "The evolution of corporate social responsiveness:

An exploratory study on finish and Canadian forestry companies" [J], *Business and Society*, 1997, 36 (3): 296 –321.

[115] Nelson S. S, *The new planning for results: a streamlined approach* [M], Chicago: American Library Association, 2001.

[116] Normann R; Ramirez R, "From value chain to value constellation: designing interactive strategy" [J], *Harvard Business Review*, 1993, 71 (4): 65 –77.

[117] Owens I, *Strategic Marketing in Library and Information Science* [M], New York: The Haworth Information Press, 2004.

[118] Pacios A R, "Strategic plans and long-range plans: Is there a difference" [J], *Library Management*, 2004, 25 (6/7): 259 –269.

[119] Pacios A R, "The priorities of public libraries at the onset of the third millennium" [J], *Library Management*, 2007, 28 (6/7): 416 –427.

[120] Palmour VE, "Planning in public libraries: Role of citizens and library staff" [J], *Drexel Library Quarterly*, 1977, 13: 33 –43.

[121] Paull C N; Robert W B, *Strategic management of public and third sector organization: A handbook for leaders* [M], San Francisco: Jossey-Bass, 1992.

[122] Platt W J; Maines N R, "Pretest your long-range plans" [J], *Harvard Business Review*, 1959, 37 (1): 119 –127.

[123] Polo L G.; Carroll M H; Pell G, Forms and Identities: on the structure of organizational forms [C], *Paper presented at EGOS 14th Colloquium, Stretching the Boundaries of Organization Studies into the next Millennium*, Maastricht, The Netherlands. 1998.

[124] Porter M, "Towards a dynamic theory of strategy" [J], *Strategic Management Journal*, Winter Special Issue, 1991, 12 (S2) 95 –117.

[125] Porter M, "What is Strategy?" [J], *Harvard Business Review*, 1996, 74 (6): 65.

[126] Prahalad C. K; Hamel G, "The core competence of the corporation" [J], *Harvard Business Review*, 1990, 68 (3): 79 –91.

[127] Riggs E, *Strategic planning for library managers* [M], Phoenix: Ariz, Oryx Press, 1984.

[128] Robert G, "Stephanie K. Strategic directions in library collaboration" [J], *Library & Information Update*, 2003, 2 (6): 44.

[129] Rowe H; Mason R; Dickel K, *Strategic management and business policy: A methodological approach* [M], Reading, MA: Addison-Wesley Publishing Co. Inc. , 1982: 155.

[130] Rowley D. J, *Strategic change in colleges and universities: planning to survive and prosper* [M], San Francisco, Calif: Jossey-Bass, 1997.

[131] Royster V, *An investigation of the relationship of selected planning strategies and success in funding library programs at historically Black colleges and universities: 1982 – 1992:* [D], The Florida State University, 1998.

[132] Ryan S. M, "Library web site administration: a strategic planning model for the smaller academic library" [J], *Journal of Academic Librarianship*, 2003, 29 (4): 207 −218.

[133] Schilit W. K, "An examination of the influence of middle level managers in formulating and implementing strategic decisions" [J], *Journal of Management Studies*, 1987, 24 (3): 271 −293.

[134] Schmidtlein F. A; Milton T H, "College and university planning: perspectives from a nation-wide study" [J], *Planning for higher education*, 1989, 17 (3): 1 −19.

[135] Schoemaker P. J, "Multiple scenario development: Its conceptual and behavioral foundation" [J], *Strategic Management Journal* 1993, 14 (3): 193 −213.

[136] Schoemaker P. J; Vander HC, "Integrating scenarios into strategic planning at Royal Dutch/Shell" [J], *Planning Review*, 1992, 20 (3): 41 −46.

[137] Schuck E. C, "The new planning and an old pragmatism" [J], *Journal of higher education*, 1977, 48 (5): 594 −602.

[138] Schwartz E. S; Trigeorgis L, *Real options and investment under uncertainty:*

Classical Readings and Recent Contributions [M], Cambridge: MIT Press, 2004.

[139] Steiss A. W, *Strategic management for public and nonprofit organizations* [M], New York: Marcel Dekker, Inc. 2003.

[140] Stephens A, "Working towards the British library's strategic objectives for the year 2000" [J], *Library Management*, 1995, 16 (4): 12 –17.

[141] Stephens A, *Assessing the public library planning process* [M], Norwood, New Jersey: Ablex Publishing Corporation, 1995.

[142] Stueart R. D; Moran B B, *Library and information center management* [M], Sixth edition. Colorado: Libraries Unlimited, 2002.

[143] Sutton B, *Public library planning: Case studies for management* [M], Westport, Connecticut: Greenwood Press, 1995.

[144] Suzuki Y, "Strategic service development of the public library: a challenge of Kanagawa Prefectural Kawasaki Library" [J], *Journal of Information Processing and Management*, 2007, 50 (8): 501 –511.

[145] Swenk J M, Strategic planning and fiscal benefits: is there a link? [C], P*aper presented at the annual conference, association for the study of higher education.* Miami, Fla, Now, 1998.

[146] Taylor S, *The impact of downsizing strategies and processes on Ontario academic research libraries* [D], University of Toronto, 2001.

[147] Thomas L; Wheelen J; Hunger D, *Strategic management* [M], Addison-Wesley Publishing Co. Inc. , 1990: 358 –363.

[148] Thompson J. L, *Strategic management* [M], (4th edition), London, 2001.

[149] Townley C. T, User-focused strategic services for technological university libraries [EB/OL] . [2010 – 05 – 10] . http: //www. eric. ed. gov/ERICWebPortal/recordDetail? accno =ED433840.

[150] Van Der H. K; Bradfield R; et al, *The six sense: Accelerating organizational learning with scenarios* [M], John Wiley & Sons, 2002

[151] Vancil R. F, *Strategy formulation in complex organizations* [M], Massachusetts Institute of Technology, 1976

[152] Vernon E; Marcia C; et al, *A planning process for public libraries* [M], Chicago: American Library Association, 1980.

[153] Von K. G; IchiJo K; Nonaka I, *Enabling knowledge creation* [M], New York: Oxford University Press, 2000.

[154] Wanda D; Rose D; et al, Integrating assessment and planning: a Path to improved library effectiveness [C], *Proceedings of the 2008 Library Assessment Conference: Building effective, sustainable, practical assessment*, 2009: 403 −407.

[155] Wernerfelt B, "A resource-based view of the firm" [J], *Strategic management Journal*, 1984, 5 (2): 171 −180

[156] Wessman K, *A model of strategic planning: to introduce a citizen bureau in a public library using strategic planning* [M], Hogskolan I Boras, 2006.

[157] White H. S, "Planning and evaluation: the endless carousel", [J] *Library Journal*, 1997, 122 (19): 38 −39.

[158] Wilson S, "Saint Paul's Strategic Plan-As its ten year plan ends, Saint Paul's Public Libray seeks a new five vision" [J], *Library Journal*, 2005, 130 (15): 34 −37.

[159] Yi Z, "Knowledge management for library strategic planning: perceptions of application and benefits", [J] *Library Management*, 2008, 29 (3): 229 −240.

附　　录

附录1　《我国图书馆战略规划编制指南》
（征求意见稿）

前　言

　　随着战略管理理论研究的逐步推进、图书馆事业的发展以及国民经济"五年发展规划"等的影响，我国各类型图书馆在管理实践中开始重视制定战略规划以引导图书馆未来发展。我国图书馆战略规划研究与实践起步较晚，与欧美等发达国家图书馆还有较大差距，在实践中尚有许多不足。各图书馆在实践中艰苦探索，并没有一个规范科学的纲领性文本进行指导。而国外图书馆界自20世纪80年代开始，就关注编制战略规划指南指导图书馆战略规划实践，如美国公共图书馆协会（PLA）自1980年以来编制了六部规划指南，对公共图书馆战略规划的制定发挥重要的指导作用。为了规范和促进我国图书馆战略规划工作，进一步推进图书馆战略规划的标准化，我国图书馆界也迫切需要制定一部符合我国国情的图书馆战略规划指南为图书馆战略规划制定工作提供一个系统的、可操作性的参考工具。本课题组编制指南的另一个起因在于我们开展的面向图书馆工作人员的全国性问卷调查，结果显示近90%的调查对象赞同有必要或非常有必要编制一部适合我国国情的图书馆战略规划编制指南。

　　指南以"公共文化服务体系中的图书馆战略规划模型与实证研究"课题组构建的图书馆战略规划流程模型为主线，将组织模型、影响因素模型及文本模型融入相应阶段，并参考国外图书馆战略规划指南相关材料及高校与非营利组织等其他组织机构战略规划指南编制的有效经验而制定。本指南按战略规划流程设定的阶段讨论了战略规划制定过程中的四个关键阶段——"战略规划启动与准备""战略规划分析""战略规划制定与发布""战略规划实施与评价"，每个阶段形成一部分，每个阶段下会有若干活动项以推进战略规划制定工作。

　　本指南主要是为全国各级各类图书馆的馆长或其他参与战略规划制定的相关人员而编制的，无论是那些有定期执行战略规划习惯的图书馆，还是从未尝试制定过战略规划的图书馆，不论先前的经验如何，全部参与战略规划制定的相关人员都可参考本指南。本指南并不是指令性的，也不是要求战略规划的单一化和形式化，而是提供一个战略规划的基本规划和参考方法，以实现各级各类型图书馆战略规划的科学化和个性化。在指南里我们说明有效操作的范围，并提供多个选择项目和国内外图书馆规范实例，全国各级各类图书馆战略规划制定过程中，可在仔细考虑本馆自身条件并结合本馆特色做适当调整，自行决定如何以及在多大程度上应用它。

　　我们真诚地希望相关人员能结合图书馆实际对本指南进行集体讨论并提供修改意见。

第一部分　战略规划启动与准备

一　明确战略规划动因

　　图书馆在制定规划过程时首先要明确图书馆通过规划打算实现的目标。确定图书馆战略规划动因是一个复杂的工作过程，需要图书馆召开一次图书馆委员会（馆务会或工作委员会）讨论、确定规划启动原因。

　　图书馆制定战略规划的原因有：

　　图书馆需要通过制定规划获得更多资源来支持自身的发展；

　　设计蓝图以帮助图书馆未来3—5年内为读者提供更优质的服务；

　　为满足读者新的需求设计新的服务和工作计划；

　　对重要的预算增减做出回应；

　　图书馆行业发展出现新趋势或出现新机会、新威胁需要进行调整保持图书馆发展；

图书馆的上级主管机构要求制定新规划以及为了保持现有规划的持续发展而制定新规划，等等。

所有规划的可能原因都应当列出和讨论。

图书馆在战略制定过程中可参考回答以下问题有助于明确规划的原因：

谁来决定我们应该作出这个规划？

启动这个规划的明确理由是什么？

在启动这个规划的理由中，是否存在尚未说明的理由？如果有的话，那么这些理由是什么？

是否还有别的原因让我们制定这个规划？

这个规划进程最重要的成果是什么？

这个规划可能有何其他积极成果？

这个规划是否会产生负面效果？

如果这个规划还有潜在的不利因素，那么怎样减少或者消除这些因素？

如果这个规划以失败告终，那么它的后果和负面效应是什么？

如果我们现在不能启动这个规划，那我们应该何时启动？

二　明确战略规划制定方法

根据不同的图书馆工作人员介入战略分析和战略选择工作的程度，可将战略规划形成方法分为自上而下、自下而上、上下相结合、战略小组四类。

自上而下的方法是先由图书馆的高层管理人员先制定总体战略目标，然后再由图书馆各部门根据自身的实际情况将图书馆的总体战略具体化。这种方法有利于图书馆的高层管理者能够牢牢地把握图书馆整体的发展宗旨和目标，但它束缚了图书馆中层干部和普通工作人员的积极性和创造性。

自下而上的方法，这是一种先民主后集中的方法。在战略制定过程中，图书馆高层管理者在各部门提交的部门目标的基础上，加以协调和平衡，对各部门的战略目标进行整合、修改，形成图书馆的总体战略目标。这种方法集思广益，有助于充分发挥图书馆各部门和各级管理人员的积极性和创造性。同时，战略目标若具有广泛的群众基础，在实施过程中则有益于获得大家认可和支持。但这种方法难以协调各部门的使命，影响高层管理者对图书馆整体的、前瞻性发展目标的把握。

上下相结合的方法。这种方法是指在目标制定中，图书馆的高层管理者和中层干部以及普通工作人员共同参与，通过集体研讨和小组讨论是常见的方式，上下级人员共同沟通和磋商，编制出适宜的目标。这种方法可以产生较好的协调效果，有助于使命的实现。

战略小组的方法。由专门的图书馆战略规划制定小组负责编制战略初稿，然后通过由图书馆高层管理者和馆员代表参与的座谈会，征求修改意见，逐步完善形成最终稿。这种方法的目的性较强，效率较高。

每种战略制定方法各有优缺点，图书馆可以根据自身的组织结构、规模等选择合适的方法。

还有专门聘请专业咨询公司负责战略规划的制定、实施与评价全过程，这种方式制定的战略规划较为科学、规范，由第三方负责具有较强的客观性，但是由于国内并没有专门的图书馆战略规划咨询机构，而面向企业战略规划的咨询公司对图书馆业务不了解，同时雇用咨询公司需要较高的费用，一般图书馆很难承担。

目前我国聘请外部商业公司或者专业机构进行战略规划的时机尚不成熟，但是单一领导负责制由图书馆内部人员制定规划的模式也存在着一定的弊端，因此建议采用战略小组的方法，设置专门的部门或团队进行战略规划的制定，具有很强的借鉴性和可操作性。

三　图书馆战略规划制定机构的选择

图书馆自身就是编制战略规划文本的首选机构。同时也可以由图书馆与外部机构联合制定，也可依靠上级部门，也可适当考虑借助各级图书馆学会的力量，甚至尝试借鉴国外由议会、基金会、个人等参与制定规划的做法。

需要注意的是在战略分析、制定，甚至实施与评价阶段需要成立专门的战略规划小组，负责战略规划各项工作的开展。

四　成立图书馆战略规划组织

图书馆战略规划组织主要涉及确定委员会成员来源与规模、各方职责、委员会工作原则与方式、由谁负责规划工作等内容。

1. 组织成员来源

成立图书馆战略规划委员会主要对规划的总体方向、使命、愿景、战略目标等问题的确定起引导作用。

委员会成员除了包括本馆馆长、中层干部、馆员代表及图书馆馆务委员会代表外，还应考虑从图书馆主管部门、读者等利益相关群体中选取代表，广征意见，以扩大图书馆规划视野（见图1）。

选择委员会成员时除了考虑人口学特征外，还要综合考虑他们的工作经验（如战略规划经验）、技能特长（熟练计算机技术、相关统计软件）、思维特征（如思维活跃、具有创新性）等因素。

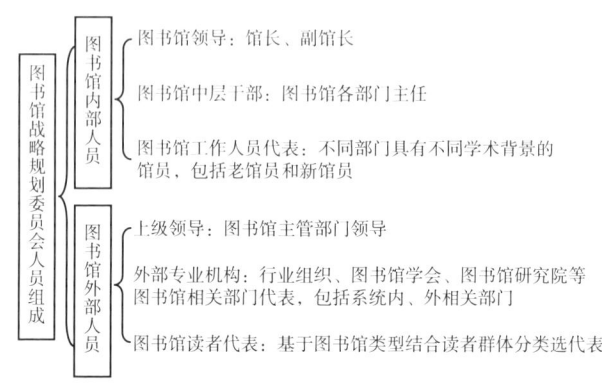

图1 图书馆战略规划委员会人员组成

在战略规划制定委员会下需要常设一个战略规划工作小组，具体包含总体负责人、具体管理者、资料收集人员、咨询人员、审核讨论人员、子目标负责人员、文本形成人员、联络人员等，负责战略规划制定的各项具体工作。

2. 规划委员会规模

在确定规划委员会的规模时，要考虑两个主要因素：一方面，委员会成员要有代表性，能够囊括持有各种观点的人和图书馆服务社区的各阶层代表；另一方面，委员会要保证高效精干，根据图书馆规模考虑适当的人员数量以保证委员会成员有足够的发言时间，以实现有效的工作。

关于规划委员会的人员数量应以9—20人为宜。

3. 确定战略规划制定负责人

图书馆战略规划的负责人主要可以从外部聘请专门的战略规划顾问、图书馆业界专家或由图书馆馆长或图书馆管理者中选取。

聘请专业的图书馆战略规划顾问或经过培训的图书馆顾问这种做法在国内不实际。因此借鉴国外经验并结合国内实际，图书馆在战略规划制定过程中可根据规划委员会规模、以往战略规划经验、组织氛围、组织结构等因素来考虑如何选择战略规划负责人／主持者。

对于规模较小、组织结构较为简单的图书馆可直接从图书馆内部选取，如直接由馆长负责、图书馆馆务委员会成员或推选的业务部门主任负责。

对于规模较大、组织结构较为复杂、组织氛围较差的图书馆可考虑聘请顾问对战略规划过程进行指导，如关注战略管理研究的图书馆学专家、图书馆上级主管部门负责战略规划制定的人员等。

4. 明确各方职责

图书馆战略规划中涉及的人员主要有图书馆工作委员会、馆长、其他馆领导、图书馆规划委员会、部门主任、员工代表、普通工作人员、咨询顾问、上级主管领导、读者代表以及其他人员等（见表1）。

馆务委员会或工作委员会：图书馆的馆务委员会在图书馆战略规划制定过程中，一般承担如下任务：听取图书馆馆长对已有规划、图书馆发展概况的报告，并对规划进程、规划参与人员、组织保障等准备方案进行审议、修改。对确定的图书馆使命、愿景、战略重点、战略目标、任务等进行审议、修改、提供建议。委员会需要对图书馆最后制定的战略规划及实施过程中的年度计划等审议、修改和批准或拒绝。

馆长：馆长是图书馆战略变革的提倡者和发动者，在战略规划准备阶段承担战略规划委员会的组建、合理授权以及规划进度安排、组织保障等职责。在图书馆使命、愿景、战略目标、任务方面，图书馆主要承担前瞻性预测、给予指导、提供建议等任务。同时，馆长是图书馆战略资源的筹集者和分配者。总之，馆长在规划过程中有四项主要任务：提出目标任务和发展思路，听取咨询意见，进行激励和加强沟通交流。

规划委员会：图书馆战略规划委员会作为承担图书馆战略规划分析与制定任务的专职部门，从创建之初便全程参与，其负责各项议题的组织、开展和规划结果修改、整理。图书馆战略规划需要组建一个特定的战略规划工作小组，具体包含规划制定负责人或促进者、具体管理者、资料收集人员、文本编制人员、联络人员等，并可邀请专家、馆长或主管业务的副馆长作为负责人，在规划制定中发挥重要领导作用。总体而言，战略规划委员会职责包括：收集并评估外部宏观信息以及内部环境变化信息；对前期制定的规划进程与具体工作安排等准备活动进行调整、修改、确定；与各职能部门进行沟通，确定图书馆战略目标体系；筹备图书馆内部咨询与管理审核活动；负责战略规划文本草案的形成、意见征集、修改等；向馆长、上级主管部门提供战略规划进程数据与最终文本。

部门主任：他们主要负责在战略准备阶段辅助馆长成立规划组织、制定时间进度、经费预算等工作；对本部门大型投资项目、新兴服务种类提出建议和进行可行性分析；提供战略目标、任务清单供规划委员会成员讨论、选择；提供部门月度、年度内部管理资料；参与战略规划讨论对战略规划文本修改提供建议。

图书馆工作人员代表：工作人员代表加入战略规划委员会，参与战略规划的制定工作，协助收集、分析与图书馆发展相关的数据，还可选为战略规划制定小组中的联络员，具体负责委员会会议筹备、会议记录、联络参会人员、转发相关资料等工作，并为图书馆使命、愿景及战略目标、任务的制定提供建议。

普通工作人员：主要是作为图书馆战略规划修改与完善的战略咨询者，通过日常一般工作人员会议、邮件、论坛等形式平等、自由地参与到委员会的讨论中，为图书馆确定的战略重点、使命、愿景、任务与行动计划清单、战略规划文本草稿等提供反馈意见。

咨询顾问：通过提供配套的管理工具来引导、协助规划活动的专业人士，在图书馆战略规划制定过程中为战略规划的制定工作全程提供指导。

读者代表：读者在图书馆战略规划制定中主要是以图书馆开展的读者调研、读者意见反馈的形式间接参与，为图书馆提供需求数据，为图书馆明确战略重点提供基础；同时通过参与读者代表会、座谈会、听证会、论坛等形式为图书馆确定的战略规划文本提供修改意见。

其他：其他类型参与者包括图书馆的相关的友邻部门、机构，这些群体或个人对战略规划的参与程度虽然不高，但在规划分析和文本编制的意见征询等环节中的重要性不容忽视。

表 1　战略规划负责人确认表

阶段	任务	馆长	规划委员会	其他馆领导	馆务委员会	部门主任	关键员工	一般员工	咨询顾问	读者代表	主管领导	其他
启动与准备	明确图书馆战略规划动因	**√**		√	√	√			√			
	成立图书馆战略规划组织	**√**		√		√	√		√			
	制定规划时间表	**√**		√		√						
	明确战略规划保障	**√**		√		√						
	召开第一次图书馆战略规划委员会	√	**√**	√	√	√	√					
分析	已有成就回顾与总结		**√**						√			
	开展调研,搜集数据		**√**				√		√	√		√
	综合分析		**√**						√			
	战略规划推导	√	**√**									
	编制战略目标和任务	√	**√**			√	√					
	评价组织资源	√	**√**									
方案拟订	编制行动计划	√	**√**			√	√	√				
	整合战略目标体系,优化实施方案		**√**									
制定与发布	编制战略规划文本		**√**			√						
	征询意见		**√**	√	√	√				√	√	√
	修改文本		**√**									
	定稿批准	√	√	√	**√**							
	规划文本的发布与宣传		**√**									

注：表中的每行均有一个加粗"√"，代表该任务的负责人（部门），承担组织开展具体规划工作的任务。标有"√"，代表该任务的参与者。

5. 培训规划制定人员

了解图书馆战略规划参与人员是否具有战略概念与观念，能否主动从战略高度考察各种问题，能否坚持战略规划的实施使其达到预期效果并有充分的思想准备。

以馆长为代表的图书馆核心领导的战略意识的培养是一项长期学习过

程，具体包括基本的战略思维锻炼、战略制定技能与战略实施评价手段等多方面的观念准备。可以通过日常学习、集中培训、馆际交流等多途径实现观念准备。

对图书馆工作人员战略意识的培养，可考虑在战略规划启动之前，以组织"图书馆发展大讨论""假如我是馆长"等战略研讨活动形式调动工作人员的战略意识。

图书馆需要把自己的战略意图、战略制定理念传递给文化主管部门、读者、具有业务合作的其他部门等。通过馆内宣传、网站公示、讲座、活动招标等形式逐步向读者介绍本馆历史、本馆发展等问题，争取读者的配合；通过日常业务交流、座谈等形式向主管部门表达自己的发展意愿，以此获取支持。

同时还要求图书馆专家或战略规划顾问对战略参与人员进行一次集中培训，使参与人员对图书馆战略规划背景、制定流程、具体步骤、注意事项等有所了解。

五　制定规划时间表

在图书馆战略规划实践中并没有明确统一的规划制定的时间表，但应注意制定规划的周期不能太长让规划制定人员看不到自己努力的结果，也不能太短使得规划不具备战略性。我国图书馆战略规划制定过程中可考虑选择4—6月为规划制定周期，各类型图书馆可结合本馆实际情况进行适当的压缩或扩展。

本指南中战略实施与评价阶段之前，主要包含了明确图书馆战略规划动因、成立图书馆战略规划组织等相关活动项，根据前面确定的规划时期为4—6月，本研究以四个月为规划制定周期为例，具体的时间进度表如表2所示。

表2中的总体时间安排以四个月为一个完整的战略规划周期，每月内分配的任务量不等。本指南设定的时间进度并未具体指明每项任务应该需要多长时间完成，这需要各图书馆根据自身的前期基础、规划能力等影响因素而定。如战略规划启动与准备阶段由于涉及成立专门规划组织机构、人员经费等诸多保障因素，或许需要更长的筹备时间；战略环境、编制行动计划等步骤需要的战略规划周期就因馆而异；宣传推广战略规划文本等程序也在不同图书馆之间存在着较大的差异，完成的时间各不相同。

表 2　时间进度表

阶段	任务	具体活动	时间
启动与准备	明确图书馆战略规划动因	列举、讨论、确定规划原因	第一个月
	成立图书馆战略规划组织	成员选择、规模、确定支持者或顾问、明确职责	
	制定规划时间表	确定时间跨度、会议安排、制定进度表	
	明确战略规划保障	制定预算表、沟通计划	
	召开第一次图书馆战略规划委员会	邀请委员会成员、筹备会议(会议支持者、会议目的)、会议召开(委员会成员介绍、任务分工等)	
分析	已有成就回顾与总结	对前一规划实施情况进行总结、吸取经验	第二个月
	开展调研、搜集数据	调研对象选择、数据收集来源、种类、方法等	
	综合分析	数据整理、环境分析、发展分析、需求分析	
	战略规划推导	编制图书馆愿景、使命,进行需求相应分析、编制功能列表、确定战略重点或方向	
	编制战略目标和任务	明确目标体系层、模式、制定战略目标、任务	
	评价组织资源	根据确定的目标分析图书馆现有资源和预期所需资源之间的差距,需求填补差距的措施	
方案拟定	编制行动计划	制定行动计划项目、明确负责人、时间、资源需求	第三个月
	整合战略目标体系、优化实施方案		
制定与发布	编制战略规划文本并获批准	草案拟定、意见征询、召开规划委员会讨论文本、修改定稿、召开图书馆馆务委员会讨论、批准文本	第四个月
	规划文本的发布与宣传	文本形态(详本、简本、手册、多语种版本等)文本发布与宣传的多种途径与方法	

　　由于战略制定过程中有时会出现应对紧急环境变化的临时会议,以及反常修改战略规划文本等,这就需要在制定规划进度表时,应该保证充足的时间开展战略规划流程,预留一些时间。

六　规划制定过程中的会议安排

1. 会议次数与主题

　　图书馆战略规划过程中,需要召开多次会议针对规划中某些具体任务进行讨论、征求意见、审定。

　　规划制定过程中至少要召开三次至四次会议，一次战略规划启动会议，对战略规划相关准备工作进行讨论，开展任务分工安排等工作。

　　有关图书馆环境、需求与发展分析，图书馆使命、愿景、战略重点、战略目标等的选择与确定等工作的开展需要以会议的方式集中讨论。

　　有关于战略规划文本的征求意见、讨论、审定等工作需要通过会议的方式进行。各图书馆可根据本馆实际情况适当安排会议。

　　2. 会议地点选择

　　图书馆战略规划会议的召开地点的选择要么在图书馆，要么不在图书馆。在图书馆召开会议这是图书馆最普遍采用的方式，有利于图书馆工作人员方便参会，同时比较节省经费。如若图书馆没有合适的会议室或者为了有效开展规划而选择一些远离日常工作干扰则可以考虑选择一些付费的外部地点，这种方式一般需要较高的费用。无论决定在何处开会，都要确保每个委员会成员都能清楚地知道会议地点，特别是关于会议室的名称或号码的信息。

　　3. 战略规划会议的准备工作

　　每次会议召开之前，必须要有专门人员对会议召开所需要的各种材料、会议安排等进行筹备（见表3）。

表3　战略规划会议筹备工作

战略规划会议的准备工作事项	是	否	战略规划会议的准备工作事项	是	否
是否制定专门人员负责会议的各项工作安排？			是否确定了参加人员:图书馆工作委员会代表？馆长？工作人员代表？图书馆规划委员会成员？咨询顾问？读者代表？等等		
领导是否承诺时间和资源的投入？			是否已与参会人员沟通,使他们了解规划研讨会的目的和程序以及有关背景材料,培训了他们必要的战略规划知识,并了解他们对研讨班的期望？		
是否制订了研讨会准备工作计划？			后勤安排:地点、设施、资金？		
用于战略规划制定的信息是否搜集好？			研讨会主持和记录:谁主持？谁记录整理研讨结果？研讨会如何分组？		
是否确定了战略规划研讨会日程:时间安排？活动？形式？谁发言？			如何形成大会决议？		

七　确定战略规划保障

图书馆战略规划的顺利制定除了需要基本的人力、时间支持外，还需要充足财力、良好的文化基础及有效的沟通计划。

1. 制定预算表

战略规划编制同样涉及成本问题，确定制定战略规划制定成本预算都有利于统筹管理整个战略规划制定过程，减少不必要的支出，控制战略规划质量（见表4）。

表4　预算表

	预算项目	数量	单位价格	总额
物质资料费用	战略规划收集材料费			
	相关资料复印费（文本打印）			
	邮寄费、电话费、交通费等			
	其他费用			
人员费用	馆内工作人员报酬（含加班费）			
	外部参考咨询专家劳务费			
	差旅费			
	其他费用			
管理费	办公费			
	战略规划制定团队日常管理费			
	其他费用			
其他费用				

2. 制定沟通计划

图书馆在制定沟通计划时需要考虑"谁需要知道这些信息""为什么需要知道""他们现在知道哪些信息""他们需要知道哪些信息""什么时候需要知道""通过什么方式或渠道知道""谁通知他们"等问题，让图书馆的利益相关者能够随时全面地了解规划制定班子的进展和方向。

要非常重视与图书馆员工的沟通，其最有效的办法就是为全体员工召开一系列规划进程的基本情况介绍会，介绍应该围绕规划的原因、进度、阶段成果、时间、人物等要素展开。

要保证图书馆战略规划制定委员会成员对规划过程的状态随时了解，保证战略制定过程中的相关资料与信息及时传送到各委员手中。

要保证及时向图书馆工作人员征求意见，其最简单、有效的方式就是建立一个战略规划交流平台，该平台提供规划过程的简要介绍并根据规划流程阶段设置子网页，每个子网页都提供该规划过程的不同阶段的信息。

第二部分　战略规划分析

一　已有成就回顾与总结

对已有规划进行回顾与总结，目的是研究图书馆已有发展基础、现有的服务项目与发展方向及本机构的独特性，以便找出图书馆在寻求发展过程中可以吸收与借鉴的信息。该阶段主要从前一规划已经实现哪些目标、还有哪些目标未开展、哪些中途终止、哪些开展了尚未完成、进行到何种程度、战略目标实施成功的经验与失败原因、尚未完成的战略目标当前的机遇等方面展开。

二　开展调研，搜集数据

1. 调研对象的选择

读者和馆员是最为重要的两类调研对象，图书馆同类服务部门和上级主管部门也应受到重视。

2. 数据收集的种类与途径

具体的信息的种类与获取渠道主要有以下几种（见表5）。

表5　数据收集种类与途径

收集数据分类		获取途径
宏观环境数据	国民经济、文化、教育、新闻出版等数据	报刊、影视、专业网站、年鉴、官方的工作年报、政府公告、白皮书、资料汇编等出版物、
	相关制度规程（如教育、文化等领域的各类规章、条例、法规）	官方网站、政府公告、白皮书、资料汇编等
	技术发展数据	实地考察先进图书馆、图书馆行业技术发展介绍、技术公司的介绍性数据等
行业环境数据	国内外图书馆发展状况、本地区乃至全国图书馆联盟发展状况	国内外行业发展报告、图书馆事业发展报告、图书馆行业统计数据、图书馆发展年鉴、图书馆专家的会议报告、同行业者的访谈、实地观察、委托咨询公司调查等
需求数据	读者需求数据	读者问卷调查、读者座谈、网络交流、读者图书馆利用习惯、读者满意度调查数据等
	母体机构发展的需求	母体机构的发展报告、战略规划、政策条例等

续表

收集数据分类		获取途径
图书馆内部环境数据	图书馆资源数据	人才队伍、馆藏资源、建筑设施、财政收支数据等
	图书馆服务数据	服务时间、办证率、读者数、开展业务活动总结、分馆建设数据、图书馆服务绩效、网络服务与手机图书馆使用数据等
	图书馆组织管理数据	图书馆规章制度、组织结构设置、图书馆业务系统内管理数据等
	组织内部观点数据(图书馆员工对未来愿景的展望,对战略方向的建议,对发展现状的评价等)	研讨交流会议、网络论坛、公共邮箱、电话访谈、现场交流等
战略规划指导材料	图书馆行业相关标准	图书馆评估、服务、用地、建筑、文献资源建设等标准
	相关战略规划文本与研究	图书馆战略制定相关研究成果、图书馆战略制定手册、国内外同类型图书馆的规划文本、上级部门的发展规划文件、政府颁布的本行业的中长期发展纲要等
其他	根据各馆情况自行确定	

各图书馆在数据收集阶段并不需要收集上述的全部数据,而是要结合本馆实际有选择地收集。在数据收集阶段要选择合适的负责人,此人应该对图书馆内部部门、工作流程较为熟悉,同时对图书馆外部环境变化有较强洞悉能力,并且对 Word、数据库、统计分析软件较为熟悉。要选择最简单、实用的方法收集数据。

收集数据中要注意的其他事项:要多利用其他组织已收集、整理过的数据;提前明确收集的每条信息将要发挥的作用;允许有足够的时间思考和整合获取的数据;保持环境的持续监测;收集比实际需求更多的信息。

三　综合分析

1. 数据处理

一方面,需要利用 SPSS、Excel 等工具将所得的数据加以整理、归类、简化或绘制成图表,采用平均数、标准差、相关系数等进行描述性统计以此反映相关变量的现状。另一方面,可对相关数据进行推断统计,即用概率形式来决断数据之间是否存在某种关系及用样本统计值来推测总体特征。推断统计包括总体参数估计和假设检验，最常用的方法有 Z 检验、T 检验、卡方检验等。描述性统计在图书馆领域运用得较为广泛，战略规划分析的大部分统计数据均以描述性分析为主。推断性统计较为复杂，对数据要求较高，但能够发现数据之间的内在联系，帮助找出解决问题的方案。战略规划制定数据分析中，是采用描述统计还是推断统计，应视具体的研究目的而定，如研究的目的是要描述数据的特征，则需描述统计；若还需对多组数据进行比较或需以样本信息来推断总体的情况，则需用推断统计。如对图书馆的读者入馆率、馆藏增长数量、员工数量等类数据进行分析时应采用描述统计分析方法；若还需要考察近年内图书馆的投入产出的关系，则需要采用推断统计，如图书馆投入与产出的回归分析。

2. 环境分析

图书馆战略分析环境归纳为宏观环境、行业环境以及图书馆内部环境。

宏观环境分析及工具：目前图书馆应用最为普遍的就是 PEST 分析方法，PEST 分别对应于政治、经济、社会和技术因素。图书馆借用 PEST 分析法进行外部宏观环境扫描，其中政治因素包括政府部门出台的有关图书馆及信息服务的政策法规等；经济因素着眼于本地区乃至全国的经济发展状况及国内外趋势；社会因素包括形成当地文化的道德和价值观；技术因素是指社会开发的与图书馆相关的软件系统与硬件设施等。

行业环境分析及工具：企业界应用较多的方法是波特五力结构模型，它指出行业竞争现状、供应商讨价能力、买方讨价能力、替代品及新进入者的威胁五大因素，强调组织的竞争优势，而图书馆作为公益性服务组织在行业环境分析中并不像企业强调竞争优势的分析，而更侧重对图书馆合作能力的分析。主要涉及图书馆上级主管部门、出版行业与信息资源提供商、图书馆同行、读者。

内部环境分析及工具：借鉴企业领域应用较为广泛的职能法，图书馆的内部环境主要包括管理组织职能要素（管理制度、组织结构）、人员职能要素、财务职能要素（经费分配）、服务职能（服务对象、服务项目、服务方式等）、资源及技术职能（馆藏、建筑、设备、技术等）。但图书馆在具体

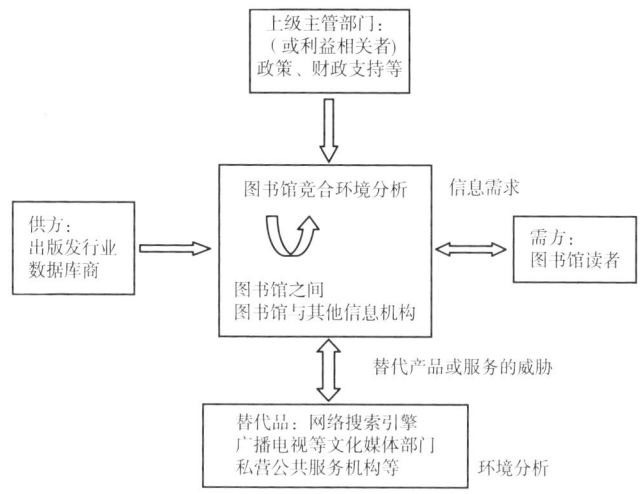

图 2　图书馆战略规划外部环境分析

战略分析时并不需要同时考虑上述所有要素，只需要考虑对图书馆有重要影响的少数几个要素即可，即战略要素。

　　内外环境综合分析及工具：图书馆还关注内外环境相结合的分析，这种分析中应用最多的方法就是 SWOT 分析法即优势，劣势、机会、威胁（见表6）。

表 6　图书馆战略规划 SWOT 分析

优势：

1. 是否具有独特的能力？

2. 是否具有稳定的资金来源？经费是否能够满足业务增长需要？

3. 在社会公众中是否具有良好的声誉？

4. 是否具有较充足的空间、基础设施为读者提供服务？

5. 是否具有服务的成本优势？

6. 是否具有服务的馆藏优势？

7. 是否具有资源共建共享或合作优势？

8. 是否具有分馆、行业分馆等网络优势？

9. 是否具有网络在线服务、手机图书馆等新媒介优势？

10. 是否具有 RFID、自动分拣、自动还书等技术优势？

11. 是否具有训练有素的管理人员？（含专业技术能力、学术创新能力、工作经验等）

12. 是否具备服务创新能力与业务创新能力？

13. 是否具有良好的组织文化氛围？

14. 是否具备其他优势？

劣势：

1. 战略方向是否明确？

2. 是否处于日趋衰弱的竞争地位？

3. 是否馆舍与馆藏、设施过于落后或陈旧？

4. 是否读者利用率不高？

5. 是否缺乏核心的服务技能？

6. 是否缺乏必要的技术利用？

7. 是否遭遇内部管理问题的困扰？

8. 是否缺乏竞争意识，竞争压力的承受能力差？

9. 是否缺乏必要的形象宣传与对外沟通？

10. 是否缺乏经费支持？

11. 是否人员利用出现问题？（缺乏足够的竞争与合作意识，专业人才的严重流失）

12. 其他不利因素？

机会：

1. 是否存在良好的政策环境？是否出现新的有利政策？

2. 是否具备法律或地方法规的保护？

3. 是否具有主管部门的支持？母体机构是否对图书馆发展作出规划或展望？

4. 是否具有大规模的行业合作，如图书馆联盟等？

5. 是否具备外部资金的大量投入？

6. 读者需求的进一步加强或显著变化？

7. 是否具有图书馆协会、图书馆行业的整体发展规划或指导？

8. 是否有新的技术出现？

9. 其他外部机会？

威胁：

1. 是否有新的部门进入公共文化服务领域？

2. 图书馆替代性服务是否在增加？

3. 读者阅读习惯是否向电子化转变？

4. 读者对图书馆的需求与发展预期不断提高？

5. 外部合作是否发生变化？

6. 是否受到经济发展、文化发展的不利影响？

7. 是否遭遇不利的政府政策或地方政策？

8. 是否遇到经费缩减等问题？

9. 文献采购费用是否大幅上涨等

10. 是否具备其他威胁？

3. 需求分析

需求分析主要对读者需求、读者满意度、读者对图书馆的服务期望、图书馆服务区域或机构的需求、母体机构对图书馆发展的期望等的调查或访谈数据，进行分类、统计。

图书馆战略规划委员会需要对需求数据进行讨论，明确图书馆服务对象当前和未来一段时期内最迫切的需求，可以从当前图书馆读者构成（包括年龄、学历、职业、收入等人口学特征）是什么样子的？在未来几年内会否增加新的读者群体？这些新的读者群体将会产生何种新服务需求？读者最迫切的需求是什么？读者对图书馆哪方面最为满意或最满意？当前图书馆服务区域内的人们都从哪些渠道获取信息资源？读者对图书馆未来五年或十年的服务期望是什么？图书馆的母体机构要求朝哪个方向发展？等方面进行讨论，将讨论结果一一记录下来。

4. 发展分析

发展分析的主要目的是对收集的图书馆的行业发展趋势、地区发展趋势等信息进行整理，同时对图书馆自身发展特性进行分析，提出适合自己的发展思路。

图书馆的发展分析中：

要强调根据收集的宏观环境数据，对图书馆外部的政治、经济、技术、政策法规等的发展、变化对图书馆未来发展产生的影响进行预测。

要根据收集的图书馆行业发展数据，重视对国内外同类型图书馆的发展趋势进行分析。

要结合需求数据和图书馆内部统计数据，注重对图书馆未来自身发展特征的分析。图书馆的发展分析对分析者具有较高要求，他们必须具有前瞻性战略思维，对图书馆行业发展趋势有独特的思考。

在此分析阶段，除了图书馆制定委员会成员集中讨论之外，如有可能可开展几位相关专家的访谈，以便较为准确地把握图书馆的未来发展趋势。

四　明确愿景与使命

1. 明确图书馆愿景

图书馆的愿景就是图书馆欲实现目标的未来方向性表达，即图书馆的未来发展蓝图，是需要花五年甚或十几年来实现的远大的目标或追求，回答了

"我们将要去向何方的问题"。

（1）有效的图书馆愿景应具备的特征

一是必须远大而且切实可行的。图书馆愿景作为给图书馆工作人员带来憧憬和向往的远大目标，它必须具有前瞻性和开创性。同时，一定要在分析图书馆环境的未来发展趋势和自身的资源、能力的基础上，应包含实际的、可达到的目标。

二是应当简洁、清晰、便于沟通。图书馆愿景必须用短小精悍的语句进行阐释，以便图书馆员理解、记住。

三是应当稳定性与灵活性兼顾。一般而言在一个3—5年的战略规划周期内，愿景具有相对的稳定性。相对稳定的愿景凝结了图书馆追求成功的强烈愿望，是推动图书馆可持续发展的核心动力。同时图书馆可根据变化的环境作出灵活的调整。

（2）愿景编制的过程中主要包含的步骤

第一步，规划委员会成员回顾前面形成的图书馆在规划周期内致力于满足的重点需求及图书馆战略分析阶段的相关成果，然后战略规划主持者将搜集的国内外同类型图书馆的愿景陈述发给各位，并对愿景的相关概念、特征进行简要介绍。

第二步，规划委员会成员分别构思，将那些需求和发展方面转变成描述图书馆愿景的简要句子。

第三步，汇总所有观点，集中讨论，并记录。

第四步，整合共同意见，深入阐述、剖析重大分歧，充分发表个人见解，最终取得共识，并使用宣言式的语句撰写愿景。

第五步，公布愿景草案，向图书馆工作人员、图书馆馆务委员会成员及其他重要利益相关者广泛征询建议，力求获得他们的认同，并最终通过图书馆馆务委员会同意。

第六步，通过各类渠道和方式向图书馆公布正式的愿景，以此明确本馆的现实定位，为制定未来发展的预期目标提供纲领性的指导。

在六个步骤中，第二步中的怎样才以最好的表达方式将图书馆未来需要满足的需求和发展重点包含到图书馆愿景中，这是最为重要也是最为困难的。

　　各类型图书馆可以参考国内外图书馆的愿景陈述实例（见表7），结合本类型以及本馆的特征，按上述方法确定愿景。

表7　国内外部分图书馆的愿景陈述实例

图书馆类型	图书馆名称	愿景陈述
国家图书馆	埃塞俄比亚国家图书馆	成为一个世界级的国家信息中心，国家的信息资源被体系化地组织起来，利用信息的文化在建设民主和发展过程中逐渐形成
	芬兰国家图书馆	国家图书馆是国家的信息门户
	马来西亚国家图书馆	建立世界领先的图书馆，为世界各地的人们提供图书馆服务，实现国家愿景政策中的目标
公共图书馆	俄勒冈州公共图书馆	俄勒冈州公共图书馆是一个受人欢迎的场所，能够满足社区多样性的信息、休闲、社会、文化需求
	基奇纳公共图书馆	社区的中心、密切邻里关系的场所以及不同年龄和兴趣者的目的地；现实生活和虚拟空间的聚集地，跨越信息、教育和文化的数字鸿沟；可信赖的信息源、文化和知识自由的支持者
	广州图书馆	连接世界智慧，丰富阅读生活；将广州图书馆发展成为公众与世界智慧相连的结点，成为保障信息获取，促进阅读、学习与交流，激发理性、灵感与想象力的公共空间
高校图书馆	英属哥伦比亚大学图书馆	我们是一个具有国际影响力的研究型图书馆，促进知识的创新、探索与发现
	芝加哥大学图书馆	确保馆藏的前瞻性、多样性、开放性和高品质；通过用户教育，使人们了解到更多有用的资源；通过服务创新，使人们更易于获取资源
专业图书馆	加拿大科技信息研究所	在未来五年内，成为驱动科学信息开发，为加拿大国民创造价值的领导者
	约克郡中心医院国民保健服务图书馆和信息服务中心	将尽力满足所有潜在用户的信息需求，以支持他们的终身学习、证据基础之上的实践，以及高质量的医疗保健服务
其他	美国图书馆学会	在促进人们与各种载体记录的知识建立联系的过程中，图书馆与图书馆员的价值；公众享有免费、开放的信息社会的权利

2. 明确图书馆使命

　　图书馆的使命就是指对图书馆存在理由、最终目标和其所承担的职责和任务的精简而准确的陈述。它既反映外界社会对图书馆的要求，又体现着图书馆成员的追求和抱负。

（1）使命在内容与陈述方式上应具的特征

就内容而言，宏观上主要包括三方面内容即组织为什么存在？组织要成就什么；实现组织目的的主要方法或活动：怎么做？组织的价值观——组织的指导原则和信仰是什么？微观上使命内容应实事求是、切实可行，既要避免使命陈述过于狭隘，又要避免使命陈述的空泛；拥有宽广的内涵和一定的抽象水准，为战略的贯彻执行留出创新空间，提供细节填补及战略调整的余地；信息必须全面、详细、具有动态变化性。

就陈述特点而言，必须言简意赅、清晰易懂；在语句措辞上充满活力，使之成为战略发展的动力源泉和号召力量。

（2）图书馆使命的编制过程包括的步骤

使命和愿景的编制一样都需要规划委员会成员集中讨论，并适当吸纳个别工作人员参与，体现广泛参与和群策群力的特点。

首先，由图书馆战略规划支持者将可供参考的资料发给委员会成员，并由主持者/负责人向规划委员会成员普及有关使命陈述的知识。

其次，每位成员按自己的理解，独立起草一份使命陈述，经汇总与讨论后整合成一份较为成熟的征求意见稿。

再次，将使命初稿进行公布、发送，向图书馆员工、馆务委员会等利益相关群体广泛征集修改意见。

最后，修改、完善之后交由图书馆馆务委员会审核批准，正式形成代表本馆战略发展核心信念的使命陈述，并以各种方式和渠道公布使命陈述，通过宣传推广，促进全馆员工的思想统一，争取上级部门的大力支持，以及外部利益相关者的充分理解和认同。

（3）图书馆使命可能涉及的内容要素

图书馆的使命陈述应该反映出图书馆的存在理由、承担的职能、职能实现的方式以及服务的运营哲学和组织形象等，具体要素可考虑核心服务对象、主要服务内容和范围、核心技术与资源、图书馆所承担的服务目标，服务预期效果与价值、图书馆的基本信仰、价值观和道德倾向，图书馆的社会责任和形象，对图书馆员工的关注等。

各类型图书馆可以参考国内外图书馆的使命陈述实例（见表8），结合本类型以及本馆的特征，按上述要求确定使命。

表 8　国外各类型图书馆使命陈述实例

图书馆类型	图书馆名称	使命陈述
国家图书馆	埃塞俄比亚国家图书馆	获取、整理和保存信息资源,为研究和学习目的建立一个国家信息系统来利用资源,使公众受益
	芬兰国家图书馆	国家图书馆要确保所出版的国家文化遗产的可获得性。国家图书馆为市民及社会各界传播和制作各种信息内容,与图书馆网络和其他信息社会中的参与者共同提供服务
	马来西亚国家图书馆	通过马来西亚国家数字图书馆系统,让所有马来西亚公民平等获取信息、享受图书馆服务和利用知识资源的权利
公共图书馆	俄勒冈州公共图书馆	通过连接学校和其他社区资源,提供免费的信息和技术,以此来促进终身学习;俄勒冈州公共图书馆是一个供各个年龄层交流想法的地方,支持社区的各项教育、社会和文化活动。并在一个友好的环境中提供有效的服务和资源,满足社区需求
	基奇纳公共图书馆	将社区与一个想象力、信息、发现的世界连接起来。我们反馈社区的需要,利用创新,重视我们的客户、员工、志愿者和合作者
	广州图书馆	知识信息枢纽、终身学习空间、促进阅读主体、多元文化窗口、区域中心图书馆
高校图书馆	英属哥伦比亚大学图书馆	愿意最大限度地为其学生和教职员工提供学习和研究的资源与条件,为他们创造致力于卓越、平等和相互尊重的工作环境;愿意与政府部门、工商业界、其他教育机构以及一般团体合作,创造新知识,从而为其学生职业生涯做好准备,通过最前沿的研究提高生活质量
	阿克伦大学图书馆	大学图书馆提供国家最先进水平的获取广泛而多样的学术资源和创新技术,使用户评估他们的信息需求,识别和访问可靠消息来源,并成功地把信息转化为知识
专业图书馆	加拿大科技信息研究所	通过高价值的 STM 信息及出版服务提升科学研究和创新
	美国大气研究中心图书馆	使命是丰富馆藏资源并提供使用,为 UCAR/NCAR 开展的学术研究和和教学活动提供支持
其他	美国图书馆协会	使命是引领图书馆、信息(情报)服务和图书馆事业的发展、提升与改进,以加强民众学习,确保所有民众能获取信息

五　确定战略主题/战略重点

战略主题/重点是指组织为实现愿景而确定的新战略规划周期内的重点发展领域。战略主题/重点是由战略规划人员集中根据确定的图书馆愿景、使命以及确定的功能列表讨论形成的对图书馆发展方向的陈述。

战略主题/重点的表述可参考国外图书馆以 Strategic Theme 或 Key Area 词组展现的方式（见表9），行文高度简洁、概括，条目不宜太多，一般3—6条。

表9　国外图书馆战略主题/重点陈述

图书馆类型	图书馆名称	战略重点
国家图书馆	荷兰国家图书馆 2006—2009 年规划	"数字图书馆的重新定位""加强国家科学信息基础设施建设""提高荷兰国家图书馆的国际地位"
	英国国家图书馆 2005—2008	"丰富使用者的体验活动""建立数字研究环境""变换搜索与导航发展""管理国家馆藏"
	新西兰国家图书馆 2017 年	"存取新西兰的数字记忆""激励知识创造和经济转型""分享我们的国家的历程""丰富用户的体验"
公共图书馆	俄亥俄州州公共图书馆 2002—2007	"将产品和服务重点转向俄亥俄州图书馆界的领导和资源共享方面""培养合作、协作的工作能力"
	卡灵顿公共图书馆 2010—2015	"创建共同体""促进社会参与""策划动态服务"
高校图书馆	牛津大学图书馆 2011 年愿景	"服务我们的用户""开发我们的馆藏和服务""组织我们的空间"
	加州州立大学图书馆 2005 战略规划	"帮助学生成功""推动学术发展""延伸服务范围""为我们的社区服务继续推进图书馆服务的改革"
其他	加拿大联邦图书馆	"制定和发展以业务为重点的加拿大政府图书馆解决方案""将图书馆作为加拿大政府信息管理措施的实践者"

六　确定战略目标体系

1. 目标层级

根据国内外图书馆战略规划目标体系统计，一般绝大多数采用2—3级目标体系，这种层级从宏观到具体的逐步递进的方式对大方向任务进行了分解细化，使得战略目标更为具体化，易于工作人员的理解。我国图书馆制定战略目标体系可根据本馆实际，考虑以战略目标—任务—行动计划的方式展开。

2. 选择目标体系模式

图书馆战略目标体系可归纳为表10所示的几种模式。

表 10　图书馆战略目标体系模式

模　式	呈现方式	优　点	适用范围
长期—中期—短期	在确立不同战略目标的基础上,对这些战略目标分别从短期、中期和长期作出规划	同一总目标或战略划分为不同时期的分目标,以分阶段渐进的方式制定规划,有利于战略目标稳定、协调和可持续地实施	大型图书馆 该模式一般适合于制定长期的战略规划,一般超过 10 年
母体机构目标—图书馆目标	在母体机构使命与战略目标的指导下,制定图书馆的目标以促进母体机构战略目标	与母体机构发展紧密结合,图书馆制定的战略目标较为容易地被上级主管部门通过,并能获得战略发展资金	高校图书馆、专业图书馆中小学图书馆等 一般应用于母体机构有特别要求的状况
战略目标—评估	在战略目标下设置相应评估指标或衡量标准为图书馆战略规划评估提供参考	为战略规划的实施者提供指导,实施过程中通过参考指标若发现行动方案难以达到目标,可以及时调整实施方案,以保证图书馆战略规划科学、合理与高效地实施	中小型图书馆
目标—实施战略—资源需求	图书馆确立各种战略目标以后,有针对性地制定一系列具体实施战略,并就如何实现这种战略从所需要的资源匹配角度来进行规划	详细描述每一个战略目标的资源需求,要求每一步战略规划的实施得到充足的资源供应,从而使战略规划确实可行	所有图书馆
总目标—分目标—其他	目标—任务—行动计划—资源配置—责任人(或时间范围)	具有较强的逻辑性,从目标到资源配置再到责任人及时间范围通过层层细化使得战略目标更为具体、具有较强的可操作性	所有图书馆
	总目标—现状分析—分目标—行动计划	对设定的每一个战略目标都进行具体的、有针对性的现状分析,确保图书馆制定的战略规划符合自身的特点和需求	所有图书馆

　　根据上述各种战略目标体系的特点,我国图书馆在制定战略目标体系时,可从战略实施的角度出发,综合考虑本馆特色、服务对象与范围及所处环境的实际情况,选择适合的模式制定目标体系。

　　3. 确定战略目标

　　战略目标是组织愿景与使命的展开和具体化,它是图书馆业务活动预期取得的主要成果的期望值。战略目标是指图书馆想要达到什么样的结果，是对图书馆未来发展情景的预期，其描述一般是定性的、非具体的。

战略目标制定方式：战略目标的制定可以借鉴愿景、使命的确立方法，规划人员根据图书馆的愿景、使命以及确定的战略主题/重点，先个别构思若干目标，再集中研讨形成初稿，然后组织相关专家和本馆普通工作人员、读者代表等利益相关人员对提出的目标方案进行评论和论证，征求修改意见，最终取得共识。

图书馆的战略目标应该是一个多层次、多维度的体系，比愿景更加复杂，因此，对目标是否明确，多项目标是否有主次之分，目标的内容是否协调一致、目标是否与使命、愿景相符等问题需要反复的交流、讨论，甚至可采用德尔菲法。

4. 确定任务项

任务是目标的进一步细化和具体化，是为实现每一个战略目标而制定的具体的、短期所要达到的结果。任务一般是指可量化、具体的目标，能够使战略规划具有可衡量性、执行性。

任务的制定方式：在为每个战略目标制定任务的过程中，可由图书馆各部门管理者与从各部门选择的资深图书馆员工负责该项工作。然后，图书馆制定委员会成员进行讨论，对列举的各项任务进行讨论、选择。

任务制定过程中讨论的注意事项：主要包含任务与目标的协调性（该任务的执行是否能促进目标的实现）、任务的可行性（该任务设定的量化指标、时间段等与图书馆实际是否相符，该任务是否可由若干具体行动执行）、任务的优先级别等方面。

每个目标设定的任务项数量：关于各项目标究竟可设置几项任务较为合适并没有明确的规定，但是如果仅设一项任务可能只展示了目标的一个方面，如果设定的任务项太多就会需要更为广泛、全面的监督和支撑数据，这将会浪费很多时间，增加目标实现难度。

七　评价组织资源，进行差距分析

战略目标确定以后，图书馆需要对自身的资源、能力进行一次客观、真实的评估，进而明确本组织目前已经为战略目标的实现具备了多少资源。

1. 图书馆资源类型

图书馆资源分为有形资源（资金、设备等）、无形资源（技术、声誉等）和人力资源等类。

2. 评价组织资源的适宜主体

图书馆领导、管理者及员工对本馆的资源具有全面深入的了解，因此，此项工作应主要由馆长领导，为战略规划选定的主要员工具体落实，再通过规划委员会集中讨论、确定。

3. 评价组织资源的过程

首先，由图书馆重要馆员经过讨论确定本馆具体资源分类；

其次，根据已确定的战略目标并结合自己对图书馆资源状况的了解和掌握的相关统计数据，每人填写一份资源现状评估表格；

最后，对评估结论进行讨论，达成一致，形成一份完整的资源现状评价表（见表11）。

表 11　资源现状评价表

要素	分析指标	起点	终点	成本	难度	差距分析	总计
员工	学历层次	1	2	1	1	1	27
	职业素养	1	3	2	2	8	
	招聘培训	2	3	2	1	2	
	职业满意度	2	4	2	3	12	
	员工数量	2	4	2	1	4	
设施	基建馆舍						
	办公用具						
	电子设备						
	维护保养						
技术	硬件设备						
	软件设备						
	通信、交流设备						
馆藏资源	纸质文献						
	电子资源						
	共建共享						
	特色资源						
	视听资源						

续表

要素	分析指标	起点	终点	成本	难度	差距分析	总计
管理	业务流程						
	组织结构						
	规章制度						
	监测评估						
经费	财政收入						
	经费配置						
其他							

　　表 11 中"起点"为图书馆目前的发展水平,"终点"为经过愿景展望形成的战略目标,对二者进行 0—4 的评分,0 表示不具有该项资源,1 表示资源较少,2 表示处于平均水平,3 表示资源较多,4 表示资源丰富,处于优秀水平。起点分值代表图书馆的现有资源状况,终点分值代表实现战略目标所需的资源水平。"成本"代表补足资源差距需要付出的各类代价,如人力、物力、财力或时间。以 1、2、3 表示从低到高的付出水平。"难度"代表补足资源差距的难易程度,以 1、2、3 表示从低到高的困难等级。"差距分值"的计算公式为:(终点—起点) ×成本×难度,每一项战略要素的合计分为其下所有分析指标的分值之和。分值越高表示图书馆资源现状与战略目标成功实现所需资源的差距越大。

　　图书馆可根据上述指项标进行差距分析,在具体实践中,各类型图书馆可根据特定图书馆的实际情况,参考各类评估、服务标准等进行适当增删、调整。

第三部分　战略规划制定与发布

一　编制行动计划

　　行动计划(Action)是为实现既定目标、任务根据本馆馆情而制定的具体履行措施或执行活动(Activities),具有切实可行性。

1. 行动计划的特点

　　行动计划要具有科学性、客观性和可行性。科学性是指制定行动方案的方法要科学,要考虑到各方面的影响因素。客观性是指依据实事求是的原则,克服盲从冒进的思想,针对本馆的特点,制定行之有效的行动方案。可行性是指行动方案要具有可操作性，要综合考虑管理人员与馆员的执行能力，使每个馆员都能够适应具体的行动方案和工作条件。

2. 行动计划的编制过程

行动计划的编制任务主要由图书馆各部门管理者与图书馆员工承担主要任务，主要根据已确定的战略目标和任务制定切实可行的行动方案。

首先，图书馆各部门管理者和图书馆员工可采用头脑风暴法，集中讨论，为战略任务拟定行动方案。

其次，由战略规划制定委员会就行动方案具体包含的内容进行讨论，并从这些方案中选择出最近一年或两年内对目标实现影响最大的目标，形成年度工作计划。关于行动计划选择的标准：哪个行动计划最能有效促进战略目标的实现；哪个行动最倾向于激发读者和潜在读者；哪个行动计划最倾向于建立在员工的能力和兴趣的基础上；这个行动计划是否能够很好地成功完成；这个行动计划是否能助于一个以上的任务或目标的实现；是否有充足的资源实现该行动计划；实现该行动计划是否需要有效的图书馆资源再分配。

再次，为其具体实施确定具体负责人或部门。在选择负责人时要综合考虑管理人员和馆员的执行能力，已经承担的工作任务量、知识结构等使每个馆员都能够承担与自己能力、精力相符的行动方案，这样才能够保证规划的切实实施。为各行动方案确定明确的开始与结束时间，确保计划在下一个财政年内实现。

最后，根据前面的"差距分析"结果，进一步确定行动计划所需的人员、馆藏、技术、经费等资源，然后对形成的行动计划进行重新检查、确定与调整，如若发现有些行动计划不具有可行性，就需要制定新的方案，如若该项计划的确是正确的能够促进战略目标的实现，那么可以考虑延长行动计划的实施期限。

有些图书馆的行动计划并未显示在规划文本中，但都会在内部出版图书馆的行动计划，还有一些图书馆每年会出版行动计划执行的结果。

3. 行动计划的内容

一般包括为实现某具体目标而设置的具体的工作任务，是可测量的、可达到的、可行的和及时的，实现目标过程中的"里程碑"、时间接点、衡量指标、所需资源（包括人力、财力和技术资源）是明确的，各项任务的责任人是落实的，一般按年度、分短期目标制订，也就形成了年度工作计划。如表 12 所示。

表 12　年度工作计划

具体目标：

编号	活动	负责人	日期	衡量指标	所需资源

二　整合优化战略目标体系

图书馆战略规划是一个长期策略的制定与实施的体系，由战略重点、战略目标、任务和行动计划等部分构成，自上而下呈现出由宏观、抽象到微观、具体的战略思维。前面已经分别形成了战略目标体系的各部分，现在需要将它们组合在一起。由于规划过程的主观性、非线性等特征，因此，需要以全局的视野和统筹的思维对战略目标体系进行优化，对战略行动计划、任务和目标进行重组、调整和排序，确保整个战略规划的有效实施。目标体系的整合优化需要由战略规划制定小组负责，图书馆各部门主任和普通工作人员参与讨论。

三　专项规划

除了战略规划以外，还有些图书馆制定一系列专项规划，如信息资源建设、人力资源建设、基础服务等专项规划。专项规划并不是每个图书馆必须要制定的，各图书馆可根据已制定的战略目标，结合本馆实际状况，有选择地制定专项规划。

专项规划一般作为单独的规划文件，为实现图书馆的战略规划服务，需要与战略规划进行有机的结合，每项专项规划应支持战略规划中至少一个目标的实现，或为其实现提供条件。制定专项规划一般采用与战略规划制定相似的方法，也应该包括相应的具有可操作性的行动计划。

图书馆在制定专项规划时应注意以下问题：

其一，要对图书馆已制定的总体战略规划进行充分的考虑，以保证专项规划能够体现图书馆的总体战略和重点需求；

其二，要鼓励图书馆领导和管理者的参与，避免专项规划只体现少数人的想法，难以体现图书馆战略；

其三，制定过程中需要开展广泛的咨询，以保证规划的相关人员理解，获得他们的支持；

其四，需要对图书馆相应的资源进行准确评估，以保证专项规划的可行性；

其五，需要对其他相关的专项规划进行充分考虑，避免各专项规划之间各自独立，难以协调统一；

其六，要有规范、合理的批准程序，专项规划通过图书馆领导和专项规划制定部门之间上下多轮讨论批准以保证其与总体战略统一、协调。

四　编制规划文本

1. 战略规划文本的编制、修改与批准过程

第一步，确定编写人员。从战略规划委员会成员或图书馆员工中挑选一位负责文本初稿的撰写。此人必须是参与过战略规划制定的前期工作、同时具有较好的写作能力和丰富的写作经验，并且对来自各方的评论和建议有较强的理解、思考和吸纳能力。

第二步，拟定文本初稿。对战略规划制定过程中确定的使命、愿景、战略目标、任务、行动计划整合在一起，然后再对战略制定人员、制定过程、图书馆现状回顾等信息适当整合到文本中形成文本初稿。

第三步，文本修订。文本初稿形成后，需要经过多轮修订，首先文本编制人员修改，剔除错字、病句，然后分别提交馆长和战略规划促进者进行修改，最后将修改过的文本传给规划委员会的每位成员，如有必要再次进行修改。

第四步，广泛征求意见。通过图书馆员工大会、网络发布、馆内公示、通告等渠道向图书馆工作人员、图书馆馆务委员会成员、读者等利益相关群体广泛征求修改意见，寻求各方的支持、认同。

第五步，修改定稿，获得批准。根据各方给予的修改意见，对规划文本进行修改。通过召开图书馆馆务委员会成员对文本进行审核，获得认可。注意图书馆战略规划的批准主体不同类型、规模的图书馆会有所不同，市级或县级图书馆，可能需要将方案提交给主管部门进行审议和批准，有些图书馆

经由本馆图书馆馆务委员会批准即可。

2. 规划期限

规划期限可分为短期、中期和长期。

图书馆战略规划期限可根据国民经济发展的五年规划可考虑选择五年为规划周期中期发展规划。

图书馆可结合本馆实际具体考虑设置年度或一至二年中短期的行动计划和监督测评，逐步推进本馆的中长期规划的实施。

图书馆还要在五年中长期规划的基础上明确前瞻性战略目标，考虑制定未来 10—20 年的长期战略发展规划。

3. 文本标题

图书馆战略规划文本标题的设置主要有两种方式：一是国际图书馆通用形式，为××图书馆20××—20××年战略规划；二是考虑我国国情根据国民经济发展的五年规划，可采用"××图书馆'十×五'战略规划"的标题。

此外，建议各馆在考虑本馆特色以及战略规划发展愿景，可采用双标题形式，设计引人注目的副标题或是设计具有特色的正标题，以"××图书馆'十×五'战略规划"为副标题。如 Richmond Public Library 的"Building on success：Strategic plan 2008 – 2010 and library facilities plan"、University of Illinois Library 的"Unlocking our past，building our future：A strategic plan for the university of Illinios library，FY 2005 – 2009"等。

4. 规划文本的内容要素

图书馆战略规划文本中除了包括文本体例要素中的核心要素、特色要素和其他要素外，在具体内容阐释中还应涉及信息资源建设、人力资源建设、技术应用、服务承诺、组织管理、经费支持、建筑设施、发展历程、制定过程、关键成功因素、可行性分析危机管理、薪酬管理等内容要素。可分为两类：一类是必备要素主要包括信息资源建设、人力资源建设、技术应用、服务承诺、组织管理、经费支持等要素；另一类是备选要素主要包括薪酬管理、危机管理、可行性分析、建筑设施、馆训、服务对象界定等要素。这两类要素的划分只是一种参考性划分，它们之间也不具有绝对的分界标志，图书馆战略规划实践中可根据本馆具体情况作出具有针对性的增删。

　　各级各规模图书馆对文本内容要素选择时注意的事项：一般图书馆级别越高、规模越大、机构越健全、管理越规范的图书馆，除必备的要素外，还应将越多、越齐全的备选要素考虑到文本之中；而对于规模较小或处于初期发展阶段的图书馆可根据自身条件从必备和备选两类要素中进行选择，以便简洁、高效、实用、可操作地编制本馆的战略规划文本。

　　除了上述提到的内容要素外，战略规划实施进度表、预期效果等内容也应给予重视，必要时，可考虑加入文本内容之中。

　　5. 文本结构

　　根据本项目构建的文本模型，我国图书馆在编制战略规划文本时可参考涉及以下模块：

　　战略规划文本的核心要素，主要包括愿景、使命、目标、任务、行动计划。起始于愿景陈述的确立，终止于行动计划，这五个核心要素构成基本模块按照战略规划制定的顺序展开。

　　战略规划文本的特色要素，主要包括回顾总结、发展方向、指导思想、各部门分工等具有中国特色的元素。结合我国国情与文本制定程序，将具有中国特色的要素融入其中，形成有中国特色的战略规划文本体例。回顾总结主要指对图书馆的历史回顾、已往规划的总结等，为新规划的制定提供参考，一般放在愿景前面；指导原则是战略规划制定的理论出发点，其编制要注意吸收先进文化成果与政策成果等。部门分工包括图书馆中各部门为实现战略规划而进行的业务分工，一般放在行动计划中。

　　战略规划文本中的其他要素，主要包括前言、价值观、环境分析、经费预算、保障措施、评价和附录。前言主要包括馆长致辞、内容提要、执行概要等对规划文本内容进行高度概括，具有统领作用，放在文本首页；价值观主要指核心价值，是对使命和愿景的补充，一般置于愿景和使命之后；环境分析包括图书馆的内外部环境、竞争优劣势、各利益相关者；评价体系：包括战略规划实施绩效的测定、评价方案；经费预算、保障措施是针对战略实施方案的保障性补充，能够为图书馆的战略进程提供财政、资源基础；附录包括各种数据分析表格、参考文献目录、规划参与人员目录等，使得规划文本更为完整。

　　总之，图书馆在编制战略规划文本时可根据本馆具体状况在具备文本核心要素的基础上，适当选择部分特色要素和辅助要素，形成具有中国图书馆特色的科学化、规范化、个性化与多样化的图书馆战略规划文本。

6. 文本中的量化指标

量化指标是战略规划制定的科学论证，实施的精确测量，以及评价的规范认知的基础，是战略文本科学性与客观性的体现。图书馆在战略规划中可考虑设置量化指标将战略规划目标具体化，以此作为战略规划实施与评价的操作性指标。

图书馆在制定规划时除了对经费增长、资源（纸质、电子、网络）建设、流通册次（人次）、举办讲座、承办展览、大型活动、服务网点、回溯编目、人才队伍（职称、学历）、全员培训等方面的工作规划，明确提出量化的发展指标外，应关注对读者的满意度、员工的幸福感、服务绩效评价等隐性指标的设置。同时要重视指标、参数之间的关系界定与检测，推进战略指标的内在相关性研究。

7. 文本的语言特点

一份科学、有效的规划文本除了在标题、内容、体例结构等方面有一定的要求外，在具体的语言、文字表述方面也有一定的要求，其最基本的要求就是能够让执行规划行动的人能够顺利地读懂、理解。

一份清晰、易懂的文本应具备以下特征：

清晰。一份清晰的文本就是容易读懂和理解，应用的语言是较为简单、为读者熟悉的词汇，不要涉及太多专深词汇，对缩写的词汇在第一次出现时应注明全称。

简洁。用尽可能少的文字表达更多的意思，避免冗余。

具有可信性。一份可信的文本同时并具备精确性和可信性，在具体行文中尽量多使用具体的定量数据。

具有说服力。具有说服力的文本就是说服人们相信图书馆是重要的资源中心，值得人们支持。尤其是用一些定量的数据进行表述时，要使数据更为清晰、令人可信，如"持有图书馆证的居民将增加15%"就不如"图书馆证的居民数量将从41000增加到47000"更令人信服。

五　发布与宣传的规划文本

1. 文本的发布形态

在规划文本打印之前需要再次确定文本的格式、内容、排版等。

要考虑设计一些重点突出规划使命、愿景与战略目标图文并茂的简报、活页、手册等以便图书馆利益相关者能够迅速、准确掌握图书馆战略规划重点，便于战略规划的宣传推广。

对于服务对象多民族化或多国籍化的图书馆应考虑战略规划文本的多语种处理，以满足各类服务对象的图书馆战略重点的理解。

对于个别大型图书馆为了适应国际化的发展需求，也应考虑多语种文本的编制。

2. 文本的发布、宣传方式

图书馆应加强正式文本的多渠道公布和宣传工作，除了图书馆馆长在各种场合进行宣传外，还要以馆务会、馆内公示等形式进行馆内宣传，同时强调向图书馆上级部门抄送文本。

具体的发布与宣传方式除了简报、活页、手册、大型显示屏等途径，最为有效的宣传推广方式是通过本馆网站的长期发布，以此确保员工、读者及各类利益相关群体的关注和监督。

具体做法包括：在"本馆概况"之类的导航模块中，以2—3级的链接予以呈现；尽可能地提供全文浏览和全文下载的获取方式，甚至以多媒体的表现手段增强趣味性、可读性和识别性；尽可能同时发布不同时期制定的战略规划文本，展示战略演进的阶段性成果；完善战略进展简讯、年度工作计划、年度测评报告、规章制度条文等辅助性文献的研究与编制。

六　修改完善规划文本

在战略实施中，图书馆需要对未来意愿和战略目标开展至少每年一次的不同于年度工作总结的全面审核与测评的战略绩效评价，通过评价对规划文本进行动态调整。图书馆规划文本的修订应针对已定战略与复杂环境之间的矛盾，战略制定的主观判断和图书馆实际的限制导致预测的失准，战略实施过程中产生的明显失误，战略规划过程自身不符合图书馆发展规律之处等。

修订的内容和重点包括：针对内容结构的扩充与完善，从目标体系到附录增补均是可能更新的范围；针对规划实践的递进与提升，通过战略绩效评价，促进新版文本的合理性和可操作性。

第四部分 战略规划实施与评价

战略规划制定完成，经过批准、发布与广泛宣传之后，便正式进入战略执行阶段。战略实施过程中的工作重点主要包括以下几方面。

一 成立专门的战略实施组织或小组

该小组负责监督图书馆各项战略目标的执行进展。图书馆战略规划制定小组成员在规划制定中发挥的重要作用，他们对规划的内涵有最深刻的领会和理解，图书馆的战略规划实施专门小组可吸收大部分规划制定小组的成员或直接由战略制定小组成员继续承担战略制定小组的职责。

二 重视战略规划目标的分解、排序和实施计划的制订

最有效的行动计划应当是年度计划，有针对性的、可测量的、可达到的、可行的和及时的特点，并且战略目标应该在图书馆日常工作计划、部门计划和个人计划中得到体现。个别关键目标可通过具体项目的形式来落实。图书馆根据本馆拥有的资源、能力制定战略规划实施的关键性目标之后，应对各项行动计划进行排序，研究每一年度启动的重点项目和建设内容。然后为各项行动计划制定实施时间表，提出相应的资源配置方案。

通过战略规划目标的分解、排序和实施计划的制订，对具体目标配置资源，确保战略规划的实施落实处。

对战略目标分解可采用时间、职能和测量三个维度对战略目标进行分解：

在时间维度上，将图书馆的中长期战略规划目标分解到图书馆的近期目标和年度工作计划中，使图书馆的长期行动有效转化为短期安排，从而逐步推进图书馆战略目标的实现，这主要指战略制定环节编制的行动计划；

在职能维度上，根据图书馆的职能部门设置，将图书馆战略规划中的总体目标分解为职能部门目标具体融入各职能部门日常工作中；

在测量维度上，可将图书馆战略总体目标、分目标转化成为定量的、具有标志性的发展指标，形成"目标—指标"体系，为图书馆战略规划实施战提供可操作性、可考核性的工具。

此外，图书馆可以根据战略规划中的关键指标、核心目标设置若干专项规划。经过图书馆高层管理部门或行政咨询等机构的论证、审议和图书馆工作委员会批准后，列入预算计划，配置相应的人、财、物等资源。

三　落实责任，为各项战略任务确定负责人

战略实施负责人一般由各部门主任承担，及时了解战略发展领域的实现情况。负责人须及时对一定周期内战略规划的实施情况进行总结调整，并向图书馆决策层和战略实施负责机构作年中和年终进展情况报告，随时向战略规划实施委员会汇报战略实施进程中遇到的困难并寻求解决的策略。

四　制定监督机制

实施监控的关键是有关规划执行情况的信息获取。战略规划化实施的监督主要注意的事项：

第一，考察战略实施是否严格按照战略规划内容执行。

第二，需要确立战略规划执行年度汇报、中期检查制度，及时对一定周期内战略规划的实施情况进行总结，根据图书馆战略环境的变化对规划进行调整。需要制定每月监测和年度监测，每月监测主要是为了了解"项目取得的成就、战略实施中存在的问题、意外事件或有待完善的信息，战略实施需要的支持，优先事项的变化，下一步的行动，图书馆各方利益相关者对战略实施的建议和意见"；年度监测主要是为了"审核具体目标和每项行动计划的执行状况，审议规划执行部门的年终报告，对下一年度的工作重点或某些活动的扩大、继续、停止或改进进行讨论做出决策"。

第三，战略规划监控需要有一个支撑系统。监控负责人员应当需要足够的监控信息并对信息进行质询、核实其可靠性和一致性。

第四，营造图书馆战略实施的和谐氛围。将战略规划实施内容嵌入图书馆业务流程系统或内部知识管理系统中，将战略规划实施变成日常工作，同时信息公开，加强内部监督。

第五，可考虑引入外部监督评价，以读者座谈、专家座谈、主管部门汇报等多种形式将图书馆战略实施实施情况或年度监测报告的结果定期公布，以实现对战略规划的动态监督，及时收集新情况、新建议对规划进行必要的动态调整和修改完善。

五　评价战略规划

图书馆战略规划的评价最重要的是评估标准的确立，图书馆应遵循系统优化、通用可比、实用性、与图书馆评估匹配等原则构建图书馆战略规划评估标准。本指南并未构建统一的图书馆战略规划评估指标体系，而列举了图书馆战

略规划要想成功需要考虑的几个关键问题，以期为战略规划评估指标的构建提供参考。图书馆要想成功地制定和执行战略规划，必须要注意规划的制定过程，规划的格式、内容以及规划的使用。规划的制定过程是否科学、是否严谨直接决定着规划的可信度和是否可以方便地使用。规划的格式是否符合逻辑，行文方式是否简洁易懂，规划内容是否全面、协调、具有可行性直接影响着人们在工作中对它的使用，人们不会使用复杂的、过时的文件。规划的实施中图书馆的管理者对规划的使用和态度和是否具体科学分解战略目标、是否设置有效的监控与评价机制，这都会影响到战略规划的实施效果。

表 13　图书馆战略规划成功关键问题一览

	关键问题	自查评价
战略制定过程	战略制定动因是否明确？	
	图书馆主要领导在整个规划过程中是如何发挥领导作用的？	
	战略规划制定主体是否体现民主性，利益相关者、工作人员是否有所参与，责任分工是否明确？	
	战略准备阶段是否制定时间进度、各项保障，提供战略规划方面的培训？	
	图书馆外部环境、读者需求等信息是如何收集、分析的？	
	是否定期举行会议就战略规划各种事项进行讨论达成一致？	
规划结构与内容	规划文本的语言和格式是否简单易懂，是否涉及核心、特色和备选要素，是否方便使用者？	
	文本标题、排版、发布形态、方式是否具有多样性，能够吸引人？	
	战略目标与图书馆内外部环境、读者需求等是否相协调？	
	图书馆愿景、使命描述是如何反映图书馆的办馆特色的？	
	战略目标是否清晰、明确，体现本馆特色，与愿景、使命紧密结合？	
	图书馆具体目标是否具体、明确、可衡量、可实现？	
	图书馆是否将战略规划转化为具体行动的过程？如果是，需要操作性行动计划吗？同时考虑了资源需求吗？	
	是否已建立实现任务与目标的可行的时间表和标志？	
	为实现某些关键目标是否设定专项规划，专项规划之间是否协调，是否为专项规划设置可实施、可行的行动计划，资源配置等？	
	设置的战略规划在目标体系、资源配置、权责等方面具有弹性？	
规划应用	图书馆如何在管理层中落实规划项目的责任分工？	
	规划实施中从时间、职能上衡量哪个维度对战略目标进行分解？	
	是否制定了关键战略目标的绩效指标？	
	图书馆是否积极地把计划用作一种管理工具，用它来指导图书馆的决策、日常工作以及新的项目活动？	

续表

	关键问题	自查评价
规划应用	图书馆是否将规划纳入组织每天的活动中？如是否在图书馆工作会议中经常回顾图书馆使命和愿景，提及下一步的工作重点和目标？	
	是否建立战略实施的监督机制，如评估会议、每月、年中、年终的进展报告？	
	战略实施责任人是否定期提供操作性行动计划的监控报告给图书馆工作委员会和馆领导？	

附录2　《我国图书馆战略规划编制指南》专家评价意见表

专家姓名	单位与职务	评价意见	修改建议
郭　斌	北京西城区图书馆馆长，全国中小型公共图书馆联合会会长	《图书馆战略规划编制指南》对图书馆的发展具有十分重要的指导意义，是现阶段图书馆发展的指南，也是图书馆持续发展的基石，可以作为图书馆战略规划的依据和工具，具有极佳的参考价值	《图书馆战略规划编制指南》应根据图书馆自身的特点，把握图书馆的功能与定位
肖　珑	北京大学图书馆副馆长，研究馆员	本课题针对国内图书馆普遍缺少战略规划，缺少制定战略规划的科学方法的现状，在对国外图书馆战略规划进行大量调研分析的基础上，提出了图书馆战略规划的内容及其编制、修订和评价的方法，内容全面、体例结构科学合理，实用性强，具有很强的指导意义和参考价值	需要进一步加强对国内图书馆的现状调查，增加对某些大中型图书馆已经制定的战略规划的研究分析，更有针对性地提出战略规划的方法论
袁曦临	东南大学图书馆研究馆员，东南大学情报科技研究所硕士生导师	该指南全面勾勒出制定图书馆战略规划的路径和过程，是图书馆面对未来发展，作出战略调整和决策不可或缺的指导性文件。对于各类型图书馆制定本馆战略规划，可以起到工具指导和参考依据的作用	1. 建议在文本中提供"图书馆战略规划"文本模板格式，以便各馆能有针对性的对照参考 2. 建议在文本中明确提出可供制定"图书馆战略规划"的分析框架。现有指南中已经有了部分内容，如五力模型、SWOT、PEST等，但描述上显得比较零散，不够明确，建议从"图书馆长期\中短期业绩目标；基于价值链的图书馆业务模型；图书馆业务群集业务单元组合；图书馆业务单元战略及业务计划要点"等方面给出制定图书馆战略规划的分析框架和具体方法

专家姓名	单位与职务	评价意见	修改建议
钱智勇	南通大学图书馆技术部主任,副研究馆员	该指南从图书馆战略规划需求调研分析、战略规划制定、文本的编制、战略规划的实施与评价等五个方面全方位解释了图书馆战略发展规划的过程,无论对基层公共图书馆还是高校图书馆的中长期战略发展具有重要指导意义和参考价值,可以作为图书馆战略规划的依据和工具	具体在战略规划组织实施的动态管理、绩效考核机制和可持续发展机制方面可能还需要借鉴国外先进图书馆的发展经验进行深化
张怀涛	中原工学院图书馆馆长,研究馆员	我馆根据《图书馆战略规划编制指南》的理念和方法,制定了相关的发展愿景以及"十二五"规划。该指南具有突出的指导意义和参考价值	
龚剑	贵州民族学院图书馆副馆长,研究馆员	图书馆战略规划指南基于大量实证材料(调研数据),全面参阅国内外相关前言研究成果,采用 SWOT 分析方法和梳理统计工具,论证科学合理,具有理念先进、目标明确、思路清晰、方法得当,是一个系统性、操作性强的参考工具。对我国图书馆战略规划实践具有重要指导意义。理由如下:第一,指南基于充分的实证依据。一是基于大量的国内外的比较分析;二是基于相当数量不同类型的规划主体的剖析,很具有代表性,克服了目前学术界战略规划文本内容分析的样本量偏小、覆盖面偏窄以及考察的文本结构不够系统、缺少设计规划文本的形态特征等不足。充分针对当前我国图书馆界的规划现状,从而使得图书馆战略规划编制指南具有鲜明的本土化特征。第二,指南充分体现了系统性。指南在一般模型的基础上,在战略规划的四个阶段将组织模型、影响因素模型以及文本模型融入相应阶段,并充分考虑了规划实施过程中监测和评估的需要,使图书馆战略规划能实现动态管理。第三,指南具有针对性强的特点。第四,指南填补了我国缺乏图书馆战略规划编制的科学规范的纲领性文件的空白。它的研究和应用,对缩短我国与欧美等发达国家图书馆建设与发展的差距具有十分重要的意义	指南若能提供国内不同类型图书馆在战略规划编制方面的优秀案例,对我国各级各类图书馆制定战略规划的实践将更具有针对性
肖希明	武汉大学信息管理学院教授,博士生导师	《图书馆战略规划编制指南》是国家社科重点项目成果之一,是在对战略规划理论研究、国内外图书馆战略规划文本调查,以及我国图书馆战略规划实证研究的基础上,完成的一项重要成果	

续表

专家姓名	单位与职务	评价意见	修改建议
肖希明	武汉大学信息管理学院教授、博士生导师	该指南具有较强的科学性,指南的编制以科学的理论为依据,以实证研究为基础,建立了图书馆战略规划的四个模型:流程模型、组织模型、影响因素模型和文本模型。以这些模型为指导,提出了具体指导图书馆战略规划的编制原则、方法和具体途径,以实现我国图书馆战略规划在制定流程、规划的组织、规划文本等方法的科学规范; 该指南全面系统地对图书馆战略规划的各个方面进行了指导,特别是借鉴国外图书馆战略规划的理论和经验,从我国的国情出发,提出了针对我国图书馆制订战略规划的整体性指导方案,是理论联系实际的成果,具有系统性和指导性; 该指南具有较强的实用性和可操作性,关于战略规划的准备、战略分析、战略制定和文本形成,写得十分具体、明确,有的还提供了实例,便于图书馆按指南要求进行战略规划过程的具体操作。针对目前许多图书馆未制定战略规划或已制定的战略规划不规范的现实,该指南是一个通用的指南,可作为各类型图书馆参考,具有广泛的应用价值; 总之,该指南是我国图书馆界第一份战略规划指南,是一项高水平的最新研究成果,建议国家和地方有关部门尽快将此成果推广应用,以促进我国图书馆战略规划的发展	为完善该指南,有两点建议:(1)战略分析是图书馆战略规划的难点,希望指南在这一部分提出更多的具体方法,或者提供实例参考依据,便于各馆选择参考;(2)战略规划只有付诸实施才真正得到检验并发挥作用,希望指南在这一份参考战略规划实施成功的案例,提出一些参考意见
李秋实	天津高等教育文献信息中心常务副主任,研究馆员	近年来,国内图书馆越来越重视战略规划的制定,但是一直缺少制定战略规划系统性的指导性文件,基于大量国内外实证材料编制的《图书馆战略规划编制指南》填补了这一空白,对图书馆战略规划的制定有很强的指导作用和很高的参考价值。《天津高等教育文献保障体系(TALIS)"十二五"发展规划》在编制过程中就受教、受益于该指南颇多,是在该指南的指导下完成的一份战略规划	建议指南后附若干份有代表性、比较完整的战略规划模板样例,便于图书馆制定规划具体参照

专家姓名	单位与职务	评价意见	修改建议
李月丽	中国人民武装警察部队指挥学院图书馆馆长、研究馆员	《图书馆战略规划编制指南》是经过理论研究，并结合我国图书馆实际完成的一项成果，对我国各类图书馆都有十分重要的指导意义，军队院校图书馆也不例外。我国共有100多所军队院校图书馆，随着军队院校图书馆的发展，在制定图书馆发展战略和"十二五"规划过程中，迫切需要理论和方法指导。该指南符合军队院校图书馆制定发展规划的需求，十分及时地提供了指导。该指南编制不仅科学，而且实用，针对战略规划如何准备、如何分析、战略目标如何确定、战略规划如何制定和实施都有详细的论述，使图书馆据此可掌握战略规划的作用以及战略规划的全过程。特别是对于如何编写出一部标准的战略规划，该指南提供了编制步骤、编制示范，体现了可操作性。该指南也是我们开展图书馆业务工作的指南，对于提高图书馆管理水平。促进军队院校图书馆发展，将会发挥重要作用	
金胜勇	河北大学管理学院教授、硕士生导师	《图书馆战略规划编制指南》作为国家社科重点项目"公共文化服务体系中的图书馆战略规划模型与实证研究"的重要成果之一。课题组在对国外图书馆战略规划进行大量调研分析和相关领域战略规划指南借鉴的基础上，并结合我国图书馆实际，起草了国内第一套图书馆战略规划编制。该指南以课题组前期构建的战略规划制定流程模型为主线，从战略准备、战略分析、战略制定、编制文本及文本发布与宣传、战略实施与评价等阶段进行具体指导，同时附有国内外相关典型实例，具有很强的指导意义和参考价值	为了进一步完善指南，建议有两点：一是，不同类型的图书馆在战略规划制定过程中，可能会呈现不同特征，指南在提供的实例方面是否可以考虑同时选取国内外不同类型图书馆战略规划编制方面的案例，以期为国内各类图书馆制定战略规划的实践提供更具针对性的参考。二是，战略评价阶段既是检验战略规划制定是否有效、具有可操作性，又要检验战略规划实施的效果。为此，指南是否可以考虑精选几份制定的科学、规范的规划文本作为附件，以供图书馆参考。同时，也希望指南针对一些战略规划实施成功的案例，进行深入分析，提出一些参考意见

续表

专家姓名	单位与职务	评价意见	修改建议
邓小昭	西南大学计算机与信息科学学院教授	《图书馆战略规划编制指南》符合我国图书馆建设与发展的迫切需要,对于推进我国图书馆战略规划编制的科学化和标准化具有重大意义。该指南充分调研了国内外相关理论研究与实践成果,周全地考虑到国内图书馆的实际状况,内容科学具体、重点突出、刚性与弹性相结合;步骤详细、可操作性强,完全可以作为图书馆战略规划的重要依据和操作规范	建议有三点:(1)对"使命""愿景""战略目标"的阐述还可以进一步完善。比如可突出战略目标的可度量性与可检测性特点;建议对3.1.3与3.2.4中的实例再斟酌,以使"愿景"与使命之间的区别更清楚;在同时提及"使命"与愿景时,建议保持二者在表述顺序上的一致性。(2)规划时长放在第四章是否合适?(3)建议删除1.4.4中关于组建"战略规划工作小组的文字"(1.4.1已述)
高　凡	西南交通大学图书馆馆长,研究馆员	"图书馆战略规划编制指南"是以图书馆战略规划编制的一般流程为主线,参考了国外图书馆战略规划指南及高校与非营利性组织等其他机构战略规划指南编制的经验而制定出来的。包含了战略规划过程中的"战略规划启动与准备""战略分析""战略制定""编制与发布规划文本""战略规划的实施与评价"五个关键阶段,每个阶段各成一章,且在每一阶段下列出若干任务,以有效推进战略规划制定工作。该指南不仅注重了规划编制过程中的组织架构、流程安排、时间节点,更强调了战略规划实施过程的重要性,提出对实施过程进行不断监测,并对实施效果进行阶段评估,对规划不断地进行修订与完善,进而实现图书馆战略规划的动态管理。因此该指南的指导性、适用性、可操作性、参考性较强,对图书馆战略规划编制及规划具体实施均具有较强的指导意义。同时,该指南无论对图书馆馆长,还是对其他参与图书馆战略规划编制的人员而言,都是一个极其有用的参考工具,完全可以作为图书馆编写战略规划时的重要依据和辅助	

附录 3 《中国图书馆事业"十二五"及 2020 战略规划》建议案

"十一五"期间，我国政治、经济、文化与社会法方面全面发展，图书馆事业取得了前所未有的突出成就。随着国民经济迈入新一轮的发展周期，我国图书馆事业也迎来了新的发展契机，必然要承当起前所未有的历史重任。经过近现代图书馆人的不懈努力，尤其是改革开放以来奠定的发展基础，推动着整个行业的长足进步。然而机遇与挑战并存，社会的转型和全球化的经济与信息浪潮对图书馆界提出了更高的要求。在强化、完善传统服务的同时，管理更需要创新意识，发展更需要战略眼光。无论资源建设还是职能发挥，无论业务运作还是教学科研，事业的演进必须坚持以人为本的理念，树立科学发展观的思想，以环境变革为依据，以公众利益为诉求，以科学理论为指导，以协同共进为准则，统筹规划、合理配置、系统实施、有效监督。时值承上启下之机，图书馆事业在公共文化服务体系建设、创新型国家知识资源建设以及文化强国建设中无疑将发挥重大作用，而战略规划可以为此提供纲领性的指导。

当前正是全国各行业规划"十二五"发展的重要时期，图书馆行业也已行动起来，以馆、地区、行业协会乃至公共图书馆领域为范围，定位未来发展战略，提出建设目标与措施。但综合已有的战略规划，由于种种原因的限制，中国图书馆事业整体发展规划的起草尚属空白。本建议草案根据我国图书馆事业的发展基础现状，参考国外相关经验以及各馆的"十二五"战略规划制定内容，在综合分析图书馆事业整体发展的内外部环境的基础上，从目标体系与行动建议的视角提出涉及图书馆核心业务的我国图书馆事业"十二五"及 2020 发展规划目标体系建议。

希望相关部门能够重视图书馆事业发展的相关战略课题，促进图书馆事业的和谐发展。期待本发展规划的制定，能为各馆编制"十二五"及 2020 发展规划提供科学的参考依据。另外，鉴于之前的规划往往没有量化标准以及体系，在某些方面难以敦促日后的执行与落实，各类型图书在制定具体任务与目标时，可考虑制定定量指标。

一　指导思想

高举中国特色社会主义伟大旗帜，以邓小平理论和"三个代表"重要思想为指导，深入贯彻落实科学发展观，以"中央关于制定第十二个五年规划的建议"为根据制定"十二五"规划，以适应国内外形势的新变化，统筹我国图书馆事业的整体发展，促进我国图书馆事业健康、平稳及可持续的发展，开创我国图书馆事业全面发展的新格局。

二　总体目标

"十二五"及 2020 图书馆事业发展的总体目标是：建成多层次、高标准、满足不同需求、覆盖全社会的图书馆服务体系框架。

随着经济时代的来临，文化服务的提供将逐步形成社会服务的中心地位，成为促进社会和谐发展的重要文化支撑力量。图书馆事业作为文献信息资源的保障与服务中心，在构建自主创新型社会、建设文化强国、服务经济建设、支撑科技发展、普及文化知识、传播科学信息、推动终身学习的办法诸多方面发挥更加突出的作用。从藏书楼到现代意义的图书馆，中国图书馆事业在沧桑变化的发展中，形成了自身独特的发展理念，也为国家文化遗产的保存、发掘、整理和研究，为推动各个领域的学术交流与合作，为提高公众的文化素养作出了重要贡献。

随着互联网的不断发展，无处不在的网络和日益丰富的信息载体使公众对于传统图书和传统图书馆的依赖性越来越弱。而数字化阅读对传统文化的冲击又促使社会不断呼吁传统阅读与传统文化的回归。长期以来形成的公共图书馆、高校图书馆、专业图书馆三大图书馆类型建馆宗旨不同、服务对象、服务内容、服务方式等有所侧重，因此规划全国图书馆事业时应该注意发挥不同类型图书馆的已有建设优势，在传统服务中创新服务手段，增强图书馆在读者中的地位，巩固图书馆事业的社会形象。

经过"十二五"及 2020 两个五年规划期的努力，到 2020 年建设成多层次、高标准、满足不同需求、覆盖全社会的图书馆服务体系。在传统借阅服务的基础上，针对不同读者群体知识需求，提供满足不同读者群体需求的特色知识服务框架，在综合培育各类型图书馆核心能力的基础上，构建图书馆核心能力体系。满足图书馆事业自身发展的需要，同时更要承担更多的社会责任。到 2020 年，图书馆行业逐步完善标准化与法制化氛围建设，增强图书馆事业的服务能力，缩小地区、行业类型之间的差距，建设成有浓郁文化氛围、学术氛围，很强的知识储存生产能力和服务能力，有强大的文献保障与数字资源保障的现代化行业。

三 具体目标

1. 资源建设

（1）建设国家信息资源总库

文献资源的储存与利用是图书馆核心业务之一，也是其赖以生存的社会职能。随着发展需要，进行各地城市信息资源发展规划，创建"智慧城市"的同时，图书馆资源建设图书馆事业在社会中的文献收集与储备中心的地位已经形成。但是，如何全面系统地收存文献资源，形成有价值资源的合理保存机制，更好地发挥文献保障与文献服务的职能，是图书馆事业进一步发展必须认真思考和解决的问题。在网络化和数字化的环境下，文献保障体系应当从多元化的角度着眼来建立和完善。既要注重书刊的保存，更要注重手稿文物的保存；既要注重古代和近代珍贵文献的保存，更要注重现、当代灰色文献的保存；既要注重纸质文献的保存，更要注重网络资源即时信息的保存；既要注重一般文献的保存，更要注重特色文献的保存；既要注重国内文献的保存，更要注重全球各语言文献的保存。各类型图书馆要根据机构特点，建立多元文献收藏与利用机制。

建议建设目标与任务：

①纸质文献继续增长。规划五年内或到 2020 年新增各类中外文图书，扩展馆藏拥有量，使纸质文献数量有所增加。

②建设储存图书馆项目。解决图书馆的纸本储存问题。解决地方文献、多媒体文献、手稿、字画、传统工艺等资源的收集与保护。

③高校图书馆建设多语种、多媒体文献资源。解决多媒体教育资源的收集、整合问题，扩大小语种、少数民族语言文献资源的收藏范围，注重本校文献的原始生产，文献采购经费占高校总体经费比例保持小幅增长，在维护现有资源稳定基础上，适当增加电子资源的投入。

④科学院系统图书馆建设"专题知识库群"。解决文献增长与知识增长之间的矛盾，注重收藏先进科学资料，同时注重现有资源的加工，以科研项

目、科研问题、科研方向为基准建立专题知识资源库。

⑤医院、工会、中小学校等其他类型图书馆稳定发展自身特色馆藏。收藏图书突出专业性，兼顾综合性。期刊建设连续性、实用性、专业性和科普性相结合，解决读者的实际需要，年新购图书数量连年增加。

（2）大力发展古籍保护与利用

2007年，国务院办公厅发布《关于进一步加强古籍保护工作的意见》（国办发〔2007〕6号），提出在"十一五"期间大力实施"中华古籍保护计划"。经过5年的发展，我国古籍保护已基本完成对全国公共图书馆、博物馆和教育、宗教、民族、文物等系统的古籍收藏和保护状况进行全面普查，建立中华古籍联合目录和古籍数字资源库，古籍保护工作进入快速发展时期。[①] 但是，如何加强古籍的整理、出版和研究工作，特别是进一步开展古籍整理、古籍数字化工作仍是未来发展的重要环节。

建议建设目标与任务：

①加快古籍数字化和缩微工作，完善中华古籍保护网。

②进一步加快各地古籍保护中心的建立及运转。

③制定"十二五"国家古籍整理重点图书出版规划，有重点地开发古籍文献，完成中华再造善本二期工程的论证与实现工作。

④加强对新善本和民国文献保护的重视。

⑤改善古籍书库的存藏环境，完成古籍书库的标准化建设。

⑥设立相关古籍保护项目并加大国家经费的持续投入，到2020年形成古籍保护工作的稳步可持续发展。

（3）塑造数字化信息资源中心

数字时代的来临，信息技术的优越性与大众阅读方式的数字化转移，使图书馆不可避免地需要参与数字化建设，大力发展数字图书馆工程，对馆藏资源进行数字化处理，同时发挥自身编目、分类、检索的优越性，开展网络信息资源的规范性服务。当前，数字化建设已经成为图书馆工作的重要部分，并在特色资源数字化、普通数字资源商业化采购等方面取得可喜成绩。

[①] 《古籍保护计划》，中国古籍保护网，（2010 - 05 - 04），http：//www.nlc.gov.cn/service/others/gujibhw/gjbh - jh.htm。

各馆的规划中，也均侧重于数字资源建设。随着数字资源保护与需求的不断发展，数字化信息资源仍是未来 5 年乃至 2020 年图书馆事业建设的重点。

建议建设目标与任务：

①加大数字资源总量建设，在"十二五"及 2020 期间，进一步完善各馆特色资源的数字资源库建设。

②充分利用"机构仓储""共享交换""云计算"等信息技术手段进行信息资源建设。

③探索移动图书馆、手机图书馆等平台的建设经验，满足读者移动阅读的需求。

④注意自建与采购并举的原则，选择有重要文献价值的地方文献资源库，自主开发建设。同时，以合理、适度为原则，有目的地采购电子文献资源。

⑤加强电子资源建设的合作。本着互惠互利的原则，加强图书馆之间、图书馆与馆外机构之间的合作项目。

⑥建立与数字信息资源相适应的知识产权保护机制。

⑦建设若干在国际上有一定影响力，在国内有普及意义的数字资源利用统一平台。

⑧提倡互动，努力提升读者的数字信息获取能力。

（4）文献资源整合发展

在图书馆类型、地理位置、规模分布不均的背景下，在资源购置经费增长始终赶不上资源自身刚性增长的环境下，图书馆行业实行整体化建设与资源协同共享是十分必要的。当前，各类型图书馆内部已开始总分馆建设、资源联合采购建设。未来 5 年，文献资源进一步整合是图书馆事业发展的重点工作。同时，系统外的资源合作也可成为必要的补充。到 2020 年，加强公共图书馆与档案馆、博物馆等相关文化部门的合作，加强高校图书馆与学院系所的密切联系，加强科研图书馆与情报所、研究院等机构的优势互补，共同构建"泛图书馆"的文献资源保障体系。

建议建设目标与任务：

①实现纸质文献与电子文献的有效整合。

②通过现代技术，完成图书馆集群文献资源的整合利用工作。

③注意图书馆资源编目、服务标准的制定，以标准化资源加工存储一站式检索系统的应用。

④实现参考咨询服务的有效整合。

⑤完善针对"数字资源"的评估指标。

2. 服务建设

（1）继续推进现有各项文化工程建设

图书馆事业参与重点文化工程建设是图书馆履行自身社会使命的方式，也是其扩大社会影响力的有效途径之一。庞大的图书馆设施体系为策划、承担各项文化工程奠定良好的基础。"十二五"期间，配合国家"十二五"社会发展的需要，图书馆一方面需要继续推进以"文化共享工程"为代表的文化工程，同时更需要根据各类型图书馆的特点，探索策划新的重点文化工程与教育科研工程，实现图书馆服务的创新与服务范围的拓展。

（2）建成布局合理、层次清楚、覆盖全面的图书馆网络

当前的图书馆三大图书馆系统已经覆盖了公共、教育、科研等多个领域，在解决空间位置、行政层次等方面取得令人注目的成绩。"十二五"期间，图书馆服务体系布局需要在标准化的前提下，进一步合理规划，面对不同地域范围内的不同读者群体，建设多层次的服务体系，提高农村服务的科技含量、社区服务的普及性、城市中心馆的服务品牌建设能力；对于公共图书馆，其服务体系要立足现实，因地制宜，探索不同的模式和方法。实现从"一级政府设置一所图书馆"走向全覆盖；对于高校图书馆，要打造高校图书馆知识保障与创新服务，而对专业图书馆，要发展专业图书馆科研支撑与自主发展能力。到2020年形成多领域协调发展、覆盖全面、各有侧重但兼顾全局的图书馆服务网络。

建议建设目标与任务：

①利用遍及城乡的信息服务平台，参与政府信息网络建设。与统计、交通、气象等职能部门建立正式信息渠道，进行沟通和信息互动，为社会公众开辟便捷畅通的政府信息获取渠道。

②利用信息资源、人力资源、馆舍网络等有利条件建设面向青少年乃至全民的素质教育培训和实践基地。

③重视县级公共图书馆建设，从馆舍、设备、文献资源、服务网络等多

方面对其发展予以支持，实现其在基层文化服务中的主体地位。大力开展"公共图书馆设施建设双达标工程""县级图书馆标准化建设与服务工程"以及"基层图书馆发展评估工程"等。

④重视农村文化事业的发展，以前沿的科技信息，先进的舆论宣传，丰富的经营管理知识和理念引领新农村的建设。

⑤大力发展农村及社区图书馆，加强图书馆与博物馆、文化馆、乡镇综合文化站、科技馆和青少年活动场所等基层公共文化基础设施建设，按照相关标准完成基础设施的投入，并逐步实现专人管理、有序管理、长效管理，协同构建覆盖全社会的较为完备的公共文化服务体系。

⑥提高高等院校图书馆的学科服务能力，更好地为高校的教学与科研服务。

⑦加大高校图书馆同学校各教学部门和社会的联系，促进高等院校产学研的一体化发展。

⑧建设数字信息资源统一平台，提升专业图书馆的信息服务能力，拓展其信息服务路径。

（3）建成以服务绩效为标准的多元服务体系

绩效高低决定图书馆服务质量，作为一种图书馆管理的常规手段，服务绩效在图书馆开展活动、提供服务以及图书馆工作人员个体服务技能、综合能力等方面带来改变。①"十二五"期间，图书馆以服务绩效为标准，有目的地开展服务活动，在继续做好原有服务项目的同时，更注意读者需求的满足程度。

建议建设目标与任务：

①扩大读者范围，提高发证率。实现服务对象总量成倍增长，到2020年持证读者范围覆盖全国总人口的一半以上，年新增读者比例不低于8%。全面实现二代身份证与读者卡信息的兼容与共享。

②提升服务环境，按照图书馆建设标准，新建、改建、扩建图书馆馆舍，建设信息共享空间，增加阅读坐席、电子阅览设备终端等，提高入馆人数与借阅次数，同时增加读者服务满意率的评估。

③注重新技术与服务条件的改善。网络、手机、手持阅读器、自助设

---

① 张红霞：《图书馆质量评估体系与国际标准》，国家图书馆出版社2008年版，第2页。

施、多重触控演示屏、电子报栏、Web2.0 等新技术应积极运用到图书馆并在基层图书馆开始普及。

④构建统一服务标准与建设标准。依据现有的服务标准、行业规范进行标准化服务的改造。

⑤重点推进传统文献服务，注重不同群体需求的满足。

⑥进一步将社会需求与国家政策接轨，完善政府信息公开等社会服务活动。

3. 图书馆管理体系建设

（1）实现管理体制改革与创新

按照宏观指导、统一规划、合理布局、分工协作、共建共享的原则来开展图书馆文献信息资源建设，逐步建成全国文献信息资源保障体系。根据"十一五"文化发展纲要的精神，积极构建公共文化服务体系是国家国民经济和社会发展"十一五"规划的重点。"十二五"期间，这项工作仍将是图书馆事业发展的重要议题。

建议建设目标与任务：

①建立一个基于同一服务标准的全国图书馆网络，倡导横向协作，促进体制改革。

②推广、深化管理体制改革，从实体机构整合到虚拟平台创建的多个层面，力求图书馆、档案馆、文化馆、博物馆等公共文化服务部门的资源配置最优化。将建设重点由图书馆机构建设转向图书馆组织建设。

③鼓励创建多种形式的跨行业联盟，促进社会公益性文化事业与相关产业的协同合作，以满足社会需求、促进文化发展为目标，打破传统管理体制的限制。

④充分发挥非政府组织（NGO）的作用。在行业协会中下设立类似 NGO 组织，与社会 NGO 充分接触，建立紧密的合作关系，通过提供专业知识或技术支持等形式共同建立图书馆服务网络。

⑤发展农村图书馆。建成一种市公共图书馆系统与农村公共图书馆系统的联动模式，即"市馆—县（区）馆—乡镇图书室—农村中小学室"的模式，依托农村的义务教育，把图书馆与终身教育、义务教育、技能培训结合在一起，既解决农村图书馆的馆舍问题，也为农村的义务教育提供服务。同时突出县级图书馆在基层服务中承上启下的重要作用，发挥县级图书馆的公

共文化服务作用。

⑥少儿图书馆的定位与管理。精简教育和文化两个系统的功能重叠机构，既节约资源的投入，又促进少儿文献资源的整合，同时可满足少儿读者的文献需求。

（2）加强人力资源建设

全面提高从业人员、待从业人员的职业素养和职业技能、优化人才队伍结构和吸引高端人才方面取得突破；积极探索职业准入的实现方式，取得典型经验；加强吸引社会人力资源以志愿者形式参与图书馆服务的制度建设。

建议建设目标与任务：

①改革人员管理方式。将人员由身份分类管理转变为职位分类管理，建立以人事为中心的职位管理制度，并逐步取消行政级别。在理顺和完善职能的基础上，按照科学合理、精简效能的原则，开展事业单位的职位分类工作。在编制总额内，设置职员和雇员职位，制定职位规范，并结合实际情况制定本单位的工资分配方案。

②改革选人、用人方式。除国家图书馆及省级政府图书馆外，实行图书馆全员聘用、聘任制（或雇员制）。

③改革分配制度。实行政府控制工资总额，行业有别、单位自主分配的工资管理模式，取消以等级制为基础的工资分配形式。建立以职位为主的工资分配制度，与职位、效益、贡献挂钩，与行政级别、专业技术职务任职资格脱钩。充分体现按劳分配的原则，使管理、技术等生产要素参与分配，强化工资分配的激励作用。

④完善管理监督机制，扩大事业单位用人自主权，实行政事分开。图书馆的人员编制数量应根据馆舍规模、馆藏资源数量和服务范围等因素确定。

⑤改进完善社会保障体系。根据本地区社会经济发展水平和社会承受能力，逐步建立和完善与职员制度相适应的社会保障制度。

⑥探讨图书馆职业准入制度的可行性实施方案，选择5—10个地区进行试点，并逐步改进向全国推广，2020年实现全国范围内图书馆工作人员职业认证与职业准入制度。

⑦重视图书馆人力资源核心层建设，针对馆长群体、参考馆员群体和国际化人才群体进行专才培训，提供更多交流培训机会及相应的待遇优惠。

⑧对于高校图书馆，应改变长期以来所形成的人才使用"自给自足"的模式，用"分布式"的人力资源利用模式来代替传统的人才封闭利用模式。如基本的、必要的人员占用"编制"，再按照自身发展和建设的需要，用协议、合约、聘用、兼职等方式，跨地区、部门、行业地组建和构筑图书馆人才库，并根据建设和发展目标的变化，随时灵活地调整人才组成结构，既充分发挥人才的作用，又避免增加人员所带来的各种负担。

（3）立足科学管理

立足巩固已有的图书馆管理经验，吸收其他行业的先进经验，"十二五"期间，图书馆管理在经历经验管理向科学管理的改革中，进一步向科学管理、规范管理靠近。

建议建设目标与任务：

①进一步发展中国图书馆学会的管理职能，发挥学会的示范作用。

②完成各级图书馆职能定位的改造与区分，实现图书馆事业的一体化规划管理格局。

③以规范化的文件形式，确立图书馆管理的思路与理念，完善图书馆评价体系。

④适时调整图书馆的机构设置，达到机构设置与功能需求的统一。

⑤实施科学的图书文献采访机制，强化管理过程的监管。

⑥实行绩效管理与人本管理，提高组织效率。

（4）拓展、稳固事业经费

《图书馆法（草案）》提出：国家要促进图书馆事业的不断发展，强调中央政府和各级地方政府要将图书馆建设纳入国民经济和社会发展规划；图书馆建设要纳入城市建设和乡镇规划；图书馆经费要纳入财政预算并与整体财政增长状况相适应。

2008 年各类图书馆的经费投入并不均衡。投入力度较大的公共图书馆总收入和总支出分别为 487793 万元和 474659 万元，与上年相比增幅均超过 20%，其中财政拨款 440578 万元，增幅 24%，新增藏量购置费 78962 万元，比上年增长 7.1%，与《公共图书馆服务发展指南》"通常正规的馆藏应以平均每人 1.5—2.5 册为标准"的指标相差至少 4 倍，参考国际图联 20 世纪 70 年代颁布的"公共图书馆标准"，每 5 万人应有一所公共图书馆，人均拥有藏书量最少 3 册的要求有着更大的差距。另外，公共图书馆的财政拨款存在较大的地域差异，仅北京、上海和广东三省市就占全国总额的近 1/4，而西藏的拨款则仅有上海的近 1/100。

建议建设目标与任务：

①通过立法、行政等手段实现图书馆明确图书馆事业经费在地方经济收入以及高校经费中的比重。2020 年实现图书馆法的立法工作，并积极倡导文化事业经费管理机制的完善化，明确图书馆事业经费的稳定来源。

②引入金融界的融资方案，对图书、设备等需要巨额投入的硬件实行融资租赁，减轻初期经费的压力，利用政府信誉，参与经济链构建，促进社会文化产业的良性发展。

③建立长效的捐赠机制，从减免税收、投资政策倾斜等方面鼓励社会文化基金的创设。

④完善经费来源渠道，从事业运行和机构管理体制方面考虑民间资本的注入。

⑤在条件允许、上级部门批准的情况下，政府应建立图书馆资助与发展基金，也可由文化部争取财政部支持并从文化事业发展经费中启用部分资金，作为图书馆事业创新实践、教育科研的额外补贴。

4. 交流与合作

（1）加强国内外图书馆界的合作与交流

适应图书馆对外开发的形势和要求，利用我国当前良好的对外开放环境与对内交流机制的优势，"十二五"及 2020 年期间，图书馆事业应该构建国际化的学术网络与图书交换网络，争取其他行业组织与社会人士的支持。加强国内图书馆界的交流与合作，以一体化的合作姿态应对高昂的资源采购成本与图书馆运营管理成本，以合作的方式面向大众提供文化服务；加强图书馆的国际合作，增强我国图书馆在国际上的话语权。

建议建设目标与任务：

①建立具有高覆盖率的国际交流平台。

②建立国内图书馆界的战略联盟。

③实现图书来源与资金筹措来源地的多样化。

④成立一支专业化的国际交流与合作人员队伍。

（2）塑造图书馆事业的整体社会形象

塑造图书馆事业良好的社会形象是"十二五"及 2020 年期间图书馆工作的主要内容之一。"十一五"期间，各图书馆已通过多种方式，建立了与社会大众、政府主管部门、新闻媒体之间的良性沟通机制，"十二五"及 2020 年期间，进一步塑造图书馆的社会形象，宣传图书馆服务、各项业务成绩，加深公众对图书馆的理解与支持。

建议建设目标与任务：

①建立图书馆公共关系管理的长效机制。

②构建图书馆社会参与活动框架与具体落实时间表。

③加强对社区、企业、学校等服务，以多元化服务提升公众对图书馆的社会认知。

5. 人才建设

（1）图书馆人才的职业化建设

"十一五"期间，图书馆规模不断扩大，办馆条件不断改善，工作人员的数量出现大幅度增长。但从图书馆的实际需要以及与其他行业的横向比较中发现，图书馆工作人员队伍素质是需要进一步发展的。现今生活的各个领域已被信息技术革命所渗透，馆员的信息意识与信息技能需要进行全面的更新。同时，图书馆工作越来越体现出专业化、职业化的特点，需要大批具有一定学历的职业化专门人才。"十二五"及 2020 年期间，图书馆人才职业化与技能化将成为人才建设发展的重点。

建议建设目标与任务：

①实行专业馆员与非专业馆员双轨制，区分专业馆员与非专业馆员的资格和标准。对我国图书馆工作人员进行类似"专业馆员""管理职员""辅助人员"等类别的划分，以此确定各类人员的职业准入标准和工作职能范围。

②规范各类工作人员的业绩评价指标，构建包括心理特质、文明素养等方面在内的测评体系，为不同类型的图书馆制定切实可行的人力资源评估系统，为定岗定编提供科学依据。

③由政府设立常规性的专业水平测试，便于图书馆从业人员定期获得科学的个体评价，为进修培训、轮岗晋升提供决策参考。

④加快图书馆学教育与图书馆工作的无缝对接，从学历教育与职业教育

两方面培养图书馆专门人才。

（2）图书馆人力资源管理

"十二五"及 2020 年期间，需要按照建设学习型组织的要求，通过各种有效措施，推进现有工作人员素质的提高，形成具有强烈开拓创新意识的工作人员队伍。

建议建设目标与任务：

①改善馆员队伍结构，形成年轻化、专业化的发展趋势，构建以高学历、高职称、高技能为主，兼顾岗位实际需求的馆员队伍。

②完善人力资源开发与管理机制，以制度的形式规范和发布《图书馆岗前培训办法》《图书馆岗位管理办法》《图书馆继续教育与学术交流办法》等制度性条例。

③建立完整的人力资源开发体系。创建图书馆专家及高级人才信息库，强化人才资源的组织管理，完善人才评价标准，建立健全人才评估体系。

④建立、推广义工（志愿者）制度，在减少运营成本的同时增加社会民众参与图书馆事业的热情，促进职业地位的提升。

⑤完善管理监督机制，扩大事业单位用人自主权，实行政事分开。图书馆的人员编制数量应根据馆舍规模、馆藏资源数量和服务范围等因素确定。

⑥支持高校打造图书情报等相关重点学科建设，扶持图书馆学教育，进行相关管理人才培养，更好地将理论创新与实践优化结合起来。

6. 学术创新

图书馆行业一直具有积极参与学术研究的优良传统，形成了以实际经验解决实践问题，以学术理论探讨应用问题的研究方式。"十二五"到 2020 年期间，加强科研创新成为全社会的重要使命，加强图书馆学研究工作，解决各种理论与现实问题，是图书馆行业发展的内在要求，也是社会政策环境的必然。为适应行业可持续发展需求，结合创新型国家知识资源的建设，需要开展提高国家文化软实力战略研究。在研究内容上，可秉承以人为本的宗旨，关注主流文化与社会意识形态的发展，跟踪读者需求，并进行阅读心理和利用行为的调查；关注文化发展与经济社会发展的关系，文化事业与文化产业的关系，立足本土与面向世界的关系，以及促进繁荣与加强管理的关系。在和谐发展的全局观指导下，为图书馆事业的战略前景提供科学的决策依据。

建议建设目标与任务：

①加强学术研究的引导，制定合理的科学研究评估扶植奖励机制。

②加强图书馆相关研究的编辑出版工作。

③增加科学研究项目的投入力度。

④加快科技成果的转化速度。

⑤重视科学研究的交流。

附录 4　《国外图书馆战略规划文本汇编》目录

序号	国别	战略规划名称	图书馆	类型
1	埃塞俄比亚	National Library of Ethiopia Strategic Plan	埃塞俄比亚国家图书馆	国家
2	澳大利亚	National Library of Australia Strategic Plan 2006 – 2008	澳大利亚国家图书馆	国家
3	澳大利亚	National Library of Australia Strategic Directions 2012 – 2014	澳大利亚国家图书馆	国家
4	澳大利亚	Information Technology Strategic Plan 2012 – 2015	澳大利亚国家图书馆	国家
5	芬兰	National Library of Finland Strategic Plan 2006 – 2015	芬兰国家图书馆	国家
6	芬兰	National Library of Finland Strategic Plan 2010	芬兰国家图书馆	国家
7	芬兰	Strategic Plan for the National Library of Finland 2013 – 2016	芬兰国家图书馆	国家
8	荷兰	National Library of the Netherlands Strategic Plan 2006 – 2009	荷兰国家图书馆	国家
9	荷兰	National Library of the Netherlands Strategic Plan 2010 – 2013	荷兰国家图书馆	国家
10	加拿大	Library and Archives Canada Strategic Plan 2008 – 2011	加拿大国家图书档案馆	国家
11	立陶宛	About NLL	立陶宛国家图书馆	国家
12	马来西亚	National Library of Malaysia Strategic Plan 2004 – 2005	马来西亚国家图书馆	国家
13	马来西亚	PNM Strategic Plan(2009 – 2013)	马来西亚国家图书馆	国家
14	美国	Library of Congress Strategic Plan 2004 – 2008	美国国会图书馆	国家
15	美国	Library of Congress Strategic Plan 2008 – 2013	美国国会图书馆	国家
16	纳米比亚	National Library of Namibia Strategic Plan	纳米比亚国家图书馆	国家
17	尼日利亚	National Library of Nigeria Strategic Plan	尼日利亚国家图书馆	国家

序号	国别	战略规划名称	图书馆	类型
18	瑞士	National Libraries of Switzerland Strategic Plan 2012 – 2019	瑞士国家图书馆	国家
19	塞舌尔	Seychelles National Library Strategic Plan	塞舌尔国家图书馆	国家
20	斯里兰卡	National Libraries of Sri Lanka Strategic Plan	斯里兰卡国家图书馆	国家
21	乌干达	National Library of Uganda's Background	乌干达国家图书馆	国家
22	西班牙	Biblioteca Nacional de España Strategic Plan 2009 – 2011	西班牙国家图书馆	国家
23	新西兰	New Generation National Library Strategic Directions to 2017	新西兰国家图书馆	国家
24	新西兰	National Library of New Zealand Digitisation Strategy 2010 – 2015	新西兰国家图书馆	国家
25	印度尼西亚	National Library of Indonesia Vision and Mission	印度尼西亚国家图书馆	国家
26	英国	The British Library's Strategy 2005	英国国家图书馆	国家
27	英国	The British Library's Strategy 2005 – 2008	英国国家图书馆	国家
28	英国	The British Library's Strategy 2008 – 2011	英国国家图书馆	国家
29	英国	The British Library's Strategy 2011 – 2015	英国国家图书馆	国家
30	赞比亚	Zambia Library Service: Submission to the Africa Commission	赞比亚图书馆	国家
31	澳大利亚	Burdekin Library Strategic Plan 2011 – 2015	伯德金公共图书馆	公共
32	澳大利亚	Draft Shire of Busselton Library	杰夫特郡巴瑟尔顿图书馆	公共
33	澳大利亚	Wodonga Library: Strategic Plan 2007 – 2010	瓦东加图书馆	公共
34	澳大利亚	Strategic Directions 2013 – 2017	西澳大利亚州立图书馆	公共
35	加拿大	Connecting Community: Brampton LibraryStrategic Plan 2006 – 2008	布兰普顿图书馆	公共
36	加拿大	Closing the Gap: Brampton LibraryStrategic Plan 2009 – 2012	布兰普顿图书馆	公共
37	加拿大	Brampton LibraryStrategic Plan 2013 – 2016	布兰普顿图书馆	公共
38	加拿大	Brandford Public Library Mission Statement and Strategic Plan 2005 – 2007	布兰特福德公共图书馆	公共
39	加拿大	Brandford Public Library Strategic Plan 2012 – 2014	布兰特福德公共图书馆	公共
40	加拿大	Brockville Public Library Strategic Plan 2005 – 2007	布罗克维尔公共图书馆	公共
41	加拿大	Brockville Public Library Strategic Plan 2013 – 2018	布罗克维尔公共图书馆	公共
42	加拿大	Toronto Public Library Strategic Plan 2008 – 2011	多伦多公共图书馆	公共

序号	国别	战略规划名称	图书馆	类型
43	加拿大	Guelph Public Library Strategic Plan 2008 – 2011	圭尔夫公共图书馆	公共
44	加拿大	Kitchener Public Library Strategic Plan 2006 – 2008	基奇纳公共图书馆	公共
45	加拿大	Kitchener Public Library Strategic Plan 2009 – 2012	基奇纳公共图书馆	公共
46	加拿大	Building on Success: Richmond Public Library Strategic Plan and Library Facilities Plan 2008 – 2010	里士满公共图书馆	公共
47	加拿大	Richmond-City of Readers: Richmond Public Library Strategic Plan 2011 – 2014	里士满公共图书馆	公共
48	加拿大	Greater Madawaska Public Library Strategic Plan	马达沃斯卡公共图书馆	公共
49	加拿大	Port Moody Public Library Strategic Plan 2009 – 2011	穆迪港公共图书馆	公共
50	加拿大	Port Moody Public Library Strategic Plan 2013 – 2017	穆迪港公共图书馆	公共
51	加拿大	Newfoundland & Labrador Public Libraries Strategic Plan 2008 – 2011	纽芬兰与拉布拉多区公共图书馆	公共
52	加拿大	Thunder Bay Public Library's Strategic Plan 2006 – 2008 Strategic Directions-Action Plan 2006 – Update	桑德贝公共图书馆	公共
53	加拿大	Thunder Bay Public Library's Strategic Plan 2006 – 2008	桑德贝公共图书馆	公共
54	加拿大	Thunder Bay Public Library's Strategic Plan 2006 – 2008 Strategic Directions-Action Plan 2008	桑德贝公共图书馆	公共
55	加拿大	Thunder Bay Public Library Strategic Plan 2009 – 2011	桑德贝公共图书馆	公共
56	加拿大	Thunder Bay Public Library Strategic Plan 2013 – 2016	桑德贝公共图书馆	公共
57	加拿大	Libraries Without Walls: The World Within Your Reach. A Vision for Public Libraries in British Columbia	不列颠哥伦比亚公共图书馆	公共
58	加拿大	Building For Tomorrow Update: Burlington Public Library's Strategic Plan	伯灵顿公共图书馆	公共
59	美国	Evanston Public Library Strategic Plan 2000 – 2010: A Decade of Outreach	埃文斯顿公共图书馆	公共
60	美国	Evanston Public Library 2011 – 2014 Strategic Plan	埃文斯顿公共图书馆	公共

序号	国别	战略规划名称	图书馆	类型
61	美国	Ames Public Library Strategic Plan	艾姆斯公共图书馆	公共
62	美国	Idaho Commission for Libraries Strategic Plan 2009 – 2012	爱达华州图书馆	公共
63	美国	Idaho Commission for Libraries Strategic Plan 2013 – 2016	爱达华州图书馆	公共
64	美国	Idaho Commission for Libraries Strategic Plan 2014 – 2017	爱达华州图书馆	公共
65	美国	Iowa City Public Library Strategic Plan 2008	爱荷华城市公共图书馆	公共
66	美国	Iowa City Public Library Strategic Plan FY2011	爱荷华城市公共图书馆	公共
67	美国	Orange Beach Public Library-Library Strategic Plan 2008 – 2012	奥兰治湾公共图书馆	公共
68	美国	Oshkosh Public Library Strategic Plan 2008 – 2011	奥什科什公共图书馆	公共
69	美国	Oshkosh Public Library Strategic Plan（2010）	奥什科什公共图书馆	公共
70	美国	Oshkosh Public Library Strategic ActionPlan 2011 – 2012	奥什科什公共图书馆	公共
71	美国	Baltimore County Public Library Strategic Plan Ⅶ FY2007 – 2009	巴尔的摩县公共图书馆	公共
72	美国	Baltimore County Public Library Strategic Plan Ⅷ FY2010 – 2012	巴尔的摩县公共图书馆	公共
73	美国	Baltimore County Public Library Strategic Plan Ⅸ FY2013 – 2015	巴尔的摩县公共图书馆	公共
74	美国	Bondurant Community Library Strategic Plan 2009 – 2014	邦杜兰特社区图书馆	公共
75	美国	Bondurant Community Library Strategic Plan 2010 – 2015	邦杜兰特社区图书馆	公共
76	美国	State Library of North Carolina Strategic Plan 2008	北卡罗来纳州立图书馆	公共
77	美国	Brownsburg Public Library Strategic Plan 2007 – 2009	布朗斯堡公共图书馆	公共
78	美国	A Long Range Plan For The Bridgeport Public Library 2001 – 2005	布瑞奇波特区公共图书馆	公共
79	美国	Bridgeport Public Library 5 Year Plan（2012 – 2017）	布瑞奇波特区公共图书馆	公共
80	美国	Dwight Foster Public Library Building on Excellence Strategic Plan 2007 – 2009	德怀特 – 福斯特公共图书馆	公共

序号	国别	战略规划名称	图书馆	类型
81	美国	Dekalb County Public Library Long Range Strategic 2008 – 2012	迪卡尔布县公共图书馆	公共
82	美国	East Baton Rouge Parish Library – Strategic Plan 2005 – 2015	东巴顿鲁治教区图书馆	公共
83	美国	Eastern Shore Regional Library Strategic Plan FY2009 to FY2011	东海岸地区图书馆	公共
84	美国	Eastern Shore Regional Library Strategic Plan 2012 – 2015	东海岸地区图书馆	公共
85	美国	State Library of Ohio Library Services and Technology Act Five – Year Plan 2008 – 2012	俄亥俄州立图书馆	公共
86	美国	Oregon Public Library Strategic Plan	俄勒冈州公共图书馆	公共
87	美国	2011 – 2014 Oregon Public Library Strategic Plan	俄勒冈州公共图书馆	公共
88	美国	L. E. Phillips Memorial PublicLibrary Strategic Plan 2011 – 2015	菲利普斯纪念公共图书馆	公共
89	美国	Glencoe Public Library Library Strategic 2006 – 2009	格伦科公共图书馆	公共
90	美国	Glencoe Public Library Library Strategic 2010 – 2013	格伦科公共图书馆	公共
91	美国	Chapel Hill Public Library Information Technology Plan 2003 – 2007	教堂山公共图书馆	公共
92	美国	A Strategic Plan for the San Francisco Public Library 1989 – 1995	旧金山公共图书馆	公共
93	美国	Calhoun County Library Strategic Plan 2007 – 2011	卡尔霍恩县图书馆	公共
94	美国	Clarington Public Library Strategic Plan 2010 – 2015	卡灵顿公共图书馆	公共
95	美国	Camden County Library Camden CountyLibrary System Strategic Plan 1994 – 1998	卡姆登县图书馆	公共
96	美国	Carnegie Public Library New Opportunities Planning for Results: October 2005 – June 2008	卡内基公共图书馆	公共
97	美国	Kansas Public Library Strategic Plan 2010 – 2012	堪萨斯公共图书馆	公共
98	美国	Contra Costa County Public Law LibraryStrategic Plan 2009 – 2012	康特拉－科斯塔县公共法律图书馆	公共
99	美国	Leavenworth Public Library Strategic Plan 2004 – 2006	莱文沃思公共图书馆	公共
100	美国	Raymond Village Library Strategic Plan 2005 – 2008	雷蒙德镇图书馆	公共
101	美国	Raymond Village Library Strategic Plan 2009 – 2012	雷蒙德镇图书馆	公共
102	美国	Lewes Public Library Strategic Plan 2010 – 2015	路易斯公共图书馆	公共

序号	国别	战略规划名称	图书馆	类型
103	美国	Rowan Public Library Strategic Plan 2004 – 2006	罗文公共图书馆	公共
104	美国	Lockport Public Library 2009 – 2013 Strategic Plan	洛克波特公共图书馆	公共
105	美国	Los Angeles Public Library Strategic Plan 2007 – 2010	洛杉矶公共图书馆	公共
106	美国	Marysville Public Library Strategic Plan 2008 – 2010	马里斯维尔公共图书馆	公共
107	美国	Matteson Public Library Strategic Plan 2007 – 2009	马特森公共图书馆	公共
108	美国	Monroe County Public Library Strategic Plan 2003 – 2005	门罗县公共图书馆	公共
109	美国	Montana State Library Strategic Plan 2006 – 2011	蒙大拿州图书馆	公共
110	美国	Minnesota Public Library Strategic Plan 2011 – 2015	明尼苏达州公共图书馆	公共
111	美国	Multnomah County Library Strategic Plan 2006 – 2010	摩特诺玛县图书馆	公共
112	美国	South Carolina Library Strategic Plan 2005 – 2008	南卡罗来纳州图书馆	公共
113	美国	2004 – 2007 Research Library Strategic Plan	纽约州立图书馆	公共
114	美国	Strategic Plan 2013 – 2017 Division of Library Development	纽约州立图书馆	公共
115	美国	Oceanside Public Library Strategic Plan 2005 – 2010	欧申赛德公共图书馆	公共
116	美国	Oceanside Public Library Strategic Plan 2013 – 2015	欧申赛德公共图书馆	公共
117	美国	A Plan for Parmly Billings Library 2007 – 2010	帕姆利比林斯图书馆	公共
118	美国	Spokane Public Library Strategic Planning February 2007	斯波坎公共图书馆	公共
119	美国	Spokane Public Library 2011 – 2013 Strategic Plan	斯波坎公共图书馆	公共
120	美国	Strategic Plan Sonoma County Library October, 2000	索诺马县图书馆	公共
121	美国	Tecumseh District Library Strategic Plan 2008 – 2013	特库姆塞区图书馆	公共
122	美国	Copper Queen Library Strategic Plan FY2004 through 2008	铜女王图书馆	公共
123	美国	Two Harbors Area Public Library Strategic Plan 2001 – 2004	图哈伯斯公共图书馆	公共
124	美国	Williamsburg Regional Library Strategic Plan 2006 – 2010	威廉斯堡区图书馆	公共
125	美国	Williamsburg Regional Library Strategic Plan 2012 – 2015	威廉斯堡区图书馆	公共
126	美国	Wisconsin Library Strategic Plan 2007 – 2009	威斯康星州图书馆	公共
127	美国	Worcester Public Library Strategic Plan FY2007 – FY2011	伍斯特公共图书馆	公共

序号	国别	战略规划名称	图书馆	类型
128	美国	West Washington Public Library Strategic Plan 2010 - 2015	西华盛顿公共图书馆	公共
129	美国	Seattle Public Library Strategic Plan 2011 - 2015	西雅图公共图书馆	公共
130	美国	Cedar Rapids Public Library Strategic Plan 2008 - 2011	锡特拉皮兹公共图书馆	公共
131	美国	Cedar Rapids Public Library Strategic Plan FY2012 - 2014	锡特拉皮兹公共图书馆	公共
132	美国	New Jersey Public Library Strategic Plan 2007 - 2010	新泽西州立图书馆	公共
133	美国	Statewide Strategic Plan For the Future of Libraries in New Jersey 2013	新泽西州立图书馆	公共
134	美国	South Dakota State Library Strategic Plan 2007 - 2013	南达科他州立图书馆	公共
135	美国	Tigard Public Library Strategic Plan 2010 - 2015	泰格德公共图书馆	公共
136	美国	Sausalito Public Library Strategic Plan 2008 - 2013	索萨利托市公共图书馆	公共
137	美国	Montegomery County Public Library Strategic Plan 2007 - 2012	蒙哥马利县公共图书馆	公共
138	美国	Arlington Public Library Strategic Plan FY2006 - 2010	阿灵顿公共图书馆	公共
139	新西兰	Palmerston North Public Library Strategic Plan 2005 - 2014	北帕默斯顿市图书馆	公共
140	新西兰	Engaging the Community, Building for the Future: Westport Public Library Strategic Plan 2007 - 2010	韦斯特波特公共图书馆	公共
141	新西兰	Transcend, Transform, and Deliver: A Strategic Plan for the Westport Public Library 2010 - 2013	韦斯特波特公共图书馆	公共
142	英国	Bedfordshire Public Library Strategic Plan 2004 - 2006	贝德福德郡图书馆	公共
143	英国	Brent Council Draft Library Strategy 2008 - 2012	布伦特委员会图书馆	公共
144	英国	Greenwich Library Strategic Plan 2008 - 2011	格林威治图书馆	公共
145	英国	Greenwich Library Strategic Plan 2012 - 2017	格林威治图书馆	公共
146	英国	Kent County Public Library Strategic Plan FY2004 - 2009	肯特县公共图书馆	公共
147	英国	Kent County Public Library Strategic Plan FY2010 - FY2015	肯特县公共图书馆	公共
148	英国	Leicester Public Library Strategic Plan 2008 - 2013	莱切斯特公共图书馆	公共
149	英国	Newmarket Public Library Strategic Plan 2005 - 2010	纽马克特公共图书馆	公共

续表

序号	国别	战略规划名称	图书馆	类型
150	英国	National Library of Scotland Strategic Plan 2008 – 2011	苏格兰国家图书馆	公共
151	英国	National Library of Scotland Strategic Plan 2011 – 2014	苏格兰国家图书馆	公共
152	智利	Chili Public Library's Policies	智利公共图书馆	公共
153	爱尔兰	National University of Ireland Library 2006 – 2008	爱尔兰国立大学图书馆	高校
154	爱尔兰	National University of Ireland Library 2009 – 2011	爱尔兰国立大学图书馆	高校
155	爱尔兰	Dublin City University Library Strategic Plan 2006 – 2008	都柏林城市大学图书馆	高校
156	爱沙尼亚	Tartu University Library Strategic Plan 2009 – 2015	塔尔图大学图书馆	高校
157	澳大利亚	Northern Melbourne Institute of TAFE University Library Strategic Plan 2010 – 2012	北墨尔本高等技术学院图书馆	高校
158	澳大利亚	University of Queensland Strategic Plan 2013 – 2017	昆士兰大学图书馆	高校
159	澳大利亚	QUT Library Strategic Plan	昆士兰科技大学图书馆	高校
160	澳大利亚	QUT Library 2013 Strategic Plan	昆士兰科技大学图书馆	高校
161	澳大利亚	Macquarie University Library Strategic Plan 2007 – 2009	麦考瑞大学图书馆	高校
162	澳大利亚	Macquarie University Library Strategic Plan 2010 – 2012	麦考瑞大学图书馆	高校
163	澳大利亚	University of Melbourne Library Plan 2011 – 2012	墨尔本大学图书馆	高校
164	澳大利亚	University of Melbourne Library：A Vision for 2015	墨尔本大学图书馆	高校
165	澳大利亚	Murdoch University Library Strategic Planning 2003 – 2007	默多克大学图书馆	高校
166	澳大利亚	Murdoch University Library Three Years Plan 2010 – 2012	默多克大学图书馆	高校
167	澳大利亚	University of Western Sydney Library Strategic Plan 2010 – 2012	西悉尼大学图书馆	高校
168	澳大利亚	Sydney University Library Strategic Plan	悉尼大学图书馆	高校
169	澳大利亚	Library Strategic Plan 2010 – 2012	维多利亚大学图书馆	高校
170	荷兰	At the Heart of Teaching and Research：Strategic Plan for Nijmegen University Library，2010 – 2013	奈梅亨大学图书馆	高校
171	加拿大	University of Akron Library Strategic Plan 2010 – 2014	阿克伦大学图书馆	高校
172	加拿大	Athabasca University Library Services Operational Plan 2009 – 2011	阿色巴斯卡大学图书馆	高校

续表

序号	国别	战略规划名称	图书馆	类型
173	加拿大	Geoffrey R. Weller Library Key Directions 2010 – 2015	杰弗里威勒图书馆	高校
174	加拿大	UCFV Library Strategic Plan 2007 – 2010	菲沙河谷大学学院图书馆	高校
175	加拿大	Lakehead University Library Strategic Plan 2008 – 2012	湖首大学图书馆	高校
176	加拿大	Queen's University Library Strategic Direction 2002 – 2005	皇后大学图书馆	高校
177	加拿大	Strategic Plan for Queen's University Library 2006 – 2008	皇后大学图书馆	高校
178	加拿大	Carleton University Library and Archives Strategic Plan 2008 – 2010	卡尔顿大学图书馆与档案馆	高校
179	加拿大	Carleton University MacOdrum Library Strategic Plan 2011 – 2015	卡尔顿大学图书馆	高校
180	加拿大	Laurence McKinley Gould Library Strategic Plan	古尔德图书馆	高校
181	加拿大	Lakehead University Library Strategic Plan 2004 – 2007	莫霍克学院图书馆	高校
182	加拿大	University of Saskatchewan Library Strategic Plan 2007 – 2012	萨斯喀彻温大学图书馆	高校
183	加拿大	University of Saskatchewan Library People Plan 2012 – 2016	萨斯喀彻温大学图书馆	高校
184	加拿大	Furthering Learning and Research: Implementing the UBC Library's Strategic Plan 2000 – 2003	英属哥伦比亚大学图书馆	高校
185	加拿大	Furthering Learning and Research 2004 – 2007: the University of British Columbia Library's Strategic Plan	英属哥伦比亚大学图书馆	高校
186	加拿大	UBC Library Strategic Plan 2010 – 2015	英属哥伦比亚大学图书馆	高校
187	美国	Appalachian State University Library Strategic Plan 2008 – 2013	阿巴拉契亚州立大学图书馆	高校
188	美国	University of Lowa Library Strategic Plan 2010 – 2015	爱荷华大学图书馆	高校
189	美国	Focus on the Future: Strategic Plan for the Emerson College Library 2003 – 2006	爱默生学院图书馆	高校
190	美国	Beyond Walls: A Strategic Plan for James White Library Strategic Plan	安德鲁斯大学 詹姆斯怀特图书馆	高校
191	美国	J. Murrey Atkins Library Strategic Plan 2010 – 2015	默里阿特金斯图书馆	高校

续表

序号	国别	战略规划名称	图书馆	类型
192	美国	Millersville University Library Strategic Plan 1991 – 1995	米勒斯维尔大学图书馆	高校
193	美国	Boston University Library Strategic Plan 2006 – 2009	波士顿大学图书馆	高校
194	美国	Boston University Library Strategic Plan 2010 – 2015	波士顿大学图书馆	高校
195	美国	Boston University Library Strategic Plan 2003 – 2006	波士顿大学图书馆	高校
196	美国	Brookens Library's Strategic Plan June 2006	伊利诺伊大学斯普林菲尔德分校布鲁肯斯图书馆	高校
197	美国	University of Texas at San Antonio Library Strategic Plan 2007 – 2016	德克萨斯大学圣安东尼奥分校图书馆	高校
198	美国	Drexel University Library Strategic Plan	德雷克塞尔大学图书馆	高校
199	美国	University of Texas at San Antonio Library Strategic Plan 2007 – 2016	德克萨斯大学圣安东尼奥分校图书馆	高校
200	美国	Northeastern University Library Strategic Plan 2004	东北大学图书馆	高校
201	美国	Henry G. Bennett Memorial Library Southeastern Oklahoma State University Strategic Plan 2002 – 2007	东南俄克拉荷马州立大学亨利·班尼特纪念图书馆	高校
202	美国	Connecting People + Ideas: A Strategic Plan for the Duke University Libraries 2006 – 2010	杜克大学图书馆	高校
203	美国	Sharpening Our Vision: The Duke University Librarie's Strategic Plan for 2010 – 2012	杜克大学图书馆	高校
204	美国	Florida Gulf Coast University Library Services 2007 – 2010	佛罗里达高尔夫海岸大学图书馆	高校
205	美国	VCU Libraries Strategic Plan 2005 – 2007	弗吉尼亚州立邦联大学图书馆	高校
206	美国	Columbia University Library Strategic Plan 2006 – 2009	哥伦比亚大学图书馆	高校
207	美国	Columbia University Library Strategic Plan 2010 – 2013	哥伦比亚大学图书馆	高校
208	美国	University of Washington Library Strategic Plan 2002 – 2005	华盛顿大学图书馆	高校
209	美国	University of Washington Library Strategic Plan 2006 – 2010	华盛顿大学图书馆	高校
210	美国	Howard University Libraries Strategic Plan for the Main Library Group 2008 – 2012	霍华德大学图书馆	高校

续表

序号	国别	战略规划名称	图书馆	类型
211	美国	University of California L. A. Library Strategic Plan 2006 – 2009	加州大学洛杉矶分校图书馆	高校
212	美国	UCLA Library Strategic Plan 2012 – 2017	加州大学洛杉矶分校图书馆	高校
213	美国	University of California Irvine Library Strategic Plan 2005 – 2014	加州大学欧文分校图书馆	高校
214	美国	Advancing Together：21st Century Strategies for the CSU Libraries	加州州立大学图书馆	高校
215	美国	California State University Library Strategic Plan 2007	加州州立大学图书馆	高校
216	美国	California Digital Library Strategic Plan 2001 – 2004	加州数字图书馆	高校
217	美国	Robert E. Kennedy Library Services Strategic Plan 2010 – 2015	加州理工州立大学 罗伯特·肯尼迪图书馆	高校
218	美国	Carnegie Mellon University Libarary Strategic Plan	卡内基·梅隆大学图书馆	高校
219	美国	Cornell University Library Plan	康奈尔大学图书馆	高校
220	美国	Cowles Library Strategic Plan 2009 – 2010	考尔斯图书馆	高校
221	美国	QUT Library Strategic Plan	昆士兰科技大学图书馆	高校
222	美国	A Strategic Plan for Library and Technology services	利哈伊大学图书馆	高校
223	美国	University of Louisville Library Strategic Plan 2012 – 2020	路易斯威尔大学图书馆	高校
224	美国	Fleet Library at RISD Strategic Planning 2007 – 2012	罗得岛设计学院舰队图书馆	高校
225	美国	Massachusetts Institute of Technology Library Strategic Plan 1999	麻省理工学院图书馆	高校
226	美国	Massachusetts Institute of Technology Library Strategic Plan 2005 – 2010	麻省理工学院图书馆	高校
227	美国	University of Maryland Library Strategic Plan	马里兰大学图书馆	高校
228	美国	University of Maryland Library Strategic Plan 2005 – 2007	马里兰大学图书馆	高校
229	美国	University of Nebraska Omaha Library Strategic Plan 2004 – 2009	内布拉斯加大学 奥马哈图书馆	高校
230	美国	Creating the 21st Century Library for NYU：Our Strategic Plan 2007 – 2012	纽约大学图书馆	高校
231	美国	Mapping the Library for the Global Network University：Strategic Plan 2013 – 2017	纽约大学图书馆	高校
232	美国	Georgetown University Library Strategic Initiatives 2010 – 2015	乔治城大学图书馆	高校

序号	国别	战略规划名称	图书馆	类型
233	美国	St. Patrick University Library Strategic Plan 2006 – 2008	圣帕特里克学院大学图书馆	高校
234	美国	Samuel C. Williams Library Strategic Plan 2007 – 2009	斯蒂芬斯理工学院塞缪尔·威廉姆斯图书馆	高校
235	美国	Weill Cornell Medical College Strategic Plan for the Library	威尔康纳尔医学院图书馆	高校
236	美国	University of Wisconsin – Milwaukee Library Strategic Plan 2007 – 2010	威斯康星大学密尔沃基分校图书馆	高校
237	美国	UWM Libraries Strategic Planning 2011 – 12	威斯康星大学密尔沃基分校图书馆	高校
238	美国	Wake Forest University Library Policies	维克森林大学医学院图书馆	高校
239	美国	Northwestern University Library Strategic Plan 2008 – 10	西北大学图书馆	高校
240	美国	West Virginia University Library 2020	西佛吉尼亚大学图书馆	高校
241	美国	Southwestern University A. Frank Smith, Jr. Library Center Strategic Plan 2010 – 2017	弗兰克·史密斯图书馆	高校
242	美国	University of Hawaii At Manoa Library Strategic Plan 2008 – 2015	夏威夷大学马诺阿分校图书馆	高校
243	美国	Five Years Library Strategic Plan 1988 – 1993	新墨西哥州立大学图书馆	高校
244	美国	New Mexico State University Library Strategic Plan 1997 – 2002	新墨西哥州立大学图书馆	高校
245	美国	New Mexico State University Library Strategic Plan 2009 – 2012	新墨西哥州立大学图书馆	高校
246	美国	NMSU Library 5 – Year Plan 2013 – 2018	新墨西哥州立大学图书馆	高校
247	美国	Yale University Library Strategic Planning	耶鲁大学图书馆	高校
248	美国	Unlocking Our Past, Building Our Future: A Strategic Plan For The University of Illinois Library, FY2005 – 2009	伊利诺斯大学图书馆	高校
249	美国	University of Illinois Urbana – Champion Library Strategic Plan	伊利诺伊大学香槟分校图书馆	高校
250	美国	IPFW Helmke University Library Strategic Plan 2007 – 2011	印第安纳大学普度大学韦恩堡分校图书馆	高校
251	美国	2012 – 2014 Helmke Library Strategic Plan	印第安纳大学普度大学韦恩堡分校图书馆	高校

续表

序号	国别	战略规划名称	图书馆	类型
252	美国	Johns Hopkins University Library Strategic Plan 2006 – 2011	约翰霍普金斯图书馆	高校
253	美国	Georgia Institute of Technology Library and Information Center Strategic Plan 2007 – 2011	佐治亚理工大学图书馆与信息中心	高校
254	美国	Loyola University Chicago Libraries Strategic Plan 2010 – 2013	芝加哥洛约拉大学图书馆	高校
255	美国	University of South Carolina School of Medicine Library Strategic Plan 2008 – 2009	南卡罗来纳大学医学院图书馆	高校
256	美国	Bowdoin College Library Strategic Plan for 2006 – 2008	鲍登学院图书馆	高校
257	美国	Ohio State University Libraries Strategic Plan 2011 – 2016	俄亥俄州立大学图书馆	高校
258	美国	The University of Kansas Libraries Strategic Directions 2012 – 2017	堪萨斯大学图书馆	高校
259	美国	The Emory University Libraries Strategic Plan 2012 – 2015	埃默里大学图书馆	高校
260	美国	ULS Long Range Plan 2011 – 2014	匹兹堡大学图书馆	高校
261	纳米比亚	National Library of Namibia Strategic Plan	纳米比亚大学图书馆	高校
262	南非	University of Pretoria Library Strategic Plan 2005 – 2010	南非比勒陀利亚大学图书馆	高校
263	南非	UP Library Strategic Plan 2011 – 2015	南非比勒陀利亚大学图书馆	高校
264	南非	Planning Across Continents：Monash South Africa Library	莫纳什南非图书馆	高校
265	西班牙	University of Catalonia Library Strategic Plan 2000 – 2005	加泰罗尼亚理工大学图书馆	高校
266	新西兰	Auckland University of Technology Library Strategic Plan 2007 – 2011	奥克兰理工大学图书馆	高校
267	英国	University of Warwick Library Strategic Plan	华威大学图书馆	高校
268	英国	Keele University Library Strategic Plan 2007 – 2010	基尔大学图书馆	高校
269	英国	Cambridge University Squire Law Library Strategic Plan 2007 – 2012	剑桥大学图书馆斯夸尔法律分馆	高校
270	英国	Cambridge University Library Strategic Plan 2006 – 2011	剑桥大学图书馆	高校
271	英国	Cambridge University Library Strategic Framework 2010 – 2013	剑桥大学图书馆	高校

序号	国别	战略规划名称	图书馆	类型
272	英国	Cambridge University Medical Library Strategic Plan 2006 – 2011	剑桥大学医学图书馆	高校
273	英国	Coventry University Lanchester Library Strategic Plan 2006 – 2007	考文垂大学兰彻斯特图书馆	高校
274	英国	University of Leeds Library 2010 – 2015	利兹大学图书馆	高校
275	英国	London University Library Strategic Plan	伦敦大学学院图书馆	高校
276	英国	Oxford University Library Strategic Plan 2011	牛津大学图书馆	高校
277	英国	University of Newcastle Library Strategic Plan 2011 – 2016	纽卡斯尔大学图书馆	高校
278	英国	Strategic Plan of the Library, University of Sussex 2007 – 2009	萨塞克斯大学图书馆	高校
279	英国	Strategic Plan of the Library, University of Sussex 2009 – 2015	萨塞克斯大学图书馆	高校
280	英国	St. George's University of London Library Strategic Plan 2005 – 2007	伦敦大学圣乔治学院图书馆	高校
281	英国	University of Sheffield Library Strategic Plan 2002 – 2005	谢菲尔德大学图书馆	高校
282	英国	University of Sheffield Library Strategic Plan 2011 – 2015	谢菲尔德大学图书馆	高校
283	英国	Library & Archives Strategy 2005 – 2009	约克大学图书馆	高校
284	英国	University of York Library and Archives Strategic Plan 2007	约克大学图书馆和档案馆	高校
285	英国	Tampere University Library Strategic Plan 2010 – 2015	芬兰坦佩雷大学图书馆	高校
286	澳大利亚	Australian Libarary and Information Association Strategic Plan 2010 – 2015	澳大利亚图书情报协会	其他
287	澳大利亚	National & State Libraries Australasia: Re – imagining Libraries 2012 – 2016	澳大利亚与新西兰国家与州立图书馆联合会	其他
288	丹麦	DEF Strategic Plan	丹麦电子研究图书馆	其他
289	丹麦	The Danish National and University Library Strategic Plan 2011 – 2014	丹麦国家和大学图书馆	其他
290	国际	IFLA Strategic Plan 2010 – 2015	国际图书馆协会联合会	其他
291	国际	IFLA Strategic Plan 2006 – 2009	国际图书馆协会联合会	其他
292	国际	IFLA Strategic Plan 2006 – 2007	国际图书馆协会联合会	其他
293	国际	OCLC Strategic Plan	联机计算机图书馆中心	其他

续表

序号	国别	战略规划名称	图书馆	类型
294	加拿大	CISTI Strategic Plan 2005 – 2010	加拿大科技信息研究所	其他
295	加拿大	Canada's Federal Library Strategic Plan 2006 – 2009	加拿大联邦图书馆	其他
296	加拿大	CARL Strategic Plan 2003 – 2004	加拿大研究图书馆协会	其他
297	加拿大	University of Ottawa Library Network Annual Reprot 2003 – 2004	渥太华大学图书馆联盟	其他
298	加拿大	University of Ottawa Library Network Annual Reprot 2004 – 2005	渥太华大学图书馆联盟	其他
299	加纳	GLB About Us	加纳图书馆理事会	其他
300	美国	Chattahoochee Valley Regional Library System Strategic Plan 2007 – 2010	查塔山谷地区图书馆系统	其他
301	美国	Daniel Boone Regional Library Strategic Plan 2009 – 2017	丹尼尔伯恩地区图书馆	其他
302	美国	OPAL Strategic Plan, 2010 – 2013	俄亥俄私立大学图书馆联盟	其他
303	美国	Southeastern Library Solinet Strategic Plan Forward to 2009	东南图书馆	其他
304	美国	The Truman Library in a Time of Change: A Strategic Plan	杜鲁门图书馆	其他
305	美国	Grace A. Dow Memorial Library Strategic Plan 2003 – 2006	格蕾丝纪念图书馆	其他
306	美国	Grace A. Dow Memorial Library Strategic Plan 2011 – 2012	格蕾丝纪念图书馆	其他
307	美国	PLA Strategic Plan	公共图书馆协会	其他
308	美国	National Agricultural Library Strategic Plan 2008 – 2012	国家农业图书馆	其他
309	美国	Connecticut Library Association Strategic Plan 2004 – 2007	康涅狄格州图书馆协会	其他
310	美国	A Strategic Plan for the Connecticut Judicial Branch Law Library System	康涅狄格州司法部图书馆	其他
311	美国	Lane Medical Library & Knowledge Management Center Strategic Plan	雷恩医学图书馆及知识管理中心	其他
312	美国	Federal Depository Library Strategic Plan 2009 – 2014	联邦政府托管图书馆	其他
313	美国	NCAR Strategic Plan Feb 2009	美国大气研究中心图书馆	其他
314	美国	DTIC Strategic Plan 2000 – 2005	美国国防技术信息中心	其他
315	美国	NLM Strategic Plan 2003 – 2005	美国国家医学图书馆	其他

续表

序号	国别	战略规划名称	图书馆	类型
316	美国	National Library of Medicine Strategic Plan for Addressing Health Disparities 2004 – 2008	美国国家医学图书馆	其他
317	美国	The U. S. Environmental Protection Agency's Natinal Library Network Strategic Plan	美国环境保护总署图书馆	其他
318	美国	ALA Strategic Plan 2001 – 2005	美国图书馆协会	其他
319	美国	ALA Today and Tomorrow: a Background Planning Paper 2005 – 2010	美国图书馆协会	其他
320	美国	ALA Head to 2010 Strategic Plan	美国图书馆协会	其他
321	美国	ALA Strategic Plan 2011 – 2015	美国图书馆协会	其他
322	美国	ARL Strategic Plan 2005 – 2009	美国研究图书馆协会	其他
323	美国	ARL Strategic Plan 2010 – 2012	美国研究图书馆协会	其他
324	美国	OPAL Strategic Plan 2010 – 2013	俄亥俄私立大学图书馆联盟	其他
325	美国	Winnefox Library System Strategic Plan 2008 – 2010	温尼福克斯图书馆系统	其他
326	英国	Chase Healthcare Information Centre & Barnet Hospital Library Strategic Statement 2004 – 2008	蔡氏健康护理信息中心和伯纳特医院图书馆	其他
327	英国	Primary Care Trusts Library Library and Information Strategy 2004 – 2007	初级保健信托图书馆	其他
328	英国	Primary Care Trusts Library Business Plan 2005/06 (revised)	初级保健信托图书馆	其他
329	英国	Falmouth Public School Library Media Strategic Plan 2008 – 2010	法尔茅斯公立学校图书馆	其他
330	英国	Falmouth Public School Library Media Strategic Plan 2011 – 2013	法尔茅斯公立学校图书馆	其他
331	英国	Maidstone and Tunbridge Wells NHS Trust Library Strategic Plan 2011 – 2013	梅德斯通·坦布里奇·威尔斯图书馆	其他
332	英国	Library Information Services Strategy 2007 – 2010	米尔顿·凯恩医院	其他
333	英国	Surrey & Sussex Healthcare NHS Trust Library & Information Services – Strategy 2006 – 2009	素里市和萨塞克斯地区国民医疗服务体系	其他
334	英国	Framework for the Future MLA Action Plan for Public Libraries – "Towards 2013"	英国博图档协会	其他
335	英国	Oldham Council's Library and Information Service StrategicPlan 2010 – 2015	英国奥尔德姆理事会	其他

附录5　《我国图书馆战略规划文本汇编》目录

序号	地　区	战略规划文本	类型
1	国　家	中国国家图书馆"十一五"规划纲要	国家
2	国　家	中国国家图书馆"十二五"规划纲要	国家
3	安　徽	安徽省图书馆"十一五"规划	公共
4	安　徽	安徽省图书馆"十二五"规划	公共
5	北　京	首都图书馆(北京市少年儿童图书馆)"十二五"发展规划	公共
6	广　东	广州图书馆发展规划(2011—2015年)	公共
7	河　南	河南省图书馆"十二五"发展规划	公共
8	湖　南	湖南省图书馆"十二五"发展规划纲要	公共
9	吉　林	长春图书馆"十一五"发展规划及建设目标	公共
10	江　苏	南京图书馆事业发展"十一五"规划	公共
11	江　西	江西省图书馆"十二五"规划纲要	公共
12	宁　夏	宁夏图书馆"十二五"创新工作思路与规划要点	公共
13	山　东	青岛市图书馆"十二五"发展规划	公共
14	山　西	山西省图书馆"十一五"规划	公共
15	上　海	上海图书馆上海科学技术情报研究所2011—2015年发展规划	公共
16	上　海	浦东图书馆发展规划(2011—2015年)	公共
17	四　川	宜宾县图书馆"十二五"规划纲要	公共
18	台　湾	台北市立图书馆2005—2010年战略规划	公共
19	新　疆	新疆维吾尔自治区图书馆2013—2017年发展规划	公共
20	云　南	云南省图书馆"十二五"发展规划	公共
21	浙　江	杭州图书馆"十二五"发展规划	公共
22	北　京	北京大学文献信息资源体系中长期发展规划纲要(2010—2020)	高校
23	重　庆	重庆大学图书馆"十二五"发展规划(讨论稿)	高校
24	重　庆	重庆理工大学图书馆建设"十一五"发展规划(征求意见稿)	高校
25	福　建	泉州经贸职业技术学院"十一五"建设规划(2006—2010)	高校
26	福　建	宁德职业技术学院图书馆"十二五"发展规划	高校
27	福　建	三明学院图书馆建设与发展第十一个五年规划的意见	高校
28	福　建	厦门大学图书馆"十一五"规划大纲	高校
29	福　建	厦门大学图书馆"十二五"发展规划大纲	高校
30	福　建	厦门市广播电视大学现代远程开放教育数字图书馆建设规划(2005—2010)	高校
31	甘　肃	陇东学院图书馆"十二五"发展规划	高校

续表

序号	地 区	战略规划文本	类型
32	广 东	广东医学院图书馆"十一五"规划及2020年远景目标	高校
33	广 东	广州图书馆2011—2015年发展规划	高校
34	广 东	河源职业技术学院图书馆"十一五"发展建设规划	高校
35	海 南	海南大学图书馆(2006—2010)五年发展规划	高校
36	河 北	河北大学图书馆"十二五"建设与发展规划(草案)	高校
37	河 北	石家庄学院图书馆"十二五"战略规划	高校
38	河 南	河南城建学院图书馆战略规划2004—2010	高校
39	河 南	河南城建学院图书馆"十二五"发展规划	高校
40	河 南	河南工业大学图书馆"十二五"(2011—2015年)发展规划	高校
41	河 南	河南建设职业技术学院图书馆建设规划	高校
42	河 南	中原工学院图书馆"十二五"规划	高校
43	黑龙江	黑龙江工商职业技术学院图书馆"十二五"建设发展规划	高校
44	湖 北	华中科技大学图书馆数字图书馆研究与开发部"十一五"发展规划	高校
45	湖 北	江汉大学图书馆"十二五"发展规划	高校
46	湖 北	同济医学院图书馆"十五"发展规划	高校
47	湖 北	中南财经政法大学图书馆"十一五"发展规划	高校
48	湖 北	中南民族大学图书馆"十二五"科研工作发展规划	高校
49	湖 南	娄底职业技术学院图书馆建设规划(2007—2010年)	高校
50	湖 南	娄底职业技术学院图书馆2011—2015年发展规划	高校
51	湖 南	吉首大学图书馆2011—2020年发展规划	高校
52	江 苏	东南大学图书馆2006—2010五年发展规划纲要	高校
53	江 苏	东南大学图书馆"十二五"(2011—2015年)发展规划	高校
54	江 苏	东南大学图书馆中长期发展规划(2010—2020年)	高校
55	江 苏	江苏大学图书馆"十一五"发展规划(草案)	高校
56	江 苏	盐城工学院图书馆"十二五"事业发展规划	高校
57	辽 宁	大连职业技术学院图书馆"十二五"建设发展规划(草案)	高校
58	辽 宁	辽东学院图书馆建设发展规划(2005—2010年)	高校
59	辽 宁	沈阳化工大学图书馆"十二五"规划	高校
60	内蒙古	河套大学图书馆"十一五"规划	高校
61	山 西	吕梁学院图书馆"十二五"规划(讨论稿)	高校
62	山 西	山西大学图书馆建设"十一五"规划	高校
63	陕 西	西北农林科技大学图书馆"十五"计划和2010年发展规划	高校
64	陕 西	榆林学院图书馆图书馆2010—2015年发展规划	高校
65	上 海	上海音乐学院图书馆"十二五"内涵建设方案	高校
66	四 川	阿坝师专图书馆十年规划	高校

序号	地　区	战略规划文本	类型
67	天　津	南开大学图书馆"十一五"规划	高校
68	天　津	天津大学图书馆"十五"发展规划(征求意见稿)	高校
69	天　津	天津大学图书馆事业发展"十一五"规划(2006—2010)	高校
70	天　津	天津商业大学图书馆"十二五"发展规划	高校
71	香　港	香港中文大学图书馆系统战略规划2013—2016	高校
72	香　港	香港科技大学图书馆2010—2015年战略规划	高校
73	香　港	香港理工大学图书馆2008—2012年战略计划	高校
74	香　港	香港理工大学图书馆2013/14—2017/18战略计划	高校
75	云　南	德宏师专图书馆"十一五"发展规划	高校
76	云　南	云南民族大学图书馆"十一五"规划	高校
77	云　南	云南民族大学图书馆2007—2015年发展规划	高校
78	云　南	云南师范大学"十二五"图书馆建设规划及2020年远景目标(摘要)	高校
79	浙　江	浙江大学图书馆"十一五"建设规划	高校
80	北　京	全国党校图书馆数字资源建设规划(2006—2010)	其他
81	北　京	中国科学院文献情报系统2006—2010中长期发展规划实施方案	其他
82	北　京	中国社会科学院图书馆"十二五"(2011—2015)信息化建设规划	其他
83	北　京	中国图书馆学会"十一五"期间规划工作	其他
84	北　京	中国图书馆学会"十二五"规划纲要	其他
85	福　建	北师大泉州附中图书馆概况与发展规划	其他
86	海　南	海南省高等学校图书馆"十二五"发展规划	其他
87	湖　北	湖北省高等学校图书馆"十五"发展规划	其他
88	湖　南	常德市图书馆学会"十二五"规划起草提纲	其他
89	江　苏	常州市金坛市第三中学图书馆建设五年规划	其他
90	江　苏	江苏吴江七都中学图书馆发展规划(2004—2006学年)	其他
91	江　苏	南京高等职业技术学校图书馆"十一五"发展规划(征求意见稿)	其他
92	江　苏	南京市江宁中学图书馆发展规划(2004—2007年)	其他
93	江　苏	南通市韩湘南小学图书馆五年发展规划2006—2010年	其他
94	江　西	江西省乐平中学图书馆近期发展规划	其他
95	江　西	江西省萍乡中学图书馆近三年发展规划	其他
96	江　西	南昌市湾里一中图书馆发展规划(2008—2010)	其他
97	江　西	南昌市育新学校图书馆发展规划	其他
98	上　海	南翔中学图书馆发展规划	其他
99	天　津	天津市高等教育文献保障体系"十二五"发展规划(草案)	其他
100	浙　江	浙江省乐清市芙蓉中学图书馆发展规划(2004—2006年)	其他

中文索引

英文索引

图书在版编目(CIP)数据

图书馆战略规划研究/柯平等著. —北京：社会科学文献出版社，2014.4
(国家哲学社会科学成果文库)
ISBN 978 - 7 - 5097 - 5682 - 9

Ⅰ.①图…　Ⅱ.①柯…　Ⅲ.①图书馆事业 - 发展战略 - 研究 - 中国　Ⅳ.①G259.20

中国版本图书馆 CIP 数据核字（2014）第 035220 号

·国家哲学社会科学成果文库·
图书馆战略规划研究

著　　者／柯　平　赵益民　陈吴琳 等

出 版 人／谢寿光
出 版 者／社会科学文献出版社
地　　址／北京市西城区北三环中路甲 29 号院 3 号楼华龙大厦
邮政编码／100029

责任部门／人文分社　（010）59367215　　　责任编辑／孙以年　宋淑洁
电子信箱／renwen@ ssap. cn　　　　　　　责任校对／白　云　王洪强
项目统筹／宋月华　魏小薇　　　　　　　　责任印制／岳　阳
经　　销／社会科学文献出版社市场营销中心　（010）59367081　59367089
读者服务／读者服务中心（010）59367028

印　　装／北京盛通印刷股份有限公司
开　　本／787mm×1092mm　1/16　　　　　印　　张／37.75
版　　次／2014 年 4 月第 1 版　　　　　　　彩插印张／0.375
印　　次／2014 年 4 月第 1 次印刷　　　　　字　　数／647 千字
书　　号／ISBN 978 - 7 - 5097 - 5682 - 9
定　　价／258.00 元